Lion Feuchtwanger

Ein möglichst intensives Leben

aufbau

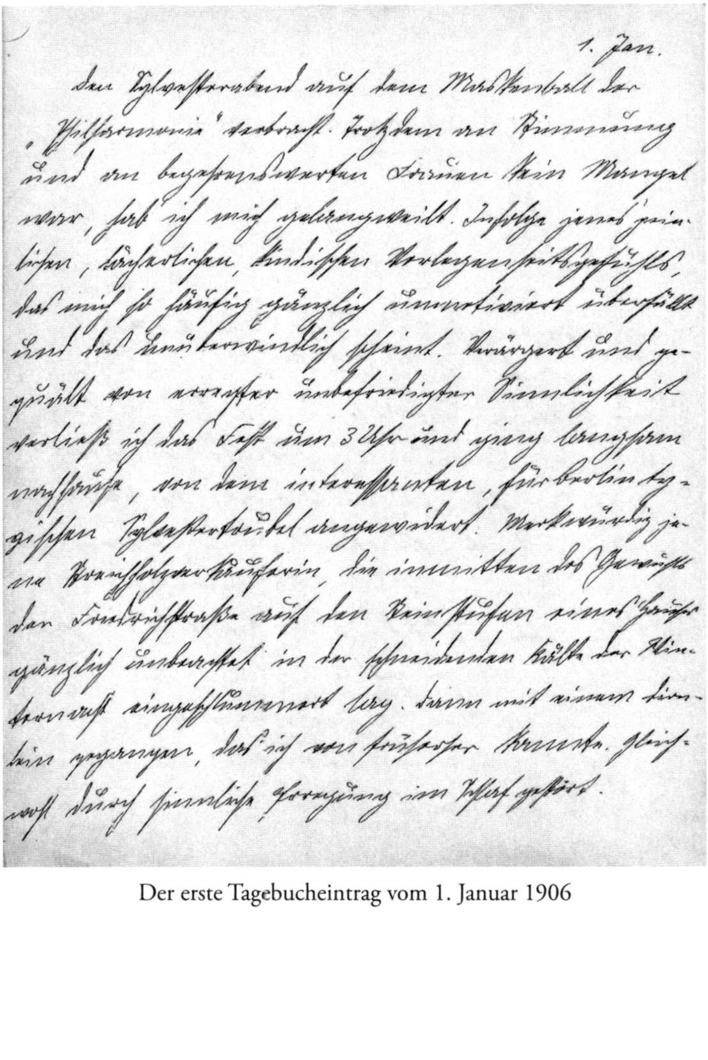

1. Jan.

Den Sylvesterabend auf dem Maskenball der „Philharmonie" verbracht. Trotzdem an Stimmung und an begehrenswerten Frauen kein Mangel war, hab ich mich gelangweilt. Infolge jenes peinlichen, lächerlichen, kindischen Verlegenheitsgefühls, das mich so häufig gänzlich unmotiviert überfällt und das unüberwindlich scheint. Verärgert und gequält von ewiger unbefriedigter Sinnlichkeit verließ ich das Fest um 3 Uhr und ging langsam nach Hause, an dem interessanten, für Berlin typischen Sylvestertrubel [illegible]. Merkwürdig jene Streichholzverkäuferin, die inmitten des Gewühls der Friedrichstraße auf den Steinstufen eines Hauses gänzlich unbeachtet in der schneidenden Kälte der Winternacht eingeschlummert lag. Dann mit einem [illegible] gegangen, das ich von früher kannte. Gleichwohl durch heimliche Neigung im Schlaf gestört.

Der erste Tagebucheintrag vom 1. Januar 1906

LION FEUCHTWANGER

EIN MÖGLICHST INTENSIVES LEBEN

DIE TAGEBÜCHER

Herausgegeben von
Nele Holdack, Marje Schuetze-Coburn und Michaela Ullmann
unter Mitarbeit von Anne Hartmann und Klaus-Peter Möller

Mit einem Vorwort von Klaus Modick

aufbau

Projektleitung
Nele Holdack

Herausgebertexte
Nele Holdack, Marje Schuetze-Coburn, Michaela Ullmann

Anmerkungen, Personen- und Werkregister
Klaus-Peter Möller (1906–1921), Anne Hartmann (1931–1940)

Mit 47 Abbildungen und einem Frontispiz
(zu den Rechten vgl. S. 639)

FSC
www.fsc.org
MIX
Papier aus verantwortungsvollen Quellen
FSC® C083411

ISBN 978-3-351-03726-0

Aufbau ist eine Marke der Aufbau Verlag GmbH & Co. KG

1. Auflage 2018

Einbandgestaltung zero-media.net, München
Satz und Reproduktion LVD GmbH, Berlin
Vorsatz © Feuchtwanger Memorial Library, University of Southern California, Los Angeles, vorn: Mit Bruder Ludwig und Cousin Siegbert auf dem Comer See, 1910; hinten: Am Strand von Sanary, Feuchtwangers Sekretärin Lola Sernau rechts neben ihm, Marta ganz außen
Druck und Binden CPI books GmbH, Leck, Germany
Printed in Germany

www.aufbau-verlag.de

Inhalt

Feuchtwanger ohne Filter. *Vorwort von Klaus Modick* 7
Einleitung 16

Die Tagebücher

1906

Als Student in Berlin und München 25
Merkwürdig, daß ich die unschönen Züge so vieler Dichter in mir vereine

1909–1911

Suche nach einem Weg ins literarische Establishment 75
Meine Uhr versetzt, um die Miete zu bezahlen – Der Stoff häuft sich unübersehbar – Mit Marta, die in orientalischem Kostüm prachtvoll aussah

1915–1921

Als arrivierter Bohemien in München 127
Abends lange vergebens herumgeirrt, um eine Hure zu suchen – Depression wegen der morgigen Musterung – Ich bin an 10 Bühnen etwa 75mal gespielt worden, und 20 Premièren liegen vor mir – Die Revolution bricht los – Ein junger Mensch bringt ein ausgezeichnetes Stück. Bert Brecht – Starke antisemitische Stimmung – In zweifelhaften Fällen übernimmt Marta die Führung

1931–1934

Internationale Anerkennung und der Weg ins Exil 251
Düstere Vorhersehung, daß für mich nach 7 fetten die 7 mageren Jahre beginnen – Nachricht, Amerika sei mit den Bedingun-

gen meiner Vortragsreise einverstanden – Besonders merkwürdige Ironie, daß der deutsche Botschafter mir an dem Tag einen Lunch gibt, an dem Hitler Kanzler wird – Das Haus Valmer bei Sanary angeschaut

1935–1937

Sanary, Politik und Vereinnahmung 361
Eiertanz zwischen den 3 Frauen – Huldigungstelegramm aus Rußland – Sehe, wie wenig informiert ich bin

1938–1940

Kriegsgefahr und Internierung 431
Zweifel, ob und wann man nach Amerika soll – Sorgen über Krieg, Roman, Eva – Ich muß morgen ins Konzentrationslager

Schlussbemerkung 477

Anhang

Anmerkungen 481
Kommentiertes Personen- und Werkregister 536
Register der Werke Lion Feuchtwangers 612
Literatur 628
Editorische Notiz 636

Klaus Modick

Feuchtwanger ohne Filter

»Wenn Sie Tag für Tag minutiös messen,
wieviel Milligramm Seele Sie zu- oder
abgenommen haben, geraten Sie dann nie
in Versuchung, falsche Gewichte zu nehmen?«
Lion Feuchtwanger

1.

Die Binsenwahrheit, dass nirgends mehr gelogen wird als in Autobiographien, gilt mehr oder minder auch für Tagebücher, insofern sie der Archetyp allen autobiographischen Schrifttums sind. Besonders fragwürdig ist der Wahrheitsgehalt jener Journale, die von vornherein mit der Absicht konzipiert und geschrieben werden, sie zu publizieren. Sie bilden ein eigentümliches literarisches Genre und sind als integraler, gelegentlich sogar zentraler Bestandteil des jeweiligen Gesamtwerks zu verstehen. Bedeutende Beispiele dieser quasi offenen Tagebuchliteratur waren die Brüder Goncourt, Ernst Jünger, Sándor Márai, Max Frisch oder Walter Kempowski (so unvereinbar sie in ihrer Autorschaft auch sonst gewesen sein mögen). Dem Selbstporträt in der bildenden Kunst verwandt, handelt es sich jedenfalls um komponierte, redigierte, stilistisch polierte, mithin mehrfach gefilterte Texte, in denen der Autor höchstpersönlich in jeweils selbst gewählter Pose vor sein Publikum tritt. Ob kritisch oder selbstkritisch, bescheiden oder selbstgefällig – stets sind es Gestalt und Haltung, die der Autor sich zugeschrieben hat und in deren Licht er gesehen werden möchte.

Den Gegenpol zu derart literarisch durchkomponierten, das Publikum suchenden Journalen bilden private Aufzeichnungen und geheimnisumwitterte intime Tagebücher, die nicht für die Öffentlichkeit bestimmt waren. Kommen sie dann eines Tages trotzdem ans Licht, stoßen sie natürlich erst recht auf Interesse. Erfüllt von der Bedeutung des eigenen Genies, schielten und zielten manche, Thomas Mann zum Exempel, auch per zeitlichem Sperrvermerk auf die Neugier einer staunenden Nachwelt.

2.

Als das »Berliner Tageblatt« im Jahr 1931 Schriftsteller befragte, ob sie Tagebuch führten, verneinte der damals 47-jährige Lion Feuchtwanger vehement: Als Tagebuchschreiber gerate er in Versuchung, sein tägliches Tun und Lassen vorteilhaft zu stilisieren, weil Tagebücher Wunschbilder seien. »Sie sind wie Heeresberichte. Man redigiert die Ereignisse so, wie man möchte, dass sie verliefen, nicht wie sie wirklich geschahen.«

Diese Antwort war gelogen, weil Feuchtwanger, wie wir schon lange ahnten und nun mit einiger Verblüffung zu lesen bekommen, von Anfang 1906, als 21-jähriger Student in Berlin, bis mindestens Mitte September 1940 (vermutlich aber auch noch danach) mit ziemlicher Regelmäßigkeit Tagebuch geführt hat. In gewisser Weise entsprach die Antwort aber auch der Wahrheit, weil Feuchtwanger wohl auf jene vielfach gefilterten Tagebücher anspielte, die, zur Publikation bestimmt, die Öffentlichkeit anvisieren. Eine rückhaltlos ehrliche Antwort auf die Umfrage wäre wohl auch einigermaßen absurd ausgefallen, hätte sie doch etwa folgendermaßen lauten müssen: »Ja, ich schreibe Tagebuch. Es ist aber ein intimes, ungefiltertes Journal, und eben weil es intim ist, muss es geheim bleiben. Also kann ich die Frage nur mit Nein beantworten.«

Aufschlussreich an Feuchtwangers gelogener Wahrheit ist übrigens der Vergleich von Tagebüchern mit Heeresberichten des Ersten Weltkriegs, der 1931 noch eine kollektive Erfahrung mit traumatischen Zügen war. In seinem zwei Seiten knappen »Versuch einer Selbstbiographie« hat Feuchtwanger 1927 erklärt, der Krieg habe ihm »den Blick geweitet« und ihn »davon abgebracht, fortgesetzt krampfig in das eigene Ich zu starren«. Und an anderer Stelle notierte er apodiktisch, der Friedhof seiner eigenen Vergangenheit interessiere ihn nicht. Entsprechend geizte er mit unmittelbar autobiographischen Texten, von denen es nur eine Handvoll gibt. Gern zitiert wird »Der Autor über sich selbst« von 1935, ein parodistisches Kabinettstückchen, das jedoch eher einer Satire auf den zweifelhaften Erkenntnisgewinn von Statistiken als einer Selbstdarstellung gleichkommt: »Der Schriftsteller L. F. konnte in der Stunde bis zu 7 Seiten Schreibmaschine schreiben, bis zu 30 Zeilen schriftstellern und bis zu 4 Zeilen dichten. Während der Stunde Dichtens nahm er um 325 Gramm ab. […] 515 Leute wollten sich bei ihm informieren, wie man ›Dichten‹ mache.«

Die beiden bedeutenden Ausnahmen von Feuchtwangers autobiographischer Zugeknöpftheit bilden der Reisebericht »Moskau 1937« sowie »Der Teufel in Frankreich«, jener, wie Brecht zutreffend meinte, »taciteische Bericht« über Feuchtwangers Erlebnisse 1940 im südfranzösischen Internierungslager Les Milles. Da zu beiden Werken nun auch die entsprechenden Tagebuchaufzeichnungen vorliegen, ist deutlich erkennbar, dass Feuchtwangers Tagesnotate keineswegs den Charakter eines Arbeitsjournals haben, sondern merkwürdig autonom beziehungsweise eben intim zur literarischen Produktion parallel laufen.

So diskret Feuchtwanger in Sachen autobiographischer Entblößung auch gewesen sein mag, so hat er gleichwohl allerlei stilisierte Selbstporträts in der Maskerade diverser Figuren durch seine Werke geistern lassen: Der nach Geld, Anerkennung und Sex gierende Jud Süß trägt Züge seines Autors – die Tagebücher sprechen da Bände. Der Schweizer, mithin also neutrale Erfolgsschriftsteller Jacques Tüverlin im Roman »Erfolg«, befreundet mit Kaspar Pröckl alias Bertolt Brecht, ist bis in Details wie der »quäkenden Stimme« ein entschieden selbstbewusstes Selbstporträt Feuchtwangers. Der an einer Lessing-Biographie arbeitende, nach Hitlers Machtergreifung widerstrebend ins südfranzösische Exil gezwungene Gustav Oppermann im Roman »Die Geschwister Oppermann« schleppt allerlei Erfahrungen Feuchtwangers im Fluchtgepäck mit. Der jüdisch-römische Historiograph Flavius Josephus der »Josephus-Trilogie« steht für ein konstantes Motiv in Feuchtwangers Werken, nämlich den Glauben an den Sieg von Aufklärung, Vernunft und Versöhnung. Der Kaufmann Jehuda in »Die Jüdin von Toledo« öffnet sein großes Haus für Flüchtlinge und Verfolgte, wie Feuchtwanger es mit seiner Villa im kalifornischen Exil tat. Und schließlich gibt es da noch, im letzten Roman »Jefta und seine Tochter«, den alten Schreiber, der es resigniert aufgibt, »die Geschehnisse zu deuten«, sondern sie nur noch ungefiltert notiert: »mochten die Späteren sie gemäß ihrer eigenen Einsicht erklären«.

Im Panorama all dieser Rollen, Masken und Aussagen in eigener Sache entsteht jedenfalls ein Selbstporträt des Autors, das zwar facettenreich, aber eben auch »Heeresbericht« ist, geschminkte Wunschvorstellung, manchmal harmlos charmante Selbststilisierung, gelegentlich aber auch ärgerliche Selbstverkennung.

3.

Wie und wer dieser Mensch »wirklich« war, wie er sich selber sah, ohne Publikum, abgeschminkt und filterlos, lässt sich nun im Spiegel seiner Tagebuchaufzeichnungen besser erkennen, auch wenn dieser Spiegel ein paar blinde Flecken aufweist. Lässt man außer Acht, dass streng genommen jeder Niederschrift ein fiktionalisierend-literarisches, zumindest abstrahierendes Moment innewohnt, insofern ein Text die lebendige Wirklichkeit zu Schrift und Sprache sublimiert, dann darf man Feuchtwangers Tagebücher wohl als ein ehrliches, radikal unliterarisches Dokument bezeichnen. Jedenfalls ist es das idealtypische Gegenteil offener, literarischer Journale. In seiner sprachlichen Kargheit gibt es keinen Platz für Stilisierungen oder elegante Formulierungen und nicht das leiseste Zwinkern in Richtung Nachwelt. Nur ganz zu Anfang finden sich einige wenige wichtigtuerische Verrenkungen, wie sie jungen Leuten, die von großen Werken, Ruhm und Ehre träumen, zu unterlaufen pflegen, und ein paar Gespreiztheiten, wenn das sachlichere Wort dem Autor offenbar peinlich war und er Huren zu »Venuspriesterinnen« adelte oder seine Onanieorgien zu »Priapsopfern« veredelte.

Das Aufbereiten knapper Notizen, der Rohdaten gewissermaßen, zu durchformulierten, stilistisch und sachlich gefilterten Journalen zum Zweck ihrer Publikation hat Ernst Jünger einmal als »den Tee aufgießen« bezeichnet. Der Tee, aus dem Feuchtwangers Tagebücher bestehen, wurde nicht mit dem heißen Wasser schriftstellerischer Feinarbeit aufgegossen und so gut wie nie mit Wunschdenken gesüßt. Hier liegen lediglich die trockenen Teeblätter vor uns ausgebreitet. Aus deren Konstellationen lässt sich zwar kein Selbstporträt des Autors herauslesen, doch wird eine Skizze sichtbar, zumindest eine Struktur: ein Lebensmuster.

Am 31. Dezember 1938 resümierte Feuchtwanger, seit 1933 im Exil in der trügerischen Idylle von Sanary-sur-Mer an der Côte d'Azur lebend, das hinter ihm liegende Jahr folgendermaßen: »Kein sehr gutes Jahr. Zwar ist die Arbeit gut vorangegangen; auch meine Beziehungen zu Eva und Marta sind halbwegs befriedigend. Aber kein äußerer Erfolg von Belang, wirtschaftlich sah es nicht sehr gut aus, die Schwierigkeiten, die aus dem Mangel einer Staatsangehörigkeit herrühren, häufen sich und drohen im Kriegsfall sehr unangenehm zu werden. Und vor allem zeigt sich auch das Alter, Prostata und mangelnde Potenz.« Der vergleichsweise ausführliche Eintrag fasst die vier Themen beziehungsweise Felder zusammen, die Feuchtwangers Leben und damit auch die Tagebücher prägen und dominieren, nämlich erstens seine schriftstellerische Arbeit mit ihren Erfolgen und Misserfolgen, zweitens die damit korrespondierende finanzielle Situation, drittens die krisenhafte politische Lage mit ihrem bedrohlichen Einfluss auf Feuchtwangers Existenz sowie viertens seine hochkomplizierte Beziehungsarchitektur mit dem extrem ausschweifenden Sexualleben. Bereits 1906 notierte er im Tagebuch eine Art Motto der eigenen Existenz, nämlich den entschiedenen Vorsatz, »ein möglichst intensives Leben« führen zu wollen, und diesen Vorsatz hat er auf den vier genannten Feldern dann auch in die Tat umgesetzt.

4.

Besonders bemerkenswert im letzten Satz des Jahresresümees ist die unscheinbare Floskel »vor allem«, verweist sie doch unabsichtlich auf die alles Tun und Lassen Feuchtwangers dominierende, sein Denken, Schreiben und Handeln durchdringende sexuelle Unersättlichkeit. Die Tagebücher liefern die anfangs eher kuriose, sukzessive jedoch immer befremdlicher anmutende Buchhaltung eines zwanghaften Erotomanen, das Dokument einer entfesselten Promiskuität, einer unendlichen, zur Sucht gewordenen Jagd und Suche nach Bestätigung.

»Es gibt wenige Frauen, die er länger lieben kann als die Zeit, in der er körperlich mit ihnen zusammen ist.« So charakterisierte Feuchtwanger sein Roman-Alter-Ego Flavius Josephus – im Tagebuch dürfte sich kein Satz finden, der autobiographischer wäre. Im permanent wechselnden Verkehr mit Marta, Marga oder Mara, Lilo, Lola oder Lily, Sascha oder Sara, Eva B. oder Eva H., Schauspielerin X, Journalistin Y oder Verehrerin Z entsteht ein Bild des Bestsellerautors Feuchtwanger als alttestamentarischer Patriarch, der sich neben seiner angetrauten Hauptfrau Marta diverse Kebsweiber, Nebenfrauen und Gelegenheitsgeliebte zahlloser One-Night-Stands hielt oder nahm. Es gab Tage, an denen er gleich zwei bis drei seiner Haremsdamen beglückte und zwischendurch oder zum krönenden Tagesabschluss immer noch Lust und Kraft für einen Bordellbesuch fand. Dennoch entfuhr selbst dem offenbar omnipotenten Lion gelegentlich ein Seufzer der Überforderung wie etwa am 16. September 1936: »Für mich nicht ganz einfach zwischen den vielen Frauen.«

Gottfried Benns Bemerkung, gute Regie sei besser als Treue, könnte auch ein Motto der Irrungen und Wirrungen von Feuchtwangers Liebesleben gewesen sein, doch hat er sich mit der Regieführung offenbar wenig Mühe gegeben. In einem Artikel für den englischen »Daily Express« sprach er sich 1930 für »die offene Ehe« aus, die beiden Partnern völlige Freiheit belasse, aber auch gegenseitige Verantwortung aufbürde. Wechselnde Partner wären zu tolerieren auf der Grundlage finanzieller Absicherung der Ehefrau, Rentenanspruch inklusive. Feuchtwanger hat sich in dieser Hinsicht sogar gegenüber einigen seiner Geliebten als verantwortungsvoll und vertragstreu erwiesen. Angesichts einer derartigen pekuniären Grundierung intimer Beziehungen nimmt es dann vielleicht auch weniger wunder, wenn er im Tagebuch sogar noch den Verkehr mit seiner Ehefrau »huren« nennt. Die sprachliche Kargheit der Tagebücher verkommt gelegentlich zur Rohheit.

Marta wusste über Feuchtwangers permanente Eskapaden Bescheid, schien sie wohl oder übel toleriert zu haben bis hin zu jener äußersten Zumutung, von ihrem Mann mit Gonorrhö infiziert worden zu sein. Vorstellen mag man sich kaum, wie diese Verhältnisse in der Praxis funktionierten, wenn Marta quasi Wand an Wand mitbekam, dass Lion fremdging, wenn sie sogar noch so tolerant war, den Picknickkorb zu packen, mit dem dann Lion und eine seiner Nebenfrauen ins Wochenende entschwanden. Ob Marta sich ähnliche Freiheiten nahm, ist nicht bekannt. Einmal im Jahr fuhr sie ohne Ehemann in den Skiurlaub, und es hielten sich hartnäckige Gerüchte über einen schneidigen Skilehrer. In Feuchtwangers Tagebuch taucht dieser Verdacht jedoch nicht auf. Vielleicht war ihre Regie diskreter als seine. Robert Neumann, der sich während des Exils in Sanary mit Feuchtwanger anfreundete, erinnerte sich in seinen Memoiren: »Er hatte, zerknitterter, kleiner Mann, der er war, eine schöne und sehr sympathische Freundin, eine Malerin [Eva Herrmann, K. M.], er machte die Beziehung zu diesem dekorativen Mädchen so öffentlich, als wäre sie seine Maîtresse-en-Titre und er Sa Majesté le Roi, und erfreute sich, Körperliches betreffend, ganz allgemein einer liebenswerten Blindheit sich selbst gegenüber.« Immerhin stammt von Feuchtwanger die hübsch selbstironische Bemerkung, als kleinster und hässlichster Münchner Jude habe er mit Marta die schönste Frau Münchens erobern können.

Was im Tagebuch grob und wenig sympathisch skizziert wird, klingt in Feuchtwangers »Selbstdarstellung« von 1933 bemerkenswert zarter. Während der zwanziger Jahre hätte »die Dame« zu existieren aufgehört. »Ein neuer Typ Frau bildete sich heraus in den Kreisen der Literaten, ein Mittelding zwischen Sekretärin und Freundin, ziemlich nüchtern, hart, kameradschaftlich, verläßlich und ohne Geheimnis. Ich ziehe andere, mehr altmodische Frauen vor. Seltsamerweise habe ich unter diesen altmodischen Frauen meine fruchtbarsten Kritiker gefunden. [...] Ewig und immer von neuem reizvoll aber bleiben die Abenteuer der Arbeit, Sieg und Niederlage und – vielleicht – die Wirkung des Vollendeten im bewegten Gesicht einer verstehenden Frau.« Diese »Selbstdarstellung« war auch und besonders eine Huldigung, zwischen den Zeilen vielleicht sogar eine Bitte um Vergebung, an Marta, die zeitlebens seine wichtigste Kritikerin blieb und die Gefährtin war, ohne die der linkische, unpraktische Feuchtwanger in den Widrigkeiten seines Lebens verloren gewesen wäre.

»Auch das geistige Schaffen stammt von dem physischen her, ist eines Wesens mit ihm und nur wie eine leisere [...] Wiederholung leiblicher Wollust. In einem Schöpfergedanken leben tausend vergessene Liebesnächte auf.« Rilkes Bemerkungen über den Zusammenhang von literarischer Arbeit und sexuellem Begehren hätten auch aus Feuchtwangers Feder stammen können. Er schrieb, weil er geliebt werden wollte. Und er wurde geliebt, weil er schrieb. Die Tagebücher belegen diese Wechselwirkung eindrucksvoll. Feuchtwanger war von kleiner Statur, aber zäh, potent und überhaupt physisch sehr leistungsfähig. Im Tagebuch vermerkt er tägliche Gymnastik, Läufe, Schwimmen und berichtet von anspruchsvollen Bergwandertouren. Und ob erkältet, todmüde oder von Kopfschmerzen geplagt, Energie und Lust zum »Huren« blieb dann offenbar immer noch. Und auch seine literarische Schaffenskraft fußte nicht zuletzt auf dieser körperlichen Robustheit. Schreibblockaden oder kreative Krisen schien er kaum zu kennen, sondern schrieb beziehungsweise diktierte seinen Sekretärinnen, die er zwischendurch auch mit seiner Manneskraft beglückte, Roman auf

Roman, manche im Rekordtempo. So lieferte er beispielsweise 1933 das Drehbuch für den (allerdings nie realisierten) Film »Die Geschwister Oppermann« in drei Wochen und erledigte gleich anschließend die 350 Seiten des gleichnamigen Romans in knapp vier Monaten. Die Tagebücher geben Auskunft über die Entstehungsgeschichten der Werke, allerdings zumeist nur als dürre Datengerüste; über inhaltliche Probleme, dramaturgische Details oder stilistische Fragen erfährt man wenig bis nichts.

Der Fabrikantensohn Feuchtwanger hatte ein sachliches, unsentimentales Verhältnis zum materiellen Wert seiner Arbeit. Er wusste, dass Literatur eine Ware ist und der Literaturbetrieb ein Markt. Die Tagebücher geben detaillierte Auskünfte über die Einkünfte des Autors, verbuchen Gewinne und Verluste. Da er nicht nur ein sexsüchtiger Faun, sondern auch ein spielsüchtiger Zocker war, verdunstete so manches Honorar an privaten Spieltischen oder in mondänen Kasinos. Gelegentlich meldet das Tagebuch auch mehr oder minder glückliche Börsenspekulationen.

Seit die englische Ausgabe des »Jud Süß«-Romans den bis dahin mittelmäßig erfolgreichen Feuchtwanger quasi über Nacht in einen internationalen Bestsellerautor verwandelt hatte, verließ ihn der Erfolg nie mehr ganz. Nicht jedes Stück und nicht jeder Roman wurden Publikumstriumphe, aber die enormen Auflagen, besonders in den angelsächsischen Ländern, machten ihn zu einem weltberühmten Großschriftsteller. Ein spitzzüngiges Bonmot behauptete, Feuchtwangers Werke würden schneller übersetzt, als er sie schreiben könne.

Hermann Kesten erzählte, wie er in den dreißiger Jahren mit einem Freund, »einem Bewunderer von Stefan George, zwischen den Weinfeldern und Ölbäumen von Sanary bis Bandol spazierenging, an einem silbernen Morgen; als wir plötzlich Feuchtwanger trafen, der eine Stunde lang zu meinem Freund in Zahlen redete, in den Auflagenzahlen von Feuchtwangers Werken. 130 000 die ›Häßliche Herzogin‹, 240 000 der ›Jud Süß‹, 350 000 Exemplare der ›Erfolg‹, wie hoch die Tantiemen waren, wie viele Monate er auf der Bestsellerliste gestanden, und die albanische Ausgabe, oder die vierte andalusische oder neunte koptische Ausgabe, oder der Literary Guild oder der Book of the Month Club, und Huebsch von der Viking Press, und Dr. Landshoff vom Querido-Verlag und Hutchinson in London und Mondadori in Milano, 790 000, und 340 000

Dollar, oder Pfunde? – Als mein georgianischer Freund und ich, alleingeblieben, dem Dichter nachblickten, wie er immer kleiner wurde, unter den Ölbäumen und zwischen den Weinfeldern, stand mein Freund bleich und betreten da und fragte: ›Ist das ein großer Dichter?‹ ›Ein sehr berühmter, sehr erfolgreicher‹ sagte ich. Die Ziffern stimmten.«

Mit dieser von sich selbst begeisterten Naivität, die manche abstoßend, manche aber auch entwaffnend fanden, war er stolz auf seinen Ruhm und seine Erfolge. Auch davon berichten die Tagebücher, wenn Feuchtwanger auf seinen Reisen nach Paris, London, durch die USA und nach Moskau in einem wahren Wirbel von Verlegern, Agenten, Reportern, bekannten und weniger bekannten Schriftstellern, Fotografen, Regisseuren, Lektoren, Journalisten und den unvermeidlichen hingebungsvollen Damen umschwärmt wurde.

Die politisch-historischen Ereignisse, die Feuchtwangers Leben, aber auch sein Schreiben immer stärker beeinflussten, erscheinen in den Tagebüchern zumeist nur als Fußnoten oder Randnotizen, unkommentierte Stichworte. Krieg und Münchner Räterepublik, Weltwirtschaftskrise, der Aufstieg und Triumph Hitlers, der Weg ins Exil scheinen so wichtig oder unwichtig, bedeutend oder unbedeutend zu sein wie Darmbeschwerden oder Honorarschecks, Spielschulden oder Sex mit dieser oder jener. So sind dann Feuchtwangers Tagebücher die Aufzeichnungen eines Stoikers, kühle, ungefilterte Notate. Teeblätter …

5.

»Sehr genau erkennend, dass Leistung sich nicht deckt mit Erfolg, und *dass der Mann sich nicht deckt mit der Leistung* [Hervorhebung K. M.], würde er, falls man ihn fragte: ›Bist du einverstanden mit deinem bisherigen Leben?‹, erwidern: ›Ja. Das Ganze noch mal.‹« (Lion Feuchtwanger: »Der Autor über sich selbst«)

Einleitung

Die späte Entdeckung der Tagebücher

Lange glaubte man, Lion Feuchtwanger habe nie Tagebuch geschrieben. 1931, als das »Berliner Tageblatt« ihm sowie Carl Zuckmayer, Heinrich Mann, Alfred Döblin und Ludwig Renn für einen Artikel die Frage stellte: »Führen Sie ein Tagebuch«, lautete seine Antwort: »Ein Tagebuch? Nein. Mir sagt es wenig zu, täglich Bilanz zu machen, wie sehr ich einen Menschen mag oder wie intensiv ich gearbeitet habe. Wenn Sie Tag für Tag minutiös messen, wieviel Milligramm Seele Sie zu- oder abgenommen haben, geraten Sie dann nie in Versuchung, falsche Gewichte zu nehmen? Schminken Sie Ihren Handlungen niemals falsche Motive an? Ich glaube, Sie tun es. Ich jedenfalls würde es tun. Denn Tagebücher geben gemeinhin Wunschbilder. Sie sind wie Heeresberichte. Man redigiert die Ergebnisse so, wie man möchte, dass sie verliefen, nicht wie sie wirklich geschahen.« Welch eine Überraschung, als ein Zufallsfund über dreißig Jahre nach seinem Tod zutage förderte, dass genau das Gegenteil der Fall war: Für den Großteil seines Lebens machte er sich in geheimen Journalen nahezu tägliche Notizen.

1991 entdeckte Harold von Hofe, Professor an der University of Southern California, Direktor des Feuchtwanger Institute for Exile Studies und als enger Freund Marta Feuchtwangers zu ihrem Nachlassverwalter bestimmt, die heute erhaltenen Tagebücher. Damals half er dabei, die Wohnung von Feuchtwangers letzter Sekretärin Hilde Waldo aufzulösen, nachdem sie in ein Pflegeheim gezogen war. Waldo hatte 1940, gleich nach Ankunft der Feuchtwangers in New York, begonnen, für ihn zu arbeiten. Sie folgte dem exilierten Ehepaar nach Südkalifornien, wo sie bis zu seinem Tod 1958 für den Schriftsteller tätig war, anschließend als Assistentin für Marta Feuchtwanger, bis diese 1987 starb.

Wann hatte Hilde Waldo die Tagebücher an sich genommen und warum? Eine Vermutung ist, dass Feuchtwanger während der

McCarthy-Ära bereits selbst Teile seiner Aufzeichnungen bei ihr in Sicherheit gebracht hatte, wie er es auch mit anderen Dokumenten tat. Damals, zu Beginn des Kalten Krieges, konnte jeder, der mit politisch »linken« Äußerungen an die Öffentlichkeit trat, ins Visier des FBI geraten. Hilde Waldo galt im Unterschied zu ihm als unverdächtig. Nicht beantworten lässt sich bislang die Frage, was für einen Umfang das originale Tagebuch-Konvolut hatte. Hier können wir vorläufig nur mutmaßen: Rettete Waldo lediglich die Tagebücher aus der Zeit vor dem kalifornischen Exil, vernichtete aber jene aus den späteren Jahren, weil sie selbst darin vorkam? Sie hatte wohl eine Affäre mit Lion Feuchtwanger.

Es gibt Hinweise, dass sich zumindest ein Teil der originalen Niederschriften in den 1970er Jahren noch in Martas Händen befand. Mit Sicherheit wissen wir, dass sie Tagebuchmaterial ausgewählten Forschern, darunter dem Biographen Lothar Kahn, zugänglich machte. Sie selbst griff darauf zurück, als sie Mitte der siebziger Jahre ihre eigene Lebensgeschichte »An Émigré Life« in Gesprächen mit Lawrence Weschler aufzeichnete. So erklärte sie etwa, ihr Mann habe in seinem Tagebuch ihren Einfluss auf seinen Roman »Narrenweisheit oder Tod und Verklärung des Jean-Jacques Rousseau« (1952) hervorgehoben. Daraus lässt sich schließen, dass Feuchtwanger auch während seiner Zeit in Kalifornien Tagebuch führte und dass diese Notate damals noch existierten.

So bleibt noch manches Rätsel um Feuchtwangers Tagebücher vorerst ungelöst. Dass einige der mutmaßlich verschollenen Journale wieder auftauchen, erscheint nach heutigem Kenntnisstand eher unwahrscheinlich, kann aber nicht ausgeschlossen werden.

Glücklicherweise ist ein Großteil der Tagebücher aus den Jahren zwischen 1906 und 1940 nicht nur gefunden, sondern inzwischen auch entschlüsselt worden, was keineswegs selbstverständlich ist, denn in den späteren Jahren verfasste Feuchtwanger seine Notate in der veralteten, nur noch von wenigen beherrschten Gabelsberger-Kurzschrift. Wie mühsam die Entzifferung war, davon berichtet die Editorische Notiz (S. 636). Die endlich publizierten Aufzeichnungen gewähren dem Leser einen einzigartigen Einblick in Feuchtwangers Leben, in seine zutiefst persönlichen Gedanken, intimsten Gefühle und in seinen konfliktreichen Weg zum international anerkannten Romancier und Weltbürger. Über die Jahrzehnte entsteht aus unmittelbarer Nähe ein Zeitgemälde, konturiert von einem lebenserfahrenen Akteur und brillanten künstlerischen Geist, das entscheidende Momente der neueren deutschen Geschichte beleuchtet.

In der vorliegenden Ausgabe werden die fortlaufend geschriebenen Tagebücher in sechs Kapiteln bzw. Lebensabschnitten präsentiert. Die Einführungstexte der Herausgeberinnen geben Auskunft über die jeweilige Lebenssituation sowie über die Jahre, zu denen keine Aufzeichnungen überliefert sind: Auf die Studentenzeit in Berlin und München (1906) folgt die Suche nach einem Weg ins literarische Establishment (1909–1911), die Lebensform als arrivierter Bohemien in München (1915–1921), die Phase der internationalen Anerkennung einschließlich der überragenden Amerika-Tournee, die unmittelbar ins französische Exil mündet (1931–1934), die Jahre in Sanary mit dem immer lauter werdenden Zeitgeschehen und der Vereinnahmung durch die Repräsentanten gegensätzlicher Strömungen (1935–1937), schließlich die Phase wachsender Kriegsgefahr und der Internierung in Frankreich (1938–1940).

Feuchtwanger als Tagebuchschreiber

Feuchtwangers Bibliothek enthält eine Reihe von Tagebuchausgaben aus den verschiedenen Jahrhunderten, die er als Material und Charakterstudien für seine historischen Romane verwendete, so etwa die Tagebücher von Samuel Pepys und die zahlreicher Zeitzeugen der Französischen Revolution. Als er sich im »Berliner Tageblatt« über das Tagebuch-Genre äußerte, tat er das vor diesem Horizont. Seine eigenen Diarien stehen in diesem Sinne nicht im konkreten Widerspruch zu seinem dort artikulierten Misstrauen gegen das Tagebuch als Ort des Selbstbetrugs. Er wirkte diesem Misstrauen in gewisser Weise aktiv entgegen – nicht durch den Verzicht auf das tägliche Notieren, vielmehr durch die Art seiner Einträge: Er konzentrierte sich auf Ereignisse, Fakten und Konkretes. Über Motive liest man bei ihm wenig.

Lion Feuchtwanger notierte Bücher, die ihm gefielen, Theaterstücke, die ihm missfielen, woran er arbeitete, mit wem er sich austauschte, welche Frauen vorübergehend oder für längere Zeit in sein

Leben traten. Das allgemeine Weltgeschehen bleibt lange Hintergrundmusik, bis sich die politische Lage in der Anbahnung des Zweiten Weltkrieges so zuspitzt, dass es mehr Raum einnimmt. Über die Jahre entsteht ein großer Blick aus dem Kleinen heraus: Er geht mit gleichermaßen kritischer Geste an die Menschen heran wie an literarische und dramatische Werke, an Institutionen wie an politische Ereignisse. Er erweist sich als hellsichtig, wenn er 1933, von seiner Amerika-Tournee kommend, direkt ins schweizerisch-französische Exil geht, ohne noch einmal den Fuß auf deutschen Boden zu setzen, wo inzwischen Hitler zum Reichskanzler gewählt worden ist; wenn er wider seine Natur das heute unentbehrliche »Networking« betreibt, um seine Etablierung im Kulturbetrieb zu sichern, zunächst als ambitionierter Emporkömmling, später als staatenloser Schriftsteller im Exil. Er beweist Mut, wenn er politisch Stellung bezieht und Nachteile dafür in Kauf nimmt: wenn er Charlie Chaplin bereits Anfang 1933 den Vorschlag zu einem Hitlerfilm unterbreitet und sich in der amerikanischen Presse öffentlich gegen Hitler stellt, wenn er sich für Tom Mooney, den Dreyfus Amerikas, ausspricht oder sich später, vermittelt durch Lola Sernau, für den Arzt Lothar Wolf engagiert, der mit seiner Familie nach Moskau emigriert war und dort der Vernichtung anheimfiel. Für seine Offenherzigkeit musste er mitunter einen hohen Preis zahlen, vor allem nach seiner Russland-Reise und dem Buch »Moskau 1937«, beides Teil einer Positionierung, die den Streit um seine Person über seinen Tod hinaus nicht verstummen ließ. Weil er sich nie öffentlich von der Sowjetunion distanzierte, geriet Feuchtwanger auch im Kalten Krieg zwischen die ideologischen Fronten.

Da die Tagebucheinträge zu keinem Zeitpunkt für die Publikation gedacht waren, tritt uns der Verfasser Tag für Tag ungeschönt und unverstellt entgegen. Lässt er als junger Mann noch einen gewissen Hang zur Selbststilisierung erkennen, sind die meist knappen Notate schon bald gänzlich frei davon. Nichts wird ausgebreitet oder gar ausgemalt, was zählt, ist die pulsierende Intensität der Suche nach seinem Platz im Leben, in der Gesellschaft und der Literaturszene, für den Leser unmittelbar nachvollziehbar durch das Festhalten aller Schritte, die der Notierende auf diesem Weg unternahm.

Der Zugang zu Feuchtwangers Journalen wurde nach ihrem Auffinden lange Zeit strengstens reglementiert; nur im Archiv selbst konnten Forscher Einblick nehmen, das Anfertigen von Kopien war nicht zugelassen. Dafür gab es verschiedene Gründe. Die Verwendung der Gabelsberger-Kurzschrift, die eine Veröffentlichung allein aus praktischen Gründen äußerst erschwerte, stellte einen Schutzwall dar, um die häufig explosiven, ja verstörenden Aufzeichnungen vor dem Blick seiner engeren und weiteren Umgebung geheim zu halten. Er hat sich je nach momentaner Befindlichkeit über Bekannte und Freunde geäußert, insbesondere über Schriftstellerkollegen, mit denen ihn meist ein ambivalentes Verhältnis verband. Thomas Mann bewunderte er fast ehrfürchtig, zugleich bestand zwischen den beiden eine gewisse Rivalität. Als Bertolt Brecht 1919 Feuchtwanger in München aufsuchte, notierte dieser tief beeindruckt: »Ein junger Mensch bringt ein ausgezeichnetes Stück. Bert Brecht.« Neujahr 1932 klang es vorübergehend so: »Brecht hat mir nichts mehr zu geben und ich ihm wenig.« Andere Autoren werden mitunter deutlich drastischer abgefertigt: »der widerliche Arnold Zweig bei uns«. Eifersucht mischte sich in die Beziehung zu Aldous Huxley, mit dem seine Geliebte Eva Herrmann parallel ein Verhältnis hatte.

Vorbehalte gegen eine Veröffentlichung bezogen sich zentral auf seine Vita sexualis und die darauf gerichteten, meist knapp und sachlich gehaltenen Notate. Neben den weithin bekannten, länger währenden Affären mit Eva Boy (später Eva van Hoboken), Lola Sernau, Eva Herrmann und Maria Osten pflegte er wechselnde Kontakte mit vielen Frauen seiner Umgebung, mit Zufallsbekannten und Prostituierten, die er ebenso akribisch festhielt wie Erkältungen, Schlafstörungen oder Turnübungen. Seine Bezeichnungen wechseln vom Umschreibenden hin zum Schnörkellosen: »Exceß in Priapo«, »liebhaben«, »das Ziel der Klasse erreichen«, »huren«, »vögeln«. Er blieb in seinem Verhältnis zu Frauen ambivalent, vertrat aber, auch in seinen Romanen, ein fortschrittliches und aufgeklärtes Frauenbild. Als Kamerad hielt er ihnen die Treue, mittels Briefen ließ er den Kontakt nicht abreißen und half aus, wo immer er konnte, auch finanziell.

Waren freizügige Beziehungen wie die seinen durchaus nicht unüblich, insbesondere in Künstler- und Intellektuellenkreisen, sind auch sie bei ihm ein Ausdruck dessen, was zu seinem Wesenskern gehörte: Das Schaffen stand für ihn über allem, die Überheblichkeit neben den Selbstzweifeln, das Getriebensein war immer stärker als die Gewissheit über das Erreichte. Daran änderte sich auch nichts, als er bereits zu Lebzeiten zu einem der erfolgreichsten Schriftsteller deutscher Sprache wurde. Die ihm eigene Energie entlud sich im Exzessiven: Er arbeitete exzessiv, aß leidenschaftlich, verfiel den Frauen genauso wie dem Glücksspiel. Vor diesem Hintergrund scheint das Lebensziel, das der Einundzwanzigjährige im Sommer 1906 in seinem Tagebuch festhält: »ein möglichst intensives Leben«, bereits von einiger Selbsterkenntnis getragen.

Alfred Döblin hatte 1931 auf die erwähnte »Tageblatt«-Umfrage geantwortet, er halte das Tagebuch für etwas »Ungesundes«: »Es ist ein voreiliges Festhalten von Daten, Festlegen von Ereignissen, die sich erst nach einiger Zeit als wichtig und wertvoll erweisen können – erweisen müssen.« Damit mag er in Teilen recht haben – und letztlich doch wieder nicht: Würde der Tagebuchschreiber die unwichtigen »Daten und Ereignisse« nicht notieren, wären auch die wertvollen von vornherein verloren.

War Harold von Hofe 1992 in einem Interview mit der Wochenzeitung »Die Zeit« noch der Auffassung, ein Großteil der Tagebuchtexte sei zwar als Quelle für die Forschung wichtig, »aber nicht geeignet zur Veröffentlichung«, änderte er diese Meinung später und bereitete alle Tagebücher für die Publikation vor. Er starb 2011, sein Vorhaben blieb unvollendet, die Vorarbeiten liegen heute zusammen mit den Originalen in der Feuchtwanger Memorial Library in Los Angeles. Was bei ihm zum Umdenken geführt hat, ist nicht überliefert. Dass die Gesamtsicht des überlieferten Textes, der nur um eindeutige »Belanglosigkeiten« im Döblin'schen Sinne gekürzt wurde (s. Editorische Notiz), nun möglich wird, ist aus heutiger Perspektive in jedem Fall eine glückliche Fügung und ein unerwartetes Geschenk an alle, die sich dem Romancier und seiner Lebenswelt verbunden fühlen.

Der Mensch Feuchtwanger konnte noch nie so vielschichtig präsentiert werden, mit all seinen Eigenheiten, Schwächen und einzigartigen Stärken. Hautnah erleben wir das Ringen eines großen, durchaus fehlbaren Schriftstellers um sein Werk von den ersten Anfängen mit. Besonders an neuralgischen Stellen wie der Amerika-Tournee (1932/33) und der Moskau-Reise (1936/37) wird deutlich, wie komplex sowohl die zeitbedingten Umstände als auch sein Agieren in ihnen war. Tradierte Vorurteile, etwa er wäre ein für Stalins Gräuel blinder Kommunist gewesen, erweisen sich in diesem neuen Kontext als zu kurz gegriffen. Leicht gemacht, das zeigen die Tagebücher deutlich, hat er es sich im Laufe seines Lebens nicht allzu oft. Sie offenbaren vielmehr einen Menschen, der den Zeitläuften zum Trotz leidenschaftlich, impulsiv und sich selber stets treu geblieben ist. Zum Verständnis zentraler Kapitel der deutschen Geschichte und eines der wichtigsten Schriftsteller dieser Zeit sind die Tagebücher ein unentbehrlicher Schlüssel.

Der einzige Fürsprecher für das Führen eines Tagebuchs war in der »Tageblatt«-Umfrage von 1931 Ludwig Renn. Er sah in dem das Leben protokollierende Schreiben »eine zuverlässige Möglichkeit, sich später an konkrete Dinge zu erinnern«. Die Tatsachen waren es, die er im Tagebuch festgehalten wissen wollte. In diesem Sinne war Feuchtwanger ein im Verborgenen praktizierender Tagebuch-Sympathisant, dessen über Jahrzehnte nicht nachlassendes Tun erst heute an das Licht der Öffentlichkeit tritt.

Die Tagebücher

1906
Als Student in Berlin und München

Merkwürdig, daß ich die unschönen Züge so vieler Dichter in mir vereine

Das erste überlieferte Tagebuch setzt am Neujahrstag 1906 ein: Feuchtwanger, 21 Jahre alt, berichtet vom Silvestertrubel der vergangenen Nacht, die für ihn auf dem Maskenball in der alten Philharmonie an der Bernburger Straße in Berlin begann.

Wer war dieser junge Mann, der des Nachts in der Art von Hans Christian Andersen beobachtet, wie eine Streichholzverkäuferin »inmitten des Gewühls der Friedrichstraße auf den Steinstufen eines Hauses gänzlich unbeachtet in der schneidenden Kälte der Winternacht eingeschlummert lag«, der nicht selten an einem Tag mehrere Bücher verschlingt, nahezu täglich ins Theater geht, am laufenden Band Ideen für eigene Stücke produziert und stets mehrere Frauen gleichzeitig hofiert, während er sich zwischen unkontrollierbarer Sinnlichkeit und Scham- und Schuldgefühlen aufreibt?

Jakob Lion Feuchtwanger wurde am 7. Juli 1884 in München geboren, ein Jahr nach der Hochzeit von Johanna Bodenheimer und Sigmund Feuchtwanger. Er war das erste von neun Kindern. Seine Mutter entstammte einer reichen jüdisch-orthodoxen Familie aus Darmstadt. Der Vater, ein Sprössling bayerischer Bankiers und Industrieller, leitete in zweiter Generation die 1880 in München-Haidhausen gegründete prosperierende Margarinefabrik. Der Wohlstand sicherte der Familie einen Platz in den angesehenen Kreisen der königlichen Residenzstadt.

Die Eltern hatten hohe Erwartungen an ihren Erstgeborenen. In dem jüdisch-orthodoxen Haushalt mit Dienstpersonal und einem Privatlehrer gaben die religiösen Rituale und der tägliche Unterricht in der »hebräischen Bibel«, dem Tanach, und im aramäischen Talmud den Takt vor. Diese systematische Ausbildung legte den Grundstein für Feuchtwangers profunde Kenntnisse und seine lebenslange Faszination für die Geschichte des Judentums.

Während der Mutter die Rolle der »strengen Aufseherin« zukam, schlug das Herz des Vaters weniger für das Geschäftliche als für Bücher und das Theater. Als Liebhaber von Literatur, Geschichte und Theologie trug er im Laufe seines Lebens eine beträchtliche Bibliothek hebräischer Schriften zusammen und schuf auf diese Weise eine Umgebung, die den Sohn in seinem Wissensdurst und seinem Verlangen, selbst schriftstellerisch tätig zu werden, bekräftigte.

Im Gegensatz zu seinen körperlich überlegenen Geschwistern wirkte der kurzsichtige, gerade mal 1,65 Meter große Lion schmächtig und eher unscheinbar. Später erinnerte er sich, dass ihn seine Brüder Ludwig (Ludschi), Martin, Fritz und Berthold (Bubi) sowie die Schwestern Franziska, Bella, Henriette (Henny) und Martha (Medi) gern mit seiner Ungeschicktheit und Unsportlichkeit aufzogen. In den Ferien, wenn die strengen Tagesabläufe gelockert waren, machte die Familie Ausflüge, reiste nach Starnberg oder Kochel, wo sie zusammen wanderten und schwammen – Aktivitäten, denen Feuchtwanger ein Leben lang leidenschaftlich nachging. Trotzdem empfand er wenig Übereinstimmung mit den Brüdern und Schwestern, hielt aber den Kontakt zu ihnen aufrecht, vor allem zu Martin, mit dem ihn gemeinsame literarische Interessen verbanden: Martin wurde Journalist und Verleger.

Im Mai 1889 bezog die wachsende Familie zunächst eine Wohnung am St.-Anna-Platz 2, wo der Älteste ab 1890 die St.-Anna-Volksschule besuchte, und übersiedelte 1900 in ein Haus in der Galeriestraße 15, das zum neuen Familiensitz wurde. Bereits mit zehn Jahren begann der herausragende Schüler, für den am Wilhelmsgymnasium u. a. Griechisch, Latein, Archäologie, Geschichte, Mathematik und Gabelsberger-Kurzschrift auf dem Lehrplan standen, den Sinn der religiösen Rituale zu hinterfragen. Er kam zu der Überzeugung, dass ihn die strengen orthodoxen Traditionen seiner Familie von seinen Klassenkameraden separierten: »Wiewohl ich mich mit meinen Schulkameraden gut vertrug [...], fand ich mich von früh an gründlich verschieden von den anderen. Von meinen Eltern trennten mich tiefe und jugendlich hochmütige Zweifel an ihren Bräuchen und Meinungen, von meinen Lehrern und Kameraden trennte mich meine Vertrautheit mit allem, was jüdische Theologie anging.« Er vertraute sich dem Vater an und begann sich stärker außerhalb der familiären Kreise zu orientieren.

War er als Junge in sich gekehrt und reserviert, gesellte sich zu der zeitlebens nie ganz überwundenen Schüchternheit ein neues Selbstbewusstsein. Er verfasste erste Dichtungen und Theaterstücke. Mit 16 Jahren schrieb er anlässlich des 80. Geburtstages von Prinz Leopold von Bayern ein Lustspiel. Das Stück weckte die Aufmerksamkeit des Schuldirektors, der dafür sorgte, dass es in einer Lokalzeitung abgedruckt wurde. Zum ersten Mal erhielt Feuchtwanger öffentliche Anerkennung für sein schriftstellerisches Talent.

1903 nahm er an der Ludwig-Maximilians-Universität München ein Studium in den Fächern Deutsche Philologie, Geschichte, Philosophie, Anthropologie und Sanskrit auf und setzte damit ein Zeichen, dass er nicht vorhatte, in das Familienunternehmen einzusteigen. Um den von den Eltern gewährten Unterhalt aufzubessern und sein Dachzimmer in der Gewürzmühlstraße zu finanzieren, gab er Nachhilfestunden. Er tauchte in das Bohemeleben ein, verkehrte in den Schwabinger Cafés und Nachtlokalen. Er selbst engagierte sich als Mitbegründer des Münchener literarischen Vereins »Phöbus«, eines Forums für die Diskussion von Literatur und Theaterstücken, dessen kurze aktive Phase Ende 1906 mit der Aufführung von Hauptmanns »Und Pippa tanzt« einen Höhepunkt erlebte. Feuchtwanger bemühte sich um die Aufführungsrechte, nachdem er das Stück im Berliner Lessingtheater gesehen und als »echten, frohen Genuß« empfunden hatte. Auch trat er mit eigenen Werken in Erscheinung: 1903 erschienen zwei Skizzen unter dem Titel »Die Einsamen«, und er schrieb mit »König Saul« und »Prinzessin Hilde« zwei Stücke, die 1905, wenn auch ohne rechten Erfolg, aufgeführt wurden.

Feuchtwanger war also kein völlig unbeschriebenes Blatt, als er 1905 für ein erstes kurzes Intermezzo nach Berlin kam. Seit der Gründung des Deutschen Reiches 1871 war die Reichshauptstadt zum Zentrum des neuen Gemeinwesens geworden. Hier, im Mittelpunkt des Geschehens, vollzogen sich Entwicklungen, an deren Dynamik sich aktiv anzuschließen Feuchtwanger gewillt war. Vordergründig führte er sein Studium fort, das er mit einer Dissertation über Heinrich Heines Fragment »Der Rabbi von Bacherach« 1907 in München abschloss. Vor allem aber tauchte er in die Berliner Kulturszene ein, wobei es ihm insbesondere die Inszenierungen Max Reinhardts angetan hatten. Seine Notizen zu den von ihm besuchten Theateraufführungen ähneln bereits seinen späteren Notaten und lassen uns seine Entwicklung zum Theaterkritiker und -autor unmittelbar miterleben. Nebenbei las er in einem bemerkenswerten Tempo die großen Werke der Literatur und hielt auch hierzu dezidierte Urteile fest. Dabei scheint nahezu alles, was er rezipierte, neue Ideen für eigene Arbeiten anzustoßen, darunter schon bald die Stücke »Die Braut von Korinth«, »Bathseba« und »Der Fetisch«.

»Merkwürdig, daß ich die unschönen Züge so vieler Dichter in mir vereine«, hielt er im Januar 1906 fest, um sich im Anschluss mit Grillparzer, Heine, Schlegel, Wilde, Hebbel und Hamerling zu vergleichen und die Frage aufzuwerfen: »Ob unter all diesem Wust ein poetischer Kern sich birgt?« Er suchte nach der eigenen künstlerischen Identität und nach einem Platz im Leben. Über die Liebschaften jener Jahre ist über das von ihm Notierte hinaus wenig bekannt. Seine Scham (»Scheußlich, wie der Bock in mir immer wieder zum Durchbruch kommt«), sein Schmachten für Else, die ihn verschmäht, seine Abgeklärtheit gegenüber Ria und Emmy, die an ihm hängen, stehen sinnbildlich für das Charakteristische dieser Phase: das Schwanken zwischen Selbstzweifel und Größenwahn, zwischen Euphorie und Depression, Hoffen und Bangen eines begabten jungen Mannes mit großen Ambitionen, die ihr Ziel noch nicht gefunden haben.

Bevor das erste Tagebuchjahr zu Ende geht, zeigen sich erste Symptome eines zwanghaften Verhaltens, das sich in der Folge weiter zuspitzt: Feuchtwanger erlag, und auch das teilte er mit Zeitgenossen wie etwa Eduard von Keyserling, einer ausgeprägten Spielsucht, die ihn schon bald in große Nöte brachte.

1906
Berlin

1. Jan. Den Sylvesterabend auf dem Maskenball der »Philharmonie« verbracht. Trotzdem an Stimmung und an begehrenswerten Frauen kein Mangel war, hab' ich mich gelangweilt. Infolge jenes peinlichen, lächerlichen, kindischen Verlegenheitsgefühls, das mich so häufig gänzlich unmotiviert überfällt und das unüberwindlich scheint. Verärgert und gequält von erwachter unbefriedigter Sinnlichkeit verließ ich das Fest um 3 Uhr und ging langsam nach Hause, von dem interessanten, für Berlin typischen Sylvestertrubel angewidert. Merkwürdig jene Streichholzverkäuferin, die inmitten des Gewühls der Friedrichstraße auf den Steinstufen eines Hauses gänzlich unbeachtet in der schneidenden Kälte der Winternacht eingeschlummert lag. Dann mit einem Dirnlein gegangen, das ich von früherher kannte. Gleichwohl durch sinnliche Erregung im Schlaf gestört.

Mit Onkel Simon zu Mittag gegessen und einen langweiligen Nachmittag im Zoologischen Garten bei guter Musik verbracht. Jetzt abends 10 Uhr sehr müde. Will aber doch noch ein wenig am »Weib des Urias« arbeiten.

2. Jan. Spät aufgestanden. »Der Heilige« von C. F. Meyer zu Ende gelesen. Die wundersam klare, prägnante und stilvolle Darstellung bewunderungswürdig, auch die Einkleidung ist ungemein geschickt und künstlerisch. [...]

Ibsens »Wildente« im »Lessingtheater« gesehen. Hjalmar ist ein wenig karikiert, Bassermann vergröberte statt diskreter zu zeichnen, aber gleichwohl, glücklich der, der darüber lachen kann und nicht an die eigene Brust zu klopfen braucht. Das Stück wirkt deshalb, weil man fühlt, daß die grimme Erbitterung des Dichters echt ist bis auf den Kern, und weil die Symbolik sich nicht vordrängt – wie beim spätern Ibsen – und der trefflichen Komposition der Fabel und der souveränen Sicherheit der Charakterzeichnung nicht in die Quere kommt! Ach wer doch so geschickt komponieren und so sicher zu zeichnen wüßte – und wer so viel zu sagen hätte wie dieser Alte! […]

3. Jan. Nach einer unruhigen, sinnlichen Nacht spät aufgestanden. Stark erkältet. Viel Zeit mit Onkel Simon vertrödelt, der heut abend glücklich abgereist ist. »Die Hochzeit des Mönchs« gelesen und bewundert – doch beeinträchtigt die eisglatte Kunst der Darstellung, der »Firnglanz« die Wärme der Wirkung.

4. Jan. Spät aufgestanden. Durch den Tiergarten nach dem Zoologischen Garten gegangen. Dort inmitten der stickenden und strickenden Spießbürgerinnen bei der Musik mit Ludschi und Max ein sehr seichtes Religionsgespräch geführt. Sehr verstimmt darüber, daß ich die ganzen Ferien Tag für Tag vertrödelt.

»Gustav Adolfs Page« gelesen, bin aber nicht warm geworden. Die Charaktere sind zu wenig interessant, um bei Meyers kühler Darstellung zu wirken. So mutet das ganze fast so äußerlich an, wie ein Bild von Piloty – […]

5. Jan. In dem überheizten Zimmer eine schlechte, sinnliche Nacht verbracht, wie denn überhaupt Hitze mich sinnlich erregt. […] Meyers »Schuß von der Kanzel« gelesen, voll Freude an dem starken Humor und der prächtigen Plastik des Werks. […]

6. Jan. Storms »Auf der Universität« gelesen. Storm der einzige, der süß sein kann, ohne Gefahr zu laufen, süßlich zu wirken. Intensiv an Heines »Rabbi« studiert.

7. Jan. Dem Priap geopfert! – Ein klein wenig am »Rabbi« gearbeitet. Abends bei einer karnevalistischen Sitzung, weil ich dachte, man würde dort tanzen. Es war ein Irrtum. – Habe mich unsagbar gelangweilt. Ging verdrossen nach Hause und – –. Es ist schrecklich, daß ich mich so gar nicht bezähmen kann! –

Allmählich stellt sich auch Geldmangel bei mir ein. Ich bin in sehr schlechter Stimmung.

8. Jan. Im Café Heß getroffen. Er hat sehr viel Intimes erzählt. – Die Vorlesungen haben begonnen. Schmidt sehr effekthaschend.

Interessant wäre eine Studie: Die Frau in den Augen unserer Klassiker. Schiller verblasenes Frauenideal.

Mörikes »Mozart auf der Reise nach Prag« gelesen. Wie liebenswürdig ist dieses Stimmungsbild! Denn eine Idylle, ein Stimmungsbild ist es, keine Novelle. Wichtiges und Unwichtiges ist nicht geschieden, sondern alles mit der gleichen Besorglichkeit, die an Moritz von Schwindt und Spitzweg gemahnt, ausgemalt. Von Komposition keine Spur! Aber das ist auch der einzige Fehler – und der wird hier vielleicht zur Tugend.

Beim Lesen des Werkchens hat man ein Gefühl, als säße man an einem sonndurchsättigten Herbsttag inmitten einer schönen Landschaft beim Wein und hörte einer lieben Frau zu, die eine heitere Geschichte erzählt. Ringsum aber fallende gelbe Blätter, die eine leise Sentimentalität in die Stimmung hineinbringen. Und wie selbstverständlich, wie kunstlos ist da alles erzählt!

In Hebbels Tagebüchern geblättert. Wie modern das alles anmutet.

»Eine erlaubte Art des Selbstmords: Ein Mensch vollzieht wegen Beleidigung der sittlichen Idee ganz in der Stille an sich selbst das Todesurteil« (Hamburg 14.–29. Aug. 43). – Selma Lagerlöf, Gösta Berling. [...]

Des Abends furchtbar starken Tee getrunken! Dann viel und nicht resultatlos an der Studie über den Rabbi gearbeitet.

Infolge des starken Tees konnte ich nicht einschlafen. Exceß in Priapo! Schmach-schmach-schmachvoll! Ich habe mir das feste Versprechen gegeben, vor dem nächsten Mittwoch auf dem Altar der Venus oder des Priap keine Opfer darzubringen. Nicht aus moralischen, sondern aus hygienischen Gründen.

9. Jan. Ein leerer Tag!

Abends während des mittelhochdeutschen Kollegs kam plötzlich eine große Mutlosigkeit über mich – psychologisch übrigens recht wohl erklärlich – ein Gefühl großer Leere, poetischen Nichtkönnens. Es war mir, als sei mir die Fähigkeit, irgend einen großen Gedanken auch nur *nach*zudenken, ein großes Gefühl auch nur *nach*zufühlen, ganz und gar abhanden gekommen. –

An die Eltern geschrieben. [...]

Am »Rabbi« gearbeitet. Fleißig, doch ohne eigentliches Resultat.

10. Jan. Merkwürdig meine kindische Befangenheit und Unbeholfenheit, die sich überall wieder und wieder zeigt. Im Seminar, wenn ich zu irgend einer Frage etwas beitragen könnte und nur aus Verlegenheitsgefühl schweige, im Laden, wenn ich was kaufe, im Omnibus: überall.

Mit der »Rabbi«-Studie bin ich fertig. Ich bin im Arbeiten sehr schwerfällig geworden.

Den ersten Teil der »Lucrezia« von Gregorovius hab' ich zu Ende gelesen. Die *historische* Lucrezia ist für ein Drama nicht zu gebrauchen.

Erich Schmidt hat ziemlich unverhüllt eingestanden, daß er einen einmal gefundenen Witz sehr schwer für sich behalten könne, auch wenn dieser Witz höheren Rücksichten zuwiderläuft. – Das ist eine gute Eigenschaft von mir, daß ich die Wahrheit selten einem Witz opfere.

11. Jan. Plan zu einem dreiaktigen Renaissance-Drama. Im Mittelpunkt Giulia Farnese, die Geliebte Alessandro VI. Sie ist nach Ferrara gekommen an den Hof Lucrezias. [...]

Abends auf einem Wohltätigkeitsfest bei Kroll. Es war schön. Ich habe Ansätze gemacht, mich zu amüsieren. Es ging aber nicht. Ich habe eben dazu absolut kein Talent.

Dann ging ich mit einer Venuspriesterin. Sie war nicht häßlich und nicht schön. Doch fehlte merkwürdiger Weise alles Gemeine: sogar ein gewisses Schamgefühl besaß sie. Sehr angenehm war ihre Stimme und ihre Unterhaltung. Schade um sie! – Ich ließ mir ihre Adresse geben. Ich bereue es nicht, meinen Vorsatz von Montag gebrochen zu haben. Es war weder unhygienisch noch unästhetisch.

Merkwürdig, daß ich die unschönen Züge so vieler Dichter in mir vereine: die knabenhafte Verlegenheit Grillparzers, die Koketterie und Zerrissenheit Heines, die Eitelkeit Schlegels, die lioness und Haltlosigkeit Wildes, die Selbstzerfaserung Hebbels mit einem Stich ins Affektierte, die Prunksucht Hamerlings. Ob unter all diesem Wust ein poetischer Kern sich birgt?

12. Jan. In den »Xenien« geblättert. Viel Größe kann ein unbefangener Beurteiler im Verhalten Schillers in der Leitung der »Horen« und im »Xenien«streit wahrlich nicht erblicken. [...]

14. Jan. Dem Priapo geopfert ohne jegliches Reuegefühl.

Bei Schoyers Besuch gemacht. Die Dame des Hauses ungebildet, doch alle konventionellen Formen beherrschend. Der »Salon« mehr als einfach.

Die zweite Szene der »Bathseba« geschrieben. Wenn nur nicht die Motivierung der äußerlichen Kleinigkeiten so breit und wichtig ausgefallen wäre! Im Einakter wirkt das doppelt störend! [...]

15. Jan. Eine Ballade ist wertlos, wenn sie – wie dies bei Schiller gewöhnlich der Fall ist – nur einen interessanten Vorgang anschaulich schildert. Unter drei Umständen kann eine Ballade dichterischen Wert haben: 1) wenn sie psychologisch interessiert 2) wenn sie den Blick auf ein Problem hinlenkt 3) wenn sie starken Stimmungsgehalt hat.

Einen Teil der 3. Szene der »Bathseba« geschrieben. Abends bei einem Tee bei Ichenhäusers gewesen. Nette Leute. Habe mich ungeschickt benommen.

Exceß in Priapo.

16. Jan. Auf dem teuersten Papier ein Kärtchen an die Triesch geschrieben. Ein fingiertes Kärtchen beigelegt.

Storms »Angelika« gelesen. Wenn dieser Ehrhardt mit seiner Feinfühligkeit auch noch glaubwürdiger wirkt als der Schmachtlappen in der Monna Vanna, wirkt er doch immer noch unangenehm genug. Das ist immer eine so gefährliche Geschichte, wenn man einen Menschen schildert, in dem die Schicklichkeit stärker ist als eine selbst berechtigte Sinnlichkeit.

Die dritte Szene der »Bathseba« fertig geschrieben.

17. Jan. Exceß in Priapo! Schmachvoll! [...]

Die vierte Szene der Bathseba geschrieben.

18. Jan. Die fünfte Szene der Bathseba geschrieben. In der zweiten Hälfte glückte mir eine wackere Steigerung.

Die lang geplante »Braut von Korinth« drängt nach Gestaltung. –

In der Giulia Farnese soll ein Poet vorkommen, der im ersten Akt scherzend klagt, sein Glück sei sein Verhängnis gewesen. Hätte er mehr Unglück gehabt, so wäre er ein wirklich großer Dichter geworden. Im letzten Akt soll sich dann sein Wunsch bitter erfüllen.

19. Jan. Exceß in Priapo – C'est plus fort que moi.

An der »Bathseba« gearbeitet.

Abends im Deutschen Theater. Florentinische Tragödie von Oscar Wilde. Das kann ich auch! Und ohne solche gewaltsam herbeigezogene Schlußpointe. [...]

20. Jan. Exceß in Priapo.

Eichendorffs »Das Marmorbild« gelesen. Anklänge an das Knabenmärchen in Goethes Selbstbiographie und an die »Braut von Korinth«.

Die eingestreuten Lieder stören schrecklich.

21. Jan. [...] Viel Schach gespielt.

Exceß in Priapo.

23. Jan. Die »Bathesba« vollendet und sie beim Durchlesen als dürftig, farblos, verwaschen, dilettantisch befunden.

Am »Rabbi« gearbeitet.

Exceß in Priapo. –

Die Giulia Farnese soll einen Todeskeim in sich tragen, von dem nur sie und ihr Arzt wissen.

24. Jan. Exceß in Priapo.

Ich wollte Richard M. Meyer bitten, die »Bathseba« zu lesen. Ich traute mich aber nicht, sondern sprach mit ihm von Gleichgiltigem. Dazu machte ich eigens Toilette, eine mühsame Fahrt und Wohnungssuche. Schließlich ging ich die Hintertreppe hinauf! Typisch! [...]

Abends wollt' ich in eine Uraufführung im Schillertheater gehen. Ich dachte, sie finde in N. statt; nachdem ich das Billet sehr umständlich – natürlich das teuerste! gelöst, sah ich, daß – Cyprienne gegeben wurde. Selbstverständlich traut' ich mich nicht, das Billet zurückzugeben, und so sah ich wider meine Absicht »Cyprienne«. [...]

Brief an die Swoboda.

Angefangen, einen Kanon der Giulia Farnese zu excerpieren.

Ich wollte so gerne ein gesundes zeitgenössisches Stück schreiben. Aber mir fehlt das Erlebnis!

25. Jan. Jene Venuspriesterin besucht. Meine ungesunde Sinnlichkeit scheint nachzulassen!

Hebbels »Agnes Bernauer« gelesen. Voll simpler Kraft, doch ohne sonderliches Interesse.

Hauptmanns »Und Pippa tanzt« im Lessingtheater gesehen. Ein Dichterwerk! Trotz der überladenen Symbolik! Er schöpft nicht aus der Fülle, aber was er gibt, ist echt. Dieser Michel Hellriegel ist eine köstliche Gestalt. Er erinnert an das Beste von Raimund und Nestroy, von Gaudy und Eichendorff. Auch sonst! [...] – Die Darstellung war ausgezeichnet. Es war ein echter, froher Genuß!

26. Jan. Der Altphilolog aus Bremen hat mich besucht. Die Bathseba scheint ihm wirklich gefallen zu haben. [...] Die Nora im Lessing-Theater gesehen. Die Triesch als Singvögelchen völlig unzulänglich, sonst gut, besonders in den angstgejagten Stellen, aber oft zu gewollt und theatralisch. Bassermann macht aus dem Helmer einen Hjalmar Ekdal. Sicherlich gegen die Absicht des Dichters, der einen Konventionsmenschen, wohlerzogen, normal, durchtränkt von assessoralem Ehrbegriff zeichnen wollte. Die ganze Vorstellung hochinteressant. Wie wirklichkeitsfremd ist doch Ibsens Naturalismus! Wie pedantisch-trocken ist seine Sprache! Und doch, wie genial sind diese Dramen in ihrer Einseitigkeit!

27. Jan. [...] Von Willy Levy einen Brief, der sehr nach schnödestem Commis-Stil riecht, erhalten. Und dieser gutmütige, aber aufdringliche, ungebildete, geschmack- und urteilslose Mensch ist eines der wichtigsten »Phöbus«-Mitglieder! Und verkehrt bei der Swoboda!

Exceß in Priapo!

[...] Ich denke oft und viel an Else Fernau, trotzdem sie mich so schnöd behandelt und sicherlich schon halb vergessen hat. Es ist merkwürdig, daß ich mich von dieser Frau, die außer ihrer graziösen Leichtigkeit und der liebenswürdigen Herzlichkeit – die über Gerechten und Ungerechten leuchtet – keinerlei gute Eigenschaft besitzt, nicht losmachen kann. Ich sehe deutlich den Mangel jeglichen feineren Kunstgefühls und jeglicher Tiefe. Auch liebt sie mich nicht und ich liebe sie nicht. Nur weil sie die Frau ist, auf die ich trotz allem den tiefsten Eindruck gemacht zu haben scheine, häng' ich an ihr. – Es ist eine Plage!

Abends ohne jegliches Interesse die Illumination zu Kaisers Geburtstag beschaut. Dann, bei einem Alpenfest eines Männergesangsvereins. Habe dort 2 zierliche Damen von der Nadel getroffen, die ältere, Frida, außerordentlich hübsch, aber geistig nicht allzu hoch stehend. Sie wurde mir weggeschnappt und ich mußte mit der jüngeren, Else Seeger – Belle-Alliancestr. 93, daß ichs nicht vergesse –, vorlieb nehmen. Diese ist in der Unterhaltung angenehmer, doch stören die beiden weitvorstehenden Mittelzähne des Oberkiefers, die noch dazu schlecht plombiert sind, den Gesamteindruck der Erscheinung gewaltig. – Ich werde diese Bekanntschaft kultivieren. Ich kam erst nach 8 Uhr morgens nach Hause.

28. Jan. Nach der durchschwärmten Nacht einen müden Tag verbracht. Abends war Heß da und erzählte viel intimes Sexuelles. Sein Gesicht hatte dabei einen so sinnlichen Ausdruck, daß ich fast Furcht bekam.

29. Jan. Die Braut von Korinth gewinnt Form. […]

30. Jan. […] Thomas Mann hat für die Fiorenza manche Anregung aus den Künstler-Novellen des Bandello geschöpft. – […]

31. Jan. Exceß in Priapo.

Referat über den »Rabbi« bei Schmidt gehalten. Ganz gut abgeschnitten.

Abends hatte ich mit meiner kleinen midinette Ella ein Rendezvous vereinbart. Ich wartete aber vergebens. Ob sie die Schuld trug, weiß ich nicht. Vielleicht kam sie und wartete an anderer Stelle. Es sind 2 Uhren am Halleschen Tor, was ich zu spät bemerkte.

Ich ging verdrossen nach Hause. Dann kam ein starkes fleischliches Gelüst über mich. Nach langem Suchen ging ich mit einem Weib, das verhältnismäßig »unschuldig« aussah und ausnehmend schöne Augen (Rehaugen) hatte. Wie ich zu spät bemerkte, war sie schwanger. Sehr interessant war der Engros-Betrieb bei der Bordellwirtin. Das Weib bat mich dann, nachdem ich ihr 6 M gegeben hatte, flehentlich, ich möchte ihm noch 5 M schenken. Es bat verzweiflungsvoll flehend und machte mir die unglaublichsten Versprechungen, aber immer mit den gleichen Worten. In mir kam aber kein Fünkchen Mitleid auf, nur neben ästhetischem Ekel und starkem Interesse ein Gefühl turmhoher Überlegenheit. Schließlich kostete mich der Spaß alles in allem 7 M. [...] Die farbreichen, lebensvollen Künstlernovellen des Bandello gelesen.

1. Febr. Exceß in Priapo!

Die Miete war sehr teuer. Ich bin wieder mal in Geldnöten und sah mich heute schon gezwungen, im vegetarischen Restaurant zu essen.

Des Macchiavelli »Mandragola«, die kulturhistorisch so interessant, künstlerisch aber wohl nicht allzu wertvoll ist, gelesen.

Gorkis Kinder der Sonne im Kleinen Theater gesehen in vortrefflicher Darstellung. Das Werk hat mir viel besser gefallen, als ich nach den Kritiken erhoffte. Ich glaube, es wird ebenso unterschätzt, wie das Nachtasyl überschätzt wurde. Mich für meine Person fesseln diese Menschen viel mehr als die Gestalten des Nachtasyls. Was das Stück vornehmlich auszeichnet ist die Melancholie, die darüber ausgegossen ist, ohne jede Mache, ohne jede Affektation. Und es werden viele feine, kluge Worte gesprochen.

Ich war mit dem kleinen Kahn aus München im Theater und sah mich gezwungen, hernach noch mit ihm zu bummeln. Ein gutmütiger, aber langweiliger Mensch.

2. Febr. Ich bin sehr müde von der gestrigen Bummelei. [...]

4. Febr. Ich will das Gerüst zur Braut von Korinth möglichst fest bauen, eh' ich mich an die Arbeit mache. Die Wirklichkeitsvorgänge sollen möglichst klar und in scharfen Farben herauskommen, die Sprache helle, präzise Prosa. Der Traum schwül, dämmernd, stimmungssatt. Heiße, vollströmende, ungebändigte Verse. [...]

Im Philharmonischen Concert gewesen ohne viel Verständnis, aber mit viel Genuß.

5. Febr. [...] Mit dem Germanisten Maisel ein Gespräch gehabt. Er scheint ein kluger kritischer Kopf, doch ohne Sinne für die dichterische Farbe.

Exceß in Priapo.

Plan zu einem Einakter: »Königin Sünde«. [...] Andere, vagere Pläne. [...] Eine satirische Skizze. Ein sterbender Corpsier. Alles heuchelt Trauer. Und seine Geliebte, die einzige, die ihn wirklich beweint, wird hinausgewiesen. [...] Im »Jürg Jenatsch« gelesen. C. F.

Meyer fesselt mich nicht mehr. Ich hab' mich in letzter Zeit zu viel mit ihm beschäftigt.

Flüchtig den I. Akt von »Richard III.« gelesen. Die Mörder sind inconsequent gezeichnet. Merkwürdig Richards Unbehagen bei den Flüchen. Die Traumerzählung scheint auf die Traumerzählung in den »Räubern« eingewirkt zu haben.

7. Febr. Von Ria M. einen lieben Brief erhalten. Ein angefangener Brief vom 23. Jan. lag bei. Scheint Komödie.

Im Seminar den Vortrag über den »Rabbi« zu Ende geführt. Schmidt sprach sich sehr anerkennend aus, tadelte aber mein hartes Französisch. –

Im »Kaufmann von Venedig« gewesen. Shylock ist wirklich ein bißchen zu tief angelegt. Die Farce im Gerichtssaal wirkt empörend und reißt aus der graziös-musikalischen Stimmung. Die Aufführung von Reinhardt im Deutschen Theater war glänzend. Die Shylock-Handlung wurde angemessen zurückgedrängt und alles war in Musik getaucht. Überrascht hat mich die ungemein liebenswürdige Portia der Sorma, sehr überrascht hat mich der bis zur Grausamkeit temperamentvolle Graziano Moissis. Doch hätte Schildkraut trotz allem etwas mehr auf den Effekt arbeiten sollen.

9. Febr. Exceß in Priapo.

An Ria einen langen Brief geschrieben. Dichtung und Wahrheit. Viel Wahrheit und viel Affektiertes. –

Abends 5 Stunden mit jenem Germanisten Maisel geplaudert. In der ersten Aufwallung hab' ich ihn wohl überschätzt. Aber er hat wirklich große Ideen. Er hat mir einen grandios angelegten I. Akt zu einem Moses entwickelt. Auch ein geistvolles wuchtiges Moses-Problem. Aber er hat keinen Sinn für Duft und Farbe.

10. Febr. […] Abends bei einer »Haeckel«-Feier mit Ball gewesen. Ich habe mich mit 2 unbedeutenden, ungebildeten harmlos-hübschen Judenmädeln recht gut amüsiert.

11. Febr. Ich kam erst morgens ½ 8 Uhr nach Hause. […]

12. Febr. Mit Max und Ludschi einen Waldspaziergang gemacht, der mir gut tat. – In der »Komischen Oper« Hoffmanns Erzählungen gesehen. Ich hatte einen teuren, schlechten Platz und war dadurch von vornherein verstimmt. Dann ärgerte mich die ohne Textbuch unverständliche Handlung. Sehr gut gefiel mir die Barcarole und der 3te Akt. – Bertram ist ein gewaltiger Sänger.

13. Febr. Halber Exceß in Priapo. Aus Langeweile!

Kärtchen an Else Fernau, an die Eltern, Onkel Hermann und Ichenhäuser.

Von Hedwig Lehmann, jenem naiven Judenmädel vom Haeckel-Ball, eine verlegen-naive Aufforderung zum Rendez-vous bekommen. – [...]

14. Febr. Den Auszug des »Rabbi« fertiggestellt.

Nachmittags mit Menko mich mit den beiden Mädels getroffen. Sie sind fürchterlich naiv! Sie hatten der Mutter davon erzählt! – Es war aber immerhin ganz amüsant.

15. Febr. Exceß in Priapo.

Brief von Ria. Sehr liebenswürdig. Kühler, kurzer, gemachter Brief von Else. [...]

16. Febr. Exceß in Priapo.

Mit großer Mühe den Reisekorb gepackt und expediert.

Erich Schmidt sagte mir beim Abtestieren ein paar liebenswürdige Worte.

Abends im Neuen Theater eine glänzende Vorstellung von Björnsons »Neuvermählten« und eine minder gelungene der »Salome« gesehen. [...]

17. Febr. [...] Nachmittags bei Lehmanns gewesen. Matt, philiströs – behaglich. Hedwig machte dilettantenhaft Musik und sang mit viel Liebe und einer kleinen, ziemlich unfreien Stimme. –

Abends kam eine große Geilheit über mich, die ich bei einer Venuspriesterin stillte.

18. Febr. Im Philharmonischen Concert gewesen. Ich bemerkte mit Freuden, daß mein Interesse und wohl auch mein Verständnis für Musik wächst.

20. Febr. Exceß in Priapo.

Auch im Bad übermannte mich die Geilheit. – Die Vorbereitungen zur Abreise größtenteils erledigt.

21. Febr. Der letzte Tag in Berlin!

Ich lasse nicht viel hier zurück: ich lasse hier nichts zurück.

Ich verlasse Berlin kühler, reifer, erfahrener und selbstkritischer als ich gekommen bin. Ohne Respekt vor mir und vor den andern.

Ich habe viel Abschied genommen. Ohne rechte Herzlichkeit.

Mittags mit Maron bei Kempinski gegessen.

Abends mit Ludschi und Menko bei Max gegessen. Er hat sich sehr taktvoll benommen.

Morgen um 7h 20' fahr' ich in den Münchener Fasching hinein!!!!

1906
München

22. Febr. Über Leipzig hierhergefahren. Langweilige Fahrt. Nur zuletzt, als ich wieder süddeutsche Laute hörte, unterhielt ich mich.

Abends in der Familie beinahe herzlich geworden.

23. Febr. Durch die räumige, besonnte, stille Prinzregentenstraße voll Freude zu Else gegangen. Sie nahm mich sehr liebenswürdig auf: aber es war doch nicht so, wie ich erwartet hatte.

24. Febr. […] Abends mit Else auf der Redoute im Münchener Kindl-Keller gewesen. Wir tranken viel Wein und waren angeregt und tauschten heiße, wilde Küsse.

25. Febr. Exceß in Priapo.

Mit Zádor beim Intendanten von Speidel gewesen. Es soll ein Stück von Zádor aufgeführt werden, das ich nicht aufgeführt will. Der Intendant liebenswürdig, umgänglich, ein Aristokrat.

Nachmittags bei der Swoboda gewesen. Dann mit Ria zusammen. Sie war nett.

Abends mich mit Phöbusianern in der Börse gelangweilt.

26. Febr. Vormittags bei der Swoboda mit Zádor resultatlos unterhandelt.

Abends auf dem Bal paré gewesen, unendlich viele Bekannte getroffen. Mit einem kleinen Domino angebandelt, der auf Abenteuer ausging. Sie war anfangs sehr nett, aber allmählich flaute ihre Stimmung ab: sie bekam bange. Übermorgen soll sie sich verloben und so wollte sie sich vorher nochmals amüsieren. – – Ich werde sie wohl niemals wiedersehen. Sie hieß Elisabeth.

27. Febr. Exceß in Priapo.

Mit Ria in Starnberg gewesen. Wir tranken Bruderschaft. Ich war sehr müd und wenig unterhaltsam: sie war sehr lieb.

28. Febr. Ich war bei Else, mit der ich mich zusammenbestellt hatte: aber sie empfing mich nicht, weil sie zu spät nach Hause gekommen war.

Abends war ich in L'Adversaire von Capus im Schauspielhaus. Ich war müde, nicht in Stimmung, und fand keinen Gefallen an dem Stück. – Mit Stollberg hatte ich eine kurze Unterredung.

Dann von ein paar Schoppen Wein berauscht, nahm ich mir eine Dirne, mit der ich mich lang und gut unterhielt.

2. März Exceß in Priapo.

Papas Geburtstag.

Den größeren Teil einer Skizze: Der Karneval von Ferrara geschrieben. [...]

4. März Exceß in Priapo.

Nachmittags mit Ria einen Ausflug gemacht. Ich quäle sie, weil ich ein Liebesgeständnis aus ihr erpressen will. Es ist nicht recht von mir. [...]

5. März Exceß in Priapo.

Von Ria über Berlin einen hübschen kleinen Brief erhalten. Ich hab' ihr ein kleines Gedicht zurückgeschrieben:

Sie liebte ihn, er liebte sie
Doch anders wie andere Leute.
Er war ein Meister der Psychologie
Und sie war sehr gescheute.

Einander küssen täten sie nie
Sie machten sich keine Freude
Er stichelte dort, sie stichelte hie.
Sie sagte: morgen, er: heute.

Und endlich voll Trauer erkannten sie:
Am besten, wir trennen uns beide.
Er liebte eben die Psychologie
Und sie war viel zu gescheute. – – –

Des Abbé Prévost »Manon Lescaut« gelesen. Das elegant und einfach geschriebene Buch ist mir sehr interessant. Ein Schauspiel: Manon Lescaut?

Abends im Intimen Theater. Es war langweilig.

6. März Exceß in Priapo.

Mittags war ich bei Else. Sie war sehr liebenswürdig. Aber es ist merkwürdig: ich habe immer einen so bittern Geschmack, wenn ich von ihr komme. – –

Sehr hübsch Stendhals Bemerkung über die 4 Arten von Liebe: 1) die rein sinnliche Liebe 2) die ästhetisierende literarisierende Liebe 3) die amour vanité 4) die grande passion. Ein Schauspiel: Die Amouren des Herrn von Steinhoff, das diese 4 Themen behandeln soll.

7. März Exceß in Priapo.

Hübsches Gedichtchen von Ria erhalten. –

Mit von der Leyen über die Penthesilea gesprochen. Er war sehr liebenswürdig.

Die Swoboda geärgert. Abends hat Martin, der furchtbar oberflächlich und eingebildet ist, in seinem Verein einen Vortrag gehalten.

Viel Verein gesimpelt.

Zur Katastrophe eines modernen Dramas:

Ein Künstler bedarf vor dem Auftreten dringend der Ermutigung. Ein Weib nun, das ihn liebt und haßt und eifersüchtig auf seine Kunst ist, raubt ihm den Glauben an seine Kunst und den Erfolg.

8. März Exceß in Priapo.

Die Swoboda gehänselt. Bei Ganghofer gewesen. Ein ernster, ehrlicher Mensch voll großer Sehnsucht nach dem Schönen. Viel Verein gesimpelt. Die Skizze: Der Karneval von Ferrara ist fertig.

11. März Vereinsgemeiert.

Interessant Else Breuer.

Abends mit einer sehr resoluten und sehr teuren Dirne gegangen.

12. März Nachmittags mit Else das Rautendelein studiert, das sie auf meinen Rat hin als braunes, wildes Naturmädchen spielen will.

15. März Viele, viele »Phöbus«-Quereleien.

Von Ria einen sehr lieben Brief bekommen.

18. März Aesthetischer Tee. Schreckliche Arbeit! Hab mich aber gut amüsiert. Mit der Haas, mit der Leidenfrost.

19. März Nachmittags mit Ria zusammengewesen. Sie war lieb. Ich küßte sie: aber sie roch aus dem Munde.

20. März Exceß in Priapo.

Karl Felner »Der Pharisäer und die Ehebrecherin« gelesen. Voll Pathos und Phrasen. Geschickte Technik. Erinnert mich an eigene Produkte.

Abends mit Tschadegg im Ratskeller gesoffen.

22. März 20 Verse an der Braut von Korinth geschrieben.

23. März Exceß in Priapo.

Francesca da Rimini von D'Annunzio-Vollmoeller gelesen, sehr flüchtig. Es erstickt alles in Worten. [...]

24. März Gustav Wieds prächtiges Satyrspiel »Erotik« gelesen.

Von Else, mit der ich mich heute zusammenbestellt hatte, eine Absage erhalten. Ich hab' mich wütend geärgert.

Ein paar Verse an der Braut von Korinth geschrieben.

25. März Einen vergnügten, aber sehr teuern Abend mit Else Legband und ihrer amerikanischen Freundin verlebt.

27. März Exceß in Priapo.
Abends bei der Duncan. Ohne tieferen Eindruck.

30. März Exceß in Priapo.
Abends bei Stollberg wegen der »Pippa«. Ein »mieser Jud«.

31. März Den »Deutschen Grafen« von Vollmoeller gelesen. Ideen, Charaktere, Stimmungen, Worte voll Blut und Leben: was will man mehr? [...]

1. April Vormittags mit Ria in Nymphenburg. Sie war lieb und gemütlich.
Nachmittags mit Einhorn und Levy bei der Legband zum Tee. Auch die verrückte Amerikanerin war da. Es war ganz nett.

2. April An der Braut gearbeitet.
Eine Wahrheit verliert an Unmittelbarkeit und an Wert, sie wird weniger wahr, wenn sie mitgeteilt wird. Besonders gilt dies von Gefühlswahrheiten. Eine Gefühlswahrheit kann niemals exoterisch, öffentlich werden. Auch der größte Dichter kann eine solche Wahrheit nur ahnen lassen: er kann sie niemals rund und ganz und nackt veranschaulichen. Dadurch verliert die schlichte, herzliche Offenheit Elses so, weil sie jedermann zu teil wird.
Exceß in Priapo. [...]

8. April Exceß in Priapo.
Nachmittags mit Ria in Groß-Hesselohe. Sie war sehr lieb.
Abends im »Simplicissimus« mit Siegbert, Ludschi und Martin, welch letzterer sich sehr kindisch und dummstolz benommen hat.

9. April [...] Abends Seder. Ganz gemütlich.

10. April Exceß in Priapo.
Abends ungemütlicher Seder.

11. April Exceß in Priapo.

Bei Lackner, bei dem sehr liebenswürdigen Suske. Auf der Straße der Triesch begegnet, die mich wiedererkannte, trotzdem sie mich vor einem Jahr ein einziges Mal flüchtig gesehen. Sie war von größter Liebenswürdigkeit.

12. April Bei der Triesch gewesen. Sie war ausgegangen. Ich traf sie dann auf der Straße in Begleitung der Pape. Sie troff von Liebenswürdigkeit und gab mir eine Karte für ihren Rezitationsabend. Dieser Rezitationsabend, der vornehmlich biblische Sachen brachte, war sehr interessant und anregend.

13. April An die Triesch einen Brief über ihren Rezit.-Abend geschrieben. Heftiger Disput mit Bauernfreund.

Exceß in Priapo.

16. April »Harmonie« von Keyserling gelesen. Still und nervös und vornehm. – Exceß in Priapo.

17. April Bei Else gewesen. Sie war im Begriff, mit Bekannten auszuradeln. Sehr liebenswürdig, etwas schuldbewußt. Ich muß diese Beziehungen abbrechen. Sie machen mich krank. Ich wollte ihr einen Brief darauf schreiben: aber ich tat es nicht. –

Ein modernes Urias-Drama: Ein Theaterdirektor, der den kleineren Konkurrenten, den Mann der geliebten Frau, systematisch zugrunde richtet.

Exceß in Priapo.

18. April Immatrikuliert.

Nachmittags kam Max, der hier das Semester verbringt.

19. April Exceß in Priapo.

In Oberammergau gewesen. Wohnungssuche. Fad. [...]

Abends den Zug verwechselt. Nach Garmisch gefahren statt nach München! Mußte die Nacht über dort bleiben.

20. April Zurück nach München gefahren.

Grillparzers »Weh dem, der lügt«, »Libussa«, »Esther« gelesen.

Else fuhr in Begleitung eines Dr. Röder (?) an mir vorbei. Ich konnte eine eifersüchtige Regung nicht unterdrücken. –

Exceß in Priapo.

»Phöbus«-Quereleien.

Von der Triesch eine liebenswürdige Karte bekommen. Die »Jugend« hat mir den »Karneval von Ferrara« zurückgeschickt.

22. April Exceß in Priapo.

[...] Von Ria ein hilfloses Brieflein erhalten: »man wisse zu Hause alles«.

Bei Else gewesen. Sie war ausgeradelt. Ich hinterließ ihr ein stachliges Brieflein.

Nachmittags wieder mal einen »Haferltarock« gemacht. [...]

Dann mit Herrmann im »Franziskaner« gewesen. Schließlich mit einer sehr willfährigen Dirne gegangen. (Kreuzstr. 6/IIr.)

23. April Einen kühlen Brief von Else bekommen. Merkwürdig, daß mein Begehren nach ihr nachläßt, sowie ich mich sexuell entladen habe. [...]

Bei der Swoboda gewesen, die sich sehr freundlich gab. Dann mit Ria zusammengewesen. Sie war sehr, sehr lieb.

24. April Exceß in Priapo.

Bei Muncker Kolleg gehört. Langweilig.

Ein paar Verse an der Braut von Korinth geschrieben.

Mit der Brünner mich ganz gut unterhalten. Die Alte, die für ihr Kind alle Rollen ergattern möchte, die typische Theatermutter.

Abends im Ratskeller mit Kahn, Herrmann und Monheimer Sekt gesoffen.

26. April Exceß in Priapo.

5 Stunden Kolleg gehört! Diese verfluchte trockene Wissenschaft interessiert mich so gar nicht.

Abends »Phöbus«. Herodes von Stephen Phillips. Es war leer. Walther las schlecht. Ich hatte im stillen gehofft, Else werde kommen. Es war vergebens.

Hernach mit der Spankuch und der Legband und der kleinen Wittmann im Ratskeller. Mäßiges, sehr teures Vergnügen. Die Wittmann begleitete ich hernach in einer Droschke nach Hause.

Mühsam erkämpft' ich mir einen Kuß. Ça ne valait pas de la peine.

27. April Viel Kolleg gehört.

Lipps meint: der Philosophie von heute blieben noch 2 Aufgaben übrig: 1) Schaffung eines einheitlichen Weltbildes 2) Geisteswissenschaft (Erkenntnis des Ichs). Als ob das nicht die Naturwissenschaft und die – Poesie besorgten!

29. April Exceß in Priapo.

Auf der Parade die Legband, die Spankuch gesprochen. [...]

1. Mai Schon um 7 Uhr Kolleg gehört!

Ein paar Verse an der Braut geschrieben.

Nachmittags kam mir im Kolleg mit einem der Gedanke, daß heute Elses Geburtstag sei. Ich bin schmachvoller Weise immer noch in sie verliebt, trotzdem sie doch offenbar kein Interesse – wenigstens kein tiefergehendes! – für mich hat.

2. Mai Exceß in Priapo.

Mich bei Paul im Seminar blamiert.

Einige Verse an der Braut geschrieben.

5. Mai Exceß in Priapo.

Die Swoboda wird heut in 8 Tagen das »Weib d. Urias« lesen.

6. Mai [...] Abend im Volkstheater eine mittelmäßige Aufführung einer wertlosen Detektiv-Komödie »Sherlock Holmes« gesehen, die noch in der 61. Aufführung ein volles Haus machte.

7. Mai Exceß in Priapo.

Viel Scherereien wegen der Rezit. der Bathseba. –

Von den Gedanken an Else kann ich nicht loskommen. Gestern nach der Nachmittagsvorstellung schlich ich um das Schauspielhaus, um ihr zufällig zu begegnen.

8. Mai Nachmittags bei jener Dirne in der Kreuzstraße gewesen. Ihr Geliebter war bei ihr. Die Polizei suchte ihn. Er floh durch das Fenster. Sehr interessant.

Abends war ich dann wieder bei ihr. Mit dem Erfolg bin ich zufrieden wie mit einem tüchtigen Aderlaß. Hernach noch gehörig priapiert.

Großmama geht es sehr schlecht.

9. Mai Bei der Berndl gewesen.

Abends »Wallensteins Lager« u. Piccolomini im Volkstheater. Mittelmäßige Aufführung. Das »Lager« hat mir gut gefallen. Mich mit Papa gut unterhalten.

11. Mai Von Ria einen Brief erhalten. Sie entschuldigt sich, daß sie morgen nicht kommen kann. Eine merkwürdige Bemerkung: ihre Bekannten hätten »eine ausgesprochene Abneigung gegen alles Jüdische«. Was bedeutet das?

Ria vom Theater abgeholt. Sie war sehr lieb.

12. Mai Nachmittags mit den Seminaristen von von der Leyen einen Ausflug gemacht. Von der Leyen sehr liebenswürdig. Den Zug verpaßt. Ich kam zu spät in den »Phöbus«, wo Weigert Felners »Pharisäer« und die Swoboda mein »Weib des Urias« las.

Der Saal war schrecklich leer, das Publikum unruhig. Else war da, die Berndl, die Pape, die Widmann, die Holm, die Breuer. Die meisten gingen nach meinem Stück. –

Die Swoboda las schlecht, der Beifall war recht freundlich. Ich zeigte mich nicht.

13. Mai Exceß in Priapo.

Nachmittags bummelte ich in der Maximiliansstraße mit der Absicht, Else zu begegnen. Scheußlich! Ich begegnete ihr auch: doch war ich in Begleitung von Max und Lehmann, so daß ich sie nicht ansprechen konnte.

Abends ging ich mit einem netten, kleinen Dirnlein. Teuer und ungemütlich.

14. Mai Exceß in Priapo. –

Braungart lobte die »Bathseba« im allgemeinen, Gumppenberg tadelt mein Bestreben, biblische Stoffe vom modernen Standpunkt aus psychologisch zu erklären. –

Während des Kollegs bei Ranke schrieb ich ein Gedichtchen an Else:

Ich liebte dein Lachen, ich liebte dein Weinen,
All deine Sorgen wurden die meinen.
Ich bekenn' es frei – beinah schäm' ich mich:
Ich war ein Narr und ich liebte dich.

Ich glaubte deinen lachenden Mienen,
Ich sah deine Züge so, wie sie *schienen*.
Dein Lächeln, dein Locken betörte mich
Ich war ein Narr und ich liebte dich.

Jetzt endlich durchschau' ich die feine Lüge,
Seh endlich deine wahren Züge.
Die Schminke zerstäubt, der Puder zerstiebt:
Adieu, madame! Ich hab' Sie geliebt.

Ich schickte ihr das Gedichtchen.

15. Mai Großmama liegt im Sterben. Sie repräsentiert bis zuletzt und ist furchtbar lebenszäh.

Von Else ein kurzes, kühles Gratulationsbriefchen erhalten, das mein Gedichtchen kreuzte. Ich beantwortete es kühl, mit zarter Höflichkeit. –

An der Braut von Korinth die Hauptscene fertiggestellt. –

Abends mit Ria 4 Stunden spazierengegangen. Sie war sehr lieb.

16. Mai Ich fange an, mich hier sehr zu langweilen.

Großmamas schwere Krankheit zwingt mich zu vielen kleinen Rücksichten. Es ist sehr peinlich.

Moralt schrieb in der Allgemeinen Zeitung eine absurde Kritik über die »Bathseba«.

Die Braut von Korinth ist beendet! Sie ist nichts Großes, soll ja auch nichts Großes sein. Ich glaube, sie ist ganz repräsentabel.

Was Else anlangt – in die ich ernstlich verliebt bin! – so hab' ich folgenden Entschluß gefaßt: Erwidert sie meinen groben Brief einlenkend, so werde ich alles tun, sie ganz an mich zu fesseln. Tut sie dies nicht, so werde ich auf keinen Fall eine Annäherung versuchen. –

Ich leide zur Zeit an quälenden Zahnschmerzen und muß täglich zum Zahnarzt.

17. Mai Exceß in Priapo. –

Ich habe Else nun doch brieflich um eine Unterredung gebeten. –

Kaum hatt' ich mich abends zu Bett gelegt, so wurde ich zu Großmama hinübergerufen. Es fiel ihr aber noch gar nicht ein, zu sterben. Übrigens berührt ihr langsames Hinscheiden niemanden schmerzlich: jeder empfindet nur die vielen Unannehmlichkeiten, die die Sache im Gefolge.

19. Mai [...] Endlich nachmittags 5 Uhr von Else ein paar Zeilen bekommen, ich möge sie Mittwoch besuchen. Schnippisch, ganz im Ton meines Briefchens. Unterzeichnet: die verabschiedete Madame.

20. Mai Exceß in Priapo.

Von 9 – ½ 1ʰ mit Ria in Gräfelfing in Frost und Regen herumgestiefelt. Ein liebes, liebes, liebes Mädel! Und sie hat mich wirklich lieb.

Durch das Treiben in und um Großmamas Sterbezimmer wurde mir jene Satire vom sterbenden Corpsier und seinem Schatz wieder näher gerückt. –

An der Braut von Korinth, die mir trotz ihrer Virtuosenhaftigkeit und ihres leeren Versgeklingels mehr und mehr gefällt, die erste Szene mit vielen Kürzungen umgeschrieben.

22. Mai Nachmittags bei jener Dirne in der Kreuzstraße.

Dann ärgerte ich mich sehr darüber, daß der Kellner im Orlando mich um 1 M (!) betrog, wagte aber nichts zu sagen. [...]

23. Mai Exceß in Priapo.

C. F. Meyer »Leiden eines Knaben« zur größeren Hälfte gelesen.

Dann ging ich zu Else, voller Erwartung. Es war Spannung in der Luft. Dann störte die Hanau. Else verband das Unangenehme mit dem Nützlichen und ging, das aus der Bibliothek entliehene Buch umtauschen. Jetzt kam es endlich zum Krach. Ich sagte ihr, sie mir lauter kleinliche gehässige Dinge. Wir trennten uns voll Erbitterung.

Dann schrieb ich ihr einen langen, verrückten, verliebten Brief.

Henrik Ibsen gestorben!!! Der größte Dramatiker unserer Tage! Der größte Ironiker unserer Tage! Der Schöpfer der »Wildente«! Der Dichter von »Kaiser und Galiläer«, der Dichter des »Volksfeinds«, der »Gespenster«, der »Nora«, des »Solneß«, »Wenn wir Toten erwachen« ist tot!!

Großmama starb um 8^h. Eine halbe Stunde zuvor sah ich sie noch. Was dieser Tod für Unannehmlichkeiten mit sich bringt! – Von Ria ein herziges Brieflein bekommen. Das süße Mädel! Und den hab' ich nicht beantwortet – und statt dessen Else geschrieben.

24. Mai Wunderschönes Wetter: schade, daß ich nicht mit Ria fortkonnte. Ich hab' ihr einen wirklich empfundenen Brief geschrieben. –

Auch Else hab' ich geschrieben. Einen Brief, der so ziemlich das Gegenteil von dem gestrigen besagt. Sie wird daraufhin wahrscheinlich mit mir brechen. Es macht nichts. Es ist besser als der jetzige unerträgliche Zustand. –

Großmamas Tod hat bis jetzt weniger Unannehmlichkeiten gezeitigt, als ich dachte. Die Onkel Leo Hamburger und Eli Birnbaum sind Gentlemen. Auch Papa hat sich entgegenkommender und anspruchsloser gezeigt, als ich erwartet. –

Ich hab den ganzen Tag an der Braut von Korinth geschrieben und bin auch in der Reinschrift bis zu der Traumszene gekommen.

25. Mai Exceß in Priapo.

Viel an der Braut von Korinth geschrieben. –

Nachmittags Großmamas Beerdigung. Geringe Beteiligung. Werners Rede sauschlecht. Alles in allem: würdelos! [...]

26. Mai Exceß in Priapo. –

Von Else Antwort bekommen. Liebenswürdig: aber es wird doch wohl in Zukunft alles so bleiben wie bisher.

27. Mai Exceß in Priapo.

Viele Leute an die Bahn gebracht.

Mit Ria vormittags einen Ausflug gemacht, sie abends vom Theater abgeholt. Ich möchte das liebe Mädel nicht missen!

Die Braut von Korinth beendet. Ich hab sie Ria zum Lesen gegeben.

30. Mai Nachmittags bei Else. Sie hatte Kommissionen zu machen. Als sie mich darüber betrübt sah, küßte sie mich und dann stiegen wir in den Wagen und fuhren in die innere Stadt. Das ging alles wie im Wirbelwind. Sie hätte mir sicher abgeschrieben, wenn sie nicht wüßte, wie tief mir das geht. In dem Augenblick, in dem die Synagoge zu Ende war, fuhr ich mit ihr am »Jontef« (!) daran vorbei. Ob mich jemand gesehen hat, weiß ich nicht. Im offenen Wagen!

Ein wenig an Kleists »Penthesilea« studiert, über die ich im Seminar einen Vortrag halten soll.

31. Mai Furchtbare Zahnschmerzen!

Ich möchte ein modernes Drama schreiben: »Ich!« soll es heißen oder »Timon von Berlin« oder »Cleopatra«. [...]

1. Juni Exceß in Priapo.

In Hamerlings »Ahasver« ein wenig gelesen. Plan zu einem Ahasver, einem Nero.

Interessant folgende Stelle im Epilog an die Kritiker: »Ich glaube bemerkt zu haben, daß es eine doppelte Weise der poetischen Behandlung historischer Stoffe gibt: eine streng historische und eine solche, bei welcher die Begebenheit alles zeitlichen und örtlichen Colorits entkleidet, zum Motiv einer allgemein menschlichen Darstellung wird.« Er verteidigt nun diese zweite Methode recht geschickt. Weiter über »niedrige Spekulation mit Schlüpfrigem«: »das Schlüpfrige muß gemein auftreten, wenn es ein großes Publikum anziehen soll. In einem Werke, das mit tieferen Gedankenelementen verquickt ist, verlieren die gewagtesten Situationen ihren verführerischen Reiz für den großen Haufen«. Und endlich: »Moderne Ausdrücke gebrauche ich ungefähr mit demselben Recht, mit welchem ich die Personen meiner Dichtung deutsch und nicht lateinisch sprechen lasse.« [...]

3. Juni Exceß in Priapo.

Mit Max Bodenheimer, Fritz, Igo und Siegbert Feuchtwanger einen Pfingstausflug gemacht. Nach Tölz gefahren. Von hier über Lenggries, Winkel, Fleck, Fall nach Vorderriß gegangen. Hier übernachtet. Viel Gezänk unterwegs. Schlechtes Wetter.

4. Juni [...] Über Hinterriß, Plumser Joch (sehr schmutzig und ohne Bergstock nicht mühelos) nach Pertisau am Achensee gegangen.

5. Juni Nach Jenbach gegangen, zurück nach München gefahren. Exceß in Priapo.

7. Juni Exceß in Priapo.

Abends »Die Krannerbuben« von Felix Dörmann im Schauspielhaus gesehen. Das alte Stück vom süßen Mädel, aber recht gut durchgeführt, mit hübschen satirischen Hieben. Das Mädel zu unschuldig; dadurch wirkt der Kontrast zwischen der Gemeinheit der andern und ihr nur peinigend. – Die Darstellung im allgemeinen gut. Else spielte das süße Mädel in den ersten beiden Akten zu maniriert und affektiert, im letzten Akt (»tragisch«) gut. – Kaffee mit Monheimer. Kahn und Dreifuß in der Torggelstube Sekt getrunken. Es war ganz nett.

Wenn ich nur nicht so viel an Else denken müßte! –

Von Ria ein Brieflein bekommen. Ich denke, ich werde sie Sonntag wiedersehen.

10. Juni Exceß in Priapo.

[...] Nachmittags mit Ria einen Ausflug gemacht. Das liebe Mädel mit seiner schlichten, starken Innigkeit und seinem tiefen sinnlichen Humor kann mich Else vergessen machen: leider nur auf Stunden. [...]

Die liebe, dumme, kleine Wahrheitsfanatikerin hat übrigens zu Hause gesagt, daß sie mit *mir* gehen würde!!

12. Juni Exceß in Priapo.

Ein flüchtiges Szenarium für »Ich«. –

Hübsch ein Aufsatz von Eduard Fuchs über das »Erotische in der Kleidung«. Der Mann trägt sich nicht erotisch, weil er der Begehrende ist: das Weib hingegen, das begehrt sein möchte, sucht das, was in ihm die Sinne reizt (das bereite Becken, die aufrechtstehenden Brüste, die schmale Taille), durch die Kleidung möglichst hervorzuheben. [...]

13. Juni »Religionsgespräch« mit Mama. [...]

14. Juni Exceß in Priapo.

Mit Ria spazierengewesen. Das liebe Mädel macht sich Skrupel über ihre Unwahrhaftigkeit der Mutter gegenüber. – Angefangen an »Ich« zu schreiben.

Abends mit Else, die ich wegen der »Frau Mimi« zu sehen hatte, im Ratskeller. Sie war sehr müde und fühlte sich nicht wohl. Wir sprachen über etliche Probleme und sie verurteilte meine Roheit. Wir waren beide recht kühl.

Ich bin zu der Überzeugung gelangt, daß sie entweder nichts oder aber nicht mehr als eine recht oberflächliche Zuneigung für mich empfindet und empfand. Das letzte Jahr hat sie sehr verändert. Sie ist viel müder und abgehetzter. Von Natur aus ist sie naiv-egoistisch, harmlos heiter, liebenswürdig, nicht tief. Ihr Beruf, in dem sie doch sicher niemals Großes leisten wird, hat ihr viel Schmelz abgestreift und hat sie verbittert und berechnend gemacht. Sie sah auch nicht gut aus. Ich hatte mit der armen gehetzten Kleinen echtes Mitleid.

15. Juni Exceß in Priapo mittags und abends. Ein leerer Tag.

16. Juni Mit Max philosophiert.

Meine Weltanschauung: Sicher ist, daß der lebendige Mensch mehr Intensität des Gefühls besitzt als die übrige Materie. Zweck des menschlichen Lebens ist es, diese Intensität nach Kräften zu verstärken. Mein Ziel also sehe ich darin, ein möglichst intensives Leben zu führen – Intensität des Lebens ist nicht zu verwechseln mit Genuß. Der negative Pol dieser Intensität ist der Tod, der positive die Liebe. Liebe tritt dann ein, wenn eine Persönlichkeit sich völlig aufgibt zu Gunsten einer andern Persönlichkeit, die ihrerseits wieder ihre ganze Individualität in die erste überströmen läßt: so daß jede beider Personen nicht 1, sondern 2 Leben lebt. Diese Liebe kann natürlich auch, freilich nicht in so hohem Maße, für einen Gegenstand des Lebens, der Wissenschaft oder der Kunst empfunden werden, obzwar zu bedenken ist, daß auch das lebendigste Kunstwerk niemals soviel wird geben können wie ein lebendiger Mensch. – Der stärkste Affekt ist Tod in Liebe. –

Ein sehr feines, stimmungsvolles Buch von Bonsels gelesen: Ave vita morituri te salutant. Es gemahnt an Keyserling – ein moderner Werther.

Nachmittags mit Martin zwei Mädels nachgestiegen. Leidlich hübsch, unbedeutend, anspruchslos. Abends mit ihm in der Torggelstube.

18. Juni Exceß in Priapo.

Nachmittags jene beiden Mädels vom 16. erwartet, mit denen wir ein Rendez-vous vereinbart. Sie kamen aber nicht. Oder war es ein Irrtum unsererseits? Wir waren etwas zu spät gekommen. Später auf dem Hofgartenkonzert trafen wir sie in Begleitung anderer Herrn. Schad um die vertrödelte Zeit.

Von Ria ein liebes Brieflein erhalten und beantwortet.

19. Juni An »Ich!« die erste Szene fertiggestellt.

22. Juni Exceß in Priapo.

Dann war Else da, schon in aller Frühe, um mir mitzuteilen, daß Stollberg ihr die Erlaubnis zur Mitwirkung bei einer »Phöbus«-Matinée am Sonntag verweigert habe.

An »Ich!« die zweite Szene fertig gestellt. [...]

23. Juni Früh bei Stollberg. Er voll von eitlem Machtbewußtsein und brutalem Geschäftssinn.

Abends 2 Stunden lang geil herumgelaufen.

Moralischer Ekel vor mir selber.

24. Juni Exceß in Priapo.

Vormittags mit Ria zusammen in Gräfelfing. Merkwürdig ihre Empfindungslosigkeit in sexuellem Bezug. So kommt es, daß sie Zärtlichkeiten nie erwidert, aber ohne Prüderie duldet. Sie sah mit gelöstem Blondhaar sehr hübsch aus. –

»Schlechte Dichter, die aber gute Köpfe sind, liefern statt der Charaktere ihr Schema und statt der Leidenschaft ihr System.« (Hebbel)

Nachmittags bei Onkel David Feuchtwanger einen Condolenz-Besuch gemacht. Der Mann ist ein Prahler!

Abends bei bei einem Wohltätigkeitsfest. Der 3. Akt von »Ich!« ließe sich vielleicht in Form eines Gartenfestes gestalten.

25. Juni Exceß in Priapo.

Sowohl Ibsens Dichtungen wie die Gottfried Kellers haben keine Stimmung, sie sind wie Blumen, die nicht duften.

Im ersten Faust gelesen.

28. Juni Exceß in Priapo.

In Margarete Böhmes nur kulturhistorisch interessantem Tagebuch einer Verlorenen gelesen.

Abends hatt' ich mich mit Else zusammenbestellt. Ich kam höchstens 5 Minuten zu spät: aber sie war bereits fort. Ich traf sie später mit der alten Dostler. Sie war liebenswürdig: ich aber war verärgert und ungezogen. Ich hatte mich sehr auf diesen Abend gefreut: nun war er verpufft.

2. Juli Exceß in Priapo. Schlechte Nacht gehabt.

An der Penthesilea gearbeitet.

Abends mit der kleinen Marie, die mich eine halbe Stunde warten ließ. Im Begriff zu gehen traf ich sie. Sie war schuldlos an der Verzögerung. Sie war von schlichtem, kindlich-vertraulichem Liebreiz.

3. Juli Die Penthesilea-Studie beendigt.

Der Else, die mich bislang auch keiner Antwort gewürdigt, geschrieben.

4. Juli Exceß in Priapo.

Von Else eine Absage! Wenn ich nur diese verzweifelte Gleichgiltigkeit besiegen könnte!

Die Penthesilea-Studie im Seminar bei Muncker mit viel Glück vorgetragen.

Der Else ein bissiges geistvolles Briefchen gesandt [...]. Abends im Variété: Blumensäle. Langweilig.

5. Juli Exceß in Priapo.

Nachmittags bei einem Sommerfest des V. J. St. Ziemlich langweilig. [...]

6. Juli Exceß in Priapo.

Von Marie ein sehr liebenswürdiges Briefchen bekommen, das ich prompt erwiderte.

7. Juli Mein Geburtstag. Von den Eltern wurde ich sehr nobel beschenkt. Ludschi schrieb mir aus Berlin einen friedlichen Brief und sandte mir Bartels' Heinrich Heine.

Von Else erhofft' ich einen Brief. Aber es kam nichts. Ich wollte ihr dann schreiben; ich ließ es aber doch lieber sein. Wenn sie nicht den ersten Schritt tut!

8. Juli Exceß in Priapo.

Mit Marie einen hellen, frohen, sonnigen Nachmittag und Abend verlebt.

9. Juli Exceß in Priapo.

Von Marie ein verstörtes Stadttelegramm bekommen. »Brief folgt!«

10. Juli Exceß in Priapo.

[...] Abends mich lang mit Siegbert unterhalten an der Öttingerstr. Mir war's, als sähe ich Else im Wagen mit einem Herrn nach ihrer Wohnung fahren. Der Wagen kam *ohne* einen Insassen zurück. – Hm???

12. Juli Exceß in Priapo.

Von Marie einen Brief bekommen. Offen, klar und tief. Sie berührt auch den Gegensatz zwischen ihrem Ariertum und meinem Semitentum. Ich habe den Brief so ehrlich und offen wie nur möglich beantwortet. Ich habe die kleine Marie sehr lieb. Und diese Liebe hilft mir auch hinweg über meine ungesunde langsam hinsterbende Neigung zu Else. –

C. F. Meyer ist in vielem Wesentlichen mit Oscar Wilde zu vergleichen. –

Abends mit Bauernfreund und ein paar Herren vom Phöbus zusammen.

Hernach mit einer lustigen, gutmütigen Dirne gegangen.

Nun werd' ich mich aber eine Woche lang von jedem sexuellen Exceß fernhalten.

13. Juli In »Ich« die 5. Szene geschrieben. –

An Else geschrieben, ich möchte sie besuchen.

14. Juli In »Ich« die 6. Szene geschrieben.

Die Dekorationen zum Schützenfest besichtigt.

Abends mich mit Max auf der Schützenwiese gelangweilt.

15. Juli Exceß in Priapo.

Den Schützenzug besichtigt.

Diese großen Volksfeste wirken immer durch ihre Quantität.

Abends mit Marie zusammen. Sie empfindet das Peinliche der Alternative, vor die sie gestellt ist – mit ihren Eltern oder mit mir zu brechen – viel schwerer als ich. Sie war von rührender Anmut. Doch bemerkte ich bei dieser Gelegenheit, wie dünn mein Empfinden ist.

16. Juli In der Frühe fuhren die Eltern und die Geschwister nach Oberammergau. Martin und ich sind allein hier.

Von Else eine ganz kurze, kalte, flüchtige Einladung für Sonntag vormittag erhalten.

Abends mit Levy und der kleinen Holm im »Simplizissimus« gewesen. Das Hinzukommen eines Dritten machte den Abend futsch.

Alles in allem ein vertrödelter Tag.

17. Juli Exceß in Priapo. –

[…] Ich möchte einen Cyclus »Marienlieder« schreiben an die kleine Marie – die übrigens größer ist als ich. –

Ich kann Else schon wieder innerlich nicht mehr zürnen. Ich begreife ihre Handlungsweise so ganz und gar. Sie hätte aber mir gegenüber offener sein sollen.

18. Juli Wedekinds »Erdgeist« im Schauspielhaus gesehen. Ein scheußliches Stück. Es hat nichts als die Gestalt der Lulu und des Dr. Schön, gesehen durch die Brille eines misogynen Fanatikers. Es arbeitet mit den rohesten Mitteln, ohne jede Kunst.

Justizrat Feust ist gestorben. Abends kam Papa. Wir sind sehr gut miteinander ausgekommen.

19. Juli Exceß in Priapo.

Mama abgeholt.

Viel mit den Eltern zusammengewesen.

Bei von der Leyen geglücktes Referat über »Das Leiden eines Knaben« gehalten.

Abends mich erst bei Richter gelangweilt, dann mit Erlanger und Hartmann, zwei Bekannten Martins, Studenten und 2 »Damen« – übrigens keinen ausgesprochenen Dirnen – auf Erlangers Bude gegangen. Ganz unterhaltsam.

20. Juli Brief von Marie.

An Marie und Else geschrieben.

Die lange Bummelei gestern und die ganze Woche hat mich sehr müde gemacht. Ich fühlte mich auch nicht wohl. Meine chronischen Magenschmerzen plagen mich sehr. Auch leide ich an Rheumatismus.

Am 2. Akt von »Ich!« die erste Szene geschrieben.

21. Juli Mittags beim unrituellen Essen im Augustiner von ein paar Bekannten gesehen worden. –

[...] Nach dem Theater traf ich mich mit Marie. Ich war unausstehlich. Sie benahm sich, wie sie sich in einer solchen Lage nicht besser hätte benehmen können.

22. Juli Mit Else in der Torggelstube zu Mittag gegessen. Es war teuer: aber sehr nett.

Szene 2 und 3 des II. Akts von »Ich!« geschrieben.

Abends bei Richter. Mäßig. Martin und Hartmann nahmen dann eine Berliner Dirne mit in unsre Wohnung und benützten mein Bett zu ihrem Treiben. Ich hielt ihnen eine Standrede.

23. Juli Exceß in Priapo.

Mittags James Mattiasson getroffen.

Abends ein kleines, kerniges liebes junges Nähmädel getroffen. Voll Bildungshunger. Eine vergnügte Nacht mit ihr verbracht.

24. Juli Mittags mit Else gegessen. Sie war liebenswürdig-kühl.

Abends in glatter, fideler Gesellschaft im Augustiner. Martin ist von unausstehlicher Plattheit.

25. Juli Jenes Nähmädel von vorgestern erwartet. Ich hatte schon Vorbereitungen zum Souper für sie getroffen. Sie kam aber nicht.

Dann ein Mädel mit nach Hause genommen. Zufällig auch Nähmädel. Derb, von herbem Mutterwitz.

26. Juli Mittags nach Oberammergau gefahren.

1906
Oberammergau

26. Juli Nach einer langweiligen Fahrt in Oberammergau eingetroffen.

Die Wohnungsverhältnisse ganz gut. Nur mein Zimmer, das ich noch zusammen mit dem unleidlich langweiligen Vetter James Mattiasson – er hat sich zu Besuch gebeten – bewohne, ist unbewohnbar. Auch Mama gibt sich wieder von ihrer unangenehmsten Seite.

27. Juli Ich habe eine gute Nacht verbracht.

Ich möchte in Oberammergau folgendes machen. Mich physisch gut erholen. Viel körperliche Übung (Radeln, Schwimmen, Bergsteigen). Des Weines, der Weiber, der priapischen Excesse und aller Aufregungen mich enthalten.

Dann möcht' ich Gotisch, Mittelhochdeutsch und Literaturgeschichte studieren und mein Drama »Ich!« zu Ende schreiben.

Plan zu einem modernen Drama: Gott grüß' die Kunst! Alle Schattierungen von Künstlern, die an ihrer Kunst zu Grunde gehn. [...]

Ein bißchen geradelt. –

»Die Eroberer« von Halbe gelesen. Idee gut, die Handlung nicht glücklich abgeschlossen. Keine Stimmung. –

Ein paar prächtige Satyrspiele von Gustav Wied gelesen. –

Ein bißchen an »Ich!« gearbeitet.

Krach mit Papa gehabt. Ich »schmolle« und bin sehr verdrossen.

28. Juli »Vom gastfreien Pastor« von Hartleben gelesen. Sehr liebenswürdig. –

Ich schmolle immer noch und bin voll Ärger. –

An »Ich!« gearbeitet.

»Hans« von Dreyer gelesen. Wackeres Durchschnittsstück. Technik à la Sudermann. Psychologie nicht eben tief. Gute Theaterware.

30. Juli Nach Linderhof geradelt.

Mittags priapiert.

Für Else ein Gedicht geschrieben [...].

31. Juli Tischoh beaw. Sehr langweilig. –

Den »Moloch« von Wassermann zu Ende gelesen. Ein ganz ausgezeichneter Roman. Seine Psychologie schürft bis in die tiefsten Tiefen, betont überall das Animalische, den Zusammenhang mit dem Weltganzen. Von wundervoller Treffkraft sind die Vergleiche.

Von Marie ein liebes Brieflein bekommen.

Den zweiten Akt von »Ich!« zu Ende gebracht.

1. Aug. »Irrungen, Wirrungen« von Fontane gelesen. Eine Erzählung, schlicht und klar und fast zu vernünftig. Selbstzufrieden und ohne jede Prätention. – Die Sprache manchmal furchtbar nüchtern und reportermäßig. – Merkwürdig, welche Ähnlichkeit die Lene mit meiner Marie, die junge Frau mit Else hat.

6. Aug. An »Ich!« gearbeitet.

Mittags erzählte Hepner, er habe Else – an die ich übrigens jüngst ein Kärtchen geschrieben, – in Begleitung eines alten Herrn (Schewitsch?) in Allmannshausen getroffen. Ich wurde glühend rot – zu allgemeiner Ergötzung.

Den Kofel bestiegen.

Ein Gedichtchen geschrieben: (An Else) [...]

8. Aug. An »Ich!« gearbeitet.

Storm gelesen, den ich auf die Dauer nicht vertragen kann. James ist abgereist. Ich wohne jetzt mit Ludschi zusammen. Abends auf einer kleinen Tanzunterhaltung. Gut amüsiert.

11. Aug. Exceß in Priapo. –

Den III. Akt von »Ich!« vollendet.

12. Aug. Exceß in Priapo. –

Nachmittags mit Heinrich Hepner, Martin und Ludwig eine größere Tour unternommen. Wir radelten über Linderhof und den Plansee nach Reutte. Alles in allem ziemlich öd.

13. Aug. Von Reutte über den Fernpaß nach Imst geradelt. Auf dem Paß kam ich zu Fall, zerbrach meinen Zwicker.

Martin ist unleidlich. Innerlich absolut hohl, dafür lächerlich eingebildet.

Bei Hepner wirkt das Menschliche natürlich, bei uns komisch. Wohl deshalb, weil wir uns im allgemeinen sehr mies geben, als ob uns alles Menschliche fremd sei. Auch steht beim Juden äußerste Schamlosigkeit mit gänzlich unmotiviertem Genant-Sein in merkwürdigstem Gegensatz.

14. Aug. Infolge eines Pneumatik-Defekts die andern verloren. Von Imst über Telfs und Zirl nach Reith geradelt, um dort die andern zu erwarten.

Aus Langerweile an Else und an Marie geschrieben.

Ich wollte die Kellnerin poussieren, es ging aber nicht. –

Ich habe den ganzen Nachmittag vergebens gewartet.

15. Aug. Exceß in Priapo. –

Die Zeche in Reith kam ziemlich teuer, wie überhaupt die ganze Tour.

Die andern nach langem Warten in Scharnitz wieder getroffen. –

Über Mittenwald zurück nach Oberammergau gefahren.

16. Aug. Den 4. Akt von »Ich!« begonnen.

Nachmittags kam Besuch: Bekannte von Franziska (Christen). Merkwürdig, wie natürlich und harmonisch diese Leute sich geben. Bei uns ist alles so berechnet, affektiert und unharmonisch.

17. Aug. Exceß in Priapo. –

Von Marie einen langen Brief erhalten. –

An »Ich!« geschrieben.

18. Aug. An »Ich!« geschrieben. Ich möchte den Titel ändern. Vielleicht: »Im Firnenglanz« oder »Firnfahrten«?

21. Aug. Heute glaubte ich Spuren einer venerischen Krankheit an mir zu entdecken: ich habe aber seit dem 25. Juli keinen sexuellen Verkehr mehr gepflogen.

4stündige Gebirgswanderung mit einer benachbarten französischen Familie. –

Den 4. Akt von »Ich!« vollendet. (»Der Fetisch«)

22. Aug. Exceß in Priapo.

Die Spuren einer venerischen Erkankung mehren sich.

Großer moralischer Katzenjammer. –

Geschwommen. –

Den V. Akt vom Fetisch begonnen. –

Weiningers »Geschlecht und Charakter« zu überfliegen begonnen. Das Werk scheint mir studierenswert.

23. Aug. […] Was Weininger über die Juden sagt, ist sicherlich viel, viel zu extrem, so gewiß der Grundgedanke, daß der Jude viel mit dem Weib gemein hat, richtig ist. Der Jude ist der Romantiker und der Kritiker κατ' εξοχην. Er sieht zuerst die Farbe, den Duft, dann erst die Gestalt. Er gibt sich gern und willig einer Sache hin, um sie hernach um so schärfer zu zersetzen. Er ist der Mann der unbegrenzten Möglichkeiten und so der Mann des Compromisses. Er geht niemals ganz in einer Sache auf, sondern ein Restchen Kritik bleibt immer. Er möchte gern glauben, *nur* fühlen, *nur* empfinden: aber sein Verstand drängt sich überall ein und läßt ihn niemals unbewußt handeln: das ist seine Tragik. Beim Juden wirkt nichts natürlich, einfach, selbstverständlich wie beim Arier; weil eben der Jude niemals *eine*, sondern immer viele Möglichkeiten hat – infolge der schillernden Mannigfaltigkeit seines Wesens, so wirkt alles, was er tut, ausgepickt, ausgeklügelt, berechnet, unnatürlich, raffiniert, kokett, affektiert. Nur das rein Animalische, das allen Menschen Gemeinsame, das, was die Bewußtseinsschwelle niemals erreichen kann, wirkt bei ihm natürlich. –

Der Held von »Gott grüß die Kunst«: Ein junger Jude, der sein Judentum überwinden will, redet sich ein, sich ganz *einem* Ideal hinzugeben: der Kunst. Er bricht deshalb mit seinem Vater. Aber materielle Not zwingt ihn dazu, »die Kunst zu verraten« (irgend ein Schundwort preizugeben, Reporter zu werden oder so was).

Sein Gegenspieler, ein Jude reinsten Wassers, Ironiker, Raisonneur: Die Welt besteht nur aus Kompromissen: es gibt kein reines Ideal, keine Nur-Kunst, keinen Nur-Mann, kein Nur-Weib. Und das ist gut so! –

Der Grundgedanke des Ahasver: er möchte glauben und kann nicht.

25. Aug. Exceß in Priapo. –

Den »Fetisch« vollendet. Ein bißchen übers Kreuz gelaufen. […]

Von Marie ein Briefchen erhalten und sofort beantwortet. Ich hoffe sie nächste Woche zu sehen.

26. Aug. Exceß in Priapo. –
Roda Roda der Typus des unangenehmen Wiener Juden. […]

30. Aug. Ich habe mich mit Marie in Tutzing getroffen.
Ein froher Tag.

31. Aug. Mit 4 Kindern den ganzen Tag auf den Bergen herumgestiefelt.

3. Sept. Den ganzen Tag im Gebirg gewesen.
Martin hat die Kinderei begangen, mit Franziska und der kleinen Henny auf dem schwierigsten Weg die Zugspitz zu besteigen. Prahlsucht?

4. Sept. Auf dem Kofel gewesen. […]

1906
München

5. Sept. In aller Frühe nach München zurückgefahren.
Mit Marie einen frohen Tag im Freien verbracht. Ich sollte dankbarer gegen das liebe Mädel sein.

6. Sept. Nachmittags mit Marie zusammen gewesen.

7. Sept. Exceß in Priapo.
Es tut mir leid, daß ich mit Marie nicht freundlicher gewesen bin.
Nachmittags bei Else gewesen. Sie war pressiert. Liebenswürdig kühl wie immer. Jedes tiefere Gefühl für sie ist verflogen.

8. Sept. Kant schätzte den Einfluß der Nachahmung und Gewöhnung außerordentlich hoch. –
Exceß in Priapo. […]

9. Sept. Exceß in Priapo.
Mit Marie tagsüber im Freien gewesen.

Eine wundervolle Dampferfahrt mit ihr gemacht. In seligster Weinstimmung. Hernach am Ufer bei heraufziehendem Wetter gute Zigaretten und bessere Küsse getauscht.

10. Sept. Die endgiltige Reinschrift des »Fetisch« begonnen und viel daran gearbeitet.

Abends Ibsens »Brand« im Schauspielhaus gesehen. Doch wohl die gewaltigste Anklage gegen den Kompromiß, die ich kenne. – Die Darstellung im ganzen gut. Die miserablen Dekorationen, die Unzulänglichkeit der Marberg und die Virtuosenmätzchen der Müller störten.

12. Sept. Exceß in Priapo.

[…] Abends im Residenztheater »Tartüff« und »Marquis von Pourceaugnac« in glänzender Darstellung gesehen. Der Tartüff wirkte lebendiger, als ich dachte. Nur der Schluß flaut sehr ab. Die andere Posse ist tot.

Hernach in der Torggelstube Dr. Prévôt wieder mal getroffen. Er ist ganz der Alte: Ein Talent, doch kein Charakter.

15. Sept. Exceß in Priapo.

Onkel Simon gestorben. Infolgedessen eine Menge Widerwärtigkeiten!

18. Sept. In der Frühe nach Starnberg gefahren wegen Onkel Herrmann, der bald das Zeitliche segnen wird.

Abends »Phöbus«-Sitzung mit ziemlich befriedigendem Resultat.

19. Sept. […] Abends Rosch-Haschono. Als wir in großer Corona im Leichenbitteranzug von der Synagoge kamen, begegnete uns Else.

20. Sept. Rosch-Haschono. Schrecklich! Den größten Teil des Tages in der Synagoge verbracht.

21. Sept. Exceß in Priapo.

Ebenfalls ein widerlicher Tag.

Den »Wilhelm Meister« gelesen.

23. Sept. Exceß in Priapo. –
Fasttag. Ekelhaft.
Am »Fetisch« gearbeitet.
Abends bei Prévôt. Ganz unterhaltlich.

24. Sept. Widerlich das frühe Aufstehen tagtäglich. [...]
Bar Kochba die Tragödie des Juden. –
Prévôt sagte mit Recht, »unsere Dichter können zu viel«. Wir beherrschen die Technik zu gut. Darum wird alles so affektiert bei uns. –
Im »Wilhelm Meister« stört die veraltete Technik. Doch entschädigt die Überfülle an reichster Weisheit.
Auffallend die effekthaschenden Schlüsse der einzelnen Bücher.
Wundervoll die für die Ewigkeit giltige Schilderung des Typus der Schauspielerin. Ich mußte oft an Else denken.
Die glänzende pessimistische Schilderung des Schauspielercharakters im 3. Kap. des 7. Buches. – – –
»Das Menschenpack fürchtet sich vor nichts mehr als vor dem Verstand; vor der Dummheit sollten sie sich fürchten, wenn sie begriffen, was fürchterlich ist.« – – – –
Natürliche Anlagen = Inspiration = dichterische Idee
Technik = Milieu, Erziehung = Form. – –
Ausgezeichnet beobachtet, was Ernst Reinhart in einem Philosophem über »Schwachheit, Furcht und Zweck« sagt (Neue Rundschau 1905, I, 374) –
Abends kurze Zeit mit Marie zusammen.

26. Sept. Exceß in Priapo. –
In der Frühe traf ich Else, begleitete sie ein Stück des Weges. Die »Liebe« zu ihr ist wirklich erloschen.
Viel am »Fetisch« gearbeitet.

27. Sept. Bei Basil gewesen, der außerordentlich liebenswürdig war. [...]

29. Sept. Exceß in Priapo. –
Jom-Kippur. Den ganzen Tag in der Synagoge gewesen.
Mittags in der Torggelstube gegessen.
Abends Marie getroffen. Es war langweilig.

1. Okt. Den »Fetisch« mit vielen Hoffnungen Basil übersandt. – Exceß in Priapo. –

Mit Else einen lauwarmen Nachmittag verbracht.

3. Okt. Nachmittags bei Muncker gewesen. Gespräch wegen des Doktorexamens. Muncker außerordentlich liebenswürdig. Tröstliche Aussichten.

4. Okt. Ich studiere ziemlich fleißig. »Jon-tef«. Schrecklich fad.

5. Okt. Exceß in Priapo. –

Viel studiert. – »Jontef«. – Ich unterhalte mich oft mit dem kleinen, häßlichen, unmanierlichen Galizianer Lazarus Fränkel, der vollgepfropft ist mit »Philosophie«. Er ist durch und durch haltlos und verblasen. Ein Typus dessen, wozu die Metaphysik (metaph. Ethik) einen machen kann. »Ethisch« soll nur derjenige sein, dem Ethik eingeboren ist. Aber einen andern moralisch erziehen wollen heißt einen Mohren weiß waschen wollen. »Wenn ihr's nicht fühlt« – –

Nachmittags auf der Oktoberfestwiese. Bei solchen Dingen langweile ich mich stets.

7. Okt. Exceß in Priapo. –

Nachmittags Shaws »Teufelskerl« im Schauspielhaus gesehen. Shaw ein geistvoller Kopf, aber kein Dichter. Vor allem absolut kein Theaterdichter. Was wirkt, ist allein das Possenhafte. […]

8. Okt. Vormittags studiert.

Nachmittags bei Else gewesen. Sie hatte mir abgeschrieben, aber zu spät. Ich war kurze Zeit bei ihr.

Dann wieder studiert.

Ein Verslein:

»Es dünkt mich schier tausend Jahr,
Daß ich mit dir zusammen war« –

10. Okt. Exceß in Priapo.

Viel studiert. Abends Jontef.

11. Okt. Exceß in Priapo. –

Viel studiert. – Abends zu Richter gegangen. Trotz des Jontef. Ziemlich amüsant.

15. Okt. Else, mit der ich mich abends treffen wollte, schrieb ab. –

Immatrikuliert.

16. Okt. Nachmittags mit einem ganz hübschen Mädel, Emmy Graf, gebummelt.

Abends »Phöbus«. Bierbaum. Sehr amüsanter Causeur. Die Veranstaltung hübsch gelungen.

18. Okt. Ich fühle mich nicht recht wohl. Ich bin sehr arbeitsunlustig und unzufrieden.

Bei Else gewesen. Ich war keine 10 Minuten dort. Sie war eben von einer 3tägigen (!) Schweizer-Reise zurückgekehrt und im Begriff, eine weitere 3tägige Schweizer-Reise anzutreten.

Abends bei Richter. Emmy Gr. getroffen, nach Hause begleitet, mich gut mit ihr unterhalten: doch bietet sie gewisse physiologische Schwierigkeiten. Da ich keinen Schlüssel hatte und sie nicht kompromittieren wollte, mußte ich den Rest der Nacht im kalten, dunkeln Hausflur verbringen und konnte erst nach Tagesanbruch nach Hause kommen.

19. Okt. In Chamberlains »Grundlagen« gelesen. Zum »Judentum«: Der Jude hat keine Tiefe, kein metaphysisches Bedürfnis. Der Arier gibt den Inhalt, der Jude die Form, der A. den Braten, der Jude die Sauce, der Arier ist der schöpferische Geist, der Jude der kritisierende, glossierende; der Arier der naive, d. J. d. sentimentale; der Arier fördert Metall zu Tage, d. Jude prägt, münzt, formt es.

20. Okt. Exceß in Priapo. –

In der Frühe Hilsenbeck getroffen. – Ich habe eine Art moralischen Katzenjammer, weil ich nicht zum Studieren komme. Abends lange mit Phöbusianern und anderen gekneipt. Spät nach Hause gekommen.

21. Okt. Wenig geschlafen. Exceß in Priapo. –

Mit Marie einen wundervollen Herbstmorgen in Groß-Hesselohe verbracht. Sie hat das Küssen gelernt. –

Mit Emmy eine schwüle Liebesnacht durchlebt.

22. Okt. Ein vertrödelter Tag.

Abends mit dem vielgeschäftigen Journalisten Geller zusammengewesen.

23. Okt. Exceß in Priapo. –

An Basil einen fingierten Brief geschrieben. Nicht abgesandt.

Abends im »Phöbus«. Hernach mit Einhorn zusammen, der mir manchen wertvollen Aufschluß in sexualibus gab.

24. Okt. Lange bei Basil gewesen, dem gegenüber ich mich über meine soziale Stellung in mystische Nebel hüllte. Über meinen »Fetisch« hat er sich sehr lobend ausgesprochen: doch habe ich wenig Hoffnung, das Stück unterzubringen.

Mit Artur Einhorn und Ludschi bei glatter Musik einen semitisch glatten Abend verlebt.

25. Okt. Mit ziemlichem Interesse die ersten Kollegien gehört.

Mit Emmy eine stürmische Liebesnacht durchlebt, die hoffentlich keine Folgen hat.

27. Okt. Wenig gearbeitet. – Geldmangel.

28. Okt. Mit Else zwei Worte gesprochen.

Nachmittags im Familienklub. Ziemlich amüsant.

Ebenso abends bei Richter.

29. Okt. Abends »Phöbus«. Ziemlich amüsant. Geld für die Kollegen herausgeschwindelt.

30. Okt. Exceß in Priapo. – Nachmittags mit Emmy einen kleinen Ausflug gemacht. Mich gut unterhalten.

Dann eine schwüle Liebesnacht mit Emmy durchlebt.

31. Okt. Nicht ausgeschlafen.

Katzenjammer wegen meiner Faulheit. – Von der Leyen gefällt die »Braut von Korinth« nicht. [...]

1. Nov. Ziemlich viel gearbeitet. Abends bei Richter. Emmy getroffen. Mit ihr die Nacht verbracht. [...]

2. Nov. Erst nach 6 Uhr nach Hause gekommen. Zu Hause Krach gehabt.

3. Nov. Ich höre viel und nicht ohne Gewinn Kollegien.

Den Abend und die größere Hälfte der Nacht mit Emmy verbracht.

5. Nov. [...] Else ist auf 3 Wochen nach Wien gefahren, ohne mir ein Wort mitzuteilen.

7. Nov. Exceß in Priapo. – Auch im Bad. Scheußlich, wie der Bock in mir immer wieder zum Durchbruch kommt. [...]

8. Nov. Viel gearbeitet. – Abends bei Richter. Emmy war sehr nett. Sie hat mir ein höchst ungrammatikalisches Briefchen von reizender Naivität geschrieben. Die Nacht mit ihr verbracht. –

Vormittags hat sich Dr. Scheler mit einer unverständlichen Rede unter lächerlichem Formalkram habilitiert.

10. Nov. Abends bei Emmy soupiert. Sie hatte alles reizend zurecht gemacht. Ich glaube wahrhaftig, sie liebt mich, wenngleich die Chose kaum von langer Dauer sein wird. Sie ist von lebhafter Sinnlichkeit und von anmutigster Ursprünglichkeit. – Als ich eine leise Andeutung machte, ob ich sie nicht pekuniär etwas unterstützen könnte, fing sie heftig zu weinen an und fragte mich, ob ich sie für eine Dirne hielte.

11. Nov. Trotzdem ich die Nacht bei Emmy verbracht, Exceß in Priapo.

Abends »Phöbus«. Mich leidlich unterhalten.

13. Nov. Exceß in Priapo. –

Durch den Kaiserbesuch einen Tag frei bekommen, den ich mit Emmy im Freien verbrachte. Mäßig.

Auch die halbe Nacht bei ihr verbracht.

14. Nov. Ziemlich gearbeitet.

Abends einen ziemlich wertlosen Vortrag über »Napoleon und die Juden« gehört.

15. Nov. Ziemlich gearbeitet.

Abends ein unbedeutender Zwischenfall mit einem Halbverrückten, wobei ich mich sehr feig zeigte.

16. Nov. Exceß in Priapo. –

Zank mit Mama. Wenig gearbeitet.

18. Nov. »Carmen« gesehen. Mit viel Freude und einigem Verständnis. Doch hatte ich entsetzliche Angst vor dem Schluß im 3. Akt.

20. Nov. Exceß in Priapo. –

Ziemlich gearbeitet.

Abends bei Richter. »Elite-Abend.« Es war ziemlich öd. Marie war da. Ziemlich pikiert, ich nicht minder. – Später war ich mit Seligmann im Tokio.

21. Nov. Das erste Viertel meiner Dissertation vollendet.

Mit G. Müller wegen Veröffentlichung des »Fetisch« Rücksprache genommen.

Von Marie ein Briefchen erhalten, in dem sie sich wegen ihrer gestrigen »Unausstehlichkeit« entschuldigt.

Die halbe Nacht bei Emmy verbracht.

24. Nov. Exceß in Priapo.

Wiederum »Phöbus«-Quereleien. Vergeblich.

Abends »Hoffmanns Erzählungen« gesehen. Die Oper hat weniger Eindruck auf mich gemacht als in Berlin.

Hernach bei Emmy.

25. Nov. Scheußliche Plackereien wegen des »Phöbus«.

Abends Krach mit den Eltern. Mama ist von unangenehmster Gehässigkeit.

26. Nov. Mit Geller gesprochen, der meine »Jaël« im Lustspielhaus aufführen möchte.

Abends daraufhin im Lustspielhaus gewesen. Sehr schmierenhaft. Hernach in »Künstler«-Gesellschaft. Sehr, sehr platte Gesellen.

28. Nov. Nachmittags mit Max Halbe über die »Pippa« verhandelt. Halbe war sehr liebenswürdig.

29. Nov. Dichten heißt Beziehungen herstellen. Wer die wahrsten, heimlichsten, wesentlichsten Beziehungen zwischen S und P herstellt, ist der größte Dichter.

»Wer zur Wollust geboren ist und sie nicht übt, führt ein recht lasterhaftes Leben. Es ist nichts Unkeuscheres als ein sinnliches Mädchen, das keusch ist, und eine Violette, die sich bekehrt, verliert ihre Unschuld. Der Staat aber ist nur auf eine Gattung eingerichtet, und besteht aus sehr schlechten Menschen, weil ein Teil gut und der andere schlecht werden *muß*, um tugendhaft zu sein, wie es der Staat will –«

Nachmittags bei Halbe. Abends »Phöbus«.

3. Dez. Nachmittags mit Else im Kolleg. Dann mit Streit und ihr im Kaffee. Ziemlich langweilig.

Abends mit Heide und Basil zusammen. Mit Heide etwas intimer geworden. Er ist ziemlich weltläufig, viel gereist und erzählte Club-Geschichten aus aller Welt. Doch ist er kein großes lumen.

6. Dez. Ziemlich gearbeitet. –

Abends bei Prévôt, der eine Skizze aus der Psychologie der Bohème vorlas.

8. Dez. Exceß in Priapo. – Starke Kopfschmerzen.

Abends im Schauspielhaus (Abt von St. Bernhard). Ein abgeschmacktes Machwerk.

Hernach wollte ich zu Emmy. Da aber das Haustor verschlossen war, ging ich 1 Stunde lang vor ihren erleuchteten Fenstern auf und ab, um dann verdrossen nach Hause zu wandeln.

11. Dez. Exceß in Priapo. –

Abends Chanukka. Papa hat uns verhältnismäßig sehr nobel beschenkt. Auffällig die unvornehme Art, mit der er die eigene Freigebigkeit immerwährend rühmt.

Abends »Phöbus«. Langweilig.

12. Dez. Abends bei Emmy. Ich brachte ihr kandierte Früchte mit. Es war nicht so angenehm lau wie sonst. Sie stellt zu hohe Gefühlsansprüche.

13. Dez. Viel gearbeitet. –

Vorbereitende Sitzung eines Kunst-Clubs. Ich sprach ziemlich gut, ohne indes viel Anklang zu finden. Ganz interessant.

Später im Café traf ich Halbe und Basil, die außerordentlich liebenswürdig waren.

15. Dez. Mit Richard Meyer gesprochen. – Von Emmy ein liebes Briefchen erhalten. – Abends Vortrag Meyers im »Phöbus«: Über »Gerhart Hauptmanns Entwicklung«. Schrecklich leer, doch war das Publikum gut. Muncker, Paul, Traube, Swoboda, Else, Hagen. – Hernach mit Monheimer und seiner Marie, einem lieben Mädel mit hübschen Kinderhänden, gebummelt. Später im Café Halbe, seine Frau und Kessner getroffen. Auf ihre Kosten Sekt gesoffen: Doch erschien ich als Connaissancenjäger infolge einer Erzählung Kessners.

16. Dez. Abends mit Emmy zusammen, die sehr lieb war.

17. Dez. Gearbeitet. – Else flüchtig gesprochen. – Abends Lustspielhaus. Geller.

18. Dez. Nachmittags Probe der »Pippa«. Mittelmäßig. Abends ärgerliche »Phöbus«-Sitzung. Hernach Marie getroffen. Sie war vorsichtig, ich verstimmt und fad.

19. Dez. Viel Arbeit wegen der Pippa. – Marie hat angerufen. Ich interessiere mich nicht mehr recht für sie. Mit Else hatte ich mich zusammenbestellt; sie kam nicht, wodurch mir der Nachmittag verdorben war. Als ich dann nach Hause kam, fand ich ihren Absagebrief vor, der natürlich zu spät aufgegeben war.

Abends bei Emmy, die sehr lieb war.

20. Dez. Nachmittags »Pippa«-Probe. Abends mich im »Phöbus« gelangweilt.

23. Dez. Abends »Salome« von Strauss im Hoftheater gesehen. Ziemlich starker Eindruck. – Früh mit Marie in Nymphenburg.

24. Dez. Exceß in Priapo. – Geller legte mir ein Theaterprojekt vor. Von Else ein Weihnachtskärtchen, das ich nicht erwiderte. Abends bei Emmy, die sehr, sehr lieb war.

25. Dez. Abends zu Hause gespielt und stark verloren.

26. Dez. Ziemlich gearbeitet. – Geldmangel. – Abends gespielt und verloren.

27. Dez. Exceß in Priapo. Viele »Pippa«-Scherereien. Abends bei Richter. Emmy.

31. Dez. [...] Vormittags Generalprobe zur »Pippa«.

Abends Aufführung der »Pippa« im Künstlerhaus. Die Aufführung gut, das Publikum glänzend, das Defizit riesig. Halbe und Frau, Georg Hirschfeld und Frau, M. G. Conrad, Ruederer, Franz Blei, Heine, Waldau, Lackner, Stollberg und Frau, Gumppenberg, Roda Roda und Frau, Braungart, Carl Rößler, die Swoboda, Else, Emmy, Brünner, Hagen, Geller und Frau: alles war da. Hernach Sylvesterfeier im »Phöbus«. Sehr nett.

1909–1911

Suche nach einem Weg ins literarische Establishment

Meine Uhr versetzt, um die Miete zu bezahlen – Der Stoff häuft sich unübersehbar – Mit Marta, die in orientalischem Kostüm prachtvoll aussah

Frisch promoviert, verließ Lion Feuchtwanger Ende 1907 die Universität, um sich als Theaterkritiker einen Namen zu machen. In Großstädten wie Wien und Prag, Berlin und München war eine Aufbruchsstimmung spürbar: Gegen die offizielle Kulturpolitik und die Spielpläne der etablierten Hoftheater wurden die Werke von in- und ausländischen Autoren wie Arno Holz und Johannes Schlaf, Max Halbe und Gerhart Hauptmann, Maurice Maeterlinck, Henrik Ibsen und August Strindberg inszeniert. Die »Erneuerer« wurden zu Wegbereitern für eine ganze Generation.

Am Anfang der Karriere Lion Feuchtwangers stand die Zeitschrift »Der Spiegel. Münchener Halbmonatsschrift für Literatur, Musik und Bühne«. Er gründete das Blatt und zeichnete verantwortlich für die 15 Hefte, die zwischen dem 30. April und dem 24. Oktober 1908 erschienen. Auch wenn bekannte Autoren wie Julius Bab, Max Halbe, Thomas Mann, Alexander Roda Roda, Waldemar Bonsels, Artur Kutscher, Wilhelm von Scholz und der angesehene Ordinarius und Literaturhistoriker Franz Muncker als Beiträger gewonnen werden konnten, erlitt Feuchtwanger mit seiner Unternehmung Schiffbruch. Offiziell fusionierte »Der Spiegel« mit der von Siegfried Jacobsohn herausgegebenen »Schaubühne«, so dass Feuchtwanger ohne Gesichtsverlust, ja als freier Mitarbeiter des bedeutenden Konkurrenzblattes aus der Pleite hervorging.

Ende 1908 war der junge Feuchtwanger ein Hansdampf in allen Gassen: Im Hof-, Residenz- und Künstlertheater, in den Cafés der Boheme – überall mischte er mit. Besonders die Torggelstube, ein kleines Weinlokal in der Münchner Altstadt, direkt neben dem Hofbräuhaus, wurde zum Treffpunkt von Künstlern, Schauspielern und Schriftstellern und für Feuchtwanger zum Dreh- und Angelpunkt bei der Pflege von Kontakten zu Autoren, Theaterleuten, Kunstschaffenden und potentiellen Auftrag- und Geldgebern. An ein konzentriertes Arbeiten, wie er es später seinen großen Romanen angedeihen ließ, war bei einer solchen Lebensführung nicht zu denken. In dieser Zeit schrieb er vor allem schnell und viel, bis 1912 weit über 200 Artikel. Eine Ausnahme war sein Debütroman »Der tönerne Gott« (1910), der ebenfalls in dieser Zeit entstand.

Neben der Fähigkeit, ein enormes Arbeitspensum zu bewältigen, bewies er einen nahezu stoisch-gelassenen Umgang mit Extremsituationen. Wurden allzu viele seiner eingesandten Rezensionen abgelehnt, klagte er zwar über depressive Zustände und lähmende Arbeitsunfähigkeit, doch nur um kurz darauf mit neuem Mut und alter Hartnäckigkeit weiterzumachen. In der bayerischen Hauptstadt wurde er ein streitbares Mitglied der Kulturszene. Durch bissige, zum Teil sehr persönliche Angriffe forderte er Lokalfehden heraus, die über Wochen in den Blättern ausgetragen wurden. Spätestens mit dem sogenannten »Phöbus«-Skandal avancierte er zum Enfant terrible: Als ein in der Faschingssaison 1909 von dem Verein organisierter Ball zum Desaster geriet, stürzte sich die Presse auf den Fall und stellte den Fabrikantensohn als Betrüger und Schwindler hin. Was war passiert? Arbeiter waren auf dem Fest aufgetaucht und hatten die Bezahlung ihrer Rechnungen lautstark eingefordert. Der Vereinsvorstand war auf eine betrügerische Firma hereingefallen. Man musste die Polizei rufen, den Saal räumen lassen und die Eintrittsgelder erstatten. Die Folge waren der finanzielle Ruin des Vereins und eine Reihe von Gerichtsverfahren, in die Feuchtwanger als Vorstandsmitglied verwickelt war.

Über ein festes Einkommen verfügte er in dieser Zeit nicht, er wurde pro Artikel bezahlt. Alle Versuche, sein Budget mit Kartenspielen aufzubessern, scheiterten. Durch seine Spielsucht geriet er in eine Schuldenspirale, die ihn immer wieder an den Rand der Katastrophe führte. Vor allem der Freund Adolf Hartmann-Trepka, erster Geiger im Hoforchester, bewies ein glücklicheres Händchen und nahm Feuchtwanger gnadenlos aus. Zum weiteren Bekanntenkreis dieser Jahre zählten Frank Wedekind, Heinrich Mann und die Schauspielerin Johanna Terwin.

Vor allem eine Begegnung des Jahres 1909 sollte sich als schicksalhaft erweisen. In seinem Elternhaus lernte der junge Mann auf einem Ball die 19-jährige Marta Löffler kennen, ein apartes, attraktives Mädchen aus einer materiell gesicherten bayerisch-jüdischen Kaufmannsfamilie. Es war der Beginn einer fast ein halbes Jahrhundert währenden Lebensgemeinschaft. Teilten die ungewöhnlich schöne Frau und der kluge, streitbare Kritiker die Verachtung für die bürgerliche Scheinmoral, waren sie doch auch grundverschieden: Marta neigte zur Strenge, liebte die sportliche Aktivität, vor allem Skilaufen und Schwimmen. Wo er den Luxus liebte, war sie sparsam. Sie, die Lebenskluge und Praktische, organisierte ihm den Alltag im Kleinen wie im Großen, sorgte für seine Gesundheit, war die geborene Gastgeberin und diejenige, die ihm die nötige Ruhe zum Schreiben verschaffte. Sie wurde unbestritten seine wichtigste Zuhörerin und Ratgeberin in Bezug auf die großen Werke.

Im Tagebuch findet sie häufiger Erwähnung als alle anderen Weggefährten, trotzdem bleibt sie in auffälliger Weise im Hintergrund. Die Bedeutung, die sie im Leben ihres Mannes einnahm, vermittelt sich nur sehr indirekt. Von Anfang an hat es neben Marta andere Frauen in seinem Leben gegeben. Das Ausmaß dieses Parallellebens wurde ihr, wie ein überlieferter Brief nahelegt, wohl erst bewusst, als sie, vermutlich Mitte der dreißiger Jahre, seine Tagebücher fand und las – auch sie beherrschte die Gabelsberger-Kurzschrift. Doch eine Trennung der beiden stand nie im Raum. Feuchtwangers Notate jener Zeit zeigen: Seitdem sie die Bühne seines Lebens betreten hatte, nahm sie unter den ihn begleitenden Frauen eine Sonderstellung ein, die sie ein Leben lang behielt.

1909
München

7. Juli Heute werde ich 25 Jahre alt.

Noch im Bett Geburtstagsbrief von den Eltern. Freundlich zurückhaltend. 20 M Geburtstagsgeschenk. Frechheit Fritzens. Ein glatter Bursch, der alle meine Nichtigkeiten hundertfach in sich birgt. Merkwürdig, wie kühl meine Geschwister sind, die doch sonst bei Anlässen wie Geburtstag u. s. w. einen gewissen äußeren Takt nicht vermissen lassen. Ein paar spitze Bemerkungen der philiströsen Tante Sophie.

Ich ging früh in mein Zimmer an der Gewürzmühlstraße. Eine freundliche Karte von Hartmann. Nichts von Marie, nichts von Emmy. Viel gearbeitet. Störung durch Frau Gallinger, meine schwatzhafte Wirtin. Später kam Richard Christer, ein strebsamer, unglaublich arbeitsamer Mensch.

Auch den Nachmittag gearbeitet. An der Reinschrift des »Tönernen Gottes« [...]. Auch den Abend über gearbeitet.

Den Brief der Eltern beantwortet. Ein bißchen hochfahrend. Einen Verständigungsversuch angebahnt, der bei meinem gewohnten Pech natürlich zum Gegenteil ausschlagen wird.

Heinrich Manns »Zwischen den Rassen« zu lesen begonnen.

Die üblichen heilsamen, etwas bürgerlichen Vorsätze wie alljährlich.

9. Juli [...] Auf ein Inserat der »Frankfurter Zeitung« eine Offerte gemacht. [...]

10. Juli Priapiert. Kopfschmerzen. Den ersten Teil hastig, aber zum Schluß mit Liebe fertiggestellt. Abends im Künstlertheater: »Kaufmann von Venedig«. Ich war müde und kam nicht in Stimmung. Geärgert über Ruederer, der meinen Gruß nicht erwiderte. Ich stand in der Pause peinlich vereinsamt im Foyer.

Hernach mit Harry Kahn in der Odeon-Bar (im Smoking). Dann im »Stefanie« gespielt. Mit Mühsam, Dr Altman u. noch einem. Mein ganzes Geld verloren (10 M.).

11. Juli Katzenjammer. Buchstäblich keinen Pfennig Geld. Gearbeitet. Abends kamen die Eltern von Wiesbaden zurück. Papa ganz vergnügt. Ein Heiratsprojekt für Franziska scheint sich zerschlagen zu haben.

12. Juli Nach Kämpfen priapiert. Eine kleinliche Bosheit von Mama. Gearbeitet. Furchtbare Geldsorgen. Bei einer Vermittlerin wegen eines abgelaufenen Pfandes. Einen Brief von Marie, daß ihre Eltern sie vor die Wahl zwischen mir und ihnen gestellt hätten.

13. Juli Vermehrte Geldsorgen. In der Frühe während der Arbeit huscht Marie auf zehn Minuten herein. Sehr liebenswürdig. Nachmittags gearbeitet. Thomas Manns »Königliche Hoheit« gelesen.

Abends Wedekinds »Musik«. Das derbe, ehrliche Volksstück hat mir gut gefallen. Hahns Freund, den kleinen Paul Meyer, getroffen. […]

14. Juli […] Nachmittags telefonierte Marie, sie wolle abends auf einen Sprung zu mir kommen. Ich mußte aber ablehnen, da ich abends mit Papa wegen Geldangelegenheiten zu sprechen hatte. Ich habe nämlich 5 Pfennige Vermögen. Davon soll ich morgen einen Wechsel von 150.– und meine Miete zahlen.

Nachmittags während der Arbeit brachte man mir eine Ladung vor Gericht! Ich bin des Betrugs bezichtigt! So soll denn dieser elende »Phöbus«-Klatsch nie zur Ruhe kommen!

Ludschi ist im Examen durchgefallen. Ein nicht sonderlich gescheiter, aber sehr fleißiger Bursch. Ich gönn ihm das Pech.

Abends mit Papa wegen des Wechsels gesprochen. Glatt abgegangen.

15. Juli Priapiert. Die Sorge wegen der Betrugs-Anzeige lastet auf mir. Von Emmy eine Karte, daß sie hier sei, und heute kommen wolle.

Der kleine Meyer war da. Der »tönerne Gott« scheint ihm sehr gut zu gefallen.

Eine von Dr. Raff angekündigte Postanweisung nicht gekommen; ich bin in schrecklicher Geldverlegenheit. Meine Miete nicht bezahlt! […]

Nachmittags war Emmy da; sie scheint mich sehr zu lieben; ich habe sie, trotzdem sie doch 14 Tage weg war, ziemlich nebensächlich behandelt. […]

16. Juli Immer noch kein Geld.

Nachmittags bei Rechtsanwalt Raff wegen der Betrugsaffäre, dadurch viel Arbeit und wahrscheinlich auch Emmy versäumt.

Abends im Stefanie, um zu spielen. Doch vergebens, da Harry Kahn nicht kam. Ein rüpelhafter Bengel! Schade, daß er soviel Talent hat.

17. Juli Wenig gearbeitet. Papa merkwürdig kühl. Nachmittags in Mariahilf. 3stündiges Verhör! Entsetzlich. Wenn ich nicht so säuglinghaft unschuldig wäre, könnte mir wirklich bange werden.

18. Juli […] Vormittags war Marie da, ebenso nachmittags. Ich habe sie sehr geärgert, so daß sie abends nicht mehr kam. Abends dann gearbeitet. Spät noch ins Stefanie gegangen und gespielt. Mit Mühsam, Altman und einem Gymnasiallehrer, den ich nicht kannte, ansehnlich gewonnen.

19. Juli Sehr müde. Viel gearbeitet. Gelesen: Geißler, »Das sechste Gebot«. An derartigem (übrigens sicherlich erfühltem) Schund wächst einem das Selbstvertrauen.

23. Juli Vormittags 10 Uhr den »Tönernen« vollendet. Nachmittags nach Ursberg im Schwäbischen gefahren.

25.–28. Juli Die Gegend ist öd. Hartmann, dessenthalb ich hinfuhr, ganz nett, die Eltern brave Bürger. Unannehmlichkeiten wegen eines kleinen Wechsels. Von der »Frankfurter Z.« den Bescheid, daß sie meinen Roman nicht einmal zur Prüfung will; vom Gericht eine Mitteilung, daß ein Brief für mich hinterlegt ist. (Alle diese Unannehmlichkeiten am Tischoh beaw.) Viel priapiert.

28. Juli Mittags zurückgekehrt.

Karte von Jacobsohn, daß die Rezension der »Braut« eile. An die

»Neuesten« geschrieben, ob sie meinen Roman zur Prüfung wollen. Vom Gericht der Bescheid, daß das Verfahren eingestellt sei.

29. Juli Keine Freikarte zur »Braut« bekommen. So mußt ich eine kaufen. Um 7,50! Hernach im »Stefanie« gespielt.

30. Juli Emmy war da. An der Rezension über die »Braut« bis nach Mitternacht geschrieben.

1. Aug. Den ganzen Nachmittag mit Hartmann Damenbrett gespielt.

3.–5. Aug. […] Große Geldnot. Hartmanns brutalen Egoismus mit immer erneutem Widerwillen erkannt. Eine kleine Skizze, »Dramaturgisches zur Braut von Messina« geschrieben und an die N. N. geschickt.

6. Aug. Die Skizze brühwarm zurückbekommen. Tiefe Verstimmung. 5 Pf. Vermögen! Die Skizze an den Pater Expeditus geschickt. Eine neue Skizze: Shylock auf unsern Bühnen begonnen. An Marie einen dummen und verzweifelten Brief geschrieben.

7. Aug. Hartmann hat meinen Vater angepumpt und wurde abgewiesen. Größte Geldnot! Von der »Zeit« auf eine Anfrage, ob sie einen Artikel über Reinhardt will, zustimmende Antwort bekommen. Hartmann macht mir abenteuerliche Vorschläge, um Geld zu bekommen. […] Emmy geht definitiv nach Brüssel! Abends mit ihr zusammen. Sie war sehr nett.

9. Aug. Shylock fertig. An die F. Z. gesandt. Nachmittags war Emmy da. Sie braucht Geld und ich habe keins!

10. Aug. Höchste Geldnot! […] Den Artikel über Reinhardt begonnen. Papa Postanweisungen für den »Spiegel« gegeben. Höchst peinlich!

14. Aug. Größte Geldnot! Die Frankfurter Zeitung hat den »Shylock« angenommen!!

16. Aug. Von Jacobsohn eine Karte, ich soll raschestens über »Judith« schreiben. Für die Première hat man mir brüsk die Karte verweigert. Ich tu es ungern.

17. Aug. Sehr höfliche Entschuldigung von Reinhardt, der 2 Karten für »Gespenster« beilagen. An der »Judith« geschrieben. Abends war Marie da: ich gab ihr eine Karte für Gespenster.

18. Aug. [...] Judith abends gesehen.

20. Aug. »Wedekind als Moralist« begonnen. Abends mit Marie in den »Gespenstern«. Vor mir saß Grimm. Ich wagte ihn aber nicht anzusprechen.

24. Aug. Brief von Emmy. Den Reinhardt-Artikel von der »Zeit« zurück. Große Depression. – Müde und teilnahmslos die »Julia Farnese« begonnen.

26. Aug. Furchtbarer Geldmangel. Ich brauche Stiefel und kann sie mir nicht kaufen, soll Steuern zahlen, Miete! Georg Müller meine Verlagswerke angeboten. 1 Seite an der »Julia«.

29. Aug. [...] Abends »Die natürliche Tochter« im Residenztheater gesehen.

30. Aug. Mit Mama im Künstlertheater »Die Revolution in Krähwinkel« gesehen. Schmarren!

31. Aug. Merkwürdiger Brief von Marie. »Die natürliche Tochter« nach Berlin geschickt.

1. Sept. Nach Fürth gefahren zur Beerdigung eines höchst belanglosen Onkels. Die dortige Verwandtschaft gräßlichste Provinz.

4. Sept. Wedekind der Moralist erscheint höchst ärgerlicher Weise im »Neuen Weg«.

6. Sept. Große, merkwürdige, andauernde Unfähigkeit zur Arbeit. Allgemeine Müdigkeit. Ludschi nach Berlin.

8. Sept. Mit Marie am Starnbergersee. Sehr schöner Tag, aber teuer.

9. Sept. Die natürliche Tochter erschienen. Nachmittags unter vielen Ängsten bei Grimm, dem Redakteur der »Neuesten«, der mir versprach, mir binnen 8 Tagen Bescheid zu geben.

11. Sept. Mit Marie im Künstlertheater (»Hannele«).

12. Sept. In der Frühe nicht in der Synagoge gewesen trotz der »Bußtage«, zur größten Verstimmung Papas. Hartmann außerordentlich proletarisch. – Marie war da.

14. Sept. Pater Expeditus hat »Dram. zur Braut von Messina« für sein Schillerheft erworben. – Mit Hartmann Domino gespielt und stark verloren. – Von Emmy einen sehr lieben Brief.

15. Sept. In aller Frühe in der Synagoge. Emmys Brief erwidert.
»Hannele« fertiggestellt und abgesandt. Der Shylock in der Frankfurter erschienen. Sehr zufriedenstellend.

16. Sept. Rosch-Haschono. Den ganzen Vormittag in der Synagoge.

17. Sept. Die Frankfurter Zeitung weist nochmals sehr anerkennend auf meine »ausgezeichnete« Studie hin. Abends lange sehr unglücklich tarockt. Den ganzen Vorm. in d. Synagoge.

18. Sept. Von den Neuesten noch immer keinen Bescheid. Sehr viel Mühen, um die Miete aufzubringen.

20. Sept. Einen Aufsatz begonnen »Graf Schack der Dichter«. Abends im Hoftheater eine miserable Vorstellung der »Hermannsschlacht« gesehn.

22. Sept. Der Roman von den »Neuesten« zurück! Ihn dem Berl. Tageblatt angeboten. »Schack« vollendet (schlecht) u. an die »Frankfurter« geschickt. »Hannele« erscheint in der »Schaubühne«.

23. Sept. »Hermannsschlacht« geschrieben u. an die »Schaubühne« gesandt.

24. Sept. Schack von der Frankfurter sehr höflich zurück, bei der Neuen freien Presse angefragt. An die »Jugend« ein paar belanglose Verse geschickt.

25. Sept. Jomkippur. Den ganzen Tag in der Synagoge. Stoff zu einem Drama: Die Sendung Jeremiae.

27. Sept. Bei der F. Z. angefragt, ob sie einen Aufsatz will: Schauspielkunst & Moral.

30. Sept. Sukkot. [...] Vom »B. T.« keine Antwort, ebenso von der »N. Fr. Pr.«. Ein sehr verliebter Brief von Emmy. Abends Heinrich Mann vorlesen hören.

3. Okt. Das »Heldische« fertiggestellt. Nachmittags mit Marie.

4. Okt. Höchste Geldnot. Weigeck schickt unerwartet aus London 20 M. S. Fischer den Roman angeboten. An das »Lit. Echo« und die »Lustigen Blätter« Manuskript gesandt.

5. Okt. Emmy geschrieben. Franz Blei wegen der »Braut von Korinth« angefragt. Kilian den Fetisch geschickt. Den Aegyptischen Nachrichten wegen einer Redakteurstelle geschrieben. Hahn gemahnt. Einen Aufsatz »Schauspielkunst und Religiosität« begonnen.

7. Okt. Von Kilian frdliche Antwort. Karte an Emmy. Schmini Azeret. »Schauspielkunst & Rel.« fertig u. ans »Berl. Tagebl.«.

8. Okt. Das B. T. will den Roman nicht zur Prüfung.

10. Okt. B. T. schickt den Aufsatz, Lit. Echo die beiden Aufsätze zurück. S. Fischer will den Roman in ca. 14 Tagen zur Prüfung. Nachmittags mit Marie zusammen. Überhaupt kein Geld. Starke Verstimmung.

11. Okt. Nichts. Vorbereitungen zu einem Aufsatz: Schiller und die deutsche Schauspielkunst. Spät abends Marie da.

12. Okt. Franz Blei will die Braut von Korinth nicht. Oesterheld mahnt. Die Lustigen Blätter schicken zurück. S. Fischer schickt Thomas Manns Königliche Hoheit. Eine unerwartete kleine Postanweisung von Reiß hilft aus der ärgsten Not.

17. Okt. Die F. Z. will den Schillerartikel nicht, ihn an die M. N. N. geschickt. Nachmittags mit Marie zusammen. Einen Ausflug gemacht. Gelassen und kühl. Abends »Blut« gelesen. Marie vergeblich erwartet.

18. Okt. Papa lieh mir Geld für Oesterheld. Der Phöbus-Krach beginnt von neuem. – Abends kam ganz unvermutet Marie. Sie war sehr lieb.

20. Okt. Mama zurück. Sprach bürgerlich vernünftig.

21. Okt. An einem zweiten Schiller-Artikel gearbeitet.

22. Okt. Die M. N. N. schicken zurück. »Bühne und Welt« hat Schillerheft schon fertig. Von der F. Z. immer noch nicht das sehnlichst erwartete Honorar. Große Depression. Angeb.: Schiller als Kritiker dem Hamb. Fremdenbl., der Weserzeitung, der Breslauer Zeitung, der Bohemia, die Einwirkung dem Bad. Generalanzeiger, der Vossischen Zeitung. Abends sehr lange mit Hartmann Domino gespielt.

23. Okt. Sehr starke Kopfschmerzen. In der Synagoge machte der sehr exaltierte Josef Sternberger eine peinliche Szene. Plan zu einem theatralischen Stück [...]. –

Von der F. Z. Geld. Aber nur 60.– statt der 80.–, die ich erwartet. Den Roman an S. Fischer geschickt.

25. Okt. Hamburger Fremdenblatt und Badischer Generalanzeiger lehnen ab. Frdl. Brief von Emmy. Sie geht nach Paris. Rößlers Hinterm Zaun macht viele und peinliche Arbeit.

Abends lang im Café gesessen. Marie war da.

27. Okt. […] Abends mit Hartmann bei Bonsels. Elegante, gefällige Leute. Alles ein wenig dünn. Gegen ihre blutarme Metaphysik die materielle Relativität der Künste verteidigt.

28. Okt. Einen schlechten Theaterbrief für die »Schaubühne« geschrieben. Schiller als Kritiker an die »Schaub.« gesandt. Die »Vossische Zeit.« will die »Einwirk.« zur Prüfung. Sie hingeschickt.

29. Okt. […] Eine Skizze, Glossen zu Gerhart Hauptmanns Vortragsreise an die F. Z.

30. 31. Okt. Von Martin erscheint ein Interview mit Gerhart Hauptmann im Berl. Tagebl. Marie war da. Vormittags und nachmittags.

1. Nov. […] Das Buch zum Einkleben meiner Aufsätze wird fertig. Die Sache macht Marie und mir viel Spaß.

2. Nov. Hauptmann dementiert Martins Interview im Berl. Tageblatt. Schwerste Blamage. Mein Aufsatz bei der F. Z., mein Roman bei Fischer gefährdet!

3. Nov. Der Aufsatz von der F. Z. zurück. – Brief von Marie, von Emmy. –Nachmittags kommt eine erneute Anzeige wegen Betrugs in der »Phöbus«-Sache! Ich bin total konsterniert.

4. Nov. Ruhiger geworden. Martin verteidigt sich ganz geschickt in der Hauptmann-Sache.

6. Nov. Ich bin des Falscheids beschuldigt! Durchaus zu Unrecht. Aber eine Reihe widriger Umstände spricht gegen mich. Monheimer sagt sehr ungeschickt aus. – Nachmittags bei Bonsels. Mich ganz gut unterhalten.

7. Nov. Eine Postanweisung, ich weiß nicht von wem, die mir Geldlosem die besten Dienste getan hätte, wird mir wegen ungenügender Adressierung nicht ausgehändigt.

8. Nov. Eine Kleinigkeit über Bonsels »Blut« begonnen.

9. Nov. Die kleine Kritik vollendet und an die »Schaubühne« geschickt. Plan zum »Jeremias«. Ärger und Geldnot. Spät in die Nacht hinein Domino gespielt mit Hartmann; sehr stark verloren.

10. Nov. Todmüde. Eine Karte von Emmy. Eine Kleinigkeit erscheint in der Schaubühne. Die Eltern wünschen, daß ich mich habilitiere. Abends im Schauspielhaus eine sehr unausgeglichene Vorstellung von Kabale und Liebe. Hernach mit Hartmann Domino gespielt. Er zeigte sich sehr brutal und ordinär.

11. Nov. Sehr müde. Eine Kleinigkeit über Thomas Manns »Königliche Hoheit«. Nachmittags bei Muncker. Er war sehr liebenswürdig. Die Habilitation scheint schwer, aber nicht unerreichbar. Abends mit Herrmann und Steinberg lange tarockt und gewonnen.

12. Nov. Den Mann-Aufsatz an das »Blaubuch«.

13. Nov. »Anregungen« von Pater Expeditus gelesen. Abends bei Raff, Phöbus-Abrechnung. Glimpflicher als ich dachte. Dann im Residenztheater eine sehr wirksame Vorstellung der wirksamen »Fremden Frau« gesehen.

14. Nov. Marie vor- und nachmittags. Ich benahm mich sehr derb.

15. Nov. »Anregungen« zu kritisieren begonnen. »Phöbus«-Monheimer macht neue Schwierigkeiten. Martin hat Hauptmann verklagt. Im Neuen Weg, in Über den Wassern sind meine Schiller-Artikel erschienen.

16. Nov. »Anregungen« fertig, an die Schaubühne geschickt.
Glossen an den Pater Expeditus. Abends tarockt.

17. Nov. In der Schaubühne nichts. Aus Langeweile ein Gedicht.

Er plante hundert überkühne Pläne.
Geflügelte, den Himmel stürmende
Zu nieder schien der Himmel, eng die Welt,
Die er mit Hoffnungsranken dicht umlaubte:
Sie lächelte und schwieg und glaubte.

Er kämpfte, ward besiegt, zehnmal geschlagen,
Bis er in müdes Gleichmaß stumpf versank,
Bis ihm der Alltag letztes Hoffen raubte:
Sie lächelte und schwieg und glaubte.

Dieweil er starb, sah er entrauschten Auges
Daß, was er strebte, nichts als Rauchdunst,
Der rasch in graue Albernheit verstaubte:
Sie lächelte und schwieg und glaubte.

Papa war bei Muncker, ohne daß ich es wußte. Muncker scheint recht gute Auskunft gegeben zu haben.

18. Nov. Wieder ein Gedicht:

Immer müder wird mein Glaube.
Immer mehr am Werk verzag' ich.
Immer haßerfüllter trag' ich
Die zuerst willkommne Last.
Ohne Rast
Durch die langen Nächte klag' ich
Meines Alltags dumpfe Schwere,
Meiner Feste eitle Leere
Fort und fort.
Und mein feindlich Ohr versag' ich
Meiner Freunde Trosteswort.
Du allein, Du könntest wenden
Meine Pein
Und mit Deinen linden Händen
Helfen, krönen und vollenden,
Mein zerknicktes Hoffen stärken,
Meinen unbefreiten Werken
Göttin und Erlösung sein.
Deine Gaben mild verschwenden
Seh ich Dich und Tröstung spenden
Dem und jenem. Ich schau zu.
Knirschend. Glücklos. Nimmer wag ich,
Dich zu bitten. So verzag' ich
Hier, und drüben lächelst Du.

20. Nov. »Maria Magdalena« im Residenztheater.

23. Nov. [...] Ein paar Worte über »Maria Magdalena« für die Schaubühne.

24. Nov. Große Geldnot. Schauspielkunst und Rel. erscheint in d. Schaubühne. In der »Allgemeinen Rundschau«, in der »Post« dumme, brutale Angriffe.

25. Nov. [...] Ich will bis zum neuen Jahr schreiben: 2 kleinere Aufsätze für die »Schaubühne«, einen größeren Aufsatz über Heinrich Mann, einen kleineren über den Pater Expeditus, 2 Akte am Jeremiah. Die übrige Zeit will ich auf die Stoffsammlung für meine Habilitation verwenden.

27. Nov. Première von Björnsons hellem, lichtem Lustspiel »Wenn der junge Wein blüht«. Nachmittags bei Bonsels. Abends mit ihm und Freunden im Restaurant Français und in der Trocadero-Bar. Hämische, ein wenig anstrengende und sehr kostspielige Unterhaltung. Sehr spät nach Hause.

29. Nov. [...] Henny bekommt abends eine Magenblutung (wie sie Ludschi schon einmal hatte); ich muß einen Teil der Nacht bei ihr wachen.

1. Dez. Auf der Staatsbibliothek. Die Materialsammlung zu meiner Habilitationsschrift begonnen. Geschichte der literarischen Journalistik in Deutschland bis zur Romantik. Den »Jeremiah« in Verse zu bringen angefangen.

2. Dez. Auf der Staatsbibliothek weitergefahren. – Am Abend gespielt und das mühsam zusammengestapelte Geld für die Miete verloren. 70 M im ganzen!

3. Dez. Das von Reiß für den 1. versprochene Geld ist immer noch nicht da! Ich bin gänzlich mittellos und außerordentlich deprimiert. Meine Uhr versetzt, um die Miete zu bezahlen.

4. Dez. Am »Jeremiah« gearbeitet. Abends gespielt und verloren.

6. Dez. Am »Journalismus« gearbeitet. Die Sache fängt an, mir Freude zu machen. Dann aber wieder hundert peinliche Kleinigkeiten. Reiß schickt endlich Geld. Ganze 58,–! Ich hatte auf 100,– gerechnet.

7. Dez. In der Staatsbibl. sind immer alle Bücher verliehen. Sehr ärgerlich! – Sehr wenig am Jeremiah. – Abends Chanukkah. Papa sehr anständig.

10. Dez. Staatsbibliothek. Abends »Die Frösche« des Aristophanes in einer scheußlichen Aufführung des Neuen Vereins.

11. Dez. Mittags Skandal wegen Fritz. – S. Fischer schickt den Roman zurück. [...]

14. Dez. Vorm. Bibliothek. Bubi kommt in die Klinik (wegen Blinddarm), wodurch ich Zeit gewinne und Geld verliere. Jeremiah I. vollendet.

15. 16. 17. Dez. Gespielt und stark verloren. Ziemlich viel wissenschaftlich gearbeitet.

18. Dez. Einen Artikel begonnen »Das erste französische Theaterjournal«.

19. Dez. Marie war da. Sehr launisch.

20. Dez. Gearbeitet. Den Aufsatz vollendet. An die Frankfurter geschickt.

23. Dez. Definition von Journalistik gefunden. [...]

24.–27. Dez. Aufsatz von der Frankf. zurück. Geldnot. Marie öfters da. Wenig gearbeitet.

27.–30. Dez. [...] Ein Dr. Heß aus Frankfurt, den ich von Berlin flüchtig kenne, sucht mich auf. Ein Freund von ihm, Musiker, kennt die Terwin gut, ist nur ihretwegen hierhergefahren. [...]

31. Dez. Silvesterfeier des Schauspielhauses, auf die ich große Hoffnungen setzte. Teuer und langweilig. Hernach in Animierkneipe. Mit Hartmann und jenem Dr. Heß.

1910
München

1. Jan. Nichts gearbeitet. Marie da vorm. u. nachm. Todmüde. Abends zu Hause gespielt. Stark verloren.

4. 5. Jan. Einen Aufsatz: Possart & die Ziegler. Eine Kleinigkeit erscheint in der Schaubühne.

8. Jan. Die Reinschrift der »Journalistik« begonnen. Albert Langen verlangt den »Tönernen Gott« zur Prüfung. Jetzt, wo er bei Reiß ist.

9. Jan. Ein Kriminalschutzmann nimmt in der Phöbus-Sache ein Vermögensverzeichnis von mir auf. Ich fürchte, ich werde verhaftet. Starke Depression. Marie da.

10. Jan. [...] Die Gallinger, meine Wirtin, beklagt sich, daß man in der Umgegend über mich und ihre Tochter schwatze. Ich schreibe dem Urheber des willig aus der Luft gegriffenen Gerüchts einen Brief.

11. Jan. Abends mit einem Fräulein Keller (einer weitläufigen Verwandten Gottfried Kellers), Dr. Altman und Hartmann gebummelt. Ganz nett. Die Keller will Referenzen und Förderung.

12. Jan. [...] Abends wiederum mit der Keller und einem andern sehr blamabel aussehenden Bohème-Mädchen aus dem Café Stefanie ausgewesen.

14. Jan. Ich fange an zu bummeln. Meine Arbeit macht keine Fortschritte, und ich brauche sehr viel Geld. Abends mit vielen Bohème-Menschen in der »Torggelstube«; einigermaßen peinlich, da Wedekind, Gumppenberg, Peppler am Nebentisch.

15. Jan. Ärger mit Bühnenball-Billetten, deren Besorgung ich törichter Weise übernommen. Viele kleine Geschäftigkeiten. Abends im Schauspielhaus. Einen belanglosen Schwank von Rößler gesehen. Nachmittags gespielt und natürlich stark verloren. Dann ein sehr gutes Geschäft gemacht. Da ich aber mit Marie, die im Theater war, hernach ausgewesen und viel Geld brauchte, auch die Miete fällig ist, bin ich gleichwohl ohne Geld.

19. Jan. Anfänge der französischen Theaterjournalistik begonnen. Abends lang vorbereitete größere Gesellschaft bei uns in der Galeriestr. Mich gut amüsiert. Mit Hartmann und einem Fräulein Marta Löffler, einer nicht eben gescheiten, aber recht temperamentvollen jungen Jüdin. Sie hernach ins Café geschleppt und schließlich tüchtig abgeküßt.

20. Jan. […] Vormittags ein Gedichtchen: Marta Maria. […]

1. Fräulein Marta Maria lag kühl und keusch
Im weißen jungfräulichen Bettchen.
Unterm Fenster sang ein verliebter Poet
Ein zirpendes Menuettchen.
O Marta Maria, Marta Maria!
Deine Augen sind Räder von Feuer
Deine Lippen sind röter als rot-rotes Blut
Und die lockendsten Abenteuer.
O kleine Marta Maria!

Dein Haar ist schwärzer als schwärzeste Nacht
Und weißer Dein Hals als von Schwanen.
Dein Busen wie hüpfender Wellen Gekos.
Den Rest kann ich leider nur ahnen.
Und wenn Du die perlmatten Schultern regst,
Wenn die Brüstchen sich drehen und winden
Und wenn Du artig die Hüftchen wiegst,
Und hast doch so sündhaft schwarzes Haar,
So lasterhaft lockende Lider,
Dann träumt man von purpurnen Sünden.
O kleine Marta Maria!

O Marta Maria! O Marta Maria!
Bedenke Du dieses in Gnaden:
Wer zu lange säumt, wer zu lange träumt,
Hat schließlich nur selber den Schaden.
Auch Du wirst einstens, auch Dich, auch Dich
Von all Deinen Reizen verlassen.
Auch Feuerräder vergluten zuletzt
Auch blutrote, röteste Lippen verblassen.
O kleine Marta Maria!

5. So sang der gute, verliebte Poet,
So sang es oft und mit Trauern.
Sie lag im kühlen Bettelein
Und ließ sich wohlig durchschauern.
Am Ende beschloß sie, den schönen Weg,
Den er ihr riet, zu bewandern.
Sie küßte und koste und war sehr vergnügt,
Doch leider mit einem andern.
Kleine Marta Maria!

6. Laß Deine Gliedlein nicht ungegrüßt
Der zitternden Sehnsucht entschwinden!
Laß Deine Augen nicht ungeküßt
Von saugenden Lippen erblinden.
Wer ungeküßt und ungekost
Solche Schönheit läßt welken, verderben,
Verdiente besser, so jung er ist,
In aller Blüte zu sterben.
O kleine Marta Maria!

21. Jan. Das Gedicht an die »Jugend« geschickt, die »Journalistik« umgearbeitet an die Schaubühne. Blättermeldungen: Jacobsohn wurde in Berlin von einer gereizten Schauspielerin geohrfeigt.

23. Jan. Marie war da. Ich glaubte sicher, sie ganz zu gewinnen: aber es mißlang.

29. Jan. Abends bei einem Maskenfest der »Concordia«. Die Löffler war da. Im allgemeinen gut amüsiert.

31. Jan. […] »Die kleine Stadt« von Heinrich Mann gelesen. Wundervoll.

1. Febr. Abends mein ganzes Geld (15.–) verspielt.

2. Febr. […] Siegbert den »Jer.« vorgelesen. Er macht vom Standpunkt des Theaterpublikums aus begründete technische Einwendungen. Den Plan umgestoßen; auf 3 Akte gekürzt […].

3. Febr. Abends Simplicissimus-Ball; mich mit Bonsels und seinen Leuten recht gut unterhalten; auch sonst.

5. Febr. Ich stürze sehr heftig auf glattem Boden und breche mir den Unterarm. Marie da. Der Arm wird verbunden. Am Fasching-Samstag selbstverständlich, so daß es mir unmöglich ist, die Fastnachtstage etwas mitzumachen.

7. Febr. Hartmann erzählt, er sei mit 2 hübschen Damen (getrennt) im Bett gewesen, habe sich aber als impotent erwiesen. In der Klinik mit Röntgenstrahlen untersucht. Ganz harmloser, kleiner Bruch, der aber doch gerade jetzt sehr unbequem kommt. Monheimer war vor den Untersuchungsrichter geladen. Es ist gegen mich Anklage erhoben wegen Betrugs, Meineids und Meineidsverleitung.

8. Febr. Ich werde vor den Untersuchungsrichter geladen! Nachmittags Marie da. Irgend ein belangloser peinlicher Zwischenfall verstimmt sie sehr und verdirbt uns den Nachmittag. […]

9. Febr. […] Herm. Bangs »Michael« mit viel Freude gelesen.

10. Febr. Verhör wegen des »Phöbus«. Furchtbar anstrengend. Anfangs war ich sehr deprimiert, später gewann die Sache ein angenehmeres Gesicht. Karte von Marie.

11. Febr. Heute vor einem Jahr war das »Phöbus«-Fest, das mir das ganze zwischenliegende Jahr verdorben hat. […] Dreyfus sagt mittelmäßig aus. – Abends Krach zu Hause.

12. Febr. Zu schreibende Essays: Kinematograf und Kunst; Heinrich Mann; Heine als Theaterkritiker. Zwei moralistische Skizzen: Der Klavierspieler Ohnesorg, ein begabter Mensch, der es zu nichts gebracht hat und auf Privatbühnen zum Tanz aufspielt, verliebt sich in ein junges Mädchen, das er auf mehreren solchen Kränzchen sieht. Sie bemerkt ihn überhaupt nicht. Er hört einmal, wie sie mit irgend einem jungen Gecken vereinbart, heimlich mit ihm auf den bal paré zu gehen. Da pumpt der Klavierspieler zusammen, was er irgend erlangen kann, macht sich möglichst elegant und geht auch auf diesen Ball mit dem Entschluß, diese eine Nacht mit ihr zu tanzen und dann, daß sie seine Niedrigkeit nicht merkt, irgendwohin zu verschwinden. Aber er wagt es nicht, sie anzusprechen, und alles bleibt beim Alten. – Der Meineid des Herrn Schusselin. Der junge, wohlhabende Gelehrte, der ein ruhiges, einsames Leben führt, ist Zeuge eines Mordes, als dessen Täter zwei Menschen in Betracht kommen. Irgend etwas im Wesen des Unschuldigen stört ihn und er sagt zugunsten des Schuldigen und zu Lasten des Unschuldigen aus. Wider besseres Wissen. Der Unschuldige wird verurteilt. Diese Zufälligkeit in allem Menschlichen ergreift den jungen Schusselin so, daß er seine Geliebte verstößt und noch einsamer, versteinter wird als bisher. – Abends »Die nackte Frau« im Schauspielhaus. Mist!

14. Febr. »Die große Passion des Klavierspielers Morgenroth« begonnen.

15. Febr. Im Residenztheater ein heiter belangloses Lustspiel von Bahr »Das Konzert« in einer recht anständigen Aufführung gesehen. Der Untersuchungsrichter war da, der mich verhört hatte! Hat mich ärgerlicher Weise nicht gegrüßt.

16. Febr. In der »Schaubühne« erscheint endlich der »Possart«-Aufsatz! [...]

17. Febr. Kein Geld. [...] Abends mit Marta Löffler ein paar Worte am Telefon gesprochen. Mich über Hartmanns brutal plebejische Roheit, seine Unbildung und seinen arroganten Egoismus geärgert.

20. Febr. Den »Morgenroth« Siegbert vorgelesen und an die »F. Z.« [...]

22. 23. Febr. [...] Wunderschönes Frühlingswetter. Die »Jugend« schickt das Gedicht »Marta Maria« zurück. Ich bin müde und verdrossen. In der »Schaubühne« wieder nichts. Kein Geld.

24. Febr. [...] Bei der Brünner zum Tee; langweilig. – Den Abend herumgeirrt, um eine Dirne zu suchen. [...]

27. Febr. Vormittags mit Marie und einer häßlichen Freundin von ihr in der Schackgalerie; fad. – Marta Löffler antelefoniert, auf Samstag einen Besuch der Schackgal. mit ihr vereinbart. – Nachmittags Marie da.

2. März Papas Geburtstag. – Der Arm schmerzt noch immer und ist nicht recht gebrauchsfähig. Etwas gearbeitet. Vergeblich Post erwartet. – Idee zu einer Skizze: Ein alternder Tenor liebt ein junges Mädchen. Sie will mit ihm soupieren, aber nur wenn er eine wichtige Rolle absagt. Schwanken und Zweifel und Unterliegen.

4. März Die »Meggendorfer Bl.« schicken das Gedicht Marta Maria zurück, Erich Reiß den Roman. Oberammergau angefangen. Abends Hamlet im Hoftheater.

5. März Mit Marta Löffler in der Schackgalerie. Mittelmäßig. – Kein Geld. – Nachmittags gespielt und gewonnen, aber wieder nur auf dem Papier. [...]

6. März Eine kleine Schwindelgeschichte versucht, um mir Geld zu schaffen. – Den Roman an Albert Langen. – Ausflug mit Marie; langweilig.

7. März [...] Abends bei einer Freundin Franziskas, einem Fräulein Gluskinos, und ihrem Bruder, einem jungen, lamentierenden Arzt ohne Praxis. Hernach mit Franziska im Café.

9. März Mamas Geburtstag. Hahn schickt unerwartet Geld. [...] Nachmittags gespielt und verloren. – Abends kommt unerwartet Marie. Sehr lieb.

12. März […] Jacobsohn gefällt Oberammergau sehr. – Gespielt und gewonnen.

15. März Journalistik endlich fertig. – Mit Bonsels zusammen; ekelhaft. Marta Löffler getroffen.

17. März Gespielt und über 50 M verloren. Großer Ärger.

18. März Tiefe Depression. Unfähigkeit zur Arbeit. Keinen Bescheid von der F. Z., keinen von Langen, keinen vom Rechtsanwalt. Gespielt. 10 M verloren.

19. März Den neuen Jeremiah begonnen. Harmlos abergläubische Kindereien getrieben. Korrekturen von Oberammergau bekommen. Die F. Z. schickt den »Morgenroth« zurück; ihn an die »Neuesten« geschickt.

20. März Gespielt und stark verloren. […] – Schuldenverzeichnis:

Leihhaus	38.–	Davon drängen
Kahn	30.–	30.– nach Bezah-
Hans Hepner	20.–	lung; und ich
Fritz	15.–	habe auf den
Berthold	10.–	nächsten Monat
Bella	8.–	30.– Vorschuß
Kleinigkeiten	5.–	genommen. Die
	126.–	Finanzlage ist so-

mit sehr mißlich. – Marie war nicht da.

22. 23. März Wieder verloren. In der »Schaubühne« nichts. Nichts gearbeitet; moralischer Katzenjammer. Im Residenztheater eine ausgezeichnete Vorstellung des »Solneß«, im Schauspielhaus ein schlechtes Judenstück »Daniel Hertz« gesehen.

24. März Ludschi von Berlin zurück. Ich wohne wieder in der Gewürzmühlstr.

25. März Purim. Todmüde von zu kurzem Schlaf. Onkel Moritz gestorben. Viel Arbeit.

27. 28. März Ostern. Herrliches Wetter. Moritzens Beerdigung. Marie da. Wollte mit einer Freundin einen Ausflug machen. Sie sitzen lassen. [...]

29. 30. März Wieder gespielt und verloren. Unerträglich. Wenn mich auch meine chronische finanzielle Misère einigermaßen entschuldigt, so hab' ich mir doch das Wort gegeben, nicht mehr zu hasardieren. Ebenso werde ich das ewige Onanieren aufgeben und mehr arbeiten.

31. März Freundliche Karte von Marta Löffler aus Nürnberg, die ich mit einem ausführlichen Brief erwidern will. In der »Schaubühne« erscheint »Anfänge der französischen Theaterjournalistik«. Viel am »Jeremiah« gearbeitet. Mit Glück. Karte von Marie. Muncker besucht, ihm die »Prinzipien« der »Journal.« gebracht; er war sehr liebenswürdig. Mitteilung des Landgerichts, daß das Verfahren eingestellt sei.

3. April Marie da. Von peinlicher Prüderie. Sehr verstimmend.

4. April An Marta Löffler einen hübschen Brief geschrieben. Abends ein wenig gespielt und gewonnen.

5. April Wieder onaniert! – Marie schreibt ein Versöhnungsbriefchen. [...]

7. April Bei Muncker; sehr liebenswürdigen, freundlichen Bescheid.

8. 9. April Gespielt, verloren. »Baumeister Solneß« für die »Schaubühne«. Honorar von Reiß.

12. 13. April An der »Journalistik« viel gearbeitet. Im Tarock verloren. – Marta Löffler schreibt Nichtssagendes. »Oberammergau« I in der »Schaubühne«. – Eine Dirne genommen. Ehemaliges Zimmermädchen; verhältnismäßig anständig und sehr billig.

20. April Oberammergau II in der Schaubühne; etwas gearbeitet.

21. 22. April [...] »Novellen der Pescara« von D'Annunzio gelesen. Anna, Hahns Geliebte, in München. Mit ihr ausgewesen. Brief von Emmy.

23. April Seder-Abend. [...]

24. April Pesach. Etwas gearbeitet. Abends wieder Seder.

25. April [...] Marta Löffler zurück.

26. 27. April [...] In den »Neuesten« erscheint ein Artikel von Queri, der sich sehr über mich lustig macht. Ärger zu Hause. In der Schaubühne Aufsatz über den Solneß. Erwiderung an die Neuesten.

28. April Die Erwiderung erscheint nicht. Die Terwin ruft an, bedankt sich für meine Kritik, lädt mich nach Feldafing ein. In der Oberammergauer Sache scheint die Stimmung für mich zu sein. Abends bei Richter. Dann mit Rößler, Waldau, Jakobi, W. von Scholz zusammen. Ganz nett.

29. April [...] Karte von Emmy aus Pau. Den Nachmittag mit Hahns Anna vertrödelt. Gespielt und verloren.

30. April Einen anonymen Schmähbrief in der Oberammergauer Sache bekommen. Jontef. [...]

2. Mai [...] Pamphlet im Neuen Münchener Tageblatt. Meine Erwiderung erscheint nun doch in den »Neuesten«.

10. Mai Nach Oberammergau gefahren. Im Sonderzug sehr viele Bekannte getroffen. Viel Geld gebraucht. Den Abend in Oberammergau verbracht mit Freder von der Frankfurter Zeitung und seiner Tochter, Haser von der Neuen Freien Presse, Geller, Rößler, einem Fräulein Samueli, Alfred Halm vom Neuen Schauspielhaus in Berlin. Ein Gastwirt mit amerikanischen Geschäftspraktiken und ein besoffener Bajuware mit Nietzscheanischem Einschlag machten viel Spaß.

11. Mai Sehr unter der Kälte gelitten. Müde. Das Spiel reizlos, entsprach ganz meinen Erwartungen. Viele Ansichtskarten geschrieben. Das mondäne Leben im Dorf recht interessant. Die Rückfahrt mit dem Historiker Du Moulin-Eckhart, dem Pater Expeditus Schmidt und Alfred Mayer von der Vossischen Zeitung. Recht angeregt.

14. Mai Nachmittags mit Marie einen Ausflug gemacht. Abends Schnitzlerpremière im Schauspielhaus.

15. 16. Mai, Pfingsten Kein Geld für die Miete. Am 2. Tag einen Ausflug mit Hartmann. Hahn, der von Halle kommen wollte, kam natürlich nicht. Martin hier, ebenso mein Vetter Dr. Meier Bodenheimer aus Darmstadt, um sich zu verloben. Marie nicht dagewesen. »Das Heldische im Drama« erscheint im Neuen Weg. Karte von Emmy. Wundervolles Wetter. Abends in der Torggelstube mit Anna und Hartmann.

17. Mai Peinlichster Geldmangel, die Uhr versetzt, nichts gearbeitet. Den Nachmittag über gespielt.

18. Mai An Emmy geschrieben. Sehr wenig gearbeitet. Abends mit Marie im Englischen Garten.

21. Mai Mit Marta Löffler spazieren gewesen. 2¼ Stunden lang. Sie war sehr liebenswürdig, ohne daß es jedoch zu einer ernsthaften Annäherung gekommen wäre. Sehr, sehr lieben, naiven Brief von Emmy. Karte von Hahn. Karte von Emmy aus Koblenz. Den Nachmittag gespielt. Starke Kopfschmerzen. In der »Post« ein frecher Angriff gegen mich voll Fälschungen.

25. Mai [...] Durch eine kleine Schwindelei etwas Geld aufgebracht. Abends mich mit jener Kellnerin vom Café Prinzregent zusammenbestellt, die mich aber, wie schon einmal, sitzen ließ; dann eine Hure genommen und so mein Geld verbraucht.

26. Mai Feiertag. Marie nicht getroffen. Mit Hahns Anna zusammen. Da sie mit hurenhafter Eleganz gekleidet war, peinliches Aufsehen erregt. Viel Geld verbraucht.

27. Mai […] Wegen meines Vetters Meier Bodenheimer aus Darmstadt viele Verwandte hier. Peinliche Repräsentationspflichten.

29. Mai Vormittags bei einer Beerdigung; sehr langweilig; nachmittags Marie: recht liebenswürdig. Mittags und abends offizielle Diners; ganz nett.

30. Mai Etwas gearbeitet; der Stoff häuft sich unübersehbar. […]

1. Juni Die Terwin schickt mir »in Dankbarkeit« eine sehr schöne Photographie. Eine Hure genommen, die in dem Haus wohnte, wo früher Emmy gewohnt hatte.

2. Juni Kein Geld. Der Artikel über »Oberammergau« in der »Schaubühne«. Karte von Marta Löffler.

3. 4. Juni Brief von Emmy, daß sie am 17. kommen wolle. Ärger infolge schrecklichen Geldmangels . Im Schauspielhaus »Die Neuvermählten« in recht anständiger Darstellung.

7. Juni […] Mittags widerliche Debatte mit Mama, die sich sehr kleinlich und gehässig zeigt. […]

9. Juni Mit Marie, die Urlaub hat, einen Ausflug gemacht. Teuer, aber recht nett. Abends »Gespenster«.

11. Juni Von Reiß nur 8.– bekommen statt der 32.–, die ich erwartet.

12.–14. Juni Nichts. Schownosfest. Fad.

17. Juni Von Reiß endlich eine Postanweisung. Am Münchener Theaterjahr geschrieben. […]

19. Juni […] Emmy war tagsüber in Oberammergau, kam spät nachts zu mir und blieb die Nacht über bei mir. Sie war reizend: voll von lieber Schalkhaftigkeit und von solch sicherer Selbstverständlichkeit in allem, was sie sagt und tut. Auch ihre Neigung zu mir ist so klar und ganz und unverkünstelt. Ich habe sie recht lieb.

20. Juni Oberammergau erscheint im Neuen Weg. Emmy zurück nach Brüssel.

21. Juni Franziska verlobt sich mit einem Herrn E. Diamant aus Posen. Belangloser Herr.

23. Juni Der Roman von Langen zurück.

24. 25. Juni Viel Scherereien mit der Verlobung. Hartmann ganz unsagbar proletisch. Marta Löffler unter anderen beim Empfang anwesend. Da mein Vetter Mundi meine Beziehungen zu ihr ahnt und dreckige Anspielungen darauf macht, recht peinlich.

30. Juni Brief von Emmy; recht traurig. […]

4. 5. Juli Kurzes Gespräch mit Franziska: Was muß man von der Ehe wissen? […]

7. Juli Mein Geburtstag. Recht trist. Niemand hat mir gratuliert außer der engsten Familie in der üblichen kalten Art. – Abends im Spiel etwas gewonnen, eine Dirne genommen.

1910
München
26 Jahre!

8. Juli Gespielt. Verloren. […] Abends »Erdgeist« im Schauspielhaus. In der Proszeniumsloge Georg Müller getroffen; recht freundlich.

9. Juli Nachmittags Marie da, die mich über einer jüdischen Kleinlichkeit ertappte und erzürnt davonging – dann aber zurückkehrte und Versöhnung anbahnte.

11. 12. Juli Ansehnliches Honorar von der »Schaubühne« bekommen, das ganze Geld verspielt. – Roman an Georg Müller. Gelage bei Hartmann mit Damen; ganz nett.

13. Juli »Bonsels« erscheint in der »Schaubühne«; freundlicher Brief vom »Theater«.

14. 15. Juli Bubi, den ich unterrichte, darf aufsteigen. Gespielt und immer verloren. Sehr ärgerlich. Dann stark gewonnen.

17. Juli Mit Marie zusammen, sehr nett. Die ganze Nacht mit Geller gepokert und 40 M verloren.

18. Juli Todmüde, nach kaum einer halben Stunde Schlaf, aufgestanden und mit Franziska und ihrem Bräutigam einen Ausflug nach Kassel gemacht. Ganz nett.

19. Juli Ich glaube die Spuren einer venerischen Erkrankung an mir entdeckt zu haben. Abends mit Geller gespielt bis 4^h früh. Über 50 M verloren.

20. Juli Schreckliche Verlegenheit, um das Geld aufzubringen. Die Spuren der venerischen Krankheit mehren sich. – Abends mit einer gewissen Marie Förtsch zusammen. Aus Furcht vor meiner Krankheit sie nicht berührt.

21. Juli Beim Arzt. Kein Tripper, aber ein Harnröhrenkatarrh. Alle möglichen Speisen und jeder geschlechtliche Verkehr ist mir untersagt. Abends wieder mit Marie Förtsch zusammen.

24. Juli Viel mit Marie zusammen. Martin hat sich offiziell verlobt und Versöhnungsversuche angebahnt.

25. Juli 35.– verspielt. Abends mit Marie Förtsch zusammen. Sie nach langem Sträuben gehabt; ziemlich langweilig.

27. Juli Von Müller den Roman zurück. In der »Schaubühne«, in der ich sicher einen Aufsatz erwartet hatte, nichts. Auch sonst kleine Peinlichkeiten. Starke Depression. Schuldenverzeichnis:

	Leihaus	53.–	Steinberg	25.–
	Monheimer	40.–	Stein	10.–
280 M Schulden!	Hartmann	32.–	Hepner	20.–
Scheußlich!	Kahn	30.–	Bubi	12.–
	Löwenstein	15.–	Mama	5.–
	Raff	23.–	Fritz	5.–
				280.–

Abends mit Marie im Lustspielhaus eine sehr lustige Aufführung von Bernsteins »Sünde« gesehen.

29. Juli Geldnot! Geldnot! Geldnot! [...]

1. Aug. Wieder gespielt und noch mehr verloren. Ich glaube, Hartmann betrügt. Abends mit Marie im Künstlertheater: Kaufmann von Venedig. Sehr schön.

3. Aug. Uhr und Kette im Spiel verloren. – Abends mit Marta Löffler im Künstlertheater; recht nett. (»Lysistrata«)

4. Aug. Mein ganzes Hab und Gut, alle meine Bücher u.s.w. verspielt. Nun aber den festen Entschluß gefaßt, keine Karte mehr zu berühren.

Hartmann	140.–	Scheußlich! Scheußlich!
Kahn	50.–	Scheußlich! – – –
Monheimer	40.–	
Raff	23.–	Abends in »Christinas Heimreise«
Steinberg	25.–	von Hofmannsthal. Das Stück
Löwenstein	15.–	recht schlecht, die Darstellung
Bubi	15.–	ausgezeichnet.
Stein	10.–	
Fritz	5.–	
Diverse	10.–	
	333.–	

5.–7. Aug. Schwerste Geldsorgen. An einem Artikel »Das historische Urbild des Geßler« gearbeitet. Im Künstlertheater »Wintermärchen« in guter Aufführung gesehen. Marta Löffler besucht; nett. Mit Marie zusammen populäres Konzert.

10. Aug. Steigende Geldnot mit unglaublich peinlichen Begleiterscheinungen. Abends »Minna von Barnhelm« in recht lustiger Aufführung im Künstlertheater. [...] »Münchener Theater« erscheint in der Schaubühne.

11. Aug. 30 M bekommen und sogleich 20.– davon verspielt. Jetzt aber mir hoch und heilig geschworen, und wenn tausend Teufel mich dazu verlocken, nicht mehr zu spielen! Ebenso hab' ich mir aufs festeste vorgenommen 1) alle Masturbation aufs peinlichste zu meiden und 2) kein Geld mehr auszugeben außer für Marie und Marta L. – Abends war Marie da und sie war sehr lieb und herzlich.

12. Aug. Meine Vorsätze natürlich nicht gehalten. Erstens Geld ausgegeben, freilich nicht viel; 2) gespielt, freilich nicht hoch, und eine Kleinigkeit gewonnen. – Übrigens hab' ich gestern Bonsels den Roman angeboten und an Heide geschrieben, um Geld zu bekommen. Auch an Emmy geschrieben.

16. Aug. Hochzeit bei Feusts; ganz gut unterhalten. Ernsthaft den Gedanken gefaßt, mich mit einem sehr reichen, häßlichen Mädel zu vermählen; ihn aber wieder fallen lassen.

17. Aug. »Reinhardt« (recht schlecht) an Jacobsohn. Abends Sumurun, einen Schmarrn von Freksa, im Künstlertheater gesehen.

18. 19. Aug. Geldnot; Peinlichkeiten. »Sumurun« an Jacobsohn.

20. Aug. Viel mit Marie zusammen. Ernsthaft den Gedanken gefaßt, jene Häßliche, Reiche zu heiraten. Mit Hartmann darüber gesprochen und mit Marie.

21. Aug. […] Mit Mama über ein Heiratsprojekt gesprochen.

22. 23. Aug. Hartmann erweist sich im Spiel ziemlich anständig, verkracht sich mit Geller. – […]

24. Aug. Ein dies ater erster Güte. Zunächst onaniert und sehr schlechter Laune. In der »Schaubühne« erscheint der erwartete Artikel nicht, was mein Budget für den September sehr gefährdet. Dann sollte ich für Eduard und Franziska Bücher bestellen, hatte das Geld schon z. Teil verbraucht, da kommt von Cotta die Nachricht, daß er mir nicht liefert. Des Nachmittags spiele ich bei Hartmann und verliere das ganze Geld 60.–. Ich hatte bei Fischer bestellt und weiß nun nicht, wie ich zahlen soll. Von der Staatsbibl. werden alle Bücher zurückverlangt. Ich haste, erregt vom Spielen, zu spät ins Theater. Meine Uhr zerbricht; ich lasse mein Opernglas liegen und verspiele abends nochmals ungeheuerlich. Hartmann sehr proletarisch, gaunerhaft und mir im tiefsten zuwider.

25. Aug. Eine Karte von Marta Löffler. Peinlichste Geldschwierigkeiten. Ich pumpe Eli Straus an um 150.–; er gibt sie ohne weiteres. In der F. Z. erscheint die Kleinigkeit, die ich vorgestern eingesandt. Abends wieder mit Hartmann gespielt und verloren.

28. Aug. Wieder mit Hartmann gespielt und wieder verloren. Dieser Mensch, der mir im Lauf von 4 Wochen über 1000.– abgenommen zum größten Teil auf betrügerische Art, erscheint mir allgemach als mein böser Geist. So kitschig die Vorstellung ist, ich kann mir nicht helfen. [...]

30. Aug. An Hartmann wiederum 40.– verloren. – Dr. Gluskinos pumpt mich an, mich! – Schreckliche Scherereien wegen der Bücher und der Hochzeit der Franziska. [...] Abends spielen Altman und Hartmann bei mir; ich verliere sogleich mein ganzes Geld. Sie spielen weiter bis ½3 Uhr; Hartmann ungemein proletisch. Ich schreibe ihm einen sehr zarten und höflichen Brief, daß ich ihn auf einen Monat nicht sehen möchte.

31. Aug. Schlechte Nacht. Die Schaubühne erscheint nicht. Jacobsohn schickt mir Sumurun zurück! Das erste Mal, daß Jacobsohn etwas von mir zurückschickt. Fischer schickt die Bücher noch immer nicht. Nachmittags bei Bonsels; er verlangt 800 M für den Druck des Romans; es ist nicht einmal viel, trotzdem seine Bedingungen sonst halsabschneiderisch sind. Ich möchte es gerne tun, sehe aber keine Möglichkeit, das Geld aufzubringen. [...]

3.–6. Sept. Viel Ärger im Kleinen. – Hartmann läßt mir zu zwekken des Romans 150.– anbieten. Viel mit Marie zusammen. – Mundi recht plebejisch.

7.–11. Sept. Papa will mir 400.– für den Roman geben, Hartmann 100.–, Hahn 250.–. Nochmals mit Isemann verhandelt, ganz günstig. Martin bringt »Sumurun« in der Saalezeitung. [...] Falschspielern in die Hände gefallen, die, als ich gewinne, mich nicht nur um den Gewinn, sondern auch um einen Teil meines Geldes prellen.

12. 13. Sept. Die Vorbereitungen zu Franziskas Hochzeit machen unglaublich viel Arbeit. – Schwierige Unterhandlungen mit Bonsels bez. Isemann. Von Hahn ist das versprochene Geld noch nicht da; auch Hartmann krebst und will schon nur mehr 100.– statt der ursprünglichen 200.– und die nur leihweise geben.

14.–16. Sept. Von Hahn kommt das Geld; Franziskas Hochzeit ist auffallend gut gelungen. Auch von Papa bekomme ich die 400.–. Von Hartmann nach unendlichen Mühen 70.–. Mich mit einem Fräulein Agnes Dull, das ich von der Hochzeit nach Hause begleitet, gut amüsiert. Eine teure ekelhafte Dirne genommen. Spätnachts todmüde die Gluskinos besucht. Mit Bonsels Vertrag abgeschlossen.

17. Sept. [...] Sternheim kennengelernt. Abends bei Cohns: Martins Polterabend.

18. Sept. Martins Hochzeit. Sehr viel Arbeit, ziemlich langweilig. Ich stelle mich gut mit Martin.

19. Sept. Den Entschluß gefaßt, meine hiesige Arbeit im Stich zu lassen und nach Italien zu fahren. [...] Den Abend schon fortgefahren; mit Siegbert, Ludschi und Mundi. Zunächst nach der Schweiz. In dem Schnellzug dritter Klasse eine nette Französin getroffen, Berthe Boussard, die mit allen, besonders mit Ludschi, poussiert hat.

20. Sept. In dämmernder Frühe Aufenthalt in St. Margrethen am Bodensee. Dann weitergefahren nach Sargans, Thur, Thusis. Nun zu Fuß weiter, den Splügen hinauf, über die Via Mala nach Andeer, recht lustig und angeregt.

21. Sept. Gut ausgeruht weiter, den Splügen hinauf. Oben, an der italienischen Grenze, einen Wagen genommen und nach Chiavenna; sehr kalt. Von hier per Bahn nach Colico am Comersee.

22. Sept. Teuer und schlecht im Hotel Risi übernachtet. Per Dampfer auf dem stürmischen See nach Bellano. Mein Hut fliegt in den See. In Bellano einen netten Albergo gefunden, echt italienisch, die Wirtin hübsch. Nachmittags nach Bellagio; in Bellano übernachtet. Getanzt, gut italienisch gegessen.

23. Sept. Kahnfahrt auf dem Comersee. Mit dem Dampfer nach Berra; von hier per Bahn nach Bergamo. Wundervolle alte Stadt; Colleoni-Kapelle; Kirchen, Häuser. In einem trefflichen italienischen Albergo »Alla cervetta« gewohnt. Abends ein Bordell gesucht; allgemeine Unbehilflichkeit.

24. Sept. Auf der torre comunale; wundervoll. Nachmittag über Brescia, Desanzano, nach Sirmione. Schöner Spaziergang am Castel, in den Olivengärten der Ruinen des Catull.

25. Sept. Mit dem Dampfer über den Gardasee nach Maderno; in Toscolano echt italienisch übernachtet. Einen typisch schmierigen, ekelhaften Galizianer Juden getroffen, Signore Baumstark, der mir den Abend verdorben.

26. Sept. Sehr schöne Fahrt über den Gardasee nach Riva. Nach Torbole gegangen; Segelfahrt über den stürmischen See zurück nach Riva. Mit dem Nachtzug nach München zurück. Ein nettes Mädel getroffen, Münchenerin, von Meran zurückkehrend, proletarisch, etwas derb; Beziehungen für München angeknüpft, eines österreichischen Grenzwächters Braut.

27. 28. Sept. Ziemlich viel Post. Briefchen von Marta Löffler, von der Bendheim, von Emmy; eine Notiz über den »Tönernen« war inzwischen in der Zeitung gestanden. – Ein wenig müd und verbraucht; ziemlich viel Geld unnütz vertan.

29. Sept. Jenes Mädel, Grenzwächters Braut, erwartet. Sie kam nicht. Abends im »Ödipus« Reinhardts. Ich mußte das Billet kaufen, ein schlechter und teurer Platz.

1. Okt. Mit Marta Löffler nach Grünwald gefahren; geküsst und gekost. Sie war halb ohnmächtig vor Erregung und sehr willfährig.

Nachmittags Marie da; abends mit ihr im Schauspielhaus. Sven Lange »Simson und Delila«. Das Stück gut in der Anlage, nur zu theatralisch derb.

2. Okt. Marie kommt in der Frühe, einen Ausflug zu machen. Hartmann ist da und stört. Anhaltende Verstimmung; der ganze Tag teuer und langweilig.

3. Okt. Erev Roschhaschonoh. Ich muß sehr früh aufstehen, Stoff zur Ödipus-Kritik gefunden.

4. Okt. Roschhaschonoh. Den ganzen Vormittag in der Synagoge. Nachmittags eine kleine, sehr liebe Karte von Marta, ein Telegramm von einer schwedischen Zeitung, ihr gegen 50 M Honorar über die Didringpremière zu berichten. Gespielt und eine Kleinigkeit gewonnen. Abends eine Dirne gemietet; langweilig.

5. Okt. Wiederum den Vormittag über in die Synagoge. Nachmittags gespielt und 40 M verloren. Abends mit Marta im Residenztheater in Didrings »Valuta«; sehr langweilig. Dann holten ihre Eltern, brave, auf Heiratskandidaten spekulierende Kleinbürger, sie ab; wir gingen in die Teestube, trafen dort Mundi und meine Brüder; es war sehr peinlich.

6. Okt. Eine ungehaltene Karte von Emmy, die ich sehr vernachlässigt. […]

7. Okt. Die Didringkritik vollendet und abgesandt. Im Tarock stark verloren, steigende Geldnot.

8. Okt. Mit Marta, die mir ein sehr liebes Kärtchen schreibt, unerwarteter Weise sehr viel zusammen. Sie folgt mir sogleich auf mein Zimmer und ist sehr willig. Marie stört. Abends in der »Frau vom Meer«.

9. Okt. Vormittags Marie da, auffallenderweise nicht verstimmt, erzählt von mancherlei Kulturlosigkeiten Hartmanns ihrer Freundin Eichmann gegenüber. Sie kommt auch abends und ist sehr lieb.

10. Okt. Am »Ödipus« gearbeitet; geht recht langsam. Die Nacht durch gespielt und an Hartmann 20.– verloren.

12. Okt. 50 M Honorar und sehr freundlicher Brief von der schwedischen Zeitung.

12. Okt. Jom Kippur. Mittags bei mir mit Marta; sie sah glänzend aus und gab sich mir ohne Weiteres; sie ist prachtvoll amoralisch, lebenslustig und jung. – Abends gespielt, 100 M verloren, 80.– wiederzurückgewonnen.

15. Okt. Marta war da. Sehr, sehr lieb und hingebend. Abends den »Ödipus« fertig gemacht.

16. Okt. Nach Meran gefahren. Die Fahrt durch 2 alte Damen verhunzt; später mit Staatsanwalt Weber aus Bozen ganz gut unterhalten. Die Eltern holten mich ab; die jüdische Pension ganz passabel.

17. Okt. Meran. Köpler getroffen; Pauline Feust, ein Fräulein Heyman; recht nett. An Marta geschrieben.

18. 19. Okt. Meran. Viele Spaziergänge gemacht. Gegend wunderschön: aber doch, da ohne Gesellschaft, ziemlich gelangweilt. Annäherung an Pauline Feust unmöglich.

20. Okt. […] Abends von Meran nach München gefahren. 3. Klasse; in Gesellschaft etlicher Russen.

21. Okt. Todmüde von der Fahrt. Frau Gallinger sagt, es sei ein Postauftrag über 65.– da gewesen; ich habe keine Ahnung, von wem. Er entpuppt sich später als der Hartmann-Wechsel, den ich mühsam einlöse.

23. Okt. Die Eltern zurück. Marie lange da, stöbert in meiner Korrespondenz, findet Dinge, die ihr nicht bestimmt sind; peinliche Szene. Ich werde ihrer allgemach überdrüssig.

24. Okt. In aller Frühe in der Synagoge (Hoschonoh rabboh). Nachmittags bei Bonsels; die Herausgabe des »Tönernen« verzögert sich. […]

Schuldenverzeichnis:

Papa	400.–	Schmidt Bertsch	60.–
Hahn	250.–	Kahn	50.–
Bonsels	300.–	Raff	23.–
Strauß	150.–	Hepner	20.–
Wechsel	70.–	Siegbert	17.–
			1340.–

Recht heiter.

27. Okt. Von der F. Z. unerwartet 10.–. Willy Bodenheimer hier. Den Abend mit Marta zusammen.

28. Okt. Zimmer gesucht, da mir meine Bude unsäglich ärmlich erscheint.

29. Okt. Hagenbach erscheint in der F. Z. Starke Kopfschmerzen. Marta ruft an, kommt abends. Marie überrascht mich mit ihr; peinliche Szene auf der Straße.

30. Okt. Marie vormittags da; sehr langweilig. Die freundliche Offenheit Martas, die sich mir ganz preisgibt, verschafft mir die Adresse ihres ersten Liebhabers: Karl Lang, rue Gay Lussac 12, Paris V^e^. […]

31. Okt. Den Vormittag mit Marta; ich erwies mich außerordentlich liebeskräftig. Nachmittags den Hofschauspieler Schwanneke gesprochen, der eine Pantomime von mir will. Abends gespielt: 31 M gewonnen.

1. Nov. […] Marie leider schon wieder versöhnt und sehr lieb. […]

15 M verloren. Allgemeine Betrachtung: Ich arbeite überhaupt nichts mehr und bummle entsetzlich.

2. Nov. Marta, mit der ich mich schlecht verständigt, vergeblich erwartet. Sehr freundlicher Brief von Muncker. Termin gegen Heide; durch eine dumme Behauptung meine Sache sehr verschlechtert. Abends mit Marie im Schauspielhaus, Scholz »Vertauschte Seelen«, heiteres, akrobatisch beschwingtes Stück.

3. Nov. [...] Marta da, sehr lieb. Kleinen Artikel »Aus München« an die Schaubühne. Die halbe Nacht gespielt. Fast über 30 M gewonnen, dann über 40.– verloren, schließlich mit einem Verlust von 10.– geendet.

4. 5. Nov. Marta da. Sehr viele Peinlichkeiten. Mit Marta bei einem Vortrag Paul Wegeners: Byrons Kain. [...] Nachmittags gespielt und 60.– verloren, 40.– davon bar. Spät abends mit Igo und einer sehr eleganten, etwas zweifelhaften Dame und großer Gesellschaft im Serenissimus. Ganz heiter.

7.–10. Nov. Marta öfters da. Nichts gearbeitet. Hartmann brutal egoistisch. Große Geldnot. Für und mit Marie ein Kostüm und einen Pelz besorgt. Mit Igo und seiner Dame zusammen.

11.–14. Nov. Rezitationsabend im Literaturverein vorbereitet. Pech und Schlamperei. Marie da; ihr neues Kostüm steht ihr vortrefflich. Die Pantomime im Prinzip aufgesetzt. Marta öfters da. Sehr viel Geld gebraucht. Prozeß gegen Heide mit 175.– verglichen.

15. Nov. Kein Geld zur Miete. [...]

16. Nov. Sophokles und Hofmannsthal stark gekürzt in der »Schaubühne«.

17. Nov. Im Literaturverein Teile des Romans vorgelesen und die Skizze »Morgenroth«. Da gleichzeitig Wedekinds Première, bestand das Publikum fast ausschließlich aus Bekannten. Hernach mit Marta und Bonsels & Frau ausgewesen. Ganz nett, aber sehr kostspielig.

18. Nov. Höchste Geldnot; die Miete noch immer nicht bezahlt. Die Kritiken mittelmäßig.

20. 21. 22. Nov. Marie da; sehr lieb. Marta, die ich schlecht behandelt, fährt nach Frankfurt und nimmt sehr freundlichen Abschied. Fürchterliche Geldnot. Gespielt und verloren. Marie bietet mir auf reizende Art etwas Geld an. Hartmann erweist sich wieder einmal als höchst schmierig, kleinlich und verlogen. Ein Wechsel von mir wird protestiert. Mich über Hartmann bitter geärgert. Er saß da, in einem Anzug, den ich letzten Endes bezahlt hatte, meine Uhr in der Tasche, in den Zähnen Goldplomben von meinem Geld, mein Geld im Portemonnaie; denn ich wußte von Monheimer mit aller Bestimmtheit, daß er Geld hatte, er kannte alle die Schwierigkeiten und Peinlichkeiten, in die mich die durch ihn veranlaßte Geldnot versetzte, und als ich davon sprach, daß der fragliche Wechsel an ihn kommen werde, sagte er in seinem empörenden Oberbayrisch: »Dann geh i halt zu Deim Vattern.« Dieses ekelhafte, schlechtrassige Tier! Ich bedaure fast, daß ich mich so weit mit ihm eingelassen.

23.–26. Nov. Sehr viele Schwierigkeiten wegen des Wechsels. Marie leiht mir 30 M, die ich verspiele. [...]

28. Nov. Immer Sorgen und Ängste wegen des Geldes.

29. 30. Nov. 1. Dez. Marta wieder zurück. Hat mir ein nettes Geschenk mitgebracht. [...] Der Schneidermeister Mohr bei mir wegen des Wechsels. Anhaltende Geldsorgen.

2. Dez. Mit Marta in einem Vortrag von Hanns Heinz Ewers. Sehr prätentiös und dumm. Von Bonsels Einband, Widmung des Romans u. s. w. Recht nett.

3.–6. Dez. Karte von Emmy. Marie mehrmals da, auch Marta, die ich ihres offenen, herzlich lieben Wesens wegen von Tag zu Tag mehr lieb gewinne; die Sorge, ich möchte von ihr ein Kind bekommen, bedrückt mich kaum. – Zunehmende Geldkalamitäten. – Die Pantomime fertiggestellt; Schund; Achtungserfolg, d. h. innerer Durchfall, als ich sie bei Frau von Hagen den in Frage kommenden Schauspielern vorlas. Hartmann erweist sich immer kleiner, krämerhafter. Ich fürchte, es wird sehr bald zu einem bösen Krach kommen.

8.–11. Dez. Anhaltende Geldnot; Marie und Marta öfters da. Marta an der Türe, während Marie innen war. Heinrich Mann »Das Herz« gelesen; tiefer Ärger über Hartmann.

13. Dez. Nach vielen Peinlichkeiten, albernen Brutalitäten Hartmanns abends im Deutschen Theater; hernach mit der Saharet zusammen. Sie ist sehr liebenswürdig und unbedeutend; ich sehr ungeschickt.

14.–19. Dez. Öfters mit der Saharet zusammen. Sie will ihre Memoiren durch mich veröffentlichen; ich fürchte, ich tauge nicht recht zu solchen Geschäften. Hartmann verliebt sich Hals über Kopf in die Tänzerin; es ist wohl nur ihr Name, der ihn lockt; er ist doch unglaublich hohl. Fürchterlichste Geldverlegenheiten. [...]

20. Dez. Den Roman bekommen, schön gebunden; sehr erfreut. [...] Hartmann erzählt, die Saharet wolle ihn heiraten; dies ist mit großer Vorsicht aufzunehmen. Mein Vetter Max Feuchtwanger, Rechtsanwalt, hat den protestierten Wechsel zu Gesicht bekommen und macht Gestank. In der Sache Saharet Briefe geschrieben; ebenso einen Offertbrief an das Bibl. Institut. Hartmann hat 200 M und leiht mir keine 2. Abends mit Bonsels und einer jungen, sehr gesunden, frischen Arierin, einem Fräulein Thein, zusammen.

21.–24. Dez. Geßler erscheint im Geschichtsfreund, Nordische Heerfahrt in der Schaubühne. Ständige Geldnot. Mit Marta in Bahrs »Kindern«. Bei der Saharet. Sie, sehr nett, scheint in Hartmann außerordentlich verliebt. Die Terwin und eine größere Anzahl Schauspieler getroffen. Angenehm. Mit dem Dr. von Jacobi mich ein wenig angefreundet. Marta öfters da; sehr lieb.

25.–28. Dez. Marie richtet mir eine Weihnachtsbescherung zurecht. Marta stößt mit ihr zusammen. Kritik über Bahrs »Kinder« an die »Schaubühne«. Ebenso Kritik über »Genoveva«.

29.–31. Dez. [...] Einen netten kleinen Ausflug mit Marta. Von Emmy ein sehr langer, netter, verliebter Brief.

1911

1. Jan. Silvester in der Familie. Um 2 Uhr Familienszene, sehr widerwärtig, an der ich nicht teilnehme. Früh 4 Uhr mit Marie ein wenig widerwillig ins Gebirg. Durch den mangelnden Schlaf übellaunig. Prachtvolle Schneewanderung, ein wenig gerodelt. Mancherlei kleine Tücken. Meine Verabredung mit Marie, alles Erotische auszustreichen, strikt eingehalten.

2. Jan. [...] Brief von Hartmann, er wolle den Verkehr mit mir auf ein halbes Jahr abbrechen. Albern, aber mir sehr angenehm. Mittags kurz gespielt, 10 M gewonnen. Marie da, sehr lieb. Brief von Emmy. Abends gespielt, 20 M verloren.

3. Jan. Von Heide die 177 M erhalten. Marta da, merkwürdig launisch. Sehr freundlicher Brief von der Saharet, von der Freien Studentenschaft, von Hartmann, der wieder einlenkt. Abends mit ihm zusammen. Das Ganze war nichts als eine albern kindische Aufwallung.

4.–7. Jan. Wegen der Pantomime an Wilhelm Mauke geschrieben. Marta öfters da. Mit ihr in Schönherrs »Glaube und Heimat«: Kräftiges Stück. Miserable Aufführung. Marie da. Den Vorsatz betreff des Erotischen gebrochen. Frecher Brief von Bonsels, der mir Rezensions-Exemplare weigert. Kräftig erwidert.

8.–15. Jan. Eröffnungsvorstellung des »Großen Wurstel« mit Marie. [...] Marta öfters da. Lange bei Edgar Istel wegen der Pantomime. Er sehr liebenswürdig, lehnt aber die Pantomime ab. Heftigen Rheumatismus, der mich einen Tag ans Bett fesselt.

16.–19. Jan. Kleine Reiberei mit Marie. Was heißt journalistisch? aus der Habilitation an die F. Z. Harry Kahn hier, schreibt sehr abfällig über den Roman. Mehrmals gespielt, ohne Resultat. Marta da. Einmal mit Hartmann zusammen, der sich immer wieder als der alte Prolet erweist. Auf ein Stelleninserat in der F. Z. Offert gemacht. Jesse und Maria gelesen. Mit Muncker gesprochen, der der Habilitation nicht mehr so zuversichtlich entgegensieht. Bei Bonsels; man war sehr liebenswürdig.

20.–22. Jan. Viel auf der Staatsbibliothek wegen der historischen Grundlagen von Glaube und Heimat. Mein ganzes Geld verspielt. Starke Depression. Martas Geburtstag. Im Lustspielhaus die Terwin getroffen; ich war zu schüchtern; dennoch recht netter Abend.

23. Jan. Sonntag. Mit Marie zusammen. Mit ihr auf eine Zeit lang gebrochen. Auf merkwürdige Art, mehr durch Zufall eigentlich. Sie bekam Weinkrämpfe, tat mir sehr leid; aber es ist gut so.

24. Jan. […] Bühnenball. Mit Marta, die in orientalischem Kostüm prachtvoll aussah. Die Terwin sehr liebenswürdig, ebenso die Schaffer und die Woiwode. Mit der Schaffer und ihrem Mann sehr lang, auch mit Stollberg lang gesprochen. Dann sprach mich Elchinger an, außerordentlich liebenswürdig. – Marta ging mir mit Bonsels durch; ich war verstimmt, benahm mich aber wohl sehr geschickt.

24. Jan. Wieder stark verspielt. Ich gebe mir das feste Versprechen, noch 3 mal zu tarocken und dreimal zu hasardieren; dann niemehr. Marta 2 mal da, sehr lieb.

25.–27. Jan. Die Pantomime diktiert. Nicht ganz, da es mir an Geld fehlt zur Bezahlung. Eine Glosse über den Terwin-Prozeß geschrieben. Glossen zu Glaube und Heimat. […]

28.–31. Jan. Höchste Geldnot; 11 M verspielt. Starke Influenza, die jede Arbeit unmöglich macht. Das Honorar von der F. Z., das ich schrecklich nötig brauche, kommt nicht.

1.–3. Febr. Arge Geldnot. Am 2. schreib ich an die F. Z., am 3. kommt das Geld. Weitere 15 M verspielt. Immer noch krank und kaum arbeitsfähig.

4.–10. Febr. Immer erkältet. Marie da, recht lieb. Marta öfter da, recht angenehm. Die Pantomime findet vielen Beifall; freundliche Briefe von Muncker, von Pater Expeditus Schmidt, der Terwin, von Emmy. [...] In den M. N. N. eine gut gemeinte, im ganzen anerkennende, aber recht dumme Kritik über den Roman von Gustav Adolf Müller.

11. 12. Febr. Prachtvolle Vorstellung von Cäsar und Cleopatra im Residenztheater. Freitag und Samstag. Marta mit. Dann bei der Terwin, in ihrer Wohnung. Ganz nett; aber Basil war dabei. [...]

13. Febr. Marie und Marta treffen wieder einmal zusammen. An dem Aufsatz Grenzen der Theaterkritik gearbeitet.

14. Febr. Den Aufsatz an die Neuesten. Nachmittags bei Elchinger zum Tee; sehr liebenswürdiger Herr. Abends erst beim Ball des Hofopernchors; sehr langweilig. Dann mit Mühe Zutritt zu einem Ball im Deutschen Theater erlangt; Martas wegen. Aber mein Vetter Willy Bodenheimer hatte sie bereits okkupiert. Peinlich und verstimmend.

15. Febr. Marta erwartet. Sie kam nicht. Als ich mittags anrief, erfuhr ich, sie sei krank.

16.–18. Febr. [...] Geld für die Miete verspielt. In Eulenburgs Komödie »Alles um Liebe«. Kritik über »Cäsar und Cleopatra« an die »Schaubühne«, Kritik über Eulenburg. »Grenzen der Theaterkritik« von den »Neuen« zurück, an den »Neuen Weg«. Die »Neuesten« und die »F. Z.« weisen mein Anerbieten, anläßlich H. Manns 40. Geburtstag einen Essay über ihn zu schreiben, zurück.

19. 20. 21. Febr. Mit Marie zusammen. Marta noch immer krank. [...] 3 Stunden bei der Terwin. Viele Offenheiten ihrer- und meinerseits, ohne daß ich ihr näher gekommen wäre. [...] Notizen über die Pantomime an die Neuesten und die Münchner Zeitung. Große Geldnot. Von Bonsels verhältnismäßig beruhigende Auskunft über den Roman.

22.–25. Febr. Notizen über die Pantomime mit zweideutigem Kommentar in den Neuesten. Marta, die noch 10–14 Tage im Bett liegen muß, besucht. [...] Première im Schauspielhaus. Hernach mit Wedekind zusammen.

27. Febr. Mit der Terwin zu Mittag gegessen. Sie war sehr liebenswürdig und offenherzig, ohne daß es zu Intimitäten irgend welcher Art gekommen wäre.

28. Febr. Faschings-Dienstag. Mit Ludschi und Fritz eine Wagenfahrt unternommen. Langweilig.

1. März Ich ziehe wieder in die Gewürzmühlstr. In der Schaubühne erscheint: Alles um Liebe. Nachmittags Elchinger bei mir zum Tee; außerordentlich liebenswürdig. Abends häusliche Szene.

2.–4. März [...] Die Terwin angeblich krank. Ich hab sie aber auf der Straße getroffen; sie suchte sich vor mir zu verstecken. Ich schickte ihr dann ein paar boshaft höfliche Zeilen. – Ein Wassermädel einen Abend lang vergeblich erwartet. – Marta besucht, ders wieder besser geht.

5. März Marie nicht da wie sonst jeden Sonntag. Nachmittags Tee bei Sternberger in den 4 Jahreszeiten; recht elegant. Marta da; ich ging noch mit ihr in die Torggelstube, wo ich Wedekinds traf.

6.–9. März Fürchterliche Geldnot. [...] Cäsar und Cleopatra in der Schaubühne. Marta am 9. wieder gesund und bei mir.

16. März [...] Geldnot andauernd. Bei Bonsels, um ihn anzupumpen. Er hat mich abgewiesen.

17. März Eine Kleinigkeit über Heinrich Mann. Geldnot dauert an. Bernhard Diamant brieflich angepumpt.

18. März [...] Jakob Fränkel schimpft bei den Löfflers heftig über mich.

19.–22. März Marta öfters da; überhaupt nichts gearbeitet. Bernhard Diamant schickt mir ohne weiteres 250 M. Den gräßlich epigonenhaften Achill der Ernst Rosmer im Hoftheater gesehen. Glaube und Heimat erscheint in der Schaubühne.

26. März Mit Marie den ganzen Tag im Isartal und am Starnbergersee; sehr teuer. Sie war verhältnismäßig recht zutraulich. [...]

28. März Ziemlich unverschämter Brief von Martin. Aber Heinrich Mann erscheint in der Saalezeitung. [...]

29. März [...] Ausflug mit Marta ins Isartal; Brief von Emmy. Marta sehr lieb. Abends die Terwin an die Bahn gebracht. Recht nett und zutraulich. Flegelei meines Bruders Fritz.

30. März Die F. Z. schickt Journalistik zurück wegen Redakteurwechsels. Im Tarock etwas verloren. Marta sehr lieb. [...]

2. April Infolge des langen Spielens wahnsinnige Kopfschmerzen. Marie pflegte mich.

3. April Am Jeremiah diktiert. Honorar von der Schaubühne bekommen. Abends in der Torggelstube mit Basil, Muhr, der Terwin, Maas, Manheimer, Waldau und Gumppenberg. Ganz netter Abend.

4. April Am Jeremiah weiter diktiert. Sehr netter Abend mit Marta.

5. April Mein ganzes Geld, 62 M, verspielt. Den Jeremiah zu Ende diktiert.

6. 7. April Den Jeremiah an die Intendanz, Dr. Manheimer, Steinrück, die Terwin. [...]

8. April [...] Abends mit Halbe eine lange sehr merkwürdige Unterredung in der Torggelstube. Er ist tief verbittert und resigniert. Armer Max Solneß!

9. 10. April Marie da, Marta auf 3 Wochen nach Meran. Tiefe Mutlosigkeit wegen Geldmangels. Die Terwin ruft an, ihr habe der Prophet sehr gut gefallen; aber ohne rechte Wärme.

11. 12. April […] Karte von Marta, ihr einen Brief geschrieben. Ganz unerwartet kommt Emmy, ihre Schwester ist erkrankt.

13. 14. 15. April Gespielt. Alles mein Geld (50 M) verloren. Emmy braucht Geld von mir; Hahn schreibt um sein Geld (250 M), die Miete (diesmal 42 M) ist fällig. Emmy öfters da, einmal die Nacht durch; sehr lieb, naiv und nett. Langer, ein wenig kühler Brief von Marta. Im Lit. Echo erscheint eine freche Kritik über den Roman, von Harry Kahn; ich erwidere; in der Allgemeinen Zeitung des Judentums eine zustimmende von Ludwig Geiger, in der Zukunft meine Selbstanzeige. Der Neue Weg nimmt die Pantomime an.

16. 17. 18. April Die Geldnot nimmt immer peinlichere Formen an; auch für Emmy, die durch ihre Schwester ausgesogen ist, brauche ich Geld. Brief von Marta. Marie durch Emmy verstimmt und umgekehrt. Grenzen der Theaterkritik erscheint im Neuen Weg. […]

19.–21. April Emmy sehr oft da, auch die Nacht durch. Es geht ihr sehr schlecht; ich hab keinen Pfennig Geld und kann ihr nicht helfen. In der Schaubühne ein kleiner, von Jacobsohn gekürzter Artikel: Aus München. Längeres Gespräch mit dem blasierten Dr. Muhr. Pesach: viel in der Synagoge. Zu Hause verschiedene peinliche Kräche zwischen Mama einer-, Franziska, Eduard, Fritz anderseits. Ich nahm immer gegen Mama Partei; den Eduard gedenke ich anzupumpen.

22. April Es ist bei der Absicht geblieben; auch Christer wollte ich anpumpen; es ging nicht. Peinlichste Geldnot. […] Emmy abgereist. – Kleinen Artikel über das Klara-Ziegler-Museum an das »Theater«. »Journalistik« nochmals an die F. Z. – »Anatol« im Schauspielhaus. Hernach sehr viele Menschen in der Torggelstube getroffen; die Terwin beleidigt.

24. April Anatol geschrieben; an die Schaubühne. Marta beklagt sich, daß ich ihr nie schreibe. Brief an Marta.

25. April Karte von Jacobsohn. Der »Jeremiah« sei zu kühl und zu klug, dabei die Psychologie doch zu simpel; dennoch will er ihn abdrucken. Nachmittags Pantomimenvorspielung bei der Terwin. Steinrück nicht da, die Stimmung recht flau. – Eduard brieflich angepumpt.

26.–29. April Sehr lieber Brief von Marta. Die Geldnot fürchterlich. [...] Von Eduard weder Bescheid noch Geld. Marie hilft aufs liebenswürdigste aus. Bei der Brünner, auf eine freundliche Karte hin. Eine arme, alte Jungfer! Hahn verklagt mich! [...] Jacobsohn schickt den Anatol zurück. [...] »Theater« nimmt das »Museum« an. [...]

2. 3. Mai Endlich schickt Eduard das Geld. 40 M auf dumme Weise verpulvert. Eine teure Dirne genommen. – Von Manheimer sehr liebenswürdigen Brief über den »Jer.«.

4. 5. Mai [...] Basil äußert sich sehr entzückt über die Pantomime. [...] Marta zurück, sehr vergnügten Nachmittag mit ihr verlebt.

8. Mai Marta vergebens erwartet. Abends Pantomimenprobe bei Basil; sehr gut gelungen und vielversprechend. Lustiger Abend.

9. Mai Der Merker nimmt Anatol an. Hahn verklagt mich.

10.–12. Mai Marta sehr oft da; sehr lieb. Krach zu Hause mit Bella. Alles mein Geld verspielt. 50 M; schwere Geldsorgen. [...]

13.–15. Mai Viele peinliche Geldsorgen. Viel mit Marta zusammen. Einen nervösen, peinlichen Tag mit Marie. Mit Marta im Schauspielhaus. Den Jeremiah von der Intendanz mit sehr höflichem Begleitschreiben zurück.

16.–20. Mai Dauthendey »Spielereien einer Kaiserin« im Neuen Verein. [...] Plan zu einem satirischen Spiel oder Roman: Der entzauberte Meier. – Viel mit Marta zusammen. Martin in Sachen Hahn angepumpt.

21.–23. Mai Max Feuchtwanger, den Rechtsanwalt, um 250 M angepumpt und erhalten. Mit Marie, viel mit Marta, mit Barnowsky, Norbert Jaques und Heinrich Mann zusammen. Brief von Emmy.

Mit der Terwin bei Basil zu Abend gegessen. Alle sind sehr deprimiert wegen des Mißerfolgs der »Büchse der Pandora« in Berlin.

24. Mai Dauthendey erscheint in der »Schaubühne«; ein zersetzender Aufsatz Jacobsohns über die Terwin in der Beilage.

25. 26. Mai Der »Simplizissimus« nimmt die Rosenkavalier-Glosse.

2. 3. Juni […] Mit Marta in den Isarauen; sie war sehr lieb. Auch nachmittags war sie wieder da. Plötzlich kommt eine unglaubliche sexuelle Erschöpfung über mich. – Abends lang im »Stefanie« gespielt; dann ein Gelegenheitsfräulein zu 3 M mitgenommen.

4. Juni Pfingsten. Ich wollte mit Marie über die beiden Tage fort. Sie traute sich nicht, aus Angst und Rücksicht ihrer Mutter wegen. So war sie öfters da.

5. Juni Mit Marie fort; ich erklärte ihr, sie sei mir gleichgiltig, und es wäre gut, unsere Beziehungen abzubrechen.

6. Juni […] Vormittags mit Marta spazieren gewesen. Nachmittags kamen meine Eltern nach längerem Aufenthalt aus Baden-Baden zurück.

7.–9. Juni Viel mit Marta zusammen; fast nichts gearbeitet. Marie bahnt mit rührender, schier märtyrerhafter Manier Versöhnung an. – Hedwig, meine Cousine, verlobt sich. Souper.

10.–12. Juni Netten Ausflug mit Marta an den Starnbergersee. Abends in der Torggelstube Moissi, Freksa, Efraim Frisch getroffen. Peinlich und gezwungen. »Orpheus in der Unterwelt« im Gärtnertheater; sehr amüsant. Eine Arbeit »Glaube und Heimat vor 50 Jahren« begonnen.

15. Juni Bonsels fordert noch 257 M. – Mein Zimmer gekündigt.

18. Juni Diner bei Dr. Manheimer, der eine prachtvolle Villa in Schwabing hat. Anwesend Lothar Schmidt, Leo Fall, Peppler &

Frau, die Glümer, die Steckelberg, Basil und ein Dr. Gotthelf. Recht nett. Dann wie schon die letzten Tage her auf der Zimmersuche.

19. Juni Ein Zimmer bei der Kellnerin Luise von der Torggelstube in der Burgstr. gemietet.

20.–22. Juni Große Geldnot. Marta öfters da. – Theaterjahr erscheint in der Schaubühne, die Pantomime im Neuen Weg, Anatol im Merker. […]

25.–27. Juni […] In der Torggelstube mit Jacobi, Schwanneke, Dr. Gotthelf, W. Fred, Steinrück, Dr. Muhr, Heinrich Mann einen netten Abend verbracht. Längeres Gespräch mit Mann.

28. Juni – 4. Juli Ausgezeichnete Aufführung der »Schönen Helena« im Künstlertheater. Sehr oft mit Marta zusammen. Emmy schickt eine Kleinigkeit aus Ostende. […] Bonsels mahnt. Große Geldnot. Sehr schönen Abend mit Marta in der Odeon-Bar.

5. Juli […] Herodes in Verse zu übertragen begonnen.

6. Juli Wundervoller Ausflug mit Marta auf den Herzogstand. – Hartmann stellt den 1. Akt d. Pant. fertig.

7. Juli Mein Geburtstag. Netter Brief von Emmy. Marta schenkt mir eine Photographie und eine nette Vase. Ich erhalte unerwartet Honorar für die Pantomime. […] Eine Mahnung von meinem Buchhändler.

1911
München
27 Jahre

1915–1921
Als arrivierter Bohemien in München

Abends lange vergebens herumgeirrt, um eine Hure zu suchen – Depression wegen der morgigen Musterung – Ich bin an 10 Bühnen etwa 75mal gespielt worden, und 20 Premièren liegen vor mir – Die Revolution bricht los – Ein junger Mensch bringt ein ausgezeichnetes Stück. Bert Brecht – Starke antisemitische Stimmung – In zweifelhaften Fällen übernimmt Marta die Führung

Als freier Theaterkritiker fand Lion Feuchtwanger kein Auskommen. Aber auch das Projekt einer von den Eltern gewünschten Universitätskarriere hatte er mitsamt der in Aussicht genommenen Habilitationsschrift über Journalismus begraben. 1912 war er, vom bürgerlichen Standpunkt aus betrachtet, ein »Gescheiterter«: 28 Jahre alt, ohne nennenswerte literarische Erfolge, ohne Vermögen. Bevor er schließlich als Dramatiker in München reüssierte, führte ihn sein Weg zunächst fort aus seiner Geburtsstadt, raus aus den ihn beengenden Beziehungen in das Offene des Südens jenseits aller gesellschaftlichen Verpflichtungen und Besitztümer. Während dieser zwei »Vagabundenjahre« mussten Marta und er schwere Schicksalsschläge verkraften, zugleich war es eine Fahrt der Selbstfindung, die den Künstler Feuchtwanger reifen ließ und für das Paar womöglich zu der glücklichsten und intensivsten gemeinsamen Zeit wurde. Durch das Erlebte festigte sich ihre Verbindung, und es entstand das Fundament einer 46-jährigen Ehe. Insofern ist es besonders bedauerlich, dass keine Aufzeichnungen aus dieser Zeit überliefert sind, in der es die beiden bis nach Afrika verschlug.

Als Marta schwanger wurde, beschlossen sie, spontan zu heiraten. Die kleine Feier fand am 22. Mai 1912 in Überlingen am Bodensee statt. Die Familie des Bräutigams ignorierte das Datum – sie war gegen die Verbindung. Die Hochzeitsreise verbrachten die Frischvermählten in der Schweiz. Nach einer anstrengenden Wanderung erlitt Marta fast eine Fehlgeburt, am 11. September wurde ihre Tochter Elisabeth Marianne in Lausanne geboren. Das Kind war schwach, und Marta erkrankte am Kindbettfieber. Mutter Löffler eilte herbei, um dem jungen Vater, den die Sorge um Frau und Kind überforderte, beizustehen. Der Arzt empfahl einen Aufenthalt in milderem Klima, und so brach die dreiköpfige Familie nach Italien auf, in den Küstenort Pietra Ligure. Hier starb, kaum zehn Wochen alt, das einzige Kind von Lion und Marta Feuchtwanger und wurde auf dem ländlichen Friedhof des Ortes beigesetzt. Fünf Monate trauern die Eltern gemeinsam um ihr Kind, bevor es sie weiterzog.

Sie stürzten sich in das Treiben von Monte Carlo, wo er in den Kasinos ihre letzten Ersparnisse durchbrachte. Mit kaum mehr als ihren Rucksäcken gingen sie zurück nach Italien. Um die Weiterreise zu ermöglichen, schrieb Feuchtwanger Beiträge für die »Frankfurter Zeitung« und die »Schaubühne«. Sie durchquerten das Land bis nach Sizilien, ihre Route führte über Florenz, Rom, die Inseln Ischia und Capri, Neapel. Sie besichtigten die Renaissance-Kunstwerke und antiken Stätten, besonders angetan waren sie von den griechischen Ruinen in Paestum und Selinunt. In Syrakus besuchten sie in einem griechischen Amphitheater eine Aufführung von Aischylos' »Agamemnon«, die ihn stark beeindruckte und die er für die »Schaubühne« rezensierte. Sie bestiegen den Ätna, als ein schweres Erdbeben die Dörfer am Fuße des Vulkans zerstörte. Sie lebten von der Hand in den Mund, aßen und wohnten mit den Armen. Beide ereilte ein Fieber, er überlebte dank Martas Pflege sogar eine schwere Typhus-Erkrankung. »Meine Hauptbeschäftigung war«, sagte er rückblickend, »den ungeheuren Wust, den ich gelernt hatte, zu vergessen. Es war freie Luft, und die Landschaft Homers sah erheblich anders aus als der Homer, den ich gelernt hatte.«

Im Juli 1914 fuhren sie per Schiff nach Tunis, schlenderten über arabische Basare, durch enge Gassen und das Judenviertel. Sie waren zu Gast beim Scheich, sahen die Wüste. Es ging weiter nach Karthago und Hammamet, wo sie bei dem französischen Konsul logierten. Die politische Krise in Europa war völlig aus ihrem Blickfeld verschwunden, bis der Gastgeber ihnen im August eröffnet, er müsse sie verhaften, zwischen Frankreich und Deutschland sei der Krieg erklärt worden. Sie bestiegen den nächsten Zug zurück in die Hauptstadt des französischen Protektorats, wo Lion ins Gefängnis kam. Er hatte Glück im Unglück, nach 12 Stunden wurde er unter Auflagen auf freien Fuß gesetzt. In der Zwischenzeit hatte Marta

Schiffspassagen nach Palermo organisiert. Unter Kohlesäcken versteckt, blieb Lion, der als Reservist ständig einen Militärausweis mit sich führen musste, von den französischen Patrouillen unentdeckt, während zwei der insgesamt vier militärpflichtigen deutschen Männer an Bord aufgespürt und abgeführt wurden. Ohne einen Pfennig Geld in der Tasche trafen sie in Italien ein, wo ihnen der deutsche Konsul die nötigen Zugbilletts und Stempel für die Weiterreise aushändigte.

Mitte September 1914 erreichten sie München. Jetzt begann Lion Feuchtwangers eigentliches Leben als Schriftsteller. Er erfuhr, dass drei seiner Brüder bereits an der Front waren. Ihm selbst verschaffte der kurze Gefängnisaufenthalt in Tunis einen vierwöchigen Aufschub, den er nutzte, um sich literarisch mit dem Krieg auseinanderzusetzen. Er übersetzte Aischylos' Antikriegsstück »Die Perser«, das ihn bereits als Studenten fasziniert hatte. Vor allem imponierte ihm die würdevolle Behandlung, die dem Feind entgegengebracht wird: »Die ›Perser‹ sind die wuchtigste Kriegs- und Siegesdichtung aller Zeiten. Die naivste, geschlossenste, ihres menschlichen und künstlerischen Rechtes sicherste. Und die überzeugendste. Dieses Werk wirkt Wunder. Es ist vom Anfang bis zum Ende erfüllt vom Leidensüberschwang der Besiegten. Kein Hellene tritt auf. Kein jauchzender Ruf erschallt. Und dennoch strahlt ein helles Pathos von ihm aus, und es klingt durch alle Verse wie Fanfaren.« Feuchtwangers Adaption wurde zwischen dem 2. Oktober und 31. Dezember 1914 in der »Schaubühne« abgedruckt.

Mitte Oktober 1914 wurde er eingezogen. Als einfacher Rekrut des königlichen Regiments war er, von schwacher Konstitution und stark kurzsichtig, bei Eiseskälte den Anstrengungen des täglichen Drills und Exerzierens ausgesetzt. Er bemühte sich, alles mit stoischer Gelassenheit zu ertragen, nach fünf Monaten aber brach er mit Magenbluten zusammen. Am Morgen nach seiner Hospitalisierung, so erzählte es Marta, wurde sein Regiment an die Front geschickt. Alle Männer seien bei einem Überfall auf den Zug getötet worden. Feuchtwanger durfte sich schließlich zu Hause auskurieren. Er war weiterhin dienstverpflichtet, wurde aber vom Militärarzt als untauglich eingestuft. Damit war seine Zeit als Soldat praktisch beendet. Die regelmäßigen Musterungen führten ihm die Gefahr eines Fronteinsatzes immer wieder vor Augen und stürzten ihn jedes Mal in depressive Ängste.

Kommt das Kriegsgeschehen in Feuchtwangers Tagebüchern kaum zur Sprache, so wird es prägend für seine Werke. Von den Beiträgen, die er zwischen 1914 und 1918 für die »Schaubühne« schrieb, behandelt mehr als ein Drittel den Krieg, darunter im Februar 1915 sein Antikriegsgedicht »Lied der Gefallenen«. Im gleichen Monat bezogen die Feuchtwangers eine Wohnung in der Prinzregentenstraße, die Marta in dem ihr eigenen erfindungsreichen Stil eingerichtet hatte.

Was folgte, war Feuchtwangers aktive Zeit als Dramaturg, eine Tätigkeit, die er über die Kriegsjahre fast durchgängig ausübte, nur vorübergehend waren die Säle wegen Kohlemangels geschlossen. Sein eigenes Zwischenresümee am Neujahrstag 1917 lautete: »Ich bin an 10 Bühnen etwa 75mal gespielt worden, und 20 Premièren liegen vor mir.« Er verfasste neun Bühnenwerke, von denen acht in Buchform erschienen. Neben der Bearbeitung fremder Werke schrieb er vier eigene Theaterstücke: das englische Kolonialdrama »Warren Hastings«, das Schauspiel »Jud Süß« über das Schicksal eines Juden im Zeitalter des Absolutismus, das Stück »Die Kriegsgefangenen«, das sich am unmittelbarsten mit dem Kriegsgeschehen auseinandersetzt, und das Trauerspiel »Julia Farnese«. Drei der vier Werke wurden von der Zensur zumindest zeitweise verboten. Und dennoch: Die Tantiemen begannen zu fließen, Feuchtwanger war als Dramaturg in vielen deutschen Städten und auch im Ausland gefragt. Zum ersten Mal stand er finanziell auf eigenen Füßen.

In dieser Zeit entstanden seine engsten Künstlerfreundschaften. Mit Bruno Frank lernte er in der Torggelstube seinen einzigen Duzfreund kennen, »einen, wie es scheint, amüsanten, gescheiten und gewandten Menschen« (3. März 1915). Als Schriftsteller schätzte er ihn allerdings nicht so hoch wie seine literarischen Vorbilder Thomas und Heinrich Mann, Alfred Döblin und Bertolt Brecht. Letzterer hatte am 2. April 1919 an Feuchtwangers Tür geklopft, um die Einschätzung eines Stückes zu erbitten – der Beginn einer lebenslangen Freundschaft und Zusammenarbeit. Feuchtwanger gehörte zu den entscheidenden Förderern des jungen Brecht. Die beiden begannen sogleich einen lebhaften Austausch, ihre Gespräche drehten sich um Politik, das Theater und ihre jeweils eigenen und die gemeinsam verfassten Stücke, darunter »Kalkutta, 4. Mai«. 1921 lernte Feuchtwanger auch Arnold Zweig kennen, beide verband ein ähnlicher biographischer Hintergrund und künstlerischer

Werdegang. Äußerte sich Feuchtwanger anfangs eher geringschätzig über den drei Jahre Jüngeren, trafen sie sich in den späteren Berliner Jahren mitunter fast täglich und diskutierten über ihre Werke, über Politik und die Frauen.

Die Beziehung zu Heinrich Mann vertiefte sich in diesen Jahren. Im Streit der Mann-Brüder fühlte sich Feuchtwanger dem »Zivilisationsliteraten« deutlich enger verbunden als Thomas Mann und dessen »Betrachtungen eines Unpolitischen«. Auch der Revolution von 1919 stand er positiver gegenüber als Thomas Mann. Feuchtwanger erlebte die Ereignisse aus unmittelbarer Nähe und kannte die wichtigsten Akteure persönlich, verharrte aber in der Rolle des Beobachters. Die unmittelbarste Reaktion auf die Ereignisse war sein Stück »Thomas Wendt«, in dem er den Weg des Schriftstellers vom Künstler zum Revolutionär behandelt und die Frage nach der Rechtfertigung von Gewalt stellt, wenn es darum geht, für eine gerechtere, humanere Welt einzutreten. Das Stück erschien seinen Zeitgenossen derart brisant, dass sich die Schauspieler vorübergehend weigerten, einen so politischen Text zu proben.

Anfang der zwanziger Jahre mehren sich im Tagebuch die Anzeichen für das Heraufziehen einer Katastrophe. Hatte Feuchtwangers Arbeit am Theater lange Zeit unter einem günstigen Stern gestanden, deuteten sich beunruhigende Veränderungen an. Sogar in einem Wanderurlaub in der Gegend um Prien am Chiemsee wurden Lion und Marta Feuchtwanger wiederholt mit antisemitischen Ressentiments konfrontiert. Mit seinem Meisterwerk, dem Roman »Erfolg«, legte er 1930 den gültigen Zeitroman über diese Epoche deutscher Geschichte vor. Die richtungweisende Entscheidung, ins Romanfach zu wechseln, fiel aber deutlich früher: Längst hatte er seinen Roman »Jud Süß« begonnen, der seinen Erfolg als internationaler Bestsellerautor mitbegründete.

München
Prinzregentenstraße
1915

27. Febr. Am 9. Februar sind wir, Marta und ich, in unsere neue Wohnung eingezogen (an der Prinzregentenstraße). Die ungewohnte Behaglichkeit und Eleganz der neuen Wohnung, die Marta in weniger als zwei Tagen vollständig ausstaffiert hatte, erfreut mich sehr und veranlaßt Marta und mich (bald den einen stärker, bald den andern), viele Bekannte einzuladen, um zu protzen. So haben wir Gumppenberg empfangen und Friedenthal vom Berliner Tageblatt, Kutscher von der Universität, die Schauspielerinnen Rosar, Sarto, Balder; dann August Weigert, den Dr. Sinsheimer aus Mannheim, Mühsam, Albu und seine Frau, Friedenthals Verhältnis, das ziemlich unausstehliche Fräulein Crizeli, sein anderes Verhältnis, die liebenswürdige, nicht ohne Anmut lustige Türkin Ismet, meinen Vater, Ludschi, Martas Eltern.

Unsere finanziellen Verhältnisse sind nicht unbefriedigend. Wir haben monatlich 500 M zu verbrauchen, so gut wie keine Schulden, und einen kleinen Reservefonds von 3–400 M. Unser Vermögensstand dürfte sich auf 35–45 000 M (–50 000?) belaufen.

Auch meine Aussichten auf schriftstellerischen Erfolg sind nicht schlecht. Der Drei Masken Verlag hat die Julia Farnese angenommen, Georg Müller druckt sie; auch die »Perser« haben Aussichten zumindest hier im Volkstheater, vielleicht auch die Entzauberte Bohème. Dann nach dem Krieg der Kirschgarten, hier und in Dresden am Hoftheater. –

Ich beschäftige mich mit den Studien zu einem Schauspiel: Warren Hastings. […]

Begum Somru von Halm gelesen. Technisch recht geschickt, auch psychologisch nicht ungewandt. Interessant, daß der Held, durchaus modern gesehen, ein sensitiver Schwächling ist und daß sämtliche Personen unsympathisch sind (vom bürgerlichen Standpunkt aus). Aber der Dialog gräßlich nüchtern, und diese

Nüchternheit wird durch die schlecht gemachten Jamben unterstrichen. –

In der Frankfurter Zeitung vergeblich nach einer Glosse Münchener Kriegsparasiten gesucht (gegen Schweinereien des Zentrums wider das Hoftheater), die die Redaktion angenommen, aber anscheinend vergessen hat. Abends in der Torggelstube. Rößler und seine fleisch- und anmutlose Geliebte, Eysler, Mühsam (der mich anpumpt). Langweilig.

28. Febr. Bei den Eltern Löffler gegessen. Abends in der Torggelstube. Meßthaler, die Sarto (zu dick und plump in der Figur), Strauß, der Rechtsanwalt. [...]

2. März [...] Verärgert, weil ich für Judith kein Freibillet bekam. Abends in »Judith« im Residenztheater. [...]

3. März Nichts gearbeitet. Wedekind, Heinrich Mann, Friedmann vom Drei Masken Verlag eingeladen, morgen einer Vorlesung der Julia Farnese beizuwohnen. Heinrich Mann sagt direkt ab wegen Krankheit, Wedekind wahrscheinlich morgen. [...] Abends eine Hure gesucht, schließlich bei einer gelandet, die lang und dürr war wie eine indische Hungersnot. Nach der üblichen Abkühlung in der Torggelstube. Bruno Frank kennen gelernt, einen, wie es scheint, amüsanten, gescheiten und gewandten Menschen. [...]

4. März [...] Die weiland Gluskinos, jetzt Siegberts Frau, scheint in der Hoffnung. Nachmittags die Julia Farnese vorgelesen. Wedekind hat natürlich abgesagt. Schwierigkeiten, weil das Dienstmädchen weggehen wollte, so daß niemand zum Türöffnen dagewesen wäre. Schließlich behoben. Eine viertel Stunde, bevor ich zu lesen begann, kamen die schön gebrochenen Buchkorrekturen. Gutes Omen. Da waren Gumppenberg, Rößler, Friedmann, Ludschi. Ich las gut und glaube, daß das Stück starken Eindruck gemacht hat. Die Einwände im einzelnen waren förderlich, die generellen Einwände scheinen mir unrichtig. Abends in der Torggelstube. Größere Gesellschaft. Frank. Auch Hartmann kurz gesprochen. Dann mit Friedenthal, der Sarto und Muhr bei uns. Ganz lustig, ich sehr müde. – Marta sehr lieb gehabt. Sie hat sich über meinen Erfolg fast noch mehr gefreut als ich selber.

5. März [...] Auf der Intendanz. Franckenstein nicht zu sprechen. Wollf gesprochen. Auch Steinrück. Die Aussichten scheinen gut. Nachmittags Geldern bei uns, ein ziemlich unbedeutender Schauspieler vom Hoftheater mit seiner Frau, einem sehr hübschen, blonden Gänschen, und Rößlers Freundin. [...]

7. März Wollf ruft an wegen der Julia Farnese. Der Intendant hat klerikale Bedenken. Ich schlage Änderungen vor. [...]

8. März [...] Wollf gibt mir »mit blutendem Herzen« die Julia Farnese zurück, da der Intendant von meinen Änderungsvorschlägen zwar gerührt sei, sie aber doch nicht ausreichend finde. [...] Mit Marta gehurt.

9. März Auch in der Frühe gehurt. Dann kleine Verstimmung mit Marta, weil ich meine Beobachtung, daß die Besorgung eines Billets für sie zu einem Gastspiel Schildkrauts Mühe mache, nicht für mich behalten kann. Lauter kleine unangenehme Geschäfte: die Wohnungsmiete bezahlt, Mama zum Geburtstag gratuliert. Als ich indes zu meinen Eltern kam, waren meine Eltern meuchlings, ohne uns, die wir zwei Minuten entfernt wohnen, zu benachrichtigen, nach Meran abgereist. Habeant sibi! – Mittag mit Marta, der Türkin, der Sarto in der Torggelstube. Dann finde ich im Café – endlich! – meinen Aufsatz gegen den Bayrischen Kurier in der Frankf. Zeitung. Freude! Auch das Volkstheaterbillet erledigt sich glatt. Die Rosar ruft an, sie habe in Wien den Sekretär des Burgtheaters gesprochen, der mich grüßen lasse und sich für die Perser sehr interessiere. Ich schicke Jacobsohn Münchener Kriegsparasiten und schreibe wegen der Julia Farnese an die Burg. Abends Marta im Theater. Ich mit Ludschi. Dann in der Torggelstube. Später in ziemlich großer Gesellschaft bei Dr. Muhr. Die Rosar, Frank, die Sarto, die Balder, Mühsam, Friedenthal. Die Sarto tief verstimmt, weil eine andere ans Schauspielhaus engagiert wurde. Komisch die Nebenbuhlerschaft der Sarto und der Rosar und die halb parodistischen Liebeswerbungen Franks um die letztere. Sehr komisch die nervösen Bemühungen Muhrs, seine Möbel vor Beschädigung zu bewahren. Das Ganze ein bißchen langweilig, mit Neigung zur Wüstheit und doch ohne Stimmung. Sehr spät und müde nach Haus gekommen.

10. März […] Friedmann ruft an, das Lessingtheater habe telegrafisch die Julia Farnese verlangt. Telefongespräch mit Wedekind, der mir für meinen »ehrenvollen« (für ihn) Aufsatz in der der F. Z. »von ganzem Herzen« dankt. Marta hat große Freude an meinem Shylock-Aufsatz. Geller teilt mir mit, daß im Zentrum große Aufregung herrsche über meinen »skandalösen« Aufsatz in der F. Z. Abends bei Albus. Herr Mario Spiro, ein jüdischer, ziemlich östlicher Intellektueller, und die Almo ist da. Ziemlich langweilig das typische berlinisch-jüdisch-rationalistisch-artistische Gehabe.

11. März Rütten & Loening schickt die Perser zurück. Von Jacobsohn eine »gönnerhafte« Karte. […]

12. März […] Abends Lear im Volkstheater. Schildkraut als Lear rührsamer Hausvater mehr als König. Das übrige Ensemble schrecklich, aber immerhin nicht so arg, wie ichs mir vorstellte. Marlé der übliche Theaterspieler mit Ambition. In der Pause kurzes Gespräch mit Elchinger. Nach Schluß teilt mir Geller mit, daß der Bayrische Kurier einen »kolossalen Angriff« gegen mich plane, den wahrscheinlich er selber ins Werk gesetzt hat. […]

13. März Karte von Bab, daß ihm mein Lied der Gefallenen ausgezeichnet gefallen habe und er es in seiner Sammlung abdrucken wolle. Dann die Rosar da. Mit ihr und Marta unter zweideutigen Gesprächen zu Mittag gegessen. Dann bei ihr geglückte Annäherungsversuche gemacht; da sie aber unwohl war, das Ziel der Klasse nicht erreicht. Ganz nett. Sie ruft in meiner Gegenwart Frank an, der sich sehr um sie bewirbt, und in den sie verliebt ist, und liest mit mir seine Gedichte. […] Dann in der Torggelstube. Viel Volk. Unter anderm Kurt Aram. Die kleine, hübsche Schwarz vom Schauspielhaus noch bei uns und Futterer, der Marta malen will.

16. März […] Abends Rosar, Weigert, die Hagen in der Torggelstube. Angeregte, lärmende, etwas leere, ziemlich unanständige Unterhaltung. Die Rosar recht geil. Ich hätte sie gern nach Haus begleitet, aber meine Ungeschicklichkeit und die Umstände verhinderten es. Ich hätte sie dann noch gern angerufen: aber teils Faulheit, teils Schüchternheit, teils die peinliche Situation für Marta brachten mich davon ab. Für den Grad meiner Neigung zur

Rosar und ihrer zu mir ist charakteristisch, daß weder sie noch ich eine Tee-Einladung aufgeben wollte, um (definitiv) zusammenzukommen. [...]

17. März [...] Nachmittags Friedmann und seine schöne, etwas zu fette und sehr verwöhnte Frau da. Der Vertrieb der Julia Farnese scheint mir gutwillig, aber nicht eben sehr geschickt. – Abends in der Odeon-Bar mit einem kleinen, ziemlich unsympathischen jüdischen Schriftsteller Dr. Kamnitzer und seiner Geliebten sowie Friedenthal und seiner venezianischen Berlinerin, die mit wenig Erfolg mit mir kokettiert. Später kommen dann die Rosar, Frank und Muhr. Wir fahren zu Muhr, ich sehr müde; mäßige Unterhaltung. Frank scheint bei der Rosar das Ziel der Klasse zu erreichen.

18. März [...] Viel mit der Rosar. Es scheint mit Frank doch nichts geworden zu sein. Schrumpf getroffen. Komischer Komödiant. Futterer bei uns und die Türkin. Futterer sehr nett. Bringt Marta Blumen, spielt virtuos Mundharmonika. Erzählt, daß er mein Porträt nach Mannheim gewissermaßen als Dreingabe gegeben habe. [...]

19. März [...] Ein Brief vom Kultusminister, daß der König die »Perser«, die ich ihm geschickt habe, nicht annehmen könne. Sehr höflich, aber unverständlich. Ich wäre nachmittags sehr gern zur Rosar gegangen, wie ich mit ihr vereinbart; aber sie war als Zeugin in einem Prozeß Halbes geladen und den ganzen Nachmittag nicht zu erreichen. Mißgestimmt, nervös, arbeitsunfähig. Moralischen Kater, weil ich schon so lange nichts mehr gearbeitet. [...]

21. März [...] Abends Katte im Residenztheater. Mäßig. Die Ritscher ausgesprochen schlecht. Die Rosar neben mir kokettiert; ich komme nicht entgegen. Dann in der Torggelstube. Große Gesellschaft. Frank, Friedenthal und Mühsam bei uns. Ganz angeregt.

22. März [...] Nachmittags bei Futterer im Atelier. Interessant seine Spachtel-Technik. Hühnerhof; pflügender Bauer. Abends in der Torggelstube, die Balder, die Sarto, Rößler, Mühsam, die Dickmann. Mühsam bringt die Nachricht, Przemyśl sei gefallen. – Scherereien mit »Brotkarten«.

23. März […] Über Katte und Judith 2 Seiten für die Schaubühne geschrieben und abgesandt. […]

24. März Mittags mit der Rosar und Marta in der Odeon-Bar, dann im Hofgartencafé. Dann mit der Rosar Kommissionen gemacht, schließlich zu ihr gegangen und mit ihr – Gedichte studiert. Immerhin ziemlich weit gekommen, nur äußerliche Umstände und meine Schwerfälligkeit verhinderten das Letzte; vielleicht auch ein bißchen Berechnung meinerseits, um sie mehr zu reizen. […]

26. März Das Berliner Hoftheater lehnt die Perser ab. Mittags mit der Rosar gegessen und den Nachmittag auf ärgerliche, würdelose Art vertrödelt, indem ich sie auf Kommissionen begleitete.

27. März […] Die Rosar angerufen, für morgen ein Rendezvous mit ihr vereinbart. Einen neuen Hut gekauft. Abends in der Torggelstube. Viel Volk. Dann Friedenthal, die Crizeli, die Balder, die Schwarz, Muhr, Maassen, Schmitz, Ziersch, Mühsam, Albu bei uns. Mit den drei Frauen ziemlich poussiert.

28. März […] Die Wohnung wird uns schriftlich gekündigt. Sehr, sehr ärgerlich. Mit Plank, dem Besitzer, darüber gesprochen. Ziemlich waschlappig. Mittags in der Odeon-Bar. Meßthaler, Muhr. Nachmittags im Odeon-Kasino. Friedenthal, die Crizeli, Kamnitzer. Albernes Gespräch über die Definition des Glaubens. Abends bei der Rosar. Sie endlich gehabt. Erfreulich unsentimental, aber betrüblich nüchtern.

29. März […] Es ist nicht gelungen, die Wohnungssache einzurenken. Kopfweh. Abends Torggelstube. Ziersch, die Wimplinger, die Sarto Marta gegenüber recht ungezogen, die Rosar, Volk. Ziersch reichlich unflätig. Die Perser an den Herzog v. Meiningen.

30. März […] Fritz da. Mein Vetter Meier Bodenheimer in den Karpathen gefallen. Mittag mit der Rosar und Marta in der Torggelstube. Höflich abgelehnt, mit ihr den Nachmittag wie jüngst (siehe 26.) zu vertrödeln. Vasantasena gelesen. Sehr schön, still und anmutig. Absicht, es zu bearbeiten. –

Ein Coupletsprüchlein irgendwo gelesen:

Sich freuen und genießen
Ist der Natur Gebot.
Man lebt ja nur so kurze Zeit
Und ist so lange tot.

Formulierung der idealistischen Dramatiker: Drama ist philosophischer Anschauungsunterricht.

31. März [...] Hyperacidität – S. Fischer schickt die Romane Keyserlings. Darin gelesen.

3. April [...] Abends Schauspielhaus: Bahr Der arme Narr, Der Herr Hofrat. Geschwätzige, matte Stücke. Die Aufführung etwas über dem miserabeln Schauspielhaus-Niveau.

7. April Der Drei Masken Verlag teilt mit, daß die Julia Farnese von Frankfurt und von den Kammerspielen abgewiesen worden sei, hingegen sei Aussicht bei Meinhard und Bernauer. –

Mittags die Rosar in der Torggelstube. Langweilig. Müdigkeit, Mattigkeit, Magenschmerzen. Mich mit dem Plan zur Vasantasena beschäftigt.

9. April [...] Abends Fräulein Julie in den Kammerspielen, Einleitungsrede von Bab. Ziemlich populär. Der Nervenreißer Strindbergs von Ziegel ganz gut, von der Horwitz mäßig gespielt. Bab flüchtig gesprochen. Hernach Torggelstube. Halbe, Friedenthal, Volk. M. G. Conrad äußert sich über die Perser sehr anerkennend.

10. April [...] Mittags in der Odeon-Bar, um Bab zu treffen. Er war aber nicht da.

Nachmittags traf ihn Marta zufällig in der Trambahn. Er hatte uns vormittags besuchen wollen, hatte unsere Wohnung nicht gefunden. Dann abends kurz mit ihm und Kalser zusammen. [...]

12. 13. April [...] An der Vasantasena ziemlich viel gearbeitet. Wollf da, der Dramaturg des Hoftheaters. Sucht mich zu beeinflussen und allenfalls durch mich Elchinger. [...]

14. April Die M. N. N. wollen 1 Spalte über Keyserling. [...]

15. April Marie schreibt einen definitiven Abschiedsbrief. [...] Meine Mutter getroffen: sie sucht vertraulicheren Verkehr anzubahnen. [...]

16. April Das Burgtheater lehnt, sehr höflich, die Julia Farnese aus Zensurgründen ab. [...]

17. April [...] Nachmittags die Dickmann da, Rößlers Geliebte, und Eysler, ein alberner, reicher Wiener, der sich immer mit Unternehmungsplänen trägt. Abends in den Kammerspielen »Rausch«, ein schlechter Strindberg, ausgezeichnet die Aufführung. [...]

18. April Nachmittags mit Friedenthal und der Crizeli in Tutzing bei Heinrich Mann und seiner Frau. Die Frau etwas besser, als ich erwartet. [...]

19. April Den kleinen Keyserling-Artikel fertig geschrieben. Für den Abend hatte ich mich mit der Rosar zusammenbestellt und einen Hummer für sie gekauft. Nachmittag ruft sie an, sie habe sich für den Abend aus Carrière-Gründen mit Steinrück zusammenbestellt. Als sie von dem Hummer hört, bittet sie mich für nachmittag zu sich und erzählt mir sehr offen, daß sie sich dem Steinrück hingeben werde. Abends ruft sie dann wieder an, erzählt mir die Details der Steinrücksache, gibt sich mir hin und ist, alles in allem, sehr nett.

21. April Mittags mit der Rosar in der Odeon-Bar. Es scheint, Steinrück hat sie sitzen lassen. Immerhin ist sie von erstaunlicher Betriebsamkeit. Nachmittags die Hagen da, eine nette, alles bewundernde Dame. [...] Abends mit Marta bei Friedmann vom Drei Masken Verlag zum Abendessen; auf großem Fuß geführtes Haus. Rößler, Geller, ein unsympathischer österreichischer Operettenkomponist, die kleine Schwarz da. Ich von fast ungezogener Langweiligkeit. Marta ärgerlich über eine nicht genügend respektvolle Äußerung der kleinen Schwarz, ist überhaupt der Ansicht, daß wir unserer Würde zu viel vergeben, und ist verstimmt über unsere schwach fundierte gesellschaftliche Position.

22. April [...] Auf Rößlers Rat an den Dresdener Dramaturgen und Oberregisseur geschrieben, auch an Kahane und Schlenther.

(In Berlin sind vorläufig für die Julia Farnese so gut wie keine Aussichten.) Marta versöhnt sich mit der Sarto. Nachmittags meine Schwestern Bella und Henny da; sehr langweilig. [...]

23. April [...] Abends mit Marta bei meinen Eltern. Nicht so langweilig, wie wir erwartet. Meine Mutter auffallend herzlich. Dann in der Torggelstube: Friedenthal, Muhr, die Schwarz, die Rosar; später kam Siegfried Trebitsch, von dem ein Stück im Schauspielhaus durchgefallen war. Friedenthal sagts ihm ins Gesicht. [...]

24. April [...] Weigert schimpft mit Recht über den blinden, skrupellosen, geschmacklosen Ehrgeiz der Rosar. Ich war abends bei ihr; sie war (oder stellte sich) ziemlich krank, so konnte ich sie nicht haben und mußte mich damit begnügen, mit ihr die Frau im Fenster zu studieren.

25. April Nachmittags sehr viele Leute da. Ein Dr. Schwab, die russische Schneiderin Martas mit Mann und Kusine, Friedenthal, die Crizeli, mein Bruder Fritz, Trebitsch. Marta verstand ausgezeichnet, die Wirtin zu spielen. Trebitsch nahm uns dann mit ins Theater, wo man seine Komödie »Gefährliche Jahre« spielte. Ein sehr konstruiertes, papierenes Stück, immerhin besser als die Kritiken. Hernach in der Torggelstube. Trebitsch kommt auch: merkwürdig, wie sehr Autoren sich demütigen. Hernach bei Muhr: Friedenthal, Frank, Weigert spielt die Laute; ganz amüsant.

28. April Die Wohnung des Schauspielers Günther gemietet. Klein, die Lage schlecht, hoch, aber sehr nett eingerichtet. Nachmittags im Chinesischen Turm Rößler, Heinrich Mann und Frau getroffen. Heinrich Mann zu einer Vorlesung der Julia Farnese auf Samstag nachm. eingeladen. [...]

30. April [...] Abends Der Richter, ein Schmarrn von Bernstein im Schauspielhaus, allerlei Gesang und dann: Die Frau im Fenster. Die Rosar infolge meiner Anweisungen recht gut; das Publikum zischt, vermutlich wegen des Richters. Hernach in der Torggelstube: Elchinger, Friedenthal, die Crizeli, Steinrück auf kurze Zeit, die Rosar, Muhr, Ludschi. Elchinger, um seine Befangenheit zu verbergen, merkwürdig naturburschenhaft. Zum Schluß alle bei uns.

1. Mai […] Nachmittags der kleine Mayer von der Pinakothek da, unvermutet auch Elchinger. Ich lese die Julia Farnese vor, Elchinger schläft ein, der kleine Mayer sagt, sie sei lessingisch kühl. In den Kammerspielen: Strindberg Gespenstersonate; zwei dichterisch sehr starke, bühnenmäßig schwache Akte, der dritte zersplittert, manchmal wirkt die Symbolik recht komisch. Die Aufführung gut. […]

2. Mai Müde. Hans Franck schreibt, das Lied der Gefallenen habe starken Eindruck auf ihn gemacht, ich solle was für Die Masken schreiben. […]

4. Mai In der Gespenstersonate und in Rausch gelesen. Auch in Altenberg, dessen schmales Miniaturtalentchen wahnsinnig überschätzt wird. Mittags mit der Rosar gegessen – Ärger wegen der neuen Wohnung. Abends mit der Rosar, bevor sie nach Wien fuhr, herzhaft, unsentimental und vergnüglich gehurt. […]

5. Mai Sehr früh aufgestanden. Kontrollversammlung. Sehr müde. Kayßler schreibt, er sei noch nicht dazu gekommen, die Julia Farnese zu lesen. […] Friedmann teilt mit, das Hamburger Thalia-Theater interessiere sich für das Stück, und wolle die Kammerspiele dazu zwingen, es aufzuführen. […] Torggelstube. Rößler besteht kindisch darauf, sich an einen andern Tisch zu setzen als an den Meßthalers, trotzdem dieser gar nicht da ist. Harry Kahn quasselt Unsinn. Merkwürdig, wie der heruntergekommen ist.

6. Mai […] Minna von Barnhelm im Schauspielhaus. […] Kayßler sehr gut. In der Pause mit Kalser in Kayßlers Garderobe. Sehr kühl. Dann Torggelstube; fad. Die Kellnerin betrügt mich und M. Ärger.

7. Mai […] Der Kellnerin die 2 M wieder herausgepreßt. […]

8. Mai Scherereien wegen des Umzugs. Nachmittags bei Wollf, kleinbürgerliches Milieu; theoretisch-blasses, amusisches Gered über den Sturm. Abends Berg-Eyvind und sein Weib im Schauspielhaus mit Kayßler. Ich nicht aufnahmefähig, da die Koffer, die vom Spediteur abgeholt, aber in der neuen Wohnung nicht eingetroffen sind, mir Verdruß bereiten.

München
Thierschstraße
1915

9. Mai […] In der Frühe kommen dann die Koffer trotz des Sonntags. Nachmittags Ausflug mit Friedenthal, der Crizeli und einem andern gleichgiltigen Geschöpf. Angenehmer Spaziergang von Starnberg nach Feldafing. […]

10. Mai […] Schreibtisch und Bücherschrank geordnet. Hartmann. Bei meinen Eltern. Sehr liebenswürdig. […]

11. Mai Zeiss schreibt, daß ihm die Julia Farnese sehr gefallen habe, aber aus katholischen Gründen in Dresden wahrscheinlich unmöglich sei. Friedmann teilt mit, daß Hamburg vermutlich annehmen werde. […]

13. Mai Den Strindberg fertig. An Jacobsohn. Keyserling erscheint in der Schaubühne. […]

14. Mai […] Der Keyserling erscheint in den M. N. N. Friedmann teilt mit, daß die Kammerspiele die Julia Farnese als zu schlecht abgelehnt hätten. Von Hamburg sei noch keine Antwort da. […]

15. Mai Traumulus mit Schildkraut im Volkstheater. Hernach Torggelstube. Frank, Strauß, Friedenthal, Muhr, die Sarto, Schwarz, Dickmann bei uns. Ganz unterhaltlich. Mit der Schwarz poussiert.

16. Mai Die alte Günther, die Wohnungsinhaberin, macht Krach wegen des Lärms von gestern. Marta regt sich sehr auf. Mittags bei Eysler. Die Balder da und Strauß. Sehr schöne, freundliche, sommerliche Wohnung. Angenehmes Mittagessen. Nachmittags bei Heinrich Mann. Leopold von Wiese da, Friedenthal, die Crizeli. Langes, unergiebiges, unerquicklichs Gespräch über das Verhältnis von Kunst und Politik. Heinrich Mann weist auf romanische Vorbilder hin, meint, die Interesselosigkeit unserer geistigen Kreise an der Politik habe den Krieg verschuldet, und fordert von der Kunst politische Tendenzen. Abends Torggelstube. […]

17. Mai […] Abends bei Frau von Hagen. Sie ist wunderschön eingerichtet, und das Abendessen verlief sehr angenehm. Da waren Marta, die Rosar, Frank und Muhr. Die Hagen scheint sehr lesbisch. Ich war leicht geil auf sie. Dann waren wir noch bei Muhr.

20. Mai Friedmann teilt mit, daß für die Julia Farnese in Hamburg noch Aussichten seien, auch in Frankfurt ein wenig, in München gar keine. Mittags in der Odeon-Bar, Steinrück und seine Frau törichterweise nicht begrüßt. Nachmittags bei meinen Eltern, große Gesellschaft. Abends Sturm im Residenzth.; feierlich-langweilige Vorstellung. Ich zahle der Rosar das Billet; sie macht einen Marta und mir schädlichen faux pas Friedenthal gegenüber. Es wird aber alles wieder eingerenkt. Dann bei Muhr. Die Almo, die Ruß, die Hagen, die Rosar, Frank, Friedenthal, Weigert. Die Ruß ziemlich graziös und langweilig. Frank ist der Hagen gegenüber mit ihrem Willen unwahrscheinlich zudringlich. Auch ich küsse sie gelegentlich. Erst bei Tag nach Haus.

22. Mai Mittags bei den Eltern Löffler. Ich fad und langweilig bis zur Ungezogenheit. […] Friedmann teilt mit, daß Hamburg die Julia Farnese endgiltig angenommen habe. Endlich! Dann in der Trambahn peinliche Episode zwischen Marta, dem Schaffner 506 und dem Publikum. Ich sehr unmännlich. […]

24. Mai Pfingstmontag. Mit Marta und der kleinen Schwarz nach Egern am Tegernsee gefahren, um dort Muhr zu treffen. Ziemlich teuer. Aber bei prachtvollem Wetter einen Nachmittag in der Sonne gelegen. Etwas mit der kleinen Schwarz poussiert. Muhr benimmt sich, nur mit verminderter Geistigkeit, anatolhaft. Marta leider Herzbeschwerden.

25. Mai […] Abends in die Stadt zurückgefahren.

28. Mai […] Abends Forum-Abend: Vortrag Försters mit kosmopolitischer Tendenz, sehr gegen Chamberlain und die Nationalisten polemisierend. Dann in der Torggelstube. Eine Ungezogenheit Meßthalers gegen Muhr provoziert einen furchtbaren Krach zwischen Friedenthal und Mühsam. Sehr peinlich in Gegenwart

Martas und der Frau Heinrich Mann. Dann Friedenthal, Muhr, Frau Mann und die Sarto bei uns.

31. Mai Falkenberg fordert mich auf, am »Programm« der Zeitschrift der Kammerspiele mitzuarbeiten. […]

2. Juni […] An der Vasantasena weitergearbeitet. Die Schwierigkeiten der Arbeit peinlich empfunden.

3. Juni Der Strindberg-Artikel erscheint ungekürzt in der Schaubühne. […]

5. Juni Bangs Sommerfreuden gelesen. Ein wunderbar stiller, taktvoller Roman. Nachmittags Wollf da, ein trockener, fleißiger, aber recht leerer Schleicher. […]

6. Juni […] Falckenberg hat Angst vor meinem Sternheim-Artikel. […]

8. Juni […] Den Sternheim-Aufsatz für Falckenberg geschrieben, im wesentlichen Kopie des Aufsatzes im Merker. Abends ohne Marta ausgegangen; geil in der Stadt herumgeirrt. Schließlich in der Torggelstube. Friedenthal, die Sarto, Halbes Tochter. Dann eine Hure genommen; etwas ältliches, häßliches Gesicht, gut erhaltener Körper: Lotte, Hochbrückenstr. 15/^{0l}. Ganz nett.

12. Juni Militärischer Befehl, mich übermorgen ärztlich untersuchen zu lassen. […] Bei jener Hure Lotte. Mehrmals mit Marta gehurt, starken Kaffee getrunken und andere Entkräftungsmaßregeln. Abends in der Torggelstube. Steinrück, Halbe, Maassen, Friedenthal, Streit (als Lieutenant). Alle bei uns bis 4 Uhr früh. Halbe spricht 3 Stunden lang mit mir über seine Philosophie, er glaubt an die Unzerstörbarkeit des Ich – und vor allem über seine Stellung zur Kritik. Er beschimpft vor allem die jüdischen Kritiker und mich. Manchmal recht unflätig. Mir wirft er vor, ich hätte mich vor 2 Jahren im Gespräch mit ihm mit elf andren zu Schreckensmännern der Literatur aufgeworfen. Der Kritik im allgemeinen wirft er vor, sie propagiere die Jungen auf Kosten der Alten, und sie setze sich in Szene auf Kosten des Kritisierten. Steinrück belästigt Marta. – Mir ist hundeübel.

14. Juni In aller Frühe aufgestanden, mich zu stellen. Es war reine Formsache. Ich stellte mich so übereifrig plump und dumm, daß ich beinahe alles verdarb [...]

16. Juni Großes Gehetz. Zu Frau Steinrück und Frau v. Jacoby nach Tutzing. Der weiche Maier, Kalser, Strich, die Pritzel da, auch Prantl. Frau Steinrück gescheit, leise und boshaft. Daß sie schwerhörig ist, erschwert die Unterhaltung sehr. Abends Verlobungsfeier bei meinen Eltern. Meine Schwester Henny hat sich mit einem Herrn Reich verlobt, einem zionistisch-pietistisch-nationalistisch-ethisch-salbungsvollen Kaufmann aus dem Osten. Das Essen ganz nett.

18. Juni [...] Abends bei einem Vortrag Heinrich Manns über Zola. Dichterisch-synthetisches Gered, manches recht hübsch transcendental formuliert, mit demokratischen Tendenzen. Alles in allem recht unersprießlich. Unersprießlich auch dann das Zusammensein im Künstlerhaus mit Mann, seiner Frau, Rößler, Consuela, Spiro, Friedenthal, Crizeli, Ziegel und der Horwitz.

22. Juni Die Vasantasena im Entwurf fertig. Die Reinschrift begonnen. Abends Friedenthal und Dr. Korrodi, der Feuilleton-Redakteur der Neuen Züricher Zeitg. in der Torggelstube. Netter, nüchterner, harmloser Mensch. Dann bei uns.

23. Juni [...] Das erste Bild der Vasantasena in der Reinschrift fertig. Viele Skrupel wegen der Striche. Sehr viel gearbeitet.

25. Juni [...] Abends Vortrag von Herzog. Er liest frecher Weise alte Artikel aus dem Forum vor. Sehr langweilig. Hernach mit Frank, Manheimer, Friedenthal, Pallenberg, der Rosar und der Hagen in der Torggelstube. Lustig.

26. Juni [...] Reinhardt schickt die Julia Farnese zurück. [...]

27. Juni Nachmittags mit Friedenthal im Isartal. Friedenthal läßt seinen naiven Größenwahn in allen Farben spielen. Abends in der Odeon-Bar mit Ziersch, der Wimplinger, Friedenthal und der Türkin. Ziersch, der eingeladen hat, zahlt die ziemlich stattliche Zeche. Ganz lustig.

28. Juni [...] Nachmittags Frank da. Ihm aus der Vas. vorgelesen, die ihm zu gefallen scheint. Abends Ludschi da.

29. Juni Christer da. Abends bei Muhr mit der Almo, Weigert und Mühsam, ganz nett. Marta fühlt sich durch Muhr und Weigert in ihrer dignité gekränkt.

3. Juli [...] Abends Torggelstube. Der junge Keyserling da, Leutnant. Ziemlich fad. Halbe lädt uns auf Dienstag ein.

5. Juli Die Vasantasena zu Ende diktiert. [...]

6. Juli [...] Nachmittags bei Halbe. Abends politische Streitereien. [...]

7. Juli [...] Furchtbar müde. Mein Geburtstag. Nachmittags Frau Kahn da und der Maler Bloch. Mäßig. Halbe, den Pinakotheken-Mayer, Friedenthal zur Vasantasena eingeladen.

8. Juli [...] Die Absicht, Rößler zur Vas. einzuladen, aus Unbeholfenheit und unüberwindlicher Schüchternheit nicht ausgeführt.

9. Juli [...] Nachmittags die Vasantasena vorgelesen. Marta hatte alles sehr hübsch arrangiert. Da waren: Halbe, Ziersch, der Pinakotheken-Mayer, Friedenthal, Frank und seine Freundin Remolt vom Stuttgarter Hoftheater. Ich las sehr gut, und das Werk schien ausnehmend zu gefallen. Halbe schien neidisch und von beschränktem Verständnis, Ziersch war die ganze Zeit über verwundert, Friedenthal verstand gar nichts und mißdeutete alles im Sinn der Zote. Frank und die Remolt waren entzückt und verständig. Am meisten Verständnis zeigte der kleine Meier.

10. Juli [...] Die Vasantasena an den Drei Masken Verlag, Wollf, Steinrück und die Burg. Julie Farnese an die Neue Wiener Bühne. [...] Siegbert und die Gluskinos da. Siegbert ganz sympathisch, die Gluskinos komisch prätentiös, orthodox snobistisch, ganz verrannt. Abends Torggelstube. Halbe macht Annäherungsversuche, macht mich auf einen Anachronismus in der Vasantasena aufmerksam. Ziersch da, die Wimplinger, Maassen, Ferd. Kahn,

Stücklen, Weigert. Friedenthal schwatzt Unsinn über die Vasantasena.

11. Juli Langweiliger Sonntag. Karte von Jacobsohn, er möchte die Vas. drucken. Sehr angenehm. An der Vas. gefeilt. [...]

13. Juli [...] Dummer Brief über die Julia Farnese von dem Dresdener Regisseur Hanns Fischer.

14. Juli Mit Marta sehr gehurt wie immer die letzten Tage. Trüber, müder Tag. In Karpeles' unglaublich oberflächlicher und schwülstiger Geschichte der jüdischen Lit. gelesen. [...]

17. Juli Brief von Korrodi, der sich für die Julia Farnese bemühen will und Marta auf täppisch heitre Art den Hof macht. Neuhebräische Dichtungen gelesen, vor allem Charizi. Subalternes Zeug. [...]

19. Juli Ein sachlicher Brief von Wollf über Kürzungen in der Vasantasena, der aber keine Anerkennung, also implicite eine Ablehnung meiner Bearbeitung enthält. Sehr höflich geantwortet. [...] Nachmittags mit Marta angenehm auf der Staatsbibl. geschmökert. Christer da, der einrücken muß.

20. Juli Friedmann im Drei Masken Verlag verspricht sich wenig Bühnenerfolg von der Vasantasena und will sie durchschlagen lassen, nicht drucken. Mit Marta bei Muhr zum Photographieren. Bei meiner Mutter. Abends Torggelstube. Rößler, die Dickmann, die Sarto, Harry Kahn, ein Oberregisseur aus Braunschweig, Muhr, Friedenthal, Mizzi Thumb. Zwischen dieser und Friedenthal scheinen Nebendinge stattgefunden zu haben. Hernach Muhr, der Oberregisseur, die Thumb und Friedenthal bei uns. Muhr angetrunken und possierlich, der Oberregisseur belästigt Marta, Friedenthal ladenschwengelhaft; ich poussiere mit der Thumb, die sehr entgegenkommt. [...]

21. Juli [...] Vasantasena erscheint in der Schaubühne. Friedenthal äußert sich in peinlicher Art über sein Verhältnis zur Thumb. [...]

22. Juli [...] Nachmittags mit Mizzi Thumb in Starnberg. Marta bleibt zu Hause wegen Schlechtdisponiertheit (?). Die Thumb zutraulich und sehr entgegenkommend. Recht nett. Abends mit Marta, Muhr und ihr bei Muhr. Müde und leicht langweilig.

23. Juli [...] Mizzi Thumb scheint mit Friedenthal kühler und ist nachmittags, immerhin verdrossen, nach Wien zurückgefahren. Ich bin leicht verliebt in sie. – An die F. Z. geschrieben wegen Theaterberichterstattung.

24. Juli [...] Jacobsohn schreibt, die Vas. sei herrlich, er wolle sie abdrucken. Abends Fuhrmann Henschel in den Kammerspielen. Die Unda unfertig, Steinrück nicht triebhaft genug. In der Pause teilt mir Ziegel mit, mein Artikel über Sternheim sei zu scharf für das Programm. Ich erkläre, daß ich ihn gern zurückziehe. [...]

25. Juli [...] Abends Torggelstube. Gumppenberg. Der betrunkene Oberregisseur möchte auf Rößlers Veranlassung die Vasantasena.

26. Juli Die F. Z. hat den Rezensentenposten schon vergeben. Friedmann läßt die Vas. abschreiben. Die Vas. an Pallenberg geschickt. Steinrück schreibt sehr anerkennend darüber. [...] Mit Marta sehr gehurt. Dann abends noch fortgegangen, eine Hure zu suchen. Ein reichlich häßliches Mädel gefunden, mit ihr nach Haus gegangen; nachdem ich sie bezahlt hatte, weigerte sie sich, sich auszuziehen. Mich faßte plötzlich ein Ekel. Ich ließ sie und das Geld im Stich und machte mich fort. Dann mit einer andern gegangen, blond, ziemlich häßlich, aber ziemlich anständig. Dann mit Marta eingehendes Gespräch über intime Sexualia.

27. Juli [...] Das Deutsche Theater ersucht mich, mit der Einsendung der Vas. zu warten, bis die Dramaturgen zurück sind. Peinlich, da ich Pallenberg vorgeschwindelt habe, Kahane interessiere sich für das Stück. Im Sammler erscheint unerwartet die kleine Glosse: Das Hemd der Statthalterin. [...] Abends die Lorm, Rößler, die Dickmann, die Sarto, Rickelt, Schwanneke, der Galeriebesitzer Caspari, Friedenthal in der Torggelstube. Die meisten dann noch bei uns. [...]

29. Juli [...] Die Günther kündigt brieflich die Wohnung; die Thumb schreibt, sie fahre nach Ischl (Friedenthal auch). An Jacobsohn wegen der Vas. geschrieben, desgleichen an Thimig, an Barnowsky wegen der Julia Farnese. […]

31. Juli Das Schreibbüro Graphia verlangt ärgerlicher Weise Geld. Unterredung mit Wollf über die Vas. Er scheint sich doch mehr für das Werk zu interessieren, als ich glaubte. Nur fürchtet er, daß die Inszenierung zu teuer werden wird. Friedmann teilt mit, daß das Stuttgarter Schauspielhaus den Tartüff im Reifrock angenommen habe. […]

2. Aug. […] Bangs wunderschönes Novellenbuch »Die vier Teufel« gelesen. Abends Torggelstube. Friedenthal, Rößler, Dickmann, Charlé, die Schwab. Ich müd, unbehilflich, eingezogen schweigsam. Langweilig und verdrießlich.

5. Aug. Das Warenhaus Tietz in Hamburg erkundigt sich nach der Vas. (?) […] Abends Torggelstube. Rößler, die Consuela, die Sarto, Stücklen, ein Offizierstellvertreter, der aus der Front kam und ganz interessant erzählt, Anthes und seine Frau, Friedenthal, der mir wie schon jüngst unentwegt zu verstehen gibt, daß ich ihm Geld leihen solle (daß er zur Thumb fahren kann).

6. Aug. […] Friedenthal pumpt mich definitiv um 500.– an. Ich mag sie ihm nicht geben, da wir sonst in Schwierigkeiten kommen können. Schließlich gab ich ihm doch 300.–, da ich nicht die Energie habe, sie ihm abzuschlagen. Aber nur bis zum 1. Oktober. […]

8. Aug. Karte von Martersteig, daß er, nach Leipzig zurückgekehrt, die Vas. sofort lesen werde, die er (im Original) sehr liebe. Mittags allein in der Torggelstube, um allenfalls Barnowsky zu treffen. Niemand da. Nachmittags Christer da als Soldat und ein Schriftsteller namens Ruprecht, blöd vor Schüchternheit. […] Dann im Luitpold Barnowsky getroffen; er ist sehr liebenswürdig, verspricht die Julia Farnese sofort zu lesen, will die Perser. Hernach eine Hure gesucht; vergeblich.

9. Aug. Nacht voll Geilheit und blöden Aberglaubens. Marta ist durch einen Ausschlag sehr gequält. Karte von Jacobsohn, der das ausgerechnet schwächste Bild der Vas., noch dazu in der schwächsten Fassung, gedruckt hat. Ärgerlich. […]

12. Aug. Vasantasena in der Schaubühne. Die Günther kommt zurück und macht Marta einen proletisch-pathologischen Krach. Die Rosar und der Pinakotheken-Mayer da, der in sie verliebt ist. [...]

13. Aug. Brief von Frankfurt, sie möchten die Vas. [...]

14. Aug. Dummer Brief von G. Müller. Er möchte die Vas. und möchte sie auch wieder nicht. [...]

15. Aug. [...] Falckenberg möchte die Vasantasena. [...]

16. Aug. [...] Bruno Franks Nachtwache gelesen; anempfundenes Gemengsel aus Thomas Mann und Schnitzler, dessen einziger Vorzug es ist, nicht geschmacklos zu sein. [...]

17. Aug. [...] Müller will definitiv die Vasantasena. [...] Abends im Schauspielhaus: Strom. Scheußlich sentimentales Stück. Auch die Darstellung sehr schwach. Hernach Torggelstube: Maassen, ein Fräulein, Sarto, Pallenberg, die Massary, Frau Fall, die Rosar. Ganz nett.

18. Aug. Brief von Reinhardt, er interessiere sich für die Vas., er werde sich in den nächsten Wochen entscheiden. [...]

24. Aug. Die Hauswirtin, Frau Günther, schwer erkrankt. Muß ins Hospital. Angenehm. [...]

25. Aug. [...] Telegramm von Braunschweig, sie möchten die Julia Farnese. [...]

26. Aug. Ein langbärtiger, vegetarisch aussehender Mann möchte meine Mitarbeit fürs Jüdische Echo. Nach Walchensee gefahren. Hübsch, aber teuer.

27. Aug. Frank und Frau Remolt nach Umständlichkeiten getroffen. Scheint, sie mögen uns nicht. Abends hübschen Spaziergang mit ihnen gemacht.

28. Aug. [...] Gerudert, geschwommen. Brief von Müller, die Vas. werde in 3 Wochen fertig sein.

29. Aug. Frank sehr indisponiert, kann sich nicht verabschieden. Wir unter kleinen Ärgerlichkeiten zurückgekehrt. Brief von Düsseldorf, daß sie auf die Vasantasena verzichten, wenn sie nicht die Uraufführung haben können.

30. Aug. Brief von der Galafrés, sie möchte die Vasantasena. An das Chemnitzer Theater, das die Prosa spielen möchte, 1 Exemplar.

31. Aug. [...] Friedmann zurück; aber die Entscheidung über Braunschweig und Düsseldorf verzögert sich weiter. [...] In Mallesons Life of Warren Hastings gelesen.

1. Sept. Die Günther kündigt uns die Wohnung. An Bernau wegen der Julia Farnese, die Burg wegen der Vas. geschrieben. Hauptmanns Bogen des Odysseus, Mallesons Life of Warren Hastings gelesen.

3. Sept. Bang Am Wege gelesen. Im Life of Warren Hastings. Leichte nervöse Depression. Abends Harry Kahn da. Will in der F. Z. über die Vasantasena schreiben. Friedmann teilt mit, daß die Lit. Gesellschaft in Dresden die Julia Farnese spielen will und Reinhardt die Musik zur Vas. in Auftrag gegeben habe. Abends Jahreszeiten-Bar. [...]

4. Sept. Friedmann teilt mit, Reinhardt habe die Vasantasena angenommen. [...]

5. Sept. Meinen Eltern die Annahme der Vas. mitgeteilt. Ärger über die Kühle meiner Mutter. [...]

6. Sept. Brief von Reinhardt, er möchte Änderungen in der Vasantasena; ich solle nach Berlin fahren. Unterredung mit Friedmann. Er möchte 15 % Tantiemen und Vorschuß mir dann geben, wenn Reinhardt die Vas. noch in dieser Saison aufführt. Abends Torggelstube, dann bei Muhr. Ich habe Darmbeschwerden.

8. Sept. […] Nach Berlin gefahren. Langweilige Fahrt. Fahrtgenossen ein schwäbischer Schutzmann, der einen durchgebrannten Lehrjungen nach Leipzig zu befördern hat, und Soldaten. Das Hotel teuer und groß und protzig. Ich fühle mich sehr provinzlerisch und elend. […]

Berlin, 9. Sept. Gebummelt. Eine teure, ganz nette Hure genommen. Ins Deutsche Theater gefahren. Reiß, Kahane getroffen. Geschwätz. Sie wollen nur 2% bieten. Abends bei Jacobsohn. Seine Frau mäßig, er recht nett. Liebes Briefchen von Marta.

Berlin, 10. Sept. […] Mittags Kahane. Geseires. Die Galafrés, die Massary vergebens angerufen. Den Rosch-Haschonoh-Judenbummel Kurfürstendamm und Tauentzienstraße angeschaut. Bauchweh. Abends Reinhardt. Nach langem Warten. Nichts recht Greifbares. Er denkt sich das Stück ganz anders als ich, will es noch in dieser Saison aufführen. Er schien recht müde, seine beiden Adjutanten Reiß und Kahane störten. […]

Berlin, 11. Sept. […] Abends Räuber in der Volksbühne. Recht gut.

Berlin, 12. Sept. […] Mittag mit Kaufmann im Bristol gegessen […] Abends Künstler-Theater: Ernst Hardt König Salomo. Aufführung sehr gut. Stück elend. Letzte Zuckungen der Oscar-Wilde-Mode. Barnowsky sehr liebenswürdig, will aber die Julia Farnese nicht. Die Gusti Popper und eine kleine Schauspielerin Erika von Ankwicz im Theater getroffen, mit ihnen ausgegangen. Im Café des Westens meinen Schwager Eduard Diamant getroffen. Hernach unter furchtbarem Bauchweh die kleine Schauspielerin nach Hause gebracht. Sie war sehr entgegenkommend; es konnte sich aber nichts ereignen, meinerseits wegen Bauchweh, ihrerseits weil sie in einer Pension wohnte. Bayrischer Platz 2/^{II}, Tel. Leitzow 8282.

Berlin, 13. Sept. Nach München zurückgefahren. […] Marta holte mich von der Bahn ab. Sehr nett. […]

München, 14. Sept. […] Unterredung mit Friedmann. Er fordert von Reinhardt 4 %. Hoffentlich scheitert nicht die ganze Geschichte daran.

15. Sept. [...] Marie schickt einen Brief, den ich ihr von Berlin geschrieben habe, ungeöffnet zurück. [...]

17. Sept. [...] Das Braunschweiger Hoftheater hat den Vertrag wegen der Julia Farnese unterzeichnet. [...]

18. Sept. [...] Reiß schreibt einen sehr hochnäsigen Brief und besteht auf den 2%. [...]

19. Sept. Den Brief Reißens sehr scharf erwidert; mich bei Jacobsohn darüber beklagt. Bei Friedmann vom Drei Masken Verlag. Barnowsky schickt den Eventualvertrag wegen der Julia Farnese. [...]

20. Sept. Reinhardt verlangt den Kirschgarten. Nachmittags mit Marta im Tierpark. Recht angenehm abgesehen von einer peinlichen Trambahnfahrt. Den Kirschgarten mit einem selbstbewußten Brief an Reinhardt geschickt. [...]

21. Sept. [...] Mit Marta im Ethnografischen Museum. Bang »Ludwigshöhe« gelesen. Reinhardt will nicht mehr als 2% zahlen. [...]

22. Sept. In den Masken das Lied der Gefallenen. Bruno Franks »Fürstin« gelesen. Ein bißchen schwächlich. Heinrich Manns »Die Tote«. Brief von Düsseldorf; es scheint doch allenfalls mit der »Vas.« was zu werden. An Reinhardt den Vertrag zurück. 3% für den Friedensfall verlangt.

26. Sept. [...] Deprimiert, weil von Reinhardt der Vertrag noch nicht da ist. Mittags bei Eysler. 2 belanglose Stücke von ihm gelesen. [...]

27. Sept. Noch immer nichts von Reinhardt. Wachsende Depression. Vasantasena vom Hoftheater zurück. An die Kammerspiele. Ans Wiener Volkstheater. An Reinhardt geschrieben. In Kiplings Mylord der Elefant gelesen. Abends »Armut« von Wildgans im Residenztheater. Sentimental-pathetisch bürgerliches Rührstück. In der Torggelstube Klabund, Gumppenberg, Frank. Frank sehr beleidigt, weil ich seine Novelle »Fürstin« nicht wohl loben konnte.

28. Sept. […] Noch immer nichts von Reinhardt. Abends in der Torggelstube. Friedenthal, der glücklich vom Militär freigekommen ist.

29. Sept. Noch immer nichts von Reinhardt. An ihn depeschiert. Telegrafische Antwort, der unterzeichnete Verlag sei unterwegs. Freude. Abends Torggelstube. Lorm, Reiter, Schwarz, Muhr. Etwas zu viel getrunken, ganz animiert.

30. Sept. In aller Frühe Telegramm von Friedmann, er habe gehört, Reinhardt wolle die Vas. nicht spielen. Depression. Endlich, spät, nach banger Erwartung, bringt die Post den Vertrag. […]

2. Okt. Notiz über die Vas. erscheint in den M. N. N. und im B. T. – Im B. T. in einer mir nicht recht passenden Fassung. Die Vas. im Manuskript fertig. Frankfurt schreibt, daß es die Vas. geben möchte, wenn die Musik Mrazeks ihnen gefällt. Dahinter stekken offenbar dunkle Machenschaften des Drei Masken Verlags. […]

3. Okt. Halbe-Bankett. Lange Zweifel, ob ich in meinem schundigen Frack oder noch schundigeren Gehrock erscheinen soll. Schließlich bleibts beim Frack. Das Bankett ganz lustig. Ich sitze zwar sehr schlecht, zwischen Oestéren und Caspary. Bekomme Behrend zu sprechen, den Intendanten von Frankfurt, der die Vasantasena machen will, wenn sie nicht zu teuer ist. Auch Siegfr. Raabe vom Schauspielhaus möchte sie gerne. Wollf fordert mich auf, Bruno Frank zu fragen, ob er im Hoftheater über Dülberg sprechen wolle. Angenehm, daß Franks Ärger über meine abfällige Kritik über Die Fürstin so wieder gut gemacht ist. Die de Vargas ziemlich kühl mir gegenüber, die Wimplinger sehr entgegenkommend, dann Elchinger und seine Frau bei uns. Ich diktiere ihm einen großen Teil seines Festartikels für Halbe und einen Brief über das Bankett wortwörtlich in die Feder. Abends Torggelstube: die gleiche Gesellschaft wie beim Bankett. Friedenthal zahlt von den geliehenen 300.– 250.– zurück. Marta sehr angeregt.

6. Okt. […] Aufsatz über Tschechovs Kirschgarten begonnen. Abends Sinsheimer in der Odeon-Bar.

8. Okt. Ersten Korrekturbogen der Vas. von Georg Müller. Vas. fertig diktiert. [...]

11. Okt. [...] Muhr im Café Orlando Caspari und indirekt uns gegenüber sehr ungezogen. In der Galerie Caspari. Schön. Abends Torggelstube: Friedenthal, Goth (ein österreichischer Kriegsberichterstatter), Frau de Vargas, Muhr, Schwanneke, Gumppenberg. Marta sehr verstimmt wegen Muhr und sehr nervös. [...]

13. Okt. [...] Dülberg schickt mit einem höflichen Brief seine »Karintha von Orrelanden«. [...]

14. Okt. Als Wollustsobjekte in Frage kommende Frauen: die Hagen, de Vargas, Bierkowski, die Kellnerin Berta von der Torggelstube; in weiterer Entfernung die Balder. [...] Weitere Frauen: die Lorm, die Türkin.

15. Okt. Den Tschechov fertig und an Jacobsohn. [...]

16. Okt. Jacobsohn schreibt, ich solle nicht über Dülberg schreiben. Er ist garnisonsdienstfähig erklärt worden. Angst, die Schaubühne werde aufhören. In Wassermanns herrlichem, tiefem, aufwühlendem Roman »Gänsemännchen« gelesen. Entschluß, nach dem Krieg auf längere Zeit in die Einsamkeit zu gehen. Abends Dülbergs Karintha. Eine Haupt- und Staatsaktion, hebbelisch und kleistisch angeschminkt. Erotische Probleme more geometrico dargelegt. Hebbel überhebbelt, Kleist überkleistet. Hebbel paßt aber nicht zu diesen romantischen Vorgängen. Pedantisch bewerkstelligte (A a α I 1) Gefühlsverwirrung. Ein mühsam ausgeklügeltes Buch, kein Mensch mit seinem Widerspruch. Der obligate Mond spielt die Hauptrolle. Abseitige Motive gehäuft. Kein Mensch hat ein einziges klares Motiv. Warum erwärmts dich nie –? [...]

17. Okt. Mit Muhr lang spazierengegangen. Elchinger und seine Frau bei uns. Fühlen sich, scheints, sehr wohl. Dann mit ihnen in die Torggelstube. Muhr, die Balder, Sinsheimer.

20. Okt. [...] In der Schaubühne ein sehr heftiger Aufsatz gegen die Gagenverhältnisse am Münchener Hoftheater. [...]

21. Okt. […] Bangs wunderschönen Roman Die Heimatlosen gelesen.

23. Okt. Martersteig schreibt, er wolle Reinhardts Vasantasena abwarten. 15 Exemplare der fertigen Julia Farnese gekriegt. […]

27. Okt. Wassermann Juden von Zirndorf gelesen. Die Bierkowski da. Nett. Abends Torggelstube: Balder (frech und dumm), Muhr, Sinsheimer. Wir noch bei Muhr.

29. Okt. […] Franks Novellen Flüchtlinge gelesen. Saubre Epigonenarbeit. […]

30. Okt. Friedmann teilt mit, daß die Neue Wiener Bühne den Kirschgarten angenommen habe. In Spittelers Lachende Wahrheiten gelesen, die zum größten Teil lächerliche Unwahrheiten sind. […] Friedenthal zahlt den Rest der Summe zurück, die er sich entliehen. Frank will mich anpumpen, tuts aber dann doch nicht.

1. Nov. Marta aus dem Gänsemännchen vorgelesen. Abends Friedenthal und der ekelhafte Berberich.

2. Nov. Sternheim Schuhlin gelesen; peinlicher Gegensatz zum Gänsemännchen. Abends lange vergebens herumgeirrt, um eine Hure zu suchen. Kühler Brief von Thomas Mann, dem ich die Julia Farnese gesandt.

3. Nov. […] In der Schaubühne Münchener Theater stark gekürzt.

5. Nov. Bei einem Liederabend der Ottilie Metzger. […]

6. Nov. Julia Farnese an Heinrich Mann. […]

10. Nov. […] Bei Frank gegessen. Den hübschen, dummen, gut sprechenden Schauspieler Aslan kennen gelernt, der allenfalls bei Reinhardt den Tscharudatta spielen soll. Desgleichen den Schriftsteller Werner Klette. […] Abends Kammerspiele. Der Floh im Panzerhaus, wertlose Posse mit aufgeklebter Symbolik von Forster recht gut gespielt. […]

11. Nov. […] Kurze Kritik über Floh im Panzerhaus geschrieben. […]

13. Nov. Bei Frau de Vargas: Georg Müller und seine Freundin, De Nora, Frigga Brockdorf, Klabund, Frau Weisgerber, Hausenstein, Alfred Maier, Rilkes Freundin, Friedenthal, Albus. Abends Torggelstube. Ebenfalls viel Volk. Früh Kontrollversammlung. Ludschi gesprochen: Bubi habe sich ausnehmend tapfer benommen. […]

15. Nov. […] Depression über Arbeitsunfähigkeit.

16. Nov. Aufsatz über Bruno Frank geschrieben. […]

18. Nov. […] Ärger über eine neubestellte Brille, die ich noch nicht bekommen habe. […]

19. Nov. […] Bruno Frank da. Ihm meine abfällige Kritik über seine Werke vorgelesen; er mühsam gemäßigt. Abends Torggelstube: Wedekind und Frau, Albus, Friedenthal, Klabund.

20. Nov. […] Abends Torggelstube: Merk, Illing, Maas, die Sent M'ahesa, die in der »Vasantasena« tanzen soll und mir mitteilt, daß die Aufführung nicht so bald stattfinden wird. Caspari (ziemlich frech), die Rosar. Frank schickt als Gegenbeweis einen enthusiastischen Brief Thomas Manns über seinen Roman. In Manheimers wunderschöner Bibliothek gestöbert.

21. Nov. […] Die Balder teilt eine Äußerung Bings mit, ihm bange vor dem Frieden (wegen der wieder normalen Gagen). Friedenthal übermittelt Hardensche Anschauungen über den Krieg, die mir übertrieben pessimistisch scheinen.

22. Nov. […] Abends bei der Hagen. Sehr nett. Zwei alte, höchst vitale Tanten von ihr da, sehr östliche Baroninnen mit europäischen Allüren. […]

23. Nov. Hagemann schreibt, er sei von der Vas. entzückt und wolle das wundervolle Stück spielen. […]

24. Nov. Düsseldorf will die Vasantasena in einer eigenen Bearbeitung spielen. Gemeinheit! Jacobsohn bringt meinen letzten münchener Artikel und nennt mich in einer Antwort (wegen des Hoftheater-Artikels) »dumm«. Dumm! Ihm geantwortet, an den Rendanten des Hoftheaters geschrieben. Schritte gegen Düsseldorf eingeleitet. […]

25. Nov. […] Abends Frank-Vorlesung in der Galerie Caspari. Mäßig. Hernach in großer Gesellschaft in der Odeon-Bar. Auch mäßig.

26. Nov. […] Zollner schreibt, er sei vom Intendanten ermächtigt, mir über die Gagen-Verhältnisse Aufschluß zu erteilen.

29. Nov. […] Im Hoftheater, um mit dem Rendanten Zollner zu sprechen. Törichterweise 1 ½ Stunde gewartet und dann unverrichteter Dinge abgezogen. […]

30. Nov. Zollner gibt mir eingehend Auskunft über die Hoftheater-Verhältnisse, die ganz in meinem Sinn ausfällt. An Jacobsohn geschrieben.

2. Dez. […] Abends Vortrag Heinrich Mann. Hernach größere Gesellschaft: Mann, Ziegel, Horwitz, Ritscher, Marx, Fr. Jacobi, Rosar, Stahl-Nachbaur, Friedenthal, Klabund, Balder, Manheimer, Sarto, Eysler, Godwin, Hausenstein, Purtscher und Frau. Mit der letzteren und der Godwin mich ganz gut unterhalten.

4. Dez. Bei meinen Eltern. Mein Vater krank (Arterien-Verkalkung), meine Mutter »schimpft« mich geschmacklos-sentimental. […]

5. Dez. Nachmittags bei Albus. Das Kind tanzt sehr nett. Abends Torggelstube: Behrend aus Frankfurt (höchst albern); ich preise statt meiner Werke fremde an; Caspari, Merk, Unda, Illing, Frank, Rößler, Friedenthal, Rosar, Türkin. Hernach zum größten Teil bei uns.

7. Dez. […] Mit Bing über den Etat der Kammerspiele gesprochen.

8. Dez. Freche »Antwort« von Jacobsohn in der »Schaubühne« an Elchinger. Der ruft indigniert bei mir an. Nachmittags bei Schwanneke, der – wider Willen – alle Angaben der Intendanz bestätigen und Jacobsohn unrecht geben muß. [...]

10. Dez. [...] Brief an Jacobsohn (im Einverständnis mit Elchinger) abgesandt.

11. Dez. Mittags Torggelstube: Rosar, Almo. Nachmittags Tee bei Manheimer. Ganz nett: Heinrich Mann, Rößler, Quinke und Frau, ein Major v. Pranke, Dr. Jaques, Frau Albu, die Purtscher mit Mann, Herzog, die Hagen, die Balder. Abends: Nürnbergische Ei von Harlan, eine etwas süßliche Tragödie, 90 % Baumbach, 10 % Dürer und Hans Sachs, meiningisch gespielt. Hernach Torggelstube: Gans, die Rosetti und eine Freundin, die Almo, die Hagen, Rosar, Balder, viel Volk. Hernach Friedenthal, Pinakotheken-Mayer, die Albu, die Hagen bei der Rosar. Stark poussiert. Etwas pornografischer Ton.

16. Dez. Gans, Almo in der Torggelstube. Im Café der widerlich-proletische Operetten-Tenor Fritz Werner. Abends Vorlesung Klabund bei Caspari. Hernach Mißstimmung in der Odeon-Bar.

22. Dez. [...] Bei meinen Eltern. Mein Vater ziemlich krank, meine Mutter frech. Im Café Fritz Werner, die Rosar. »Wirtschaftliche Lage der Münchener Schauspieler« an Jacobsohn.

24. Dez. [...] Mitteilung von den Kammerspielen, Sinsheimer werde dort Direktor.

25. Dez. [...] Strindberg »Gotische Zimmer« gelesen. Abends Torggelstube: Sinsheimer, Muhr, Wiener Maier. Sehr lange bei uns. Ganz angeregt.

26. Dez. [...] Abends Torggelstube: Caspari, General Wundt, Muhr, Walden, Hagen, Ziersch, Wimplinger, Sinsheimer, Balder, Sarto.

27. Dez. Jacobsohn schickt die Wirtschaftliche Lage zurück; an die F. Z. [...]

29. Dez. Schaubühne konfisziert. [...]

30. Dez. [...] Marta in letzter Zeit immer nervös und übermüdet. (Vom vielen Huren?) Günther, seine Frau, ein netter österreichischer Oberleutnant bei uns.

31. Dez. [...] Langen schickt die »Perser« zurück. Friedenthal von Berlin zurück. Die Vereinsbank schickt erfreulicher Weise Geld. Abends bei den Eltern Löffler. Dann bei Elchinger, der krank gewesen war. Er sehr liebenswürdig. Ein bißchen fad, aber ganz nett.

1916
München
Thierschstr.

1. Jan. In strömendem Regen von Elchinger nach Hause. Marta leicht unglücklich wegen ihres verregnet werdenden Samtmantels. [...] Kopfschmerzen. Vom Thalia-Theater Nachricht, die Julia Farnese werde dort am 10. Januar uraufgeführt. Zweifel: Soll ich hin oder nicht.

Literarische Pläne: Der Jude Alexander (Flavius Josephus), Warren Hastings, Schmöckchen (Roman oder Komödie), Der Stammtisch im Winzerhaus, Die Erlösung Kalabriens, Der Dey von Tunis, Baco, Die Nachtigall des Kaisers von China, Der Schatten, Ahasver. Geldstand: Etwa 500 M Schulden. 6000 M zu kriegen. [...]

3. Jan. Zu faul, um aufs Bezirkskommando zu gehen und dort Urlaub für Hamburg zu erbitten. [...]

4. Jan. [...] Militärische Abmeldung für Hamburg ohne »Erinnerung« von statten gegangen. [...]

5. Jan. »Gänsemännchen« in der Schaubühne. [...] Ludschi teilt mit, daß mein Onkel Carl gestorben sei (in Hamburg), ich sollte meine Première dort mit der Beerdigung des Onkels verbinden. Bei meinen Eltern, die beide sehr krank sind. Ludschi sagt, die Ärzte glaubten, sie würden nicht mehr lange leben: mein vermutliches Erbteil betrage 40–50 000 M. Marta plackt sich sehr, um mir alles zur Reise möglichst bequem zu machen. Abends Torggelstube. Elchinger und Frau, die Godwin, Hausenstein, Friedenthal, um von mir Abschied zu nehmen.

6. Jan. Nach Hamburg gefahren. Lange, schrecklich ermüdende Fahrt. Sehr schlechtes Wetter. Oft umgestiegen. [...] In dem sehr einfachen Hotel »Phönix« abgestiegen. Viel und sehr zärtlich an Marta gedacht.

Hamburg, 7. Jan. Durch Flöhe in dem so nötigen Schlaf gestört. Probe im Thaliateater: Birron, die Orloff, Farecht, die Gast. Äußere Aufmachung sehr gut. Die Vannozza (Else Schott) möchte die Julia spielen, lädt mich auf heute abend zum Essen ein. Bei meinen Verwandten; sehr fad. Abends bei der Vannozza. Zu schüchtern und ungeschickt, um mit ihr zu huren.

Hamburg, 8. Jan. Generalprobe: scheußlich. Lange mit Direktor und seiner Frau gesprochen, mit Vannozza zu Mittag gegessen, mit Birron geprobt, abends im Thaliatheater, mit dem Kardinal zu abend gegessen und geprobt. Beide umgänglich und nicht unverständig. Man sollte noch 3 Proben haben. – Liebe Briefe von Marta. [...]

Hamburg, 10. Jan. Letzte Probe. Mittel. Direktor scheint nicht sehr zuversichtlich. Auf der Redaktion der Hamburger Nachrichten. Niemanden zu sprechen gekriegt. 2 Briefe von Marta. Die Première, das Haus ziemlich voll (gestopft). Das Publikum ging sehr gespannt mit. Atemlos. Die Vorstellung besser als die Proben vermuten ließen. Fulda, Grube, Barnowsky im Theater, der letztere nicht sehr entzückt. Wird es in Berlin nicht spielen. Hernach mit der Orloff, Vannozza, dem Regisseur und Volk zusammen. Zum Schluß 2 Huren genommen. Umständlich, kostspielig und stimmungslos.

Hamburg, 11. Jan. Sehr müde. Die Kritiken recht schlecht. Mit Marta telefoniert. Birron da. Zu Tante Betty gefahren. Dumme, gutmütige Familienpute. Dann zur Orloff und zur Gast. Mit dieser ins Café. Ganz nett, wie sie mich gutmütig zu trösten suchte, als immer mehr furchtbar schlechte Kritiken kamen. Beim Direktor, allgemein wohlwollend verächtliches Mitleid. Bei der Vannozza zu abend gegessen. Sie ist gar so prätentiös. Keine Bahn mehr erreicht und über eine Stunde zu Fuß nach Hause gelaufen.

Hamburg, 12. Jan. Nach Berlin gefahren. Vannozza auf der Bahn. Sehr netter Brief von Marta. Glückwunschtelegramm von Beck. [...] Abends im Deutschen Theater Hollaender gesprochen. Schlechte Kritik im B. T. Bei Lippmanns. Ganz nett.

Berlin, 13. Jan. Früh bei Kahane. Scheint sehr fraglich, daß die Vas. noch heuer aufgeführt wird. Sehr netten Brief von Marta. Bei der Terwin. Bei Friedmann, bei Jacobsohn, seine Frau krank. Dann eine sehr häßliche, billige Hure genommen.

Berlin, 14. Jan. Nochmals bei Kahane. Ich war sehr energisch. Scheint gefruchtet zu haben. […]

München, 15. Jan. Schlechte Fahrt gehabt. Einen Stoß Kritiken vorgefunden. Alles in allem besser als ich erwartet. […]

17. Jan. Neuer Stoß Kritiken. Fast alle schlecht. Höflicher Brief vom B. T. wegen der Meldung, die Julia Farnese habe »dünnen Beifall« gefunden. […] Frau Hahn aus Cöln fordert einen Betrag zurück, den mir ihr Sohn 1910 geliehen und den ich ihm 1911 zurückerstattet habe. […]

20. Jan. […] Hamburg hat die Julia Farnese abgesetzt. […]

21. Jan. Martas Geburtstag. Vom Berliner Tageblatt freche Erwiderung des Hamburger Korrespondenten auf meinen Einspruch wegen des dünnen Beifalls. Erwidert. Abends bei den Eltern Löffler, die mir unerwartet zu meinem »Erfolg« 50.– schenken. Frank pumpt mich an, vergeblich. Mit ihm in der Torggelstube; er ist ziemlich aggressiv.

23. Jan. Musterungsbefehl auf Samstag. Marta sehr ängstlich. Ludschi teilt mit, daß mein Vater im Sterben liege. Bei diesem. Er ist geistig völlig klar, und angenehm skeptizistisch und literatisch, fast ein bißchen wichtigtuerisch, weil er sich im Mittelpunkt fühlt. […]

24. Jan. Hungerkur wegen meines Magens und der Musterung. Aufregung und Peinlichkeiten wegen meines sterbenden Vaters, der übrigens sich sehr zäh gegen das Sterben wehrt. […]

25. Jan. Mich auf dem Bezirkskommando zurückgemeldet. Bei meinem Vater, der verhältnismäßig frisch ist. […] Abends Torggelstube: Klabund, Wedekind, der erzählt, Hagemann probiere eifrigst die Vasantasena und wolle sie am 4. März spielen. […]

28. Jan. Die ganze Nacht mit Marta im Haus meines Vaters in zahlreicher und peinlicher Gesellschaft verbracht. Höchst unerquicklich. Endlich um ½7^{h} morgens starb mein Vater. Um 10 Uhr Beisetzung. Fortsetzung der unerquicklichen Zeremonien. Todmüde. Hungerkur fortgesetzt. Mit Marta gehurt. Etwas protzige, inhaltlich ganz geschickte, formell recht holprige Notiz über meinen Vater in den M. N. N. »Julia Farnese« in »Der Maler Antonello« umkorrigiert, an den Drei Masken Verlag, nach Braunschweig. [...]

29. Jan. In aller Frühe aufgestanden. Musterung. Angst. Hungerkur unnötig. Ohne Weitres bis zur nächsten Musterung zurückgestellt. Ludschi, der auch wegen Magens freizukommen glaubte, felddiensttauglich. [...]

30. Jan. Beerdigung meines Vaters. Mir wider meinen Willen die schöne Weste meines Gehrocks zerreißen lassen. Abends Torggelstube: Friedenthal, die Türkin, die Bosetti, Muhr, der Marta einen schönen Kimono schenkt.

31. Jan. Braunschweig schreibt, ich solle von dem Aufführungsvertrag der Julia Farnese zurücktreten, da ein Teil der Presse Schwierigkeiten macht. Mein jüngster Bruder da. Berichtet über bevorstehende Testamentsschwierigkeiten.

1. Febr. Brief an den Herzog von Braunschweig wegen der Julia Farnese. Der Drei Masken Verlag teilt mit, daß Vas. in Mannheim definitiv am 4. März sein werde. [...]

3. Febr. [...] Abends Sinsheimer-Vortrag bei Caspari. Dann mit Sinsheimer, Rosar, Wedekind, Frank u. a. im Preysingpalais.

12. Febr. [...] Brief von Jacobsohn vorgefunden, ich beurteilte die Kammerspiele parteiisch; je nach Annahme oder Ablehnung meiner Stücke. [...]

15. Febr. Kleine Geschäftigkeit. Hagemann da. Ein unbedeutender, geschäftiger Herr. Hat viel Eifer und wenig Verständnis für die Vasantasena. Wegen Testament-Sachen vor Gericht geladen. Es scheint, daß man nichts machen kann und daß ich ausgeschmiert bin.

16. Febr. Brief von Jacobsohn, meine Beziehungen als Dramatiker zu den Kammerspielen zwängen ihn, von meiner theaterkritischen Mitarbeit abzusehen. Marta befürchtet leise, sie sei in der Hoffnung. [...] Abends, während Marta im Theater ist, kommt die Sybil Vane; keinen Annäherungsversuch gemacht. Dann in der Torggelstube. Die Hagen. Frank kommt dazu, will aufdringlicher Weise noch zu uns kommen. Ihn mühsam wieder weggeschafft. Dann ereignete sich aber infolge Angst, Sentimentalität und Gêne der Hagen und meiner Ungeschicklichkeit nicht die von mir erhoffte Orgie zu dreien, sondern ich brachte es nur nach vielen Peinlichkeiten dazu, mit der Hagen zu huren.

19. Febr. [...] Bei meiner Mutter. Durch Fritzens Proletentum hervorgerufen peinliche Zänker-Szene. [...]

28. Febr. Brief und Repertoire von Hagemann. Erfreulich viele Proben. [...]

29. Febr. [...] Nach Mannheim gefahren. Langweilige Fahrt. Hotel schrecklich. Hagemann nennt in allen Notizen immer nur sich, niemals mich.

Mannheim, 1. März Mit Kopfschmerzen aufgewacht, Aspirin genommen, nochmals geschlafen, gesund und sehr kräftig zur Probe. Regie brav, sehr fleißig, voll lahmer Einzeleinfälle, ohne Geniedekorationen mohamedanisch, bunt, leicht kitschig. Sehr fleißig und gar nicht sparsam. Schauspieler zumeist brave Hofschauspieler: Samsthanaka Waßmann-Kopie, Busch brave Vasantasena, Ischer – ehrlich bemüht, Mittelding zwischen Kalser und Kayßler. Nachmittags bei der Vasantasena. Ganz nett, bürgerlich. Abends lange Unterredung mit Hagemann, dann mit dem Tscharudatta.

Mannheim, 2. März [...] Sehr lange Probe. Nicht sehr befriedigend. [...] Abends bei dem Theatermaler Sievert. Sehr hübsche Entwürfe. Dort reiche Leute von der Theaterkommission, Landesgerichtsrat, Arzt, der Kritiker der Hauptzeitung, Peters, Dramaturg, Frau Sievert, Arztensfrau. Ganz nett. [...]

Mannheim, 3. März […] Umzug ins Parkhôtel vorbereitet. Probe. Bei der Busch (Vasantasena) gegessen. Ziemlich langweilig. Marta angerufen. Kommt leider erst morgen. Umgezogen. Die Ruß getroffen. 5ʰ Generalprobe. Recht gut. Willy Bodenheimers Frau gesprochen. Dann im Parkhôtel, große Gesellschaft. Mannheimer Patrizier. Gar nicht dumm. Hagemann, die bewegliche Oberbürgermeisterin, ihre frische und natürliche Tochter, Stadtverordnete, ein Hofrat Marx und Frau, Stern, Hartlaub und Frau, die Ruß. Alle höchst liebenswürdig zu mir; ich ein sehr schlechter Gesellschafter.

Mannheim, 4. März […] Körperlich ganz herunten. Mit der Ruß gefrühstückt. Mit Hagemann und der Ruß gemittagt. Marta von der Bahn abgeholt. Sie hat sehr schlecht geschlafen und ist sehr schlecht gefahren, mit Frankfurter und der Sybil Vane. Mit Sinsheimer, dann Heidelberger Professor Schmidt Noerr und seiner Frau im Café. Dann Première der Vasantasena. Sehr gutes Haus. Martersteig da, der Wiesbadener Intendant, Dramaturgen, Presse. Das Publikum sehr verwundert, ging zuerst nicht mit. In der Pause hatte ich den Eindruck, das Stück sei durchgefallen. Dann doch sehr starker Erfolg. Oft gerufen. Hernach bei einem Hofrat Marx. Ganz nette Frau. Sehr elegantes Haus. Größere Gesellschaft. Hagemann, Hartlaub, Martersteig, Dr. Stern, Kapellmeister Lederer, Furtwängler, die Busch, die Sybil Vane mit Mann, Ruß, viel Volk. Ganz nett. […]

Mannheim, 5. März […] Mit Martersteig und Heidelberg gefahren. Wagenfahrt nach Stift Neuburg, wo Schmid wohnt. Wundervolle Wohnung, liebenswürdige, gescheite Leute. Sinsheimer da. Sehr müde.

Mannheim, 6. März Die Mannheimer Kritiken recht gut. Willy Bodenheimer da mit seiner Frau. Bei der Bürgermeisterin Kutzer. Fad. Bei dem Museumsbeamten Hartlaub und seiner Frau. Volk aller Art. Gescheite Leute, aber gleichfalls fad. Schlechte Kritik in der F. Z.

Mannheim, 7. März […] Nach Heidelberg gefahren. An der Bahn noch die Busch getroffen. In Heidelberg der Kritiker Stahl, dem zuliebe ich hinfuhr, nicht da. Umso netter mit Marta endlich allein. Ausgezeichnete Kritik im B. T.

München, 8. März Mit Marta nach München zurückgefahren. Viel Post: Gratulationen u. s. w. Die Kritiken durch die Bank sehr gut. […]

9. März […] Bei meiner Mutter. Eduard Diamant und meine Schwester Franziska. Abends musikalischer Abend in der Galerie Caspari. Fad. Hernach in größerer Gesellschaft in den Jahreszeiten. Simon von der F. Z. da; aus blöder Unbehilflichkeit versäumt, ihn kennen zu lernen. – Die Rosar wird die Perser vorlesen.

10. März […] Hartmann hat die Pantomime vollendet. […]

Aschau, 15. März […] Nach Aschau gefahren mit der Absicht, den Warren Hastings anzufangen.

Aschau, 16. März Wunderschönes Wetter. Schleich »Vom Schaltwerk der Gedanken« gelesen. Ein paar bemerkenswerte Gedanken unter einer Flut leerer Phrasen. […]

Aschau, 17. März Den Warren Hastings angefangen. […]

München, 21. März Nach München zurückgefahren. […]

23. März »Perser«-Vorlesung bei Caspari. Besuch sehr gut, die Rosar liest gut, Beifall sehr stark. Crusius hält eine schandbar schlechte Einleitungsrede. Hernach bei der Rosar. […]

24. März Die Zensur verbietet die »Julia Farnese«. […] Perserkritik ausgezeichnet in der Münchener Zeitung, auffallend kühl in den M. N. N. Niederträchtig von Elchinger.

25. März Dekorationsprobe zu der Pantomime. Generalprobe der Korngoldschen Opern »Violanta« und »Ring des Polykrates«. Plan zu einer sentimentalen Komödie »Schmöckchen«. Der Dichter (Soldat) und der Kriegsberichterstatter. Viel Volk gesprochen. Polizei-Direktion ersucht, die Julia Farnese mit Änderungen freizugeben. […]

26. März Recht gute Kritik im Berliner Tageblatt.

28. März [...] Bei dem Komponisten Bartels, der ein Libretto von mir will. Bei Frau Deutsch, der Freundin Georg Müllers. Ganz nett.

29. März Die Polizeidirektion will sich nach Wien wegen der »Julia Farnese« wenden. Sehr unangenehm, da ich ihr vorgeschwindelt habe, Wien habe das Stück freigegeben. Auf Rat Martas mich sofort entschuldigt. Hartmann spielt die Pantomime vor: die Musik trivial, operettenmäßig schmalzig, kitschig. Ich beschließe, die Aufführung auf die nächste Saison zu verschieben.

1. April Unterredung mit Stollberg. Verschiebt die Pantomime ohne Weiteres, verzögert den Entscheid über die Perser. [...]

7. April [...] Stollberg unterzeichnet den Kontrakt über die Perser. [...]

9. April Für den 15. zur Musterung geladen. [...]

12. April [...] Alfred Döblins »Die drei Sprünge des Wang-Lun« gelesen. Sehr stark. [...]

14. April Heinrich V. gelesen. Depression wegen der morgigen Musterung. Lange vergeblich eine Hure gesucht.

15. April Musterung. Erst tauglich erklärt, dann doch zurückgestellt. Im Kinematograf. Schund. [...]

21. April Plan einer Groteske: Die Fleischkarte oder Kleine Ursachen Große Wirkungen. Eine Erzählung aus großer Zeit. Ganz wenig am Warren Hastings.

24. April Friedenthal schwatzt von seinen Sorgen; scheint im Begriff, Türkenvater zu werden. Hartmann. Das 2. Bild des Warren Hastings fertig. Abends Torggelstube. Dann bei dem Tuchhändler. Fliegerleutnant Gördeler. Ziemlich platt.

25. April Durch eine Maus im Schlaf gestört. Marta bringt sie um (die Maus). Sehr müde. [...]

1. Mai Hochzeit meiner Schwester Henny. Fad. Viele Peinlichkeiten. Ludschi bei mir.

6. Mai Der Drei Masken Verlag schickt die März-Abrechnung über Vasantasena: 1122 M. Hurrah, Hurra, Hurra!! In der Torggelstube Wedekind, Waldau, viel Volk.

Karlsruhe, 13. Mai […] Nach Karlsruhe gefahren. Dillmann im gleichen Abteil. Höchst liebenswürdig. Gutes Hotel. Beim Intendanten Bassermann zum Tee. Gutwilliger, unbedeutender Alter. Der Dramaturg Poritzky lebhaft, eifrig, heftig, unverständig, schwer zu behandeln. Viel Volk: eine alte Excellenzfrau, die mir altmodische Komplimente macht, Schauspielerfrauen, Volk aller Art. Die Vorstellung: Eifrige, unverständige Regie, alles verdeutlicht und banalisiert, die Verse verhunzt, zahlreiche aufdringliche Einschiebsel, alle Namen falsch ausgesprochen: die Dekorationen Provinz-Oper, Samsthanaka schlecht, Tscharudatta und Vasantasena passabel, Maitreja gut, aber recht aufdringlich, die Chargen fast alle gut. Der Beifall sehr lebhaft, ich erscheine nach dem 6. Bild zweimal, nach dem letzten sehr oft. Hernach mit Poritzky, Schauspielern und Journalisten zusammen, bei einem netten gebildeten Durchschnittsmenschen, Redakteur Amend; sehr weiter Heimweg. […]

Karlsruhe, 14. Mai Kopfweh, Bauchweh, todmüde. Nach München zurückgefahren, Marta an der Bahn. Froh wieder zu Hause zu sein.

16. Mai Hastings 5. Bild angefangen. Abends liest Kayßler Morgensternsche Gedichte. Sehr schön. Aber Saal und Menschen verderben die Stimmung. […]

17. Mai […] Gute Karlsruher Kritiken. […]

20. Mai Den Warren Hastings im ersten Entwurf fertig. Viel Volk in der Torggelstube. Langweilig.

22. Mai […] Frau Hedwig Poschardt, ein Gänschen aus Augsburg, da. Zu stark erkältet, um was mit ihr anzufangen.

29. Mai Vergeblich Leute zu einer Vorlesung des Hastings zusammenzutrommeln gesucht. Bei einer Hure. […]

30. Mai Warren Hastings an Wolff, nach Mannheim, an den Drei Masken Verlag geschickt. Vorgelesen: Rößler, Lippmann, Bartels, Frau Deutsch. Der Eindruck schien nicht sehr stark. – Zwischen den Eltern Löffler eheliche Szene. Marta und ich mußten vermitteln.

2. Juni […] Perser an den Reichskanzler. […]

4. Juni Sehr anerkennender Brief vom Drei Masken Verlag über den »Hastings«. Mit Wolff nochmals darüber telefoniert. […]

6. Juni […] Kitchener untergegangen.

8. Juni […] Das Hoftheater lehnt den Warren Hastings ab. Schmerzlich. […] Torggelstube: Gussy Holl, Bosetti, Harry Kahn, viel Volk. Noch bei uns.

15. Juni Brief vom Drei Masken Verlag. Franckenstein findet den »Hastings« »unmöglich«, das Lessingtheater »trocken und langweilig«. Von Stollberg, der bis heute Mittag Bescheid versprochen hat, bis jetzt: mittags 1^h nichts. Schlechtes Zeichen. Nachmittags ruft Stollberg an, ist begeistert vom »Hastings« und will Vertrag.

16. Juni Dem Wiener Maier den »Hastings« vorgelesen. Er möchte ihn für den »Neuen Merkur«. Er scheint das Werk mehr für die Arbeit eines geschmackvollen Kopfes als für eine Dichtung zu halten. […]

21. Juni Mit der Augsburgerin einen Ausflug gemacht. Sie heftig geküßt. Es ist Aussicht, sie zu verführen. […]

22. Juni […] Abends sehr viel Volk in der Torggelstube. Peinliche Szene mit Bürgerpöbel, der Marta ihrer Kleidung wegen verhöhnte.

23. Juni Briefchen von Marie, ich solle sie anrufen. Ich gebe ihr für morgen Rendezvous. Abends Torggelstube: Augsburgerin, Lippmann. Die Augsburgerin sehr geküßt.

24. Juni Marie da. Nett. Freundschaftlich. Kameradschaftlich. [...]

25. Juni Mannheim lehnt den Hastings ab. [...] Nachmittags bei Manheimer. Die Mewes, eine nette kleine Schauspielerin vom Hoftheater Pregler, die Popper, Erna Frank, Prager, Blakker, Purtscher, Volk aller Art. Abends in der Torggelstube: bodenlose Unmanier Harry Kahns.

26. Juni Netter Ausflug mit der Augsburgerin nach Herrsching. Fast ans Ziel gelangt. Abends in der Torggelstube und dann in den Jahreszeiten schnappt Bruno Frank unmittelbar vor dem Ziel sie mir weg. Großer Ärger. Marta, die sich einen Stiftszahn einsetzen läßt, fühlt sich von mir beleidigt, weil ich ihr unentwegt die Hindernisse vorhielte, die mein Verheiratetsein mir bereiteten, und macht mir bittere Vorwürfe.

27. Juni Sinsheimer lehnt den Hastings ab. Todmüde. Die Augsburgerin tut, als wüßte sie von nichts. [...] Abends mit der Augsburgerin gegessen, viele Leute gesehen. Dann im Serenissimus. Das Ziel der Klasse endlich erreicht. Sehr nett.

28. Juni Wollf ruft arschkriecherisch an. Frank entschuldigt sich wegen der Augsburgerin, falls er mir zu nahe getreten sein sollte. Komische gegenseitige Reverenzen. [...]

3. Juli [...] Urlaub vom Militär bis 15. August erhalten.

7. Juli Mein Geburtstag. Marta sehr nett. Die Augsburgerin schickt Blumen. Allerlei Volk im Hofgarten. Marie da. Kühl, kameradschaftlich. Abends Narciß im Schauspielhaus; widerliches Stück. Die Augsburgerin geht nicht mit in die Torggelstube (vermutlich um mit Friedenthal zu huren). [...]

9. Juli [...] Abends Sonnenstößers Höllenfahrt in den Kammerspielen. Die Augsburgerin da, geht mit Friedenthal huren, mich an allen Ecken und Enden belügend.

10. Juli [...] Mit der Augsburgerin auf dem Bahnhof verabredet, um hinauszufahren. Sie kommt nicht. Wut und Ärger. Sie schließlich doch noch getroffen. Nach Seeshaupt gefahren.

11. Juli Dort die Nacht mit ihr verbracht. Nett. Sie lügt unentwegt über Friedenthal. Spazierengegangen. Viel Geld verbraucht. Zu Haus die ersten Korrekturen des Hastings vorgefunden.

12. Juli Tartüff im Reifrock fürs Volkstheater verboten. [...] Es stellt sich heraus, daß die Augsburgerin, die mir die Dringlichkeit ihrer Rückkehr nach Augsburg in den glühendsten Farben geschildert hatte, mit Friedenthal im Theater und hernach zusammen war. [...]

14. Juli Scharwenka da wegen des Hastings. Die Augsburgerin ruft an. Sie kühl und gröblich behandelt. [...]

15. Juli Die Augsburgerin singt und spielt mir vor. Ihr den Hastings vorgelesen. Torggelstube: Halbe, Wendriner, Friedenthal, eifersüchtig auf die Augsburgerin. Hernach mit ihr gehurt. Sie macht weitgehende sexuelle Konfessionen.

16. Juli Die Augsburgerin hat mich ihren heiligsten Versicherungen zum Trotz wieder furchtbar angeschwindelt und ist mit Friedenthal zusammen. – Eine sehr geglückte Szene in den Schlußakt des »Hastings« eingefügt. [...]

18. Juli Klabund da. Wedekind, Frau und Schwester, Mannheimer Schauspieler, Sinsheimer, viel Volk in der Torggelstube. Reinhardt und Erich Reiß in München. Kümmern sich nicht um mich.

19. Juli Die Augsburgerin getroffen. Zieht Frank bez. Friedenthal vor. [...]

21. Juli Mit der Augsburgerin zusammen gegessen. Sie scheint endlich wahrheitsliebender zu werden. [...]

22. Juli Viel Volk im Hofgarten. Mit der Augsburgerin zusammen. Sie pumpt mich um 30 M an. Ich gebe sie ihr. Sie ist unwohl, aber sehr nett. Viel Volk in der Torggelstube.

23. Juli Mit Marta nach Feldafing gefahren. Gerudert. Sehr nett. Bei Frank und der Remolt. Meine Großtante Fürther getroffen, Erich Reiß.

24. Juli Mit Marie ins Isarthal. Langweilig, peinlich. Es gibt keine Berührungspunkte mehr zwischen uns.

25. Juli Zusammensein mit Erich Reiß kommt nicht zustand. Die Augsburgerin schließt sich wieder ganz an Friedenthal an. Bei Manheimer. Viel Volk.

26. Juli [...] Beim Pinakotheken-Mayer zu einer sehr netten Bowle. Seine Freundin heftig geküßt. Klabund, Sinsheimer da. [...]

28. Juli Aussprache mit Friedenthal über die Augsburgerin. Sie hat auch ihn angepumpt und bei ihm über mich geschimpft, ihm einen Brief von mir gezeigt. Rotmund und seine Frau bei uns.

29. Juli [...] Notiz über das Zensurverbot des »Tartüff«. Peinlich. [...] Torggelstube, Bühnenclub, die üblichen Reibereien mit Halbe, der mir zuletzt eine schlaue Liebeserklärung macht.

30. Juli Mit Beck über das Zensurverbot telefoniert. Peinlich. [...]

31. Juli Hamburg lehnt den »Hastings« definitiv ab wegen dekorativer Schwierigkeiten. Nach Seeshaupt gefahren. Die Kellnerin erkennt, daß ich schon mit einer andern Frau da war. Platzmangel, Schwierigkeit wegen der Unterkunft.

Seeshaupt, 1. Aug. [...] Sehr schlecht geschlafen. Gerudert, geschwommen. Abends kommt die Lippmann.

Seeshaupt, 3. Aug. [...] Nachmittags kommen Frank und die Remolt. Gebadet. Nach München zurückgefahren. Die Aushängebogen des Warren Hastings vorgefunden.

6. Aug. Sehr müde. In der Torggelstube Graener, Schwanneke, Beck, die Bosetti. Marta gereizt, nervös, ärgerlich, offenbar durch die Augsburgerin.

8. Aug. Abrechnung vom Drei Masken Verlag. Deprimierend niedrig. [...]

10. Aug. Mit der Gast auf den Herzogstand. Ganz nett, sehr teuer. Oben versuche ich vergeblich, sie zu küssen. Wir versäumen den Abendzug, so daß sie, widerwillig, die Nacht in Kochel mit mir verbringen muß. Lächerliche Theatervorstellung, viel Wein getrunken. Hernach auf ihrem Zimmer. Sie geküßt, aber teils durch ihre Indifferenz, teils durch meine Unbehilflichkeit nichts weiter erreicht.

11. Aug. Mit der Gast zurückgefahren. Ganz nett. Sinsheimer, Friedenthal, Graumann, Kolmar im Café. Geller da, möchte eine Pantomime schreiben, mit mir, für Weingartner. Abends bei den Eltern Löffler, dann bei meiner Mutter, sehr steif. Martin aus dem Feld da, Eduard Diamant, beider Frauen. Dann Torggelstube: Elchinger und Frau, Friedenthal, Sinsheimer, Kolmar, die Rosar. Alle bei uns, betrunken. Ich sehr müde.

14. Aug. […] Die Gast, Wiener Maier, Aslan, Hofmeister, Graener da, Frank liest sein Lustspiel vor: nett, nicht ohne Geschmack und Geist, etwas sentimental. Abends viel Volk in der Torggelstube: Roda, Halbe, die Gast, die Mewes. Ich begleite die Gast nach Hause und küsse sie. Sie scheint willig: aber Mangel an Lokalgelegenheit. Die Augsburgerin getroffen. Hastings von der Zensur freigegeben.

17. Aug. […] Brief von Bassermann, er werde den Hastings sehr gern spielen, wenn man seiner Frau die Marianne gibt. Mit Geller eine Pantomime Die Nachtigall begonnen. Im Wesentlichen von mir. […] Stollberg teilt mit, daß es mit der Konstantin nichts ist. Schlägt die Wallentin vor und die Galafrés: alte Trauerpferde, wie man mir sagt.

18. Aug. […] Telegramm vom Drei Masken Verlag, das Kleine Theater Berlin wolle den Hastings. Mit dem Direktor darüber telefoniert. Scheint was zu werden.

20. Aug. Die Dielmann vom Schauspielhaus da. Ganz nett. Friedenthal da. Dann die Gast. Das Ziel der Klasse endlich nach langen Bemühungen erreicht. Ein bißchen stimmungslos durch das lange Zögern. Viel Volk in der Torggelstube.

22. Aug. Im Bühnenclub. Die Mewes spricht mir die Marianne vor. Nichts. Desgleichen die Dielmann. Überhaupt nichts. [...]

23. Aug. Altman da vom Kleinen Theater. Der Vertrag wird perfekt. Freude. Die Pregler spricht die Marianne vor. Nichts Rechtes. Abends viel Volk in der Torggelstube: Direktor Viehweg vom Leipziger Schauspielhaus, Pidcll, Halbe, Graener u. s. w.

24. Aug. Ein Fräulein Neff spricht vor: ein bißchen zu jüdisch und zu theatralisch: aber gut. Nachmittags bei Götz mit Altman wegen der Dekorationen. Ein gebundenes Exemplar der Vas. kommt, broschierte des »Hastings«, Korrekturbogen der »Perser«. Sehr müde. [...]

25. Aug. [...] Marie da; sie ist sehr verliebt. Mit ihr gehurt. Kirschgarten in der Schaubühne. [...]

26. Aug. [...] Früh aufgestanden: Dekorationsprobe im Schauspielhaus. Todmüde. Wollf ruft an, teilt mit, daß vermutlich Scharrer-Santen die Dramaturgenstelle in Karlsruhe kriegen werde, ich solle dann Poritzky die hiesige Stelle am Schauspielhaus verschaffen. Ich rede mit Stollberg, der mir die Unabkömmlichkeitserklärung bestimmt zusagt. [...] Mariannen-Kandidatin spricht vor. Mau. Mich in Karlsruhe um die Dramaturgenstelle beworben. [...]

28. Aug. [...] Jacobsohn will einen Brief von mir veröffentlichen über den Fall Friedenthal–Wedekind, der Friedenthal sicher gegen mich verstimmen wird. An Jacobsohn depeschiert. Unterredung mit Stollberg: noch immer keine Marianne da. [...]

31. Aug. [...] Jener Brief in Sachen Wedekind–Friedenthal erscheint in der Schaubühne, ungekürzt. Äußerst peinlich. Erregte telefonische Auseinandersetzung mit Friedenthal, der mit lügnerischen Verdrehungen die Schuld auf mich schieben will. Er nennt mich Lügner, unanständig u. s. w. Ich recht waschlappig, nur Martas Energie veranlaßt mich, die Sache zu klären. Mit Marie im Ratskeller. Sie sehr zutunlich, ich flau. Abends mit Frank und der Remolt. Marta sehr konsterniert über die Friedenthal-Sache, da sie für den Hastings fürchtet.

1. Sept. Beschlossen, Friedenthal pro forma zu verklagen. Er ruft an, sucht einzulenken, schreibt abermals trotz meiner Warnung einen verworrenen Brief an Jacobsohn. Ich auf Martas Veranlassung einen sehr klaren »nur zur privaten Information«, der jeden Versuch Friedenthals, die Schuld auf mich abzuwälzen, pariert. Bei der Bierkowski. Abends zwei Huren, nacheinander.

2. Sept. [...] Die Witwe Pohl beansprucht für sich das Recht auf den Titel »Vasantasena«. Friedenthal und die Augsburgerin in der Torggelstube. Marta wütend, daß ich mich zu ihnen setzte. [...]

4. Sept. Arrangierproben des Hastings. Stimmungslos. Flau. Ganz ungenügend Weigert als Francis. Noch keine Marianne. [...]

5. Sept. Probe des Hastings. Keine Marianne. Die Probe viel besser. [...] Sinsheimer nimmt definitiv den Kirschgarten an.

6. Sept. [...] Hamburg Schauspielhaus nimmt – hurra! – den Hastings an. [...]

7. Sept. [...] Eine Wiesbadener Marianne da. Ganz nett, aber ältlich.

9. Sept. Hastings-Probe. Sehr lang. Holland nimmt den Hastings an. Stefan Großmann äußert sich begeistert darüber, will zur Première nach München kommen, um für die Voss. Zeitung zu schreiben, ihn dem Wiener Volkstheater empfehlen. Schmid Noerrs bei uns. Er erhält, während er bei uns ist, den Gestellungsbefehl. [...] Wedekind trotz der Schaubühnen-Geschichte übertrieben liebenswürdig. Hernach mit uns, desgleichen Sinsheimer, Mary Dietrich, Kolmar, viel Volk aller Art.

10. Sept. [...] Endlich eine Marianne gefunden, die Herterich, die auch in Berlin spielen wird. [...]

14. Sept. [...] In der Schaubühne eine Abfuhr Friedenthals durch Erich Ziegel, mein Aufsatz über Wang-Lun. In der Torggelstube unter vielem Volk. Der neue Oberregisseur des Hoftheaters, Robin Robert, der mir höchst schmierige Komplimente macht.

16. Sept. […] Hastings-Probe. Statisterie sehr elend. Die Herterich bringt den Schluß nicht so, wie ich ihn möchte. Bei meiner Mutter. Sie und meine Schwägerin Stefanie ringen sich möglichst viel Liebenswürdigkeit ab. […]

20. Sept. Kostümprobe zum Hastings. Mäßig. Marta mit. Eindruck gemischt. Altman ruft an, daß schon morgen Arrangierprobe des »Hastings« in Berlin sei. […]

22. Sept. […] Generalprobe des »Hastings«. Scharwenka und die Herterich höchst theatralisch. Der 3. Akt unmöglich. Viel Volk in der Torggelstube. Galgenhumoristische Stimmung.

23. Sept. […] Abends Uraufführung des »Hastings«. Nach dem Vorspiel abwartendes Schweigen. Nach dem 1. starker, dem 2. etwas schwächerer, dem 3. Akt ganz schwacher Beifall. Nenkomar-Gerdes und die schlechte Regie hatte alles verdorben. Nach dem 4. Akt wieder starker Beifall. Alles in allem ganz zufriedenstellend. Hernach in der Torggelstube, dann im Bühnenclub. Ungeheuer viel Volk. Das Theater ausverkauft. Sehr viel gute Leute.

24. Sept. Todmüde. Sehr viele Anrufe, Telegramme. Direktor Koehne da vom Hamburger Schauspielhaus. Mit Altman die Berliner Regie besprochen. Abends Hastings. Recht gut besuchtes Haus. Das Publikum ging sehr mit. Gute Telegramme im B. T., in der Voss. Zeitung.

25. Sept. Mäßige, eher günstige Kritik von Elchinger, schlechte in der Augsburger Abendzt. Telegramme von Bremen, sie wollten Hastings. Glückwünsche. 50 M geschenkt von den Eltern Löffler. […]

26. Sept. […] Recht gute Kritik in der Münchener Zeitung. Frieß entschuldigt sich, aus seiner Kritik sei das Gute weggestrichen worden, das Schlechte geblieben. Geller telefoniert, das Wiener Tageblatt habe ein schlechtes Telegramm, das jemand hinter seinem Rücken abgesandt hätte. Schlechte Kritik vom weichen Maier in der Voss. Zeit. Abends Torggelstube. Mit der Augsburgerin bei ihr.

27. Sept. Viele schlechte Kritiken: von Rieß, der Braunschild, Harry Kahn. […]

Berlin, 28. Sept. Nach Berlin gefahren. Todmüde. Langweilige Fahrt. Viele peinliche Kleinigkeiten. Kofferträger, Droschkenkutscher, Hotel. Mies. Eine Hure genommen. Teuer und ohne Freude.

Berlin, 29. Sept. Recht müde. Probe im Kleinen Theater. Altman überaus höflich. Alles noch in den Anfängen. Abel gereizt, schwer zu behandeln. Alle sehr anständig und diskret. Fast ein bißchen zu sehr. Nachmittags die Marianne (Zimmermann) bei mir. Schade, daß ich durch den Zwang des Hotels genötigt war, sie im Restaurant zu sprechen. […] Lissauer, Charlé getroffen. Marta schickt Kritiken und ein nettes Brieferl.

Berlin, 3. Okt. Mit Marta telefoniert. Probe. Abel sehr widerhaarig. Die übrigen gut. Mit Altman gegessen. Abends eine Hure gesucht. Billig. Leidlich.

Berlin, 4. Okt. Probe. Mit der Zimmermann gegessen. Eine hübsche, dumme, nette, zutunliche Person. Bildt bei mir. Von rührender Beflissenheit. Bei Kahane. Er ist doch nonchalant.

Berlin, 7. Okt. Mit Marta telefoniert. Probe. Unter großen Schwierigkeiten und übermäßigen Geldausgaben das Hotel mit einer Pension vertauscht. Rohrpostbrief von Barnowsky. Scheint sich für den Kirschgarten zu interessieren. Mit ihm und Eloesser zusammen. 10 Minuten Bassermann in den beiden Klingsberg gesehen. Dann mit der Zimmermann im Schloßrestaurant. Pallenberg, Frau Schwab, die Massary. Die Zimmermann bei mir. Sehr nett, lustig und liebenswürdig. Das Ziel der Klasse erreicht. Peinlichkeiten, weil man leise sein mußte wegen der Pension. Dunkle Treppe. Kein Wagen zu finden. Langer Nachtspaziergang. Endlich ein Auto. Alles in allem recht kostspielig.

Berlin, 9. Okt. Probe. Mit Altman gegessen. Die Zimmermann – sie heißt jetzt Vannozza – bei mir. Sehr lieb und nett. […]

Berlin, 10. Okt. […] Royaards (Amsterdam) scheint den Hastings definitiv angenommen zu haben. Probe. Mit Vannozza gegessen. Sie war dann bei mir. Erinnert mich oft lebhaft an die Emmy. Sehr lustig, nett, liebenswert und verliebt. Ein Telegramm, Martin sei vermißt. Abends mit Vannozza.

Berlin, 11. Okt. Am Nachweisbüro wegen Martin. Probe. Schlecht. […]

Berlin, 12. Okt. […] Marta von der Bahn abgeholt.

Berlin, 13. Okt. […] Mit Marta gegessen, gebummelt. Mit Vannozza ein paar freundliche Worte. […]

Berlin, 15. Okt. Ludschi da. Mit ihm gegessen. […] Karikatur des »Hastings« im Weltspiegel. […]

Berlin, 16. Okt. […] Marta bei der Probe. Alles mißfiel ihr höchlich. Mit Altmans sehr teuer gegessen. Abends mit Marta, der Zimmermann und ihrem Freund, dem Regisseur Weichert aus Mannheim.

Berlin, 20. Okt. Generalprobe des »Hastings«. Der erste Akt zum Verzweifeln. Das übrige besser.

Berlin, 21. Okt. […] Beim Friseur. Mich von ihm betrügen lassen. Erstaufführung des »Hastings«. Der Großherzog von Mecklenburg-Strelitz und der Prinz von Reuss da, der türkische Gesandte. Alles klappt besser, als ich erwartet. Pick-Francis sehr schlecht. Abel gut, aber gegen die Rolle und gegen den Text. Die Zimmermann gut, aber viel zu schwer für die Marianne. Die ganze Aufführung verwaschen, verkleinlicht, ohne klare Linien. Der 2. Akt durch die freie Dekoration stark gefährdet. Das Publikum geht im 1. Akt sehr gut mit, ermüdet im 2., im 3. besser, im 4. sehr interessiert. Recht starker Beifall, zuletzt vor allem für Abel. Die Zimmermann einen Weinkrampf; hernach mit Altmans, Friedmanns.

Berlin, 22. Okt. Die Presse miserabel. Glatter Durchfall. Die Depression rasch überwunden. […] Großmann war nicht da, weil er zu »deprimiert« gewesen sei durch die Ermordung des österreichischen Ministerpräsidenten, den ein Freund von ihm, Großmann, gestern abend erschossen hat. Mit der Zimmermann zu Mittag gegessen, nachmittags bei Elias zum Tee. Nette Frau, sehr liebenswürdig. Mit Altmans gegessen: sie gaben sich sehr liebenswürdig. Im Theater. Schlecht besucht, der Beifall schwach.

Berlin, 23. Okt. Kritiken fast alle schlecht. [...]

24. Okt. Nach München gefahren. Marta fährt sehr schlecht.

München, 25. Okt. Zahlreiche Kritiken. Etwas besser. [...]

28. Okt. Mein Bruder Fritz da. Martin, der vermißt war, in Gefangenschaft geraten. »Traumspiel« im Schauspielhaus. Scheint aus snobistischen Gründen Erfolg zu haben. Gefährdet wohl den »Hastings«, der für die ganze nächste Woche nicht angesetzt ist. Hernach Bühnenclub. Mit Stollberg gesprochen. Sehr viel Volk. Viel poussiert. Vor allem mit der Mewes.

29. Okt. [...] Nachmittags bei Ludschi. »Hastings« in Berlin 4mal, immer schlecht, angesetzt.

31. Okt. Staatsbibliothek. Nebensächliche Unterredung mit Stollberg. »Hastings« macht mittlere Geschäfte. Bei einem Vortragsabend der Lilly Freud. Dann im Bühnenclub die Freud, Halbe, Friedenthal, Weigert.

1. Nov. Verkatert. Sinsheimer, die Rosar. Barnowsky nimmt den Kirschgarten an. Kritiken eingeklebt.

2. Nov. [...] Mittlere Kritik von Jacobsohn über »Hastings«.

4. Nov. [...] Die Pantomime – Hartmanns Musik ist schlecht – soll am 23. Dez. sein. [...]

6. Nov. Mit Marta gestrindbergelt. »Der König und die Tänzerin« begonnen.

7. Nov. [...] Hartmanns Musik wird von den Fachleuten als unter aller Kritik bezeichnet. [...]

8. Nov. Vom Drei Masken Verlag kommt endlich eine Abrechnung, die mich für den November der finanziellen Sorgen enthebt. [...]

17. Nov. Bruno Frank und die Remolt da. Fliegerangriff. Belanglos. Die Herterich da. Das Ziel der Klasse fast erreicht. [...]

18. Nov. Abrechnung vom Drei Masken Verlag: 1065 M. Sehr gut. [...]

22. Nov. [...] Die Herterich da: sehr weit mit ihr gekommen. Aber sie behauptet, sie sei frigid, und ich müsse sehr viel Geduld mit ihr haben.

29. Nov. Sehr früh aufgestanden; diktiert. »König und Tänzerin« fertig. [...]

30. Nov. [...] Erstaufführung von »Maler Antonello« in Braunschweig. [...]

2. Dez. [...] Mein Bruder Berthold, mit dem Eisernen Kreuz I. Klasse, auf Urlaub aus dem Feld, bei uns. Die Freud da: ich lese ihr aus »König und Tänzerin« vor. Langweilig; sie langweilt sich. Elchingers wollen ausgehen; ich bin zu müde. Eine antisemitische Kritik des »Hastings«.

5. Dez. Sinsheimer ruft an. Will »König und Tänzerin« im Jan. aufführen. [...]

11. Dez. [...] Besuch bei meiner Mutter. Mein jüngster Bruder, letzter Tag seines Urlaubs. [...]

22. Dez. Vertrag »König und Tänzerin« mit den Kammerspielen perfekt. [...] Bei meiner Mutter: Familientag. [...]

24. Dez. Bei der Rosar. Volk, die Godwin. Müd. Langweilig.

25. Dez. Sehr müd. Viel kleine Korrespondenz erledigt. Torggelstube: Gumppenberg.
26. Dez. Pinakotheken-Mayer, Albus, die Stein, Friedenthal, die Türkin bei uns. Torggelstube die Lena und ihre Schwester.

31. Dez. […] Korrespondenz erledigt. Prof. Strich da. Nachmittags viel Kleinarbeit erledigt. Torggelstube: Friedenthal, die Türkin, die Lippmann, Gumppenberg. Dann bei Albus Silvesterfeier: ich im Gegensatz zu den andern keinen Smoking. Anwesend: Friedenthal, Pinakotheken-Mayer, Kammerspiel-Kaufmann, Elchinger, ein gewisser Flatau, Merk, Marlé, Rotmund und sein Bruder, die Ismet, Mayers Freundin, d. Elchinger, die hübsche, kokette, ein bißchen dümmliche Frau Flatau, die Merk, die Rotmund, Freud, Stein, die Lippmann. Müde, ein bißchen getanzt, wenig und nicht sehr angeregt poussiert, Mayers Freundin (häßlich, reizlos) ohne Stimmung geküßt. Elchinger äußert sich abfällig über die Perser.

1917
München
Thierschstr.

1. Jan. *Inventur*

Allgemeine Lage, abgesehen von der ständigen Gefahr der Einberufung und den sonstigen Mißlichkeiten des Kriegs, recht befriedigend. Ich bin an 10 Bühnen etwa 75mal gespielt worden, und 20 Premièren liegen vor mir.

Finanzen: Wir haben etwa 500 M Schulden, aber mit 6000 M Konto und zumindest 4–5000 M Einnahmen zu rechnen.

Literarische Pläne: Vor allem »Jud Süß« und ein modernes indisches Stück, das die Fabel des Hastings mit Unterstreichung der Idee Buddha–Nietzsche in unsere Tage verlegen soll. Bearbeitungen: Aristophanes Ειρήνη und Αχαρνής zusammenschmelzen. Euripides' Bacchantinnen, Lope »Columbus« und »Verschmähte Schöne«, Gozzi: eine oder die andere der dieci fiabe.

3. Jan. [...] Hastings zum 25. Mal. Ganz gut besucht. Die Stimmung des Publikums recht gut. Nachmittags strindbergelt Marta ein bißchen wegen der Vorbereitungen zu einer kleinen Fête für die beteiligten Schauspieler. In der Fränkischen Weinstube Pritzel, Mewes, Falckenberg, Kalser u.s.w. Elchingers und der Pinakotheken-Mayer sagen ab. Scharwenka, Weigert, Marx, die Reiter, Spielmann, Mewes bei uns [...] In der Münchener Zeit. meine Selbstanzeige des »Hastings«.

8. Jan. [...] Arrangierprobe der »Perser«. Alles in allem recht zufriedenstellend. Bühnenclub: Scharwenka, die kleine Schwarz, Volk.

9. Jan. Perser-Probe. Ganz zufriedenstellend. Mit der Rosar geprobt und gehurt. [...]

12. Jan. Perser-Probe. Kaufmann da, meinen Rat wegen der Neubesetzung der Kammerspiel-Direktion zu hören. Sinsheimer scheint endgültig geliefert. [...]

14. Jan. […] »Frieden« des Aristophanes angefangen.

16. Jan. Probe der »Perser«. Mäßig. Wunderschön die Dekoration. Todmüde. […]

19. Jan. […] Generalprobe der »Perser«. Recht gut mit Ausnahme unbedeutender technischer Details. Sehr viel Mühe, Ärger und Arbeit.

20. Jan. […] Abends Uraufführung. Das Haus gestopft, das Publikum ging recht gut mit, die Aufführung klappte vorzüglich. Am Schluß sehr starker Achtungserfolg. Hernach Bühnenklub. Sehr viel Volk. Die Stimmung respektvoller Durchfall.

21. Jan. Sehr gute Vornotiz Elchingers. Mit Marta sehr gehurt. Ihr Geburtstag: ich ärgerlicher Weise mit leeren Händen. […]

22. Jan. Perser-Kritiken sehr gut. Elchinger ein bißchen lau, Eisner aggressiv. Nachmittags bei Schmidt Noerrs.

23. Jan. Friedmann vom Drei Masken Verlag hier. Will 15 % Provision statt der bisherigen 10. […]

28. Jan. Die Bücher von »König und Tänzerin« bekommen. Sehr hübsch. […]

30. Jan. Marie da. Ein bißchen aufreibend. »König und Tänzerin« wird ziemlich über meinen Kopf weg besetzt. Spannung zwischen Marta und Sinsheimer.

1. Febr. […] Die Theater werden wegen Kohlennot geschlossen. Bei der Kellnerin Berta von der Torggelstube. Sie ist unwohl, ganz nett und reizt mich nicht. Abends Bühnenclub.

2. Febr. Furchtbare Kälte, unter der ich sehr leide. […]

3. Febr. […] Abends Bühnenclub. Ich erfahre, daß die Kammerspiele hinter meinem Rücken »König und Tänzerin« probiert haben. […]

4. Febr. Bei Ludschi. Ein gewisser banal philosophasternder Dr. Bloch, Siegbert, die Gluskinos, Fritz, die Herzfeld, die Heinrich, Hartmann. Über Jud Süß gelesen.

7. Febr. »Max Havelaar« von Multatuli gelesen. Literatur über »Jud Süß«. Ein bißchen am Aristophanes gearbeitet. – Gordon übernimmt die Regie von »König und Tänzerin«. [...]

8. Febr. [...] Abends Bühnenklub: Die Theater sollen am 17. wieder eröffnet werden.

13. Febr. [...] Kalser hat die Kopie von »König und Tänzerin« abgegeben, »weil ihm die Bearbeitung zu wenig glücklich erscheint«.

14. Febr. Probe von »König und Tänzerin«. Ganz gut. Die Mewes macht mir Krach, weil sie die Rolle nicht bekommen hat.

16. Febr. [...] Kalser macht »Aufklärungsversuche« in Sachen »König und Tänzerin«, die ihn keineswegs sympathischer erscheinen lassen. Hans Carl Müller da wegen des Königs.

18. Febr. Ich erhalte den Musterungsbefehl für Samstag, den 24. Deprimierend. Mit Marta sehr gehurt. Nachmittags Marie da. Sehr mit ihr gehurt. – Bescheidene Hungerkur wegen der Musterung begonnen.

19. Febr. Hungerkur fortgesetzt. Heinrich Manns »Madame Legros« in den Kammerspielen. Sehr starker Eindruck. Sehr guten Wein mit Marta getrunken.

20. Febr. [...] Beim Bezirkskommando. Die Musterung mit Bezug auf die »Vasantasena«-Première in Halle auf nächsten Freitag oder Samstag verschoben. Probe »König und Tänzerin« in den Kammerspielen. Recht befriedigend.

21. Febr. Probe zu »König und Tänzerin«. Sehr unbefriedigend. Depression wegen der bevorstehenden Musterung.

23. Febr. […] Differenz mit Gordon. Alles ver-clownt und veräußerlicht, auf Posse hin gespielt. Ich verlasse sehr bald die Probe. – Gutherz und die Bierkowski bei uns.

24. Febr. Erneute Hungerkur begonnen. Gordon entschuldigt sich. […]

25. Febr. Hunger- und Abführkur fortgesetzt. […] Gordon da. Abends Gäste vom Bühnenclub: die Balder, Merk mit Frau, Kaufmann, Scharwenka, die Spielmann, die Lippmann.

27. Febr. Generalprobe von »König und Tänzerin«. Scheußlich. Vor allem Karma, der Narr. Ich lasse die Aufführung, die morgen stattfinden soll, verschieben. Viele Schwierigkeiten und Peinlichkeiten.

28. Febr. Ich werde gemustert und habe sehr viel Glück: arbeitsdienstverwendungsfähig für Heimat und Büro. – Probe in den Kammerspielen. Peinliche Nervenkrise Karmas. Wenig erreicht. Gordon da. Elchingers.

2. März […] Proben, ohne was durchzusetzen. Karma sagt ab. Disput zwischen mir, Sinsheimer und Bing. Ich beschließe, nicht zur Generalprobe zu kommen.

3. März Sinsheimer ruft an, und ich komme zur Generalprobe. Sie ist besser, als ich erwartete. Karma spielt natürlich doch. Mit der Freud probiert.

5. März […] Die Première von König und Tänzerin. Die Freud versagt im 3. Akt, ebenso das Technische des Aschoka, dadurch fällt der wichtigste Akt und mit ihm das Stück. Der erste hatte sehr stark gewirkt. Typischer Achtungserfolg. Hernach außerordentlich viel Volk bei uns.

6. März Elchinger bringt eine sehr schlechte Vornotiz. Auch die übrigen Rezensionen zumeist sehr schlecht. Elchingers Kritik gänzlich verständnislos und böswillig.

7. März Weiter schlechte Kritiken. Abrechnung vom Drei Masken Verlag. Mäßig. Abends mit Kaufmann. »König und Tänzerin« wird vermutlich schon nächste Woche abgesetzt.

8. März [...] Frau Elchinger bei uns: etwas schuldbewußt wegen der böswilligen Kritik. Von Friedenthal freundliches Telegramm über »König und Tänzerin« im B. T.

9. März Weiter schlechte Kritiken. [...] Furchtbarer Verriß in der Münchner Post. Bei meiner Mutter. Abends »König und Tänzerin« zum 3. Mal. Sehr gut besucht. Das Publikum geht sehr mit.

12. März Annehmbare Kritiken im Börsenkurier, B. T., Hamburger Fremdenblatt. [...]

13. März Wieder einmal auf dem Wehramt. Auf der Staatsbibliothek über Kabbalah geschmökert. [...]

18. März [...] Krach im Bühnenclub, weil man Marta nicht respektvoll genug behandelt.

19. März Ich erkläre meinen Austritt aus dem Bühnenclub. [...] Heinrich Mann und Frau, Frau Wedekind, Kaufmann, die Leiko, Friedenthal, die Ismet bei uns. Abends in einer Vorlesung der Schmidt-Romberg.

23. März Am Aristophanes gearbeitet. »König und Tänzerin« ist für nächste Woche wieder angesetzt. Mein Vetter Marcus an den Folgen einer Verwundung gestorben.

25. März [...] Beerdigung meines Vetters Marcus. Bei Ludschi.

1. April Den Aristophanes fertig im ersten Entwurf. Bei der Lippmann. Sie geküßt.

3. April [...] Bei Stollberg wegen Unabkömmlichkeit. Er lehnt ab. [...]

8. 9. April, Ostern Den Aristophanes etwas überfeilt. [...] Bei meiner Mutter. In der Torggelstube Georg Müller.

11. April Den Aristophanes zu Ende diktiert. Nun fehlt noch die Einleitung. Bei einer Beerdigung. Eine schöne Wohnung besichtigt und ziemlich fest gemietet, die Marta ausfindig gemacht hat.

12. April Mit der Kellnerin Berta von der Torggelstube gehurt.

18. April Idee zu einem Film: Abakadabra. Die Generalin Keim, unsere neue Vermieterin, da. Wohnung in der Georgenstr. gemietet. Tanzabend in den Kammerspielen. Sehr nett.

19. April B. T. lehnt aus Zensurgründen Abdruck aus dem Aristophanes ab. […]

21. April Im Schauspielhaus: Kanter, Die triumphierende Bestie. Parallelen zum »Hastings«. Schrecklicher Mist. […]

27. April Langweilige und beschwerliche Umzugsvorbereitungen. Marta kommt die ganze Nacht nicht ins Bett. Vortragsabend Georg Kaiser bei Caspari. Sehr fad.

28. April Sehr beschwerliche Umzugsvorbereitungen. »Von Morgen bis Mitternacht« von Kaiser in den Kammerspielen. Bei meiner Mutter. Onkel Louis, mein Bruder Berthold. Sehr viel Volk in der Torggelstube.

30. April Nach Prien gefahren.

Prien, 1. Mai Mit Marta sehr gehurt. Herrliches Wetter. Ich fühle mich sehr behaglich.

Prien, 3. Mai […] Am »Jud Süß« gearbeitet. Aber leider nur ganz wenig.

Prien, 5. Mai In Herren- und Frauen-Chiemsee gewesen. Das Schloß angeschaut. Abrechnung vom Drei Masken Verlag. Recht schlecht.

Prien, 6.–8. Mai Das Wetter schlechter. Am »Jud Süß« gearbeitet. Aber ohne rechten Erfolg. Ich muß wieder von vorne anfangen. […]

Prien, 9.–11. Mai Wetter im allgemeinen sehr gut. Ein bißchen am Jud Süß. […] Hübsche Spaziergänge. Strauß mit einem ganz netten, etwas hurigen Mädel da.

12. Mai Nach München zurück.

München
1917
Georgenstr.

13. Mai Marta hat sehr viel Arbeit mit der neuen Wohnung. Volk in der Torggelstube.

14. Mai Arrangierprobe zur Pantomime im Schauspielhaus. Wenig befriedigend.

26. Mai Generalprobe zur Pantomime. Hartmann sehr proletisch und unzurechnungsfähig dumm. Ich gehe, vor allem auf Anraten Martas, nicht zur Vorstellung. Der Erfolg soll erträglich gewesen sein. Hernach viel Volk in der Torggelstube und etliche bei uns.

27. Mai […] Die Rosar bei uns. Allgemeines (richtiges) Urteil über die Pantomime: zu lang und langweilig.

28. Mai […] Abends in der Pantomime. Lang und öd. Viele Leute gingen vor Schluß.

29. Mai Stollberg ruft an, er wolle die Pantomime absetzen. […]

1. Juni […] Meldung in der Zeitung, daß die Einberufung der A. V. bevorstehe. Bei einer Hure, die zu den Kammerspielen Beziehungen hat. Ganz nett.

2. Juni Mit Marta sehr gehurt. Beim Bezirksfeldwebel. Marie da. Mit ihr gehurt.

4. Juni Allerlei halbe Versuche, um meine Unabkömmlichkeit durchzusetzen.

8. Juni […] Den Jud Süß angefangen.

11. Juni […] »Friede« von der Zensur verboten.

13. Juni Den ersten Korrekturbogen vom Aristophanes gekriegt.

20. 21. Juni […] Die Rosar soll an der Burg gastieren.

22. 23. Juni Am »Jud Süß« gearbeitet. Bei der Rosar große Gesellschaft für den neuen Burgtheaterdirektor Millenkovich. Unbedeutender Herr. Bis zum Morgen dort geblieben, ohne mit Millenkovich recht ins Gespräch zu kommen.

24. Juni Todmüde. Millenkovich geht zu Halbe, sich dessen neues Stück vorlesen lassen.

25. Juni […] Die Unabkömmlichkeit betrieben.

1. 2. Juli […] Die fertigen Korrekturen des »Aristophanes« an Jacobsohn, Harden, F. Z.

3. 4. 5. Juli Korrekturen an Theodor Wolff, Stefan Großmann. Am »Jud Süß« gearbeitet. Bei Cassirer zum Tee, die Generalin Wundt. Bei einer Hure. […]

6. Juli […] Den ersten Akt des »Süß« in der Überarbeitung fertig. Bei Frau Deutsch. Mit ihr und Georg Müller bei dem Komiker Valentin. Hernach bei uns.

7. Juli […] Mein Geburtstag. Marta sehr nett. Bei der Augsburgerin. Abends Elchingers in der Torggelstube.

14. Juli Première von Schmidt Noerrs »Ecce homo«. Blutleeres, rein gedankliches, etwas plattes Stück. Schrecklich lang. Hagemann flüchtig gesprochen. Hernach bei Elchingers.

17. Juli […] Stollberg ruft an, möchte einen Dramaturgen von mir, aber nicht mich. […]

18. Juli […] Ludschi teilt mit, Fritz habe sich verlobt, die Neue Zürcher Zeit habe über den »Frieden« geschrieben, macht Einwände gegen das historische Drama, den »Süß« im Besonderen.

21. Juli Von Cassirer napolitanische Liedchen für den »Jud Süß«. Die Wimplinger bei mir, die von Ziersch sitzen gelassen wurde, Präparation, um mit ihr zu huren: es aber dann doch nicht durchgeführt. Abends Bowle beim kleinen Mayer.

23. Juli […] Abends Verlobungsessen Fritzens bei meiner Mutter.

24. Juli Sehr schlechte Nacht mit bösem Geträume gehabt. […]

29. Juli Ich lese Halbe den 1. Akt des Süß vor. Er findet ihn viel zu lang und ist, scheint es, auch sonst nicht sehr entzückt.

3. Aug. Die Rosar bei uns. »Hastings« sehr gut besucht. Prinz Ludwig Ferdinand macht mir viele Komplimente.

4. 5. Aug. Millenkovich wird vermutlich nach München kommen. […] Robert den »Jud Süß« vorgelesen. Er schien zustimmend, aber nicht sonderlich begeistert.

6.–10. Aug. […] Meine Reklamation abgewiesen. Die Almo da. Stollberg lehnt es ab, den »Hastings« so anzusetzen, daß Millenkovich ihn sehen könnte. […] Bei Fuhrmanns große Gesellschaft für Millenkovich, der noch nicht ganz, aber einigermaßen fest entschlossen scheint, »Hastings« abzulehnen. […]

10. Aug. Die Konstantin, Millenkovich, Rudolf Lothar gesprochen, der mir verspricht, mir beim Militär behilflich zu sein. […]

12. Aug. Sinsheimer entwickelt Zeitschriftenpläne, aus denen wohl nichts werden wird. Ich lese ihm den 1. Akt des »Süß« vor, der ihm Eindruck zu machen scheint. Abschiedsabend der Rosar. Halbe sehr höflich.

14. 15. Aug. Die Rosar verläßt München. »Jud Süß« vollendet. Zu diktieren begonnen. […]

20. Aug. »Jud Süß« bis spät in die Nacht zu Ende diktiert. [...]

21. Aug. Franckenstein den Süß gebracht; er ist sehr liebenswürdig. Stollberg desgleichen. Bei der Silten.

23. Aug. Den »Jud Süß« an den Drei Masken Verlag, Hagemann, Falckenberg geschickt. Gespräch mit Kaufmann. In »Romeo und Julia«.

Utting, 24. Aug. Sehr früh nach Utting gefahren. Schlechte Unterkunfts- und Verpflegungsverhältnisse. Bei Frau Jacobsohn zu Mittag gegessen.

Utting, 25. Aug. Siegfrid Jacobsohn kommt unerwartet. Wegen der schlechten Verpflegungsverhältnisse zurück nach München. »Der lebende Leichnam« mit Moissi. Frankfurt, Kleines Theater Berlin wollen Bücher des »Jud Süß«.

27. Aug. Das Hoftheater gibt, sehr höflich, den »Jud Süß« zurück. [...]

28. Aug. [...] Sehr viel Volk bei uns: Robert, Mühsam und Frau, Elchingers, Scharf, die Mewes, die Pritzel. Falckenberg, Zoff und Bing den »Jud Süß« vorgelesen. Scheint ihnen zu gefallen, aber nicht so, daß sie ihn nehmen würden. – Gutherz versichert, dem Intendanten habe »Jud Süß« ganz ausgezeichnet gefallen.

29. Aug. Grube bittet telegrafisch um den »Jud Süß«; auch das Volkstheater in Wien will ihn haben. [...]

31. Aug. »Jud Süß« »endgiltig« fertig gemacht. [...] Viel Volk in der Torggelstube.

1. Sept. Das Neue Theater in Frankfurt möchte nach einigen kleinen Änderungen den »Jud Süß«. Stollberg gibt telegrafisch ausweichenden Bescheid, lehnt also ab. Das Manuskript an Müller gegeben.

5. Sept. [...] Unterredung mit Stollberg: er lehnt das Stück nicht ab, nimmt es aber auch nicht an. Bei einer ganz netten Hure.

Prien, 6.–9. Sept. Netter, von allen Aufregungen freier Aufenthalt in Prien. Kost gut, Wetter schön. Geschwommen, spazierengegangen, Gogol gelesen, mit Marta viel gehurt.

München, 9. Sept. abends […] Kleines Theater lehnt »Jud Süß« ab. Nettes Telegramm von Bassermann.

10. Sept. Stollberg will »Jud Süß«: unter Bedingungen.

11. Sept. Grube will »Hastings« gegen »Jud Süß«, den er sehr lobt, umtauschen. Bassermann ruft an, lobt nochmals den »Jud Süß«.

12.–15. Sept. Frankfurt Schauspielhaus depeschiert um Vertrag »Jud Süß«, der aber bereits mit dem Neuen Theater abgeschlossen ist. Eloesser-Barnowsky lehnt das Stück ab. […] Vertrag mit Georg Müller. Besser als früher. Ins Schauspielhaus »Schnee« von Przybyszewski. Ganz schwach. Durchfall. Bei meiner Mutter. Vergnügter Abend bei Caspari mit Elchingers, Frank, der Almo.

18. 19. Sept. […] Stefanie und meine Schwester Henny bei uns. Muncker lobt den »Frieden« sehr.

20. Sept. Ich lese den »Jud Süß« vor. Burghard, Weigert, Rößler, Marx, der weise Maier, Cassirer und Frau, die Dielmann, die Schwarz. Sehr stimmungslos und verstimmend. Der weiche Maier vor allem hetzt sehr gegen mich. Die meisten laufen vor Schluß fort. Alles in allem: Fiasko.

22. Sept. Mit Marta im Isartal. Unterredung mit Falckenberg. Ich habe den Eindruck, daß man an den Kammerspielen nichts von mir hält.

23. Sept. Mit Marta, Kaufmann und einem Schauspieler Jessner im Botanischen Garten. Mittags bei Konsul Sachs, einem Parvenu. […]

25. Sept. Dekorationsprobe zu »Jud Süß«. Ganz gut. Nachmittags nach Prien gefahren. Auf Betreiben Martas sehr angenehme Wohnung am See gefunden.

Prien, 26. Sept. Herrliches Wetter. Regiebuch zum Süß gemacht. Wundervoller Spaziergang auf der Herren-Insel.

Prien, 27. Sept. […] Schöner Spaziergang. Abends allein nach München zurückgefahren. In der Torggelstube die Lena und die Wimplinger getroffen, die beide sehr willig waren. Hernach ein kleines Mädel aufgegabelt und sie ohne viel Freude die Nacht über dabehalten.

München, 28. Sept. Sehr müde und vertan. Arrangierprobe zu »Jud Süß«. Das Stück erweist sich als viel zu lang. Die Darstellung in vielem besser, als ich erhofft habe. Wie ich müde und vertan in die Fränkische Weinstube komme, krieg ich nichts als ein stinkendes Rebhuhn, das ich zurückschicken muß. Nachmittags die Wimplinger bei mir: ich erreiche mühelos das Ziel der Klasse.

München, 29. Sept. Telefonschwierigkeiten. Probe; stimmungslos. Rummel da und die Herterich. Marta kommt zurück. Große Freude. […]

1. Okt. Probe »Jud Süß«. Ganz gut. Da schlägt die Nachricht ein: die Polizei habe das Stück verboten. Mit Stollberg beim Polizei-Präsidenten. Der macht die Erlaubnis abhängig von der Beibringung von Zentrums-Gutachten.

2. Okt. Probe »Jud Süß«. Schwere Mühe mit Scharwenka, der ziemlich unmöglich und sehr unwillig ist. Verdrießlichkeiten, die Adresse des Zentrumsabgeordneten Pfeiffer ausfindig zu machen. Beim »Bayrischen Kurier«: die Leute sind sehr höflich und gutwillig. Marta macht mittlerweile Pfeiffers Adresse ausfindig. Kostümprobe mit Götz. Mir wird schlecht vor Erschöpfung.

3. Okt. Probe zu »Jud Süß«. Pfeiffer ruft an, erklärt sich sehr liebenswürdig unter vielen Elogen auf das Werk bereit, das gewünschte Gutachten abzugeben. – Netter Brief über den Aristophanes von Prof. Süß.

4. Okt. Probe zu »Jud Süß«. Befriedigend. Bei Friedenthal. Pallenberg getroffen. Das Gutachten Pfeiffers ausgezeichnet.

5. 6. Okt. Proben zu »Jud Süß«. Das Stück wird freigegeben. [...]

13. Okt. Wiederum viel Arbeit mit dem »Jud Süß«. Die Première. Nach dem 2. Akt starker Beifall. Hernach viel Volk bei uns: Scharwenkas, die Herterich, die Türkin, der Pinakotheken-Mayer, Halbes u.s.w. Verfehlt scheint die erste Hälfte des 3. Akts. Die Wandlung vom Rache- zum Resignativmenschen müßte gestaltet werden.

14. Okt. Sehr müde. Die erste Wiederholung von »Jud Süß« ausverkauft. Das Publikum scheint sehr gespannt, aber nicht beifallslustig.

15. Okt. Elchingers Kritik freundlich, Münchner und Augsburger ablehnend mit stark antisemitischem Einschlag. Die ultramontanen Blätter ganz antisemitisch, schreien nach der Polizei.

16. 17. Okt. Kritiken über den »Jud Süß«. Frankf. Zeit. schlecht. Börsen-Kurier schlecht. Telegr. im B. T. ganz gut.

19. Okt. Geheimrat Grube bei uns. Er ist sehr liebenswürdig. Abends zum 4. Mal »Jud Süß«. Ausgezeichnet besucht. Grube gefällt es gar nicht.

20. Okt. Ich beschließe, »Jud Süß« umzuarbeiten. »Hastings« ausgezeichnet besucht. Scheint Grube besser zu gefallen.

1. 2. Nov. Marta hat furchtbar viel Arbeit mit der Heizung. [...] Umarbeitung des »Jud Süß« diktiert.

6. Nov. Probe vom »Kirschgarten«. Bei Muncker, der sehr höflich ist, aber eine Intervention in Sachen »Jud Süß« ablehnt. Bei meiner Mutter, bei den Eltern Löffler.

8. Nov. Generalprobe zum »Kirschgarten«. Ganz gut. Bei einer belanglosen Hure.

9. Nov. [...] Première von »Kirschgarten«. Guter Erfolg. Hernach schrecklich viel Volk bei uns, darunter Lotte Pritzel und ihr Kreis,

Falckenberg, Strich, Zifferer, Kalbeck, Mewes, Seidl, Kaufmann, Robert, Harry Kahn, Kammerspielleute u. s. w.

10. Nov. Gute Kritiken über »Kirschgarten«. [...]

11. Nov. »Kirschgarten« nicht ausverkauft. »Jud Süß« ausverkauft. [...]

28. Nov. Ein Bild von Marta in der Eleganten Welt. [...]

29. Nov. Bei meiner Mutter. Fritz, seine Schwiegereltern. [...]

1. Dez. Franks Première verschoben, »Vasantasena« infolgedessen erst nach Weihnachten. [...]

3. Dez. »Jud Süß«-Probe. Sehr unerquicklich.

4. Dez. Websters »Appius und Virgina« gelesen. Sehr schön. Vortrag von Hagemann. Ich suche ihn aus törichter Unbehilflichkeit nicht auf. Kaufmann bei uns.

6. Dez. [...] »Jud Süß« in der neuen Fassung. Die Aufführung schlecht. Besuch mäßig.

9.–12. Dez. »Appius und Virgina« begonnen. [...]

16. Dez. [...] Ludschi und die Heinrich da. Hausenstein, Kaufmann, Sommerfeld da. Wir bei Elchingers. – Frau Wedekind hat einen – gespielten? – Selbstmordversuch unternommen.

20. Dez. [...] »Jud Süß« nächste Woche überhaupt nicht angesetzt.

21. Dez. [...] »Jud Süß« sehr schlecht besucht.

24. Dez. Hamburg will »Hastings« am 8. oder 9. Januar spielen. »Appius und Virgina« II. Akt fertig.

25. Dez. Friedenthal, Ludschi bei uns.

26. Dez. Bei Ludschi. Scheler da. Bei Elchingers. Siegbert und seine Frau bei uns.

28. Dez. […] Ersehe aus einem Buch von Rupert Brooke, daß Webster nicht der Autor von »Appius und Virginia« ist, was mit meinem Gefühl vollständig übereinstimmt.

30. Dez. Georg Müller plötzlich gestorben. – Bei Ganghofer. Von der Leyen, Richard Voß. Ganz nett.

31. Dez. Probe zu Vasantasena. Passabel. Die Binder sehr nett. Auf der Bühne und im Leben. Silvester-Abend beim Pinakotheken-Mayer. Elchingers, Friedenthal, die Binder. Langweilig. Dann bei Langheinrich. Desgleichen.

1918
München
Georgenstr.

1. Jan. Zu bequem, zu Georg Müllers Beerdigung zu gehen. [...]

2. 3. 4. Jan. Proben zu »Vasantasena«. Häusliche Unbequemlichkeiten infolge Errichtung eines eigenen Telefons. Mit Marta zu Haus ein Festmahl abgehalten. [...]

8. Jan. [...] Grube tritt zurück.

9. Jan. »Vasantasena«-Probe. Recht anständig. Frank in der Torggelstube gesprochen. »Hastings« in Hamburg Donnerstag, Freitag, Sonntag, Montag angesetzt.

11. Jan. Keine Nachricht von Hamburg, wo gestern »Hastings« war. Stollbergs bei uns. Politisches Gezänk mit Frau Stollberg. »Jud Süß« ganz gut besucht.

13. Jan. Im Hamburger Fremdenblatt schlechte Kritik über den »Hastings«, hervorgerufen durch meinen Kommentar-Artikel, den ich törichter Weise gegen Martas Rat hingeschickt. Doch wird konstatiert, daß der Beifall nach den einzelnen Akten dünn, aber am Schluß stark gewesen sei. [...]

17. Jan. Die Kritik über »Hastings« in den Hamburger Nachrichten nicht so schlecht, wie ich geglaubt. »Hastings« für den 29. Jan. in Hamburg wieder angesetzt. [...]

19. Jan. Brief von Grube, »Hastings« sei ein großer Erfolg gewesen. Bitten um Autogramme von Wien und Linz (anläßlich der Perser-Vorlesung der Rosar). [...] Generalstreik in Österreich. – Bei Heinrich Mann. Die Roland. Ziemlich langweilig. Aufziehender Katarrh.

21. Jan. Zu Bett wegen Katarrhs und Influenza. Martas Geburtstag. Papa Löffler läßt über Martas Depot das Selbstbestimmungsrecht eintreten. »Die Armen« von H. Mann gelesen. »Appius und Virginia« fertig.

27. Jan. […] Pläne: Jud Süß, Roman. Der tanzende Gott. Die Kriegsgefangenen. Alraun. Timon von München (der Kriegsgewinnler).

28. Jan. Probe »Vasantasena«. Ganz gut. – Kerrs Gesammelte Kritiken gekriegt. Schlechte Rezensionen aus Hamburg.

29. Jan. Befehl, ich muß am Dienstag einrücken. Abwehrmaßregeln: Kaufmann, Falckenberg, Bruckner. »Jud Süß« gestern schlecht besucht. Telegramm: »Jud Süß« in Lodz rauschender Publikumserfolg.

30. Jan. Abwehrmaßregeln gegen die Einberufung. Mit Pruckner darüber konferiert. Es scheint was zu werden. – Abends Torggelstube; Balder.

31. Jan. Probe »Vasantasena«. Das Stück sollte Montag sein. Wird nicht fertig. Bei meinem Vetter August wegen ärztlichen Zeugnisses. […]

1. Febr. Ich lasse mich nun untersuchen, werde d. a. v. Büro Heimat (Selbstverpflegung). Der Arzt sehr grob; die ganze Geschichte sehr peinlich. Führt nicht zum Ziel. Todmüde in die Kammerspiele; die Reklamation scheint dort nicht durchzusetzen. Bei Fritz, der durch einen Angestellten auf dem Generalkommando alles machen will. Rudolf Lothar getroffen. Furchtbares Gehetz. Auf dem Generalkommando. Wenig Aussicht. Lothar bei uns. Gutherz, die Bierkowski, Harry Kahn. Marta hat inzwischen Bach vom Volkstheater angerufen, der mir Aussichten macht. Abends bei ihm. Es kommt rasch eine Abmachung zustand. Er will andern Tags aufs Generalkommando gehen. Marta sehr erkältet.

2. Febr. Mittags telefoniert Bach an, ich sei bis zur Erledigung der vorliegenden Reklamation zurückgestellt. – Bei den Eltern Löffler, bei meiner Mutter. […]

3. Febr. […] Bachs bei uns. Ich soll die Sorina inszenieren.

7. Febr. Generalprobe »Vasantasena«. Marta sehr unglücklich, ich zufrieden. […]

8. Febr. […] Première: die Vorstellung klappt sehr gut. Aber das Publikum geht nicht recht mit. Nach dem 5. Bild (Ermordung) wird gezischt. Nach den letzten Bildern besser. Falckenberg und ich ziemlich deprimiert. Hernach Volk bei uns: Bing, Falckenberg, die Binder, Friedenthal, Bachs, Fuhrmanns, Zoff mit 2 Frauen, Pinakotheken-Mayer, die Ismet, Kaufmann. Etwas gedämpfte Stimmung.

9. Febr. Die Kritiken mäßig. Vor allem Elchinger flau. Erste Wiederholung der Vasantasena. Fast ausverkauft. Sehr gute Stimmung.

12. Febr. »Vasantasena« ganz gut besucht; aber nicht übermäßig. Die Binder wird während der Aufführung ohnmächtig. Frank da.

15. Febr. Stoff zu einem Stück: Ein Arzt hat eine große Erfindung gemacht, die sich dann als schädlich erweist. – Am Regiebuch von »Frühlingsopfer« gearbeitet. – Stockholm hat »Hastings« angenommen. – Die gestrige »Vasantasena« ausverkauft.

16. Febr. Stand meines Kontos: 3320.–, davon 2000.– von Marta. »Vasantasena« ausverkauft. Nächste Woche sehr gut angesetzt.

18. Febr. […] Große Gesellschaft bei uns, von Marta mit viel Mühe und Glück arrangiert: Ganghofer und Frau, Wedekind, Heinrich Mann und Frau, Kalbeck, die Diebold, Elchingers, Friedenthal, Kaufmann, die Herterich, Manheimer.

21. Febr. […] Bei meinem Bruder Fritz.

28. Febr. […] »Vasantasena« zum 11. Mal: ausverkauft.

6. März Höflicher Brief von Hagemann. Ausgezeichnete Abrechnung vom Drei Masken Verlag. Ich höre, Reinhardt sei hier. Wahrscheinlich ist er abends in der schlecht besuchten, stimmungslosen, eingeworfenen Vorstellung von »Vasantasena«.

7. März Stollberg ruft an, ich solle auf Montag die »Kindesmörderin« bearbeiten, kurz darauf nimmt ers zurück. […]

8. März Ein Fräulein Monty, eine kleine, nette Französin, da.

9. März […] Bei meiner Mutter. Onkel Louis und Tante Sophie da. »Vasantasena« nächste Woche 2mal, »Jud Süß« 1mal angesetzt. Stollberg ruft an, ich solle *doch* »Kindsmörderin« bearbeiten. Wedekind gestorben. Dekorationsbesprechung bei Bach. Torggelstube: peinliche Stimmung wegen Wedekinds Tod.

11. März […] Prolog für die Kammerspiele (Wedekind) geschrieben. (Der Kleine macht mich auf was im Prolog aufmerksam.)

12. März Den Prolog fertig. An die Kammerspiele. Die Brünner da. Die Kresse da. Sehr nett. Wedekinds Beerdigung. Äußerst peinliche Rede Friedenthals. Christer da.

13. März Dem Friedenthal erzählt, daß seine Rede so peinlich gewirkt hat. Töricht. Die Kammerspiele wollen den Prolog nicht sprechen. Die Monty da. Sehr nett. Sie geküßt.

14. März Streichprobe im Volkstheater. Anstrengend. Von morgen an Proben für »Frühlingsopfer«. Bassermann flüchtig kennen gelernt. […]

15. März […] Arrangierprobe von »Frühlingsopfer« im Volkstheater. Recht gut; aber sehr anstrengend. Mit der Lichnowsky gegessen. Bei Keyserling.

17. März […] Ich bin bis Juni reklamiert. […]

18. März Probe »Frühlingsopfer«. Die Hauptrolle probiert jetzt ein kleines Mädel aus dem Volk, ein bißchen theatralisch, aber gut. Die Lichnowsky schwer beleidigt, nervös überreizt. Ich nehme sie ein bißchen zu uns mit. – Abends bei Hoerschelmann. […]

21.–24. März Proben »Frühlingsopfer« im Volkstheater. Sehr anstrengend. Bei Manheimers.

1. April Vasantasena ausverkauft. Bei meiner Mutter. Bei der Monty. Das Ziel der Klasse erreicht. Sehr nett.

2. April Letzte Probe »Frühlingsopfer«. Außerordentlich anstrengend. Première. Das Stück scheint dem Publikum sehr, der Presse nicht sonderlich zu gefallen. Mit der Ritscher gesprochen. Sie ist meschugge.

4. April »Frühlingsopfer« mit der Meingast sehr starker Erfolg. Die Nacht bei Bachs.

5. April Die Kresse da. Wenn sie nicht unwohl wäre, das Ziel der Klasse erreicht. – Mit Elchinger, der mich zu einer Orgie auffordert, bei zwei Mädels. An sich ganz nett; aber ich bin nicht in Stimmung.

8. April Abrechnung vom Drei Masken Verlag. Ausgezeichnet. Mit der sich zierenden Lichnowsky zusammen, die ich aufziehe, und der ich ein schlimmes Ende (im sexuellen Sinn) prophezeie. Bei der Monty gegessen. Sehr nett. Ich muß schließlich über das Gitter klettern.

9. April Das Schauspielhaus wirft für morgen »Jud Süß« ein. Die Lichnowsky erzählt, sie sei vergewaltigt worden.

11. April Mit der Monty zusammen. Mit Marta sehr gehurt.

14. April »Vasantasena« die nächste Woche nur Sonntag nachmittag, »Jud Süß« überhaupt nicht angesetzt. Die Herterich da. Bei einer Hure.

15. April [...] Umfangreiche Vorbereitungen zum Aufenthalt in Prien getroffen. Die Fahrt vollzieht sich dann glatter, als wir angenommen.

Prien, 16. April Angenehme Unterkunft. Gegessen, spazierengegangen, viel mit Marta gehurt. Schlechtes Wetter.

Prien, 18. April An August geschrieben um ein Zeugnis, das einen längeren Aufenthalt ermöglicht. [...]

Prien, 20. April […] »Jud Süß« 25. Aufführung Donnerstag, Vasantasena Samstag angesetzt. Marta renommiert vor dem Dienstpersonal.

Prien, 21. April Gesuch nach Rosenheim um Aufenthaltsbewilligung.

Prien, 23. April Aufenthaltsgesuch vom Bezirksamt nicht bewilligt. […]

Prien, 26. April Schönes Wetter. Gerudert, spazierengegangen.

Prien, 27. April Ein wenig an den »Kriegsgefangenen« gearbeitet. Keinerlei Notizen über »Jud Süß«.

Marquartstein, 29. April Nach Marquartstein gefahren. Unterkunft und Kost teuer, aber ganz gut. Alles ein bißchen schmutzig und schlampig. Gegend sehr schön.

Marquartstein, 2. Mai Die Verpflegung stellt sich als schlechter und erheblich teurer heraus als in Stock. Schlechtes Wetter. An den »Kriegsgefangenen« gearbeitet.

Marquartstein, 4. Mai Auf den Hochgern gestiegen. Herrliches Wetter. Sehr schöner Weg. Marta sehr tapfer. – Magenschmerzen.

Hochgernhaus, 14. Mai In der Früh strahlendes Wetter. Umständliche, verdrießliche Fahrt nach Marquartstein. Das Wetter schlägt um. Unter strömendem Regen aufgestiegen. Ganz durchnäßt oben angelangt.

Stock, 15. Mai Ohne Aussicht wieder herunter. In Stock das Wetter schön. Angenehmer Spaziergang.

Stock, 16. Mai Abrechnung vom Drei Masken Verlag. Sehr gut. Schönes Wetter.

München, 16. Mai Nach München zurückgefahren. Im Zug Siegfried Trebitsch. In der Torggelstube Cassirer, der Kapellmeister.

Viel Post vorgefunden, Kritiken über Bremen, Flensburg, Rostock. Die Korrekturen von »Appius und Virginia«.

München, 17. Mai Bachs, Elchinger, Stollberg gesprochen. Ludschi teilt mit, er habe im Nov. 1917 geheiratet und ein Kind. [...]

21. Mai Mit Marta im Englischen Garten.

22. Mai Mit der Monty zusammen. Bei Robert Prechtl, dem Dichter der »Alkestis«, einem Großindustriellen.

26. Mai Ludschi und seine Frau bei uns. Eine Schauspielerin Kennedy. Bei Manheimer Kalbeck, seine Eltern, Hausenstein, Volk.

27. Mai Bei einer Hure, ohne etwas zu tun. Bei Decker wegen der Magengeschichten. Abends Torggelstube: Graener, Geisiger.

28. Mai Zweimal bei Decker wegen des Magens. Ich werde geröntgent. Er behauptet, ich hätte ein Geschwür. Scharlatan! [...]

29. Mai [...] Umständliche, ziemlich ergebnislose Konferenz bei Georg Müller. [...]

31. Mai [...] Mit Kaufmann über den Fall Müller konferiert.

10. Juni Kurt Wolff lehnt mich ab: ich sei zu unliterarisch. Elchingers, Friedmann-Frederich, Charlé, viel Volk in der Torggelstube.

20. Juni An den »Kriegsgefangenen« gearbeitet. Mit der Monty zusammen. Elchingers, Hagen, Waldau, Friedenthal, ein faunischer, nicht ungebildeter Angestellter des Berliner Tagebl. Elchingers hernach noch bei uns.

22. Juni Die Kresse da. Das Ziel der Klasse beinahe erreicht. –

28. Juni Im Volkstheater Lisa Weise. Schund. – Bei Friedenthal. Elchingers, Prof. Klein (Frauenarzt), die Alberty, Volk. Ganz nett.

29. Juni Verkatert. Bruno Frank kommt von Berlin zurück, erzählt, die Burg wolle »Hastings« spielen. […]

30. Juni Im Spielplan des Burgtheaters keine Spur von »Hastings«. Wahrscheinlich ein verfrühtes Gerücht ohne reale Basis. […]

4. Juli An den »Kriegsgefangenen«. Stimmungslos. Marta schimpft mich. Mit Recht. Und mit Nutzen.

5. Juli Die Kresse da. Millenkovich abgesetzt.

6. Juli […] Bei Bachs, Elchingers, Friedenthal, Walter Bloem. […]

7. Juli Mein Geburtstag. Marta beschenkt mich sehr nett. Ich glaube die Spuren eines Trippers zu bemerken. Sehr peinlich, weil ich dann wohl auch die Monty und Marta angesteckt hätte. Brief von Millenkovich; er habe »Hastings« angenommen. Da er inzwischen abgesetzt wurde, sehr fraglich, ob das rechtsgültig ist. – Ich gehe zum Arzt; der konstatiert Tripper. Marta benimmt sich sehr nett. – Nachmittags bei Ludschi. Volk. Ganz nett.

8. Juli Beim Arzt. Mit Marta. Sie ist angesteckt. Abends der Monty Mitteilung gemacht. Auch sie benimmt sich sehr nett.

9. Juli Mit Marta beim Arzt. Hernach mit der Monty. Wenigstens sie ist gesund. Marta benimmt sich weiterhin sehr tapfer.

10. Juli Der Tag immer noch ausgefüllt mit Peinlichkeiten wegen des Trippers.

11. Juli […] Eilbrief von Eirich, er zweifle nicht, daß die Intendanz den Burgtheatervertrag anerkennen werde.

17. Juli An den »Kriegsgefangenen«. Tripper bedrohlicher Weise nicht besser.

22. Juli Telegramm, Vertrag »Hastings« mit der Burg perfekt. […]

25. Juli [...] Abends bei Fuhrmanns. Volk. Ein ungarischer Erkenntnistheoretiker.

28. Juli Etwas mit der Monty zusammen. Marta strindbergelt leicht.

29. Juli Tripper schlimmer. Auch bei Marta. – Dienstbotensorgen.

30. Juli Eugen Robert vom Residenztheater in Berlin da. Marta viel zu tun.

2. Aug. Bei Prof. Notthafft. Der verordnet für Marta absolute Bettruhe. Auch bei mir starke Verschlimmerung. Beschneidung bei Henny.

3. Aug. Es stellt sich heraus, daß der Bruch, nicht der Tripper an meinem Übelbefinden schuld ist. Der Tripper immer gleich. – Marie da.

4. Aug. Marta und ich zu Bett. Eltern Löffler, meine Mutter da.

5. Aug. Befinden schlecht. Ich gehe erst zu Nothafft, dann zu Fessler, einem Chirurgen; ich soll zunächst ein Bruchband tragen, mich später operieren lassen.

9. Aug. Beim Arzt. Tripper immer gleich. Marta hat einen »Bombentripper«. [...]

12. Aug. Tripper scheint etwas besser. Arbeitervorstellung von »Jud Süß«.

13. Aug. Tripper wieder schlechter. Plan eines Stückes: »Esther, die Kurtisane« nach Balzac »Splendeurs et Misères des Courtisanes«. Viel in Mauthner »Kritik der Sprache« gelesen wie die ganze letzte Zeit.

16. Aug. Stellprobe zur »Sorina«. Unerquicklich. Mit Bryk vom B. T., Friedenthal u. a. zusammen.

17. Aug. Probe »Sorina«. Sehr lang. – Tripper immer noch nicht gut. Sehr müde.

20. Aug. Mit Marta (auf nicht ansteckende Art) sehr gehurt. Der Arzt sagt, er könne noch nicht konstatieren, ob der Tripper ausgeheilt sei. Ich halte ihn dafür. Wein getrunken. Probe Sorina. Müde. Mit der Monty sehr gehurt.

21. Aug. Große Angst, ich könnte die Monty angesteckt haben. »Die Kriegsgefangenen« 4. Akt. Niederschrift fertig. – Dr. Kopp erklärt, mein Tripper sei vorbei. Probe »Sorina«. Gespräch mit Bach.

23. Aug. Probe »Sorina«. Die Büller kennen gelernt.

25. Aug. Marta strindbergelt stark. Mit der Monty zusammen. Gehurt. Sehr nett.

2. Sept. Generalprobe »Sorina«. Ganz gut. Schwaches Stück. Dr. Günther vom Müller Verlag da. Affäre Georg Müller scheint sich einzurenken. […]

3. Sept. Première Sorina. Aufführung ganz nach Wunsch, schien dem Publikum ganz gut, den »Maßgebenden« gar nicht zu gefallen.

4. Sept. Bei einer Hure. Glänzende Kritik Elchingers über die »Sorina«. Auch sonst die Kritiken gut.

6. Sept. […] Bei Bassermann-Jordan. Schutzverband-Sitzung.

17. Sept. An den »Kriegsgefangenen« korrigiert. Sie Frank, Bing, der Lippmann vorgelesen. Das Stück scheint starken Eindruck zu machen; doch ist viel zu ändern.

18. Sept. Stollberg lehnt patriotisch entrüstet »Die Kriegsgefangenen« ab. Marie da. Mit ihr gehurt.

20. Sept. […] Brief vom Drei Masken Verlag, die Aufführung des Hastings an der Burg sei sehr fraglich, Darmstadt interessiere sich für »Appius und Virginia«.

21. Sept. [...] Bei Stollberg, der die »Kriegsgefangenen« gänzlich verständnislos aburteilt, »Hastings« nicht mehr, aber »Jud Süß« weiter geben will. [...] Marta hat ein paar ganz nette kleine Einfälle für »Die Kriegsgefangenen«. – Plan, »Die Kriegsgefangenen« ins Italienische umzukehren.

24. Sept. [...] Bei der Kresse, die schwer erkrankt ist anscheinend an den Folgen einer Sterilisierungs-Operation.

25. Sept. Die Büller und Klinkowström getroffen. Zimmermann da, der Verfasser des »Neuen Lebens«. – Die Kammerspiele nehmen Die Kriegsgefangenen an. Mit Bach zusammen.

26. Sept. Die Körner soll das Schauspielhaus übernehmen. Es wird dementiert. Ich lege fest, daß ich mich Dienstag wegen des Bruchs operieren lasse. Martas Tripper etwas besser. Die Monty da.

28. Sept. Das Schauspielhaus definitiv an die Körner verkauft. Die Funk da. Unwohl. Sonst wohl das Ziel der Klasse erreicht.

30. Sept. Georg Müller nimmt »Die Kriegsgefangenen« an. Infolge von Keyserlings Tod »Frühlingsopfer« für heut in 14 Tagen angesetzt. Mit Rudolph Lothar, der Funk, Bach, Beck, Rößler.

1. Okt. In die Jüdische Klinik gefahren. August und ein Dr. Königsberger nehmen die Bruchoperation vor, die sich komplizierter gestaltet, als alle erwartet hatten. Auch peinlich und teilweise recht schmerzhaft.

6.–8. Okt. Immer noch in der Klinik. Unter sehr starken Schmerzen aufzustehen versucht. Gehversuche gemacht. Besuche: Eltern Löffler, die Monty, die Funk, Bachs, die Binder, Friedenthal, Ludschi.

10. Okt. Die Klinik verlassen. Bachs lange da.

17. Okt. Viele Kleinigkeiten erledigt. Ein bißchen an der Börse spekuliert. Abends mit Zimmermann, Schultze-Naumburg, einem Schriftsteller Guttmann, Binder, Pritzel, Falckenberg, Kalser, Volk zusammen.

22. Okt. Mich von der Krull photographieren lassen. Bei einem (schlechten) Tanzabend Lore Ziegler.

28. Okt. Kleinigkeiten besorgt. – Starke finanzielle Verluste. –

30. 31. Okt. […] Revolution in Österreich. Allgemeine Nervosität.

1. Nov. Viel gelesen. Steigende allgemeine Nervosität wegen der politischen Lage.

4. Nov. […] Starke Depression wegen der politischen Lage. Frank pumpt mich an.

7. Nov. […] Die Revolution bricht los. Sie etwas besichtigt.

8. Nov. Revolution. Vorläufig für uns ziemlich harmlos. Friedmann vom Drei Masken Verlag da.

9. Nov. […] Den ganzen Tag in Revolutionsangelegenheiten telefoniert. Elchinger Zensor geworden. Robert abgesetzt. Panik in der Stadt. Sie besichtigt. Bachs, Elchingers sehr lange da.

11. Nov. Bruno Frank und Graener da. Unterredung mit Schwanneke über das Hoftheater.

12. Nov. Ärger mit Elchingers, die sinnlos egozentrisch sind.

13. Nov. […] Sitzung zur Konstituierung eines Rats der geistigen Arbeiter.

15. Nov. Die blonde Hure Petersen schreibt. […]

17. Nov. Sinsheimer, Frau Kolmar da. Konstitutionsfeier im Nationaltheater. Rede Kurt Eisners. Sehr eindrucksvoll. Elchingers da.

19. Nov. Bei den Eltern Löffler. Die Hure Ellen Petersen da. Will zum Kino.

22. Nov. Bei der Krull. Eine Erzählung »Der Tribun« begonnen. Bei einer politischen Versammlung.

1. Dez. Ein bißchen am Roman. – Von Georg Müller 500 M. Honorare. – Hoerschelmann da.

5. Dez. Mit Marta auf neue Art gehurt. Die Herterich da. Nett. Aber das Ziel der Klasse nicht erreicht.

7. 8. Dez. [...] Am Roman geschrieben. Er gefällt Marta nicht. Mir auch nicht. – Bruno Frank da.

17. Dez. Marta hält mir vor, ich hätte doch auch Vorteile von der Ehe, da sie Geld mit in die Ehe gebracht habe. Die Kresse da. Mit ihr sehr gehurt. Sie ist sehr reizend. (Marta hat übrigens alles sehr hübsch vorbereitet.)

19. Dez. Generalprobe »Hannibal« im Hoftheater. Sehr eindrucksvoll. Heinrich Mann und Eisner in der Generalprobe. Die Funk bei uns.

20. Dez. »Hannibal« im Nationaltheater.

24. Dez. Schwanneke ruft an, das Nationaltheater wolle »Julia Farnese«.

25. Dez. [...] Sehr müde und faul wie die ganze letzte Zeit.

26. Dez. Caspari, die Kresse und ihr Verlobter (Trottel), Friedenthal da. – Ludschi getroffen.

27. Dez. [...] Sitzung des Verbands deutscher Bühnenautoren. Halbe verlangt Kontrolle über das Nationaltheater, ich opponiere, unterstützt von Bruno Frank und Heinrich Mann.

31. Dez. Viele Kleinigkeiten. Abends Sylvesterfeier bei Elchingers. Friedenthal, die Ismet, Bruno Frank, Caspari, die Herterich. Recht nett. Hernach beim Pinakotheken-Mayer. Volk.

1919
München
Georgenstr.

1. Jan. Fauler, müder Tag. Die Funk, Sinsheimer da. [...]

6. Jan. [...] Nachmittags viel Volk da: Bassermann, die Tochter der Hagen, Stieler und Frau, Manheimer, Sommerfeld, die Goldschmidt, die Ernst, Cassirer und Frau. – Etwas am »Volkstribun«.

7. Jan. [...] Nebelthau da, der neue Direktor des Schauspielhauses. Ganz nett.

10. Jan. Spartacus-Aufruhr. Ziemlich harmlos vorerst. Martens, Merk und Frau, Ludschi und Frau, Bach und Frau, Frau Fuhrmann bei uns.

11. Jan. Exemplare der »Kriegsgefangenen« erhalten. [...]

12. Jan. [...] Zum Landtag gewählt. Demokratisch.

13. Jan. Starkes Fieber. Ich kann nicht aufstehen. Große Einladung (Mann und Frau, Hausenstein und Frau, Falckenberg, Friedenthal, Ismet, die Binder, Pasetti), bei der das Kleine alles allein tun muß. – Der Arzt konstatiert Grippe.

18. Jan. Ich stehe ein bißchen auf. Viele Telefon-Gespräche.

19. Jan. Desgleichen. Reichstagswahl.

20. Jan. Frankfurt hat »Jud Süß« verschoben. Der Vertrag »Hastings« mit der Burg ist endlich unter vielen Mühen perfekt. [...]

29. Jan. Bei einem Tanzfest, das Ludschi veranstaltet. Um 10 Uhr macht die Polizei Schluß. – Hernach bei der Poschardt: Elchingers, die Kresse, Monty, eine hübsche Frau von Böhn, Falckenberg, die Binder, Volk. [...]

31. Jan. Arrangierprobe »Nachtasyl«. [...]

1. Febr. Heute im Frankfurter »Jud Süß« spielt Klöpfer die Titelrolle. – Harden hat was aus dem »Frieden« abgedruckt. Speyer »Der Revolutionär« im Nationaltheater. Sehr starker Erfolg. Hernach in der Odeon-Bar: Speyer, Frank, Caspari, Böttcher, Hulschinsky, Steinrück, Bierkowski, Volk. – Günther macht Lärm wegen einer Klatschgeschichte. – Mit der Herterich zusammen. Nett. – Ball bei der Frau Deutsch. Von der Polizei aufgehoben.

4. Febr. [...] Bei Caspari liest Speyer eine Komödie vor. – Elchingers, Durieux, Schwanneke, Gutherz, die Bierkowski, Frank, Thomas Mann, viel Volk da.

6. Febr. [...] Probe Nachtasyl. Sehr anstrengend. Mit der Hottinger gegessen.

7. Febr. Probe Nachtasyl. Bei Kaufmann, um wegen des Balls u. der Polizei protestieren zu lassen. [...]

9. Febr. [...] Bei meiner Mutter. Bei dem Lebensmittelschieber Pruckner.

11. Febr. [...] Nachtasyl-Probe. Fest bei der Kresse. Viel Volk aller Art. Die ganze Nacht durch. Ganz nett. – Marta hat einen Zank mit der Elchinger.

12. Febr. Nur 1 Stunde geschlafen. Probe »Nachtasyl«. Bei den Eltern Löffler.

13. Febr. Probe Nachtasyl; mit der Lorm, der Frau von Böhn gegessen. Notizen in den Zeitungen, die Saphir-Werke haben große Schiebungen gemacht, peinlich. – Bei der Poschardt. Ganz nett.

15. Febr. Probe Nachtasyl. – Mit der Böhn, der Lorm, einer Schauspielerin Wellhöner zusammen. – Mit Marta getrunken und sehr gehurt.

16. Febr. Bei dem Schieber Pruckner gut gegessen und getrunken.

18. Febr. Probe Nachtasyl. Mit der Böhn gegessen. Mit Koutensky probiert.

Und all dein Tun gleicht einer Spur im Schnee.

20. Febr. Generalprobe Nachtasyl. Ganz gut. – Falckenberg. Kalser, Anders und Frau, die Binder, Frau Jacobsohn, Bartels, Frau Lippmann, die Wellhöner bei uns.

21. Febr. Durchsprechprobe zu »Nachtasyl«. Eisner erschossen. Neue Revolution. Aufführung Nachtasyl aufgeschoben. Große Aufregung.

22. Febr. Lauter Politik. [...]

23. Febr. Politik. Einen Aufsatz über Kurt Eisner geschrieben. Er gefällt Marta nicht. In die Schublade.

25. Febr. Allerlei Kleinigkeiten. – Marta läßt bei uns tanzen. Mit der Binder zusammen.

27. Febr. Durchsprechprobe »Nachtasyl«. – Die Lichnowsky da.

28. Febr. Die Böhn getroffen. Bei Heinrich Mann. Immerzu politische Unruhen.

1. März Première »Nachtasyl«. Starker Erfolg.

4. März [...] Schlechte Kritiken »Nachtasyl«.

11. März [...] Bei Bachs. Elchingers. Niddy Impekoven und Mutter. Caspari und die Böttcher. Nett. Mir wurds schlecht wohl infolge zu fetten Essens. Steigende Übelkeiten. – Marta gefällt der 1. Akt des »Tribun«. Elchingers rühmen »Die Kriegsgefangenen«.

16. März Am »Tribun« gearbeitet. Wassermann »Christian Wahnschaffe« gelesen. Speyer da und seine Frau. Marta strindbergelt stark.

20. März Mit der Kresse zu Mittag gegessen. Die Wiener Schauspielerin Markstein da. Sie geküßt. Bei Ludschi, der dumme Revolutionär Klingelhöfer da, die Herzfeld, Palyi, Prof. Hellmann.

29. März Das Schauspielhaus lehnt die Wiederaufnahme von »Jud Süß«, Mannheim »Jud Süß« ab. Einen Aufsatz über Wassermanns »Christian Wahnschaffe« geschrieben. – Bei der Kresse.

31. März [...] Tanzabend Kresse, Wolff-Ferrari. – Mit Elchingers zusammen.

1. April Todmüde. Winterlicher Tag. Christer da. Viel am »Tribun«.

2. April Ein junger Mensch bringt ein ausgezeichnetes Stück. Bert Brecht. – Frank da.

3. April Den jungen Menschen wieder gesprochen. – Mit der Remolt, Frank, Poschardt zusammen. Die Funk da. [...]

4. April Ein anderes, noch besseres Stück von dem jungen Menschen gelesen: »Baal«. [...]

7. April Bayern Räte-Republik. [...] Mit der Meingast gegessen. Viel Politik. »Tribun« I. Teil im Entwurf fertig.

8. April Brecht da. Nett. Elchingers da.

9. April Die Bierkowski, Gutherz, Frau v. Jacobi da. Abends Caspari, Frank. Beide sehr deprimiert über d. Sozialisierung.

10. April Klabund da. Rud. Lothar.

12. 13. April Bei Elchingers. Die sozialistische Regierung Hoffmann siegt über die Räte.

14. April […] Die Truppen gehen zu den Kommunisten über. – Alberne Sitzung im Nationaltheater: Georg Kaiser, Johst, Wolfenstein, Pulver, Conrad.

15. April Große Aufregung wegen spartacistischer Erlasse.

16. April Desgleichen. Bei Christer.

17. 18. April Am »Thomas Sturm« korrigiert. […]

25. April »Thomas Sturm« zu Ende diktiert. – Magenschmerzen.

27. April […] Anhaltende Hyperacydität. – »Thomas Sturm« II. Teil begonnen.

28. 29. April […] Viel Politik. – Eröffnung des Schauspielhauses unter der Körner. »Gefesselte Phantasie« von Raimund. Mäßig.

1. Mai Die Regierungstruppen rücken ein und werfen die Roten. Viele Straßenszenen. Eine Menge Menschen getroffen und gesprochen: Burschell, Bierkowski, Gutherz, Wolfenstein, Lippmann u.s.w. Kaufmann logiert bei uns.

2. Mai […] Straßenkämpfe.

3. Mai Abflauende Straßenkämpfe. Gefangene Spartacisten. – Die Roland, ihr Mann, Kaufmann da.

4. Mai Die Stadt besichtigt. […]

5. Mai […] Nationaltheater lehnt infolge der Tumulte »Sturm« als Revolutionsstück ab.

7. Mai An »Thomas Sturm« gearbeitet. – Das »Oberkommando Möhl« (von den einziehenden Truppen) verwarnt mich telefonisch, »keine politischen Telefon-Gespräche zu führen«: »Im eigenen Interesse.« Ich hatte harmlos mit Elchingers und Friedenthal gesprochen. – Die Lippmann da.

9. Mai Frank da. Kutscher und Frau, um sich hebräische Inschriften Wedekinds enträtseln zu lassen. [...]

10. Mai Bei der Poschardt. – Ein Leutnant von den Weißgardisten (v. Egloffstein) erzählt von den Erschießungen, die seine Leute vorgenommen haben. »Wenn man Intellektuelle erschießt, hat man immer Schweinereien.«

12. 13. Mai [...] Rößler, Haas gesprochen. – Die Lippmann heiratet Burschell. [...]

16. Mai [...] Nebelthau den »Tomas Sturm« gebracht.

21. Mai Hoerschelmann und Frank »Thomas Sturm« vorgelesen. Das Stück mißfällt ihnen sehr. Der letzte Akt macht etwas mehr Eindruck.

23. Mai Theorie des »Dramatischen Romans«. [...]

28. Mai [...] Ein ganz klein wenig an »Thomas Brecht«. [...]

3. Juni [...] Wohltätigkeitsgeschäftigkeit. – Kammerspiele: Goering »Der Erste«. Sehr gute Aufführung. Willy Bodenheimer, Kamnitzer, Steiger, Heinrich Mann, Friedenthal, Caspari, die Seidl, Kalbeck, Volk gesprochen.

4. Juni [...] Flüchtling bringt Hose zurück.

5. Juni Trauzeuge bei Hochzeit Burschell–Lippmann. Dann ausgezeichnet gegessen. – Hoerschelmann da.

11. Juni Etwas am »Thomas Brecht« gearbeitet. Die Meingast da. – Marta findet einen schönen Schlafrock.

13. Juni [...] Hugo »Torquemada« zu übersetzen angefangen. [...]

14. Juni [...] Bei Frau Deutsch, Herr v. Hollander, Marx, Volk. Alberne Debatte.

15. Juni Friedenthal, die Ismet. Burschells. Pumpen mich um 1000 M an. [...]

16. Juni Müde. – »Jud Süß« in Wien morgen. – Etwas an »Thomas Brecht« gearbeitet.

18. Juni An »Thomas Brecht« gearbeitet. Im Schauspielhaus: Büchse der Pandora. Nur den 1. Akt ausgehalten. [...]

20. Juni [...] »Jud Süß« in Wien außerordentlich schlechte Presse. – Bei Friedenthal. Elchingers, Mosse und Frau, die Türkin, Wahl und Frau. – Im Restaurant Brennessel mit Wahls, Günther, Stieler, Ferdinand Kahn. Ganz nett.

21. Juni Bing gefällt »Thomas Brecht« nicht. – Brecht will seinen Namen nicht für mein Stück verwendet wissen. – Mit der Gast zusammen. Sehr nett.

24. Juni [...] Stieler da, der sich für den Thomas Bratt am Hoftheater interessiert. – Schauspielhaus lehnt Thomas Bratt formell ab.

26. Juni [...] Mit Brecht zusammen. Sehr wenig gearbeitet; sehr müde. Die Funk da.

28. Juni [...] Falckenberg da. Möchte Vertrag über »Thomas Bratt«.

30. Juni Herumgelaufen wegen des Dauer-Reise-Ausweises. Mit der Gast gegessen. – Die Meingast da. Nichts mit ihr anzufangen. Läuft fort. – Ein bißchen am »Thomas Bratt«.

1. Juli [...] Prozeß Deutsch. Tragikomisch. Mit Bruno Frank. Bei der Monty. Nett.

7. Juli [...] Mein Geburtstag. – Marta beschenkt mich sehr nett. Ludschi, meine Mutter gratulieren. – Rezension über Christian Wahnschaffe in der »Schaubühne«. – Hausenstein da. – Bei der Binder. Zoff, die Elchinger. – Rudolf Lothar da. In den Kammerspielen »Eifersucht« von Artzibaschew mit der Roland. Friedmann vom Drei Masken Verlag, Bing.

8. Juli Mit Friedmann und seiner Frau, Caspari, der Roland und ihrem Mann zu Mittag gegessen. Die Roland und ihr Mann bei uns; Bert Brecht da.

20. Juli […] – Bei Friedmann; die Roland, Coudenhove, Frank, Speyer.

24. Juli […] Unterredung mit Neuhöfer. Erfolgreich. – Letzte Szene »Thomas Wendt« geschrieben.

25. Juli Im Café. Hartmann, Nebelthau.

28. Juli […] Neuhöfer da. Ganz nett. Mosse da, dem »Thomas Wendt« zu gefallen scheint. Christer da, Brecht.

30. Juli Ein bißchen an »Thomas Wendt« diktiert. Bei Manheimers, die Mühlen, Halbes, Volk. Nachts bei Elchinger. Gesoffen. […]

31. Juli Todmüde. Vertrag mit Neuhöfer besprochen.

6. Aug. […] Brecht da. Nett.

7. Aug. […] Im Schauspielhaus ein sentimentaler irischer Schmarrn: Die Verbannten von Joyce.

13. Aug. […] Das Manuskript »Thomas Wendt« an Georg Müller.

14. Aug. […] Im Kino. – Meine kleine Schwester mit ihrem Bräutigam da.

15. Aug. […] Im englischen Garten spazierengegangen; mich verirrt. –

16. Aug. Frank schlägt vor, ich solle die Leitung des Musarion-Verlags übernehmen. […]

17. Aug. […] Ein bißchen an dem Opernbuch: Salomon und Asmodai.

21. Aug. Einen offenen Brief an Max Koch in Breslau gerichtet. I. Akt: Asmodai fertig.

22. Aug. […] Hoerschelmann da; erzählt, man werde sich im Musarion-Verlag vorläufig ohne literarischen Leiter behelfen.

25. Aug. Ein bißchen an »Asmodai«. Bruno Frank da, die Remolt, Brecht.

28. Aug. Bei Neuhöfer. Brecht da. Mit der Rohde zusammen. Bei der Poschardt. Mit Frank zusammen. Sinsheimer. Die Balder. Die Schwarz. Frank bietet mir das Du an.

29. Aug. Generalprobe »Herakles« von Wedekind. Steinrück, Schwanneke, Stieler, Volk, Friedenthal gesprochen. Unterredung mit Herrn Wiedmann, Großschieber, Besitzer des »Musarion«-Verlags, über allenfallsige Anstellung. Angenehmer Mensch. Scheint was zu werden. Lange mit Frank zusammen. Gespräche mit Elchinger.

1. Sept. […] Ein bißchen am »Asmodai«. – Graener da, der sehr begeistert scheint. – Die Wohnungsmiete wird erheblich gesteigert.

6. Sept. Vertrag mit Neuhöfer (Georg Müller). […]

Landshut, 11. Sept. […] Nach Landshut gefahren. Es ist einfacher, als ich denke. In einen falschen, sehr primitiven Gasthof geraten. Marta hat Ärger mit der guten Wirtin.

Eisenstein (Bayr. Wald), 12. Sept. Sehr früh fortgefahren. Lange, angenehme Fahrt. Gegend sehr schön, Gasthof und Burg.

Eisenstein, 18. Sept. Grenzscheine beim Bürgermeister geholt. Ins Böhmische gegangen. Dort gegessen. Mit Marta sehr gehurt (sommerlich).

Eisenstein, 21. Sept. Das Wetter schlägt um. Sehr kalt. Schöner Spaziergang ins Böhmische zum Schwarzen See. Abends alberne Wirtshausplauderei mit Fremden.

Eisenstein, 22. Sept. Schlechtes Wetter. Kalt. Zum erstenmal ein bißchen gearbeitet. Am »Asmodai«. Brief von Falckenberg.

Eisenstein, 26. Sept. […] Telegramm von Frank, ich soll seine »Trösterin« in München inszenieren. Schon am Montag Arrangier-Probe.

Eisenstein, 27. Sept. Frank etwas ausweichend telegrafisch zugestimmt. Schöner Spaziergang. Frank depeschiert dringend zurück, ich müsse kommen.

Eisenstein, 28. Sept. Frank schickt mir die 9 Stunden Fahrt einen Boten mit dem Buch entgegen. Sehr beschwerliche Fahrt in überfüllten Zügen. Tief in der Nacht in München. Telefongespräch mit Frank. Die Heims spielt.

München, 29. Sept. Frank in der Frühe schon da. Arrangierprobe läßt sich ganz gut an. Die Körner, Nebelthau gesprochen. Viel Volk.

4. Okt. […] Tanzabend der kleinen Albu. Viel Volk.

6. Okt. Probe, zu der die Heims erwartet wird: sie kommt nicht. […]

7. Okt. Starke Influenza. Probe. Die Heims ist endlich da. Sehr reizend.

9. Okt. Generalprobe. Furchtbar viel Volk. Eindruck recht flau. Kleine Zusammenstöße mit der Körner.

10. Okt. Brecht da. Durchsprechprobe. Viel Volk und Geschrei. Première »Die Trösterin«. Aufführung schlecht, Cliquenerfolg. Hernach ungeheuer viel Volk bei uns. Die Heims und andere.

11. Okt. […] Kritiken »Trösterin« für mich ganz gut. Mit Friedmann bei Neuhöfer. Nach der Première mit Elias, Waldau, Frank, Hoerschelmann, der Heims, Frau Speyer, der Hagen und sehr viel Volk zusammen.

13. Okt. […] Bei Heinrich Mann. Stielers. Gespräch mit Elchingers über Steinrücks Demission.

15. Okt. […] Die »Trösterin« wird abgesetzt. Nebelthau gesprochen, Falckenberg, die Binder, die Heims bei uns.

16. Okt. Die letzten Korrekturfahnen des »Thomas Wendt« erhalten. Anni Ernst da.

21. Okt. Die ersten gebrochenen Korrekturen von »Thomas Wendt«. Die Meingast da und Brecht.

25. Okt. Viele Kleinigkeiten. Kaufmann da, ich soll einen Scheinkauf mit Stollberg abschließen. Gespräch mit Stollberg, der meiner Kandidatur sehr ausweichend begegnet: es seien schon andere Anwärter da. Gespräch mit Nebelthau. […]

26. Okt. […] Kritiken eingeklebt. Die Mimi Ederer, eine Freundin der Frau Mann, da. Mit Falckenberg über die Erwerbung des Schauspielhauses telefoniert. »Asmodai« zu Ende diktiert. Sinsheimer kommt unerwartet.

27. Okt. […] Mit Kaufmann über die Erwerbung des Schauspielhauses telefoniert. Die Herterich nicht erreicht. Mit Rehse über die Propaganda meiner Bücher debattiert.

28. Okt. […] Graener da. Ihm »Asmodai« ausgehändigt. Brecht da. Die letzten Korrekturen von »Thomas Wendt« erhalten. Elchingers da.

30. Okt. Mein kleiner Bruder da. Pumpt mich an. Christer da. Item. Leerer Tag.

31. Okt. […] An dem Roman: »Christiane und der Rebell« gearbeitet. […]

4. Nov. […] Bruno Frank da. Ein bißchen am Roman gearbeitet.

5. Nov. […] Eysler da. Brecht da.

6. Nov. Zwei Seiten am Roman. Die Herterich da. Die Reubke da.

10. Nov. [...] Etwas am Roman. Klinkowström gesprochen. Wiedmann, dem ich vor langer Zeit wegen des »Musarion«-Verlags geschrieben habe, ruft an.

11. Nov. Die Herterich, die mich heute das Ziel der Klasse erreichen lassen wollte, sagt ab. – Etwas am Roman. Mit Frank zusammen. – Etwas an den »Bacchantinnen«.

12. Nov. Etwas am Roman. Unterredung mit Schremmer vom Musarion-Verlag. Man bietet mir 10000 M jährlich. [...]

13. Nov. [...] Brecht da. Ganz wenig am Roman. – Bei einem Tanzabend der Magda Bauer. Ein Inserat in den M. N. N. von G. Müller über meine Bücher.

14. Nov. Mit Wiedmann, Bruno Frank, einem Dr. Würzbach, der mir im Musarion-Verlag beigeordnet sein soll, Kaufmann, Martersteig gesprochen. Dieser Würzbach bei uns. Nicht sehr sympathisch.

16. Nov. Mit Marta, die infolge Scherereien mit dem Ofen überhaupt nicht ins Bett kommt, sehr gehurt. Todmüde. Bei meinem Bruder Fritz. Familiengesimpelt. Mein Bruder Martin, aus französischer Gefangenschaft entflohen, wieder ergriffen.

17. Nov. [...] Würzbach ruft an, Wiedmann sei entschlossen, mich für den »Musarion«-Verlag zu engagieren.

19. Nov. Sehr müde. Brecht da. Bei einer (häßlichen, dicken) Hure. – Marta unwohl.

20. Nov. Die Monty da. Frank da. Pumpt mich um 3000.– M. an.

22. Nov. [...] Residenztheater: »Brabach« von H. Mann. Kleiner Skandal.

24. Nov. »Dionysos weint« ein bißchen. […]

28. Nov. […] Verlobungsfeier bei meiner Mutter. Frank da.

29. Nov. Verwandtenbesuch.

30. Nov. Marta strindbergelt furchtbar.

1. Dez. Bassermann bietet mir die Regie seines schlechten Stückes an. – Sehr schlechte Nacht.

2. Dez. Fortgesetzte kleine Strindberg-Szenen mit Marta. Die Monty da. – Wiedmann, vom Musorion-Verlag, dessen Anruf ich erwarte, läßt nichts von sich hören. Die Kresse da. Nett.

7. Dez. Frank da. Mit Wiedmann scheint es nichts zu werden. […]

13. Dez. Sehr müde. Frau Ismet da, um sich nach Konstantinopel zu verabschieden.

14. Dez. […] In den Kammerspielen wilder Skandal in »Schloß Wetterstein«.

16. Dez. Unterredung mit Neuhöfer. Sitzung wegen einer zu gründenden Zeitung: Blei, Mittenzwei, Schlesinger, Winand, Neuhöfer, Volk. Frank da. Streik in den Kammerspielen. Sinsheimer, die Balder da.

17. Dez. Sitzung im »Schutzverband Deutscher Schriftst.« wegen der Skandale in den Kammerspielen. Mein Vorgehen erntet Undank bei Kaufmann. Peinlichkeit.

18. Dez. In aller Frühe bei Werner Mahrholz wegen des Protestes. Brecht, die Monty da. Elchingers da.

22. Dez. Unterredung mit Sinsheimer, Schlesinger, Cassirer über ein zu schreibendes »Judenbüchlein« (1500 M Honorar für jeden). Lothar, Werner Klette, die Seidel, Friedenthal getroffen.

24. Dez. […] Bing gesprochen. Bei der Monty.

25. Dez. Bei der Jacoby. Rosenbuschs. – Schlechte Aufführung von »Romeo« im Prinzregententheater.

26. Dez. […] Müde. Flüchtiger Entwurf zu der hebräischen Symphonie: »Zion und Walhall«.

27. Dez. Die »Hebräische Symphonie« begonnen. – Bei einer belanglosen Hure.

31. Dez. Etwas mit Nebelthau gesprochen. Sylvesterabend mit Marta sehr gehurt. Spät, kurz vor 12^h, kommen noch Hoerschelmann und die Ruß. Ziemlich langweilig.

1920
München
Georgenstr.

1. Jan. […] Sehr müde. Ein ganz klein wenig an der »Hebräischen Symphonie«. Anni Kirstein da. Ganz nett. Hoerschelmann auf einen Sprung da.

4. Jan. […] Sinsheimer da. Die »Hebräische Symphonie« scheint ungeeignet für das Judenbuch. Plan zu »Gesprächen mit dem ewigen Juden«.

6. Jan. Schweiger, ein junger Schriftsteller, da. Brecht da, die Funk. Die »Hebräische Symphonie« (»Hethiterschädel«) in der ersten Niederschrift fertig.

8. Jan. Bei Georg Müller. Die Korrektur zur Bühnenfassung von »Thomas Wendt« II scheint leider verloren gegangen. Sehr müde. Den »Ewigen Juden« begonnen.

9. Jan. Etwas am »Ewigen Juden«. Von Ludschi literarisches Material dazu geholt.

12. Jan. […] Hanns Braun von der »Münchn. Zeitung« da.

13. Jan. […] Schlesinger im Café getroffen. Gespräch mit Bassermann-Jordan.

14. Jan. […] Brecht da. Der »Ewige Jude« im ersten Entwurf fertig.

22. Jan. Mit Brecht zusammen. Den Ewigen Juden diktiert. Glosse von mir über Theater in den »Münch. Neuest. Nachr.«.

27. Jan. Brecht da. Nebelthau gesprochen, Klette. Lange Unterredung mit Falckenberg, Bing, Pasetti über »Thomas Wendt«.

31. Jan. [...] Falckenberg da. Beschluß, nur den 2. Teil von »Thomas Wendt« zu spielen. Die Lippmann da.

3. Febr. [...] Brecht da. Viele Menschen da, um eine kleine Tänzerin: Maryla Gremo zu sehen. Schlesingers, Frau Wahl, Elchingers, Mosses. Bei meiner Mutter. Mein Bruder Martin aus der Kriegsgefangenschaft zurück.

4. Febr. Martin und seine Frau da. Gespräch mit Klette. Die Seidel da. Brecht da.

10. Febr. Die Bücher von »Thomas Wendt« kommen. [...]

13. Febr. [...] Klette da: »Die Kriegsgefangenen« sollen in Paris gespielt werden. Schwanneke gesprochen, Friedenthal.

14. Febr. [...] Auf dem Filmball. Teuer und fad. Ungeheuer viel Volk da. Hernach bei Rößler. Moissi, Frau Merk, ein Frl. Brahm, Marlé, Volk. Ganz nett.

15. Febr. [...] Bei Schlesinger. Der Friedens-Fried, Frau Dr. Müller, Blei, Volk. Falckenberg bei mir. Teilt mit, daß die Kammerspiele vom 20. April an verpachtet sind. Betrübnis.

20. Febr. [...] Elchinger wünscht wieder einen Artikel von mir in der Hoftheaterfrage. Bei Albus.

21. Febr. [...] Bei einem Tanzabend der Kresse.

22. Febr. [...] Bei Elchingers. Einen (schlechten) Artikel über das Nationaltheater für ihn und mit ihm geschrieben.

24. Febr. Meiner Schwester Martha den Trauzeugen gemacht. Der Schauspieler Koch ruft an wegen der Rolle in »Thomas Wendt«. In der gleichen Angelegenheit Hans Schwartze bei mir. Kalbeck ernstlich erkrankt, so daß die Proben von »Thomas Wendt« ernstlich gefährdet sind. Die Rezensionsexemplare von »Thomas Wendt« versandt.

25. Febr. Hochzeit meiner Schwester Martha. Ganz nett. Die ganze »Mischpocheh« anwesend. Getanzt. Gut gegessen. Hernach noch viele bei uns. Auch Elchingers.

27. Febr. Der Zeichner Neher da, der Journalist Graetzer, die Binder, Cassirer, Sinsheimer. […]

28. Febr. Frau Deutsch und Hollander wegen jenes Festes vor einem Jahr ausgewiesen. […]

2. März Dekorationsprobe »Thomas Wendt«.

3. März Arrangierprobe »Thomas Wendt«. Mäßig. Kalser will nicht recht. Zahllose Besetzungs- und andere Schwierigkeiten. Im Schutzverband. Hanns Braun.

4. März […] Freundlicher Brief von Th. Mann über »Thomas Wendt«.

8. März Probe »Thomas Wendt«. Nicht sehr ergiebig. Die Rolle wird umbesetzt: Kayßler statt Kalser.

9. März Probe »Thomas Wendt«. Kalbeck nicht da. Kayßler recht gut. Das Ganze befriedigend. Bei meiner Mutter. Mit Trebitsch zusammen. Bei einer Hure. Marta unwohl.

11. März […] Für Elchinger in Hasenclevers »Antigone« im Prinzregententheater.

12. März Probe. Unerquicklich. Eine kleine Schauspielschülerin da: Käthe Griese.

13. März Probe. Reaktionärer Putsch in Berlin. Mit der kleinen Schauspielerin gegessen. Die Binder krank, wird wohl in »Thomas Wendt« nicht spielen können. Das Stück auch durch den Umsturz gefährdet.

14. März Bert Brecht da. Von Berlin zurück. Auch die bayrischen Truppen gehen zur Reaktion über.

15. März Generalstreik. Keine Probe. Die Schauspieler weigern sich, jetzt ein politisches Stück zu spielen. Gespräch mit Falckenberg, mit Kalbeck. Die Funk da, die Griese. [...]

16. März Fortdauernder Generalstreik. [...] Besprechung in den Kammerspielen. Geringe Geneigtheit, »Thomas Wendt« jetzt zu spielen. Schremmer da. Der Rechtsanwalt Haas.

17. März Starke antisemitische Stimmung. Frank da, die Ederer, die Funk.

18. März Krach mit Frau Wagner, der Zugeherin. »Thomas Wendt« definitiv auf den Herbst verschoben. Mit Bruno Frank zusammen.

24. März [...] Im Schutzverband Plänkelei mit Hanns Braun.

25. März Bert Brecht da. Bei den Eltern Löffler.

27. März Heftiger, alberner Angriff der Münchner Zeitg. wegen »Thomas Wendt«. [...]

30. März Erwiderung in der »M. Z.« ziemlich blöd. Mit Nebelthau gesprochen. Falckenberg da.

31. März Hanns Braun da, Brecht, die Herterich. [...]

1. April Meine Berichtigung in der M. Z. erscheint nicht. [...]

2. April [...] Meine Erwiderung erscheint in der M. Z. Klette da, Ludschi und seine Frau da.

5. April Bei Kalbeck. Ein Baron Tucher da, früher Gesandter in Wien, Frau Paul Heyse. Ludschi und die Eltern Löffler da wegen Steuersachen.

8. April Eine Novelle begonnen: Das Selbstportrait.

12. April Mit Marta einen Ausflug gemacht.

13. April […] Unterredung mit den Eltern Löffler zu Steuerzwecken.

16. April […] Gute Kritiken über »Thomas Wendt«.

19. April […] Frankfurt. Düsseldorf lehnt »Thomas Wendt« ab.

22. April […] Besorgnis wegen Börsenspekulation.

24. April […] Bei Cassirer: Frisch, Ettinger, Georg Hermann. Der und seine Freundin hernach bei uns.

3. Mai Das »Judenbüchlein« gekriegt. […]

4. Mai Nebelthau gesprochen. Marie die Novelle zu Ende diktiert. Mit ihr gehurt.

7. Mai […] Beim Polizeiarzt wegen Landaufenthalts.

Stock bei Prien
10. Mai 20 – 30. Juni 20

10. Mai […] Nach Prien gefahren.

11. Mai Spazierengegangen. An Marta telefoniert. Sehr schönes Wetter.

13. Mai Herrliches Wetter. Deffner sucht mich auf. Den ganzen Tag mit ihm herumflaniert. Bei einer Frau Hauptmann Götz.

14. Mai Kaltes, unfreundliches Wetter. Gespräch mit der Nandl. Etwas gearbeitet. Am »Neuen Dionysos«. Abends kommt Marta. Freude.

17. Mai Größere Ruderfahrt um die Herreninsel. Gewitter. Arg durchnäßt.

19. Mai [...] Ruderpartie. Zum erstenmal seit anderthalb Jahren wieder geschwommen. Im Freien, auf der Herreninsel Kakao gekocht.

20. Mai [...] Bißchen promeniert, bißchen gearbeitet, bißchen gerudert.

24. Mai Marta ausgeritten. »Dionysos« 2. Akt fertig. Mit Deffners gerudert.

31. Mai Georg Müller übernimmt die Novellen nur, wenn ich ihm völlig freie Hand lasse inbezug auf die Erscheinunggszeit (Ablehnung?). Gerudert. Spazierengegangen. Wenig gearbeitet.

6. Juni Wahl. Ohne mich. Schlechtes Wetter. Furchtbar kalt. Man kann nicht arbeiten.

9. Juni Sich besserndes Wetter. Deffner fällt vom Dach. Krankenbesuch.

14. Juni [...] In München in der Speisekammer Ratten. Marta fährt nach München. An der Überfeilung des »Dionysos« gearbeitet.

16. Juni Herrliches, etwas stürmisches Wetter. Mit Marta telefoniert. Vergleichsvorschlag in Sachen Bonsels. Gerudert. Mut zum Baden. Etwas gearbeitet. Spazierengegangen. Marta abgeholt. Etwas gesoffen. [...]

21. Juni [...] Ein Fremdenkontrolleur, ziemlich grob, weist uns aus.

22. Juni Nach Marquartstein gefahren, auf den Hochgern gestiegen.

Hochgern, 23.–29. Juni Sehr gute Verpflegung, sehr primitive Wohnungsverhältnisse. Wetter mittel. Viel spazierengegangen, gar nicht gelangweilt. Fast nichts gearbeitet. Sehr wenig gehurt. Marta die letzten Tage unwohl. – Viel mit einem Kölner Kaufmann zusammen, einem fixen, gutmütigen Kerl, Antisemit, und seiner Frau, die allmählich sehr zutraulich wird, aber ganz unsinnlich ist. – In den letzten Tagen ruft Elchinger an, dessen Frau operiert ist und der mich (aus Berufsgründen) dringend zu sprechen wünscht. Wir fahren, sehr widerwillig, nach München.

München, 30. Juni Mit Marta gestrindbergelt. Elchinger geht nicht aus sich heraus, ist unehrlich, der Grund, aus dem er mich zu sprechen wünschte, nichtig.

1. Juli Mir, als Elchinger spät abends kam, die Brille zerbrochen und das rechte Auge sehr verletzt.

2.–10. Juli Das rechte Auge vorläufig unbrauchbar. Viele Schmerzen, kann nichts sehen, nicht lesen, nicht schreiben. Dr. Koschland. Marta pflegt mich mit größter Sorgfalt. Besuche: meine Mutter, die Gast, Ludschi, Marie, Falckenberg, Brecht. Elchinger kümmert sich um nichts.

10.–13. Juli Ich diktiere Marie die Tragikomödie »Der Amerikaner« oder »Die entzauberte Stadt«. – Bei Efraim Frisch. Ganz nett; aber meine Novellen will er nicht. – Den »Amerikaner« an den Drei Masken Verlag, an Gutherz.

14. Juli […] Elchinger da. Lahmarsch. Brecht da. Ihm den »Amerikaner« vorgelesen. Scheint starken Eindruck auf ihn zu machen. Bei der Binder. Falckenberg. Ganz nett. – Friedenthal da.

15. Juli Bei Frau Elchinger. Bei meiner Mutter. Martin, Fritz, Eduard, Jakob Reich da.

17. Juli […] Zu Frank nach Feldafing gefahren. Ihm den »Amerikaner« vorgelesen, der ihm sehr gefällt. Es ist auch sonst dort sehr nett.

Feldafing, 18. Juli Schlechte Nacht gehabt. Sehr viele Menschen, Kirstein, Hoerschelmann, die Ruß. Sehr viel Volk. Angenehmer Abend mit Thomas Mann und Frau.

Feldafing, 19. Juli Angenehmer Tag. Mit Frank nach München zurückgefahren. […]

23. Juli [...] Sehr anerkennender Brief vom Drei Masken Verlag über Die entzauberte Stadt.

24. Juli [...] Gartenfest bei Manheimers. Aufführung von Kerner »Der Totengräber von Feldberg«. Außerordentlich viel Volk. Ziemlich gelangweilt.

29. Juli [...] Der Drei Masken Verlag schickt mir einen sehr schlechten Vertrag. [...]

30. Juli Bei Brecht. Zarek da. Die Bruckners da. Bei Georg Hermann. Eliasberg mit Frau. Sentimentaler Brief der Marie.

31. Juli Die Heims schreibt, die Entzauberte Stadt gefalle ihr nicht. [...]

6. Aug. Friedmann vom Drei Masken Verlag in Urlaub, alle Theaterdirektoren in Urlaub. Die Geschichte mit der Entzauberten Stadt zieht sich endlos hin. – Nebelthau gesprochen. Marta verkracht sich mit der Funk.

9. Aug. Das Nationaltheater lehnt die Entzauberte Stadt ab. –

10. Aug. Deprimiert. Immer nichts mit der Entzauberten Stadt. Gomez Arias begonnen.

15. Aug. Bei meiner Mutter. Bei Manheimers. Mit Georg Hermann bei einem jungen Maler. Wolfgang Born.

18. Aug. [...] Falckenberg schreibt, will den »Thomas Wendt« umtauschen gegen die »Entzauberte Stadt«. Ein Bruder von T. u. H. Mann da, will ein Kinostück »Hastings« schreiben. Abends lese ich den »Amerikaner« Caspari, Georg Hermann und Frau vor. Die kommen furchtbar spät, sind müde und unaufmerksam, ich lese schrecklich schlecht. Gar kein Eindruck. Hermann schwatzt grauenhaften Unsinn. Sehr deprimiert.

20. Aug. An der Entzauberten Stadt gefeilt. Propagandabriefe für das Stück geschrieben.

21. Aug. Unterredung mit Winand vom Georg Müller Verlag. Sie wollen das Stück nur drucken, wenn es verschiedene Annahmen hat. […]

22. Aug. […] Viel am Gomez Arias gearbeitet. Ludschi und sein Kind da. […]

27. Aug. […] Elchingers da, er ist bang um seine Stellung.

28. Aug. Elchinger entthront. Viel hin und her. Kaufmann da, Hoerschelmann. Marlé: ich lese ihm den »Amerikaner« vor.

30. 31. Aug. Mit Marta sehr gehurt. Schmerzen am Bruch. Elchinger lange da. Am »Gomez Arias« gearbeitet. Neuhöfer bietet mir das Theaterreferat an der Sonn- und Montagszeitung an.

1. Sept. […] Unterredung mit Neuhöfer und Gemmingen über das zu übernehmende Theater-Referat. Ich einige mich mit ihnen auf 300 M.–. Ich telefoniere mit Bing über »Entzauberte Stadt«.

2. Sept. Mühsam den Artikel für die »Sonntagszeitung« zusammengekleistert. Marie am »Gomez Arias« diktiert.

3. Sept. Bing fordert mich auf, »Gefährliche Liebe« von Scholz zu inszenieren. Marie, wenig, diktiert. Langes Gespräch mit Bing. Viel Gehetz wegen des Artikels.

5. Sept. […] Am Regiebuch gearbeitet.

6. Sept. […] Arrangierprobe »Gefährliche Liebe«. Sehr anstrengend. […]

7. Sept. Probe »Gefährliche Liebe«. Zahllose Hindernisse.

8. Sept. Probe »Gefährliche Liebe«. Noch mehr Hindernisse. Todmüde. Auf dem Gewerbegericht. Schiedsspruch in Tarifsachen.

9. Sept. […] Probe, sehr unerquicklich. – Meinhard-Bernauer lehnen, sehr höflich, »Thomas Wendt« und »Entzauberte Stadt« ab.

Friedmann vom Drei Masken Verlag, die Roland und Cudenhove da. Ludschi Magenblutung.

10. Sept. Probe besser. Zarek, H. von Bötticher da. Bei Bruno Frank. Die Kirstein.

11. Sept. […] Im Residenztheater »Hanns Frei«, »Peter Squenz«. […]

15.–17. Sept. Viele Proben. Schreckliches Gehetz. Artikel für die Montagszeitung geschrieben. Burschell und Frau da, 2 Nächte. Auch bei mir viel geprobt.

18. Sept. Probe. Briefe vom Drei Masken Verlag, Frankfurt wolle (mit langem Termin) »Die Entzauberte Stadt«, Burgtheater beabsichtige ernstlich, »Hastings« zu spielen. Stuttgart schickt »Entzauberte Stadt« zurück. Falckenberg willigt ein, sie Mitte Nov. zu spielen.

20. Sept. Probe »Gefährliche Liebe«. Falckenberg gefällt es nicht sonderlich. […]

21. Sept. Generalprobe »Gefährliche Liebe«. Nacht schlecht.

22. Sept. »Gefährliche Liebe« Mißerfolg. Mit Falckenberg und der Binder zusammen.

23. Sept. Sinsheimer verreißt mich, den (anonymen?) Regisseur der Gefährlichen Liebe. Mit der Reuscher zusammen. – (Schlechten) Artikel für die Montagszeitg. geschrieben.

24. Sept. […] Neuhöfer gesprochen. Der Direktor Felber von der Neuen Bühne da.

25. Sept. Georg Müller lehnt die Entzauberte Stadt ab. In der M. Z. heftiger, (blöder) Angriff gegen mich.

29. Sept. […] Viktor Mann da. Wegen eines »Hastings«-Filmes.

30. Sept. […] Rezensentensitzung im Nationaltheater. Belanglos.

1. Okt. […] Frank da. Brecht da. In der Neuen Bühne: Büxl von Holz-Jerschke.

2. Okt. Lothar bietet mir, auf Franks Veranlassung, die Übersetzung eines italienischen Stücks an. Drei Masken Verlag erklärt sich zum Druck der Entzauberten Stadt bereit. – Calderon »Das laute Geheimnis« bei Freytag.

3. Okt. Rezension für die »Montagszeitung« geschrieben. […]

9. Okt. Kritik von Johsts »König« begonnen. Die Reuscher da. Première von »König« in den Kammerspielen.

10. Okt. Kritik von »König« geschrieben. Papa Löffler da.

14. Okt. […] Essai: »Die Verjudung der abendländischen Literatur« zum größten Teil geschrieben.

16. Okt. Buchvertrag Drei Masken fertig. Vertrag mit Lothar über die Übersetzung 2er italienischer Stücke. Im Schauspielhaus Uraufführung »Der neue Midas« von Euringer. Sehr viele Menschen gesprochen. Rezension für die Montagszeitung geschrieben. Meinhard-Bernauer lesen den »Frauenverkäufer« vor. Gesellschaft bei Eliasberg. Thomas Mann, Frau Georg Hermann, der Schriftsteller Reinhart, der Maler Born.

19. Okt. Viel an der italienischen Übersetzung gearbeitet. Hoerschelmann.

20. Okt. […] »La Maschera e il Volto« fertig übersetzt. […]

21. Okt. In aller Frühe bei Rechtsanwalt Goldschmidt wegen des Termins in der Sache Bonsels. – Marta, die die Wohnung stöbern läßt, xanthippelt stark wie schon gestern. – Bubi da, rodomontiert, die Binder da; Residenztheater: Heinrich Manns »Weg zur Macht«. Sehr viel Volk.

22. Okt. […] Rezension »Weg zur Macht« geschrieben. Bei Elchingers.

23. Okt. Angriffe in der »Staatszeitung«. Die Reuscher da. Kammerspiele: »Wie es euch gefällt«.

24. Okt. Der Maler Born da, die Jacobi, Hoerschelmann. Kurze Kritik über »Wie es euch gefällt« geschrieben.

28. Okt. […] Nachtragsaufsatz zum »Heinrich Mann« geschrieben.

30. Okt. […] Frank übernimmt es, einen Artikel über mich fürs Programm zu schreiben.

31. Okt. […] »Le vacanze di Loletta« zu übersetzen begonnen. Bei Friedenthal.

2. Nov. Ladung zu einem Prozeß im Fall Deutsch. Brecht da. Bei Elchingers, Falckenberg, die Binder, Friedenthal.

3. Nov. Einen Aufsatz »Dichter und Böotier« (Falle für die Böotier). Heinrich Mann bedankt sich in sehr netter Form für meine Rezension.

4. Nov. Frank bringt den Aufsatz über mich. Nicht gerade sehr günstig, aber doch sehr vorteilhaft. […]

5. Nov. Artikel für Gemmingen geschrieben. Reigbert da mit den Dekorationen für Entzauberte Stadt. Korrekturen fertig gemacht (Entzauberte Stadt). Plan Esther.

6. Nov. […] Bei meiner Mutter.

11. Nov. Prozeß Hollander. Ungeschickt, aber nicht ungünstig ausgesagt. Bruno Frank, Klette da, teilt mit, Gemmingen sei von der »Sonntagszeitung« abgesetzt, Braunbeck (!) an seine Stelle getreten. Todmüde. Vorlesung Bruno Frank bei Caspari. Sehr viele Menschen gesprochen. Hernach Elchingers bei uns.

12. Nov. […] Bert Brecht da. Erkältet. Frank da.

13. Nov. Ärger, daß die Kammerspiele »Entzauberte Stadt« bis in den Dezember hinein schieben wollen. [...] In den Kammerspielen Raimund: Bauer als Millionär. Franks Artikel über mich im »Programm«.

14. Nov. Rezension über Bauer und Millionär geschrieben. Falckenberg da. Die Première »Entzauberte Stadt« soll spätestens am 2. Dez. sein. – Frank da, die Kirstein. Frank macht Krach, weil in seinem Artikel über mich ein Druckfehler steht.

16. Nov. [...] Auf dem Rentamt. Viele Peinlichkeiten.

20. Nov. [...] Residenztheater: »Haus Herzenstod« von Shaw.

21. Nov. Die Rezension über »Haus Herzenstod« geschrieben. Klette da. Bei Manheimers.

22. Nov. Todmüde. [...] Arrangierprobe von »Entzauberte Stadt«. Alles in allem recht gut. – Sinsheimer, die Kolmar da.

23. Nov. Probe »Entzauberte Stadt«. Schlecht. Bruno Frank da. Bei Heinrich Mann. Mit Elchingers gegessen.

26. 27. Nov. [...] Proben. Die Reuscher. Sinsheimer, Schlesingers da. Volkstheater: Der Herr Minister. Darüber geschrieben. Marlé, Titelrolle in »Entzauberte Stadt«, Differenzen mit den Kammerspielen, macht Schwierigkeiten. – Frank, die Kirstein da.

1. Dez. Probe. Der Kapellmeister da. Die Aufführung soll am Dienstag sein.

4. Dez. Probe. Viel Scherereien wegen Freikarten.

5. Dez. [...] Probe. – Die Schauspieler wünschen meine Abwesenheit. [...]

6. Dez. Generalprobe: ich nicht da. Marta dort. Eindruck unentschieden. – Brecht da, Christer; viel kleine Geschäftigkeit. [...]

7. Dez. […] Uraufführung Entzauberte Stadt. 1. Akt mittleren, 2. 3. Akt stärkeren, 4. sehr starken Beifall und starke Opposition. Hernach Falckenberg, die Binder, Marlé, Frank, Volk bei uns. Ich sehr stark erkältet und etwas deprimiert.

8. Dez. Die Kritiken miserabel. Andauernde Erkältung. Die 2. Aufführung, schlecht besucht, scheint dem Publikum ganz gut zu gefallen. Frank und die Kirstein da.

9. Dez. Stark erkältet und elend. Allgemeine Empörung über Sinsheimers Rezension. – Frank da.

17. Dez. Immer noch Husten und Erkältung. Ich soll von der Sonntagszeitung abgesetzt werden. – Die Reuscher da.

21.–24. Dez. […] Artikel über Döblin begonnen. – Die Binder da. – Gespräch mit Bing über Absetzung des Amerikaners. – Kritiken, zumeist schlecht. Briefwechsel mit Peter Scher über seine hämische Kritik in der »Frankfurter Zeitung«. – Marta Krach mit der Zugehfrau; unwohl.

25. Dez. Fortgesetzte Erkältung. Bei Ludschi. Siegbert, die Herzfeld, der Lyriker Becher. – Dann bei uns.

26. Dez. Döblin-Artikel fertig. An Jacobsohn.

27. Dez. Italienisches Stück fertig übersetzt. Beim Arzt wegen des Rachenkatarrhs.

28. Dez. Prozeß Bonsels. Vergleich erledigt. Bei Neuhöfer. Verklausulierte Kündigung der »Sonntagszeitung«.

30. Dez. […] Definitive Kündigung »Sonntagszeitung«.

31. Dez. Die Herterich, nach langer Pause, schreibt. Die Monty. Fritz Cassirer, Eliasberg, Born, eine kleine Tänzerin, Adelt, Figdor, ungeheuer viel Volk da, etwa 25 Personen. Bis früh 7 Uhr. Ganz amüsant.

1921
München

2. Jan. Allgemeine, rasch steigende Erkältung. Brecht da.

3. Jan. […] Calderon-Aufsatz fertig geschrieben. Falckenberg, die Binder da.

15. Jan. Den »Holländischen Kaufmann« angefangen. […]

27. Jan. Meine Schwester Medi und ihr Mann da. Den »Calderon«-Aufsatz überarbeitet.

29. Jan. […] Kleines maskiertes Fest bei Steinicke. Ganz nett.

1. Febr. Am »Holländischen«. – Graener da.

2. Febr. Brecht da. Ihm und Marta den 1. Akt vorgelesen. Viele Bedenken.

3. Febr. Am 1. Akt geändert.

11. Febr. Stück zu Ende diktiert (Lolettas Ferien). Die Swoboda da, die Reuscher da.

12. Febr. Burgtheater löst den Vertrag wegen »Hastings«. […]

14. Febr. […] In die Jüdische Klinik gegangen.

15.–23. Febr. Operiert 15. früh. Die ersten 3 Tage sehr schmerzhaft. Dann überraschend schnell verheilt. Am 21. aufgestanden. Am 23. zurück in die Wohnung gefahren. Am 19. Première: König und Tänzerin Königsberg, Vasantasena Chemnitz. – Sehr viele

1 Die Tagebücher 1906 bis 1940; Foto: Paula Goldman, USC Libraries

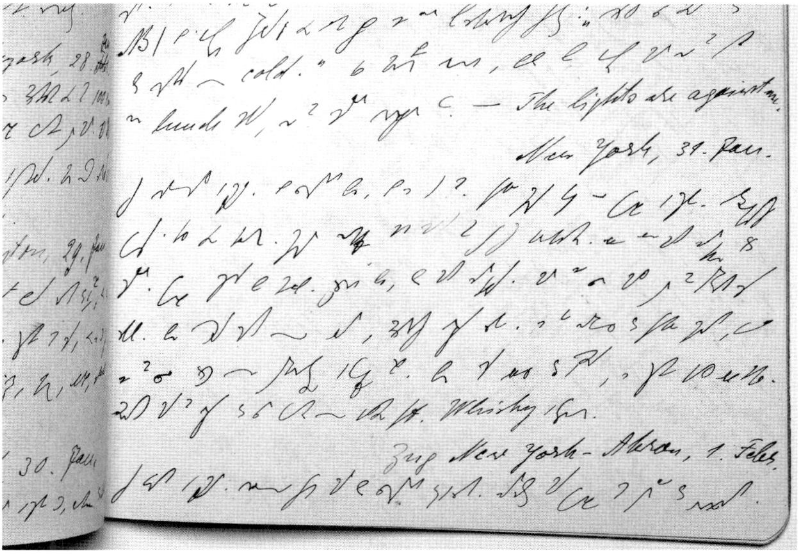

2 Aus dem Tagebuch 1933: Ab 1931 sind die Aufzeichnungen in Gabelsberger-Kurzschrift verfasst; Foto: Paula Goldman, USC Libraries

3 Mutter Johanna, die »strenge Aufseherin«, und Vater Sigmund, der bücherliebende Geschäftsmann, München, um 1883

4 Die Geschwister: Ludwig, Martin, Bella, Lion, Martha, Fritz, Franziska, Berthold und Henriette, um 1908

5 Brotzeit im Freien mit Cousin Siegbert (l.) und Bruder Ludwig (r.), 1910

6 Boheme in München: Hermann Sudermann, Frank Wedekind, Stefan Zweig, Richard Dehmel, Gerhart Hauptmann und Hermann Bahr; Karikatur von Bruno Paul im »Simplicissimus«, 1897

7 Der junge Lion Feuchtwanger

8 »Abends sehr lange mit Hartmann Domino gespielt«: Adolf Hartmann-Trepka, Geiger im Hoforchester, hatte meistens mehr Glück als der Freund, der immer bedrohlichere Spielschulden anhäufte

9 Am Anfang seiner Schriftstellerkarriere stand die Zeitschrift »Der Spiegel«: Feuchtwanger gründete das Blatt 1908 und gab zwischen April und Oktober 15 Hefte heraus

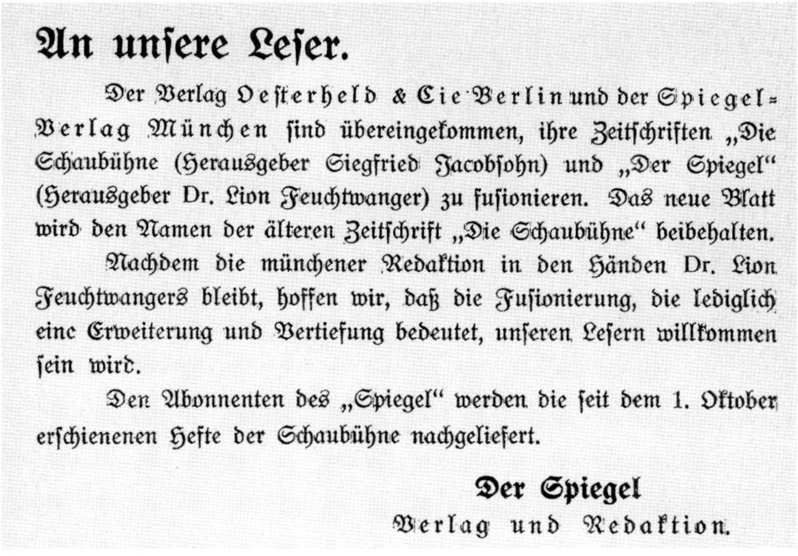

An unsere Leser.

Der Verlag Oesterheld & Cie Berlin und der Spiegel-Verlag München sind übereingekommen, ihre Zeitschriften „Die Schaubühne (Herausgeber Siegfried Jacobsohn) und „Der Spiegel" (Herausgeber Dr. Lion Feuchtwanger) zu fusionieren. Das neue Blatt wird den Namen der älteren Zeitschrift „Die Schaubühne" beibehalten.

Nachdem die münchener Redaktion in den Händen Dr. Lion Feuchtwangers bleibt, hoffen wir, daß die Fusionierung, die lediglich eine Erweiterung und Vertiefung bedeutet, unseren Lesern willkommen sein wird.

Den Abonnenten des „Spiegel" werden die seit dem 1. Oktober erschienenen Hefte der Schaubühne nachgeliefert.

Der Spiegel
Verlag und Redaktion.

10 »An unsere Leser«: Die Pleite des »Spiegels«, die offiziell mit der von Siegfried Jacobsohn herausgegebenen »Schaubühne« fusionierte, bescherte Feuchtwanger eine freie Mitarbeit an dem bedeutenden Konkurrenzblatt

11 Marta Löffler, 1910, als Feuchtwanger sie kennenlernte: »Mit Marta Löffler spazieren gewesen. 2¼ Stunden lang. Sie war sehr liebenswürdig, ohne daß es jedoch zu einer ernsthaften Annäherung gekommen wäre« (21. Mai) – »Mit Marta Löffler nach Grünwald gefahren; geküsst und gekost« (1. Okt.) – »sie ist prachtvoll amoralisch, lebenslustig und jung« (12. Okt.); Foto: M. Senn

12 Als Dramatiker schrieb Feuchtwanger tagsüber und verbrachte die Nächte in den Münchner Cafés, Theaterhäusern und Ballsälen

13 »Hastings-Probe. Statisterie sehr elend. Die Herterich bringt den Schluß nicht so, wie ich ihn möchte.« (16. Sept. 1916) – Die Kritik des Theaterautors war so gefürchtet, dass seine Anwesenheit bei den Proben mitunter nicht gern gesehen war

14 Über Annie Rosars Lesung heißt es im Tagebuch am 23. März 1916: »›Perser‹-Vorlesung bei Caspari. Besuch sehr gut, die Rosar liest gut, Beifall sehr stark.«

15 Annie Rosar, um 1917; Foto: Franz Xaver Setzer

SCHAUSPIELHAUS

Maximilianstraße 34/35 — Leitung: J. G. Stollberg — C. Schmederer

Samstag, den 13. Oktober 1917, Abends 7 Uhr

Uraufführung:

Anfang 7 Uhr

Jud Süß

Schauspiel in drei Akten (vier Bildern) von Lion Feuchtwanger

PERSONEN:

Herzog Karl Alexander von Wirtemberg	Friedr. Carl Peppler
Joseph Süß Oppenheimer, Geheimer Finanzienrat	Franz Scharwenka
General Remchingen	Adolf Grell
Heinrich Philipp Weissensee, Präsident der Domänenverwaltung	Georg Burghardt
Johann Heinrich Sturm, Landschaftskonsulent	Theodor Auzinger
Magister Rudolph Amandus Schober	Robert Rummel
Der Magus, des Juden Oheim	Paul Marx
Der Rabbiner von Frankfurt	Max Weydner
Der Henker	Ludwig Heller
Der Sekretär des Juden	Fritz Krampert
Ein Deputierter der Landschaft	Fritz Horrmann
Ein Diener des Süß	Edmund Schiemer
Die Mutter des Juden	Anna Leonardi
Tamar, seine Tochter	Leonie Dielmann
Magdalen Sibylle Weissenseein, des Domänenpräsidenten Tochter	Hilde. Herterich
Graziella, von der herzoglichen Oper	Mela Schwarz
Ein Kurier	Fritz Horrmann

Festgäste, Bewaffnete, Diener des Herzogs und des Süß.

Die Handlung spielt im Herzogtum Wirtemberg im Winter 1736/37.

Pause nach dem 1. und 2. Akte.

Die Damen werden höflichst ersucht, im Theater die Hüte abzunehmen.

Preise der Plätze einschliesslich der Städtischen Armenabgabe und 10 Pfg. Zuschlag pro Billet zugunsten der Pensionsanstalt für die Mitglieder des „Theater am Gärtnerplatz" und „Münchner Schauspielhaus".

Ranglaube an der Bühne } Vordersitz	8 M. 30 Pf.
Sperrsitzlaube } Rücksitz	5 „ 20 „
Fremdenlauben sitz	5 „ 20 „
Ranglaube (zu 4, 5 und 6 Sitzen) ein Sitz	3 „ 50 „
Rangsitz 1. Reihe	4 „ 70 „
Rangsitz 2. Reihe	3 „ 50 „
Rangsitz, 3., 4. und 5. Reihe	2 M. 50 Pf.
Sperrsitz 1.—4. Reihe	4 „ 70 „
Sperrsitz 5.—9. Reihe	3 „ 50 „
1. Platz	3 „ — „
2. Platz	1 „ 75 „
3. Platz	1 „ 25 „

DIE TAGESKASSE (Fernspr.20974) ist geöffnet: von 9 bis 1 Uhr vormittags und von 4–6 Uhr nachmittags. Eine Vorverkaufsgebühr wird an der Theaterkasse nicht erhoben.

Der **Vorverkauf** der Karten beginnt **Sonntag** und erstreckt sich auf die ganze laufende Woche einschließlich nächsten Sonntag.

VORVERKAUFSSTELLEN:
Theaterkartenverkauf, Lenbachplatz (Fernspr. 52625)
M. Hieber, Musikalienhdlg., Marienpl. (Fernspr.24806)
W. u. S. Seyfferth, Amalienstraße 31 (Fernspr. 22804)
Reiseabteilung Oberpollinger (Fernsprecher 53510)
Amtl. Bayer. Reiseabteilung G. m. b. H., vorm. Schenker & Co., Promenadepl. 16 (Fernsprecher 24701) und Hauptbahnhof, Mittelbau links (Fernsprecher 8286)
von 8 Uhr morgens bis 1/26 Uhr abends

Ueber bestellte Karten, welche bis 6 Uhr nicht abgeholt sind, wird anderweitig verfügt.

ANFANG 7 UHR — KASSA-ERÖFFNUNG 1/27 UHR — ENDE 10 1/4 UHR

SPIELPLAN:

Sonntag,	den 14. Oktober,	Nachm. 3 1/2 Uhr,	zu bedeut. ermäsigt. Preisen:	**Die Schmetterlingsschlacht.**
		Abends 7 1/2 Uhr,		**Jud Süss.**
		Abends 7 1/2 Uhr,		**Anatol**
Montag	den 15. Oktober,	Abends 7 1/2 Uhr,		**Jud Süss.**
Dienstag,	den 16. Oktober,	Abends 7 1/2 Uhr,		**Johannisfeuer.**
Mittwoch,	den 17. Oktober,	Abends 7 1/2 Uhr,	Anlässlich des Kinder-Hilfstages:	Neueinstudiert: **Moral.**
Donnerstag,	den 18. Oktober,	Abends 7 1/2 Uhr,		**Jud Süss.**
Freitag,	den 19. Oktober,	Abends 7 1/2 Uhr,		**Warren Hastings.**
Samstag,	den 20. Oktober,	Abends 7 1/2 Uhr,		

16 Über die Uraufführung notierte der Autor: »Die Première. Nach dem 2. Akt starker Beifall. […] Verfehlt scheint die erste Hälfte des 3. Akts. Die Wandlung vom Rache- zum Resignativmenschen müßte gestaltet werden.«

17 Die Goldenen Zwanziger: Bertolt Brecht, Frank Warschauer, Lion Feuchtwanger, Schwager Eduard Diamant, Schwester Franziska, Brechts erste Frau Marianne, Marta Feuchtwanger, Berliner Lunapark, um 1927

18 Marta, 1920er Jahre

19 Der »Weltbühnen«-Herausgeber Carl von Ossietzky (1. Reihe, 3. v. l.), für einen Artikel über den verbotenen Aufbau einer deutschen Luftwaffe zu 18 Monaten Freiheitsstrafe verurteilt, wurde von Feuchtwanger (1. Reihe, l.) und anderen Weggefährten in die Strafanstalt Berlin-Tegel begleitet, 10. Mai 1932; Foto: Heinz Röhnert

20 Thomas Mann, rechts im Hintergrund Marta Feuchtwanger, Berlin, um 1931. Die Bekanntschaft vertiefte sich erst im Sommer 1933 in Sanary-sur-Mer, 1932 heißt es noch: »Thomas Mann mit Frau und großer Gesellschaft getroffen. Seine Frau sieht zur Seite, um uns nicht zu sehen.«

21 »Den Kauf des Hauses perfekt gemacht«: das neue Heim in der Mahlerstraße 8, Berlin-Grunewald, 1932; Foto: Deutscher Photodienst

22 »Das Haus beginnt sich allmählich fertig einzurichten«: im Arbeitszimmer des neuen Domizils

23 Mit Ilse Gropius im Garten, im Hintergrund der Grunewald, in dem die Kreissäge des Oberförsters einen »unerträglichen Lärm« machte; Foto: Deutscher Photodienst

Besucher: Friedenthal, Brecht, Elchingers, Frank, Eltern Löffler, Volk. Adelt bietet mir die Vertretung der Theaterkritik für seine Blätter an: Neue Freie Presse, Stuttgart, Filmkurier.

24. Febr. Die Narbe tut beim Gehen noch sehr weh, wird aber wohl bald ganz verheilen. – Ausgezeichnete Kritiken: aus Königsberg und Chemnitz. – Klette da. Die Funk da.

7. März Kleine Skizze »Frauenverkäufer«, sehr schlecht gekürzt, erscheint in der Freien Deutschen Bühne.

10. März [...] Tanzabend Schwarzkopf, Schlieben. Hernach bei dem Schokoladenfabr. Seyffert: die Tänzerinnen Schwarzkopf, Metz, Schlieben; Cassirer, Eliasberg. Ganz nett.

13. März [...] Jüdische Wahlen. [...]

29. März Kleine Geschäftigkeit. Abends Cassirers 50. Geburtstag. Größere Gesellschaft. Ganz nett. [...]

31. März Die Reuscher da. Nett. Mit der Funk in den Kammerspielen. Heinrich Mann, die Roland, viel Volk. Falckenberg, die Binder bei uns.

4. April Brecht da. Nach Feldafing gefahren. Frank liest mir zwei Akte seines Reißers vor. Ich ihm den »Holländer«. Ich glaube, der Eindruck ist stark.

5. April Feldafing. Frank liest mir zwei gute Novellen vor. Ich ihm den »Spanier«, den er entschieden ablehnt.

6. April Zurück nach München. [...] Etwas am »Holländer«.

7. April Desgleichen. Feier zu Heinrich Manns 50. Geburtstag. Hernach die Herterich, Freud, Binder, Falckenberg, Hoerschelmann, Marlé, der widerliche Arnold Zweig bei uns.

21. April [...] »Holländischen Kaufmann« fertig diktiert. – Die Funk da.

23. April […] »Holländischen Kaufmann« an Reinhardt, Hamburger Schauspielhaus, Drei Masken. […]

24. April Auseinandersetzung mit dem Klavier klimpernden Nachbar-Konditor. […]

2. Mai Bei Adelts. Fritz Engel, unbedeutend. Weiß nichts von mir. Frank da. Ihm den 3. Akt vorgelesen.

8. Mai – 4. Juli 21
Reise durch Tirol

8. Mai Marta todmüde, arbeitet die ganze Nacht durch. Merkwürdigerweise kommen wir trotz großen Gehetzes rechtzeitig zur Bahn. Fahren, nur mit schweren Rucksäcken, nach Tölz und gehen noch den gleichen Tag weiter nach Lenggries.

9. Mai Noch müde. Angeregt, bei angenehm kühlem Wetter nach Fall gegangen.

10. Mai Sehr müde, schlechte Nacht gehabt. Erkältet. Marta pflegt mich hingebend und mit Erfolg. Nach Vorderriß gegangen. Einen alten Lehrer, Sozialisten, getroffen, tüchtig, wacker, leicht phrasenhaft.

11. Mai Über die Grenze nach Hinterriß. Angenehmer Gasthof. Warmes Wetter. Starke Erkältung.

12. Mai In Hinterriß geblieben. […]

13. Mai Weiter Hinterriß. Schönes warmes Wetter. Erkältung merklich besser. Mein Schulkamerad Reichel kommt mit einer Partie Radler. Kurz, kühl.

15. Mai Pfingsten. Ungeheuer viel Volk. Marta stark erkältet. […] Großen Spaziergang auf den Ahornböden gemacht, im Regen.

16. Mai […] Schönes Wetter. Gewitter. Kleiner Spaziergang ins Tortal.

17. Mai [...] Bei strömendem Gewitterregen Spaziergang ins Johannesthal.

19. Mai Hinterriß. Herrliches Wetter. Vorbereitungen zur Abreise. Rucksäcke erleichtert.

20. Mai In aller Frühe Aufbruch. Lange, sonst nicht, aber so früh im Jahr schwierige Tour über die Eng, Grammai-Sattel nach Pertisau. Viel über Schnee, Weg oft nicht zu finden, oft verlaufen. In zweifelhaften Fällen übernimmt Marta die Führung und findet sich außerordentlich geschickt und umsichtig zurecht. Lustiger Aufenthalt in einer Jägerhütte. Abends todmüde im ersten Gasthof an der Straße kleines, nettes Bauernzimmer genommen. Ungelüftet, hartes Bett, Flöhe. Marta bringt es zuweg, daß man uns mitten in der Nacht ein anderes gutes Zimmer gibt.

21. Mai Pertisau. Spaziergang im Regen.

24. Mai [...] Schöner Spaziergang von der Gaisalp.

26. Mai Nach Jenbach gegangen. Hübscher Gasthof mit schöner Aussicht. Warmer, angenehmer Tag.

28. Mai In Innsbruck, in dem widerlichen Hotel Viktoria, scheußliche Nacht. Eine Wanze. Mit Marta zum Trost furchtbar gehurt. Einkäufe gemacht. Nach Ötztal gefahren, nach Ötz gegangen.

29. Mai Ötz. Netter Spaziergang zum Piburger See. Schlechtes Wetter.

31. Mai Umhausen – Gespräch mit Hamburger Bügern. [...] An den Stuibenfall. Nach Längenfeld.

2. Juni Sölden. Wegen Martas Blase geblieben. Schlechte Nacht.

4. Juni Obergurgl. Einen Bruder Bruno Franks an der Ähnlichkeit erkannt. Schöner Spaziergang zum Gaisbergferner. Herrliches Wetter.

5. Juni Mit Franks Bruder und einem netten jungen Führer auf das Ramolhaus gegangen. Herrliches Wetter. Ziemlich anstrengend. Ich falle in einen Bach. Auf dem (nicht bewirtschafteten) Haus alles recht primitiv. Beim Feuermachen ungeheurer Rauch.

6. Juni Auf dem Ramolhaus nicht geschlafen. In aller Frühe bei herrlichem Wetter nach Vent. Der Führer hetzt. Mühelos über den (harten) Gletscherschnee. Die An-Seilerei-Komödie. Auf dem Abstieg verirren wir uns, Marta strindbergelt leicht. [...]

7. Juni Vent. Schönes Wetter. [...] Spazierengegangen.

8. Juni Gespräch mit einem jungen netten Bremenser Kaufmann-Juristen und seiner Schwester. Sehr schönen Spaziergang zur Samoar-Hütte.

10. Juni Gespräch mit einem antisemitischen Gymnasialprofessor (Kriegskameraden meines Bruders Berthold), mit zwei jüdischen Berliner Mädels. Zurück nach Sölden gegangen. Dort große antisemitische Gesellschaft.

11. Juni Nach Längenfeld gegangen. Antisemiten.

12. Juni [...] Nach Umhausen gegangen. Sehr guter Gasthof, so daß wir noch bleiben, während wir ursprünglich die Absicht hatten, weiterzugehen. Lärmende Münchener Proleten stören die Nachtruhe.

13. Juni Nach Ötz gegangen. Wiener Kleinbürger. Antisemitinnen.

14. Juni Ötz. Regen. Frost. Langweiliger Tag. Viel belanglose Post erhalten. Älteres Berliner (nicht antisemitisches) Bürger-Ehepaar.

15. Juni Noch in Ötz, da ich auf nachgesandtes Geld warte. [...] Nach Innsbruck gefahren. Schlechtes Wetter.

16. Juni In Innsbruck gebummelt. Klabund getroffen. Nach Zell am Ziller gefahren.

17. Juni Zell am Ziller. Warmes Wetter. Marta unwohl. Angenehmer Gasthof. Hübscher Spaziergang auf der Gerlos-Straße.

18. Juni Marta unwohl. Kleiner Spaziergang. Gewitter. – Wir und Telefonistinnen. Pikant antisemitischer Zwischenfall zwischen ihnen und einem Kölner Juden.

22. Juni Infolge schlechten Wetters Aufbruch verschoben.

23. Juni Immer noch schlechtes Wetter. Nach Gmünd im Gerlos-Tal gegangen.

24. Juni Schlechte Nacht. Sehr kalt. [...] Antisemiten. Zum Mitterplatt'ngasthof gegangen.

25. Juni Herrliches Wetter. Auf den Plattenkogel. Ganz freie Aussicht. Herunter nach Krimml zu den Krimmlerfällen.

26. Juni Sehr schlechte Nacht gehabt. [...] Bei herrlichem Wetter in aller Frühe fort. Nach Dorf Paß Thurn. Auf den Paß Thurn, den rechten Abschneider findend. Sehr schöne Aussicht. Herunter nach Kitzbühel.

27. Juni [...] In Kitzbühel herumgebummelt. Nach St. Johann gefahren.

28. Juni [...] Marta magenverstimmt. Auf dem Weg kleine Strindbergiade beiderseits wegen eines verlorenen Kochgeschirrs, das wir, ein groß Stück Wegs zurückgehend, wiederfinden. Wir bleiben in Gasteig.

29. Juni Martas Befinden noch immer schlecht. Gleichwohl gut gegangen, mit vielen Abschneidern nach Walchsee in Tirol.

30. Juni Walchsee (Tirol). Stiller, netter Ort. Angenehmer Gasthof. [...]

1. Juli Schlechtes Wetter, schlechte Nacht. [...] Unterhaltung mit einer Norwegerin, einem Münchener Chorsänger.

2. Juli Schönes Wetter. Gerudert, gehurt.

3. Juli Walchsee. Ruhiger, angenehmer Tag.

4. Juli Schönes Wetter. Unterhaltung mit einer affektierten Österreicherin. Postauto nach Kufstein, dort gebummelt, gegessen. Schlechte Fahrt, vor allem für Marta, im überfüllten Zug nach München. Dort die Wohnung von der Zugeherin zu unserer Freude blitzend sauber hergerichtet.

München, 5. Juli Fade Post vorgefunden. Jessner lehnt den Holländischen ab, Meinhard desgleichen. Abrechnung vom Drei Masken Verlag ganz gut, aber kein Geld. Kleine Kommissionen.

7. Juli Geburtstag: 32 Jahre. […] Frank da. Die Reuscher getroffen. Bei Adelt, der ein (gutes) Stück vorliest.

8. Juli […] Die Funk da, die Reuscher. Korrespondenz erledigt. Abends (vergeblich) herumgelaufen, eine Hure suchend.

13. Juli […] Staatsbibliothek (Vorarbeiten zu »Jud Süß«).

16. Juli […] Zusammen mit Heinrich Mann Trauzeuge bei Friedenthal. Dann mit Manns und ihm im Preysing diniert. […] Elchingers spielen auf ganz läppische Art die Beleidigten.

20. Juli […] *Den Roman »Jud Süß« begonnen.* Falckenberg, die Binder da. Sehr lang. – Ein Börsengeschäft, das ich unternehmen wollte, nichts geworden.

29. Juli […] Brecht da. Mit Ludschi zusammen. […]

14. Aug. Die Funk da. (Wäre um ein Haar beim Fliegen verunglückt.) Die Tochter Cassirers gestorben. […]

31. Aug. Ganz angenehmer Bescheid vom Leipziger Schauspielhaus. Bei einer harmlosen sozialdemokratischen Versammlung.

3. Sept. […] Roman 1. Buch fertig. Hoerschelmann da.

11. Sept. [...] Etwas am Roman. Bei meiner Mutter. – Ministerium Kahr zurückgetreten.

12. Sept. Etwas am Roman. Klette teilt mit, daß der Abdruck der Kriegsgefangenen in Frankreich gesichert sei. Friedenthal und Frau da.

17. Sept. Sehr müde. Regisseur Engel für den »Thomas Wendt« immer noch nicht da. [...]

20. Sept. [...] Engel da, um Thomas Wendt zu besprechen.

27. Sept. [...] Influenza. Regisseur Engel da, erklärt, »Thomas Wendt« sei unspielbar. Dülberg da, die Binder, Zarek. Gespräch mit Bing. »Thomas Wendt« also offenbar abgesetzt.

1. Okt. Klette teilt mit, die Aufführung der Kriegsgefangenen in Paris sei so gut wie gesichert. In den Kammerspielen Schmidtbonns »Schauspieler«. Hernach mit Falckenberg, Schmidtbonn, dem Regisseur Kaufmann, Ivan Goll und viel Volk im Restaurant.

11. Okt. [...] Etwas am Roman. Kleinen Ausflug mit Frank, Goldberg, der Ferron, Bing, Friedenthals. Abends bei Friedenthal.

17. Okt. Bei meiner Mutter gegessen. Der Musiker Hartmann da. Abends große Gesellschaft: Bach, Wolff-Ferrari, Spielhöfer, Born, Koppenhöfer, Wally Merk, Trude Brahm. Volk.

19. Okt. Etwas am Roman. Klette da. Adelt den »Holländischen« vorgelesen. Eindruck gemischt. Ich muß doch wohl noch daran ändern.

22. Okt. Sehr müde. Brecht da, geht nach Berlin. [...]

28. Okt. Kleine Geschäfte. Abends geschäftliche Verhandlungen. Die Eltern Löffler mit Schiebern.

31. Okt. [...] Abends bei Hans Ludwig Held. Ganz nett. – Bei uns Spielhöfer, die Koppenhöfer.

1. Nov. Regisseur Frank aus Frankfurt bei uns. Bubi mit Braut, Ludschi, Hartmann, die Herzfeld.

4. Nov. […] Etwas am Roman. Beim weichen Maier. Schmidtbonn. Gründungssitzung einer literarischen Gesellschaft.

5. Nov. […] Frau Mühsam da. Erzählt, wie ihr Mann gehunzt wird.

6. Nov. Viel Volk da. Regisseur Frank. Erzählt, die Theatergemeinde interessiere sich für den Calderon. Ein schwedischer Regisseur erzählt, Vasantasena sei angekündigt. Elchingers, Carola Friedenthal. Abends bei Falckenbergs.

13. Nov. […] Nachmittags bei Ludschi. Wahl. Prof. Hellmann, Siegbert, Gluskinos, Volk. Abends Bruno Frank, die Reuscher.

15. Nov. Etwas am Roman. Erich Deffner da. In den Kammerspielen. Sehr hübsche Aufführung von »Boubouroche« und dem Geizigen. Die Kammerspiele wollen den Calderon. Bing und Deffner bei uns.

16. Nov. […] Besorgnis wegen Börsenspekulation. Geschäftliche Unterredung mit meinen Schwiegereltern und Leuten, die ihnen das Geschäft abkaufen wollen.

17. Nov. […] Die längst bestellte Schreibmaschine endlich eingetroffen. – Steinicke und Spielhöfer da. – Ganz wenig am Roman.

28. Nov. Besorgungen gemacht. Viel Kleinzeug. Schreibmaschinenkurs.

1. Dez. […] Ungeheurer Börsensturz. Vergeblicher Spaziergang zu Adelt. Bei dem Maler Born.

6. Dez. […] Im Prinzregententheater: Kaufmann von Venedig, Werner Krauß, kein starker Eindruck. Die Binder.

7. Dez. Etwas am Roman. Zweites Buch zu Ende gefeilt.

8. Dez. [...] Eröffnung der Felberschen »Schaubühne«.

9. Dez. [...] Starker Börsensturz. Ziemlich lustlos das 3. Buch von »Jud Süß« angefangen.

10. Dez. [...] Börsensturz noch schlimmer, als ich gedacht habe.

12. Dez. [...] Ein kleines Mädel, Reiter, da. Hirschfeld da, der eine Schurkerei von Sinsheimer erzählt, die Poschardt da. Furchtbarer, erneuter Börsensturz. Pleite.

13. Dez. Etwas am Roman. Bei Elchingers. Die Stieler, Binder, Friedenthals, Volk. Bei Ludschi und Hartmann. Gespielt und 300 M verloren.

14. Dez. [...] Die Kurse ziehen etwas an. Die Schauspielerin Dorit Reiter da. Mit ihr gehurt. Ganz nett.

24. Dez. Etwas am Roman. Bei Ludschi. Die Koppenhöfer, Hartmann, Herzfeld, die Heinrich. – Darmkatarrh.

25. Dez. [...] Bei Adelts. Roda Roda.

26. Dez. Bei Heinrich Mann. Elchingers. Marta strindbergelt außerordentlich. Wirft mir vor, sie arbeite und rackere sich ab für mich, ich behandelte sie wie ein Aschputtel und sie werde mich vor aller Welt lächerlich machen, indem sie das herumerzähle.

28. Dez. Schlaflose Nacht. Grippe. Mein Vetter Alfred da, klagt, er sei in die (pathologisch verlogene) Funk verliebt. – Martas sinnloses, unmotiviertes, ewiges Genörgel und Geschimpf wegen lächerlicher Kleinigkeiten zerrt sehr an meinen Nerven. Sie sagt, ich beklagte mich über sie bei anderen. Wenn ich krank würde, sollte ich eine Pflegerin kommen lassen. Sie würde mich nicht pflegen.

30. Dez. Mit Marta sehr gehurt. Viktor Mann da, die Monty, Deffner, Koppenhöfer, Seiffert.

31. Dez. Etwas am Roman. Silvester allein mit Marta. [...]

1931–1934
Internationale Anerkennung und der Weg ins Exil

Düstere Vorhersehung, daß für mich nach 7 fetten die 7 mageren Jahre beginnen – Nachricht, Amerika sei mit den Bedingungen meiner Vortragsreise einverstanden – Besonders merkwürdige Ironie, daß der deutsche Botschafter mir an dem Tag einen Lunch gibt, an dem Hitler Kanzler wird – Das Haus Valmer bei Sanary angeschaut

Die Tagebücher zwischen 1931 und Mitte 1940 sind durchgängig erhalten und gewähren aufschlussreiche Einblicke in ein wechselvolles Jahrzehnt. Als renommierter Autor aus der Heimat vertrieben, verkehrte Feuchtwanger auch im Exil in den Kreisen von Kunst und Politik und konnte bald an seine alten Erfolge anknüpfen. Da aber die Tagebücher aus den zwanziger Jahren nicht überliefert sind, fehlt der Teil seines Werdegangs, in dem der Grundstein für diese Ausnahmekarriere gelegt wurde und er vom anerkannten Dramaturgen zum Bestsellerautor und Meister des historischen Romans avancierte. Dabei spielten, wie so oft im Leben und in der Publikationsgeschichte von Büchern, Geduld und Zufall eine wesentliche Rolle.

Nach dem Ende des Ersten Weltkriegs und dem Scheitern der Novemberrevolution bestimmten die Auswirkungen der Inflation den Alltag der Menschen. Die Tantiemen, die Feuchtwanger für seine Theaterstücke erhielt, waren kaum noch Pfennige wert. Auch war die Versorgungslage kritisch. Hatte er als Dramatiker tagsüber geschrieben, um die Abende in den Cafés und Theatersälen verbringen zu können, krempelte der Romancier sein Leben völlig um. Er sagte Einladungen zu Bällen und andere Verabredungen ab, um sich Tag und Nacht seinem Werk zu widmen. Weil er das mit Sägespänen gestreckte Brot nicht vertrug, musste Marta kreativ werden, wollte sie ihn bei Kräften halten: Sie fand heraus, dass in der benachbarten Metzgerei ein Theaterliebhaber arbeitete, der Fleisch gegen Eintrittskarten tauschte.

Bereits 1922 vollendete Lion Feuchtwanger die Niederschrift seines Romans »Jud Süß«. Einen Verlag aber, der sein Buch veröffentlichen wollte, fand er nicht – ein historischer Stoff und noch dazu ein jüdisches Thema passten nicht zum völkisch überschatteten Zeitgeist. Das Manuskript landete in der Schublade, und der Autor schrieb das nächste Buch, ein Auftragswerk für den ersten deutschen Buchclub »Volksverband der Bücherfreunde«. »Die häßliche Herzogin Margarete Maultasch« (1923) erschien in beträchtlicher Auflagenhöhe und verhalf dem Autor zu einer bis dahin ungekannten Aufmerksamkeit.

Die endgültige Wende brachte das Jahr 1925. Um dem zunehmenden Antisemitismus in München zu entkommen, folgten Marta und Lion Feuchtwanger im Frühjahr dem Beispiel Bertolt Brechts und Arnold Zweigs: Sie zogen in die Reichshauptstadt. Auch der Roman »Jud Süß« fand endlich Aufnahme in einem Verlagshaus, wenn auch zunächst aus eher strategischen Überlegungen: Der Drei Masken Verlag hatte Feuchtwanger vertraglich verpflichtet, ausländische Stücke für den deutschen Markt zu prüfen. Als er trotz ernsthafter Bemühungen nichts fand, was er zur Übersetzung empfehlen könnte, einigte sich Feuchtwanger mit dem Theaterverlag, die gutdotierte Vereinbarung vorzeitig aufzulösen, dafür sollte sein unveröffentlichter Roman gedruckt werden. »Jud Süß« erschien in kleiner Auflage bei mittlerem Erfolg – bis eines der Exemplare dem amerikanischen Viking-Press-Verleger Ben Huebsch während eines Schwedenurlaubs in die Hände fiel, der sich umgehend die Rechte für Amerika sicherte. Unter dem Titel »Power« wurde der Roman in den USA zu einem aufsehenerregenden Bestseller, ebenso die englische Ausgabe »Jew Süss« bei Martin Secker sowie weitere Übersetzungen in Europa. Über den Umweg im Ausland verkaufte sich das Buch nun auch in Deutschland in kurzer Zeit schwindelerregende 100000 Mal. Jetzt war Lion Feuchtwanger auch in seiner Heimat berühmt.

Mit dem Roman »Erfolg« (1930) präsentierte er wenige Jahre später eine weitere Facette seines schriftstellerischen Repertoires. Der Untertitel des bei Kiepenheuer erschienenen Romans lautet »Drei Jahre Geschichte einer Provinz«. Mehr noch als ein Buch über Bayern ist es ein Zeitroman über die deutschen Zustände in der Epoche des beginnenden Nazismus. Beklagten damals einige gekränkt das schlechte Licht, das er mit dem Roman auf seine Heimatstadt werfe, ist es aus heutiger Sicht bewundernswert, wie hellsichtig Feuchtwanger das Zeitgeschehen beobachtete und in Literatur verwandelte, was er bei den nachfolgenden Bänden der Wartesaal-Trilogie, »Geschwister Oppermann« (1933) und »Exil« (1940), abermals unter Beweis stellte.

1931 stand das Ehepaar Feuchtwanger materiell so gut da, dass es sich in Berlin-Grunewald ein Haus bauen ließ. Und schon bald ging hier die Berliner Kulturschickeria ein und aus: Verleger wie Gustav Kiepenheuer, Emil Herz, Adalbert Droemer, Ben Huebsch und Wieland Herzfelde, Autoren wie Sinclair Lewis und Bertolt Brecht, Arnold Zweig, Alfred Döblin und Heinrich Mann. Auch gab es eine neue Frau in Feuchtwangers Leben: Bereits 1924 hatte er die 21 Jahre jüngere Ausdruckstänzerin Eva Boy kennengelernt. Sie fand in dem Schriftsteller, der durch die »Häßliche Herzogin« bereits zu ansehnlichem Ruhm gekommen war, eine Vaterfigur. Er unterstützte sie materiell und förderte sie, als sie eine journalistische Laufbahn einschlug. Eva folgte den Feuchtwangers nach Berlin, die Affäre endete, als sie den aus den Niederlanden stammenden reichen Erben und Haydn-Forscher Anthony van Hoboken heiratete, doch blieben sie sich freundschaftlich verbunden. Eva besuchte Marta und Lion Feuchtwangers sogar noch im kalifornischen Exil. Ein enger Freund in Los Angeles wurde der Komponist Hanns Eisler, den Feuchtwanger auf Brechts Weihnachtsfest 1931 in Berlin kennengelernt hatte. Beide konnten zu diesem Zeitpunkt nichts von ihrer späteren Freundschaft ahnen, dennoch beschlich Feuchtwanger bei allem Ruhm und Wohlstand bereits Anfang der dreißiger Jahre eine »düstere Vorhersehung« biblischen Ausmaßes: »daß für mich nach 7 fetten die 7 mageren Jahre beginnen«.

Eine prägende Erfahrung war die Vortragstournee durch Amerika, die Feuchtwanger zum Jahreswechsel 1932/33 antrat. Er tat sich zunächst schwer mit der Zusage. Öffentliche Auftritte waren ihm ein Graus, mit der englischen Sprache stand er, dem man die bayerische Herkunft zeitlebens anhörte, auf Kriegsfuß. Auch war er kein begnadeter, publikumswirksamer Vorleser. Die praktischen Fragen, die mit dem Reisen in der Fremde verbunden waren, bereiteten ihm Sorgen. Schließlich aber gab er sich einen Ruck, die Verlockung war zu groß. Von Mitte November 1932 bis Anfang März 1933 durchquerte er Amerika: New York, Atlanta, Chicago, Albuquerque, Los Angeles, San Francisco, Louisville, Washington, Boston, Philadelphia … Im Tagebuch verzeichnet sind die zahlreichen Berühmtheiten, denen er begegnete, von Charlie Chaplin bis zum

Universal-Filmboss Carl Laemmle. Auch ein Treffen mit Eleanor Roosevelt ist festgehalten, allerdings nicht die von anderer Seite mehrfach erwähnte Begegnung mit ihr und Franklin D. Roosevelt oder die Einladung von König Georg V. nach Windsor, die der Schriftsteller angeblich absagen musste, weil sein Schiff nach Amerika bereits auf ihn wartete. Gleichwohl erlangte gerade die Bekanntschaft mit Eleanor Roosevelt eine immense Bedeutung, denn sieben Jahre später war sie es, die eine wichtige Rolle bei Feuchtwangers Flucht aus dem besetzten Frankreich spielte. Die vielzitierte Warnung des deutschen Botschafters Baron Prittwitz vor einer Rückkehr nach Deutschland findet keine Erwähnung, auch wenn das Treffen selbst dokumentiert ist. Feuchtwanger handelte jedoch entsprechend: »Im letzten Augenblick beschlossen, statt des Dampfers ›Albert Ballin‹ den Dampfer ›Aquitania‹ zu nehmen, um nicht auf dem deutschen Dampfer Unannehmlichkeiten von den Hitlerleuten zu haben.« Er kehrte nicht mehr nach Deutschland zurück, wo die SA sein Haus plünderte, sondern reiste nach Frankreich. Er wusste schnell, dass es für ihn keine Alternative zum Exil gab.

Früh hatte er den Hass der Nationalsozialisten auf sich gezogen, nicht nur durch seinen Roman »Erfolg«, sondern auch durch zahlreiche Interviews und Zeitungsartikel, nicht zuletzt auf der Amerika-Tournee. Er wurde zum begehrten Gesprächspartner, als während seines Aufenthaltes Hitler am 30. Januar 1933 zum Reichskanzler ernannt wurde: »Besonders merkwürdige Ironie, daß der deutsche Botschafter mir an dem Tag einen Lunch gibt, an dem Hitler Kanzler wird. The lights are against me.« Bei der Anschaffung einer neuen Schreibmaschine am 24. März 1933, nun schon in der Schweiz, konstatierte er nüchtern: »Eine neue Schreibmaschine gekauft. Neues Leben.« Am 10. Mai 1933 brannten seine Bücher auf dem Berliner Opernplatz, im August gehörte er zu den ersten 33 Personen, die vom nationalsozialistischen Regime ausgebürgert wurden. Er war 49 Jahre alt, auf der Höhe seines Erfolges und musste sich auf ganz neue Bedingungen einstellen. Und das tat er mit beeindruckender Schnörkellosigkeit: Regelmäßig reiste er von Südfrankreich nach Paris und London, um mit Verlegern und Filmgesellschaften zu verhandeln. Er stürzte sich in die Arbeit am zweiten Teil seiner Josephus-Trilogie, der unter dem Titel »Die Söhne« erschien.

Vor allem aber fanden Marta und er Zuflucht in Sanary-sur-Mer, gemeinsam mit zahlreichen Literaten, Künstlern und Intellektuellen wie Arnold Zweig, Bertolt Brecht, Bruno und Liesl Frank, Ludwig und Sascha Marcuse, Ernst Toller, dem Briten Aldous Huxley, dessen Biographin Sybille Schoenebeck, später bekannt als Sybille Bedford, und der Malerin und Karikaturistin Eva Herrmann. Aus früheren Bekanntschaften wurden oftmals tiefe Freundschaften. Auch das Verhältnis zu Thomas Mann, der mit seiner Frau den Sommer 1933 in Sanary verbrachte, veränderte sich. Waren sich die beiden Schriftsteller bis dahin immer nur flüchtig über den Weg gelaufen, wurden sie hier zu Leidens- und Schicksalsgefährten, bevor sie im kalifornischen Exil in unmittelbarer Nachbarschaft wohnten. All das lag 1931, als das kurze Glück und das rege Treiben in ihrem Haus in Berlin-Grunewald begann, noch in weiter Ferne.

1931

1. Jan. Silvester bei Rowohlt. Schrecklich viel Leute. Mich mittelmäßig aufgeführt. Nicht so großspurig wie manchmal früher, aber doch zu beflissen, mich ins Licht zu setzen. Besonders mit Polgar und Schwarzschild vom Tagebuch. Sinclair Lewis mir gegenüber besonders beflissen. Pallenberg etwas kühl. Leider mit Theodor Wolff nicht gesprochen. Auch zu wenig mit Olden und mit Ringelnatz. Eine Reihe netter Frauen waren da, Annemarie Hohenspitz, Frau Rowohlt, eine Tochter Großmann, eine gewisse Borchardt. Gegen Morgen leicht angetrunken schmeißt Rowohlt den Bronnen hinaus; ich suche mit etwas falschem Schwung zu vermitteln. Mich gefreut über Brechts Telefonanruf, über eine Schmeichelei, die mir Emil Ludwig telefonisch macht.

Sehr spät nach Hause gekommen, sehr wenig geschlafen. Des Morgens im »Tageblatt« etwas blöde neckische »conference« über mich, über meine Eitelkeit, eine Sache, die mich ärgert, weil sie mich trifft.

Brecht da. Unterredung mit ihm über dialektische Methode und Sinn der Kunst.

Eva ruft von München aus an. Auch Ellen Frank ruft an. Beides freut mich. Sehr schlechte italienische Kritik über »Erfolg«. [...]

2. Jan. Ausgezeichnet geschlafen. Gut geturnt. Mit der Sernau belanglose Post erledigt. Nachmittags Besuch bei Frau Sinclair Lewis. Er selber, mit dem ich verabredet war, ist seltsamerweise nicht da. Die Frau sehr beflissen; Marta meinte, es wäre besser gewesen, ich wäre allein hingegangen. Sie wollte wohl mit mir etwas flirten und hatte deshalb ihn nicht bestellt.

Löser ruft an, er habe in Kopenhagen gelesen, Lewis hätte mich für einen der besten Schriftsteller der Welt erklärt.

Abends mit Ellen Frank. Sehr nett. Mit ihr gevögelt. Ein wenig gestört durch Erinnerung, daß ich an diesem Tage 2 Jahre zuvor die Go erwischt habe, die mich diese 2 Jahre so sehr behinderte.

3. Jan. [...] Eine short story diktiert: Geschichte des Gehirnphysiologen Bl. Nachmittag Zweig da. Ihm technische Ratschläge gegeben über seinen Roman. Sehr gute amerikanische Presse über »Erfolg«. [...]

Sonntag, 4. Jan. Wohnungen angeschaut. Zweifel, wo man mieten soll. [...]

6. Jan. [...] Ein Haus angeschaut. Ich werde es wahrscheinlich kaufen.

Bei Sinclair Lewis. Er war nur kurz da. Zuckmayer und Frau dort getroffen. Belanglos. Dann bei einer ganz netten Hure. Dann in einem allzu simplen Russenfilm »Erde«. Spät ins Bett.

7. Jan. Sehr müde. Die Kurzgeschichte endlich fertiggemacht. Cahn-Bieker da. Vorläufig brauche ich ihn eigentlich gar nicht. Unterhandlungen mit der Baufirma wegen des Hauskaufs. Ein mieser Jude. [...]

8. Jan. [...] Unerquickliche Unterredung mit den Hausbauern. Unerquickliche Unterredung mit Kiepenheuer, dem ich Erleichterungen einräume. Unterredung mit Otten vom Tageblatt, wo alles sehr wacklig steht. Unterredung mit Frankfurter über den Copyright-Prozeß mit Georg Müller. Halbe Sache. In einem Film »Südpol«. Byrd. Ziemlich langweilig. [...]

10. Jan. [...] Ärger, daß von Cahn-Bieker keine Literatur gekommen ist. [...]

11. Jan. Die Kurzgeschichte erscheint (gekürzt) im B. T. Etwas mit Marta spazierengegangen. Nachmittags Rosenthal da, der gegen das Haus so wenig einzuwenden hat, daß ich eigentlich dafür bin.

Heimann und Frau da. Cahn-Bieker hat auf der Bibliothek noch nichts erreicht. Ich glaube, ich hätte besser einen anderen genommen.

14. Jan. [...] Cahn-Bieker bringt Literatur über Josephus.

17. Jan. […] Nachmittag Zweig. Liest aus dem neuen Roman vor. Schlecht.

18. Jan. Brechts »Maßnahme« im Großen Schauspielhaus gesehen. Kleiner Ärger wegen Erhaltung der Billetten. Die Aufführung selbst sehr wirksam. Ärger mit Marta. Nachmittag Rowohlt da und Hollander.

20. Jan. An einer kleinen Glosse über »Tagebuchschreiber« sehr lange gearbeitet. Eine gewisse Marianne Borchardt da; hübsch, aber etwas langweilig. Abends mit Zweig im Kabarett, die Ellen Frank anzuschauen. Sie ganz gut; das Ganze belanglos. […]

21. Jan. Heute wird Marta 40 Jahre. Den Tag für sie reserviert. Ärger wegen des Hauskaufs. Kleine Zwistigkeiten deshalb mit Marta. Den ganzen Vormittag wegen dieser Sache herumtelefoniert. Dann mit Marta spazierengegangen. Über den vereisten Grunewaldsee. Einen Hut gekauft. Mit Marta auswärts zu Abend gegessen. […]

23. Jan. […] Cahn-Bieker bringt ziemlich viel Literatur. Ganz angenehmes Interview mit einer amerikanischen Journalistin. […]

24. Jan. […] In den Josephus-Büchern geschmökert. Bei den internationalen Studenten gelesen. Großer Erfolg. Hernach mit 2 Huren gegangen.

25. Jan. Geld von Kiepenheuer. Geld aus Schweden. Ganz erfreulich. Häuser angeschaut. Entschluß, doch etwas Größeres zu bauen oder zu kaufen. […] Abends mit Sinclair Lewis und seiner Frau, Zweig, Brecht, Rowohlt. Ganz erträglich.

28. Jan. Auf der Probe von Brechts »Mann ist Mann«. Intendant Legal, Jessner. Ziemlich anstrengend. Kortner da. Möchte gern etwas für den Film oder fürs Theater. Dann spätabends mit Brecht gearbeitet.

31. Jan. […] Abends Presseball. Fad. Schrecklich viel Menschen gesehen, mich ziemlich ungeschickt benommen. […]

2. Febr. Sehr gute Rezensionen in unbedeutenden Zeitungen. Fade Unterredung mit Landshoff. Die Horschitz da, um sich eine Übersetzung korrigieren zu lassen. Abends mit Blanche Herrmann. Sie gevögelt.

3. Febr. [...] Cahn-Bieker bringt ziemlich viele Josephus-Bücher, wie es scheint, interessantere.

4. Febr. Brecht da wegen »Mann ist Mann«. Der Dramatiker Rehfisch da. Platt, witzig und eitel. Unterhandlung mit Häusermaklern. Sehr ermüdend. [...]

5. Febr. Auf der Generalprobe von »Mann ist Mann«. Sehr viele Menschen. Die nette Irmalotte Gutmann da.

6. Febr. [...] Im »BT« freundliche Bemerkungen von Sinclair Lewis über mich. Unterhandlungen mit dem Architekten von der Mahlerstraße. In Brechts »Mann ist Mann«. Kleiner nationalsozialistischer Theaterskandal. Marta macht alberne Bemerkungen. Ziemlich viele Leute getroffen. Marta verliert ihr Tuch.

8. Febr. Egon Wertheimer da: deutscher Pressechef beim Völkerbund in Genf. Erzählt von den Treibereien gegen ihn. Beim Anwalt wegen Hauskauf.

10. Febr. [...] Nachricht, auch ein großer Filmregisseur arbeite am »Josephus«. Ärgerlichkeiten wegen einer Operette, mit der ich nichts zu tun habe und die mir in die Schuhe geschoben wird.

11. Febr. Schlaflose Nacht gehabt. Kleines, nicht sehr geglücktes Gedicht geschrieben. [...] Nachmittag Frau S. Lewis da, Professor Gropius und Frau. Sehr ungemütlich, da Marta mit ihrer Abreise beschäftigt ist. Frau Gropius ganz nett. Marta fährt sang- und klanglos ab, ohne daß ich rechten Abschied von ihr hätte nehmen können. Dann in der Scheißoperette. Ich ändere ziemlich viel. Todmüde. Hernach noch bei Schwannecke. Dann bei einer Hure.

12. Febr. [...] Das Wetcheek-Gedicht fertiggemacht.

13. Febr. [...] Geld aus England für short stories. Auch sonst angenehme Nachrichten. Ellen Frank da. Sie kriegt ein Kind von Moholy. Mit Eva zu Mittag gegessen. Abends Première des »Hemd von Ithaka«. Ich bin nicht hingegangen, sondern habe den Abend mit Zweig verbracht. Es geht verhältnismäßig sehr gut für mich ab.

14. Febr. [...] Im Ganzen sehr günstige Presse über »Hemd von Ithaka«. Marta schreibt einen sehr netten Brief. Mit Eva zu Mittag gegessen. Dorothea Albu da, ganz nett. Abends noch mal Eva, mit ihr gevögelt. Todmüde. Erschöpfungszustände.

16. Febr. [...] Der Verleger Günther da, will unterhandeln wegen einer Volksausgabe von »Jud Süß«. [...] Klement bietet an, mit der Hearst Press einen sehr günstigen Abschluß über einen Wilson-Roman zu machen.

17. Febr. [...] Mit Landshoff, Zweig und der Eva das Haus in der Mahlerstraße angeschaut. Verärgert über dumme Bemerkungen Zweigs. Mit dem Herrn von der Hearst Press zusammen. Nicht aussichtslos. Mit Lippmann zusammen, ihm den holländischen Kaufmann gegeben. Mit der Gutmann zusammen. Sie erweist sich als hysterische Gans. – Der »Gehirn-Physiolog« erscheint dänisch.

18. Febr. [...] Dann den Vertrag über das Haus unterschrieben und den Scheck bezahlt. Die Hegemann da. Abends bei Franziska. Ganz nett.

19. Febr. [...] Mit Georg Hermann gegessen. Geschwätziger Federn. Die Albu da. Ganz nett. Gerda Simon da. Will eine Stellung. Abends mit Eva. [...]

25. Febr. [...] Das Wetcheek-Gedicht immer noch nicht erschienen. [...]

26. Febr. [...] Geld von Kiepenheuer. Der Agent Klement ist da, wegen eines amerikanischen Vertrages. [...] Kiepenheuer teilt mit, daß die Universum Bücherei 2000 Exemplare von Erfolg zum billigeren Preis abnehmen will. Nachmittags erwarte ich Edith Mendelssohn, die ohne abzusagen nicht kommt. Ich gehe mit der Sernau in einen Film, der auch abgesagt wird. Sehe statt dessen einen

Afrika-Film. Esse mit Zweig. Gehe dann zu einer Bowle bei einem Kunsthistoriker Schmidt. Vor allem Maler. Ganz nett. [...] 8-Uhr-Abendblatt fordert mich auf, einen Vortrag über Theater zu halten.

27. Febr. [...] Abends im Blauen Hemd von Ithaka mit Ilse Gropius. Hernach bei Borchardt. Sehr nett trotz Müdigkeit.

28. Febr. [...] Langes Gespräch mit Ilse Gropius. Ärger über die absolute Nichtachtung bei der deutschen Kritik.

1. März [...] Ein junger Münchner erzählt, mein Bruder Ludschi habe versucht, literarisch für »Erfolg« einzutreten. Das sei aber kaschiert worden.

3. März Klement da. Die Sache mit der Hearst Press ist ganz gut, aber nicht übermäßig verlockend. [...]

4. März [...] Dorothea Albu zum Mittagessen da. Nachmittag meine Schwägerin Stefanie da und ihr Sohn Klaus, ein frecher Lausejunge. Abends mit Eva gestritten.

5. März Sehr günstige Abrechnung vom 3 M V. [...] Abends Eva. Versöhnungsgevögelt.

6. März Einen Haufen unangenehmer Post. Hildenbrandt vom Tageblatt schickt das Wetcheek-Gedicht zurück. Englische Steuern. Nachrichten, der Drei Masken Verlag sei pleite. Ärger Ärger. Viel Kleinzeug erledigt. Mittags bei dem Komponisten Römer. Nachmittags Kiepenheuer da. Klement ruft an, die Sache mit Amerika mit dem übernächsten Vertrag scheint zu werden. Auch Volksausgabe von »Jud Süß« auf gutem Wege. [...]

7. März Italienische Vorrede fertiggemacht. Eva da. Brecht da. Ein Journalist da, der für Kiepenheuer einen Prospekt über »Erfolg« machen soll. Nicht unsympathisch. [...]

8. März Eva und der Literat Benjamin da. Mittags bei Federn. Der Züricher Literarhistoriker Faesi, der Kritiker Albert Wegner. Ganz amüsant. Nachmittag bei Zweig. Kiepenheuer. Abends Eva da.

9. März […] Mit Ellen Frank zusammen, die angeblich Geburtstag hat; wahrscheinlich aber erst morgen. Gevögelt. Abends Gesellschaft bei Hollander. Vegetarisch gutes Essen. Leo Matthias, der Ullstein-Herz; sehr viele Menschen aller Art. Ganz nett.

12. März Chaplin wird mich wahrscheinlich doch anrufen. Ich habe mich schon geärgert, daß es nichts wurde. Am Josephus zu arbeiten begonnen. Ziemlich schwach, aber es sind große Möglichkeiten. […]

13. März […] Brecht da. Fröschel da. Abends mit Eva gevögelt. Das Präservativ platzt.

14. März Eva bei Dr. Löser. Auskratzung. Sie ist besonders unangenehm und Prinzessin auf der Erbse. Nachmittags Tee der Bühnenleiter. Ganz angenehm. Ich genieße viel Respekt.

15. März Vortrag bei der Kundgebung für das Theater. Sehr anstrengend. Mittlerer Erfolg. Auch hier viele Zeichen von Respekt. Heinrich Mann. Hollaender. Ärgerlich. Karlheinz Martin. Mit Eva gegessen, die sehr kratzbürstig war. Nachmittag bei Margit Barnat. Ganz nett. Abends mit Ettlinger und Eva.

17. März […] Rößler da, die Eysoldt. Auseinandersetzung mit Eva. Bei dem Maler Schülein. Frisch, einige Leute aus München, die begeistert von »Erfolg« erzählen. […]

18. März […] Otten vom BT da, um mich zu interviewen. Eva da. Versöhnung. […] Telegramme von Huebsch, von Sinclair Lewis aus New York. Die Sache von den Cosmopolitan books scheint dort starken Eindruck zu machen. […]

21. März […] Sehr netter Brief von Huebsch mit einem großen Scheck. […]

27. März […] Brentano da. Fad. Abends in der Akademie. Heinrich-Mann-Feier. Ich benehme mich nicht allzu geschickt. Viele Leute getroffen. Döblin. George Grosz.

31. März […] Abends mit Ellen Frank. Sehr nett. Gevögelt. Leider verliert sie bei dieser Gelegenheit ihre Uhr.

1. April Telefongespräche mit Ellen wegen ihrer Uhr. Leidlich geturnt. Marta kommt zurück. Am Josephus gearbeitet. Mit Marta das Haus besichtigt.

2. April Marta findet die Uhr der Ellen Frank. Vormittags und mittags Beschwerden an der Prostata. Abends wird es besser. Römer spielt mir eine Oper »Médée« von Cherubini vor, der ich neuen Text unterlegen soll. Die Albu da. Affektierte Gans.

3. April […] Marta »Josephus« vorgelesen. Geld vom 3 M V. Nachmittags bei Zweig. Mit Heinrich Eduard Jacob.

5. April Ostern. Brecht da. Mit ihm das Haus angeschaut. Zu Zweig gefahren. […]

6. April Ostern. Herumgefaulenzt.

9. April […] Die Weltbühne nimmt »dankbar und glücklich« das vom B. T. abgelehnte Wetcheek-Gedicht. […]

12. April […] Abends PEN-Club für Heinrich Mann. Die Rede ist ganz gut, aber ich lese ziemlich schlecht. Auch Zwischenfälle. Sehr viel Volk. Heinrich Mann. Ilse Gropius. Frau Zuckmayer. Ich habe eine schlechte Tischdame. Man macht mir viel Komplimente. Ich benehme mich nicht übermäßig klug.

13. April […] Abends bei einer Sitzung gegen den § 218. Bei Thea von Harbou. Sehr fad.

14. April […] Landshoff und ein hübsches, etwas dummes Mädel da. Ich lasse mich breitschlagen, für irgendeine jüdische Sache einen kleinen Vortrag auszuarbeiten. […]

15. April […] Abends ruft Eva an. Sie scheint befangen und beunruhigt. Angeblich wegen der Möglichkeit einer Schwangerschaft. Hoffentlich hat sie nichts angestellt.

16. April […] Die fälligen Abrechnungen bleiben aus. In der Vossischen Zeitung bösartiger, abfälliger kurzer Bericht über meine Heinrich-Mann-Rede. […] Ein Steuerbeamter kommt, will revidieren. Verdirbt mir alle Stimmung zur Arbeit. Beschäftigung damit. Kiepenheuer da, will Moratorium. Ärger.

17. April […] Die Wolke Steuer schwebt noch immer über mir, aber nicht mehr so schlimm. […] Nachmittag bei Ludwig Berger, dem Regisseur. Mittel. Abends in Döblin »Ehe«. Furchtbarer Mist. Im »Tagebuch« ein Angriff auf meine PEN-Club-Rede. […]

18. April […] Geld kommt herein. […] Bei Zweig. Ihm Teile des Josephus vorgelesen, […] im ganzen geglückt.

19. April […] Abends in einer jüdischen Vereinigung gelesen. Zusammen mit Döblin. Gut gelesen. Leidlich unterhalten.

20. April […] Der Steuermann da. Alles geht glatt und harmlos. Die ganze Aufregung war überflüssig. […]

21. April […] Nachmittags viele Leute da: Ernst Glaeser. Mosse-Flamm, ein amerikanischer Journalist. […]

23. April […] Brecht da, Ludwig Berger, die Neher.

26. April […] Nachmittag bei Kiepenheuer. Sehr viele Leute. Gesprochen mit Horvath, mit einem kleinen Dramatiker Möller, mit Hegemann.

28. April […] Ich kriege Krauss' Talmudische Archäologie, mir für den »Josephus« sehr wichtig. Abends bei Zweig: Brecht, die Weigel. Palästinensische Theaterleute. […]

29. April […] Nachmittags ein betrügerischer Gärtner da, um den Garten am Haus anzulegen, dann Leute, die die Wohnung anschauen wollen, dann der Agent Klement, dann ein Portier für das neue Haus. Alles umständlich, ärgerlich. Dazu ruft Ilse an und aus München Eva. Abends bei Döblin. Er hat eine neue protzige Wohnung und ist naiv glücklich über seinen Erfolg. S. Fischer da mit großer Familie, das Ganze langweilig, ich furchtbar müde.

1. Mai [...] Mittags mit Liska Matthias. Dann Granach da und ein anderer Jude. Die jüdischen Organisationen nehmen mir sehr viel Zeit weg. [...]

2. Mai [...] Mit Erich Mosse (Peter Flamm) zu Mittag gegessen, mit ihm über sein Buch gesprochen. Dann mit Marta bei schönem Wetter ein wenig hinausgefahren. [...]

3. Mai [...] Die beiden Reden für Bullerjahn und das jüdische Rote Kreuz geschrieben. [...]

8. Mai [...] Zweig abgereist. Brecht abgereist. Eva angekommen. [...]

13. Mai Kiepenheuer schickt nach langer Mahnung eine längst fällige Abrechnung, aber kein Geld. Erklärt dann, er werde das Geld in 3 Tagen schicken. [...] Mit der Zuckermann unterhandelt. Den Kauf des Hauses perfekt gemacht. [...] Ein gutes Buch zu lesen angefangen: Erik Reger, Union der festen Hand.

16. Mai [...] Marta macht Szene, weil ich mit Eva wegfahre. Ärger aller Art. Furcht, ich könnte von Eva einen Tripper erwischt haben. [...]

17. Mai Die Nacht durch Furcht vor Tripper. Morgens sah es aus, als wäre diese Furcht unbegründet, mittags ist sie unbegründet. [...] Besonders alberner Schriftsatz des gegnerischen Anwalts im Copyright-Prozeß. Nachmittags Thornton Wilder da, der Verleger Tal und der Übersetzer Herlitschka. Wilder scheint sehr von mir angetan. Mit Marta gevögelt, die mir mittags gänzlich unsinnigen Krach gemacht hat.

18. Mai [...] Mit der Sernau am Josephus und sonst alles wegen meiner Abreise vorbereitet. Kleiner Krach wegen übertriebener Vorbereitungen der Marta. [...] Dann bringt Marta mich zur Bahn. Und ich fahre mit Eva weg.

Como, 19. Mai […] Marta trifft eine Bekannte am Zug, die ganz nett ist. Abends in Como angekommen. Mit Eva gevögelt. Ausgezeichnet gegessen.

Bellagio, Mittwoch, 20. Mai Sehr schlechtes Wetter. Sonst alles sehr nett. […] Nachmittags nach Bellagio weitergefahren. Hotel scheint angenehm, aber sehr teuer.

Bell., 26. Mai […] Gebadet. Besonders netter Brief von Marta. Besuch meines italienischen Verlegers nebst Übersetzerin und Freundin.

Bell., Mittwoch, 27. Mai […] Unterhaltung mit einem englischen Theologen. Nachmittags netter Ausflug mit Eva in die Gärten der Villa Carlotta. Abends Wein getrunken, starkes Gewitter. […]

Freitag, 29. Mai Im Bad mit vielen Leuten gesprochen. Eva deshalb sehr aufgekratzt. Insbesondere mit einem jüdischen Bankdirektor aus Düsseldorf und seiner Frau. Nachmittags mit diesem und dem englischen Pfarrer einen Motorbootausflug gemacht. Ganz nett. Abends mit ihnen gesoffen. Es wird ziemlich spät.

Samstag, 30. Mai Folgen des Alkohols. Trotzdem nachmittags eine Bergtour gemacht. Zusammen mit belanglosen anderen. Nett. […]

Bell., Sonntag, 31. Mai Regnerischer Tag. Mit einer hübschen jungen Engländerin geschwätzt. Mit anderen auf die Villa Serbelloni gegangen. Abends ziemlich viel getrunken. […]

Bellagio, 1. Juni […] Mich entschlossen länger hierzubleiben. Eva jammert, sie könne nur in München arbeiten. Ihr empfohlen, in aller Eile nach München zurückzukehren. Worauf sie beschließt hierzubleiben. […]

Bell., Dienstag, 2. Juni […] Hetzender Brief der Marta. Gebadet. Ein klein wenig gearbeitet. Mit Eva gut auszukommen. Spazierengegangen. […]

Bellagio, Freitag, 5. Juni Gebadet. Ein bißchen gearbeitet. Mit einer netten Amerikanerin geflirtet. Noch mal gebadet. Eva bei ihrer Arbeit geholfen. Getrunken. Ein bißchen geflirtet.

Bell., Sonntag, 7. Juni [...] Brief von dem Verlag Knaur, er wolle zu mäßigen Bedingungen eine Volksausgabe von »Jud Süß« machen. Ein Autorennen angeschaut. Mit der Amerikanerin, die eine Hure zu sein scheint, stark geflirtet.

Bellagio, Montag, 8. Juni [...] Gebadet. Wieder auf einen Berg gestiegen, mit spießigen Deutschen, einer sehr hübschen, spießigen Frau. Zuviel getrunken, auch abends. Furchtbare Magenschmerzen. Schlaflose Nacht.

Bell., Dienstag, 9. Juni Alles wieder gut. Eva schwimmt über den See. Gebadet. Eva bemüht sich, nett zu sein. Freue mich, am Freitag in Berlin zu sein. [...]

Bell., Donnerstag, 11. Juni Noch gebadet. Dann zurückgefahren. Großes Stück mit Eva, die sehr nett war.

Berlin, 12. Juni [...] In Berlin die Wohnung in schrecklicher Unordnung angetroffen wie eine ganz schlechte Generalprobe. Äußerst ungemütlich. [...]

13. Juni [...] Furchtbares Chaos im Haus von früh an. Marta unwohl und sehr nervös. Die Sernau krank, muß von Marta fortgebracht werden. Der amerikanische Manager Pond kommt. Bietet mir unter ganz günstigen Bedingungen eine Tournee durch Amerika an.

15. Juni [...] Schrecklich viele Handwerker. Furchtbar ungemütlich. Kleine Kräche mit Marta. Ich stehe herum und werde sehr müde.

17. Juni Die Sernau über Mittag da. Ich kann wegen ungeschickter Einteilung der Marta nicht arbeiten. Kleiner Krach. Abends Versöhnung. [...]

20. Juni […] Huebsch und Phaidon sagen sich an. Huebsch kommt mit seinem Compagnon und seiner Frau, ziemlich fad. Nichts Geschäftliches. Horowitz von Phaidon hat sich mit dem Drei Masken Verlag hinter meinem Rücken zu meinen Ungunsten über die Volksausgabe geeinigt.

22. Juni […] Telefongespräche mit Landshoff, mit den Anwälten, mit Droemer. Bei den Anwälten verhandelt. Die Sache sieht nicht schlecht für mich aus. Abermalige Verhandlungen mit Landshoff und Phaidon. Zweig zurück.

23. Juni […] Abends bei Studenten gelesen. Josephus wirkt nicht recht. Hingegen wirkt sehr gut der Schluß von Jud Süß.

25. Juni […] Das Haus beginnt sich allmählich fertig einzurichten. […]

28. Juni […] Huebsch da. Einen ganz guten Vertrag mit ihm geschlossen. Ich hätte einen noch besseren haben können. […]

1. Juli […] Mittags Landshoff da wegen Volksausgabe von »Erfolg«, ohne endgültige Abmachung.

3. Juli […] Mit Ilse Gropius in ihrer Bau-Ausstellung. Ganz interessant. […]

4. Juli […] Vertrag von Huebsch da, auch von Knaur Vertrag und Geld. […] Marta und ihrer Freundin aus dem Josephus vorgelesen. Gut intendiert, aber noch viel Arbeit.

5. Juli […] Nachmittag Curtis Brown da, Fiedler und eine englische Dame.

7. Juli […] Mein Geburtstag. 47 Jahre. Gratulation von Kiepenheuer, Landshoff, meiner Schwester Martha. Etwas gearbeitet. Kiepenheuer da.

9. Juli […] Etwas gearbeitet. Zweig da. Ich lese ihm aus dem Josephus vor. Die Freundin der Marta, Mieze Kunz, fährt ab.

13. Juli […] Zu dem Entschluß gekommen, was ich bisher am 2. Buch des Josephus gemacht habe, zu streichen. Den Entschluß wieder aufgegeben. Kiepenheuer schickt das Geld nicht. Großer Bankenkrach. Nicht übermäßig davon betroffen. […]

18. Juli Ganz gut geturnt. Gearbeitet. Nicht übermäßig gut. Meid hat einen scheußlichen Umschlag für »Jud Süß« gemacht. Sonst ganz leidlich. […] Nachmittag bei einer Hure. Der ganze Tag steht unter dem unangenehmen Eindruck der Notverordnung über Kapitalflucht.

19. Juli Die Notverordnung erlassen, nur halb so schlimm wie befürchtet. Immerhin wird diese Woche unter Sorgen darüber vergehen. Ziemlich schlecht gearbeitet. Meine Schwester Medi da mit ihrem Mann und Kindern. Abends bei Zweig, die Jacobi da. […]

22. Juli […] Beunruhigung wegen der Finanzlage. Bei der Sernau. Eine Pression entwickelt. Der kommunistische Verleger Herzfelde. […]

24. Juli […] Nachmittag mit Ilse Gropius und einem Bauhausmann Marcel teuer an den Wannsee. Ganz nett.

30. Juli […] Mühsam da. Mit Frau. […]

11. Aug. […] Anwalt Möhring ersucht um ein Moratorium für Kiepenheuer, der ziemlich pleite scheint.

14. Aug. […] Ilse Gropius da. Mäßig. Ich glaube Spuren von Tripper zu entdecken. Bin aber 99%ig sicher, daß es nur eine Erkältung ist.

15. Aug. Es ist eine Erkältung. […]

17. Aug. […] Zweig da. Ihm vorgelesen. Es hat ihm gar nicht gefallen.

20. Aug. […] Auf eine wichtige Änderung im Josephus gekommen. Kiepenheuer da.

21. Aug. […] Nervöser Versuch wegen der Kreissäge des Försters, die unerträglichen Lärm macht. In einem schlechten französischen Film.

23. Aug. Gefaulenzt. Bei Zweig, der unter unangenehmen Begleitumständen aus einem schlechten Roman vorliest. [...]

26. Aug. [...] Der amerikanische Rundfunk ruft an, ich soll doch sprechen. [...]

27. Aug. [...] Der Mann vom amerikanischen Rundfunk da. Mich gut mit ihm verständigt. Abends mit Ellen Frank. In einem Kino: einen afrikanischen Tier-Film. Mittel. Dann bei ihr. [...]

29. Aug. [...] Landshoff da. Es scheint bei Kiepenheuer besser zu gehen. [...]

6. Sept. Gearbeitet. Bedenken wegen des Josephus. Etwas spazierengegangen.

8. Sept. [...] Mein Bruder Fritz da. [...] Abends mit Ellen Frank da. Nett. Sie will nicht vögeln. Mir war das sehr recht.

12. Sept. [...] Zweig da mit seinen Weibern. Ihm aus dem Josephus vorgelesen. Scheint mir ganz gut.

13. Sept. [...] Nachmittag kommt Eva zurück mit dem Auto aus München.

15. Sept. Leidlich gearbeitet. Fedin da, Kiepenheuer, Eva.

20. Sept. Brecht vergeblich erwartet. Schwere neue Notverordnung. Mit Marta ein bißchen spazierengegangen. [...]

21. Sept. [...] Großer englischer finanzieller Zusammenbruch. Düstere Vorhersehung, daß für mich nach 7 fetten die 7 mageren Jahre beginnen.

22. Sept. Brecht, der mich um 1000 M angepumpt hat, die er sofort zurückgeben wollte, läßt nichts von sich hören. [...] Der amerikanische Rundfunk wird etwas, ich hatte schon gefürchtet, er wird nichts.

24. Sept. […] Das 2. Buch des »Jüdischen Krieges« in der ersten Überfeilung fertig. An dem »Historischen Roman« für den amerikanischen Rundfunk gearbeitet.

28. Sept. […] Schweden gibt die Goldwährung auf. Schwere Verluste für mich. Marta fährt nach Dolomiten. Mit Eva bei Kempinski. Ziemlich fad. […]

29. Sept. Herrliches Wetter. Schlechte Aura. »Historischer Roman« endgültig fertiggemacht. Zweig mittags da. Ganz nett. Eva unwohl, schlechte Aura.

2. Okt. […] Unterredung mit dem Schutzverband-Anwalt und meinem Anwalt über den Copyright-Prozeß. Karte von Marta. Die Oberförsterei tritt wieder mit ihrer Holzsäge an. Abends bei einer Hure und dann bei Kempinski.

3. Okt. Viel Schererein wegen der Oberförsterei und der deshalb zu unternehmenden Geschäfte. Telegramm von Marta. Gut geturnt. Mittags Eva. Nachmittag bei Klaus Pinkus. Ganz nett. Abends mit Eva bei Kempinski.

5. Okt. Die Eingaben wegen der Oberförsterei scheinen gewirkt zu haben. […] Abends die nette Ungarin da, die ich 2 Tage vorher bei Klaus Pinkus getroffen habe. Ein Bohème-Mädel. Sorgfältige Essenauswahl für sie vorbereitet. Es wurde aber nichts. Es fehlt mir einfach dafür an Heiterkeit.

7. Okt. […] Bücher vom Knaur Verlag gekommen. Sehr gut ausgestattet. Mittags mit Kiepenheuer und Landshoff gegessen. Besonders trüb und fad. Hernach bei Speckmann. Finanzdinge schrecklich verwickelt. Abends Eva da. Die Wohnung ist überheizt und alles ist recht fad.

8. Okt. […] Abends ein Film »Alexanderplatz« von Döblin, sehr schwach.

10. Okt. […] Im ersten Schlaf wird von der Sernau angerufen, die offenbar ehrlich in mich verliebt ist.

11. Okt. [...] Geld, das ich Brecht geliehen hatte und schon halb und halb verloren gab, wieder zurückgekriegt. [...]

15. Okt. [...] Mit der Sernau gevögelt. [...]

16. Okt. [...] Eva immer mit ihrer Wohnungssache beschäftigt. Ärgerlich über ihre Egozentrik. [...]

17. Okt. [...] Abends bei einem »Kaschemmenball« mit Sernau. Zuerst schrecklich gelangweilt, ich bin sehr fad auf diesem Fest. Hernach mich leidlich unterhalten. Aber mit Frauen, die mir nicht so gefallen. Bis früh um 5 dort geblieben.

20. Okt. [...] Beim Zahnarzt, der umständliche Operationen an mir vornehmen will. Eva besonders scheußlich.

22. Okt. [...] Beim Zahnarzt, der einen leicht betrügerischen Eindruck macht. Ein bettelnder Hausierer erwischt mich. Rudolf Frank und Frau da. In einem Film von Pallenberg. Recht gut. Schrecklich viele Menschen getroffen. Mit Eva und Lorant noch mal gesprochen.

23. Okt. [...] Mittags die kleine Erika da, eine kleine Nutte, will Geld haben. Ich gebe ihr etwas zuviel. Trotzdem ganz nett. [...]

24. Okt. [...] Bescheid vom Oberforstarbeiter, daß man die berühmte Motorsäge nicht ersetzen kann. Blöder Bescheid in Copyright-Sachen. [...]

25. Okt. Nicht ganz frisch. Einer jüdischen Ruth Hoschel aus dem Josephus gelesen. Gut gelesen. Ganz gut geglückt. Marta aus dem 3. Buch vorgelesen. Es gefällt mir und ihr.

1. Nov. Der Agent Klement da. Ganz nett. Macht mir erwägbare Vorschläge. Den Sonntag mit Marta verbracht. Ein bißchen gearbeitet.

2. Nov. Ein großer Tag auf dem Gericht angesetzt wegen Copyright-Prozeß. Das ganze eher günstig als ungünstig. Furchtbar anstrengend und mich auch geärgert. [...]

3. Nov. […] Eine Tochter Ullsteins da. Holländischer Verleger. Alles ganz nett. Mit dem jungen Holländer, der Sernau den Rundfunkvortrag einstudiert.

6. Nov. […] Die Volksausgabe von »Erfolg« erhalten. […]

11. Nov. […] Der bairische Kriminalist Heindl, die Bermanns, Klaus Pinkus, Erika Plehn zum Tee da. Abends Herz und Saalfeld. Herz möchte gern den Josephus für Ullstein. […]

15. Nov. Mit dem Blatt der amerikanische Rundfunkvortrag recht gut passiert. Ziemlich viele Anrufe wegen des Rundfunkvortrags. Ich lese sehr gut, aber die Übertragung scheint nicht zu glücken. Sehr kaputt hernach. […]

16. Nov. […] Rundfunksache scheint ziemlich gewirkt zu haben. Mittags mit Lilo Dammert zusammen. Nett. Abends mit Eva bei einer Première der Ellen Frank. Sehr fad.

17. Nov. […] Telegramm aus New York. Mein Vortrag scheint doch angekommen zu sein. Mittags mit Erika gegessen. Fad. Sie sieht auch sehr kompromittierend aus. In einen Massagesalon gegangen. […]

21. Nov. […] Mit Zweig spazierengegangen. Er redet sehr hebräisch daher.

22. Nov. […] Nachmittag in einer Gesellschaft bei Schüleins: Zweig, Fritz, Annemarie Seidel, der französische Botschafter und seine Frau. Mit dem Botschafter nicht ins Gespräch gekommen, hingegen gefällt ihm Zweig.

28. Nov. […] Nachmittag der Rundfunkdirektor Knöpfke da mit Frau, auch Herz und Frau. Mit Herz spazierengegangen. Er scheint ernstlich am Josephus interessiert.

29. Nov. […] Unangenehme Unterredung mit Kiepenheuer. Der Verlag, nicht er, habe den »Josephus« lesen können.

2. Dez. […] Zweig da. Mit ihm Rücksprache genommen wegen Verlagswechsel. Eva da. Nett. Abends in einer Gesellschaft bei einem gewissen Picard, Bankier. […]

3. Dez. Müde. Ganz gut gearbeitet. Bei einer Ullstein-Tochter geturnt. Nette Gesellschaft. Bei Saalfeld. […]

4. Dez. […] Ilse Gropius da. Ziemlich langweiliges Techtelmechtel. Abends mit Eva. Ganz nett.

5. Dez. Wenig gearbeitet. Mittags Eva da. Großer Krach mit Marta. Nachmittag viel Teebesuch: Frau Jacobsohn, der Maler Orlik, Frau Rowohlt, Glaeser und Frau. Abends große Gesellschaft bei Franz Ullstein, eine reiche nette Frau. Remarque. Ich benehme mich im ganzen ziemlich ungekonnt, unterhalte mich aber nicht schlecht. […]

6. Dez. […] Nachmittags zum Tee zu der Familie Saalfeld. Auch die junge hübsche Hilde Margis da. Hingegen findet Marta eine gewisse Baum, die mir gut gefällt, hart. Nett. Früh ins Bett.

8. Dez. […] Eine englische Schauspielerin da, die in Jud Süß gespielt hat. Auch ein englischer Journalist mit Frau, die Zweigs. Ziemlich anstrengend.

9. Dez. […] Mit Eva zusammen. Sehr nett. Dann aber trifft sie ihren Freund Ferber. Unangenehm.

10. Dez. […] Ein Holländer da, um über den Josephus zu verhandeln. Beim Anwalt mit Rowohlt. […]

11. Dez. […] Beim Zahnarzt, das neue Gebiß eingesetzt. […]

12. Dez. […] Beim Zahnarzt. Ihm bricht die Maschine ab, so daß die Seite immer noch nicht fertiggemacht werden kann. Nachmittags viele Leute da: Frau Eliat, Remarque, Trasack und Frau, Schülein und Frau. Ganz nett.

13. Dez. […] Die Vespasian-Szene (Messias) ist nach der Ansicht Martas noch immer nichts. Sie hat leider recht. […]

14. Dez. Steigende Zahnschmerzen. [...]

15. Dez. [...] Abends in einem Spielfilm. Eva macht mir eine kleine Szene, da ich mich zu wenig um sie kümmere.

16. Dez. [...] Mittags mit Ellen Frank. Nett. Dann zu Ullstein. Sie wollen den Josephus, allerdings zu unangemessenen Bedingungen. [...]

18. Dez. [...] Holländer schickt durch Klement einen guten Vertrag über Josephus. [...]

19. Dez. Eva reist auf einige Wochen nach München. Sehr müde. Schröder ist krank. Deshalb wird nicht geturnt. [...] Die Sernau geht früher weg auf Weekend. Überhaupt in letzter Zeit schlecht und wenig gearbeitet. [...] Dann abends bei der Eliat. Der Diplomat Kühlmann, sonst einige Leute. Zweig redet immerfort, so daß man zu nichts kommt. Todmüde nach Hause.

21. Dez. Abends in Brecht Mahagonny. Mittel. Sehr viele Menschen. Dann mit Brecht, Kortner und einigen anderen ausgegangen.

22. Dez. [...] Vertrag Josephus mit Holländer scheint perfekt. [...]

24. Dez. [...] Weihnachtsabend. Fad. Bei Brecht. Der Komponist Eisler, ein paar polnische Mädchen. Ganz leidlich. Spät nach Hause gekommen.

25. Dez. Nicht recht ausgeschlafen. Wenig gearbeitet. Ganz nette Post. Nachmittag Zweig und Lily Offenstadt da. Aus dem Josephus vorgelesen. Ein paar neue Schwierigkeiten erkannt.

26. Dez. [...] Mit Marta spazierengegangen. Mäßig gearbeitet. Weihnachten. Nachmittag bei Pia. Ziemlich fad. [...]

31. Dez. [...] Ganz gut gearbeitet. Mittags mit Lilo Dammert. Ganz nett. Marta sehr nervös und fertig. Viele Leute gratulieren zum neuen Jahr.

1932

1. Jan. Den Silvesterabend bei Zweig. Lily Offenstadt da, Zweigs Schwägerin, ein Schwede, der Rechtsanwalt Strauß. Es ist leidlich angenehm. Ich lese die ersten beiden Kapitel aus dem »Josephus« vor, sie scheinen zu wirken. Auch wird es erfreulicherweise nicht allzu spät. Marta ganz gut aufgelegt. Schimpft mich aber zu Hause etwas. – Als letzter Brief des vergangenen Jahres eine unverschämte Aufforderung des Verlages G. Müller, bei ihm erschienene Bücher zurückzukaufen. [...]

Als erster Brief kommt eine Bitte um ein amerikanisches Interview. Die Bilanz des vergangenen Jahres ist ganz gut. Vom 1. Teil des Josephus liegen fast ⅔ vor, und er scheint etwas geworden. Gesundheitlich geht es mir ganz gut, abgesehen davon, daß sich in diesem Jahr das Herz bemerkbar gemacht hat. Marta ist ein wenig reizbar, allein ich vertrage mich doch gut mit ihr und mag sie sehr. Meine Beziehungen zu anderen Menschen sind allerdings nicht sehr warm. Brecht hat mir nichts mehr zu geben und ich ihm wenig. Zweig ist zu flach und zu launisch [...], alle ein wenig zu oberflächlich, Versuche, mit neuen Frauen in Beziehung zu kommen, sind fehlgeschlagen. –

Finanziell sieht es nicht übel aus. Trotzdem ich das Haus gekauft und zur größeren Hälfte bezahlt habe, decken sich ungefähr Einnahmen und Ausgaben. Mein Vermögen ist allerdings durch Entwertung der Werte auf die Hälfte zusammengeschmolzen. Aber es reicht und meine Verträge und ökonomischen Aussichten sind nicht schlecht. [...]

Mit Marta spazierengegangen zum Teil über den gefrorenen Grunewaldsee. Ruth Albu da. Nett.

2. Jan. [...] Von Ullstein kommt ein Vertrag über »Josephus«, nicht übermäßig gut, aber erträglich. [...] Ein amerikanischer

Interviewer da. Der Literaturkritiker Franz Goldstein aus Kattowitz.

3. Jan. […] Nachmittags bei Brentano. Stenbock-Fermor, Bloch. Ganz nett.

5. Jan. […] Marta läßt eine schmerzhafte Zahnoperation ausführen. […] Mein Bruder Ludschi und seine vierzehnjährige Tochter da.

6. Jan. […] Nachmittag bei Ellen Frank, die ein Chanson von mir will, im übrigen sehr nett ist, dann bei Ullstein, Vertrag mit Herz und Schönle besprochen, ganz leidlich, dann bei Ruth Albu. Ich hatte mich besonders auf sie gefreut, war etwas enttäuscht, weil ihre Schwester Dorothea bei ihr war, dann mit ihr im Restaurant. Nett. Aber nicht so, wie ich gehofft hatte. […]

7. Jan. […] Lutz Weltmann da. Mittel. S. D. S. bietet mir die Vorstandschaft an. […]

8. Jan. […] Nachmittag Ilse Gropius da. Dann zu Ullstein gefahren wegen Vertrag. Er ist so ziemlich unter Dach. Allerdings fehlt die Hauptsache: der Vorabdruck. Abends bei Louis Ullstein. Ganz erträglich.

9. Jan. […] Da ich den Nachmittag unerwartet frei bekam, wartete ich eigentlich darauf, daß Ruth Albu anrufen werde, aber sie rief nicht an. […]

10. Jan. […] Ein Chanson für Ellen Frank geschrieben »99 von 100«. […]

11. Jan. […] Ruth Albu angerufen, sie verreist für die ganze Woche, so daß ich sie erst Samstag wiedersehen werde. Meine schwedische Agentin da, erstattet ganz erfreulichen Bericht über skandinavische Ergebnisse. […]

12. Jan. […] Marta unwohl. Ihre Zahngeschichte ist immer noch nicht vorbei. Macht mir Sorge. Eva ruft an, sie will den Hoboken, den Mann der Seidel, heiraten. […]

14. Jan. […] Marta geht es besser. Der Komponist Salomon da. Nachmittag bei Eva. Hoboken bei ihr getroffen. Mit ihr gevögelt.

16. Jan. […] Krach mit Marta wegen einer läppischen Sache. Ein Interviewer da in der Copyrightsache. Abends bei Ruth Albu. Ich bin ziemlich in sie verliebt, sie ist nett und herzlich, aber kühl und etwas gelangweilt.

17. Jan. […] Mit Herz gesprochen. Der Vertrag ist im wesentlichen in Ordnung. Es fehlt aber eine Goldklausel.

19. Jan. […] Brecht läßt mich sitzen. Von Holland kommt ein ausgezeichneter Vertrag. Ullstein will eine Klausel in den Vertrag einfügen, die meine letzten Bedenken beseitigt. Einen Anzug bestellt.

20. Jan. […] Friedenthal aus Rom da. Ganz nett. Nachmittag bei dem Maler Weissenberg und Pani, ein gewisser Kurz. Ganz nett. Auch Klaus Pinkus und Erika Plehn. Ich dann sehr schlecht aufgelegt. Vermutlich weil Ruth Albu nicht angerufen hat, auf die ich also keinen Eindruck gemacht habe. Marta errät mit überraschender Sicherheit den Grund meiner schlechten Laune. Überdies stellt sich heraus, daß ich den Geburtstag Martas, der morgen ist, vergessen habe.

21. Jan. […] Ich werde sehr dick. Von Ullstein kommt die gewünschte ergänzende Klausel. […] Ruth Albu läßt nichts von sich hören. Geturnt bei Saalfeld. Nett.

23. Jan. […] Ruth Albu ruft an. Frau Israel Hedin da, auch Klement. Mittel. Ein wüster Schimpfartikel gegen mich in einem volksdeutschen Blatt.

24. Jan. […] Brecht da. Ganz anregend. Nachmittags Eva und ihr Hoboken da.

25. Jan. […] Abends mit Ruth Albu zusammen. Sie ist so in Remarque vernarrt, daß es für mich ziemlich aussichtslos ist.

26. Jan. […] Mit Eva und Marta spazierengegangen. Kiepenheuer teilt mit, daß Ullstein ihm das Geld wegen des Josephus-Vertrags heute anweisen will. Eva will Versprechungen von mir über ihren Unterhalt. […] Abends in »Mutter« von Brecht. Teilweise ganz gut, im ganzen recht primitiv. Eine Verulkung von mir, ein individualistischer vertrottelter Lehrer. Ganz nett. Ruth Albu mit Lania im Theater.

27. Jan. […] Den Rabbiner Prinz getroffen. Abends bei Herz. Mittel. Mit der Wienerin Marietta ganz gut unterhalten. Zuckmayer. Zuviel getrunken. Es wird ziemlich spät.

28. Jan. Nicht ausgeschlafen. Todmüde. Schlecht gearbeitet. Harter Tag. Die Wienerin angerufen. Geturnt trotz allem. Nicht einmal schlecht. Einen amerikanischen Zeitungsverleger mit Klement empfangen. Dann Gesellschaft bei Singer. Ganz nette Leute. Sehr komische Wohnung. Toni van Eyck da. Ihr Mann. Fröschel und Frau. Noch ein paar Leute. Ganz nett. […]

29. Jan. […] Eine gewisse Marietta Ranschburg da, eine Wiener Verlegerin. Sie gevögelt. […]

30. Jan. […] Abends, ich bin schon reichlich müde, kommt noch die Wienerin. Möchte partout, daß ich mit ihr auf den Presseball gehe. Ich mag aber nicht.

31. Jan. […] Brecht da. Er redet ziemlich ungereimtes Zeug daher. Mit ihm und Marta spazierengegangen. Nachmittags Erlangers da, Kantorowicz, dazu die Wienerin Marietta. Ziemlich fad. Die Wienerin ist sehr zudringlich. Abends bei Hollander. Sehr viele Leute. Mich interessiert ein wenig eine jüdische Großbürgerfrau. […]

1. Febr. […] Telefongespräche mit Eva, mit der zudringlichen Wienerin. Die Hase bringt das Manuskript der ersten vier Bücher. Meine Schwester Henny aus Palästina da. Ganz interessant. Mit Ellen Frank gegessen. Schlecht gearbeitet. Abends mit Eva ausgegangen. Ganz nett. Dann kommt Hoboken dazu und ich werde verdrießlich. Auch wird es mir viel zu spät.

4. Febr. [...] Der Vertrag mit Dänemark perfekt. Abends Marietta da. Ziemlich lästig.

7. Febr. [...] Marta das 5. Buch vorgelesen. Sie gibt gute Ratschläge. Abends, um die Wienerin zu vermeiden, auch Herz und Tochter dazu gebeten, ziemlich fad.

8. Febr. [...] Nachmittags Ellen Frank da. Nett. Gevögelt. Abends mit Ellen und Marta im Newa. Ganz nett. Nachts schlecht geschlafen. Besorgnis, ich hätte mich angesteckt.

9. Febr. [...] Marta beklagt sich, daß ich sie so wenig vögele. Abends mit Eva gevögelt. Dann mit Marta gevögelt.

11. Febr. [...] Marta fährt nach St. Anton zum Skifahren. Mittags offizielles Frühstück zu Ehren eines französischen Schriftstellers. Anwesend der französische Botschafter, Döblin, Kerr, der Übersetzer Chapiro, einige Franzosen, Legal, Dessoir, die Kinder Grautoff. Ganz nett. Abends mich von der Wienerin verführen lassen, zu ihr und einer großen Hure zu gehen, mit ihr gebummelt in der »Kulisse«. Schrecklich viele Menschen. Es wird sehr spät. Dann noch mit ihr widerstrebend gevögelt. Alles sehr fad.

13. Febr. [...] Wenig gearbeitet, da die Sernau fortmuß. Fade Aufforderung von der Steuerbehörde zur Spezifizierung des Vermögens. Die Sernau wird vermißt, findet sich wieder. Eva da. Mit ihr gevögelt. Macht mir eine kleine Szene wegen der Wienerin.

16. Febr. [...] Mittags Ilse Gropius da, der der »Josephus« nicht sehr gefällt. Dann die Wienerin, die endlich abreist. [...]

19. Febr. [...] Besonders nette Briefe von Marta. [...] Tief in der Nacht ruft Eva noch an, daß Hoboken kommt.

21. Febr. [...] Mittags essen Eva und Hoboken hier. Ganz nett. Nachmittags Döblin mit Frau und Kind. Wir sprechen über Judentum. Ich bin ein bißchen zerfahren, aber es ist ganz nett. Abends kommt Eva, um hier zu schlafen. [...]

25. Febr. […] Der Oberförster und ein Polizeibeamter waren da wegen der störenden Kreissäge. Mich mittel benommen. Mit Ellen Frank zu Mittag gegessen, die sehr verärgert ist, daß ich nicht da war, als sie mein Chanson sang. […]

26. Febr. […] Sehr angenehmer Brief von Krell über den Vorabdruck des »Josephus«. Mittags mit Eva gegessen. Kalser da, der Schauspieler, verbitterter Kommunist. […]

27. Febr. Zu meinem Bedauern gesehen, wie viele Schwierigkeiten der »Josephus« noch macht. Das 6. Buch ist gar nichts. Ziemlich fad. Abends bei Klaus Pinkus gegessen. Mittel. Dann bei Mali und Igel. Viel herumgeflirtet. Mittel. Sonja und Kiki da. Mit Wolfenstein, Molnars Jenny. Es wird halb fünf, bis ich nach Hause komme.

1. März […] Abends ein Vortrag von Theilhaber. Besser, als ich gedacht hatte. Dann bei einer Hure.

3. März […] Abends, ich war bereits todmüde, Kiki da. Ganz nett. Ich vögele sie. Aber es wird nichts, da ich zu müde bin und nicht recht kann. Schreckliches Kopfweh.

5. März […] Angenehme Abrechnung vom Drei Masken Verlag, ganz netter Brief von Huebsch. […]

6. März […] Eva da. Mittags kommt ihr Hoboken. Dann Brecht da. Mit ihm an der »Heiligen Johanna« gearbeitet. Dann den Vortrag für die OSE gehalten. Ein wenig deplaziert, da nur Musikpublikum da war. Dann mit der Lily Offenstadt bei Savarin gegessen. […]

10. März […] Allein zu Haus geblieben. Allein spazierengegangen. Nicht geturnt. Abends Eva da. Es haben sich neue Konflikte mit Hoboken ergeben.

11. März […] Mit Kiki bei Kempinski. Dann bei mir. Ganz nett. Eva da. Abends bei Ellen Frank. Größere Gesellschaft. Sehr nett. Gropius und Ilse Gropius, Piscator, die Schauspielerin Brigitte Horney, eine alte Frau Pietsch. Kalser. Sehr spät nach Hause.

13. März […] Mit Brecht herumgefahren, um Wahlfieber anzuschauen. Keines gefunden. Hindenburg gewählt. Etwas gearbeitet. Mittel. […]

17. März […] Einen Film Brechts gesehen, dann bei Brecht. Mit ihm gesprochen. Ganz vernünftig. […]

18. März […] Mittags Ilse da. Ganz nett, aber anstrengend. Dann teilt Krell mit, daß Ullstein den Vorabdruck des »Josephus« endgültig aus politischen Gründen ablehnt. Abends bei Hoboken mit Eva. Die Sache mit Hoboken scheint endgültig zu klappen. Eva hat heute im Rundfunk gelesen, er hat ihr ein Auto geschenkt.

19. März […] Eva verabschiedet sich, um mit Hoboken nach München zu fahren. Abends bei Klaus Pinkus. An sich ganz nett, aber ich bin müde und fad. Eine Schauspielerin Sybil Rares. Ein nettes Judenmädel namens Flechtheim.

21. März […] Telegramm von Marta, sie komme nicht, wenn Eva in Berlin sei. Gleichzeitig Telegramm von Eva. Ich ersuche Marta telegrafisch, zu kommen. Sie kommt. Herz ruft an, sucht die Erklärung Ullsteins abzuschwächen. […]

22. März […] Unterredung mit Sinsheimer über den Vorabdruck des »Josephus«. Sehr günstig. Bei einer netten Hure. Abends bei Anita Joachim. Ganz nett. Sehr viele Leute: der amerikanische Journalist Knickerbocker mit 2 netten einfachen Amerikanerinnen, Diebold, ein italienischer Journalist, einige leidliche Frauen. Viel Volk.

23. März […] Zwei Kapitel »Josephus« für das »Tageblatt« zurechtgemacht. […]

26. März […] Marta zurück. Die Sernau wieder da. Wenig gearbeitet. Mit Marta etwas spazierengegangen. […]

27. März Ostersonntag. Eva ruft im ungünstigsten Moment aus Garmisch an, gerade während ich im Bad bin. Das »Tageblatt«, für das ich mit großer Mühe und Arbeit zwei Kapitel zum Vorabdruck zurechtmache, bringt sie nicht. Mit der Sernau etwas gearbeitet. Spazierengegangen mit Marta. Ihr einen großen Teil des 6. Buches »Josephus« vorgelesen. Sie hat Einwände, die Arbeit machen, aber nichts Lebenswichtiges betreffen.

28. März [...] Marta weiter vorgelesen. Ähnliche Einwände. Brecht da. Ganz handsome. Friedenthal da. Seine Stellung beim »Tageblatt« scheint erschüttert. Er erzählt, daß nicht Sinsheimer, sondern Theodor Wolff bewirkt habe, daß der Vorabdruck der beiden Kapitel im »Tageblatt« nicht gebracht werde.

31. März [...] »Tageblatt« nimmt den Vorabdruck nicht aus Geldmangel.

2. April Sehr schlecht aufgelegt, da sich herausstellt, daß ich eine größere Abänderung im »Josephus« machen muß. [...]

3. April [...] Die Änderung, den Glasbläser Nachum betreffend, ist doch nur halb so schlimm. Und wird wohl auch ganz gut werden. [...]

4. April [...] Eva kommt zurück, mit starkem Schnupfen. Ich mag sie nicht sehen. Der Vertreter eines New Yorker Lecture Büros bei mir. Mit ihm ziemlich einig geworden über Vortragsreise nach Amerika. [...]

6. April [...] Marta findet die neue Josiade im »Josephus« mit Recht noch immer schlecht. Herz da mit Familie. Ich bin besonders müde und schlecht aufgelegt. [...]

10. April [...] Gewählt. Gearbeitet. Ein bißchen spazierengegangen. Hoboken kommt überraschend zu Eva.

13. April [...] Eva da. Marta fühlt sich nicht recht wohl. [...] Vertrag mit Norwegen perfekt.

15. April [...] Abends Bankett für Roda Roda. Ganz nett. Monty Jacobs gesprochen, Schwarzschild, den jungen Becher, Elsbeth Behrend. Sehr geehrt. Spät, ein bißchen benommen nach Hause gekommen.

17. April Ein ganz kleiner Auszug aus dem »Josephus« im »Tageblatt«. [...] Brecht da. Ganz nett. Mit Marta und Eva spazierengegangen.

25. April [...] Hoboken da, um mit mir über Eva zu sprechen. [...]

26. April Eva verabschiedet sich, um mit Hoboken nach München zu fahren. Hochzeitsreise. Sie ist gänzlich sentimental. Auch ich bin etwas zwiespältig. [...] Die Zeichnerin Stenbock da. Zweig da. Ich lese vor. Gefällt mir.

30. April [...] Ein gutes Buch von Hollander gelesen: »Schattenfänger«. [...]

2. Mai [...] Nachmittags Lisbeth Saalfeld da, Tilly Wedekind. Abends bei dem Regisseur Berger. Eisenstein da, der Regisseur des Potemkin-Films, Toller, Rehfisch, Brecht, Frau Lania. Ganz nett. Es wird sehr spät.

3. Mai Todmüde. Sehr bewegter Tag. Geturnt. Gearbeitet. Dann der Filmregisseur Eisenstein da. Kommt verspätet. Mich sehr gut mit ihm unterhalten. Dann mein Vetter Leo da. Mit ihm über Banktechnisches gesprochen. Abends bei Louis Ullstein. Ziemlich langweilig. Eine komische Karte von Heinrich Mann. Er hat nicht hierhergefunden.

4. Mai [...] Kiepenheuer da, ein gutmütiger Trottel. [...]

5. Mai [...] Der italienische Verleger Mondadori schickt den »Josephus« zurück. [...]

9. Mai [...] Ein Japaner da, der mir erzählt, »Jud Süß« sei ins Japanische übersetzt, und mir Geschenke bringt. Zweig da, erzählt den Inhalt seines neuen Romans.

10. Mai [...] Sehr weit hinausgefahren, um Ossietzkys Einkerkerung beizuwohnen. Man steht lange und trist herum, das Ganze ist sehr peinlich und sehr langwierig. Dann gearbeitet, nicht sehr gut. Dann zu einer Hure gegangen. Langweilig.

11. Mai […] Nachricht, Amerika sei prinzipiell mit den Bedingungen meiner Vortragsreise einverstanden. Nicht angenehm, da ich leise hoffte, ich könnte mich um diese Amerikareise drücken. Geturnt bei Saalfeld. Ganz nett, aber mir einen Hexenschuß geholt.

13. Mai […] Einen kleinen Protest gegen die Beschränkung der Pressefreiheit geschrieben. Sehr geglückt.

14. Mai Wunderschöner Tag. Die Sernau schon in Ferien. Ganz gut gearbeitet. In der Sonne gelegen. Marta sehr nett. Nachmittag einige Gäste: der Japaner (der mir den japanischen »Jud Süß« mitbringt), Anita Joachim, Döblin und Frau, der kommunistische Nationalökonom Alfons Goldschmidt und Frau. Ganz nett. Abends vergnügt.

19. Mai […] Den ganzen Tag gearbeitet. Zweig teilt mit, daß er über Ettlinger und der über Klement Schlechtes über den »Josephus« gehört habe.

20. Mai […] Viel gelesen in letzter Zeit. Gute Geschichten von Maugham, eine Erzählung von einem gewissen Tügel. […]

21. Mai […] Pollatschek da, der mir ein miserables Stück geschickt hat. Landshoff da und seine Freundin, eine kleine Schauspielerin, langweilig.

22. Mai Sonntag. Angenehme kleine Post. *Den »Josephus« in der ersten Fassung fertig.* Auch die ersten Korrekturen des »Josephus« erledigt.

24. Mai […] Brecht aus Rußland zurück. Ruft an.

25. Mai […] Miner teilt mit, daß der Vertrag über die amerikanische Vortragstournee unterschrieben zurückgekommen. Brecht da. Sehr nett. […]

28. Mai Viel gearbeitet.

29. Mai Schlechte Nacht. Mittel geturnt. Müde. Den ganzen Tag mit Marta die erste Hälfte des 5. Buches überfeilt. […]

30. Mai […] Die Regierung Brüning zurückgetreten. Es sieht politisch für mich nicht gut aus. Abends in der Uraufführung des Films »Kuhle Wampe« von Brecht. Mäßig. Hernach mit Brecht, der Weigel und einigen anderen zusammen. Fad.

1. Juni Ganz gut geschlafen. Ganz gut gearbeitet. Federn, Roda und Hollander da in PEN- Club-Angelegenheiten. […]

2. Juni […] Ein Fotograf da, für Amerika. […] Eva ruft aus Wörishofen an, will Geld.

3. Juni […] Hilde Finkelnburg da, ganz nett.

4. Juni An der Überfeilung des letzten Buches gearbeitet. Mit Cahn-Bieker an den Korrekturen.

5. Juni […] Nachmittag Weissenberg und Pani-Mara da. Weissenberg zeichnet mich. Ich sehe aus wie eine ältere Frau. Wahrscheinlich sehe ich so aus. […]

7. Juni […] Szene zwischen Marta und dem Dienstmädchen Gertrud. Leidlich gearbeitet. Nachmittag bei Ullstein. Ich hatte Bedenken, ob sie nicht aus politischen Rücksichten den Roman schlecht behandeln würden. Herz und Krell scheinen jedenfalls von ganzem Herzen dafür. Hernach in der Friedrichstraße ein bißchen nach einer Hure gesucht, aber keine genommen. Nach Hause gefahren.

9. Juni […] Eva ruft von Wörishofen aus an, sie habe sich mit Hoboken geeinigt. Kommt am nächsten Donnerstag nach Berlin. […]

11. Juni […] *Den »Josephus« in der letzten Überfeilung fertig.* An die Druckerei geschickt. […]

15. Juni […] Mittags hysterischer Anfall des Dienstmädchens Gertrud, hervorgerufen durch Szene mit Marta. Abends kommt Eva mit ihrer Mutter aus München. Ziemlich fad und gezwungen.

16. Juni Ich erwarte Geld von Ullstein, das ich für Steuerzwecke und sehr dringend brauche. Eva da. […] Dann Gesellschaft bei

Saalfeld: insbesondere ein Inder, dann der dumme Nazi-Architekt Paulus, dann Toni van Eyck, Anita Joachim, die Baum, die Margis, Ulla Heimann, ihre Schwester. Leidlich. Ich bin ziemlich fad.

24. Juni Ganz günstiger Bericht über die Zeugenvernehmung in München. Huebsch da, der amerikanische Verleger. Ißt mit uns zu Mittag. Es kommt nichts Rechtes dabei heraus. [...]

Binz auf Rügen, 28. Juni [...] Krell teilt mit, daß die »Vossische Zeitung« trotz allem ziemlich sicher den »Josephus« bringen wird, das 5. Buch hat ihm ungeheuer gefallen. Dann nach einigen Verzögerungen mit Eva im Wagen fortgefahren. Eva fährt sehr gut. Wir sind beide recht guter Laune. Ein paar Umwege nach Binz. Überall Hakenkreuzler. [...]

Hiddensee, Kloster, 29. Juni Rundfahrt durch ganz Rügen gemacht. Nett. Eva fährt ausgezeichnet und ist eine gute Reisebegleiterin. Unter einigen Fährnissen nach Hiddensee. Ein bißchen enttäuscht über die Primitivität.

Donnerstag, 30. Juni Gebadet. Spazierengegangen. Gevögelt. Herrliches Wetter. Ganz nett. Ziemlich viel getrunken mit Eva.

Freitag, 1. Juli [...] Eva erhält ein Telegramm von Hoboken, er kommt schon Sonntag nach Berlin. Sie redet stark, sie denke nicht daran, nach Berlin zu gehen. Sie bliebe bis Montag. Angenehmer langer Spaziergang, die Allee ist wunderschön. Ich verknackse mir den Fuß. Abends Eva sehr müde. Ich kann nicht schlafen, da unten Leute furchtbaren Krach machen. Nehme Baldrian.

Samstag, 2. Juli Eva kommt in der Frühe zu mir. Gevögelt. Dann ist sie sehr echauffiert und erklärt, sie wolle doch schon morgen oder noch lieber heute fahren wegen Unwohlsein, aber in Wahrheit wohl aus Angst vor Hoboken. Ich bin schlecht aufgelegt, das Wetter nicht so schön wie bisher. Ich gehe allein spazieren. Netter Brief von Marta. Nachmittags hellt sich das Wetter auf. Ich liege in der Sonne am Strand.

Hiddensee, Sonntag, 3. Juli Eva will zurückfahren. Nach vielen kleinen Unbequemlichkeiten ziemlich angestrengte Rückreise nach Berlin, wo wir um ½ 10 Uhr ankommen. Eva sehr nervös wegen Hoboken, auch Marta gereizt. Spät zu Bett.

Berlin, 4. Juli [...] Eva hat ziemlichen Krach mit Hoboken. Nachmittag Zweig da. Ich lese ihm den Schluß des 4. Buches vor, scheint stark auf ihn zu wirken. [...]

5. Juli [...] Revision der Korrekturen des »Josephus« ein für allemal beendet. [...]

6. Juli Infolge eines Moskitos schlecht geschlafen. [...] Nachmittags Eva und Hoboken da.

7. Juli [...] Mein 48. Geburtstag. Da eine Zeitung davon Notiz nimmt, gratulieren ziemlich viele Leute. Marta hat ein schönes Bild von sich malen lassen. Mittags verabschiedet sich Eva, um auf lange Zeit mit Hoboken wegzufahren. Unmittelbar darauf bekomme ich einen langen, sehr hartnäckigen Hustenanfall und kann nicht mehr reden. Ich lege mich ins Bett. [...]

9. Juli [...] Das neue Buch von Zweig gelesen. Ganz gut. Kiepenheuer da. Pumpt mich an.

13. Juli [...] Mittags die Hersteller und der Zeichner von Ullstein da wegen der Ausstattung des Josephus. Das Buch wird sehr schön. Nachmittag Kroner da, Herausgeber des Uhu, der von mir Beiträge will. [...]

14. Juli Kleiner Ärger, daß von Eva nichts da ist. [...] Abends Brief der Eva, in dem sie mich anpumpt.

16. Juli [...] Beschlossen, die Autoreise doch wieder nach Ostpreußen zu machen. Kleine Unzuträglichkeiten mit Marta. Netter Brief von Ossietzky, in dem er sich für die Zusendungen der Fahnen bedankt. [...]

19. Juli [...] Reisevorbereitungen.

Kolberg, Ostsee, Mittwoch, 20. Juli [...] Schlechtes Wetter, Marta sehr gründlich, infolgedessen wird es furchtbar spät. Wir kommen erst mittags 2 Uhr fort. Es ergeben sich auch am Wagen sogleich weitere Defekte. Immerhin fahren wir dann rasch und gut 300 km bis Kolberg.

Zoppot, Ostsee, Donnerstag, 21. Juli Ziemlich viel gefahren. Früh weggekommen. Viele Umstände mit Verzollung usw. Kleiner Ärger, weil Marta nie essen will und wegen ihres Geizes und ihrer Rechthaberei. Schönes Wetter. Schlechte Laune. Sehr üble politische Nachrichten in den Zeitungen. Unlust, ob auch die Paßvisa und dieses Zeug stimmen.

Zoppot, Freitag, 22. Juli Außerordentlich unangenehmer Tag, da Marta mich immerfort zum Gegenteil von dem zu zwingen sucht, was ich will. Dazu unangenehme politische Nachrichten. Marta wird unwohl, man muß länger hier bleiben. Frage, ob das möglich ist wegen des Paßvisums, taedium vitae.

Zoppot, 23. Juli [...] Wetter immer noch schön. Viel kleiner Ärger. Gebadet, auf Martas Wunsch nicht zu Mittag gegessen. Einige Auswüchse und Beschimpfungen Martas.

Cranz bei Königsberg, Sonntag, 24. Juli Sehr schlechte Nacht. Dann nach einigen Beschimpfungen Martas glücklich weggefahren. Marta unterwegs sehr nett, sehr geschickt und hurtig bei einem Reifenbruch. Cranz erweist sich als windig und sehr primitiv.

Cranz, Montag, 25. Juli Marta strindbergelt stark. Cranz landschaftlich sehr schön und auch das Wetter schön. Viel gebadet, langen Spaziergang durch den Sand gemacht. Zimmer primitiv, Essen leidlich. Maugham »Cakes and Ale« gelesen.

Cranz, Donnerstag, 28. Juli Schlechtes Wetter. Trotzdem gebadet. Spazierengegangen. Marta wird immer umgänglicher, da sie nicht mehr unwohl ist. [...]

Cranz, Freitag, 29. Juli Schönes Wetter. Eilbrief von Eva. Viel Englisch gelesen. [...]

Memel, Sonntag, 31. Juli Ziemlich anstrengende Autofahrt über die litauische Grenze. Aber ganz angenehm. Abends noch ziemlich viel Arbeit, da wir andern Tags in aller Frühe mit dem Schiff weiter müssen.

Nidden, 1. Aug. In aller Früh aufgebrochen. Marta erweist sich als sehr tüchtig. Sehr müde. Ganz angenehme Schiffahrt nach Nidden. Dort das erste Hotel überfüllt, kein Platz, das zweite sehr primitiv. Auch zunächst kein Zimmer, erst im Laufe des Nachmittags. Wir gehen schwimmen. Langer Spaziergang. Gewitter. Wir laufen im Gewitter nackt zurück.

Nidden, Mittwoch, 3. Aug. Witterung mäßig. Sehr angenehmes Bad, angenehmer Spaziergang. Marta ist jetzt immer sehr gut zu haben.

Nidden, Freitag, 5. Aug. [...] Thomas Mann mit Frau und großer Gesellschaft getroffen. Seine Frau sieht zur Seite, um uns nicht zu sehen.

Memel, Montag, 8. Aug. Marta packt. Hat heftige Magenkrämpfe. Nach Memel gefahren.

Marienburg, 9. Aug. Panne und das Übliche. Dann 360 km hierher gefahren. Marta sehr ausdauernd.

Berlin, 10. Aug. Sehr angenehme, wenn auch anstrengende Fahrt. Marta fährt die lange Strecke sehr gut durch und ohne schlechte Laune. In Berlin alles relativ befriedigend vorgefunden.

13. Aug. [...] Den Barbaren-Vortrag für Amerika angefangen. Unangenehme Arbeit, die andere besser können. Ziemlich viel Englisch studiert. [...]

15. Aug. [...] Ellen Frank da. Ganz nett. Etwas beeinträchtigt durch Martas Gegenwart.

16. Aug. [...] Literary Guild erwirbt, wie Huebsch mitteilt, den »Josephus« für den Oktober.

22. Aug. An dem amerikanischen Vortrag gearbeitet. Gefällt mir nicht sonderlich. Einen Engländer dagehabt, mit dem ich Konversation machen soll. Er spricht sehr deutlich, ist mir aber im übrigen unsympathisch.

26. Aug. [...] Beim Zahnarzt, der mir einen Zahn zieht und der jetzt eine durch Wochen andauernde Operation ankündigt. [...]

27. Aug. [...] Die Hüter da, Cahns Freundin, um mich zu bitten, ich möchte doch für sie oder Cahn-Bieker eine Stellung finden. Eine Wespe sticht mich empfindlich.

4. Sept. Die Sernau kommt auch heute trotz Sonntag. Etwas depressive Stimmung. Heftige Zahnschmerzen. Das Englisch macht mir viel Mühe und Sorgen, ob ich in Amerika durchkommen werde. Nachmittags Krankenbesuch bei Herz vom Ullstein Verlag.

5. Sept. Große Geschichten beim Zahnarzt. Er zieht mir noch einen Zahn, durchbohrt 3 Zähne, plombiert 4. Sehr anstrengend und schmerzhaft.

6. Sept. Am 2. Aufsatz für Amerika gearbeitet. [...]

7. Sept. [...] Ein amerikanischer Journalist da, sehr kokett und snobistisch, der einen Aufsatz übersetzen soll. [...]

9. Sept. [...] Mittags die Weigel da. [...]

12. Sept. [...] Klement teilt mit, Gallimard in Paris wolle ernstlich den »Josephus«.

15. Sept. Viele Scherereien wegen der englischen Übersetzung meiner Artikel. [...] Der 3. Artikel »Amerikanismus« endgültig mißglückt. Ich schreibe statt dessen einen anderen: »Sinn und Unsinn des Nationalismus«. [...]

17. Sept. [...] Endlich kommt das englische Manuskript des 1. Aufsatzes. Ein Engländer, um den 2. zu übersetzen. Macht einen schlechten Eindruck. [...]

18. Sept. […] In der »Vossischen« Notizen über den »Jüdischen Krieg«. Ein Bild von mir. […] Beschlossen, doch nach England zu fahren. […]

20. Sept. […] Vossische Zeitung macht viel Wesen aus meinem Buch. […] Interview mit einer jüdischen amerikanischen Journalistin.

21. Sept. […] Der Übersetzer bringt die Übersetzung. Er hat nichts verstanden. […]

24. Sept. […] Verhandlungen mit einem Mann von der Cunard Line über Schiffe. Amerikanerin da wegen eines Interviews. Telegrammwechsel mit Eva.

25. Sept. […] Brecht da. Mich mit ihm über den »Josephus« und sein Stück »Maß für Maß« unterhalten.

26. Sept. […] Mein Aufsatz im »Tageblatt« über den modernen Roman findet außerordentlich viel Zustimmung. Auch sonst viel angenehme kleine Nachrichten.

Garmisch, 27. Sept. […] Zahllose kleine Vorbereitungen für die Zeit meiner Abwesenheit. Technische Regelung der Geldbeschaffung, die mir Sorge zu bereiten angefangen hatte, scheint zu klappen. Abends nach München gefahren.

Garmisch, 28. Sept. Gut gefahren. Im Coupé Unterhaltung mit Franzosen. Leider Französisch statt Englisch. Eva und Hoboken ganz angenehm getroffen. Viel spazierengelaufen. Vormittags und nachmittags. Etwas in der Sonne gelegen.

München, 29. Sept. Nach einigem Hin und Her im Wagen mit Eva und Hoboken nach München gefahren. In Feldafing geluncht. Im Hotel Schwarzschild getroffen, überraschenderweise, Bruno Frank, den Maler Großmann. Abends mit Eva und Hoboken auf der Oktoberwiese gewesen. Ganz nett.

München, 30. Sept. Ich stelle mich beim Termin nicht sehr geschickt, aber auch nicht ungeschickt. Der Vergleich kommt nicht zustande. Beim Bankier Feuchtwanger. Ganz nett. Mit Eva und Hoboken gegessen. Frank und Schwarzschild getroffen. Auseinandersetzung mit Frank, der erklärt, nur infolge meiner Eitelkeit, meiner manischen Ichbesorgtheit habe er den Verkehr mit mir abgebrochen. Hernach noch viele Leute getroffen, die ganz nette Frau Schwarzschild. Dann im Kino mit Ellen F. Ein schlechter Bergnerfilm: »Der träumende Mund«. Dann mit Schwarzschild und anderen weiter gebummelt.

Wörishofen, 1. Okt. Nicht ausgeschlafen. Sehr verkatert. Autofahrt mit Hoboken und Eva. Endlich verabschiedet sich Hoboken. [...]

Wörishofen, 2. Okt. [...] Mit Eva ist wenig anzufangen. Immerzu ist der Arzt Baumgarten um sie. Nachmittags nach dem Kloster Ottobeuren gefahren. Mittel. Nach Memmingen. Ein bißchen gebummelt, getrunken.

München, 4. Okt. Eva noch immer unwohl. Ziemlich vertrauliche Gespräche mit ihr. Nachmittag mit dem Wagen nach München gefahren. In München in den Jahreszeiten zu Abend gegessen. [...]

Berlin, 5. Okt. [...] In Berlin finde ich einen Brief von Pond aus Amerika, daß er zahlungsunfähig ist. Das wirft alle meine Amerikapläne über den Haufen. [...]

6. Okt. [...] Sehr gute holländische Kritiken des »Josephus«. Englische Konversation. Ashley Dukes da. Berichtet, daß wahrscheinlich der Film »Jud Süß« zustande kommt.

8. Okt. [...] Telegramm von Huebsch, er habe Aussichten wegen des Filmverkaufs von »Josephus«. Der Schiffahrtagent da. Ernst Glaeser da, um zu verhandeln wegen der Propaganda für den Roman. Ein wüster Angriff eines rechtsstehenden Blattes. Englische Konversation. Abends bei Ullstein. Ganz interessante Unterredung mit dem Finanzminister Reinhold. Mir ist ziemlich schlecht.

9. Okt. [...] Brecht da wegen seines Stücks. [...]

12. Okt. Die englische Ausgabe des »Josephus« trifft ein, die amerikanische, die deutsche. [...] Eva schreibt sehr nett, ruft an, will noch mal nach Berlin kommen.

15. Okt. [...] Einen Aufsatz »Was ist Wahrheit?« zu schreiben versucht, es wieder aufgegeben. Englische Konversation.

16. Okt. [...] Bericht aus Schweden, die Rezensionen seien ausgezeichnet, eine 2. Aufl. bevorstehend. Eva zersplittert sich in lauter Kleinzeug, so daß keine rechte Vertraulichkeit zustande kommt. Früh gevögelt. Abends ausgegangen. In verschiedenen Lokalen herumgezogen, einen miserablen Film gesehen. Im ganzen disappointed. Sehr spät nach Hause gekommen.

17. Okt. [...] Eva fährt am Abend wieder weg. Herz teilt mit, daß der Vorverkauf des »Josephus« sehr gut sei.

19. Okt. Nun doch einen Aufsatz über den »Josephus« für die »Vossische« geschrieben. Ziemlich gehetzter Tag. Mit dem Drei Masken Verlag über die Tonfilmrechte an »Jud Süß« unterhandelt. Ann Bernstein getroffen. Englische Stunde. Brecht da. Ganz nett. Klement ruft an, die Verhandlungen mit dem besseren französischen Verleger hätten sich zerschlagen, wir müßten also mit Michel abschließen; das hätte man auch vor drei Monaten haben können. Die erste amerikanische Kritik, mittelmäßig.

20. Okt. [...] Glaeser teilt mit, daß schlechte deutsche Kritiken abgewehrt seien. Den Artikel für die »Vossische« doch geschrieben. Er wird ganz gut. Die Rezension in »New York Times« soll recht gut sein. [...]

21. Okt. [...] Die Rezension in der »New Y. T.« soll doch nicht recht brauchbar sein. Englisch. Der Aufsatz in der »Vossischen« erscheint sehr gut aufgemacht, mit einem 2. kleinen Artikel von Witkowski

23. Okt. [...] Gute Kritik aus der »Times«. Die »Vossische« macht immer noch gute Reklame für den »Josephus«. Pond depeschiert aus Amerika, ich möchte doch den ganzen Winter über bleiben.

Ganz gutes Zeichen. Privatkorrespondenz. Nachmittags Theilhaber da und Döblin mit Frauen. [...]

26. Okt. [...] Brecht da. Ganz nett. Recht gute amerikanische Kritiken. Ziemlich kühler, aber im ganzen befriedigender Brief von Huebsch. Abends mit Lilo Dammert. Nett, aber sie hat Hemmungen gegen Vögeln. [...]

28. Okt. [...] Wiegler schreibt in der »BZ« eine mittelgute Kritik über den »Josephus«. Die Auszüge Seckers aus den englischen Zeitungen sind gut. [...] Alles in allem scheint der »Josephus« gut zu gehen.

29. Okt. [...] Schlechte englische Kritiken.

30. Okt. [...] Rezension Zweigs in der »Vossischen«, Kellermanns in der »Morgenpost«. Recht gut. Fröschel da, erzählt von Amerika. [...] Zweig mit Frau da. Brecht. Ganz nett. Brecht bleibt bis 1 Uhr. Ich lese ihm den »Nationalismus« vor. Er findet ihn schwach und unklug.

31. Okt. [...] Klement, der Agent, teilt mit, daß der französische Vertrag über den »Josephus« endlich perfekt sei und der italienische Vertrag nahe vor dem Abschluß. [...]

Berlin, 1. Nov. [...] Einige Verabschiedungsgespräche, Ullstein und Herz sind zufrieden mit dem Absatz des Josephus. Scherereien mit Packen usw. Marta kompliziert die Sache durch Sparmaßnahmen. Mit der Sernau komme ich ganz gut aus. Abends nach einigem Hin und Her und kleiner Szene mit Marta abgefahren. Ganz gute Nacht im Schlafwagen. Nicht gestört durch Zoll und solche Sachen.

London, Mittwoch, 2. Nov. Ziemlich anstrengende lange Fahrt. Leichte Seekrankheit, aber im ganzen nicht zu unangenehm. Secker und Frau holen uns ab. Kleine Verstimmung, weil das Hotel wieder ziemlich primitiv ist und keine Dampfheizung hat.

Donnerstag, 3. Nov. [...] Mit Marta durch die Stadt geschlendert. Ganz nett. Dann ein Interview. Ziemlich belanglos. Dann mit Secker und Howe zusammen. Habe den Eindruck, daß es finanziell ziemlich mies um sie steht und daß ich Schwierigkeiten haben werde. Ein Brief von Curtis Brown, er will mir Filmvorschläge machen. Dann soll ich vor ein paar Studenten eine englische Vorlesung halten. Abends sehr müde. In einem kleinen Restaurant ganz nett mit Marta gegessen.

London, Freitag, 4. Nov. [...] Ziemlich lange im Bett geblieben. Nichtssagender Brief von Knaur. Telegramm von Huebsch, wie unzulänglich Pond ist. Unterredung mit Universitäts-Professoren; ich soll endgültig am Donnerstag Lecture halten. Im übrigen große Schwierigkeiten aus nationalistischen Gründen; trotzdem Rezensionen im ganzen gut. Auch neue Rezensionen von Huebsch. Ein Interview mit einem Mann vom Observer. Dann lange schwierige Unterredung mit Curtis Brown und Filmleuten wegen der Zusatzrechte zu »Jud Süß«. Schwierigkeiten wegen des Drei Masken Verlages.

Samstag, 5. Nov. [...] Telegramm von Pond, daß in Amerika alles nach meinem Wunsch geht. Mit Howe von Secker langen Autoausflug gemacht: Kew, Richmond, Hampton Court. Angenehmes Wetter, schöne Parks und Schlösser. Mein Englisch leidlich. Das eine Interview ist erschienen. Telegramm vom Drei Masken Verlag, daß er im wesentlichen einverstanden. [...]

Sonntag, 6. Nov. Zu Secker hinausgefahren. Ich hatte erst Angst, es würde alles nicht klappen. Es klappte aber ausgezeichnet. Netter Tag in Iver. Frau Secker erzählt mir lange Geschichten über ihren asexuellen Mann. Er kommt mir in seinem Landhaus viel netter vor. Dann mit Secker eine nette Familie in der Nähe besucht. Mit dem Mädel, das einmal bei mir in Berlin war, ein Rendezvous verabredet. Abends bei Ashley Dukes. Sehr müde. Margaret Kennedy, die Frau von Dukes. In einem kleinen Theater, in dem Ballett gespielt wurde, das D.s Frau arrangiert hatte. Mittel. Eine Menge Leute vorgestellt, darunter Herbert Samuel. Sehr müde nach Hause.

7. Nov. [...] Mit Secker geluncht. Dann auf einer Bank. Ich bin mir etwas unklar, ob ich alles richtig gemacht habe, weil ich keine

Quittung habe. Dann bei Curtis Brown. Etwas umständliche Verhandlungen wegen der Filmsachen, aber sie scheinen zu klappen. Dann mit Howe gearbeitet, um die Lecture für die Universität fertigzumachen. Es ist leichter, als ich glaubte.

8. Nov. […] Langes Interview mit dem »Manch. Guardian« über politische Dinge, dann mit einem jüdischen Schriftsteller. »Josephus« scheint in London doch ein guter Erfolg. Dann Lunch bei Melchett, der Zionist Weizmann, ein Unterstaatssekretär, ein alter Lord. Ganz nett. Alle machen mir Elogen über den »Josephus«. Mit Gwen Melchett kommt kein rechtes Gespräch zustande. Sie lädt uns ein, am Abend, bevor wir fahren, auf ihr Gut zu kommen. […]

10. Nov. […] Zwei mutige Kritiken des »Tagebuchs«. Sehr gut im Tempo. Viel Ärger mit den Filmleuten wegen des Vertrags. Alle sind Fummelkrämer. Dann Lunch mit den Vincents, ganz nett. Dann die Vorlesung auf der Universität. Einiges ist mißglückt, aber im ganzen sehr gut. Starker Beifall, ich glaube, es war ein wirklicher Erfolg. Dann viele Leute zum Tee bei uns. Vertrag über die Filmzusatzrechte scheint im ganzen in Ordnung. Heftiger und umständlicher Brief an den Drei Masken Verlag. Dann der Zionistenführer Weizmann da. Nicht unsympathisch.

11. Nov. Gepackt. Viele Kleinigkeiten. Dann mit dem Auto auf das Gut der Melchetts hinausgefahren. Infolge eines mißverständlichen Anrufs nahm Marta an, Sonia ließ uns ausladen. Wir waren sehr neugierig, was auf dem Gut erfolgen würde. Unterwegs die Kathedrale von Winchester angeschaut. Das Gut ist herrlich. Die Melchetts hatten nur angerufen, daß wir doch früher kommen sollten. Es sind ganz nette Leute da. Angenehmer Tee, angenehmer Abend, ein bißchen mit Sonia geflirtet. Mich auch mit ihm ganz gut unterhalten. Mein Englisch leidlich. […]

Dampfer »Europa«, 12. Nov. Nicht ausgeschlafen. Früh mit den Melchetts einen kleinen Spaziergang gemacht. Dann mit Marta nach Southampton und an die Docks gefahren. Auf dem Tender zur »Europa« fliegt mir mein Hut weg. Marta ist besonders nett zu mir. Der Abschied von ihr fällt mir scheußlich schwer. Todmüde. Das Schiff ist sehr gut, aber ich fühle mich trotzdem ziemlich unbehaglich. […]

»Europa«, 13. Nov. Nacht mittel. Ebenso Tag. Außer dem alten holländischen Juden nur eine alte amerikanische Dame gesprochen. Sehr gut gegessen. Ziemlich gelangweilt. Ein Anflug von Seekrankheit vergeht sehr rasch.

»Europa«, 14. Nov. [...] Enthaltsam im Essen. Hergesheimer spricht mich an, ein etwas affektierter Herr. Eine alte jüdische Dame aus Chicago macht mir ungeheure Komplimente über den »Jüdischen Krieg«. Viel Kleinzeug. Briefe. Abends stellt mir Hergesheimer die Frau des Verlegers Knopf vor. Ganz nett, aber ganz kalt. Es wird sehr spät.

»Europa«, 15. Nov. Ziemlich starker Wind. Sehr schlecht geschlafen. Befinden mittel. Arbeiten unmöglich. Ich komme spät auf Deck. Telegramm vom Drei Masken Verlag, sie seien mit Brown einverstanden. Eine ganz nette Jüdin spricht mich an, möchte, ich solle in New York zu ihr und ihrem Mann kommen. Ein bißchen im Pferderennen gespielt und verloren. Friseur. Kleinzeug. Komisch, wie im Kino durch den Sturm ganze Stuhlreihen hintenüber sacken. Gefühl der Simultanität, daß gleichzeitig, während man auf dem Schiff ist, europäische Dinge der vorigen Woche vorgeführt werden und daß man ständig über alles durch Radio auf dem laufenden ist. Frau Knopf stellt mir eine alte laute russische Großfürstin vor; zwei besoffene Engländer wollen mir gutgemeinte Ratschläge über die Art meiner Vorträge geben. [...]

»Europa«, 16. Nov. Wetter wieder sehr schön. Mittel geschlafen. Mit sehr vielen Leuten gesprochen. Auch ein bißchen geflirtet. Es wird wieder sehr spät, bis ich ins Bett komme.

New York, 17. Nov. [...] Ziemlich aufgeregt. Ich spreche mit einer Menge Leute. Lauter halbe Dinge. Die Trinkgelderfrage macht mir Beschwer. Dann kommt Pond auf das Schiff mit Reportern. Die Sache geht relativ ganz gut. Ich spreche in ziemlich geläufigem Englisch viel Unsinn, der den Burschen gefällt. Dann Einfahrt. Leicht dunstig, aber sehr schön. Huebsch und Guinzburg holen mich ab. Ich treffe auch Sobotka. Die Sache mit Pond scheint überaus zwiespältig. Geld kriege ich jedenfalls sehr wenig oder überhaupt keines. Ich bin ungeheuer müde. Das Hotel riesiger Pomp.

Ich fühle mich unbehaglich, trotzdem alle sich bemühen, mir jede Schwierigkeit aus dem Weg zu schaffen.

New York, 18. Nov. [...] Aufgeregt. Schrecklich viele Anrufe, mit denen ich zunächst gar nicht zurechtkomme. Später wird es besser. Dann die Journalisten in großen Mengen. Ich mache alles sehr geschickt. Außerordentlicher Erfolg. Auch die vielen bereits erschienenen Interviews recht günstig. Wirklicher Erfolg. Zahllose Karten, Briefe usw. Mittags mit Pond und Huebsch und einer ziemlich dicken blonden, leidlich hübschen und dummen Freundin Ponds. Dann geflogen mit einem angenehmen sehr männlichen Rekordflieger. Über die Wolkenkratzer. Außerordentlicher Eindruck. Auch die Nachmittagszeitungen sehr gut. Höllering da. Berichtet, daß er sehr gut nach Berlin berichtet habe. Dann Huebsch, ich habe leider furchtbar viele ziemlich sinnlose Speeches zu halten. Abends mit Pond und seiner Freundin in einem Speakeasy. Ganz nett.

19. Nov. Nicht genügend geschlafen. In aller Frühe befiehlt mich Pond zum Fotografen, gräßliches Wetter. Viel Kleinzeug, Briefe geschrieben. Dann kommt Huebsch. Ziemlich fader Lunch mit ihm und einem anderen Mann von Viking Press. Ich schrecklich müde. Lege mich ein bißchen hin. Dann zu Frau Knopf. Leider ist sie nicht allein, sondern ihr Mann ist da. Ich bin schrecklich müde, und deshalb ist es ziemlich fad. Dann geht er fort, ich flirte ein bißchen mit ihr, aber alle sind zu müde.

20. Nov. Ein bißchen besser ausgeschlafen. Ein wenig mit dem Zimmermädchen geflirtet. Sobotka besucht mich. Oppenheimer von der Viking Press holt mich ab. Wir gehen zu Huebsch zum Lunch. Ganz nett. Ziemlich viele Leute da. Mein Englisch geht ganz gut. Dann nach Hause. [...] Speeches vorbereitet. Allein auf meinem Zimmer gegessen.

New York, 21. Nov. [...] Herz meldet, daß er die 2. Auflage druckt. Pond schickt mir eine Sekretärin, mit der ich eine Menge Kleinzeug aufarbeite. Dann gehe ich zu einem Schriftsteller-Lunch der Viking Press. Mein Speech gerät ganz gut. Dann Unterredung mit einem Agenten von Brown. Es besteht eine Möglichkeit, daß ich nach Hollywood gehe. Schrecklich müde. Künstliche Höhensonne genommen. Abends im National Art Club gesprochen. Recht gut. Todmüde. Wie ich heimkomme, ruft eine Dame mich an. Ich verwechsle sie und lasse sie kommen. Sie entpuppt sich als Hure. Ganz nett. Das Hotel ruft an. Ich schicke sie fort.

22. Nov. Viel zu wenig geschlafen. Mit der Sekretärin gearbeitet. Die Schreibmaschine funktioniert schlecht. Sonst ganz gut. Einen Speech bei einem Lunch gehalten, meine satirische Lebensbeschreibung, sehr anstrengend, aber viel Erfolg. Dann auf dem Empire-Building. Großartig. Dann lange Unterredung mit Höllering. Dann ein Zeichner. Dann Telefonanrufe. Dann Dinner bei Huebsch. Ganz nett. Ich schrecklich müde.

23. Nov. Gut ausgeschlafen. Gut geturnt. Gut aufgelegt. Schlecht gearbeitet. Mittags Post aus Europa. Lunch mit Lengyel, Miss Meloney, dem deutschen Konsul Schwarz. Es zeigt sich, daß diese Lecture Tour mir ein paar wichtige New Yorker Sachen vermasselt. Dreiser da mit seiner hübschen und bösen Frau. Sehr müde. Mit Pond in einem Speakeasy. Seine etwas derbe Freundin macht mir Avancen. Er hat jetzt größere Erfolge in Bezug auf Lectures. Dann bei einer Cocktail-Party bei Guinzburg. [...]

24. Nov. Todmüde. Mit einem gescheiten jungen Juden »Mankind« für broadcasting vorbereitet. Lunch mit Hendrik van Loon. Ganz nett. Er ist ein bißchen müde und zerarbeitet. »Mankind« mit der Sekretärin fertiggemacht. Abends Höllering. Erzählt mir, er habe lange Kabel über mich nach Europa geschickt.

25. Nov. [...] Mit der Sekretärin den Speech für den Rundfunk ausgearbeitet. Mit dem Zimmermädchen geschwätzt. Lunch mit Huebsch und seinen Herren. Dann mit Huebsch an dem Speech gearbeitet. Im Rundfunk gelesen. Es ging sehr gut, abgesehen von einigen Zeilen. Gegen Schluß zu mußte ich sehr eilen. Immer ist alles ein bißchen zu lang. Dann kommen Maurice Schwartz und ein jüdischer Journalist. Ganz erträglich. Abends gehe ich aus mit dem besonders netten Zimmermädchen Helen, Höllering und einem Mädchen. Helen ist besonders nett, frisch, charmant, ich bin zu alt und zu langweilig.

26. Nov. […] Filmvertreter von Curtis Brown da. Nicht sehr aussichtsreich. Mit Lewis Browne, seiner Frau und einem jüdischen Journalisten zu Mittag gegessen. Ganz nett. Bei dem Fotografen Genthe. Mein Schulkamerad Paul Drei da. Dann eine enthusiastische jüdische kommunistische Journalistin. Todmüde. Allein gegessen. Viel zu viel. […]

27. Nov. […] Lunch bei dem Anwalt Ottinger. Sehr luxuriös. Gescheite und nette Leute. Dann nach Hause gekommen. Sehr müde. Dann zu einer Cocktail-Party. Sehr viele Leute. Blanche Knopf viel zu ausgefüllt mit Ehrgeiz und Geschäften, als daß es lohnte, sich um sie zu bemühen. Mit einem ganz netten jungen Judenmädel diniert.

28. Nov. […] Nette Briefe von Marta, von Eva, von Zweig, der Sernau. Abrechnung von Huebsch, mittel. Mit Höllering aus und seiner Freundin. Ganz nett. In Speakeasys usw.

29. Nov. […] Ziemlich viel gearbeitet. Post erledigt. Dann angefangen, die Lecture zu bearbeiten. Mittendrin ruft Pond an, ich hätte nicht diese Lecture zu halten, sondern die über Nationalismus, noch dazu in einer sehr schwierigen Gegend. Ich bin ziemlich verzweifelt, aber es wird schon gehen. […] Dann zum Rundfunk gefahren. Ich lese recht gut, und man macht ungeheures Gewese um mich. Dann bei mir im Hotel die nette junge Jüdin getroffen. Mit ihr Tee getrunken. Ein wenig mit ihr geredet, sie geküßt.

1. Dez. Gespräch mit dem Zimmermädchen Helen, die geldgierig ist. Post erledigt, Speech für Lunch vorbereitet. Schrecklich viele Frauen, zumeist alte. Es wurden ganz gute Reden auf mich gehalten, und ich werde sehr gefeiert. Abends Dinner bei einem Dr. Grünberg, einem Psychiater, ganz nett. Später kommt sehr viel Jugend, sammelt sich um mich und lauscht mir. Dann mit Höllering aus, leidlich. Er scheint wirklich viel von mir zu halten.

2. Dez. […] Abends im jüdischen Theater. Ein jüdischer Journalist holt mich ab. Im jüdischen Restaurant gegessen. Ziemlich fad. Dann die Vorstellung, ich sitze zwischen dem Autor und dem jüdischen Journalisten. Es ist ziemlich schwer, zu folgen. Ich bin todmüde. Hernach holt mich der Direktor und Hauptdarsteller

Schwartz auf die Bühne. Feiert mich. Ich soll eine Ansprache halten. Spreche ziemlich schlecht. Dann mit Schwartz und anderen zusammen. Ziemlich fad. Das junge Mädel, das die Hauptrolle spielt, traut sich nicht an unseren Tisch. Todmüde nach Hause.

New York, 3. Dez. […] Blanche Knopf da, ganz nett, nicht aufregend. Dann Höllering da. Dann in ein Revuetheater: »Of Thee I Sing«. Leicht, nett. Angenehmer Abend. Dann mit Huebsch bei Guinzburgs, wo eine Reihe von Leuten waren. Nach einigem Hin und Her mit ihnen nach Harlem gegangen. Frau Guinzburg und Myra Hackett ganz nett. Harlem sehr interessant. Schade, daß ich zu müde war. […]

Zug New York – Atlanta, Sonntag nacht, 4. Dez. […] Erst mit Packen und Erledigung der kleinen Dinge im Hotel. Dann sehr vergnügtes Abendessen in einem Speakeasy mit Pond und Höllering, Ponds Freundin und einem anderen, sehr großen und sehr netten blonden Mädel. Die beiden Frauen küssen mich lustig zum Abschied. Der Zug sehr komfortabel.

Atlanta (Georgia), Montag, 5. Dez. […] In Atlanta holen mich zwei ganz nette Damen ab. Zuerst ganz nett, auch mit Journalisten, dann werde ich sehr müde. Und als gar verlangt wird, ich solle hundert Menüs autografieren, unangenehm. Es wird sehr spät. Ich gehe schlecht gelaunt zu Bett.

Atlanta, 6. Dez. Zu wenig geschlafen. In aller Frühe ist eine Frau da, die einen Abdruck meiner Hände für die Zeitungen nehmen will. Ich bin ziemlich nervös. Ich lese schlecht, das Auditorium ausschließlich Frauen, wichtigmacherische Gesellschaftswichtel, einige ganz nett und gescheit. Ich flirte mit einigen. Dann sehr müde zur Neger-Universität. Sehr interessant. Ich verspreche, dort zu lesen. Am Abend rufen deutsche Leute mich an, ich muß mit ihnen ausgehen. Sie haben mitten im Baumwoll-Bezirk einen barbarischen deutschen Kleinstadtklub errichtet mit Heidelberg und Bierschenke und Erntefest. Greulich. Dann zeigen sie mir Negerkirchen mit herrlichem Gesang und ein schauerliches Gefängnis, das wie ein zoologischer Garten aussieht.

Athens (Georgia), 7. Dez. Pond läßt mich in aller Frühe allein. Er gibt mir nicht sehr viel Geld. Ich komme aber vorläufig ganz gut zurecht. Neger-Professoren zeigen mir den Negerdistrikt, dann lese ich an der Neger-Universität. Ziemlich schlecht. Aber mit großem Beifall. Ich lunche mit der Leiterin der Universität und dem Rektor, einem Neger, der ausschaut wie ein Weißer. Dann zurück ins Hotel. Der Professor von Athens, der mich mit seinem Wagen abholen will, läßt mich über eine Stunde warten, ich will schon telefonieren. Da kommt er endlich; er erweist sich als ein netter Bursche, recht unbedeutend. Ich werde in dickem Nebel nach Athens gefahren; dort bei allen Professoren herumgereicht, von einem Haus zum andern, zum Tee, zu Cocktails, dann zu einem Professoren-Abendessen, dann wieder zu einer Professoren-Gesellschaft. [...]

Zug Georgia – New York, 8. Dez. In Athens schlechtes Hotel. Frühstücke in Gesellschaft. Vor einem sehr großen Publikum von Studenten Vorlesung gehalten. Mittel, aber besser als das letzte Mal. Das Publikum sehr still und beifallswillig. Dann in der sehr schönen sanften Gegend ein bißchen spazierengegangen und herumgefahren. Mit einem jungen Professor und seiner angenehmen jungen dicklichen unbedeutenden Frau zu Mittag gegessen. Dann holt mich der Vamp der Stadt ab. Eine nette Frau Michel, Christine, mit einem Juden verheiratet. Wir gehen spazieren, leider bin ich zu müde. Dann großer Tee mit Professoren usw., ein bißchen anstrengend. Dann Drinks bei Juden, dann Dinner bei reichen jüdischen Honoratioren. [...]

New York, 9. Dez. [...] Sorgen, weil ich mit dem Manuskript der jüdischen Lecture nicht zu Rande komme. Ich komme sehr verspätet an. Finde kleine Unannehmlichkeiten wegen Geld. Das Zimmer ist doppelt berechnet, und Pond macht recht bedenkliche Zahlungsvorschläge. [...]

11. Dez. Den ganzen Tag gearbeitet an »Judaismus und Nationalismus«, teils mit der Sekretärin, teils allein. Nachmittag Rosalind Rosenwasser da. Ganz nett. Später Höllering.

12. Dez. Sehr scharf gearbeitet mit der englischen Sekretärin und mit dem Übersetzer. Dann zu dem deutschen Konsul Schwarz gegangen. Viele Menschen, ziemlich fad. Dann mit Schwarz und Höllering zu einem berühmten Anwalt. [...]

13. Dez. […] Abends mit dem Zimmermädchen Helen ausgegangen. Ganz nett. Aber ich bin zu fad und zu müde. Magenschmerzen.

14. Dez. […] Etwas Post erledigt. Dann mit Huebsch das Manuskript von »Nationalismus und Judaismus« durchgesehen. Schauerliche Arbeit, alles ist ganz unfertig. Das Manuskript selbst, die Aussprache, ich bin sehr unglücklich. Mittags einen Lunch mit Leuten von der »Saturday Review«, ziemlich langweilig. Todmüde nach Hause. Lange Fahrt nach Newark, wo ich sprechen soll, vorher Dinner. Ich fühle mich hundeelend und sehr unglücklich. Vorher europäische Post erhalten. Das Dinner dann ganz nett. Ein alter, betulicher Rabbi, leidlich angenehme Frauen. Dann Journalisten. Ich spreche in einem riesigen Saal, es geht viel besser, als ich denke. Einige gehen, aber nicht viele. Etwa 400 Menschen, sie hören sehr gut zu. Ich habe den Eindruck, sie sind ungeheuer angeregt. Hinterher wilde Angriffe, der Rabbi wehrt geschickt ab, so daß ich nicht erwidern muß. Dann fährt mich einer in seinem Wagen nach Hause. Vorher Debatte in einem Café. Todmüde. Ich kann nicht einschlafen. Muß viele Schlafmittel nehmen.

16. Dez. Viel Kleinzeug. Ich habe ärgerlicherweise in zwei jüdischen Vereinigungen zu reden, wo ich gar nicht reden möchte. Umständlicher jüdischer Interviewer. Huebsch und Guinzburg, mit denen ich zu Mittag esse. Wieder Juden. Dann Unterredung mit Pond über Kalifornien usw. Dann mit Pond, seiner Freundin und Höllering in ein chinesisches Restaurant gegangen. Interessant und gutes Essen. Mir ist aber leider schlecht. Dann in dem Negerstück: »The Green Pastures«. Schön, ein bißchen langweilig. Ich todmüde und mir ist immer schlecht. Sehr schlecht geschlafen, Magenschmerzen.

18. Dez. […] Empfang bei den Menorah-Leuten. Etwa 7/800 Menschen; ich werde ungeheuer gefeiert. Dann Cocktail-Party bei Rosalind, inzwischen Interview. Alles ganz nett, ich bin nur ungeheuer müde. […]

19. Dez. Gearbeitet. Nettes Interview im »Herald«. […]

20. Dez. [...] Dinner mit überaus reichen Juden, einem großen Sammler Rosenbach und anderen. Ungeheuer luxuriös, wirklich gut. Ganz unterhaltend. Dann großer Empfang eines reichen jüdischen Klubs für die hebräische Universität. Ich spreche sehr gut. Außerordentlicher Erfolg. [...]

21. Dez. [...] Abends eine etwas hysterische Jüdin da, Malerin, Louise Nevelson. Mit ihr halb gevögelt. Ein wenig Angst wegen Tripper.

22. Dez. Auffallend gut geschlafen. Die Bestätigung der Abmachung mit dem jiddischen »Tag« über den jiddischen Vorabdruck von »Josephus« kommt und das Geld. Die Lecture über Judaism and Nationalism fertiggemacht. Mittags mit Drei in seiner Galerie und mit dem deutschen Generalkonsul und seiner Frau Kaffee. Ganz nette Leute, nationalistisch beschränkt. Er will einen Abend für mich geben. Höllering, der mich nach Kalifornien begleiten wollte, hat Nachricht, daß die Steuerbehörde sein Gehalt gesperrt hat. Sehr unangenehm. Van Loon, der nachmittags kommen wollte, sagt ab. Der jiddische Journalist Parsky hat einen Abend für mich veranstaltet, der ganz nett zu werden verspricht. Die andere jiddische Zeitung hat von einem Londoner namens Honig ein Angebot auf die jiddischen Serials, die ich ihr bereits verkauft habe; unangenehm. Höllering da. Telegramm von Herz, daß er 500000 vom »Josephus« druckt. Abends mit Pond und Ann Denter und anderen aus; ganz nett, aber ich bin viel zu müde.

23. Dez. [...] Lunch mit zwei alten, ganz netten Damen. Dann eine deutsch-amerikanische Journalistin, dann Louise Nevelson und ihre Schwester, dann Rosalind Rosenwasser, dann Höllering, dann eine Schriftstellerin, Frau Georgette Carneal. Ich fühle eine heranziehende Erkältung. Georgette gevögelt.

24. Dez. [...] Viele Telegramme verschickt. Nachmittag Myra Hackett da, nett. Dann Höllering. Allein mit ihm den Weihnachtsabend verbracht.

25. Dez. [...] An Marta geschrieben. Dann zu Dreiser hinaus aufs Land gefahren. Leider keine europäischen Telegramme. Bei Dreiser ganz nett. Er ist sehr ungeschliffen, aber ein Mann. Eine jüdische Schriftstellerin Woodward und ihr Mann. [...]

26. Dez. Erkältet. Brief geschrieben. Dann zu Huebsch zum Lunch gegangen. Der Lyriker Untermeyer da. Ganz nett. Zu Guinzburg. Myra Hackett hier zum Tee. Dann Höllering. Dann zu einer Party gegangen, mit jüngeren Juden und Negern usw.

Maurice Schwartz und Leute seiner Truppe. Michael Gold. Das ganze ganz unterhaltsam, nur bin ich zu müde und krank.

27. Dez. Etwas zu wenig geschlafen. Grippe stärker. Ich kann mein Programm nicht absolvieren. Unangenehm, da ich übermorgen fortfahren muß. Viel Kleinzeug gearbeitet. Georgette da, mit ihr über ihre Technik gesprochen. Nett. Schade, daß ich so krank bin. Dann eine junge Didi da, Jean Laurent, nett, gevögelt. Abends ziemlich starkes Fieber. Höllering da. Schlafmittel genommen, Scheißmittel.

28. Dez. [...] Ich beschließe, erst einen Tag später zu fahren. Der Millionär Rosenbach schickt mir sehr guten Whisky. Ich trinke ein bißchen. Rufe eine Reihe Frauen an, alle vergeblich.

29. Dez. Ich fühle mich noch immer sehr unwohl, hoffe aber, daß ich trotzdem den anderen Tag fahren kann. [...] Ich bin unvorsichtigerweise beim Friseur. Dann recht zerschlagen. Unangenehme europäische Post. Ich habe den Prozeß Müller verloren. Die deutsche Sekretärin Michel da. Angenehm. Abends kommt Louise Nevelson. Ganz nett. Aber sie bleibt endlos. Viel zu lange. Mit ihr getrunken und gegessen.

30. Dez. Ich bin viel zu krank, um zu fahren. Huebsch da. Nachmittags Georgette Carneal da. Ich habe nun einen großen Teil ihres Buches gelesen. Ihr Besuch angenehm. Es geht mir zweifellos etwas besser. Ich bleibe den ganzen Tag im Bett, um andern Tags fahren zu können.

Zug New York–Chicago, 31. Dez. [...] Pond, Huebsch und vier Weiber Ponds bringen mich an den Zug. Ich bin dösig und recht schlecht disponiert. Ich fahre dann nicht einmal so schlecht, wie ich vermutet habe. Die Züge sind sehr luxuriös. Dennoch fehlen einige Dinge, die man eigentlich nötig hat. Ich schlafe mit Hilfe vieler Schlafmittel usw.

1933

Zug Chicago – Albuquerque, Sonntag, 1. Jan. [...] Ankunft in Chicago ziemlich umständlich, da ich den Zug wechseln muß. Dann ziemlich einfach, nur teuer. Ich benutze den Aufenthalt in Chicago, um einer katholischen Messe beizuwohnen. Der Zug wie immer gähnend leer. Ich schreibe an Marta. Die Erkältung wird langsam besser. Ich arbeite den Nationalismus durch. Der Kondukteur kommt zu mir, sagt, er habe speziellen Auftrag, für mich zu sorgen. Der Manager des Speisewagens kommt. Er ist ein Wiener und bemüht sich um mich. Recht gutes Abendessen.

Albuquerque (New Mexico), Montag, 2. Jan. [...] Der Zug hat alles in allem 14 Passagiere; mit den meisten von ihnen Bekanntschaft gemacht. Eine liebliche englische Filmschauspielerin darunter, zwei ganz nette ältere Damen. In Albuquerque die Leute sind sehr proper. [...]

Albuquerque, 3. Jan. [...] Fahrt in die Umgebung mit dem unbedeutenden, armen, aber gefälligen Dr. Peercy. Indianerdörfer gesehen, Sammlungen indianischer kulturhistorischer Dinge. Kleiner schöner sonniger Spaziergang. Abends Lecture. Trotz Erkältung halte ich durch. Wenig Publikum. Ein ungeheurer Raum mit schlechter Akustik. Dann mit ein paar Professoren der Universität. Ganz gemütlich.

Albuquerque, Mittwoch, 4. Jan. [...] Nach Santa Fé gefahren. Schöne Gegend, angenehme Autofahrt über das leicht beschneite sonnige Hochplateau zwischen Bergen. In Santa Fé mit Mary Austin Lunch, einer älteren, etwas verknöcherten Dame. Dann durch Museen indianischer Folklore und indianischer Kunst geschleift. Durch schöne Stadt. Dann eine kleine Fahrt in die Gegend gemacht, noch ein Museum. Zu ihr Spaziergang. Dann Tee bei Mary Austin. Furchtbar viele Leute, ein besonders hübsches junges Mädel, spanischer Typ. Auch sonst angenehme Leute. Ein junger Dramatiker, ein anderer Schriftsteller, eine ältere Lyrikerin und so. [...]

Zug nach Los Angeles, 6. Jan. Den ganzen Tag im Grand Canyon. [...] Das ganze großartig, muß aber im Sommer noch viel mächtiger wirken. Sehr mäßige Gesellschaft, komisch ein sehr beflissener junger Mensch, den ich für einen Juden hielt und mit dem ich entsprechend sprach und der sich schließlich als katholischer Pfarrer entpuppt.

Los Angeles, 7. Jan. [...] Strahlendes Wetter, sehr warm. Am Zug holt mich ein Dr. Lissauer ab. Schönes Auto, er sorgt sehr für mich. Aber er rechnet offenbar damit, daß ich so ziemlich auswendig spreche. Ich denke nicht daran. Ich soll Montag mit Laemmle, dem Filmkönig, Lunch haben, dann will ich Upton Sinclair sehen und wahrscheinlich Einstein, der Montag hier eintrifft. [...]

Los Angeles, Sonntag, 8. Jan. [...] Ich bin etwas enttäuscht, daß die Zeitungen so wenig hermachen. Netter Ausflug die Küste des Pazifischen Ozeans entlang. Angenehmer Lunch. Dann habe ich zu sprechen. In einem großen Theater. Es sind etwa tausend Leute da. Ich werde in den Einleitungsreden sehr gefeiert, und dann lese ich ziemlich gut. Aber ich werde nicht recht verstanden, viele Leute gehen, was mich etwas nervös macht. Allmählich wird es besser. Hernach eine ganz nette Gesellschaft.

Los Angeles, 9. Jan. [...] Gescheite junge Kommunisten da. Dann mit Lissauer in das Atelier der Universal gefahren. Erst die Studios usw. gesehen. Groß und barbarisch und interessant. Dann mit Laemmle und einigen anderen Lunch. Laemmle ist ein seniler schlauer Herr. Dann Aufnahme gesehen, dann das Haus Laemmle. Sehr müde. Ganz vage Hoffnungen, daß mit Laemmle etwas zustande kommt. [...]

Los Angeles, 10. Jan. Sehr früh morgens im Auto mit Lissauer und seiner Freundin weggefahren nach Mexiko. Sehr neblig zuerst, aber dann hellt es sich auf. Herrliche Autofahrt. Dann nach Mexiko ohne Schwierigkeiten. Schöne Badestadt. Spielkasino. Ich verliere 80 Dollar. Angenehme Musik in einem spanischen Kasino.

Rückfahrt zuerst sehr angenehm. Dann schwerer Nebel. Sehr spät zurück. Ich erhalte Nachricht, daß ich mittags mit Chaplin lunche.

Los Angeles, 11. Jan. [...] Die nette und lebendige Kommunistin Löwenstein da. Erzählt mir zwei Stunden über die Verhältnisse in der Stadt. Dann Lunch mit Chaplin und Mr. Moos von der Universal. Chaplin ist hingerissen von meinen Ideen über einen Hitlerfilm. Abends lange Autofahrt nach Pasadena zu Einstein. Ganz nett. Einstein redet ziemlich wenig und selbstgefällig. Er ist furchtbar saturiert. Es dauert ziemlich lange. Ich streite scherzhaft mit seiner Frau über unser Englisch.

Zug nach S. Francisco von Los Angeles, 12. Jan. Lunch mit dem deutschen Konsul. Ganz interessant. Ein etwas depper, aber ehrlicher Mann des Rechts, der sich in Los Angeles schrecklich unglücklich fühlt. Dann fahre ich hinaus zu Chaplin. Er ist wenn möglich noch mehr begeistert als den Tag vorher und will mit mir nach Europa fahren. Er begleitet mich dann in seinem Wagen den langen Weg zurück ins Hotel. Dann Abendessen in einem chinesischen Restaurant mit Lissauer und seiner Frau. Dann abgereist, der Zug ist sehr voll, aber ich kann jetzt schon ganz gut allein in Amerika reisen.

San Francisco, 13. Jan. [...] Eine Menge Leute erwarten mich an der Bahn. Fotografen, Reporter usw. Dann großes Frühstück. Alles ganz nett. Nur ein bißchen anstrengend. Dann weit hinausgefahren in eine wunderschöne Gegend zu zwei alten, sehr reichen Intellektuellen. Die Frau hat ein Buch geschrieben, in dem sie »Jud Süß« als Vorwort zitiert hat. [...]

San Francisco, 14. Jan. Ich werde sehr früh abgeholt, um zu dem Gefängnis San Quentin gefahren zu werden, wo Tom Mooney sitzt, der Dreyfus Amerikas. Eine Reihe von Leuten begleiten mich. Ich muß nicht sehr lange warten, das ganze geht ohne große Schwierigkeiten. Mooney, der seit einem halben Jahr im Gefängnis ist, macht keinen gebrochenen Eindruck. Er wirkt frisch und verschlagen. Die Unterredung ist ein bißchen zähflüssig, er hat keine Ahnung, wer ich bin. Dann zurück, ich soll zu einem offiziellen Lunch, es ist mir aber zu fad, ich gehe in ein chinesisches Restaurant. Ziemlich mäßig. Dann zu dem offiziellen Lunch, aber ich nehme nur einen Cocktail und spreche ein wenig mit dem arroganten Volk und gehe weiter. Ziemlich viel Post. Briefe diktiert. Abends zu einem Dinner. Ganz nett. Nur gehe ich statt nach Hause noch mal zu einem Trank Wein und werde dann todmüde.

San Francisco, 15. Jan. [...] Ziemlich viele Anrufe. Dann kommt ein junges jüdisches Mädchen, ganz nett, Carolyn Anspacher. Lunch mit dem veruralterten Ehepaar Joseph und einem von ihnen protegierten Musiker, in einem guten Fischrestaurant. Ein interessantes Fresko von Rivera gesehen. Kurze Fahrt durch die herrliche Stadt. Der schöne Fischhafen. Dann zu Hause wieder die junge Jüd. Dann ein Dinner auf dem Land. [...]

San Francisco, 16. Jan. [...] Ein bißchen europäische Post. Ohne Belang. Dann einen besonders schönen Laden orientalischer Kunst gesehen. Dann Frühstück mit dem deutschen Konsul. Er ermahnt mich, in Sachen Tom Mooney keine Interviews zu geben. Das Frühstück ganz nett. Den Chef des Tom-Mooney-Komitees aufgesucht. Ihm den Rat gegeben, einen fiktiven Prozeß zu veranstalten. Er ist begeistert von der Idee. Am Abend spreche ich in einem riesigen Saal, die Akustik scheint mäßig, ich spreche mit einem Mikrofon. Es ist das gleiche wie in Los Angeles. Sehr viele verstehen nicht und machen sich fort. Dennoch scheine ich bei denen, auf die es ankommt, einen Erfolg zu haben. Hernach ganz netter kleiner Abend bei Binder.

Zug S. Francisco – Chicago, 17. Jan. [...] Mit Hilfe des Valet gepackt. In einer großen Zeitung erscheint ein Artikel über meinen Rat, den Tom-Mooney-Fall durch einen fingierten Prozeß zu fördern. Ein sehr intransigenter Artikel. [...] Interview, etwas gehindert durch Rücksichten auf Carolyn Anspacher, die dann wegen ihrer Zeitung nicht kommen kann. Ich sehe bei Miss Ware, wie unzuverlässig Pond ist. Lunch mit Louise Bransten und ihrem Mann. Ganz nett. Ich entdecke einen besonders guten Muschelfisch Abalone. Dann bringt mir Miss Ware das Billett und etwas Geld. Ich verfehle die Reporter, die an der Bahn bestellt sind. [...]

Zug S. Francisco – Chic., 18. Jan. [...] Es ist recht kalt. Der Zug ist voll, und ich habe Scherereien mit dem Gepäck. Die Fahrt ist ziemlich langweilig. Ein einsames junges Mädchen würde mich interessieren, aber ein Schlemihl spricht sie etwas zu früh an, so daß ich nicht dazu komme. Ziemlich viel gearbeitet, gelesen. Zuviel gegessen, früh ins Bett gegangen.

Zug Francisco – Chicago, 19. Jan. Gut geschlafen ohne Schlafmittel. [...] Ein wenig gearbeitet. Gelesen. Langweilig.

Chicago, 20. Jan. An der Bahn von einer Reihe von Leuten abgeholt worden. Reporter, Fotografen. Das Haus der Nielsons, wo ich wohne, erweist sich als sehr angenehm. [...] Ich habe eine Art Kammerdiener und eine Sekretärin, die Deutsch kann. [...] Dann im Book-and-Play-Club gesprochen. Ziemlich gut. Das Publikum ist ausgezeichnet und geht sehr gut mit. Ganz nette Leute getroffen. Leider werden wir von den alten Nielsons viel zu früh entführt. [...]

Chicago, 22. Jan. Besuch von Mrs. Hirsch und ihrer Schwester. Ganz angenehm. Dann großer Lunch bei den Nielsons. Der Präsident der Universität, ein paar ganz nette Frauen, der führende Buchhändler, Universitätsprofessoren, ganz erträglich.

NB! Das nervöse Naseschnauben von der so gut erzogenen Mrs. Nielson, dann daß sie raucht, weil sie bei geschäftlichen Konversationen eine Pause machen muß. Mein sächsischer Diener fragt mich: Haben Sie nicht ein Buch geschrieben: Bauer oder Baum?

Ich spreche abends in einem unerhört großen Saal mit Mikrofon. Der Saal ist bis auf den letzten Platz voll, mehr als 2000 Menschen, der deutsche Konsul führt mich ein, dann spreche ich. Sofort verlassen sehr viele den Saal, weil ich absolut unverständlich bin. Immerfort verlassen Leute den Saal, viele Hunderte. Am Schluß sind vielleicht noch 1000 oder 1200 da. Die wollen mir alle die Hand drücken und Autogramme. Es ist stürmischer als jemals. Ein uralter Münchner, im Tal geboren, stark zitternd, sagt immerfort, ob ich den kenne oder den, er ist 1860 wegen des Krieges nach Amerika gegangen. Ein gewisser Feuchtwanger, viele andere. Nette junge Frauen himmeln mich an, aber ich habe für niemand Zeit. Ich bin sehr froh, daß dieser Abend vorbei ist. Zuletzt will der Vorstand, eine Frau Cohn, mich lebensversichern.

Louisville, 23. Jan. Außerordentlich schlechte Nacht gehabt. Überhaupt nicht geschlafen. Sehr früh aufgestanden; viel zu früh, wie sich zeigt. An der Bahn sehr gut zurechtgekommen. [...] In Louisville zunächst sehr grantig. Dann zeigt sich, daß ich trotz Übermüdung ausgezeichnet bei Stimme bin. Es ist ein sehr großer Saal, er ist ganz voll, das Publikum hört sehr gut zu, und nur wenige gehen hinaus. Dann ziemlich langweiliger Abend bei dem Rabbi, der das ganze veranstaltet hat. Er ist nett, eingebildet und unbedeutend. Sehr freche und dumme Briefe von Pond, weil Los Angeles und San Francisco das Geld zurückverlangen und auch Athens ihm beschimpfende Briefe schreibt.

Zug Louisville – New York, 24. Jan. [...] Gute Presse. Angenehmer Abschied von dem Rabbi. Auch der Zug angenehm. Gelesen. Rede für New York vorbereitet.

New York, 25. Jan. Gut angekommen. Sehr grantig. Mein altes Zimmer vorgefunden. Pond stellt sich ein, zeigt mir die Briefe, sie sind wirklich sehr unangenehm. In Francisco vernichtende Kritik über meine Lecture mit großem Respekt für mich persönlich. Abends das Dinner mit Mrs. Roosevelt. Mein kleines Speech gelingt sehr gut. Ich werde ringsum außerordentlich geehrt. Mrs. Roosevelt lädt mich ein, sie und ihren Mann zu besuchen.

New York, 26. Jan. [...] Die Leute von der feudalen Synagoge, wo ich am Abend zu sprechen habe. Es ist ein riesiger Raum. Aber die Leute sind sehr angenehm und gehen auf alle meine Wünsche ein und sprechen mir Mut zu. Am Abend geht alles sehr gut, ich spreche sehr richtig und laut und es ist ein starker Erfolg. Pond etwas zweideutig. Hernach mit Louise Nevelson und zwei Weibern. Ganz leidlich. Der alte Rabbiner, der beste Redner, der seine Stimme verloren hat bzw. sein Gedächtnis.

New York, 28. Jan. [...] Pond schickt kein Geld. Ich kann mühsam von ihm 100 Dollar kriegen. Huebsch kommt mit einer recht zweifelhaften Abrechnung. [...] Der deutsche Botschafter lädt mich telefonisch zum Lunch ein.

Washington, 29. Jan. [...] Langweilige Fahrt nach Washington. Die Leute dort recht unbedeutend, aber überaus wohlwollend. Der Saal, in dem ich zu sprechen habe, nicht übermäßig groß. Ich spreche ganz gut, aber ich habe schon besser gesprochen. Hernach ganz nett bei einer Frau Gwen Cafritz, jung, lebendig, intelligent, auch sonst ein paar ganz nette Frauen. Es wird später, als ich wollte.

New York, 30. Jan. Ziemlich früh aufgestanden. Um 10 Uhr kommt der deutsche Legationsrat, der mir geschrieben hat, Lehmann, und teilt mir mit, daß Hitler Reichskanzler sei. Dann holt mich Gwen Cafritz ab, wir fahren ins Kapitol, ich sehe eine Sitzung des Senats, des Kongresses, alles ziemlich stimmungslos, ich spreche mit dem Direktor La Follette, mit dem Senator Borah. Dann eine barbarische Ruhmeshalle mit einem Wald von Marmor- und Bronzestatuen. Dann zum deutschen Botschafter. Die Botschaft sieht so bescheiden aus, daß wir erst weiterfahren, so daß ich zu spät komme. Es ist ganz nett, er und seine Frau scheinen verständige Leute, er reichlich unbedeutend. Dann fährt mich Frau Lehmann zum Flugplatz. Ich fliege zurück. Die Lichter von New York machen mir nicht den Eindruck, den ich erwartet habe. Ich finde unangenehme Post von Pond. Chicago will nicht zahlen, und jedenfalls kann ich von ihm bis jetzt überhaupt kein Geld kriegen. Ich bin am Abend todmüde.

NB – Die Botschafterin erzählt von einem Satz in einer deutsch-amerikanischen Zeitung: »Küsse sie hinten, und du kriegst keinen cold.« Besonders merkwürdige Ironie, daß der deutsche Botschafter mir an dem Tag einen Lunch gibt, an dem Hitler Kanzler wird. – The lights are against me.

New York, 31. Jan. [...] Scharfer Angriff gegen mich im »Völkischen Beobachter«. Alle wollen mich interviewen über Hitler. Pond schickt das Geld. Parsky da, der mich interviewt. Mir ist sehr mies vor dem Vortrag heute abend. Dann holt mich ein alter, mürrischer Arzt ab. Ich bin nervös und ziemlich grantig, weil in dem Saal überhaupt keine Vorbereitungen getroffen sind. Dann geht alles ausgezeichnet, ich spreche besser als jemals. Hernach mit dem Arzt und seiner Tochter ein bißchen zusammen. Whisky getrunken.

Zug New York – Akron, 1. Febr. [...] Soviel Kleinzeug, daß ich um ein Haar den Zug versäumt hätte.

Akron, 2. Febr. Zuviel Schlafmittel genommen. Sehr verschlafen angekommen. Leute auf der Bahn. Journalisten. Ziemlich schwach den Reportern geantwortet. Immerzu Leute um mich. Lunch. Sie wollen, daß ich am Abend über Hitler spreche. Zu Arnstein hinausgefahren, dem großen Luftschiffingenieur. Er zeigt mir das neue Luftschiff, das er baut. Großartig. Vor allem die Dimensionen der Halle usw. Erstaunlich, wie leicht diese Eisenteile sind, die so mächtig scheinen. Die Leerheit und Zierlichkeit der Halle, die Eleganz. Der eine dicke Jude, der junge, erklärt, er müsse weinen vor Zorn, wenn er von den Leiden der Juden liest. Dann will ich etwas über Hitler aufsetzen für den Abend; aber die Sekretärin kommt nicht infolge eines Mißverständnisses. Ich bin schrecklich nervös. Endlich kommt sie, ich diktiere in rasender Eile in einer Viertelstunde etwas herunter. Der Saal, in dem ich zu lesen habe, sehr groß. Ganz voll. Aber ich fülle ihn leicht mit meiner Stimme, so daß das Mikrofon abgestellt werden kann. Das Publikum sehr aufmerksam, keiner geht hinaus. Großer Erfolg. Hernach noch mit einigen Leuten zusammen, ziemlich fad. Die Leute sprechen scherzhaft davon, daß sie versteigern wollen, wer mir in den Mantel helfen darf.

Pittsburgh, 3. Febr. Eine Gummifabrik besichtigt, Goodyear. Der Geruch, die Leere. Alles in Bewegung. Die vielen laufenden Bänder. Der Gummireifen wird automatisch geboren. Dann Lunch mit Arnstein, dem Ingenieur des Luftschiffes. Ganz angenehm. Seine kleine Tochter macht Verse. Er sagt mir, daß meine Ausführungen über die Juden seine Leute sehr verärgert haben, dann mit dem Auto nach Pittsburgh gefahren. Er erzählt mir unterwegs aus seinem Leben. Wie er Geld gemacht hat, wieder arm geworden sei usw. Ich todmüde. In Pittsburgh bei einem Herrn Kaufmann, dem Inhaber des dortigen Warenhauses. [...]

Pittsburgh, 4. Febr. [...] Das Haus ist ganz angenehm, wenn man sich erst daran gewöhnt hat. Langen Spaziergang gemacht mit Frau Kaufmann durch den Schnee. Dann Lunch mit ihr. Dann in das Büro ihres Mannes gefahren, um Reporter zu empfangen. [...]

Zug Pittsburgh – New York, 5. Febr. [...] Die Kaufmanns angenehme Leute. Früh mit ihnen zu Abend gegessen. Dann Lecture. Gut besucht, nicht übermäßig gut gelesen. Guter Erfolg. Dann kleines Trinkgelage und in den Zug. Lillian Kaufmann nett.

New York, 6. Febr. […] Viel Kleinzeug vorgefunden. Aber die europäische Post ist leider nach Pittsburgh gegangen. Ich höre, daß in der »New York Times« nette Bilder von mir waren. […] Abends Lecture in Brooklyn. Sehr großer Saal, Mikrofon nicht gerade gut. Der Saal dicht gefüllt, das Publikum sehr aufmerksam. Am Ende mache ich ein paar dumme Sätze über Hitler. Ungeheurer Beifall. […]

New York, 7. Febr. […] Empfang beim deutschen Konsul. Die Frau sehr nett. Eine Reihe von großen Bankleuten; ich unterhalte mich besonders mit dem Vertreter der Iswestija, einem gescheiten Russen, mit dem Bankier James Speyer, dem Fotografen Genthe und Bruno Walter, der ein bißchen satt und müde ist, ähnlich wie Einstein, dabei ein bißchen komödiantisch, auch mit Konsul Schwarz und dem Schriftsteller van Doorn. Dann kommt noch Paul Drei. Nach Haus gegangen, die Hure Helen kommen lassen.

New York, 8. Febr. […] Den Hitler-Aufsatz vorbereitet. Lunch mit den Branstens. Dann zu einer Reception des Girls-College der Columbia University. Ich kann nur eine halbe Stunde bleiben, weil ich dann zu der Reception der Jewish Telegraphic Agency muß. Viele Leute, echt jüdischer Lärm und schlechte Organisation. Ich spreche zwischen lärmenden Kellnern mit großer Anstrengung, aber ziemlich gut. Dann mit dem jüdischen Journalisten Parsky in ein jüdisches Restaurant gegangen. Louise Nevelson kommt nach. Mit einem anderen Mädel, ihr und Parsky in ein Speakeasy gegangen. Ganz nett, aber teuer. […]

New York, 9. Febr. […] Die Sachen, die ich gestern über Hitler gesagt habe, groß aufgemacht in den Zeitungen. Ein Mann vom Tom Mooney comité da. Ich soll für ihn im Radio sprechen. […] Der Herr vom Norddeutschen Lloyd da. Sehr entgegenkommend. Beim Friseur. Lecture in der Columbia. Sehr gutes Publikum, nicht sehr großer Saal. Etwa 350 Personen. Ich spreche sehr sehr gut. Sie hören gut zu. Großer Erfolg. Dann Reception im Deutschen Haus. Viele Leute, darunter Professor Streich. Ich werde ziemlich angegriffen wegen der Hitlersache, aber auch sehr gerühmt. Konsul Schwarz sagt mir, der Botschafter lasse sich entschuldigen, weil ein Herr Lübke über den deutschen Rundfunk so scharf über mich gesprochen habe. Macht mir Vorhaltungen über meine Sachen. Ich komme ziemlich früh nach Hause. […]

New York, 11. Febr. [...] Netter Brief von Marta, auch von Zweig. Ich denke, ich werde am 2. März fahren mit der Albert Ballin und Marta in St. Anton treffen. Das Geld von Pond kommt, nicht alles, aber das meiste. [...]

Schiff New York – Boston, 12. Febr. [...] Nachmittags bei schönem kaltem Wetter auf das Schiff nach Boston. Sehr groß, sehr angenehme Kabine. Zwei New Yorker, die mich bei einem Vortrag in einem Klub kennengelernt haben, schwätzen mit mir und laden mich zu Drinks ein. [...]

Zug Boston – Philadelphia, 13. Febr. Am Landeplatz finde ich niemand. [...] Allein, ziemlich gelangweilt, geluncht, dann kommen auf einmal ein Haufen Leute, Reporter, Leute von der Organisation, Fotografen. Mit dem Rabbi, der der ganzen Sache vorsteht, Dinner gehabt. Dann zu der Lecture. Sehr großer Saal, aber mit ausgezeichneter Akustik. Ganz voll. Sehr gutes und verständiges Publikum. Ich lese sehr gut. Außerordentlicher Erfolg. Der Rabbi begleitet mich an die Bahn.

Philadelphia, 14. Febr. [...] Das Haus, in das ich komme, ist mittel. Lunch mit den Hausbewohnern und einigen Rabbis. Dann die Lecture, sehr ungünstiger Saal. Lauter Frauen. Einige gehen. Aber im ganzen sehr befriedigend. [...]

Zug Wilkes-Barre – New York, 15. Febr. [...] Die Leute in Wilkes-Barre sehr provinzialisch. Ein sich wichtig habender junger Rabbi. Reporter. Ich diniere mit dem Rabbi und einigen anderen koscher. Ich spreche in einem schönen, ziemlich großen Tempel. Ich muß aus rituellen Gründen eine Kappe aufhaben. Sehr komisch. Ich spreche gut. Der Saal ist nur gut halb voll. Sehr aufmerksam, aber nicht gerade verständnisvoll. Hernach beim Rabbi ein Empfang. Sehr viele Leute. Ein paar leidliche Frauen. Ich trinke ziemlich viel. Gehe sehr spät, erst um halb zwei, auf die Bahn.

New York, 17. Febr. [...] Lunch mit den Leuten der »Herald Tribune«. [...] Es wird sich ergeben, daß ich alles in allem bei diesen vier Monaten Aufenthalt in New York nichts oder nur sehr wenig zusetze. [...]

New York, 18. Febr. [...] Ärger, daß die Juden, für die ich heute abend sprechen soll, überall ankündigen, ich spräche über Hitler. Viel Kleinzeug. Lunch mit einem reichen Mr. Vogelstein. Ein redseliger Rabbiner. Ziemlich fad. Dann abends spreche ich in einem großen Saal, es ist sehr voll, das Publikum sehr gut, hört ausgezeichnet und sehr beifallfreudig zu. Großer Erfolg. Ich spreche in der ersten Hälfte ein bißchen nervös. Später besser. Sehr viele Leute. Eine bayrische Frau, die mir herzlich dankt und mir einen Brief Papens zeigt. Viele Leute aller Art. Münchner und andere. Der Architekt Löwenstein. Angeblich Verwandte. Dann ein Empfang der »Jiddischen Schriftsteller«. Überaus dürftig, aber viele Leute. Es gibt nichts zu essen, aber sie halten viele Reden auf mich. Sie streiten untereinander in ihren Reden. Einige greifen mich an, weil ich das Jiddische nicht hoch genug schätze. [...]

New York, 19. Febr. [...] Das Zimmermädchen Helen morgens da. Dann im Radio gesprochen. Recht gut. Maurice Schwartz und viel Volk getroffen. Dann Lillian und Edgar Kaufmann da. Todmüde. Dinner mit den Judaeans. Dann dort gesprochen. Recht gut. Sehr gutes Publikum. Stürmischer Erfolg. Todmüde. Mit Huebsch nach Hause gegangen.

New York, 20. Febr. Telegramm von Brecht. [...] Dringende Aufforderung eines Rabbi, in seinem Tempel zu sprechen. Lunch mit Lillian Kaufmann, ziemlich fad. Prof. Marx zeigt mir die jüdische Bibliothek. Ungeheuer reich, aber sehr arm an fiction. Interessant die jüdischen Karikaturen. Die chinesische Thorarolle, aus der die Juden eine Stelle herausgeschnitten haben, um sie zu entweihen, bevor sie sie an die Missionare verkauften. Die Brieftasche, die Kosaken aus dem Pergament von Thorarollen geschnitten haben, die vielen Exemplare, die in Gefängnissen geschrieben wurden, die Exemplare mit Blut und die zahllosen hebräischen Wiegendrucke. Abends Dinner mit einem gelehrten Dr. Michaelis, seiner betriebsamen, betulichen Frau, einer ganz netten Tochter und einem Philosophen Dr. Morris Cohen und seiner Frau. Er erzählt, wie schwer es für jüdische Professoren sei, richtig angestellt zu werden. Sehr müde.

New York, 21. Febr. [...] Interview mit einem ungewöhnlich dummen Deutschen, der mir viel von der Stimmung erzählt, die unter den Deutschen gegen mich herrsche. [...]

New York, 22. Febr. Viel Kleinzeug. Ein unbekanntes nettes Mädel kommt und spricht mit mir über jüdische Geschichte. Zu der Porträtmalerin Jacobs, Mrs. Meloney und Lengyel. Den Artikel über Faschismus und deutsche Kultur zu diktieren angefangen. Nicht sehr leicht. Abends eine kleine jüdische Verkäuferin da, Lolly Wallenstein, sie gevögelt. Ganz nett.

New York, 23. Febr. [...] In aller Frühe der junge Regisseur Francesco von Mendelssohn da, wegen der »Dreigroschenoper«. Dann der alte kokette Rabbi, der seine Fähigkeiten verloren hat, und die Nevelson. Dann Lillian Kaufmann; mit ihr zu einem Lunch von Huebsch gegangen. Frau Huebsch, Ginsburg, George Grosz und seine Frau, Streich, der Russe Michalski, ein Herr von der Theatre Guild, ein Engländer. Ich habe zum Schluß schreckliches Bauchweh. Sarah Michael aus Athens da. Ziemlich fad. Dann holt mich eine gescheite und interessante Frau ab, und ich fahre zu der hinkenden Malerin, die ich auf der »Europa« getroffen habe. Ziemlich viele Leute. Dann Dinner mit den jungen Leuten aus San Francisco. Ziemlich fad. Leise Schmerzen in der Prostata. Angst vor Tripper.

New York, 24. Febr. [...] Lengyel den Artikel über Hitler diktiert. Mäßig. Dann Lunch mit Eleanor Shaw. Sie auf vorsichtige Art gevögelt. Immer Angst vor Tripper. Schmerzen in der Prostata. Dann Teaparty bei mir. Irene Levison, Hendrik van Loon, Franz von Mendelssohn, die jungen Leute, die die »Dreigroschenoper« machen, der kleine Reinhardt. Ossip Dymow und Frau, Georgette Carneal, Konsul Schwarz und Frau, der Filmschriftsteller Meyers und Frau. Dreiser ruft an. Immer Prostataschmerzen. Im Theater. »The Late Christopher Beau«. Ganz gut gemachtes, unbedeutendes Stück. Eine gute und zarte Schauspielerin: Pauline Lord. Ein bißchen sentimental. Ich habe erst Schwierigkeiten, dann verstehe ich recht gut. Mit mir eine Miss Imperial, Irene Levison, ein junges Paar, eine lasterhaft aussehende junge Frau. Ich spreche die Schauspielerin. Dann bei Irene Levison, ganz nett. Es wird furchtbar spät.

New York, 26. Febr. [...] Sehr früh holt mich Rabbi Newman ab. In seiner Synagoge feierlicher Gottesdienst, ein bißchen komisch. Es ist sehr voll, etwa 1200 Leute. Erst fürchte ich für die Akustik, aber dann geht es ausgezeichnet. Ich spreche ein bißchen teilnahmslos, routiniert. Das Publikum recht aufmerksam. Am Ende die kurze Erklärung über Hitler. Stürmischer Erfolg. Sie bedrängen mich, wollen meine Hände schütteln, Autogramme. Dann Lunch mit Frau Untermeyer. Sehr schönes Haus, gute Einrichtung. Ottingers da. Sie fahren mich nach Hause. Abends mit Lillian Kaufmann und Rangsdorff in einem Speakeasy mit besonders gutem Essen und Trinken. Dann eine Party von Parsky mit Literaten zweiten Ranges, Verkäuferinnen, kleinen Schauspielerinnen usw. Ganz nett. Schmerzen an der Prostata. Nicht geschlafen, wohl infolge Kaffees. Die jüdischen Journalisten haben Kabel, daß die nationalistischen Zeitungen in Deutschland besonders heftig gegen mich schreiben.

New York, 28. Febr. [...] Viel Kleinzeug, auf den Visabehörden. Der Beamte will eine kleine Bestechung. [...]

»Aquitania« zwischen New York und Europa, 1. März [...] Im letzten Augenblick beschlossen, statt des Dampfers »Albert Ballin« den Dampfer »Aquitania« zu nehmen, um nicht auf dem deutschen Dampfer Unannehmlichkeiten von den Hitlerleuten zu haben. Joan und Ann Denter zum Lunch da. Rosenbach-Sammlung angeschaut. Napoleons Penis. Ashwith. Dinner mit Ginsburgs. Parsky, Journalisten auf dem Schiff. Frau Michalski und ihre Tochter. Huebsch und Frau. Ginsburg. Jean Laurent und Frau Jeff. Francesko von Mendelssohn. [...]

»Aquitania«, 2. März [...] Das Schiff gefällt mir lange nicht so gut wie die »Europa«. Das Essen viel schlechter, und man kümmert sich nicht sehr um mich. Post und Kabel von der Albert Ballin scheinen nicht herübergekommen zu sein. Im Deckstuhl herumgelegen. Die Passagiere uninteressant. [...]

»Aquitania«, Sonntag, 4. März [...] Abendessen gut, eine Art Fest. Wie sie mit den Luftballons schießen, muß ich denken, daß heute in der Wahlnacht in Deutschland vermutlich anders geschossen wird.

»Aquitania«, Sonntag, 5. März Nachricht, daß die amerikanischen Banken schließen. [...]

»Aquitania«, 6. März Nachricht, daß Hitler eine große Majorität hat und daß die Ausfuhr amerikanischen Geldes verboten ist. [...] Abends komme ich mit einer alten Schachtel ins Gespräch, durch sie mit einem netten jungen Mädel. Es stellt sich heraus, daß alle mich kennen. Es wird sehr spät.

»Aquitania«, 7. März [...] Gespräch mit einem alten gescheiten amerikanischen Rechtsanwalt. Mit der netten Nancy Frank. Gepackt. [...]

Zug Paris – St. Anton, 8. März [...] In Cherbourg gelandet. Nach Paris gefahren. Am Bahnhof St. Lazare herumgestanden und auf die Douane gewartet. Französisch sehr schwer, weil ich es immer mit dem Englisch zusammenwerfe. Umständlichkeiten, bis ich das Billett nach St. Anton gelöst habe. Bei Prunier gegessen. Herumgegangen in Paris, mit einer netten Hure. Todmüde. Ins Café du Dôme. Ein bißchen am Boulevard de Montparnasse spazierengegangen. Nach St. Anton gefahren.

St. Anton, 9. März Früher angekommen, als ich erwartete. Ein Telegramm nicht angekommen. Marta auf dem Lokus gefunden. Froh und unpathetisch. Spazierengegangen. Müde und angenehm und befriedigt. Eva ruft an.

St. Anton, 10. März [...] Nachrichten aus Deutschland, daß überall verhaftet und mißhandelt wird.

St. Anton, 11. März Das gleiche. Staatsstreich auch in Bayern. Eva und Hoboken machen mir einen Besuch. [...]

St. Anton, Sonntag, 12. März [...] Telegramm von Brecht. Telegramm der Sernau, daß sie plötzlich in die Schweiz gefahren sei. Sorge.

St. Anton, 13. März Eilbrief der Sernau aus Zürich, mein Haus sei von S.A.-Truppen besetzt, das Auto und die Schreibmaschine beschlagnahmt. Die Akten und Manuskripte herausgerissen und fortgeschleppt. Ich nehme es sehr ruhig auf, auch Marta. Spazierengegangen. Ganz nett geflirtet. Brief an die Sernau geschrieben, an Eva und Hoboken. Mit einer leidlich netten Wienerin geplaudert. Es wird sehr spät. [...]

St. Anton, Donnerstag, 16. März [...] Beunruhigende Nachrichten, daß auch in Österreich ein Umsturz bevorstehe. Marta drängt, daß wir schon morgen abreisen.

Zürich, Freitag, 17. März [...] Marta ziemlich nervös. Zug im letzten Augenblick knapp erreicht. Über die Schweizer Grenze gefahren. Froh, daß wir drüben sind [...].

Bern, 18. März In Zürich herumgegangen. Angenehm. Kleine Einkäufe gemacht. Ausgezeichnet gegessen. Dann nach Bern gefahren. Die Sernau an der Bahn. Erzählt zunächst ziemlich konfus. Marta verliert die Kofferschlüssel. Aus den Erzählungen der Sernau geht hervor, daß alles nur halb so schlimm war. Die Sache hat im Ausland ungeheuren Eindruck gemacht. Eine Menge von Telefonaten und Telegrammen, aus England, Skandinavien, Amerika, der Schweiz. Eine amerikanische Zeitungskorrespondenz bietet mir an, ich solle ihr telegraphisch einen langen Artikel schicken. Abends sehr gut und vergnügt mit Marta und der Sernau gegessen.

Bern, 19. März Mit der Sernau Kleinzeug gearbeitet. Dann ruft London an, der Mann will 230 Dollar für den Artikel zahlen, er hat alles so geregelt, daß ich umsonst depeschieren kann. [...]

Zürich, 20. März Marta fährt irgendwohin ins Oberland Ski fahren, ich fahre nach Zürich, um einen Sachverständigen um Rat zu fragen, wie ich vermeiden kann, daß mein Vermögen konfisziert wird. Dieser Dr. Zeck kann mir nicht sehr viel sagen. [...]

Bern, 21. März [...] Viele telefonische Versuche, einen Berliner Anwalt herzukriegen. Recht zweifelhaft. [...]

Bern, 23. März Der Berliner Anwalt Thierkopf kommt früher an als erwartet. Er erweist sich als ein ziemlich unsympathischer, sehr zaghafter Herr, der überhaupt nichts sagen kann. Wir machen mit ihm einen Spaziergang, einen Ausflug, er ist sehr teuer.

Sagt nur, daß alles nicht möglich ist. Positiv weiß er nicht zu raten. Ich warte auf eine Nachricht von Eva. Telegraphiere, telefoniere. Nichts.

Wengen (Schweiz), 24. März [...] Eine neue Schreibmaschine gekauft. Neues Leben. »Anna und der Barbar«. »Mein Leben unter den Barbaren«. Ziemlich umständlich und teuer nach Wengen gefahren. Marta zunächst nicht getroffen, sie war wieder einmal auf dem Lokus. Der Gasthof ungeheuer primitiv, Marta nett und streitsüchtig, die Landschaft herrlich.

Wengen, 25. März [...] Viel spazierengegangen. Auf der Scheidegg den verbotenen Weg über die Bahngleise herunter. An der Schreibmaschine herumprobiert. Sie geht ganz gut. Die Sernau ruft mehrmals an. Angebot einer amerikanischen Zeitschrift für einen Artikel. Viele Telegramme. [...]

Wengen, 27. März [...] An Mieze Kunz telefoniert, die sich sofort bereit erklärt, von England hierherzukommen. Ärger wegen des Gegensatzes zu Eva. [...]

Wengen, 28. März [...] In der Post wüste volksdeutsche Angriffe wegen meines amerikanischen Artikels, der ungeheuer gewirkt zu haben scheint. Verschiedene Maßnahmen zur Rettung meines deutschen Vermögens getroffen. Scheint aber alles vergeblich. Denn aus einem Telegramm an die Sernau scheint hervorzugehen, daß mein deutsches Vermögen bereits konfisziert ist. Mit Marta viel spazierengegangen. Viel mit ihr gestrindbergelt, sie ist aber wieder besonders nett. Schlecht geschlafen.

Wengen, 29. März Die Sernau teilt mit, im Radio sei gesagt worden, ob Einstein und mir die Rückkehr nach Deutschland erlaubt werde, sei fraglich. Ich mache allein einen netten Spaziergang. Sowie ich zurück bin, ist Mieze Kunz da. Sie ist sehr erregt. Ihre Mutter warnt sie telefonisch und telegrafisch, sich im geringsten mit uns einzulassen. Spaziergang mit ihr. Sie will versuchen, das Münchner Konto auf vorsichtige Art zu retten. Im ganzen ist sie sehr feig. Fährt am gleichen Abend wieder ab.

Wengen, 30. März Eine Flut wütender Angriffe in der deutschen Presse. [...] Mitteilung, daß mein Konto bei der Dresdner Bank von der Kriminalpolizei beschlagnahmt ist. Brief von Mieze Kunz, daß die Juden in Deutschland mich hassen, weil sie den Boykott ihrer Geschäfte auf mich zurückführen. [...]

Wengen, 31. März Überall Angriffe auf mich. Spaziergang. Abends kommt Cahn-Bieker. Er ist sympathisch, zuverlässig und geschickt, wird aber wohl weniger machen können. [...]

Wengen, 1. April [...] Mieze Kunz telefoniert, die Bank Feuchtwanger finde in Deutschland alles richtig und in Ordnung, sie gebe aber mein Bankkonto nicht heraus. Sie rät mir dringend, ich solle alles zurücknehmen, was ich gesagt habe. [...]

Lugano, 5. April [...] Umständliche Fahrt nach Lugano, aber sehr schön, insbesondere über den Gotthard. Ärger, daß Brecht nicht da ist. Mittleres kleines bürgerliches Hotel, die Sernau teilt telefonisch mit, daß das Haus beschlagnahmt ist.

Lugano, 6. April [...] Brecht in aller Frühe da. Mit ihm in das kleine italienische Dörfchen hinaufgefahren, wo er wohnt. Ungeheuer primitiv, aber ganz nett. Mir wird ein Haus gezeigt, das mir gefällt. Der Arzt Hirsch aus Stuttgart gibt Belege für die Pogrome.

Lugano, 7. April [...] Ungeheure Flut von Dreck und Beschimpfungen in der volksdeutschen Presse. Wieder in Carona bei Brecht. Ganz nett. Zu Fuß mit ihm heruntergegangen.

Lugano, 9. April Nach Ascona gefahren mit Metal, der in Locarno etwas sucht, wo er am hebräischen Osterfest koscher essen kann. Sehr amüsant. Dann gründe ich zusammen mit Metal eine Aktiengesellschaft. [...]

Lugano, 10. April [...] Wieder nach Carona hinaufgefahren, mit Frau Ettlinger und ihrer Freundin. Oben Leonhard Frank, seine Frau und andere Leute getroffen. Sie auch unten wieder getroffen. Ganz nett. Abends noch langes Gespräch mit dem kommunistischen Ehepaar Wolf.

Bern, 11. April [...] Nach Bern gefahren. Schöne Fahrt. Im Zug ein alter Professor Geheimrat Jesupow mit seiner Frau. Er ist gallenleidend, hat schreckliche Angst, fährt aber trotzdem nach Deutschland zurück, weil er den Anspruch auf Pension nicht verlieren will. [...]

Bern, 12. April [...] Ein Filmmensch aus London ruft an, will hierherkommen, hat dringende Geschäfte. [...]

Bern, 13. April [...] Nachmittags eine Erwiderung geschrieben auf dumme Verleumdungen in Deutschland. Da ich aber nach allen Seiten hin vorsichtig sein muß, wird es nichts Rechtes. Abends mit dem Chefredakteur Keller von der Berner Zeitung »Bund« zusammen. Ein überaus vorsichtiger Mann. Sehr viel getrunken. [...]

Bern, 14. April Beschlossen, nichts gegen die Angriffe in Deutschland zu tun. Der Filmmensch, der heute kommen wollte, zögert. [...]

Bern, 15. April Die Sernau macht einen Anwalt ausfindig, einen gewissen Lifschitz, der zwar auch nichts praktisch raten kann, aber besonders gefällig ist und angenehm von Art. [...]

Bern, 16. April Ostersonntag. Der Filmmensch kommt. Will, daß ich einen Propagandafilm über die jüdischen Dinge schreibe. Zu 20–30 000 Franc. Endgültigen Bescheid soll ich Mittwoch bekommen. [...]

Bern, 17. April Wir wollen mittags nach Marseille fahren. Es stellt sich aber heraus, daß die Züge nicht gehen. Unterredung mit dem Anwalt. Viele Vorschläge, aber nichts führt recht weiter. Unangenehme Szene zwischen Marta und der Sernau. Einen kleinen Judenartikel für England geschrieben. Marta überaus nervös. [...]

Marseille, 18. April Endlich aus der Schweiz weggekommen. Fahrt mit vielem Umsteigen und Gepäck. Ankunft spätabends. Ein Teil des Gepäcks verlorengegangen. In ein schlechtes und primitives Hotel geraten.

Marseille, 19. April Das Gepäck findet sich wieder. Auch das Hotel erweist sich als angenehmer. […]

Marseille, 20. April In ein angenehmeres Hotel umgezogen. Depesche, ich soll den Film für 20 000 Fr. schreiben. Klement in der Schweiz. Teilt mit, daß Ullstein meine Bücher verramscht habe. […]

Marseille, 22. April […] Nach Bandol gefahren, um Zimmer zu suchen. Ziemlich wenig Auswahl; es läßt sich schwer etwas Geeignetes finden. Der Dollar fällt stark. Da ich mir erst vor kurzem Dollarschecks in größerer Anzahl gekauft habe, ein schwerer Verlust.

Marseille, 23. April […] Artikel über jüdische Religion für »Sunday Dispatch« geschrieben. Wird ganz gut. […]

Marseille, 24. April […] Der Dollarsturz erweist sich als nicht so schlimm, wie es zuerst aussah.

Marseille, Mittwoch, 26. April Den Film »Kaufhaus Oppermann« begonnen. Er wird besser, als ich dachte, und die Arbeit ist leichter. Nichtssagende Post. Ich vertrage mich mit Marta besonders gut. […]

Marseille, Donnerstag, 27. April […] Brief von der Sernau, daß das Konto der Deutschen Bank nicht gesperrt sei.

Marseille, Dienstag, 2. Mai […] Nachmittag mit vielem Hin und Her nach Bandol gefahren.

Bandol, Mittwoch, 3. Mai Bandol sehr einfach, aber ganz nett. Am Film gearbeitet. Zu mietende Häuser angeschaut. Nichts Gescheites.

Bandol, Donnerstag, 4. Mai […] Marta macht berechtigte Einwendungen gegen den Film, schimpft dann maßlos und sehr persönlich.

Bandol, Freitag, 4. Mai Der Engländer kommt an. Er ist ein sehr williger Engländer. Sehr nüchtern, versteht ziemlich rasch, hat aber höchstens etwas äußerliche technische Begabung. Dann kommt die Sernau mit ihrem Schwager, der sehr nett ist. Alle finden es hier sehr angenehm. [...]

Bandol, 11. Mai Am Film gearbeitet. Thomas Mann und seine Frau tauchen auf. Er sehr nett, sie reserviert und abweisend. Dann Villen in der Umgegend angeschaut. Ganz netter Spaziergang.

Bandol, 12. Mai [...] Am Film mit dem Engländer gearbeitet. Mit dem Vertrag ist es immer noch nichts.

Bandol, 14. Mai Große Massen Post, lauter kleine Unannehmlichkeiten mit Deutschland. [...] Der Engländer, der mir am Film helfen soll, reist heute ab. Thomas Mann da, mit seiner Familie. Netter als das letzte Mal.

Bandol, 16. Mai [...] Brief von Brecht. Film so ziemlich fertig. Das Haus besichtigt. [...]

Bandol, 18. Mai [...] Fellner ruft aus London an, es ist immer noch nichts mit dem Vertrag. Thomas Mann mit Familie da, auch Heinrich Mann, ganz nett. Den Film Die Familie Oppermann beendet.

Bandol, Freitag, 19. Mai [...] Idee des »Trug der Heimat«. Trügerische Heimat. Gaukelei des Rassen- und des Vaterlandsbegriffes. Zusammengehörigkeit nur durch erworbene Mentalität.

Bandol, Samstag, 20. Mai [...] Den Roman *»Familie Oppermann« begonnen.* Lola gevögelt. Abends ruft Landshoff von Kiepenheuer an, teilt mit, er habe Verhandlungen mit Querido und will Donnerstag hierherkommen.

Bandol, 22. Mai Steifer Hals. Mäßig gearbeitet. Telegramm von Fellner, daß die Filmgeschichte nichts wird. Sehr ärgerlich.

Bandol, 23. Mai Steifer Hals schlimmer. Marta erklärt es für Syphilis. Sie hat immer die Tendenz, hinter allen unangenehmen Vorkommnissen eine »Schuld« zu wittern. Thomas und Heinrich Mann da. Nett. Sehr viel und gut gearbeitet. Abends Erika und Klaus Mann da. Recht nett.

Bandol, 24. Mai […] Schlecht geträumt. Von einem SA-Mann, der mich holen kommt, er hat ein ganz verwischtes Gesicht und eine blaugraue Uniform wie die Österreicher. Er ist sehr höflich, hantiert aber immerfort mit dem Revolver. Auch Heinrich Hepner war da, der längst tot ist. Er hat versprochen, mich gegen die SA zu schützen, entwischt aber sogleich aus dem Zimmer, wie sie kommen. […]

Bandol, Freitag, 26. Mai […] Bei dem Amerikaner Seabrock. Ziemlich fad. Ein nettes deutsches Mädel dort getroffen: Sybille Schoenebeck. […]

Bandol, Samstag, 27. Mai […] Marta nachmittags in dem zu mietenden Haus, ruft an, sie habe furchtbaren Krach mit den Leuten und ich solle mit Geld kommen. Wie ich komme, ist alles bereits wieder besänftigt, aber Marta beschimpft mich furchtbar. Übrigens wird das Haus recht nett, durch Marta.

Bandol, Montag, 29. Mai […] Nachmittag kommt Landshoff an. Er ist vergnügt und erzählt allerlei.

Bandol, Dienstag, 30. Mai Mit Landshoff provisorisch verhandelt. Es ist nicht sehr leicht. Man kann wirklich nur relativ wenig verlieren. Zu Mittag Heinrich Mann da. […]

Bandol, Donnerstag, 1. Juni Marta gevögelt. Sie behauptet dann wieder steif und fest einige unrichtige belanglose Tatsachen. Außerordentliche Abneigung gegen die Sernau. […]

Bandol, Freitag, 2. Juni […] Mit Thomas und Heinrich Mann lange zusammen. Telegramm von Brecht, der vermutlich kommen wird. Überaus freche Steuereinschätzung.

Bandol, Sonnabend, 3. Juni […] Zum Haus gefahren. Marta hat das Haus besonders hübsch eingerichtet. Gebadet. Angenehmer

Nachmittag. Abends mit beiden Manns zusammen. Heinrich hat einen Vertrag mit Amerika. Will Rat.

Bandol, Sonntag, 4. Juni, Pfingsten Heinrich Mann kommt herüber, will Rat wegen eines deutschen Vertrages. Von dem holländischen Verleger und Landshoff ein Brief, sie reduzieren meine Vorschläge um 40 Prozent. Dennoch im ganzen zufriedenstellend. Im Haus. Dort gearbeitet. Recht angenehm.

Sanary, Villa Lazare

Dienstag, 6. Juni [...] Umzug. Ein kleines schäbiges Auto gekauft. [...]

Mittwoch, 7. Juni Noch viele kleine Tücken, aber alles in allem erweist sich die Villa als sehr angenehm. Morgens Waldlauf, mit Marta, geht gut. [...]

Donnerstag, 8. Juni [...] Nach Toulon gefahren mit Pinkus und der Sernau. Dort bei einer großen Bank ein Konto errichtet. Einkäufe gemacht. Ganz nett. Zu Hause gut gegessen. Nachmittags Thomas und Heinrich Mann und Klaus Pinkus. Ganz nett.

Samstag, 10. Juni [...] Ärger mit Marta, man hat es schwer mit ihr. Handwerker, Autoversicherung.

Dienstag, 13. Juni [...] Meldung von Secker, daß er den Vertrag über »Oppermanns« senden will.

Mittwoch, 14. Juni [...] Unerquickliches Verhältnis zwischen Marta und der Sernau. Dann Aussöhnung mit Marta. Frau Thomas Mann da. Besonders nett.

Freitag, 16. Juni [...] Die Geschichte mit dem Verlag Querido wegen der Gesamtausgabe scheint perfekt. Netter Brief von Ellen Frank. Die lange erwarteten Bücher und Manuskripte kommen von Sanary. Abends kommt Zweig. [...]

Montag, 19. Juni […] Mann aus Toulouse da, ein Rechtsanwalt Dr. Bry, ein Verehrer von mir, erzählt von den deutschen Judenverfolgungen.

Dienstag, 20. Juni […] Nachmittag bei Thomas Mann. Ganz angenehm. Ärger über das Scheißauto, das Marta gekauft hat. Gebadet.

Mittwoch, 21. Juni […] Nachmittags Teegesellschaft: Seabrock, Zweigs, jener Bry aus Breslau, Pinkus, später Lily Offenstadt und ihr Freund. Man hört ziemlich eindrucksvolle Dinge aus Deutschland. Auch »Weltbühne« kommt.

Donnerstag, 22. Juni Ich kann wohl infolge der Nachrichten aus Deutschland nicht schlafen. […]

Freitag, 23. Juni […] Nachmittags Schickele da mit Familie, nett. Ich sehr unnett. Auch Zweig da und Pinkus.

Sonntag, 25. Juni Eilbrief von Querido. Vertrag perfekt. […]

Montag, 26. Juni […] Brief von Cahn-Bieker, es sei wahrscheinlich, daß in allernächster Zeit ein Steuer-Steckbrief gegen mich erlassen werde. […]

2. Juli Beschluß, Lola solle sich irgendwo sonst einmieten: Austreibung der Hagar. […] Lolas Geburtstag.

Montag, 3. Juli Brief Cahn-Bieker. Es scheint, daß ich einige Bücher und ziemlich viel Geld doch noch aus Deutschland herauskriegen kann. […]

6. Juli […] Die Dollarverluste sind nicht so hoch, wie ich vormittags gefürchtet habe. Abends bei Zweig in Sanary. Ganz nett. Etwas mit Lily Offenstadt geflirtet. Spät zu Bett gekommen. Größere Büchersendung gekommen.

7. Juli Mein 49. Geburtstag. Sehr angenehmer schöner Tag. Ein bißchen zu kurz geschlafen. Trotzdem gut gelaufen und gut geschwommen. Herrliches Wetter. Marta und Lola sehr angenehm. Auch angenehme Post bekommen. Geld aus Schweden. Die Dollars ganz gut gewechselt. Sehr netter Brief von Eva. Ausgezeichnetes Essen. Nachmittags ganz gut gearbeitet. Dann Sybille da. Angenehm. [...]

9. Juli Geld von Querido kommt, auch das von Secker angezeigte. [...]

10. Juli [...] Heinrich Mann und seine Freundin da. Er ist sehr aufgeregt. Trinkt stark.

13. Juli Den Rest des 2. Buches skizziert. Zweig da, ihm vorgelesen. Er scheint von »Geschwister Oppermann« keinen guten Eindruck zu haben.

16. Juli Mittel gearbeitet. Marta vorgelesen. Eindruck ganz gut, Marta mäkelt viel.

17. Juli Ganzes erstes Buch der »Oppermanns« überarbeitet. Ungeheurer Krach zwischen Marta und Lola, durch Martas Schuld.

19. Juli Es scheint, daß nach ungeheuren Anstrengungen ein bißchen Geld aus Deutschland gerettet werden kann. [...] Nachmittags Sybille Schoenebeck und Eva Herrmann besucht. Auch Manns da. [...]

21. Juli Marta aus »Oppermanns« vorgelesen. Erst schimpft sie furchtbar und findet das ganze mißglückt, dann macht es ihr doch Eindruck. Abends kommt sie ziemlich erschöpft und mit schwachem Herzen von Bandol zurück, beleidigt unwissentlich Lola.

22. Juli Lola erklärt endgültig, sie halte es nicht länger aus. Ziemlich schlecht gearbeitet. Nachmittag Zweig, sehr nervös und verstört, mit Frauen, Heinrich Mann, Jordan. Das Interview von Royer in Paris-Soir ganz wirksam.

24. Juli Eine Art Versöhnung zwischen Marta und Lola. [...] Sehr beunruhigt, weil Marta, die mit dem Wagen weggefahren ist, um

Cahn-Bieker abzuholen, ewig lange nicht zurückkommt. Schließlich um 1 Uhr nachts kommt sie zurück mit Cahn-Bieker und einer häßlichen Freundin von ihm.

25. Juli […] Cahn-Bieker bringt mir nach allen Abführungen 4500.– M. Damit sind sehr reichlich die Spesen gedeckt, die ich aus dem Ausland in die deutschen Angelegenheiten hineingesteckt habe. Nachmittag Lily Offenstadt da, beschimpft mich, weil ich mich so wenig um Zweig kümmerte.

27. Juli […] Abends bei Thomas Mann. Ich ziemlich langweilig.

30. Juli […] Marta gevögelt. Lola immerzu schlecht gelaunt.

1. Aug. […] In Bandol. Heinrich Mann getroffen, der abenteuerliche politische Pläne entwickelt.

2. Aug. Wenig gearbeitet, da Huebsch kommt. Mit ihm aber nicht sehr viel gesprochen, da Zweigs da waren. Zweig furchtbar nervös und überreizt. Auch Marta macht mir eine Szene.

8. Aug. Ziemlich viel gearbeitet. Nachmittags Gesellschaft bei Seabrock. Ziemlich viele Leute: Manns, Zweigs, Schickeles, Huxley, mit dem ich kein Wort spreche, Sybille und Eva Herrmann. Ganz nett, ich ziemlich langweilig. […]

11. Aug. […] Marta den Roman zum Teil vorgelesen, sie hat viele berechtigte Einwände.

12. Aug. Furchtbar schlecht geschlafen. Wohl infolge Sorgen wegen der »Oppermanns«. Dann ganz gut gearbeitet. Es ist mit den »Oppermanns« auch nur halb so schlimm.

16. Aug. […] Marta hat wieder albernen Krach mit Lola wegen Läppereien. Ich ärgere mich wahnsinnig über ihren kleinbürgerlichen Geist und ihren Hochmut und ihre Rechthaberei. […]

1933
17. Aug. – 5. Nov.
Bandol

17. Aug. [...] Landshoff schreibt enthusiasmiert über die Oppermanns. Curtis Brown teilt mit, daß Matheson Lang für Verlängerung des Vertrags über das Stück Jud Süß bezahlen will. [...]

18. Aug. Marta aus dem 2. Buch der Oppermanns vorgelesen. Es scheint gut. Gearbeitet. Nachmittags Thomas Mann mit seinem Sohn Golo da. Er ist sehr nett, ohne daß ein rechtes Gespräch zustande kommt. [...]

19. Aug. Gearbeitet. Ungewöhnlich dummer Brief von Eva, ärgerlich und wichtigmacherisch. [...]

21. Aug. In der Nacht einige Einfälle für den Roman. [...]

23. Aug. *2. Buch der Oppermanns fertig.* [...]

26. Aug. Mäßig gearbeitet. Heinrich Mann da, Grätz. Teilen mit, daß mir die deutsche Staatsangehörigkeit abgesprochen wurde.

28. Aug. [...] Marta überrascht mich mit Lola eben bügelnd.

29. Aug. [...] Ein etwas zweifelhafter Brief, der große amerikanische Betrag, den ich erwarte, ist nicht an mich angewiesen. Nachmittags ziemlich viele Leute da: Heinrich Mann, Grätz, Eva Landshoff und ihre Freundin Gerson, die mir gut gefällt, Schickele und Familie. Herzog. Ganz leidlich.

1. Sept. Brief von Cahn-Bieker, daß er sich in Deutschland sehr um die Rettung einzelner Sachen bemüht. Geld von Amerika kommt. [...]

2. Sept. Brief von Stefan Zweig. Ganz gut gearbeitet. Ziemlich viel Leute da. Heinrich Mann, der Wagnerenkel Beidler, Klaus Pinkus, der mir das Braunbuch über den Hitlerterror mitbringt. Abends Zweig da, unleidlich.

3. Sept. Ziemlich viel Post. Meine Expatriierung scheint Eindruck gemacht zu haben. [...]

4. Sept. [...] Professor Michaelis aus New York da mit Frau und Tochter. Stören mich ziemlich. Dann Lily Offenstadt da. Ich begleite sie ein Stück nach Hause. Sie geht zurück nach Deutschland, sehr schweren Herzens. Ich küsse sie. [...]

6. Sept. [...] Aufforderung, nach London zu kommen zu dem Untersuchungsausschuß des Reichstagsbrandes. Aus Rücksicht auf die Arbeit ohne Bedenken abgelehnt. [...] Schutzleute kommen, nehmen Anstoß an Martas Nacktheit. Marta sucht die Schuld wieder auf andere zu wälzen.

10. Sept. [...] Gestern die Exemplare der deutschen Auslandsausgabe des Jüdischen Krieges bekommen. [...]

14. Sept. [...] Abends kommen überraschend Eva und Hoboken an.

16. Sept. Besonders schlecht geschlafen. Lange über den Roman nachgedacht, über seine inneren Schwächen. Überraschend Telegramm von Brecht, er sei da. Nachmittags sehr viele Leute: Hoboken und Eva, Brecht, Kesten, Eva Landshoff, Susi Gerson, Zweigs. Da es so viele sind, habe ich von keinem einzelnen etwas. Auseinandersetzung mit Eva, ziemlich ergebnislos.

22. Sept. [...] Eva erzählt, daß alle Welt sich ärgert, weil ich so wenig Zeit für sie habe. Abends Brecht lange da. Ziemlich unergiebig.

25. Sept. [...] Nachmittags Zweig da, ziemlich unerquicklich infolge der heftigen Art Martas. Abends singt Brecht Balladen, seine Freundin Steffin ganz nett. [...]

27. Sept. [...] Die Zweigs verabschieden sich bei strömendem Regen. Eva außerordentlich gekränkt von Marta. Bei Huxleys. Sie sind etwas netter.

28. Sept. […] Abends Eva und Hoboken, Brecht, Heinrich Mann und seine Freundin, um sich zu verabschieden. […] Eva hat beschlossen, früher wegzufahren, als sie wollte. Der Abend wird ganz nett.

29. Sept. […] Ein Eilbrief von Querido, die wirklichen Oppermanns bedrohen mich als Konkurrenten mit dem Konzentrationslager, wenn ich den Namen nicht ändere. Auch Ullstein macht Schwierigkeiten. Infolge dieser Unannehmlichkeit schlecht gearbeitet.

30. Sept. […] Nachmittags Zweig da, die Lazard, die mich malt und mich nervös macht. […]

2. Okt. […] Brecht, Zweig da. Auseinandersetzung wegen des Schlusses des Romans. Alle finden ihn »romantisch«, kitschig, falsch. Marta wird besonders heftig und unangenehm. Fängt abends noch einmal einen großen Krach an. […]

3. Okt. […] Brecht da. Prag bietet Generalvertrag. Scheine dort guten Erfolg zu haben.

4. Okt. […] Gute Einfälle Martas für den Schluß des Buches. Ihr vorgelesen. […] Englischer PEN-Club bietet mir Ehrenmitgliedschaft an. Brecht da.

7. Okt. […] Unangenehmer Brief von der Malerin Lazard, die, von Marta recht taktlos behandelt, das Geld zurückschickt, das man ihr gab. Zweig, Brecht da.

9. Okt. […] *Marta*, wie sie Zweig und Brecht holt, *bricht sich das Bein*. Liegt über 2 Stunden hilflos auf der Straße. Huxleys kommen, noch mehr Leute. Schließlich schafft man sie nach Toulon in die Klinik. Der Arzt sieht den Fall ziemlich ernst, die Möglichkeit einer Infektion und der Amputation besteht. Schreckliche Nacht in der Klinik verbracht.

10. Okt. Die Röntgenaufnahme ergibt ein besseres Bild. Immerhin noch große Gefahr. Todmüde. Trotzdem gearbeitet. Frau Huxley nimmt sich unserer Sache sehr an, auch Sibylle und Eva Herrmann.

11. Okt. […] Nachmittag zu Marta gefahren. Brecht und Zweig, die ich für sehr egoistisch gehalten hatte, benehmen sich sehr anständig. Marta besonders sympathisch. Befund unverändert. Man wird erst Montag etwas sagen können.

12. Okt. […] Marta besucht. Sie ist ganz gut aufgelegt. Man wird erst in ¾Tagen etwas Endgültiges sagen können. Die letzten Kapitel, die ich geschrieben habe, gefallen ihr nicht besonders. Dann bei Brecht und Zweig gegessen. Angeregte Unterhaltung. Heftige Ablehnung meines Romanschlusses.

13. Okt. […] Mit Huxleys zu Marta gefahren. Unangenehme Fahrt. Martas Befund nicht zufriedenstellend. Eiter. Der Arzt unbehaglich. Die Klinik scheußlich.

14. Okt. […] In der Klinik. Marta guter Stimmung. Scheint auch etwas besser zu gehen. Dann mit Sibylle Schoenebeck und Eva Herrmann in Toulon zu Abend gegessen. Ganz nett. Sehr teuer.

15. Okt. […] Angst wegen Marta. Abends kommen Zweig, Brecht, die Steffin. Bringen befriedigende Nachricht. Ich sehr müde und kaputt.

16. Okt. […] Nachmittags mit Brecht, Zweig, Lola usw. nach Toulon zu Marta. Marta geht es wieder gut. Die Gefahr ist vorbei. Abends mit den anderen in Sanary. Ich ziemlich dumm, Zweig unleidlich. […]

18. Okt. Gearbeitet. *Die Oppermanns fertig.* Marta besucht. *Die Gefahr ist endgültig vorbei.* Sie urteilt ziemlich hart über den Roman und ist wieder recht streitbar. Brecht und Zweig weggefahren. […]

19. Okt. Schöner Tag. Krach mit Lola, die beleidigt ist, weil ich sie nicht mit Eva Herrmann und Sibylle Schoenebeck mitnehmen will. Ich nehme sie dann doch mit. […]

20. Okt. Viel Post. Yiddish art theatre (Maurice Schwartz) schreibt, ich solle zur Aufführung von »Josephus« nach New York kommen. [...] Nachmittags nach Toulon, Bankgeschichten, dann Marta umständlich nach Bandol in ein schlechtes Sanatorium befördert. Vor dem 1. Dez. wird man den Verband nicht abnehmen und nicht sehen können, was los ist. [...]

21. Okt. Oppermanns endgültig fertig und abgeschickt. Zu Marta gefahren. Dann ein Kleinbürger aus Toulon da, der möchte, daß ich bei einer Demonstration über den Leipziger Prozeß spreche.

24. Okt. [...] Abends Essen bei Sibylle und Eva Herrmann. Angenehm. Eine Schwester der Eva Herrmann da und der Maler Thöny.

30. Okt. [...] Nachmittags bei Marta. Sie macht wegen Lappalien Krach. [...]

31. Okt. Nachricht von Cahn-Bieker, daß er glücklich über der Grenze ist. Viele kleine Komplikationen. Eva Herrmann da. Mit ihr geflirtet. Sie nachmittags vergeblich erwartet. [...]

2. Nov. Des Morgens bleibt die erwartete Nachricht von Cahn-Bieker aus, was mich in meinen Dispositionen behindert. Dann kommt ein Telegramm und gleich darauf er selber. Schneidet ein wenig auf. Ich bin aber trotzdem froh, daß er da ist. [...]

3. Nov. Das Geld ist glücklich bei Querido eingezahlt, das aus Deutschland gerettet ist. Kleine ärgerliche Post, Korrekturen usw. Lola gevögelt. Martas Fuß von neuem zurechtgebogen. Scheint alles recht gut abzulaufen. [...]

4. Nov. [...] Vertrag mit Norwegen perfekt. [...]

5. Nov. [...] Marta beim Abschied sehr nett.

1933
6. Nov. – 31. Dez.
Paris, London

6. Nov. Die Nacht im Schlafwagen. Mittel. Unannehmlichkeiten, weil das Gepäck nicht da war. Auch das Hotel mäßig. Der erste Mensch, der mir über den Weg lief, Polgar. Dann Ettlinger und Zweig. Mich im Hotel viel zu teuer eingemietet. Gut gegessen. Abends Zweig. Nahum Goldmann, der Zionist, und dessen Freundin. Ziemlich langweilig.

7. Nov. [...] Schrecklich langweiliger Tag. In den Champs Elysées herumgegangen. Teuer und mittel zu Mittag gegessen. Zweig da. Dann abends Empfang bei Antonina Vallentin. Ich komme viel zu früh und bin der einzige im Smoking. Malraux da, Plaudertalent à la Bonsels, verkitschter Byron. Der Direktor der Staatsbibliothek, ein Minister, Soupault, Breitscheid, der Rechsanwalt Strauß, Marcuse, Adrienne Thomas, Frau Hilferding, alles etwas zweitranging. Sehr lange geblieben. Dann mit einer mittelmäßigen Hure. Rachenkatarrh.

8. Nov. [...] Mit Zweig gegessen. Viele Leute getroffen. Olden, Nahum Goldmann und ihre Frauen, Leonhard Frank. [...] Mosse und seine Frau getroffen. [...] Secker nimmt den etwas schlechten Schluß, Koppel aus Dänemark lehnt die Oppermanns als zu trocken ab. Brecht da. Dann Ettlinger. Mit ihm zu Abend gegessen. Sehr stark erkältet.

11. Nov. [...] Ein deutscher Arzt da, mit dem ich über Marta spreche, Zeigen überflüssig. Zweig und Landshoff kurz da. Die Oppermanns scheinen ganz gut zu gehen. Ausgegangen, ganz gut zu Mittag gegessen. Zweig. Dann Robert Neumann, der allerlei aus London berichtet. [...]

12. Nov. [...] Mit Brecht über seinen Roman gesprochen. Er scheint dankbar und vernünftig.

13. Nov. Immer noch etwas Erkältung. Mit Max Strauß über Naturalisierung gesprochen. Er gibt sehr optimistische Ratschläge, zu optimistisch, fürchte ich. [...]

16. Nov. […] Abends mit Gwen Melchett ausgegangen. Besonders nett.

17. Nov. […] Viel Post. Gwen Melchett sagt für Nachmittag ab. Nachrichten über die Filmproduktion von »Jud Süß« in London. Telegramm von Maurice Schwartz aus New York, er nehme meine Bedingungen für die jiddische Aufführung von Josephus an. Ich sollte also eigentlich nach New York. Angenehmes Mittagessen mit Frau Schwarzschild. […] Abends mit Ettlinger ausgegangen. Erst in einem guten Restaurant. Dann in einem Kostümierten-Lokal, wo alte französische Lieder gesungen wurden. Dann in einem volksdeutschen Tanzlokal. Sehr spät nach Hause gekommen.

18. Nov. Etwas Katzenjammer. Mit der Sekretärin gearbeitet. Etwas durcheinander durch Gwen, die launischerweise wieder abgesagt hat. Die Oppermanns kommen von Querido. Schauen gut aus. […] Telegramm von Huebsch: Man verlangt von mir einen Artikel über Hitler. Schwarzschild da. Gescheit und angenehm. […]

19. Nov. […] Nachmittags wollte Münzenberg kommen. Kommt nicht. Statt dessen Kantorowicz mit Frau. Nachmittag bei Antonina Vallentin. Edmond Fleg und Frau, ein Mann vom Manchester Guardian, ein Licentiat Jehuda, sonst Leute. […]

20. Nov. […] Den Artikel für Heinrich Mann geschrieben. […]

22. Nov. […] Brecht da. Gepackt. Brecht sehr herunter in jeder Hinsicht. Tat mir leid. Abends eine ganz nette Hure.

23. Nov. Nach London gefahren. Vorher von Antonina Vallentin gehört, daß Flammarion die Oppermanns abgelehnt hat, daß aber ein Interview mit mir in den Nouvelles Littéraires erscheinen wird. Ganz angenehme langweilige Fahrt nach London. Keinerlei Schwierigkeiten beim Eintritt usw. Secker und Frau holen mich ab. Ich habe zunächst Bedenken gegen das Hotel, dann stellt es sich doch als ganz angenehm heraus.

London

24. Nov. […] Neugierig, was wird. In den Abendzeitungen starke Angriffe auf Stänker, die Hitler angreifen. Sinclair Lewis gelesen. Langweiliger Tag.

26. Nov. […] Die Stimmungen werden immer hitlerfreundlicher. […]

27. Nov. […] Abends mit Fellner. Furchtbar kleinbürgerlich und auf kleine Art schlau. Ich habe aber den Eindruck, als ob die Geschichte mit der Gaumont British etwas würde.

28. Nov. […] Lunch mit Curtis Brown. Er ist sehr zuversichtlich in bezug auf geschäftliche Dinge. Ich hoffe, daß er verschiedenes machen kann. Dann Unterredung mit dem Filmanwalt; auch hier steht es gut. Abends Paul Grätz da. Mit ihm und seiner Frau gegessen. Dann eine Hure gesucht. Nichts gefunden. Todmüde nach Hause. Schlecht geschlafen. Emil Ludwig ruft an wegen Klement.

29. Nov. […] zur British Gaumont hinausgefahren. Film prunkvoll mittelmäßig. So auch der Regisseur. Glaube, ich werde dort etwas erreichen. Mit dem Regisseur Mendes und Fellner zu Abend gegessen.

30. Nov. Müde. In aller Frühe viel Betrieb. Toller, der Sozius Schwarzschild, Frau Olden, Alexander. Alexander bringt mir einen Vertrag, der ungefähr alles enthält, was ich will. Gleich darauf kommt Curtis Brown und ist tief empört, daß ich den Vertrag nicht über ihn mache. Mittags kommt Secker. Bringt sehr schlechte Kritiken aus den Times und dem Evening Standard. Dann noch mal Curtis Brown. Er macht nun den Vertrag, und der Verleger ist bereit, Alexander abzufinden. Viel Telefon. Dann kommt Frau Weizmann, die Frau des Zionistenführers, möchte partout, daß ich in einem Lunch am 20. Dez. spreche. Ich sage zu.

1. Dez. […] Alexander da, unangenehme Szene, ebensolche Szene mit Curtis Brown. […] Nachmittags im Studio zum Film. Veidt gesprochen, andere. Das junge reiche Judenmädel, das die Naemi spielt. Abends eine ganz nette Hure.

3. Dez. […] Der schreckliche Moritz Feuchtwanger da. […] Die Rezensionen in den sozialistischen Zeitungen ganz gut.

4. Dez. Unbehaglicher Tag. Alles geht quer. Die Sache Hutchinson ist zäh und verheddert. Weder der ekelhafte Alexander gibt nach noch Curtis Brown. Frau Secker da, stört viel mehr, als sie nützt. Secker erzählt, der Verkauf der Oppermanns sei ausgezeichnet. Dann in einem sehr guten Film »Heinrich VIII.«, weil ich annehme, der Regisseur kommt zu mir. Er kommt aber nicht. Eine der vielen Unzuverlässigkeiten Klements. […] Abends mit dem Regisseur Mendes, kluger, aber nicht sehr musischer Mensch. […]

5. Dez. […] Vormittag Secker da, bringt mir den Kontrakt. Lunch mit Melchett. Angenehm. Bringt nahezu die gleichen Argumente für das Vorhandensein von Rassen wie Brecht. Will, daß ich mit Reinhardt zusammen eine Pantomime über jüdische Geschichte schreibe und mich auf sein Gut setze. […] Abends PEN-Club. Meine Reputation in England scheint absolut unerschüttert. Alle finden die Presse ausgezeichnet. Ich werde aufgefordert, in Oxford zu sprechen. Auch einige ganz passable Frauen. Dann mit Toller bei Lady Oxford. Gescheite und imponierende alte Dame. Sehr nett.

6. Dez. Alexander gibt klein bei. Hingegen nicht die British-Gaumont-Leute. […] Abends Ika Olden da. Gevögelt. Mittel.

7. Dez. […] Abends bei Rabbiner Hertz. Ganz nett.

8. Dez. […] June Head. Ein bißchen bedenklich. Ist sie Spionin? Direktor Klein von den Reinhardt-Bühnen da, dann ein Interview, dann noch ein Interview […].

9. Dez. […] Paul Grätz da. Der Theaterdirektor Eugen Robert. Mit Ika Olden in »Maß für Maß«. Ausgezeichnet. Charles Laughton großartig.

10. Dez. Plan: Die große *Passion des jüdischen Volkes*. Passionsspiele in Jerusalem. Eine volkstümliche Geschichte der jüdischen Passion. *Richard III*. An dem Vortrag für jüdische Damen geschrieben. […]

11. Dez. […] Interview im Daily Herald erscheint. Sehr gut. Auch die Oppermanns scheinen gut zu gehen. Curtis Brown teilt mit, daß die Geschichte mit der Gaumont wirklich in Ordnung sei. […]

12. Dez. Vormittags Secker da. Der Vertrag über Josephus II perfekt. […]

14. Dez. Mit Irma Sernau Post erledigt. Dann mit June Head zu Mittag gegessen, an dem Artikel gearbeitet, dann bei Lady Oxford Tee getrunken. Enttäuscht. Abends mit Toller, der Head und einer verblühten Engländerin in dem Mae West Film I am no angel. Mittelmäßig. Dann in einem überaus lärmenden Restaurant. Teuer. Und enttäuschend.

15. Dez. […] Ould da, Toller, Herrmann-Neiße, Rudolf Olden: konstituierende PEN-Club-Sitzung. […]

16. Dez. Ika Olden läßt mich im Stich. So muß ich allein an dem Speech arbeiten. […] Albin Michel will die Oppermanns.

18. Dez. […] Yvonne Rothschild kommt sehr verspätet. Verlangt ziemlich viel Abschwächungen in dem Speech. […] Viele Kritiken aus Deutschland, dummes Zeug. Dann bei der Verfilmung. Ziemlich übel.

19. Dez. […] Arbeit mit einer Sekretärin Rothschild an dem Speech, dann mit Irma Sernau, dann mit einer englischen Sekretärin. […]

20. Dez. […] Heftiger Tag. Der Lunch, großartiges Society Publikum. Ich spreche ganz gut. Ungeheurer Beifall. Hernach bei Kortner. Er pumpt mich um 200 Pfund an. Für abends sagt eine kleine Engländerin ab, mit der ich verabredet bin. Dann mit Toller und Ika Olden ausgegangen.

21. Dez. […] In aller Frühe Kortner da, holt sich seinen Scheck. […] Mit Olden und seiner Frau auf das Standesamt gegangen, um sie zu trauen. Dann mit Frau Weizmann gegessen, sie erzählt viel von der Unzuverlässigkeit und Sonderbarkeit von Gwen Mond! […] Meine Rede in den Times ganz wiedergegeben. *In letzter Minute der unterzeichnete Hutchinson-Vertrag.*

22. Dez. […] Mit ziemlichem Reisefieber gepackt. Viel zu hohe Trinkgelder gegeben. Klement bringt mich an die Bahn. Ist ziemlich verzweifelt. Ich weiß nicht, ob ich von ihm jemals Geld kriege. Kortner durch Zufall mein Nachbar im Zug. […]

Paris

24. Dez. […] Unterredung mit den Verlegern Mendelssohn und Roubiczek. Dann mit Remarque, seiner hübschen, aber kranken Frau. Andere Leute noch bei ihm. Dann umgezogen und mit Schwarzschild ausgegangen. Erst ziemlich zerfahren, dann in viele elegante Lokale. Mit einer gewissen Lili und manchmal mit Walli Schwarzschild geflirtet, auch Remarque mit. Ich todmüde, kann mich aber nicht aufraffen, nach Hause zu gehen. So wird es 6 Uhr morgens. Saalfeld getroffen und Werner Richard Heymann.

25. Dez. Irrsinnig müde. Trotzdem früh aufgestanden, um mit der Breitscheid Post zu erledigen. Dann bei Remarque Tee getrunken. Ika da, mit ihr gevögelt. Zu Abend gegessen. Ganz nett.

26. Dez. […] Kantorowicz ruft an, will Geld für Dimitroff. Woher die Wespen alle meine Adresse haben?

27. Dez. […] Mit Frau Leonhard Frank zu Mittag gegessen. Nachmittags Saalfeld da, er erzählt Schauergeschichten von Ullstein. Dann mit Frau Remarque und einer netten Wiener Freundin von ihr zu Abend gegessen. Todmüde.

28. Dez. […] Erfreuliche Post. Guter Befund Martas. Sache Gaumont ganz befriedigend. Magenschmerzen. Schlecht geschlafen.

30. Dez. […] Nachmittags Münzenberg da, macht mir einen Verlegerantrag für französische Bücher. Dann Werner Richard Heymann und Frau. Abends mit Walli Schwarzschild in Richard III. […]

31. Dez. […] Rechtsanwalt Strauß da. Ganz interessante Diskussion über Wesen des Judentums; Bluttransfusion als Gegenbeweis für die Rassentheorie. Dennoch: Rasse kann man nicht definieren, nur die Repräsentanten des Typus zählen und der Wille, ihnen zu gleichen. Ein Lebendiges kann durch ratio allein nicht erkannt werden, nur das Anorganische kann dadurch erkannt werden, nicht das Organische.

Brief von Marta, daß die Operation erst später vorgenommen werden kann und daß sie länger in Toulon bleiben muß. Ärgerlich, da dadurch alle meine Dispositionen über den Haufen geworfen werden. Mit Ika Olden gegessen, Schwarzschild getroffen. Die Elisabeth Hauptmann da. Nachmittags Jeanne Remarque da; ganz nett, oberflächlich, eine bessere Hure. Abends mit ihr, einem unausstehlichen Architekten Hoenig und dessen Frau. Viel zu lange aufgeblieben und zuviel getrunken.

1934
1. Jan. – 18. Jan.
Paris

1. Jan. […] Besonders netter Brief von Marta. Allein bei Prunier gegessen. Dann Ann Bernstein getroffen, die beim Film eine Rolle spielt. Dann Bettina Hoenig und Frau Remarque. Mit Bettina Hoenig etwas gegangen.

2. Jan. […] Jakob Wassermann gestorben. […] Bei der kranken Frau Leonhard Frank Besuch gemacht. Auch er da. Möchte zusammen mit mir Filme schreiben. Dann der Verleger Roubiczek. Kleiner Vertrag. Aber er bringt das Geld gleich mit. Amüsant. Sehr müde.

3. Jan. […] Mit Marta telefoniert. Sie ist mit Recht etwas gekränkt, daß ich nicht nach Bandol zurückfahre. […]

4. Jan. […] Mittags mit Leni Herrmann, dann beim Zahnarzt. Dann Leni Herrmann gevögelt. Nett. Dann Peter Mendelssohn und seine Frau. Später Ika Olden. Mit den 3en ausgegangen. Nett, zuviel getrunken. Dann ins Tabarin. Mit Frau Mendelssohn stark geflirtet.

8. Jan. […] Brief von Marta. Sie ist noch nicht in Toulon. Keine Nachricht von Frau Mendelssohn. Sie hat mir offenbar meine etwas derbe Galanterie übelgenommen oder hat Angst vor ihrem Mann. Mir tut das sehr leid. […]

11. Jan. […] Telegramm von Marta: »Operation gut verlaufen.« Nachmittags Kantorowicz da, Ika Olden. Erzählt über Frau Mendelssohn, die sich sehr geniert habe und er sei sehr unglücklich gewesen. Dann mit Frank, Jeanne Remarque. Dann bei Georg Bernhard. Hugo Simon da, Joseph Roth. Ich werde sehr gerühmt. Dann bei einer Hure. Mittel. Hernach Angst vor Krankheit. Sehr spät.

13. Jan. […] Mittags mit Bruno Frank. Dann bei einem Tee bei Jouvenel. Nette Frau. Ein wenig geflirtet. Viele Menschen. Belanglos. Abends mit Elise Gottschalk, Nahum Goldmann und einer anderen Frau aus. Ich bin todmüde. Wie ich nach Hause komme, ruft Frau Mendelssohn an. Aber ich bin zu müde, um noch zu kommen.

15. Jan. […] Vorwort zum Braunbuch diktiert. Nicht geglückt. […]

16. Jan. […] Mit Tschu Mendelssohn gegessen. Fad. Ika Olden da. Abends mit Trude von Molo ausgegangen. Ganz nett. Nur zu lange.

17. Jan. […] Das Vorwort zum 2. Braunbuch fertigdiktiert. […]

18. Jan. […] Mittags mit Walli Schwarzschild. Ganz nett. Dann mit Bruno Frank. Mittel. Dann abends mit Bettina Hoenig rasch gegessen und weggefahren.

1934
Bandol
19. Jan. – 5. Mai

19. Jan. Nach Gebrauch von Schlafmittel gut geschlafen. Marta angenehm vorgefunden. Das Hotel lärmend.

20. Jan. Später im Hotel getauscht. Marta sehr sensibel. Spaziergang mit Cahn-Bieker. Abends spricht mich ein alter Jude an, durch ihn Bekanntschaft mit einem netten französischen Mädel. […]

22. Jan. […] Mit der Französin Aline spazierengegangen. Ganz nett. Mit Cahn-Bieker spazierengegangen. Bei Marta. Es geht ihr besser. Abends ein bißchen mit Aline geflirtet.

23. Jan. […] Ich höre, daß mein Haus an der Gorguette vermietet sei. Für abends Eva Herrmann und Sybille Schoenebeck eingeladen. Aber ich bin todmüde, und mir ist schlecht und habe nichts von dem umständlich vorbereiteten Diner.

27. Jan. […] Einen knieweichen Brief von Thomas Mann. Josephus war in New York ein Mißerfolg. […]

28. Jan. […] Marta unwohl. Ziemlich viele Menschen bei ihr. Abends mit Aline geflirtet, die morgen abreist. Ziemlich verliebt in sie. Sie ist sehr jung.

2. Febr. […] Marta in Toulon. Auskunft: Sie muß noch bis in den Mai hierbleiben, dann erst nach Aix. Sie wird noch 1½ Jahr lang mit der Sache zu tun haben. […]

3. Febr. Schickele »Witwe Bosca« zu Ende gelesen. Sehr gut. […] Abends mit einer verrückten Marseillaiserin und ihrer Krankenwärterin ausgegangen. Ganz nett. Furchtbar lange ausgeblieben.

6. Febr. […] Mit den beiden Französinnen dem Radiobericht über die Ziehung der französischen Lotterie zugehört.

7. Febr. […] Spaziergang mit den Marseillaiserinnen. Sehr handgreiflich geflirtet. […]

10. Febr. […] Nachts kommen die Marseillaiserinnen zu zweit. Ich war sehr müde. Trotzdem mit beiden gevögelt. Ganz nett.

19. Febr. […] Marta darf Gehversuche machen.

21. Febr. […] Die Marseillaiserinnen fahren ab. […]

22. Febr. Sehr schlechte Nacht gehabt. Viel im Bett gelegen. Marta besucht mich. Sehr erfreut. Auch sonst Besuch von Frauen des Hotels. […]

7. März Brief von Eva. Ann Bernstein kommt. Ein bißchen laut und lästig. […] Später mit Ann Bernstein gevögelt. Ganz nett. Aber es wird sehr spät.

8. März […] Abends kommen Bruno Frank und Liesl. Es wird sehr spät. […]

9. März […] Krach zwischen Bruno Frank und der Bernstein. Todmüde. Ann Bernstein zwingt mich, sie zu vögeln.

12. März […] Mit großer Mühe den provokativen Nachstellungen der Ann Bernstein entgangen. Sie macht dabei solchen Lärm, daß das ganze Hotel zusammenläuft.

14. März Post, die ich erwarte, Geld vor allem, kommt nicht. […] Mit Liesl Frank geflirtet. Nach Toulon gefahren mit Franks und Ann Bernstein. Angenehmer Nachmittag. Die Franks finden ein Haus, das der Trottel Cahn-Bieker natürlich nicht gefunden hat. […]

15. März Ich fahre mit der Ann Bernstein, die endlich endgültig abfährt, nach Toulon, um dort die Marseillaiserin Renée zu treffen. […]

16. März […] Streit mit Marta wegen der Sernau. Mit Liesl Frank spazierengegangen. Sie gevögelt. Nachmittags mit Marta Haus angeschaut. Abends mich mit Franks ziemlich betrunken.

17. März […] Bestätigung, daß Secker Geld eingezahlt hat. Mit Liesl Frank spazierengegangen. Scheint, daß ein Haus gefunden ist, das Marta befriedigt. Abends mit Franks bei Suzy. Mittel.

19. März Einige lang erwartete Bankausweise treffen endlich ein. Auch Bücher. […]

20. März […] Unterredung mit dem Maler, der das Haus vermieten möchte. Dann mit Marta ein anderes Haus angeschaut. Es scheint, daß wir dies andere Haus nehmen werden. […]

21. März […] Der Vertrag mit der Gaumont British perfekt, erste Rate eingetroffen.

24. März […] Nochmals das Haus Valmer bei Sanary angeschaut. Den Vertrag so gut wie fertiggemacht.

26. März Den Vertrag wegen des Hauses unterzeichnet. Es stellt sich heraus, daß in unmittelbarer Nähe gebaut wird. […]

29. März […] Krach zwischen Liesl Frank und Frank. Abends erwarte ich sie vergebens, trotzdem sie die letzte Nacht im Hotel schläft, da Frank mit ihr vögelt und sie mich erwartet.

30. März […] Huebsch schreibt, die Oppermanns hätten einen außerordentlichen Presseerfolg. Einen Wagen für Marta gekauft. Franks ziehen aus dem Hotel fort. Es waren 3 angenehme Wochen mit ihnen.

31. März […] Mich sehr über Marta geärgert, die nur über den Wagen schimpft, während ich ihn doch nur für sie und auf ihren Befund hin gekauft habe. […]

1. April Ostern. Die amerikanischen Kritiken kommen. Sie sind seit Jud Süß in England die besten, die ich je bekommen habe. […]

3. April […] Ärger wegen des Visums der Sernau. Mit ihr depeschiert und telefoniert. […]

5. April […] An dem Vorwort für die Oldens gearbeitet. Die Franks da. Spazierfahrt mit Marta und den Schwarzschilds. Abends ein bißchen sehr niedrig gepokert. Fad.

6. April […] Marta ist mit dem Auto sehr zufrieden, macht mir aber wegen läppischer Geschichten Szenen. Kleine Triumphe der Eitelkeit. Ich benehme mich in Kleinigkeiten läppisch.

8. April Mit der Südamerikanerin Heloise geflirtet. Mit Marta und Schwarzschilds bei Frank. Abends mit Walli Schwarzschild ausgegangen. Etwas im Spiel verloren. Ganz nett.

9. April […] Amerikanische Post, Oppermanns scheinen wirklich ein ganz großer Erfolg. […] Schwarzschild pumpt mich um 12 000 Fr. an. Spaziergang mit Walli Schwarzschild.

10. April […] Die infirmière aus Marseille ist plötzlich da. Nach einigem Hin und Her schicke ich sie mit einem Trinkgeld zurück, ohne sie gevögelt zu haben.

15. April […] Frecher Brief der Krankenpflegerin aus Marseille. Erpressungsversuch. Drohungen. Mittags, wie Heloise gerade sehr zugänglich ist, erscheint die Marseill. Ich werde sehr nervös und verderbe mir die Chance mit Heloise. Später kommt Liesl Frank.

Ich immer noch sehr nervös. Ich spreche 2 Worte mit der Mars., die mich abpaßt. Ziemlich klar. Sie verschwindet. [...]

17. April Neuer Erpresserbrief der Mars. Läßt mich gleichgültig. Liesl Frank. Heloise. Lese, daß die Oppermanns Bestseller. [...]

18. April [...] Marta den Erpresserbrief der Marseillaiserin gezeigt. Sie nimmt ihn nur von der komischen Seite. [...]

20. April [...] Den guten letzten Roman von Jakob Wassermann gelesen. [...]

22. April [...] Abends mit Franks im Kasino.

24. April [...] Nachmittags mit Liesl Frank nach Aix gefahren, um zu spielen. Methodisch ziemlich hoch gespielt: 11 000 Fr. gewonnen. Aber 5 Stunden im Spielsaal, todmüde, Heimfahrt im strömenden Regen und Gewitter. Liesl etwas Geld geschenkt.

25. April Todmüde. Frank macht Liesl und indirekt mir einen ungeheuren Krach, weil sie so spät nach Hause gekommen ist. Landshoff da. Abmachungen mit ihm mittel. [...]

26. April [...] Mittagessen bei Franks. Erst sehr nett. Dann bekommt er einen asthmatischen Anfall. Liesl ziemlich unglücklich. [...]

1. Mai [...] Mit Franks zum Spiel nach Aix gefahren. Den ganzen Gewinn wieder verloren. Franks sehr verstimmt. Unangenehme Heimfahrt.

3. Mai [...] Marta zeigt mir das Haus. Sie hat das wieder großartig eingerichtet. [...]

1934
5. Mai 1934 – 2. Okt. 34
Sanary, Villa Valmer

5. Mai Übersiedelt. Das Haus ist ganz nett, aber die Anstrengungen Martas, es so zu machen, sind unverhältnismäßig groß. Ärger mit dem Dienstmädchen. Spätabends, ich liege bereits im Bett, kommen Eva Herrmann und Sybille und wollen noch ausgehen.

6. Mai Gut geschlafen. Vorläufig klappt noch nichts im Haus. Das Bad ist eiskalt. Alle sind gutwillig, Marta sehr erregt und überreizt. Trotzdem angenehmer Nachmittag. Später Franks besucht. Abends wunderschöner Schmetterling in meinem Zimmer. [...]

7. Mai [...] Haus funktioniert nicht. Furchtbare Maschine ist in Tätigkeit in der Nähe meines Hauses, schauerlich. [...] Kleine Reibungen mit Marta. Abends unter großen Schwierigkeiten zu Sybille und Eva Herrmann gefahren. Dann ganz nett. Ich grantig.

9. Mai Vorbereitungen zum »Josephus 2«. Ärger über Schwierigkeiten der Materialbeschaffung. Liesl Frank da. An »Thomas Wendt« gearbeitet.

12. Mai [...] Der Agent Alexander da. Franks, die Massary, Pallenberg da. Ganz nett. Abends ausgegangen. Mit den Engländerinnen und Franks. Es wird sehr spät, aber ganz nett.

14. Mai [...] Nach Aix gefahren. Gespielt. Die ganze Partie ziemlich verunglückt. Stark verloren.

16. Mai [...] Nachricht von Querido, daß die Oppermanns in einer russischen Zeitschrift erscheinen. Querido engagiert Cahn-Bieker. Bei Franks. Kindisches Zerwürfnis mit Liesl.

18. Mai [...] Abends liest Frank aus seinem »Cervantes« vor. Mittel.

24. Mai [...] Zahlung von Secker, von Kortner. Der amerikanische Unternehmer, der die Oppermanns spielen will, scheint Maurice Schwartz zu sein. Selten unverschämte Bedingungen. Nachmittags Gumbel da. Ganz nett. Franks kommen, Meier-Graefes.

25. Mai Viel Post erledigt. Vorwort zu den 3 Stücken. Nachmittags mit Liesl Frank. Marcuses da, Gumbel, viele Leute. Dann Telefon von New York, Ben Zwi möchte mir wohl im Auftrag von Maurice Schwartz die Filmrechte an den Oppermanns abgaunern. [...]

27. Mai […] Der Vertrag von Querido, etwas Geld, aber zu wenig von Hutchinson. Im übrigen schöner, fauler Tag. Geschmökert. Einfälle für Thomas Wendt, für den Josephus.

31. Mai […] Schlußszene Thomas Wendt. Vorarbeiten zum Josephus. Angenehmer Nachmittag mit Marta. Die Engländerin, die ich für Aix eingeladen hatte, sagt glücklicherweise ab. Franks kurze Zeit da. Liesl geht morgen nach London.

7. Juni […] Die Sowjetschriftsteller laden mich ein, auf ihre Kosten nach Rußland zu kommen.

8. Juni […] Mit Annemarie ausgegangen. Vorsicht, sie will einen nur ausbeuten. […]

12. Juni *Den »Josephus« richtig zu schreiben angefangen.* Bei Marcuses. Liesl Frank zurück.

14. Juni Spier da. Seine Bibliothek gekauft. Abends mit Annemarie Schön. Sie gevögelt. Ganz nett.

15. Juni […] Bei dem Fotografen Bondy. […]

19. Juni […] Liesl Frank da. Wollte partout in ein nahes Spielkasino. Marta sabotiert es.

22. Juni […] Ärger über Martas Pedanterie und Rechthaberei. »Josephus«. Tod des Vespasian. Nachmittags der Fotograf da, hingegen nicht Marcuse, der kommen wollte. […]

23. Juni […] Nachmittags Ausflug mit Liesl Frank. Abends scheußlicher Krach mit Marta.

26. Juni […] Nachricht, daß Pallenberg bei einem Flugzeugunfall tödlich verunglückt ist, während Liesl auf einer Liebesreise mit Spiro und für Frank und ihre Mutter nicht erreichbar ist. Mit Marcuse lange mühsame »geistgeschichtliche« Unterhaltung, bei der ich sehr schlecht abschneide. Sehr spät. Todmüde.

27. Juni In frühester Frühe kommt Liesl Frank, um Geld für die Reise zu pumpen. [...]

30. Juni [...] Erste Geburtstagstelegramme. Von Sinclair Lewis. Am Josephus. Leider muß ich den Plan weitgehend umstoßen und kürzen. Nachmittags Huxleys da. Ziemlich fad. Abends noch Marcuses da. Ziemlich viel gelesen.

1. Juli Sehr schöner Tag. Der Nationalsozialismus in Deutschland beginnt zusammenzubrechen. Das Pack schlägt sich gegenseitig tot. [...]

6. Juli [...] Nachmittags Frank da. Gratuliert mir zum 50. Geburtstag. Bringt Marta Sekt. [...]

7. Juli Mein 50. Geburtstag. Viele Telegramme und Briefe. In der Sammlung eine Reihe von Wünschen, zum Teil sehr gut. Und von guten Leuten. Ums Haus gelaufen, geturnt, gebadet. Schönes Wetter. An der Disposition des Josephus gearbeitet. Weiter zahlreiche Telegramme.

10. Juli [...] Die Schreibmaschine kommt, die Marta von Querido als Geburtstagsgeschenk erpreßt hat. [...]

12. Juli [...] Endlich die Hauptzahlung von der Gaumont British. Am »Josephus«. [...]

14. Juli [...] Mit Eva Herrmann ausgegangen. Ganz nett. Annemarie getroffen, mit der ich etwas gespannt stehe, da sie mich hat sitzen lassen.

17. Juli Noch ein Telegramm von den Russen. [...]

19. Juli Geld von Querido. Brasilianische Ausgabe des Jüdischen Krieges. [...]

20. Juli [...] Marta erzählt eine merkwürdige Geschichte von einem Friseurlehrling, der aus Japan zu seinem Vater, den Geschäftsinhaber, zurückkommt, ihn küßt und sofort zu arbeiten beginnt. [...]

21. Juli Huebsch teilt mit, mein Geburtstag sei in Amerika stark gefeiert worden. [...]

22. Juli [...] Annemarie, die 14 Tage ein Verhältnis mit einem Franzosen hatte, ruft wieder an. Marta den Josephus vorgelesen. Scheint ihr Eindruck zu machen.

28. Juli Viel Post. Meine Antwort an die Russen scheint nicht angekommen. Am »Josephus«. Bei Frank. Er liest den Schluß seines Cervantes vor. Nicht schlecht. Abends etwas ausgegangen bei einem dörflichen Fest. Ziemlich fad. Ettlinger erwartet die Oppermanns.

29. Juli [...] Abends mit Liesl Frank ausgegangen. Gespielt. Verloren.

31. Juli *Josephus erstes Buch erste Fassung fertig.* Marta vorgelesen. Viele, zum Teil berechtigte Einwände. [...]

4. Aug. Schwedische Abrechnung. Gut. [...]

6. Aug. Am Josephus. Den ganzen Plan umgeworfen. Macht schrecklich viel Arbeit. Schlechte Nacht. [...]

7. Aug. [...] Am Josephus. Wieder von vorn angefangen. Annedore Speckmann da.

10. Aug. Huebsch, der Amerikaner, kommt an. [...] Kommt mir etwas in die Quere, weil auch Lilo Dammert kommt. Ziemlich belanglose Unterhaltung. Lilo nett. Ich ziemlich langweilig.

12. Aug. [...] Vertrag mit Norwegen über den 2. Josephus. Huebsch da. Lilo da.

13. Aug. Secker zahlt längst fälliges Geld. Kleine Post, ganz angenehm. Am Josephus. Wieder vorn angefangen. Abends Frank. Er fährt morgen nach Aix. Ziemlich frostig. Lilo nachmittags. Ganz nett.

19. Aug. Am Josephus. Marta vorgelesen. Sie hat Einwände. Schlecht geschlafen. [...]

23. Aug. Am Josephus. Dänischer Vertrag. [...]

27. Aug. [...] Heinrich Mann und seine Freundin kommen. Verursachen viel Mühe und Plage. Hier mit ihnen zu Mittag und Abend gegessen. Marta macht sich unendlich lärmvolle Arbeit. Die Toulouserin Heloise ruft an. Ich bin sehr ärgerlich, daß ich nicht mit ihr zusammen sein kann.

28. Aug. [...] Nachmittags mit Heinrich Mann zusammen. Mit ihm zu Abend gegessen. Ihn hofiert, ihn nach Toulon zu seinem Zug gebracht. Betrüblich, wie schlecht es ihm geht, so daß man immer vorsichtig sein muß, ihn nicht zu demütigen.

30. Aug. [...] Nachmittags angenehme Post: Heinrich Mann bedankt sich herzlich und schickt Manuskript. Brasilien kündigt Geld an, Schweden nimmt die Novellen. Lilo da. Der bestellte Victor Hugo kommt. [...]

31. Aug. [...] Heinrich Mann »Heinrich den Vierten« gelesen. Großartig. Nachmittags ziemlich viel Teegäste: Recouly, eine Amerikanerin, Lilo, Gumbel usw.

3. Sept. [...] Die Bücher kommen, die ich seit langem ersehnte: Pauly-Wissowa, Realenzyklopädie. Lilo teilt mit, daß sie heute abend schon überraschend fahren müsse. Sie ist nachmittags da. Ich gebe ihr Geld. Außerdem der Maler Le Monnier da, seine Frau und seine Freundin. Noch ein paar Leute. Ganz nett. Lilo fährt leider ab. Ich habe sie nie gevögelt infolge Ungeschicklichkeit. [...]

6. Sept. [...] Fellner lädt mich dringlich ein, am 7. Oktober zur Première des Jud Süß nach London zu kommen. [...]

9. Sept. [...] Bei Huxleys. Ganz nett. Sie fahren den Winter über nach London. [...]

12. Sept. [...] 60mal ums Haus herumgelaufen. Rekord. [...]

16. Sept. [...] Beschluß, nach London zu fahren.

17. Sept. […] Am Josephus. Szene des Flavius Silva. Schwierig. Mit Marta spazierengegangen. Sie schimpft mich aus, weil ich nach London will. Ist gekränkt, weil ich sie nicht mitnehme. Halbe Zusage nach Prag und Warschau gemacht, im Frühjahr dort vorzulesen. […] Abends Marcuses da, Klossowski, der Maler Spiro. Ziemlich fad.

18. Sept. Sehr müde. Am Josephus. Der Maler Thöny und Frau da.

27. Sept. Vorbereitungen für meine Reise nach Paris und London. Ziemlich viel Post, zumeist unbehagliche. Am Josephus. Es stellt sich heraus, daß Marta und Frau Rothschild sich mißverstanden haben und daß eine Einladung für morgen für heute vorgesehen war. Das hätte mir meine Dispositionen sehr erleichtert. Marta regt sich sehr auf. Abends mit Thönys. Ganz nett. Kleine Angelegenheit mit der mairie mühelos erledigt.

28. Sept. […] Abends Schalom Asch. Marcuse, einige andere.

29. Sept. *Letzte Überfeilung des ganzen Buches des 2. Josephus* endgültig fertig. […]

1. Okt. […] Franks kommen nicht mehr hierher zurück. Ärger, daß sie nichts von sich hören lassen, sondern uns das durch ihr Mädchen mitteilen. Vorbereitungen für die Abreise. Dickens gelesen. […]

2. Okt. Zum letztenmal für diesen Sommer geturnt, gelaufen und gebadet. Netter Brief von Eva und von Lilo. Resümee des Sommers: Sehr angenehm. Auch Marta viel netter als voriges Jahr.

1934
3. Okt. – 24. Okt.
London und Paris

3. Okt. In der Nacht vom 2. nach 3. nach Paris gefahren. Minka Strauß, die ich bei der Rothschild traf, ist im Zug: ganz nett. Die Fahrt nach London sehr anstrengend. Ziemlich starke See. Seekrank. Secker holt mich ab. Fellner und einige Gaumont-Leute. […]

4. Okt. [...] Herrmann da. Gevögelt. Ganz nett. Der Schneider da. Secker da. Mit ihm und Howe zu Mittag gegessen. Abends Dinner mit Filmjournalisten. Ich sehe im Frack gut aus, spreche ein paar Worte, ganz nett. Fad. Ich habe den Eindruck schlechter Stimmung. Die Première des Films großes gesellschaftliches Ereignis, ich aber ziemlich an die Wand gedrückt. Hernach sehr viele Menschen, ich mehr mit den fadesten zusammen. Erst ganz spät die alte Lady Oxford und die Prinzessin Bibesco. Ich habe den Eindruck, daß der Film mit Recht ein Mißerfolg ist. Furchtbar spät nach Hause.

5. Okt. [...] Die Presse mit wenig Ausnahmen sehr gut. Auch in New York angeblich sehr gut. Ich habe trotzdem den Eindruck eines Mißerfolges. Viel Arbeit. Der Schneider da. Secker da. Mit Monds gegessen. Margot Parsons da. Gevögelt. Nett. Herzfeld da. Lania. Alle haben den Eindruck eines großen Erfolges. Nette Briefe von Marta. Brecht kommt heute abend an. Abends mit Leni Herrmann zusammen. Früh ins Bett gegangen.

6. Okt. [...] Curtis Brown da, zahllose Anrufe. Aus Holland von Klaus Mann, aus Paris von Bruno Frank. Der Schneider mit dem fertigen Anzug. Der Film scheint ein wirklicher Erfolg zu sein. Bei Lady Oxford Lunch, die Prinzessin Bibesco da, ganz nett. Margot Parsons hier; es stellt sich heraus, daß ich sie verwechselt habe. Sie ist erkältet. Ziemlich fad. Dann geht es ziemlich wild zu: Klement, Fellner, Brecht. Es kommt aber bei alledem nichts Rechtes heraus. Mit Brecht sehr lange zu Abend gegessen. [...]

7. Okt. [...] Sonntagszeitungen: Observer im Prinzip ablehnend, die anderen sehr gut. Brecht da. Alexander da. Mit Helen Ferguson zu Mittag gegessen. Ziemlich fad. Sie kann nicht lange bleiben. Im Grund ist es mir wurst. Später bei Fellner. Die Aussichten, zu einem Abkommen mit der Gaumont British zu kommen, sind nicht schlecht, aber auch nicht gut. Abends Brecht da.

9. Okt. *Nach Paris gefahren.* Sehr müde. Unangenehme Fahrt. [...] Abends im Hotel kein richtiges Zimmer gekriegt. Sehr ärgerlich. Man kann nicht auspacken, nichts. Abends mit Liesl Frank. Ich todmüde. Der König von Serbien und Barthou ermordet. Aufregung in den Straßen.

12. Okt. Eva kommt. Ein bißchen prätentiös. Macht gleich viel Arbeit. Mit ihr ziemlich viel gegessen. Abends mit Hilde Breitscheid gearbeitet. Eva spielt sich auf. Spätabends ausgegangen zu einer Hure. Billig und ganz nett.

13. Okt. [...] Fast einen ganzen Tag mit Eva verbracht. Nett, aber furchtbar prätentiös. Abends mit Lilo Dammert. Besonders angenehm. Dann törichterweise noch zu einer Hure.

15. Okt. [...] Nachmittags Aline da, nur für einen Sprung. Sie heiratet endgültig nächste Woche. Ist sehr aufgeregt, prätentiös und leicht tragisch. Abends mit Eva in einen netten Film von René Clair gegangen.

16. Okt. [...] Franks gesprochen, die heute endgültig nach London fahren. [...]

17. Okt. [...] Außerordentlich gute Kritik über den Film Jud Süß im Tagebuch von Lania. Mit Schwarzschild und Eva zu Mittag gegessen. Ein bißchen an dem Film gearbeitet. In dem Film »On Human Bondage«. Mittel. [...]

18. Okt. [...] In einer Revue im Casino de Paris. Alle wollen einen Neffen. [...]

19. Okt. [...] Im Montmartre-Viertel spazierengegangen. Etwas kitschig, aber ganz nett. Früh Frau Appelbaum da, heruntergekommene Industriellenfrau, die Empfehlungen will. [...]

20. Okt. [...] Döblin da mit Frau. Ziemlich verbittert.

21. Okt. [...] In Wien Störungen bei dem Film Jud Süß.

22. Okt. [...] Beim englischen Konsul wegen Papieren. Vergebens. Mit Frau Remarque und Bettina Hoenig gegessen. Bei dem Bildhauer Hamann um meine Maske abnehmen zu lassen. Mit Hilde Breitscheid etwas gearbeitet. Abends mit Lilo. Ich wäre lieber zu Hause geblieben, aber aus einem gewissen Phlegma gehe ich dann doch mit ihr aus. Fad. Mir ist ziemlich schlecht.

23. Okt. […] Am frühen Nachmittag Hugo Simon da. Viele kleine Widerwärtigkeiten. Ich muß für die letzte Nacht noch im Hotel umziehen. Nichts klappt. Vergebens Telefon erwartet. Dann allein ziemlich erkältet ausgegangen. Unter Schwierigkeiten eine ganz nette Hure gefunden. Dann nochmals ins Café gegangen. Schwarzschild, Klement, Moritz. Alle sprechen von Krieg. Blanche Herrmann kommt plötzlich auf mich zu und nennt mich einen alten Troubadour, weil ich eine Bitte um Geld nicht beantwortet habe. Sybille Binder getroffen. »Jud Süß«, der Film, in Wien verboten.

24. Okt. […] Viele Kleinigkeiten erledigt. Dann nach Sanary zurückgefahren. Lilo Dammert begleitet mich an die Bahn.

1934
Sanary (Valmer)
25. Okt. – 16. Mai

25. Okt. Nach leidlicher Fahrt in Sanary angekommen. Bei strahlendem Wetter. Marta holt mich ab. Hinkt stark, ist sonst aber gut aufgelegt und sehr nett. […] Froh, wieder zu Hause zu sein. […]

27. Okt. […] Eine Einladung vom PEN-Club, in Paris ein Ehrengast zu sein.

30. Okt. Wieder eine wirklich dringliche Aufforderung, nach Prag zu kommen. […]

2. Nov. […] Victor Hugo gelesen, Turgenjew.

5. Nov. […] Im Rundfunk die Eröffnung des deutschen »Tag des Buches« gehört. Erstaunlich ärmlich. Goebbels, Hanns Johst, Blunck. […]

15. Nov. […] Dickens Curiosity Shop zu Ende gelesen. […]

20. Nov. […] Meier-Graefe da, Marcuse, der Vorwärts-Redakteur Kuttner. Hauptmann »Der rote Hahn« gelesen.

22. Nov. […] Langer Brief von Frank, in dem er auseinanderzusetzen sucht, daß er damals nicht gegen Erfolg gehetzt habe.

23. Nov. […] Eva Herrmann und Sybille Schoenebeck kommen vor der Reise nach London, sich zu verabschieden. […]

3. Dez. […] Hugo Les Misérables zu Ende gelesen. Sonderbare Mischung von großartig und unfreiwillig komisch, läppisch. […]

5. Dez. […] Ärger mit Marta wegen ihrer vielen hygienischen Spleene. […]

8. Dez. Am Josephus. Mäßig. Der Tod des Jungen, von dem ich mir am meisten versprochen habe, wird nichts Rechtes. […]

10. Dez. […] Besser gearbeitet. Nachmittags Marta vorgelesen. Ich habe im ganzen einen guten Eindruck.

17. Dez. […] Ein Buch der Helen Ferguson gelesen, daß Erfolg bis ins kleinste imitiert.

19. Dez. […] Im Almanach der französischen Postbeamten folgendes Gedicht: Ma femme tricote / Sous le lustre, près du feu / Moi je lis un peu / Et ma fille pianote. / Gardez-nous ainsi, mon Dieu!

24. Dez. […] An der Überfeilung des Josephus. Viele Gratulationsbriefe zu Weihnachten und Neujahr. […]

25. Dez. *1. Buch allerletzte Überfeilung fertig. Josephus.* Viel gelesen. Nachts überhaupt nicht schlafen können. Balzac gelesen Illusions perdues. […]

26. Dez. Am Josephus. Viel ganz nette Post. Privat. Bruno Frank. Eva. Bei Marcuses. Ganz nett.

27. Dez. […] Ein brasilianischer Scheck des Verlegers wird eingelöst. […] Holland will Kalkutta spielen.

29. Dez. *2. Buch Josephus allerletzte Überfeilung fertig.*

31. Dez. […] Etwas Bilanz gemacht. Kein schlechtes Jahr, weder innerlich noch äußerlich. […]

1935–1937
Sanary, Politik und Vereinnahmung

Eiertanz zwischen den 3 Frauen – Huldigungstelegramm aus Rußland – Sehe, wie wenig informiert ich bin

Am 31. Mai 1935 notierte Lion Feuchtwanger in seinem Tagebuch: »Der Russe Kolzow da, lädt mich ein, offiziell nach Moskau zu fahren.« Seit den zwanziger Jahren hatte die Sowjetunion regelmäßig westliche Intellektuelle eingeladen, bevorzugt Schriftsteller und Künstler, viele waren der Aufforderung gefolgt, darunter Stefan Zweig und Ernst Toller, Johannes R. Becher und Willi Bredel, Oskar Maria Graf und Wieland Herzfelde, H. G. Wells, Romain Rolland und André Gide.

Feuchtwangers Entschluss, sich in diese Gruppe einzureihen, vor allem aber sein Bericht »Moskau 1937« führten zu heftigen Auseinandersetzungen unter den Emigranten und gaben immer wieder Anlass für neue Diskussionen um seine Person. Wohl auch weil er sich nie öffentlich von der Sowjetunion distanzierte, verweigerte man ihm später die amerikanische Staatsbürgerschaft. Als er starb, war er ein Staatenloser.

Führten seine Verteidiger ins Feld, er habe in der Sowjetunion den einzigen möglichen Gegner der Nationalsozialisten gesehen, warfen ihm die Kritiker vor, die Augen vor der Realität der Schauprozesse und des sowjetischen Terrors zu verschließen. Dass Feuchtwangers Haltung so vielschichtig ist wie die Fragen, die sie aufwarf, konnte die Slawistin Anne Hartmann in ihrer eindrucksvollen Dokumentation »›Ich kam, ich sah, ich werde schreiben‹. Lion Feuchtwanger in Moskau 1937« (2017) belegen, nachdem sie jahrelang vor allem auch in russischen Archiven recherchiert hatte. Den Anfang bildete ein Zufallsfund: die Aufzeichnungen der Dolmetscherin Dora Karawkina, die Feuchtwanger während seiner Reise betreut hatte. Für ihre Vorgesetzten von der »Allunionsgesellschaft für kulturelle Verbindungen mit dem Ausland« (WOKS) notierte sie, welchen Eindruck der berühmte Gast auf sie machte: schwierig und skeptisch, keineswegs begeistert von den hiesigen Lebensverhältnissen, kritisch in seiner Einschätzung vom Zustand der sowjetischen Demokratie und Pressefreiheit. Auch sein Tagebuch zeigt ihn, wie Anne Hartmann zusammenfassend formuliert, »als Handelnden, der seine Beziehung zur UdSSR durchaus eigenwillig gestaltete, zugleich nicht selten als Getriebenen, im Banne von Entwicklungen, die ihn unter Zugzwang setzten […] – genötigt durch die politischen Umstände, aber auch mit Lust an der Provokation und mit ›Bekennermut‹«.

Die Richtigkeit dieses Befundes wird dadurch gestützt, dass sich Feuchtwanger an anderer, für ihn durchaus gefährlicher Stelle persönlich etwa für den Arzt Lothar Wolf engagierte, der in die Vernichtungsmaschinerie des stalinistischen Terrorregimes geraten war: »Brief von dem sowjetrussischen General-Prokurator, daß er auf meine Verwendung hin die Angelegenheit eines verurteilten Arztes persönlich in die Hand nehmen will« (20. Mai 1939). Nicht mehr als diesen einen Satz notierte er in der Angelegenheit. Für den Verurteilten, dem Spionage unterstellt wurde, kam (was Feuchtwanger nicht wusste) jede Hilfe zu spät, er wurde erschossen. Mit dessen Tochter Sonja Friedmann-Wolf aber verband Feuchtwanger bis zu seinem Tod ein Briefkontakt.

Feuchtwanger war ein Antifaschist, der sich auf der Seite derer sah, die ihm der einzige Garant für eine konsequente Haltung gegenüber dem Faschismus zu sein schienen. Während er an »Moskau 1937« arbeitete, notierte er mit einiger Selbsterkenntnis: »Etwas Lektüre über russische Gegenstände. Sehe, wie wenig informiert ich bin« (9. März 1937). Schwer vorstellbar, was es für den sonst so hellsichtigen Autor bedeutet haben mag, als zwei Jahre später der Hitler-Stalin-Pakt in Kraft trat.

Nach Russland begleitet wurde Feuchtwanger von der 17 Jahre jüngeren Eva Herrmann, mit der ihn seit 1935 eine leidenschaftliche Liaison verband. Die schöne, erfolgreiche Malerin und Zeichnerin, deren Karikaturen in angesehenen Literatur- und Kunstzeitschriften sowie auf Buchumschlägen erschienen, sympathisierte in den dreißiger Jahren offen mit kommunistischen Ideen. Die Deutsch-Amerikanerin ging vor den Feuchtwangers nach Kalifornien und nahm sie bei sich auf, als deren Flucht vor der Gestapo am amerikanischen Pazifik ihr glückliches Ende fand. Eva Herrmann und Lion Feuchtwanger blieben bis zu seinem Tod enge Vertraute. Loyal verbunden blieb er auch seiner Sekretärin Lola Sernau, mit der er von 1926 bis 1940 zusammenarbeitete und ebenfalls in ein Verhältnis verwickelt war. 1938 heiratete sie einen Schweizer, was ihr im Krieg das Überleben sicherte. Denn Feuchtwangers Bemühungen, sie in die USA nachzuholen, scheiterten an der Verweigerung eines Einreisevisums. Die beiden schrieben sich zeitlebens, und sie kam 1957 zu Besuch nach Los Angeles. Auf seine Art blieb Lion Feuchtwanger nicht nur sich selbst und seinen Überzeugungen treu, sondern auch den Frauen, denen er so viel verdankte.

Sein Engagement war vielfältig und machte nicht beim eigenen Werk und seinem unmittelbaren Umfeld halt. Ende 1933 etwa war er an der Gründung des »Deutschen PEN-Clubs im Exil« beteiligt. Für die 1935 in den USA erschienene amerikanische Ausgabe von Wolfgang Langhoffs »Moorsoldaten« (»Rubber truncheon«), den ersten international bekannten Augenzeugenbericht über ein nationalsozialistisches Konzentrationslager, verfasste er ein Vorwort – auch das Ausdruck des hohen Ansehens, das er nach wie vor in Amerika genoss, und der Bedeutung, die seinem Wort beigemessen wurde. Im Juni 1935 sprach er auf dem ersten »Internationalen Kongress zur Verteidigung der Kultur« in Paris: Hier trafen die wichtigsten Schriftsteller aus aller Welt zusammen, um ein Zeichen gegen den Faschismus zu setzen, darunter die deutschen Exilautoren Bertolt Brecht, Anna Seghers, Heinrich Mann, Ernst Bloch und Johannes R. Becher. Dort begegnete er auch dem sowjetischen Journalisten und Kulturpolitiker Michail Kolzow und dessen Gefährtin Maria Osten, deren Schönheit und Klugheit Feuchtwanger immer wieder gern erlag. Die gut vernetzte Kommunistin und Autorin spielte dann eine wichtige Rolle bei der Organisation von Feuchtwangers Moskau-Reise und überredete ihn außerdem, in die Redaktion der in Moskau erscheinenden Zeitschrift »Das Wort« einzutreten. Seit dem Sommer 1936 hielt sie sich als Korrespondentin der »Deutschen Zentral-Zeitung« auf der Seite der Internationalen Brigaden immer wieder an den Fronten des Spanischen Bürgerkriegs auf. Im Mai 1939 fuhr sie nach Moskau, weil Kolzow verhaftet worden war, was sie für ein Missverständnis hielt. Am 8. August 1942 wurde sie erschossen. Von ihrem Tod erfuhr Feuchtwanger im kalifornischen Exil, ob er aber über die genauen Umstände ihrer Ermordung Bescheid wusste, ist ungewiss.

Bevor er die Arbeiten an »Moskau 1937« abschloss, begann

Feuchtwanger bereits die Konzeption eines neuen Stückes namens »Emigranten«, das sich schnell zu einem Romanvorhaben auswuchs und 1940 unter dem Titel »Exil« den Abschluss der Wartesaal-Trilogie bildete. Nach dem historischen Josephus-Stoff und dem umstrittenen Reisebericht widmete sich der exilierte Romancier wieder ganz seiner konkreten Gegenwart und dem unmittelbaren Erleben.

1935
Sanary
Villa Valmer

1. Jan. […] Ungarische Ausgabe der Häßlichen Herzogin. Ein nettes Neujahrsgeschenk von Mondadori. Balzac »Splendeurs des courtisanes« fertiggelesen.

9. Jan. […] Brief von Döblin, dem es sehr schlecht zu gehen scheint.

11. Jan. […] Marta liest das 2. Buch des »Jude von Rom«. Macht berechtigte Einwände, die mir Arbeit machen. Marta gevögelt.

12. Jan. […] Am Josephus die Überarbeitung jener Kapitel begonnen, die Marta mißfallen haben.

13. Jan. […] Autobiographie für die Russen überarbeitet.

15. Jan. Herrliches Wetter. Die Saar hat mit ungeheurer Majorität für Hitlerdeutschland gestimmt. Die Dummheit der Welt ist tief wie das Meer. Schwer ist der Weg und das Ziel ist weit. […]

16. Jan. […] Nachmittags Marta das 3. Buch vorgelesen. Sie findet es zu reißerisch. Wieland »Abderiten« gelesen.

19. Jan. […] Lola macht mir eine Szene. Marcuses da. Mich mit ihm ganz gut über das Wesen des historischen Romans unterhalten.

21. Jan. Martas Geburtstag. Herrliches Wetter. Schwierigkeiten mit dem Dienstpersonal. Am Josephus 4. Buch. Marta nett. Langer Spaziergang.

23. Jan. Weiter am Josephus. Es wird leichter. [...]

25. Jan. Am Josephus. Wieder sehr schwer. Angenehme Post. Bei Annemarie Tee getrunken und zu Abend gegessen. Mit ihr gevögelt. Ganz nett.

4. Febr. [...] Marta schwer hysterisch und verrückt mit ihren Dienstmädchensorgen. Abends leichter Krach mit ihr. Sie schafft sich selber den Ruf einer Verrückten, da sie aller Welt ausschließlich von Haushalt und Dienstmädchen erzählt. [...]

11. Febr. [...] Schlechte und unverständige Kritik über die 3 Szenenstücke im Observer. Jouvenel kurz da, mit seiner Frau, möchte »Erfolg« französisch bringen. [...]

14. Febr. [...] Von Huebsch und von Querido kommt lange erwartetes Geld. [...]

15. Febr. [...] Marcuses da. Plant, ein Buch über die Entstehung der Christus-Mythe zu schreiben. [...]

17. Febr. [...] Lilo ruft an, sie sei krank und wolle auf einige Zeit herunterkommen. Schön. [...]

20. Febr. [...] Lilo Dammert kommt. Sieht in jeder Hinsicht sehr abgerissen aus.

24. Febr. [...] im Radio Hitler gehört. Furchtbar platt.

26. Febr. [...] Es stellt sich heraus, daß unsere Katzen Kater sind. [...]

27. Febr. [...] Englische Exemplare der Novellen-Sammlung. [...]

28. Febr. [...] Kleinen »Offenen Brief an den Bewohner meines Hauses« geschrieben. [...] Malraux condition humaine gelesen. [...]

1. März [...] Evening Standard teilt mit, daß er 3 von den Kurzgeschichten aus der Marianne bringen will.

4. März […] Nachmittags kleine Autofahrt nach einem halb verlassenen, sehr hübsch gelegenen Ort. Mit Lilo.

6. März Exemplare der »Marianne« aus Amerika. Sehr hübsch. […] Annemarie da. Ziemlich fad und unerquicklich. Ich ärgere mich, weil sie mich für größenwahnsinnig hält. Abends Lilo da. […]

7. März […] Polnischer Vertrag. […]

9. März […] Geschimpfe aus Deutschland, kühle englische Stimme über die 3 Stücke. […] Lilo fährt zurück nach Paris. Alles in allem war ihr Aufenthalt hier nicht sehr befriedigend, weder für sie noch für mich. […]

10. März […] Geld aus Ungarn. […]

13. März […] Mittlere Kritiken aus England über Little tales. […]

17. März […] Deutschland führt die Wehrdienstpflicht ein. – Sehr gute Rezensionen über die kleinen Erzählungen aus Amerika.

18. März […] Fontane Stechlin gelesen.

24. März […] Ortega y Gasset »Aufstand der Massen« gelesen. Sehr oberflächliches Buch. […]

25. März […] Victor Hugo »1793« gelesen.

29. März […] Flaubert Education Sentimentale gelesen.

30. März […] Lola erzählt von albernen Klatschereien, die über mich in Sanary im Umlauf seien. Mit Brousse neuen Vertrag für den Sommer geschlossen. Von Amerika Geld und angenehme Kritiken.

7. April […] Thackeray »Vanity Fair« gelesen.

8. April […] Sehr trüber und deprimierter Brief von Zweig, mit dessen Augen es immer schlimmer wird. […]

16. April Marta Erkrankung an der Hüfte (Rheumatismus? Sehnenzerrung?). Angenehmer spanischer Aufsatz über mich in der Zeitung von Buenos Aires. […]

18. April […] Lola die ganze letzte Zeit über besonders grantig. Nachmittags macht sie mir Krach, daß ich mich so wenig um sie kümmere.

19. April […] Wertpapiere an der Börse verkauft und 1000 Mark gewonnen. […]

20. April […] Mittags macht Marta wegen einer läppischen Kleinigkeit eine hysterische Szene. Dann Wilhelm Herzog. Meier-Graefe. Marcuses. Bei Eva Herrmann. Sybille Schoenebeck, Kisch und seine Frauen. Ich pumpe Marcuses Geld. […]

21. April […] Tartarin gelesen.

22. April […] Lola macht mir eine Szene, weil sie so einsam und freudlos hier lebt und ich mich viel zu wenig um sie kümmere. Annemarie und ihr Freund Paul da.

25. April […] Nachmittags Kisch da. Er ist sehr nervös, es kommt keine rechte Unterhaltung zustande.

26. April Lola macht mir wieder eine Szene. […] Nachmittags Klaus Mann und Sybille Schoenebeck da. Er ist ziemlich fertig.

27. April […] Maurice Donnay und Frau da. Er ist ganz nett, ich spreche erbärmlich schlecht Französisch.

30. April […] Marta wird nach einer ruhigen Zeit wieder schwieriger und streitsüchtiger.

1. Mai Klaus Mann da. […] Ich lese Marta einen großen Teil des 5. Buches Josephus vor. Sie findet es zumeist schweinisch. Mit Recht.

13. Mai Eine Flut von Post kommt. Wichtigste Mitteilung: Secker ist pleite und will meine Bücher an Hutchinson abgeben. Ich beschließe, nach London zu fahren. Auf der mairie wegen Paßschwierigkeiten. Man bekommt keine rechte Auskunft. […]

14. Mai Herrliches Wetter. Vorbereitungen für die Abreise. Annemarie Meier-Graefe da. Sie bringt ihren sterbenden Mann in ein Sanatorium in der Schweiz. Flirtet etwas mit mir. […] Secker teilt mit, er habe bereits mit Hutchinson abgeschlossen. Marta streitet ein ganz klein wenig, bereitet aber alles für London sehr gut vor und ist besonders nett.

1935
16. Mai – 2. Juni
London – Paris

16. Mai Gut nach London gefahren. Lange und etwas langwierig, aber nicht anstrengende Fahrt. Secker holt mich ab und Margot Parsons. Secker sehr niedergeschlagen, erzählt, daß er 2500 Pfund für die Rechte an meinen Büchern bekommt, ich nichts. Margot ist besonders nett. […]

17. Mai […] Die von Lola empfohlene Sekretärin stellt sich ein, sie ist nicht sehr angenehm, auch nicht tüchtig. Auch der Schneider da, scheint überlastet. Mit Michael Joseph von Curtis Brown gesprochen, die Sache scheint günstiger zu stehen, als ich glaubte. […]

20. Mai […] Abends mit Margot. Sehr nett. Gevögelt. Sie unvorsichtigerweise nach Sanary eingeladen.

21. Mai […] Netter Brief von Marta. Geschäftlich gehts nicht recht weiter. Lunch mit Curtis Brown. Er erzählt, Hutchinson mache Schwierigkeiten infolge neuer Verträge. Nachmittags kleine Einkäufe besorgt. Dann Muir da, mit Fellner gesprochen, abends bei Olden. Ganz nett. Hitler sprechen gehört. Dann spätabends noch Klement. Todmüde, ohne etwas Rechtes erledigt zu haben.

22. Mai Vieles bei der Bank erledigt. Dann bei Toller. Sehr nervös Lunch, aber ganz nett. Dann Secker da. Die ganze Geschichte scheint sehr nach Wunsch erledigt sowohl von Hutchinson wie von ihm, vorausgesetzt, daß gezahlt wird. Ich glaube aber, es wird. Dann Robert Neumann da. Mich lange mit ihm unterhalten.

23. Mai […] Geschäftliche Gespräche mit C. Brown, hauptmännisch. Ganz ersprießlich. Die Sache scheint nach Wunsch zu gehen. Auch Methuen, ein anderer großer Verleger, ruft an. Dann beim Friseur. Er betrügt mich und hängt mir Sachen auf, die ich nicht will. […]

24. Mai […] Seitdem ich am Montag gevögelt, macht mir die Prostata wieder Schwierigkeiten. […]

25. Mai […] Noch viel ziemlich überflüssiger Betrieb. Toller und Frau da, ganz nett. Herrmann-Neiße da. Mit Frau Olden gepackt. Helen da. Nett. Nicht gevögelt.

26. Mai Etwas nervös, nachdem ich zuviel Trinkgelder gegeben, sang- und klanglos abgefahren. Ganz gute, sehr langweilige Fahrt. *Nachmittags in Paris angekommen.* Umständlich ausgepackt. Lange herumgeirrt, um eine Hure zu finden. Schließlich nach Stunden eine halbwegs erträgliche gefunden. Furchtbar spät nach Hause gekommen, alles in allem enttäuscht.

27. Mai […] Mittags mit Jeanne Remarque und Bettina Hoenig im bois gegessen, angenehm. Nachmittags der christliche Theilhaber wieder da, es ist überhaupt nichts herausgekommen. Er erzählt viel von der illegalen Tätigkeit der Kommunisten in Deutschland. Abends will ich in einen Film gehen, kann aber nicht entdecken, wann er angeht. Gehe dann essen, treffe durch Zufall die Toulouserin aus Bandol und ihren Freund. Ganz nett.

28. Mai […] Mit der Remarque und Bettina in die Comédie-Française. Lucrezia Borgia. Ich stelle mich ungeschickt an. Man sollte Abendanzug anhaben, ich habe nicht. Dann glaube ich meine Brieftasche verloren zu haben. Ich verstehe schlecht. Alles in allem große Enttäuschung. […]

29. Mai […] Becher da. Ganz unterhaltend mit ihm. Drängt sehr, daß ich nach Rußland gehe und zu dem Kongreß in Paris komme. Versucht mich mit französischen und russischen Hoffnungen zu locken. Abends in einem Film »Clive«. Recht leer, aber ganz wirksam gemacht.

31. Mai […] Der Russe Kolzow da, lädt mich ein, offiziell nach Moskau zu fahren. Ich werde es wahrscheinlich nicht tun. Dann ruft die Károlyi an, die ich vergeblich zu erreichen versucht hatte. Dann Schwarzschild da. Ich bespreche mit ihm den Plan eines Hitlerbuches. Dann auf den Straßen herumgeirrt, um eine Hure zu finden. Vergebens. Ich benehme mich immer blöder.

1. Juni Mit der Gräfin Károlyi zu Mittag gegessen. Nett. Dann Malraux, Kantorowicz, Regler, Jean R. Bloch da. Reden alle auf mich ein, ich müsse zu dem Kongreß wieder nach Paris kommen. Malraux eitel, sich spreizend, hochfahrend. Ich spreche über den historischen Roman, mein Französisch leidlich. Bloch nett. Dann Becher da, ich verstehe mich nicht schlecht mit ihm. Dann mit Bettina und Jeanne ausgegangen, in ein Montmartrelokal, ganz nett. Dann noch weiter gebummelt, Schwarzschild schließt sich an. Ich betrinke mich ziemlich. Es wird sehr spät.

2. Juni […] Befriedigt und froh auf Sanary zurückgefahren.

1935
3. Juni – 22. Juni
Sanary (Valmer)

3. Juni Mit einem Schnupfen, müde und vergnügt in Sanary angekommen. Marta holt mich ab. […]

7. Juni […] Landshoff nach dem vielen Hin und Her kommt. Sehr anstrengende Unterredung mit ihm, im ganzen befriedigend, trotzdem nicht viel dabei herauskam. Ich soll Korrekturen für Zweig lesen, was mich furchtbar viel Zeit kostet, die ich jetzt nötiger als je brauche. Meier-Graefe gestorben. Mühe, Marcuses Vertrag durchzusetzen. […]

8. Juni […] Ärgerlicher Brief von Secker, aus dem hervorzugehen scheint, daß er die mit so ungeheuren Garantien gesicherte Zahlung trotzdem nicht geleistet hat. […]

9. Juni Pfingsten. […] *Zum erstenmal gebadet.* Im Regen. Der Vertrag von Hutchinson kommt. Sehr befriedigend.

12. Juni An dem Aufsatz über »Sinn und Unsinn des historischen Romans«. Von Secker kommt Nachricht, er habe den größten Teil bezahlt. Von Rußland kommt Nachricht, sie wollten alle meine Bücher drucken. Mit Eva Herrmann ausgegangen. Mittel.

13. Juni […] Nachricht von Huebsch, daß er mich in Paris erwarte. […]

16. Juni […] Nachmittags Marta das 5. Buch des Josephus vorgelesen. Große Teile sind mißglückt.

19. Juni […] Zweig »Erziehung vor Verdun« gelesen. […]

1935
23. Juni – 30. Juni
Paris

23. Juni Nach einer ganz guten Fahrt in Paris angekommen. Strahlendes Wetter. Sehr schöne Fahrt durch die Stadt. Kaum bin ich im Hotel, ruft es von allen Seiten an. Mit Jeanne Remarque Mittag gegessen. Dann zu den Leuten vom Kongreß. Es stellt sich heraus, daß ich doch Französisch sprechen soll, und alles ist sehr fragwürdig organisiert. Ich fahre mit einer Sekretärin und Übersetzerin zu mir, arbeite wie rasend. Abends mit Lilo Dammert ausgegangen. Ganz nett.

24. Juni Überhaupt nicht geschlafen wegen des Französisch. Brecht da. Im Grunde sehr frech. An dem französischen Manuskript gearbeitet mit 2 Übersetzerinnen. Nachmittags kommt noch eine dritte Sekretärin. Mit Huebsch zu Mittag gegessen. Nichts Rechtes. Dann zu dem Kongreß gegangen. Lampenfieber. Außerordentlich übermüdet. Ich bin um ½9 da, komme aber erst gegen 12 Uhr zum Sprechen. Ich spreche gut, aber alles verpufft infolge schlechten Arrangements. Unzählige Leute gesprochen. Ganz nett. Die Russen besonders angenehm zu mir. Babel, A. Tolstoi, auch sonst. Zahllose Frauen. Heinrich Mann. Dann mit Lilo aus. Schwarzschild getroffen. Bei einer belanglosen Hure.

25. Juni […] Furchtbar heißes drückendes Wetter. Viel Post. Zu einem Bankett der französischen Schriftsteller. Ganz nett. Ich werde vor allem von den Russen sehr geehrt. Gorki habe »Erfolg« so gerühmt. Barbusse, Nexö. Waldo Frank. Komische Episoden: Der Perser mit seinen Kimonos. Ich soll auch einen kriegen. Michael Gold und der Herausgeber von Lu. Jüdische Zeitschrift. Der Ukrainer, der sagt: Wenn ich komme, werden alle schreien: blabla. Nachmittags Frau von Jouvenel da. Ganz nett. Mittel. Abends beim Kongreß. Ungeheuer viele Menschen. Ganz nett. Vorher mit Lilo gegessen. Schlafmittel genommen. [...]

26. Juni [...] Auf der russischen Botschaft. Zahllose Leute, zum Teil sehr interessiert. Le Corbusier, Pierre Abraham, eine australische Journalistin, der Minister Karojen, Kolzow, Vaillant-Couturier, Vildrac, die sehr nette Marie Claude Vogel, auch sonst nette Frauen. Dann endlich Gewitter. [...]

27. Juni [...] Tee der Deutschen bei Jouvenel. Furchtbar viele Leute. Mäßig. Mit Toller und Frau, Lilo, den Kestens, Schwarzschild ausgegangen. Ich zahle für alle. Ganz amüsant.

28. Juni [...] Mit Toller gearbeitet. Käthe Mellentin da. Dann mit Huebsch zu Mittag gegessen. Antonina Vallentin da.

Kolzow und Frau. Abends mit Lilo ausgegangen. Etwas enttäuscht, daß sie nicht dablieb, um sich vögeln zu lassen. Im Montmartre, ganz amüsant. Feuerwehr. Dann bei einer belanglosen Hure. [...]

29. Juni [...] Eine Interviewerin da, Kantorowicz da. Bei Jouvenels gegessen. Dann Koffer für Marta gesucht. Dann Regler da, später Becher, die Seghers, Döblin. Döblin sehr wirr. Abends Lilo. Sie endlich gevögelt. [...]

1935
Sanary (Valmer)
1. Juli – 16. Nov.

1. Juli Gut angekommen. Marta nett. [...] Kleine Zwistigkeit mit Marta, weil ich morgen, also an Lolas Geburtstag, mit ihr und ihrer Schwester ausgehen will.

2. Juli Post abgearbeitet. Nachmittags bei Lola. Thöny und seine Frau, eine Schwester der Eva Herrmann, deutsche Jüdin, mit einem halben Nazi verheiratet, der in Deutschland eine Stellung hat, Annemarie, sonst noch Leute. Abends mit Lola, ihrer Schwester und Marta ausgegangen. Ganz nett.

6. Juli […] »Historischer Roman« im Tagebuch. Mit Marcuse darüber diskutiert.

7. Juli […] Mein Geburtstag. Marta nett. Keine Gratulationen. Marta aus dem letzten Buch vorgelesen. Sie lehnt es scharf ab.

8. Juli Sehr schlecht geschlafen. Am Josephus. Verbesserungen. Post: Emil Ludwig, Heinrich Mann. […]

14. Juli Am Josephus. Marta daraus vorgelesen. Scheint ganz gut. Abends zwingt mich Lola, mit ihr und ihrer Schwester Irma auszugehen. Fad und teuer. Ich spiele ein bißchen und verliere.

16. Juli Am Josephus. Marta den Schluß vorgelesen. Er mißfällt ihr. […] Ausführlicher russischer kommunistischer Essay über mich.

24. Juli […] *Das Schlußkapitel geschrieben*. Es ist endlich geglückt. […]

27. Juli […] Fertig mit den Korrekturen von Zweigs »Verdun«. Eine sehr fade Arbeit. […]

30. Juli […] Alexej Tolstois »Peter der Große« gelesen. Sehr netter Brief von Eva Boy. Abends mit Heinrich Mann und Marta auf der fête de pays. […]

2. Aug. *Josephus endgültig fertig und den Rest an die Druckerei und Übersetzer geschickt.* Abends Heinrich Mann und seine Freundin zum Essen. Mittel. Marta zapplig und nervös.

3. Aug. […] Netter Brief von Lilo. Von Bruno Frank. Von Gorki. Vergeblich auf Geld von Secker gewartet. […]

7. Aug. […] Abends mit Lola ausgegangen, um die Vollendung des Josephus zu feiern. Joyce und Barbara getroffen, Sybille, Eva

Herrmann, eine Menge Leute. Gespielt, ziemlich stark verloren. Lola erst sehr gut aufgelegt, dann beleidigt, weil ich mich zuwenig um sie und zuviel um die anderen kümmere. Spät nach Hause.

9. Aug. Ziemlich viel belanglose Post. Aber nachmittags mit Heinrich Mann beim Graf Sforza. Der Historiker Salvemini. Ganz nett. Marta unterhält sich sehr gut. Dann durch das infolge der gestiegenen Unruhen gefährliche und unheimliche Toulon. Dann mit Manns zu Abend gegessen und noch ausgegangen. Ganz nett. […]

10. Aug. […] Ich finde unversehens ein Telegramm, daß die 1000 Pfund von Hutchinson-Secker bezahlt sind. Freude. […] Werfel »Musa Dagh« gelesen.

13. Aug. Kleine Sichtung meiner literarischen Pläne. Etwas Vorarbeiten am Falschen Nero. […]

14. Aug. Plan der Kurzgeschichte »Das 66. Sonett«. […]

16. Aug. […] Mich mit meinen literarischen Plänen beschäftigt. Nachmittags Toller und Heinrich Mann da. Ganz nett. Abends bei Thönys zum Essen. Angenehme Atmosphäre.

17. Aug. […] Abends mit Tollers bei Suzy. Am Nebentisch die erpresserische Marseillaiserin. Etwas gespielt und gewonnen. Ganz nett.

18. Aug. […] Unterredung mit Marcuse, ihn über Mißerfolge getröstet. […]

22. Aug. Plan zum 3. Josephus. […]

24. Aug. […] Nachmittags viele Leute: Thönys, Toller, Frau Gumbel, bald Hilde Hüter. Abends mit Heinrich Mann gegessen, nochmals viele Leute. Ein bißchen zuviel getrunken.

26. Aug. Überraschend kommt Geld aus Rußland. Honorar. Große Freude, daß Rußland soweit ist. […]

27. Aug. […] Nachmittags viele Menschen bei Marcuse. Annemarie, Eva Herrmann, Schickeles, Frau Meier-Graefe.

28. Aug. *Unter einigen Schwierigkeiten mit Eva Herrmann nach Cannes gefahren.* Erst geht alles ziemlich schief. Dann im Kasino recht nett. Stark gewonnen. […]

29. Aug. […] *Eva gevögelt.* Todmüde, aber netter verschwenderischer Tag. Noch ein wenig gespielt. Dann mit dem Auto zurückgefahren.

31. Aug. *Pläne, nach der Tschechoslowakei zu fahren.* Tagebuch bestellt telefonisch Artikel über Barbusse. Nachmittags bei Huxley. Ziemlich viele Leute da. Mittel. Abends mit Luchaires. Toller, der leicht beleidigt ist. […]

2. Sept. […] Nach Rußland und der Tschechoslowakei geschrieben, daß ich doch kommen werde.

3. Sept. Englische Volksausgabe Jud Süß gekriegt. […] Frau Meier-Graefe. Schickeles da, auch sonst Leute. Abends mit Tollers und einer kleinen Amerikanerin zusammen. Ziemlich fad, da die Amerikanerin nicht recht herpaßte, was ich vorher hätte überlegen sollen.

4. Sept. […] *Die ersten beiden Seiten des »Falschen Nero« geschrieben.* Häßliche Herzogin Querido-Ausgabe bekommen. Nachmittags langen Spaziergang mit Marta gemacht. […]

7. Sept. […] Abends mit Thönys und Lola sehr gut gegessen. Amüsant. Dann noch ausgegangen. Ein bißchen gespielt. Sehr handgreiflich mit Thea Thöny geflirtet. Nette Heimfahrt. Lola auf der einen, Thea Thöny auf der anderen Seite. Marta gevögelt.

9. Sept. Telegramme und Eilbriefe, daß ich in Rußland und der Tschechoslowakei sehr willkommen bin. […]

11. Sept. […] Eine unsagbar leere und verblasene widerspruchsvolle Hitlerrede gehört. […]

12. Sept. […] Abends lange einen Anruf Eva Boys erwartet. Er kommt sehr spät. Sie kommt also am Sonntag. Ein bißchen geteilte Freude, weil ich gern meine Beziehungen zu Eva Herrmann ausgebaut hätte und mit Thea ein wenig geflirtet.

15. Sept. […] Eva kommt an. Sie ist nett und ruhig, bringt mir eine kleine, angeblich echte ägyptische Statue mit. Ich bin innerlich sehr kühl, und die Aussicht, daß sie allenfalls mit nach Rußland will, macht mich ziemlich bestürzt. Auch stört sie im Augenblick meine Beziehungen zu Eva Herrmann und Thea. Marta ihr gegenüber sehr nett. Mitteilung, daß »Die Söhne« erschienen sind.

16. Sept. […] Abends mit Eva im Grand Hotel. Auch Eva Herrmann da, der alte Herrmann, Thea und Thöny. Ganz nett, für mich nicht ganz einfach zwischen den vielen Frauen. Es wird sehr spät.

17. Sept. Unausgeschlafen. Marta ist fast immer in der letzten Zeit ruhig und angenehm. Eva Boy nachmittags da. Ziemlich vertraulich, mittel. Sie sieht häßlich aus; alles in allem ist ihr ganzer Zauber weg. […]

21. Sept. Ziemlich viel Post. Darunter angenehme aus Rußland. […] Sehr unlustig an dem Vortrag für Prag gearbeitet. […]

26. Sept. Nach einer Wagenpanne, die die Abfahrt sehr verzögerte, nach Draguignan gefahren, um dort Legitimationspapiere in Ordnung zu bringen. Sehr hübsche Fahrt mit Marta, Eva Boy und Lola. Dann auf der Rückfahrt lange und ärgerliche Panne, die die Fahrt außerordentlich verteuert und unbehaglich macht.

28. Sept. […] Nachmittags nach vielem Hin und Her mit der Rothschild und Marta nach St. Tropez gefahren, um das kaputte Auto zu holen. Dann mit der Rothschild gegessen. Sie redet viel müßiges Zeug, um mich zu bewegen, ihr zu helfen, sich als jüdische Madame Legros zu betätigen.

29. Sept. Den Pragern ist mein Vortragsthema: Ist das deutsche Volk antimilitaristisch? nicht angenehm. An dem Vortrag weiter gearbeitet. […]

30. Sept. […] Der Antimilitarismus ziemlich mißglückt.

1. Okt. […] Nach Marseille gefahren mit Eva Boy und Eva Herrmann. Eva Boy fährt morgen zurück. Thea Thöny und ihren Vater getroffen. Mit Eva Boy durch Marseille gebummelt. Ganz nett. Dann mit Eva Herrmann nach Hause gefahren. Sehr nett. Eiertanz zwischen den 3 Frauen.

3. Okt. Den Vortrag wieder von vorn angefangen. […]

5. Okt. […] Nachmittags der Bildhauer Elkan da, erzählt amüsant über das Schicksal seiner Skulpturen.

7. Okt. Mit Eva Herrmann nach Cannes gefahren. Da wieder verspielt, was ich das letzte Mal gewonnen habe. Trotzdem sehr nett. Eva gevögelt. Abends nochmals gespielt. Ohne Resultat. Eva nochmals sehr gevögelt. Ein bißchen unklar, ob ich ihr kein Kind gemacht habe.

8. Okt. Todmüde, aber vergnügt in Cannes. Eva eine Uhr geschenkt, über die sie sich kindisch freut. Nachmittags zurückgefahren. […]

9. Okt. […] *Beschluß, nicht nach Prag zu fahren*, da der Vortrag nichts wird. Leider kann ich mich aber nur mit Krankheit entschuldigen und muß deshalb auch Rußland absagen. […]

11. Okt. Mir eine Kritik über Marcuses Loyola abgequält. […] Eine Kurzgeschichte »27. September« begonnen.

15. Okt. Die Kurzgeschichte von Benno Zacharias im ersten Entwurf fertiggemacht. Sie ist noch nichts. […]

17. Okt. […] Schlechte deutsche Abrechnung aus Holland. Ich beschließe, nicht die Kurzgeschichte von Benjekt, die nichts wird, nach Rußland zu schicken, sondern den offenen Brief an den Besitzer meines Hauses. Darauf wirft Marta mir vor, »ich bestünde ganz aus Unanständigkeiten«. Nachmittags Thönys und die Stieler getroffen.

19. Okt. Lola sehr gekränkt, weil ich Montag nicht mit ihr nach Marseille, sondern mit Eva nach Aix fahre. […]

21. Okt. Lola fährt nach Paris. Ich fahre mit Eva Herrmann nach Aix. Und zwar mit unserem Wagen. Marta kümmert sich um einen Chauffeur. Aufenthalt in Aix nett. Ich verliere zwar, aber nicht sehr viel. […]

22. Okt. Mit Eva in Aix. Todmüde. Musée Granet angeschaut. Kein Eindruck. Nachmittags nochmals gespielt. Weiter verloren. Eva wechselt sich Geld ein, das ich ihr zum Spiel gegeben habe, ohne es mir zu sagen. […] Eva sehr erregt. Süß, sadistisch, reizend, spielerisch, verlogen, habgierig. Etwas umständliche Heimfahrt. Gefahr eines Zusammenstoßes knapp vermieden. Marta empfängt mich überaus mürrisch.

28. Okt. Ein Zettelchen von Eva Herrmann, in die ich ziemlich ernstlich verliebt bin. […]

29. Okt. […] Marcuse und Frau Meier-Graefe da. Sie möchte gern mit mir flirten. Ich ziehe nicht wegen Eva Herrmann.

31. Okt. Herrliches Wetter. *Im Meer gebadet.*

5. Nov. Mit Eva ausgegangen. Ich benehme mich ziemlich blöd und ungeschickt. Im Auto gevögelt.

6. Nov. Fauler Tag. Dickens Oliver Twist zu Ende gelesen. Marta erkältet.

7. Nov. *Im Meer gebadet.* Belanglose Post. Die deutsche Ausgabe der »Söhne« gehe mäßig. Die englische erscheint am 12. Frau Meier-Graefe da. Eva Herrmann läßt nichts von sich hören. Heiden »Hitler« gelesen.

8. Nov. Fauler Tag. Raabe »Hungerpastor«. Betrachtungen über die Relativität der Moral in Conze The Scientific Method of Thinking. Frau Meier-Graefe verabschiedet sich unter Hinterlassung ihres Katers.

11. Nov. […] Rosenberg Bolschewismus gelesen.

12. Nov. [...] Tschechische Exemplare der »Söhne« kommen. Jewish Encyclopedia. [...]

13. Nov. Miserables Wetter. Aragon »Cloches de Bâle« gelesen. Ein wenig über Parthisch gelesen für den Falschen Nero.

16. Nov. Cloches de Bâle zu Ende gelesen. Eilbrief Lolas, ich soll in Paris vorlesen. Vorbereitungen zur Abreise.

1935
Paris (Cannes)
17. Nov. – 8. Dez.

Sonntag, 17. Nov. Ziemlich schlecht geschlafen infolge Gewitters. Dann, von Marta sehr nett betreut, mit Eva nach Cannes gefahren. Sehr gevögelt. Nett. Dann nachmittags und abends gespielt. Furchtbar verloren. Eva aber nett. Sehr spät nach Hause gekommen und nochmals gevögelt.

19. Nov. In Paris angekommen. Das Hotel angenehm gefunden. Lola da. Erzählt, Eva mache unangenehme Klatschgeschichten. [...]

20. Nov. [...] Netter Brief von Marta. Lola da. Kleiner Spaziergang mit Eva. [...] In einer Revue Chevalier. Recht nett. Ich wundere mich, daß ich relativ gut Französisch verstehe. Sehr spät ins Bett.

21. Nov. [...] Nachmittags mit Eva in dem Film »Becky Sharp«. [...]

22. Nov. [...] Eva zieht aus dem Hotel fort. Mit ihr und Liesl Frank zu Mittag gegessen. Dann mit Lola zu einer politischen Versammlung wegen der Einheitsfront zwischen Sozialdemokraten und Kommunisten. Münzenberg spricht und ein Mann vom Reichsbanner. Die Sozialdemokraten ziemlich jämmerlich. Das Ganze nicht sehr eindrucksvoll. Schwarzschild, Bernhard, Heinrich Mann. Ich Heinrich Mann gegenüber ziemlich ungeschickt. Abends mit Liesl Frank. [...]

23. Nov. [...] Kritiken aus England, mittel, nichtssagend. Liesl Frank da, Lola. Mit Lilo zu Mittag gegessen. Sie ist nett, aber ein bißchen kühl, weil ich zu wenig intensiv bin. Dann Schwarzschild mit Liesl Frank stören. Schwarzschild sehr lange, interessant. Dann Aline, erzählt Räubergeschichten von ihrem Mann und ihrer bevorstehenden Scheidung. [...]

25. Nov. [...] Liesl verabschiedet sich und fährt nach London. Lola da. Dann mit Heinrich Mann zu Mittag gegessen. Er ist sehr aufgekratzt. Abends ein Empfang bei einer französischen Dame zur Beeinflussung der französischen halb faschistischen Schriftsteller. Ich gehe mit Eva hin. Heinrich Mann spricht schlecht. Ich bin ungeschickt und viel zu schweigsam. Dann mit Eva, Heinrich Mann und der Freundin von Münzenberg ausgegangen. Es wird ziemlich spät. Fad. Heinrich Mann will partout auch morgen mit mir ausgehen. Ich aber will nicht.

26. Nov. [...] Schlechte englische Kritiken. [...]

28. Nov. [...] Einen Spruch von Voltaire: Les petites considérations sont le tombeau des grandes choses. Viel Kleinzeug. Kein Brief von Marta. [...]

29. Nov. [...] Brief von Marta. Kleinzeug. Bei Thöny. Bilder angeschaut. Starker Eindruck. Dann mit Münzenberg gegessen. Ziemlich fad. Kantorowicz da. Dann zu Eva, mit ihr gegessen. Ziemlich bald gegangen, da Louis Fischer kam. Noch ein bißchen ziellos und traurig in den Champs Elysées herumgeirrt. [...]

30. Nov. On s'acharne souvent à rêver l'impossible pour mieux se dispenser du possible. [...] Vormittags Gespräch mit Anwalt über Naturalisierung. Er gibt sich sehr zuversichtlich, aber ich bin trotzdem sehr skeptisch. Dann mit Recouly gegessen. Ich habe etwas unvorsichtig über Politik gesprochen. [...] Dann mit Eva sehr gut und vergnügt gegessen; dann zu einem Bankier Aschberg, der einen Empfang für mich geben wollte: alles schief gegangen. Ganz wenig Leute. Offenbar mißglückt. Dennoch ganz nett.

1. Dez. [...] Mit Schwarzschild und Eva gegessen. Dann Schwarzschild lange da. Mit Eva bei Hugo Simon. Ganz nette Tochter. Harry Graf Kessler. [...]

2. Dez. […] Mit Lilo gegessen. Dann mit ihr Einkäufe gemacht. Leider wollte sie immer Geld. Sonst recht nett. Die Anna Seghers da. Sagt ganz interessante Dinge über mein Buch. […]

3. Dez. Bessere englische Kritiken. […]

4. Dez. Marta teilt mit, daß wieder Geld von Rußland gekommen sei. […]

5. Dez. […] Lilo da. Sie ist nach Rußland engagiert. Mit ihr sehr luxuriös gegessen. Sehr nett. Sie ist ziemlich verliebt. […]

6. Dez. […] Mittags kommt Eva ins Hotel übersiedelt. Die flämische Ausstellung angeschaut. Nachmittags stark gevögelt. Abends gegessen. Im Theater. Giraudoux: Der Trojanische Krieg. Etwas dünnes geschmackvolles Stück, recht gut gespielt. Mein Französisch schwach. […]

7. Dez. […] Einen russischen Film gesehen: »Der neue Gulliver«. Mittel, technisch nicht uninteressant. Abends sehr gut gegessen. Dann erzähle ich Eva von einer Klatschgeschichte, an der sie schuld ist. Sie wird traurig und verstimmt, weint ein bißchen, läßt sich nicht vögeln, und der Abend ist verpatzt.

8. Dez. […] Aussprache mit Eva. Erst etwas mühsam, dann mit besserem Resultat. Mit ihr spazierengegangen. Gegessen. Sie versucht, mir beizubringen, wie man Schuhe bindet. Stark gevögelt. Abgefahren.

1935
9. Dez. – 31. Dez.
Sanary (Valmer)

9. Dez. Nach relativ angenehmer Fahrt bei kaltem, ziemlich klarem Wetter in Sanary angekommen. Marta sehr nett. Hat auch das Haus sehr hübsch zurechtgemacht. Ich etwas trüber Stimmung, da ich viel an Eva denke.

11. Dez. Item. […] Nachmittags Brief von Eva. Etwas krampfig, aber er macht mir doch Freude. […]

13. Dez. [...] Revision »Kalkutta« fertig. *Neuer Entwurf des Falschen Nero angefangen.*

15. Dez. [...] Nichts von Eva. Robert Neumann »Struensee« gelesen. Schamloses Plagiat an »Jud Süß«.

20. Dez. [...] Ganz gute deutsche Kritiken aus der Schweiz und der Tschechoslowakei. Oldens »Hitler« gelesen.

23. Dez. Den Aufsatz für die Russen fertiggemacht. [...]

24. Dez. Immer noch sehr in Eva verliebt, die nichts von sich hören läßt. Am Falschen Nero. Immerzu sehr schlechtes Wetter. Ich depeschiere Eva. Abends entschließe ich mich, mit ihr zu telefonieren. Sie ist am Telefon sehr nett. Erklärt, sie habe nur deshalb nicht geschrieben, weil sie Hemmungen habe. [...]

25. Dez. Am Falschen Nero gearbeitet. Gut. Marta verletzt sich beim Baden am Bein. Nachmittags langer Spaziergang mit Lola. Der einheimische Arzt Vert da. Viel gearbeitet. Langen Brief an Eva geschrieben.

26. Dez. [...] Marta den Falschen Nero vorgelesen. Eindruck mittel. Wieder von vorn angefangen. Marta gevögelt. Eine Art stumme Aussprache mit ihr gehabt.

29. Dez. [...] Immer noch viel an Eva gedacht. Dann kommt ein besonders netter Brief von ihr. Ich beschließe endgültig, auf eine Woche zu ihr nach Paris zu fahren. Sage es Marta. Auch Marta sehr nett. [...]

30. Dez. Viel Post erledigt. Lola drängt, daß, wenn ich nach Paris fahre, sie auch hinfährt.

31. Dez. [...] Überfeilung der Petroleum-Inseln. Abends Radio gehört. Faust. Deutsche Stimmen. Sehr lange aufgeblieben. [...]

1936
Sanary (Valmer)

2. Jan. […] 3 Fliegen können (durch ihre rasche Vermehrung) ein totes Pferd in der gleichen Zeit auffressen wie ein Löwe. Bild des Nationalsozialismus.

6. Jan. […] Artikel zu Knut Hamsun und dergleichen. Marta gevögelt, die in der letzten Zeit besonders nett ist.

7. Jan. […] Artikel über Heinrich Mann »Henri Quartre«. […]

10. Jan. […] Leicht erkältet. Durch Martas Fürsorge schnell geheilt.

11. Jan. […] Nach Paris gefahren.

Paris
1936

12. Jan. […] Eva kommt, ein bißchen unpünktlich. Leichter Ärger. Dann sehr nett mit ihr zu Mittag gegessen. Sehr gevögelt. Trotz allem ganz kleine Enttäuschung. Abends mit ihr ausgegangen. Nett. Es wird sehr spät.

13. Jan. Schlecht geschlafen, da ich Martas Warnungen zum Trotz Schnaps getrunken habe. Vormittags ziemlich viel herumtelefoniert. Mit Lilo gegessen. Nett. […] Remarque da. Ganz nett. Recht unbedeutend. Sicherlich ein guter Gesellschafter zum Bummeln. Dann mit Eva ausgegangen. […]

18. Jan. […] Schwarzschild verlangt Stellungnahme gegen S. Fischer, eigentlich auch gegen Thomas Mann. Thönys Bilder angeschaut. Sehr schön. Marta schickt rührenderweise das vergessene weiße Hemd nach. Mit Eva und Sybille Schoenebeck gegessen. Später mit Eva ins Kino. Dann mit ihr gegessen, noch mal ins Kino. [...]

19. Jan. Mit Eva spazierengegangen. Im Regen. Dann zu Mittag gegessen. Dann gevögelt. Ohne rechte Freude. Dann zu Abend gegessen. Kleine Auseinandersetzung. Dann bei ihr noch mal sehr heftig gevögelt und in Freundschaft voneinander gegangen. [...]

20. Jan. [...] Mit Eva gegessen. Nett. Dann Lilo da. Ich gebe ihr Geld. Dann bringt Eva mich an die Bahn. Nett.

Sanary (Valmer) 1936

21. Jan. [...] Marta holt mich ab. Nett. [...] Mit Lola gearbeitet. Korrespondenz. Sie ist verärgert, weil ich ihr nichts mitgebracht habe.

23. Jan. [...] Nachmittags mit Marta im Kino. »Toute la ville en parle«. [...]

24. Jan. Wieder am Falschen Nero zu arbeiten angefangen.

27. Jan. [...] Abends der Maler Genin da. Macht sich sehr lustig über Marta, ohne daß die es recht bemerkt.

28. Jan. [...] Post von Amerika. Recht gute Rezensionen über Josephus II. in Herald Tribune. Auf der ersten Seite mein Bild, auf der zweiten Evas Karikatur. [...]

30. Jan. [...] Der kleine Siamkater Puki stirbt. [...]

6. Febr. [...] Nachmittags der Maler Genin da. Sonderbare Mischung von Konjunkturjäger und Künstler.

7. Febr. Den Falschen Nero von vorn angefangen. Abends mit Lola ausgegangen. Mit Eva telefoniert, die morgen Geburtstag hat. Sie schlägt mir vor, ich solle sie im März auf 8 Tage besuchen, was gar nicht in meinen Kram paßt. Dadurch werde ich am Telefon etwas unsicher, und es wird nichts Rechtes. Dadurch verderbe ich auch Lola den Abend. […]

12. Febr. […] Glaeser »Der letzte Zivilist« zu Ende gelesen. Widerwärtig und sentimental, aber interessant für die Erkenntnis der Nazis. Marta geplagt durch einen wahrscheinlich von Raupen verursachten Ausschlag.

13. Febr. […] Hermann und Dorothea gelesen. Auf weite Strecken furchtbar hausbacken, Idee wunderschön.

16. Febr. Am Falschen Nero. Marta daraus vorgelesen. Es gefällt ihr nicht und mir selber nicht.

17. Febr. […] Kesten »Ferdinand und Isabella« zu Ende gelesen. Ein belangloses Buch der Annette Kolb. […]

19. Febr. […] Josset »Elizabeth« gelesen. Sudermann »Litauische Geschichten«.

22. Febr. […] Lola macht Krach, weil ich sie zu einem Karnevalsfest heute abend, wohin ich mit Marta gehe, nicht mitnehmen will. Abends dann im Grand Hotel bei diesem Fest ganz nett. Marta sehr aufgekratzt und angenehm. Ziemlich spät nach Hause. […]

24. Febr. […] Bruno Frank teilt mit, daß er Ende März in London sei; ich werde also nach London gehen. […]

27. Febr. […] Lola nervös. Krampfausbruch. »Praeterea censeo clitoridem Sacratissimae Majestatis ante coitum diutius esse titillandam« (Rat des holländischen Arztes van Swieten an den Gemahl der Maria Theresia).

29. Febr. […] Beschließe, am Freitag nach Paris zu fahren. Eva depeschiert.

3. März […] Abends mit Sybille ausgegangen. Sehr nett. Sie ziemlich häufig geküßt. Es wird sehr spät.

1936
7. März – 10. April
Paris und London

7. März Gut gefahren. Hotel scheint angenehm. Eva nett. [...]

9. März [...] In einem hübschen Film von René Clair »The ghost goes west« mit Sascha Marcuse. Abends mit Eva. [...]

11. März [...] Abends mit Eva. In einem Schiff- und Meutererfilm mit Laughton. Kein sehr starker Eindruck. [...]

12. März [...] Mit Marcuses gegessen. Ganz nett. Dann bei Luchaires. Mit ihm und ihr mich ganz nett über Politik unterhalten. Abends mit Schwarzschilds. Hübsches Restaurant. Ich gehe früh nach Hause und errege dadurch Verstimmung. Dann noch nettes Telefongespräch mit Walli und noch netteres mit Eva. Brief von Marta, der es beim Skifahren gut zu gefallen scheint.

14. März [...] Abends mit Eva in der Oper: Faust. Sehr hübsch. Dann noch mit ihr ausgegangen. [...]

18. März [...] Nachmittags mit Eva in einem Film von Chaplin. Sehr prophetisch und einfallsreich, aber schwach in der Handlung und in der Tendenz. [...]

20. März [...] Mit Eva zu Mittag gegessen und spazierengegangen. Abends mit ihr gegessen. Sie ist verstimmt, weil sie ihren romantischen Liebsten, der sie nicht mag, nicht getroffen hat. [...]

21. März Schlecht und wenig geschlafen. Unerquickliches Telefongespräch mit Eva. Schlecht gearbeitet. Kleine Unerquicklichkeiten mit der Wäsche. Unerquicklicher Brief von Zweig. Statt mit Eva mit Lola und Sascha Marcuse zu Mittag gegessen, zweites unerquickliches Telefongespräch mit Eva. Abends mit ihr in einem Film von Wells. Nicht sehr anregend. Dann mit ihr gegessen. Gestrindbergelt. [...]

23. März [...] Lola kommt, hat Fieber und ist krank. Bringt eine besonders hübsche Elfenbeingarnitur für Eva mit. Mittags Eva da.

Freut sich schrecklich über die Garnitur. Ich lese ihr ein bißchen von der Akte vor. Lola ernstlich erkrankt. Mit Eva etwas gehetzt zu Abend gegessen. Sie drängt, ich solle doch mitfahren. Wir sind beide etwas betrunken. Süßer und melancholischer Abschied. Ich irre dann noch ziemlich lange geil und wehmütig in der Stadt herum.

24. März […] Ich den ganzen Tag betrübt und nervös über Evas Abreise. […] Unter Schwierigkeiten gepackt. Regler da. Dann mit Sascha gegessen. Ein bißchen mit ihr geflirtet. Dann in ein Bordell. Ziemlicher Nepp. Dumme Vorführungen. Eine junge ganz nette Hure gevögelt. Es wird ziemlich spät. Ich kann überhaupt nicht schlafen.

25. März Sehr früh aufgestanden und nach *London gefahren*. London. Beide Franks ungeheuer herzlich. 2 Briefe von Marta und ein Telegramm Evas vorgefunden. Mit Franks im Hotel gegessen.

26. März Etwas schwer, mich an das neue Hotel zu gewöhnen. […] Viel mit Franks zusammen. Liesl besonders nett. Schwierige Unterhandlung mit Hutchinson. Ich werde erst durch kleine Leute abgekappt. Dann kommt eine ziemlich gescheite Frau Webb, die aber nur kurz bleibt. Das Ganze ziemlich resultatlos und nicht besonders erquicklich. Dann Schneider-Anprobe. […] Mit Eva telefoniert. Angenehmes Telefongespräch. Dann mit Franks, Berthold Viertel und einer sehr hübschen Frau, der Freundin Viertels, ausgegangen. Es wird sehr spät.

27. März […] Mit Lola telefoniert, die ernstlich krank ist, ohne daß man recht die Ursache erforschen könnte. Dann in Romeo und Julia. Sehr hübsche Aufführung. […] Kerr getroffen.

28. März […] Frank liest mir aus seinem neuen Roman vor. Gut. Dann mit Franks ausgegangen. Sehr nett. Mit Eva telefoniert. Sehr angenehm.

29. März […] Eva Hoboken ruft in aller Frühe aus Holland an. Will herkommen. Brecht da. Noch nicht recht warm, aber ganz interessant. Mit Liesl Frank gegessen. Robert Neumann getroffen.

Abends bei einem reichen Mann namens Sterling. Sehr viele Menschen, darunter Mr. Warner, der Chef der großen gleichnamigen Filmgesellschaft. Alle sind orthodoxe Juden. Ein hübsches Mädel, seine Tochter, verheiratet mit einem Filmregisseur. Ich flirte ziemlich stark mit ihr. Es wird wieder reichlich spät.

31. März Bing da, C. Brown. Es zeigen sich deutlichere Linien. Ich glaube, ich habe hier einen guten Markt. Mit Liesl Frank zu Mittag gegessen. Kleine Besorgungen. Brecht da. Ganz nett. Hasenclever, Liesl Frank und später Frank.

3. April [...] Mit Hobokens gegessen. Mit Franks. Eva Boy da. Angefangen, mich mit ihr auszusprechen. Mit Kortner, Viertel appointments getroffen. Abends mit Hobokens im Theater. »Lady Precious Stream«. Ein bißchen verniedlicht, aber sehr hübsch. Hernach im Savoy. Ganz nett.

4. April [...] Mit Franks gegessen. Eva da. Dann eine »party«. Ein englischer Kritiker Griffith, seine Freundin, ein französischer Filmregisseur, Franks, Eva und ihr Mann, June Head, eine nette Filmschreiberin Barbara Hell, der Regisseur Brahm und seine Freundin Dolly Haas, Hasenclever und seine Freundin Edith, die kleine Reinstrom; ganz nett. Ich flirte sehr herum. Dann furchtbar müde. Aber da Eva wegfährt, muß ich mich noch umziehen und mit ihr ausgehen. Alles in allem Evas Besuch teuer und unerquicklich. [...]

5. April [...] Brecht und die Weigel da. Mit ihnen gegessen. Brecht ziemlich willkürlich und nicht sehr ergiebig. [...]

7. April [...] Ein etwas zweischneidiger russischer Brief. Mittags bei Gwen Melchett. Ein quicker, penetranter ungarischer Journalist da, offenbar Gigolo, und eine alte dicke Sängerin. Keine rechte Unterhaltung möglich. [...]

9. April [...] Gepackt. Viel kleines Gehetze. Mit Franks gegessen. Dann Berthold Viertel da. Mich ganz angeregt mit ihm unterhalten. Abends mit Franks und Berthold Viertel und seiner netten Freundin zu Abend gegessen. Teuer, aber nett.

10. April Viel zu hohe Trinkgelder gegeben. Dann mit Franks bis Paris gefahren. Mich dort während zweistündigem Aufenthalt sehr ungeschickt angestellt. Dann weiter nach Sanary gefahren.

1936
11. April – 10. Nov.
Sanary

11. April Nach ganz guter Fahrt in Sanary angekommen bei strahlendem Wetter. Marta besonders nett. Nach dem Skifahren frisch und jung. Auch Lola gut aufgelegt und relativ gesund. […]

13. April […] Abends ruft Eva an. Schwer verständlich, aber ich freue mich sehr. Ich rufe Liesl Frank an. Sie freut sich sehr.

16. April Marta aus dem Falschen Nero vorgelesen. Gut, aber es macht noch viel Arbeit. Abends mit Sybille ausgegangen. Ganz nett, aber nicht so wie das letzte Mal. […]

17. April Beim Turnen wieder einmal hingefallen. Am Falschen Nero. Mit Eva telefoniert. Nur Sachliches. Sie will nach Cannes.

21. April […] Ungeheuer deprimierter Brief von Zweig. Nachmittags die Freundin von Genin da. Dickes derbes Bauernmädel.

25. April Nach Cannes gefahren. Marta besonders nett. Eva auf dem Flugplatz abgeholt. Ich hatte schon befürchtet, alles mißglückt, weil das Wetter besonders schlecht ist. Aber es ging ausgezeichnet. Eva strahlend und sehr nett und zugetan. […]

26. April […] Nachmittags im Kasino. Ein bißchen gespielt und ein bißchen gewonnen. […]

28. April […] Ilf Petrow gelesen. Ausgezeichnet. Eva aus dem Falschen Nero vorgelesen. Warner getroffen. Mich ein bißchen blöd angestellt. Nachmittags im Kasino stark verloren. […]

30. April Sehr müde. Im Wagen nach Cap-Martin gefahren. Etwas spazierengegangen. […]

2. Mai Ziemlich ausgeschlafen. Etwas in der Sonne gelegen. Spazierengegangen. Nachmittags im Kasino von Montecarlo gespielt. Verloren. […]

4. Mai Morgens mit Eva gehurt. Strahlendes Wetter. *Nach Sanary zurückgefahren.*

7. Mai Rußland will die Oppermanns verfilmen. […]

9. Mai Enthusiastischer Brief der russischen Übersetzerin über meine dortigen Erfolge. […]

14. Mai Artikel Herrmann-Neiße fertig. Falscher Nero. Zum erstenmal im Meer gebadet. Abends Klaus Mann da, die Meier-Graefe, Marcuses, Lola. Ziemlich fad. Leichte Verstimmung gegen Eva.

15. Mai […] Abends ruft Eva an. Verstimmung verfliegt sofort.

20. Mai […] Brief von Kolzow, in Rußland gelte ich unbestritten als der größte ausländische Schriftsteller. Bei Huxleys. Ziemlich viele Leute. Fad.

24. Mai Schönes Wetter. Am Falschen Nero. Marta ein bißchen vorgelesen. Noch viel Arbeit. (Eva vögelt mit H.)

6. Juni Am Falschen Nero. Lola macht wieder einmal eine Szene. Abends Konzert der Mannkinder. Ich stelle mich sehr ungeschickt an und bin sehr fad.

10. Juni […] Langes Huldigungstelegramm aus Rußland. […]

15. Juni […] Nachmittags Klaus und Erika Mann sowie die hübsche Annemarie Schwarzenbach da. […]

17. Juni […] Schwierig und schlecht an einem Artikel über die russische Verfassung gearbeitet. Abends Leute da: Ilse Weizmann, ihr Freund, Marcuses, die Meier-Graefe, Lola.

18. Juni […] Karl Kraus »Letzte Tage der Menschheit« gelesen. […]

19. Juni […] Russisches Telegramm wegen Gorkis Tod. Kleinen Artikel über Gorki geschrieben. […]

20. Juni […] Gorki gelesen. Ein Goethe-Vers: »Magst du einmal mich hintergehen / Merk ichs, so laß ichs wohl geschehen / Gestehst du mirs aber ins Gesicht / In meinem Leben verzeih ichs nicht.«

22. Juni Mit Eva weggefahren. Da die Hotels in Cannes wegen Streik geschlossen sind, lange Fahrt nach Menton. […]

23. Juni […] Eva erzählt, sie sei mir vor kurzem mit Huxley untreu gewesen.

24. Juni Ziemlich verstimmt über Eva. […] Kleiner Stoff zu einer Novelle »Der Chauffeur Daeschler«. Nachmittags im Wagen über die Grande Corniche gefahren; nach Cannes. Dort eine kleine Stunde gespielt, erst stark verloren und dann, nachdem ich den ganzen Nachmittag vergeblich auf 7 gesetzt hatte, im total letzten Augenblick alles zurück und ziemlich viel dazugewonnen. Mit Eva müde nach Hause gefahren und ihr meine Verstimmung ziemlich deutlich gezeigt.

27. Juni […] Immerzu verstimmt und nervös wegen Eva. Ich habe im Geist Auseinandersetzungen mit ihr. Marta hat sie in Toulon getroffen. Ich nehme an, sie hat dort ein Rendezvous mit Huxley. Abends mit Marta gevögelt.

29. Juni Die ganze Nacht nicht geschlafen, wegen Eva. […]

30. Juni […] Abends mit Eva. Aussprache. Ich sehr geschickt. Die Aussprache verläuft genauso, wie ich wünsche. An den Strand heruntergeklettert. Gevögelt. Es wird spät.

5. Juli Am Falschen Nero. Marta schlägt neuerliche weitgehende Änderungen vor: Überschwemmung statt Brand. Abends warte ich vergeblich auf Evas Anruf.

6. Juli […] Abends mit Eva. Sie ist sehr nett, aber zweifellos gereizt durch jüngste Auseinandersetzung. Sehr gevögelt. Wie ich nach Hause komme, erwartet mich Marta mit Geburtstagsgeschenk. Nett.

7. Juli Gut, aber zu kurz geschlafen. Mein Geburtstag. Herrliches Wetter. Verschiedene unwesentliche Gratulationen. Am Falschen Nero. Nachmittags Eva da, mir zu gratulieren. Mit Marta gevögelt.

9. Juli […] Peter Mendelssohn da wegen einer zu gründenden Deutschen Akademie.

12. Juli […] Ein interessantes Buch von Evelyn Waugh gelesen: A Handful of Dust.

13. Juli […] Huebsch kommt. Umständliches Essen. Sehr gut, aber furchtbar lang und langsam und knarrender Apparat. Dann mit Huebsch Vertrag besprochen. Sehr befriedigend. Aber alle kleinen Dinge weniger befriedigend. Endlos lange mit ihm zusammen. Eva, die ich benachrichtigt habe, kommt. Etwas peinliche Szene, da Marta ihren Entwurf zu meinem Buch ablehnt. […]

20. Juli […] Ein interessantes kleines freundliches Buch über Rußland gelesen.

23. Juli […] Abends Schickeles und die Meier-Graefe zum Essen da. Essen reichlich und gut. Überaus nervös und ungemütlich. Marta strengt sich furchtbar an. Hernach Krach zwischen ihr und mir.

25. Juli […] Vertrag aus Rußland, Bing schickt den unterzeichneten Vertrag wegen des Vorabdrucks. […]

28. Juli […] Abends mit Eva Picknick! Marta macht sehr umständliche gute Vorbereitungen. Das Picknick selber infolge ungünstiger äußerer Umstände (Moskitos, dazu Tritt in einen Weiher usw.) mißglückt. Ich mache zuletzt noch eine sehr ungeschickte Bemerkung zu Eva. Sie fährt verstimmt nach Hause. Ich rufe sie an. Versöhnung. Versuch einer Aussprache mit Marta. Halbwegs geglückt.

31. Juli [...] Telegramm aus Rußland, sie wollen für Oppermann-Film zahlen und Lilo Dammert herschicken. Bei Marcuses. [...]

1. Aug. [...] Die Osten, die ich seit langem erwarte, endlich da. Mit ihr eine lange Unterredung gehabt, bei der nicht sehr viel herauskam. Abends sie und die kleine Mann bei uns gegessen.

2. Aug. [...] Abends ich bei Eva. Sie will endgültig mit nach Rußland.

5. Aug. [...] Abends Marta aus dem Falschen Nero vorgelesen. Sehr wirksam.

6. Aug [...] Abends mit Maria Osten aus. Sehr nett. Gevögelt.

7. Aug. Gar nicht ausgeschlafen. Die Osten, mit der ich eigentlich nach Cannes wollte, muß plötzlich abreisen, da sie mit Kolzow nach Spanien will. Dadurch viel Hin und Her. Wenig gearbeitet. [...]

12. Aug. [...] Eva da. Pumpt mich verschämt um viel Geld an.

17. Aug. [...] Telegramm von Lilo, sie komme Samstag. Damit ist wohl auch die russische Filmsache in Ordnung.

18. Aug. [...] Gide »Die Falschmünzer« zu Ende gelesen. [...]

25. Aug. [...] Lilo recht selbstgefällig, fast größenwahnsinnig. Abends mit Eva. Sehr nett. Sie spricht viel davon, daß sie mich zum Abschied mit Huxley betrügen wolle und dazu schon Anstalten getroffen hat.

31. Aug. [...] Nachmittags mit Lilo Vorarbeiten zu dem Oppermann-Film. Dann kommt überraschend Thomas Mann mit Frau. Abends bei der Carson. Ganz nett.

1. Sept. [...] Abends mit Eva aus. Ihre Bekannten alle am Nebentisch. Auseinandersetzung. Sie sehr geradeaus und unaffektiert. Dann bei ihr. Ganz zum Schluß noch gevögelt. Sie teilt mit, daß sie Sonntag mit Huxley gevögelt habe.

2. Sept. […] Lilo zeigt mir den ersten ganz kurzen Rohentwurf des Oppermann-Films. Ich muß alles Wesentliche selber machen, sie ist reichlich größenwahnsinnig. Nettes Telefonat von Eva. Abends telefoniert Zweig aus Haifa, daß er übermorgen kommen werde.

3. Sept. Endlich einmal wieder ausgeschlafen. […] Abends Thomas Mann und Katia zum Essen. Marta hat sich sehr angestrengt. Alles verläuft ausgezeichnet, doch ohne daß ein rechtes Gespräch zustande kommt: es liegt hauptsächlich an mir.

4. Sept. […] Zweig kommt an. Sehr herzlich. Langer Brief aus Rußland über die Verfilmung von »Erfolg«. […]

5. Sept. […] Mit Zweig und Marcuses zu Meier-Graefe gefahren, um Thomas Mann und Schickeles zu treffen. Ziemlich belanglos.

11. Sept. […] Nachmittags große Cocktail-Party. Ziemlich fad. Marta hat es gut arrangiert, und die Leute finden es geglückt.

14. Sept. […] Lilo da. Sie erhält die Verlängerung des Visums, die ich für sie erbeten habe. Zweig vorgelesen. Eine Hitler-Rede gehört.

25. Sept. Am Falschen Nero. Nachmittags der Kommunist Koenen da mit seiner lauten proletarischen Frau, um sich mit uns über den Moskauer Prozeß auszusprechen. Zweig da, Eva, Strauß, Lola, Leonhard, Marcuse. Es kommt nichts Rechtes dabei heraus. […]

27. Sept. […] Joseph Roth »Beichte eines Mörders« gelesen. Zweig da. Ihm vorgelesen. Der französische Franc wird abgewertet. Vermögensverlust, den ich ziemlich gleichgültig hinnehme.

2. Okt. […] Geld aus Rußland gekriegt.

5. Okt. […] Bettelheim Beaumarchais-Biographie zu Ende gelesen. Sehr interessant. Plan eines Romans »Beaumarchais«. […]

7. Okt. […] Brentano »Theodor Chindler« gelesen.

9. Okt. […] Alberner Bescheid aus Paris über Schwierigkeiten der Beschaffung des russischen Visums. […]

10. Okt. […] Der kleine Schickele da, der nach Amerika fährt, um sich zu verabschieden. Ich gebe ihm Geld.

12. Okt. […] Mit Eva nach Cannes gefahren. Fast alle Hotels geschlossen. Trotzdem sehr nett. […]

15. Okt. […] Kleine Schwierigkeiten der Abreise, da ich Geld fast bis auf den letzten Rest verspielt habe. Zurück nach Sanary gefahren. […]

17. Okt. […] Endlich Nachricht von der Osten, daß sie und Kolzow noch in Spanien seien. […]

18. Okt. […] Die ganze letzte Zeit viel Freud gelesen. […]

23. Okt. *Falscher Nero letzte Seite in die Druckerei geschickt. Endgültig fertig.* […]

24. Okt. […] Ein wenig an der Novelle »Neros letzte Nacht«. Ein gutes Buch des Polen Wittlin gelesen »Das Salz der Erde«.

29. Okt. In der Frühe ein Telegramm von Maria Osten, sie erwarte mich am 31. in Paris. […] Bürokratische Scherereien wegen Legitimationspapier. […]

30. Okt. Marcuse, der nach Rußland fahren will, verabschiedet sich. *Im Meer gebadet.* Zum letztenmal. Strahlendes Wetter.

31. Okt. Maria Osten ruft aus Paris an. Will nicht, daß Eva mit nach Rußland kommt, sondern erst später. Ich teile es Eva mit.

1. Nov. […] Eine Schopenhauer-Biographie gelesen.

2. Nov. Die Russen depeschieren, Lilos Manuskript sei künstlerisch ungenügend. Nachmittags Krach mit Lola, weil ich nicht unbedingt damit einverstanden bin, daß sie in das teure Grand Hotel umzieht.

3. Nov. Eine belanglose Kurzgeschichte »Ein Tropfen Milch« begonnen. […]

4. Nov. Angebot einer amerikanischen Firma, halbwegs ernst, einer Verfilmung von »Warren Hastings«. […]

6. Nov. Paßschwierigkeiten. Magen- und Darmbeschwerden. Kleine Vorbereitung der Reise. Abends mit Marta gevögelt, die einen Weinkrampf bekommt.

Paris, Mittwoch, 11. Nov. Marta bringt mich am Dienstagabend zur Bahn, ist besonders nett. Ich treffe Eva programmäßig in Marseille. Ich bin verärgert, weil sie die letzten Tage zumeist mit Bekannten verbracht hat, die mir zuwider sind, und mich darüber grob vernachlässigt. Ich bin reichlich giftig. Verstimmung. Wir vögeln nicht. Am Morgen wird es etwas besser. Die Hotelzimmer sehr hübsch und sehr teuer, was Eva etwas aufhellt. Umständlich ausgepackt. Während des Mittagessens weitere Auseinandersetzungen. Dann nachmittags wird es etwas besser. Maria Osten da. Ich eröffne ihr, daß ich mit Eva fahren will. Da ich davon spreche, daß Eva keine Klette sein wird, ist alles in Ordnung.

12. Nov. […] Abends Maria Osten, die noch ziemlich krank war. Sie erzählt anschaulich von Spanien. Ist ziemlich ruschelig und bleibt nicht beim Wesentlichen. […]

13. Nov. […] Amerikanischer Agent da. Dann angeregter Abend mit Schwarzschild. Gespräch über Liberalismus und Humanität. Den spanischen Botschafter kennengelernt. Mit Marta telefoniert. Mit Lola Kommissionen gemacht.

14. Nov. […] Ulrich Becher da. Enttäuschend. Mit Piscator zu Mittag gegessen. Er ist voll von etwas utopischen Plänen. Auch mit ihm eine Enttäuschung. […]

15. Nov. […] Bei Georg Bernhard. Er schwätzt viel über Politik. Dann mit Maria gegessen. Sie etwas verzweifelt. Dann Münzenberg da. Lola. Man spricht über den Moskauer Prozeß. Keine rechte Klärung. […]

18. Nov. […] Landshoff mit dem Filmregisseur Ophüls da. Gefällt mir sehr gut. […]

19. Nov. […] Bei dem Arzt Jakobsen, mich gründlich untersuchen lassen. Er erklärt, ich leide ein wenig an der Galle infolge Kummer und Melancholie. Dann Gesellschaft bei Herrn Luchaire. Ziemlich viel Leute, aber dennoch fad. Dann mit Eva und Sybille gegessen. Ärger darüber, daß Eva sich mit Sybille zurückzieht.

20. Nov. […] Die Geschichte mit dem Paß zieht sich immer noch hinaus. […]

21. Nov. […] Die Abreise verschiebt sich endgültig auf Mittwoch infolge Paßschwierigkeiten. Mit Eva einen Film »Rembrandt« gesehen. Mäßig. […]

23. Nov. […] Ärger wegen mangelndem Visum. […]

24. Nov. Es sieht aus, als käme die Rußlandreise erst Freitag oder überhaupt nicht zustande. Viel blödes Herumwarten. […]

Mittwoch, 25. Nov. […] Lange auf dem russischen Konsulat und auf dem Reisebüro herumgestanden. Eva hat für den späten Nachmittag irgendwelche dunklen Verabredungen und ist auch für den Abend und den morgigen Mittag vergeben. […]

Paris, Freitag, 27. Nov. Vorbereitungen zur Abreise. […]

Zug Paris – Wien, Samstag, 28. Nov. […] Schön der Anblick der Berge am Morgen. Müde in Wien angekommen. Viele kleine Scherereien. Hoboken an der Bahn, Eva Boy krank. Ich fahre zu ihnen. Wunderschönes Haus. […]

Warschau, Sonntag, 29. Nov. Ekelhafte Zollscherereien, da man mich für den Entführer der spanischen Kronjuwelen hält. […]

Montag, 30. Nov. […] An der Grenze erwartet mich eine Menge Leute, die Sekretärin, Bredel, der Spezialwaggon. Es ist aber nicht leicht, mit ihnen Kontakt zu bekommen. Der Spezialwaggon ist gut gemeint, aber äußerst unbehaglich. Nach vielem Hin und Her, Interviews, Begrüßungstelegrammen wird gegessen. Reichlich, nicht schlechtes Material, aber ungeschickt und unschmackhaft serviert. Es wird sehr spät. In der ungemütlichen Spezialkabine furchtbar schlecht geschlafen. Schlafmittel genommen.

Moskau, Dienstag, 1. Dez. Etwas zu früh in Moskau angekommen. Ungeheuer viele Leute an der Bahn. Tretjakow, Lachuti, von allen Zeitungen viele junge Arbeiter, sehr herzlicher Empfang. Viele Interviews, ich bin nicht immer geschickt. Fotografen oft, aber ich schiebe Eva sehr in den Vordergrund. Todmüde. Ich bekomme provisorisch, da sowjetischer Kongreß und alles überfüllt ist, ein sehr schlechtes und unbehagliches Zimmer und kann nicht auspacken. Ich esse mit Eva zu Mittag. Schlecht und sehr teuer. Man schenkt mir einen Pelzmantel. Im Zimmer scheußliche Luft. Ich bin stolz über den Empfang und war unglücklich über all das Unbehagliche. Netter Brief von Marta, Brief von Hutchinson, er nimmt die Zeichnung Evas an. Den Nachmittag und Abend ziemlich allein und unglücklich infolge schlechter Organisation.

Mittwoch, 2. Dez. In der Frühe kommt die Sekretärin Schejnina, erweist sich als anstellig. Besseres Zimmer gekriegt. Spaziergang im Burgpark. Maria da, der Präsident der Sowjetschriftsteller, Bredel. In den Zeitungen viele Hymnen. Viel Ehre und wenig Komfort. […]

Donnerstag, 3. Dez. Ungemütlich das Zimmer und die Stimmung. Eva jammert, sie könne es hier nicht mehr aushalten und müsse sogleich aufs Land, nicht erst in 3 Tagen. Schwierigkeiten. Sie ist überaus anspruchsvoll. Mit ihr eine Spazierfahrt und einen kleinen Spaziergang gemacht, dann mit ihr gegessen. Den Regisseur Wangenheim getroffen, dann sehr viele Leute. Frau Piscator, eine nette kleine Schauspielerin, eine Frau, die einen Verlagsvertrag von mir haben will. Tretjakow, der Redakteur meiner Stücke. Ganz nett. Ich sehr erschöpft. Verstimmung über Eva. Ich setze durch, daß sie morgen aufs Land kommt.

Freitag, 4. Dez. Sehr schlechte Nacht gehabt, vor allem durch den Ärger über den beispiellosen Egoismus Evas. Dann kommt eine sehr viel bessere Sekretärin. Mit ihr das Wichtigste erledigt. Dann fährt Eva aufs Land. Maria da. Fotografen, Interviews, die Übersetzerin Vera Waldmann, Weinert, der Regisseur Wangenheim. Abends ausgezeichnete Aufführung von Carmen in der Oper. Die Direktion der Oper ehrt mich sehr.

Samstag, 5. Dez. Viel Kleinzeug mit der Sekretärin. Dann bei Lilo. Sie ist recht krank, aber der Mann eine Klette. Dann bei dem Filmregisseur Schumjazki wegen Verfilmung der Oppermanns. Viele Schwierigkeiten. Dann großer Tee beim Staatsverlag. Ich werde überall ungeheuer geehrt. Dann mit Tretjakow im Pressehaus bei der Vorführung des Films: Die Manöver der Sowjetarmee. Auch dort ungeheure Ehrungen. Es wird furchtbar spät.

Sonntag, 6. Dez. […] Versuch, mit Eva zu telefonieren. Dann große Demonstration anläßlich der Inkraftsetzung der russischen Verfassung. Überaus eindrucksvoll, aber kalt und unbehaglich. Ich werde viel beachtet und fotografiert. Dann Gespräch mit der Übersetzerin Vera Waldmann. Dann Unterhaltung mit dem Verfasser der Dramatisierung der »Oppermanns«. Ganz amüsant. Todmüde. Maria Osten da, mit ihr zu Abend gegessen.

Rastorgujewo, Montag, 7. Dez. Unter einigen Schwierigkeiten nach Rastorgujewo hinausgefahren, einem Erholungsheim 40 km vor Moskau. Altes Schloß der Wolkonskis, ruhig und schön. Dort Becher, die Marcuses. Eva etwas schuldbewußt. Es wird sehr spät, bis ich endlich mit Eva allein bin. Ein Maler namens Uitz zeigte mir seine Fresken. Mit Eva allein zu Abend gegessen. […]

Rastorgujewo, Dienstag, 8. Dez. Halbwegs ausgeschlafen. Mit Eva lange großen Spaziergang gemacht. Ziemlich ruhiger Tag. Briefe geschrieben.

Rastorgujewo, 9. Dez. Halbwegs ausgeschlafen. Langen Spaziergang gemacht. Mich beim Mittagessen sehr auf den Nachmittagsschlaf gefreut. Leider aber kommen Maria und Tretjakow. Mit den Zügen für Moskau scheint es immer noch nicht in Ordnung. Im übrigen Tretjakow sehr nett und beflissen. […]

24 »Ich kann jetzt schon ganz gut allein in Amerika reisen. […] Eine Menge Leute erwarten mich an der Bahn. Fotografen, Reporter usw.«: Ankunft in San Francisco, 13. Januar 1933; Foto: Joseph Marron

2 SAN FRANCISCO C

Spanish Revolt Quelled as T

Guards Seize Abandoned Munitions

Six-Fingered Leader of Uprising Killed in Stronghold at Casa Viejas

MADRID, Jan. 13 (AP)—The country, which has witnessed a series of extremist outbreaks during the last few days, was reported quiet today except in the Casa Viejas and the Medina and Sidonia regions, where guards were scouring the hills in search of scattered bands of extremists.

The troops were not encountering much resistance and were finding considerable quantities of abandoned arms.

COMMUNICATIONS CUT

Communications were difficult because of the cutting of telephone and telegraph lines, especially in the Cadiz region.

The Barcelona, Seville and Valencia regions reported that all was quiet at this time with the exception of minor strikes in some places and other unimportant disturbances.

Sixteen extremists killed in fighting yesterday have been identified. One of them was a woman.

GUARD BATTLES REBELS

A civil guard motor patrol on the Casa Viejas highway engaged in a long gun fight yesterday with rebels hidden in the hills. The guards retired when their ammunition was exhausted.

At Casa Viejas, a stronghold of the extremists destroyed by police yesterday, fire was still burning and it had not been possible this afternoon to take out all the bodies of those who were killed.

Among them, it was said, was "the man with six fingers," a leader of the extremist movement; his 20-year-old daughter, who reloaded guns for the defenders when the police were attacking; her husband, and perhaps half a dozen others.

Wine Included In Beer Bill

Alcoholic Content of Beverages Cut

(Continued From Page 1)

Senator Blaine, Wisconsin Repub-

Hitler Branded Stupid, Acting Great Man Role

Faced With Real Problems He Would Fail, Berlin Visitor Here Says

By CAROLYN ANSPACHER

"Adolf Hitler, the idol of the German masses, is a colossal nonentity. A fool and a mediocre actor, whose knowledge of mass psychology has saved him from complete oblivion."

This word picture of the popular German leader was drawn by Dr. Lion Feuchtwanger, one of Germany's outstanding writers, who arrived here yesterday.

DR. LION FEUCHTWANGER

"Basically a stupid man, the leader of the German Nationalist party has the aims of an actor, performing roles that please him emotionally," said Dr. Feuchtwanger.

"Faced with the problems of living rather than acting a role, Hitler would be an utter failure. He fancies himself in the role of a great man, but actually his power is vastly overrated.

AGITATOR, NOT LEADER

"Hitler is an agitator; not a leader. He is an orator whose public speaking ability has won him a certain following, but take the masses away from the sound of his voice and the man would fall to greater depths than those heights to which he has apparently risen."

The author of such books as "The Ugly Duchess," "Success" and "Josephus," Dr. Feuchtwanger is a gentle little man, amiably near-sighted, whose love of his fellow men is only equaled by his uncanny awareness of their faults and immediate difficulties.

CONDITIONS GROW WORSE

The condition of the Jew in Germany is daily becoming more of a problem, said Dr. Feuchtwanger, whose book, "Power," was written to counteract anti-Semitic propaganda in his native land.

"In a country of 65,000,000 people there are but 500,000 Jews, 200,000 living in Berlin," he said. "Each day 15,000,000 anti-Semitic pamph- ... Jew has no chance in Germany, and I see no hope of bettering his condition."

America, Dr. Feuchtwanger sees as a country of "vast emptiness," to which the depression has come as an outright blessing.

ADOLF HITLER

"I look with pessimism upon the external aspects of the depression in America, and with high optimism upon its internal aspects. I believe that America will grow spiritually under this calamity, and that the great physical and spiritual emptiness which is so apparent to the newcomer will be used to the country's betterment rather than to her detriment."

NEW IDEALS TO HELP

America's self-sufficiency has been in part responsible for her downfall, said Dr. Feuchtwanger, who believes that the infusion of new European ideas and ideals will aid in our recovery. On the other hand, Europe has gained much from America. American literature has greatly influenced European life.

"Writers like Hemmingway, Dos Passos, Hergesheimer, even more so than Sinclair Lewis and Upton Sinclair, have turned European cities into external imitations of American cities," said Dr. Feuchtwanger.

BERLIN AMERICANIZED

"Berlin, for example, is almost completely Americanized, standardized. Your writers, with their pastel kaleidoscopic methods of presenting American life in European terms, have influenced us greatly, whether for better or worse is yet to be seen."

Dr. Feuchtwanger is here to deliver a lecture Monday night at Native Sons' Auditorium, 414 Mason street, under the auspices of the San Francisco Forum. He was greeted upon his arrival yesterday

Japanes New Jeho

Chinese Re Yunganp Brief

(Continued F

driven in hasty were received at t tary base here th stronghold of th mander, Cheng K

SHUT OFF RED

The move wa strengthen the Jap shut off Chinese t from possible reinf south of the Great

Meanwhile Japane north and east of movements in the Tungliao. Freezing hampering activities

FACE 130,000

Japanese estimat 130,000 Chinese tr About 10,000 got passes at Chiumenk under orders of Hsiao-liang, before closed that pass. A the Chinese force i was under Tang Yu special administrativ province set up by th

Stiff Chinese resis dicted for a Japan vancing toward Ling miles north of the the provincial capita

Chinese Deny Pea Negotiat

GENEVA, Switzerl —China informed Nations today that t in reports the Chine has appointed a neg a settlement with Ja flict over Shanhaikw

The Chinese positio to the League, by D China's League dele

The Rengo (Ja Agency reported peace terms had bee Japanese and Chine ficers meeting in t British naval officer tao; the Chinese po haikwan.

The Chinese office in the conference, t respondent said, was ative of General Ho nese commander wh driven out of Shanh Japanese.

25 Die amerikanische Schauspielerin und Journalistin Carolyn Anspacher zitierte Feuchtwanger im »San Francisco Chronicle« vom 14. Januar 1933 mit folgenden Worten: »Adolf Hitler, das Idol der deutschen Massen, ist ein kolossales Nichts. Ein Idiot und mittelmäßiger Schauspieler, dessen Kenntnisse der Massenpsychologie ihn vor dem völligen Vergessen bewahrt haben.«

26 »Ein seniler schlauer Herr«: In Los Angeles mit dem »Filmkönig« Carl Laemmle, Begründer und Leiter der Universal Studios, 9. Januar 1933

27 Karikatur im »Kladderadatsch« vom 16. April 1933. Bereits am 26. Februar 1933 in New York hält Feuchtwanger fest: »Die jüdischen Journalisten haben Kabel, daß die nationalistischen Zeitungen in Deutschland besonders heftig gegen mich schreiben.«

28 Im Schweizer Exil: Treffen mit Bertolt Brecht in Lugano, 1933

29 Eva Boy lernte er 1924 kennen, die Affäre endete, als sie 1933 den Nieder-länder Anthony van Hoboken heiratete

30 Lola Sernau, mit der er von 1926 bis 1940 zusammenarbeitete und ebenfalls in ein Verhältnis verwickelt war

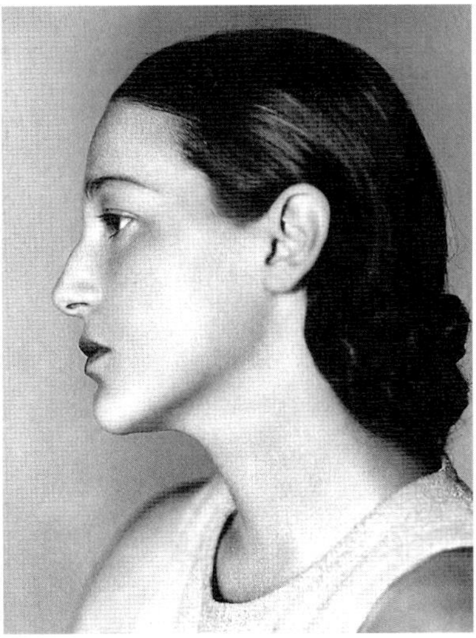

31 Mit Eva Herrmann verband ihn seit 1935 eine leidenschaftliche Liaison; Foto: Walter Bondy

32 Maria Osten, Berlin, 1929/30. Sie spielte eine wichtige Rolle bei der Orga-nisation der Moskau-Reise

33 Am 22. Juni 1934 machte Walter Bondy das berühmte Foto in der Bibliothek der Villa Valmer in Sanary-sur-Mer, die das Ehepaar sechs Jahre bewohnte

34 Zu Gast bei den Huxleys, Sanary, 1933; Foto: Aldous Huxley

35 Arnold Zweig (l.), der 1934 ins Exil nach Haifa ging, und der ungarisch-amerikanische Fotojournalist Stefan Lorant (r.), Sanary, um 1933

36 Heinrich und Nelly Mann

37 Bruno und Liesl Frank

38 Berthold Viertel (l.) und Albert Einstein bei der Filmpremiere von »Jud Süß« in New York, 1934. Einsteins Widmung: »Dem Meister von det Janze Lion Feuchtwanger«

39 »Die Anna Seghers da. Sagt ganz interessante Dinge über mein Buch« (2. Dez. 1935). Mit Bodo Uhse und Anna Seghers in der Ausstellung der deutschen Freiheitsbibliothek, Paris 1935

40 Als »Staatsbesucher« in Moskau: ›Ich spreche drei Stunden mit Stalin, erst gewundenes Zeug über die Freiheit des Schriftstellers, schwierig auch durch Übersetzung, dann über den Stalinkult, dann über ›Demokratie‹, dann über den Prozeß« (8. Jan. 1937)

41 »Ich werde sehr gefeiert«, notiert Feuchtwanger wiederholt während seiner Moskau-Reise 1936/37. Zurück in Sanary, resümiert er: »Am russischen Buch. […] Sehe, wie wenig informiert ich bin.«

42 Mit Friedrich Wolf (l.) im französischen Internierungslager Les Milles, 1940. Dieses Foto gelangte in die Hände von Feuchtwangers amerikanischem Verleger Ben Huebsch, der die Präsidentengattin Eleanor Roosevelt informierte, die daraufhin das Konsulat instruierte, den Schriftsteller zu befreien

43 Mit Franz Werfel, Jules Romain und Maurice Maeterlinck bei einer Cocktailparty im New Yorker Mayflower Hotel. Die Tageszeitung »PM« schrieb dazu am 22. Dezember 1940: »Diese vier Männer, die nie zuvor zusammen fotografiert worden sind, symbolisieren durch ihre gemeinsame Präsenz in den USA die intellektuelle Verdunkelung Europas. […] Nur in den USA können sie frei schreiben.«

44 Die Villa am Paseo Miramar in Pacific Palisades, einem Stadtteil von Los Angeles, wurde zum kalifornischen Heim der Feuchtwangers und zu einem Treffpunkt prominenter europäischer wie amerikanischer Intellektueller

45 Eine lebenslange Künstlerfreundschaft: mit Bertolt Brecht auf der Terrasse der heutigen Villa Aurora bei ihrem letzten Zusammentreffen, 1947; Foto: Ruth Berlau

46 Hilde Waldo arbeitete von 1940 bis zu Martas Tod 1987 für die Feuchtwangers, in ihrer Wohnung wurden seine Tagebücher gefunden

47 In Pacific Palisades, der letzten Heimat des Schriftstellers, im Hintergrund der Sunset Boulevard und der Pazifische Ozean

Moskau, Donnerstag, 10. Dez. In der Frühe lange großen Spaziergang im Schnee gemacht. Geturnt. Nicht recht gewußt, ob man in die Stadt hineinfährt. Dann unter vielen Mühen Anruf. Umständlich nach Moskau gefahren. Die Zimmer sind immer noch scheußlich. Abends rezitiert Ernst Busch. Sehr viel Publikum. Ich werde wild gefeiert, muß sprechen. Mach es ganz gut. Hernach langweiliges Zusammensein mit vielen Menschen.

Moskau, Freitag, 11. Dez. Gänzlich unausgeschlafen. Ärger wegen Installierung in den Zimmern, aber schließlich glückt es. Viel Kleinzeug. Nachmittags Konferenz mit den Filmleuten. Im Grunde geht alles nach Wunsch. Abends mit Eva. Wir sind beide sehr müde. [...]

Samstag, 12. Dez. Brief geschrieben. Mit Eva etwas spazierengegangen. Basiliuskirche besichtigt. Nachmittags Konferenz mit Bredel, Schejnina und Maria über das Wort. Abends in einer mäßigen Aufführung des »Othello«. Othello sehr gut, Frau Piscator als Desdemona mittel, Jago überaus schwach. Ich bin sehr müde und werde sehr gefeiert.

Sonntag, 13. Dez. Viel Kleinzeug. Lilos Mann da, bettelhaft und aufdringlich. Nachmittags im Staatsverlag mit Eva und Maria. Ich setze mühelos für mich durch, was ich will. Für Eva ist es sehr schwer, aber immerhin geht es einigermaßen. Später Julius Hay da, anschmeißerisch, Übersetzerin undeutlich. [...]

14. Dez. Ziemlich ausgeschlafen. Viel Kleinzeug. Die Dramatiker, die die Oppermanns bearbeiten. Ziemlich schwierig, aber anregend. Es stellt sich heraus, daß die Dramatiker eigentlich noch keinen Vertrag mit dem Theater haben, sondern nur Hoffnungen. Mit Tretjakow zu Mittag gegessen. Ich bin furchtbar müde. Dann der Regisseur Roschal da und seine Schwester wegen des Oppermann-Films. Scheint ganz gut zu werden, aber auch hier die Unterhaltung schrecklich anstrengend. Dann zur Prawda. Großartige Einrichtungen. Lange Unterredung mit dem Chefredakteur Mechlis, erst gezwungen, dann freier. Interessanter Mann, möchte einen Artikel über Gide von mir und einen über die deutschen Emigranten.

15. Dez. Vormittags die Autowerke Stalinwerk besichtigt. Großartig. Erst Gespräch mit dem Direktor, dann Maschinensäle, dann Kindergarten. Anstrengend. Nachmittags Rundfunkleute, dann eine Interviewerin. Zenzl Mühsam kommt dazu, sehr störend. Gespräch mit Theaterleuten, die eine Dramatisierung der Häßlichen Herzogin machen wollen. Abends Essen bei Maria. Sehr nett. Leute vom Staatsverlag, der Pressechef des Auswärtigen Amtes, Eisenstein, Ernst Busch. Sehr angenehm.

16. Dez. Sehr müde. Ich arbeite mühsam an einer Rede für den Abend der Schriftsteller. Sie wird nichts Rechtes. Mittags Ionow da. Ziemlich fad. Dann Maria. Sehr müde. Ein kleiner Filmregisseur namens Kauffmann. Abends in der Oper: »Eugen Onegin«. Schöne geschmackvolle Aufführung. [...]

Donnerstag, 17. Dez. Sehr müde. Kleinzeug. Verhältnismäßig ruhiger Tag. Vertrag von den Filmleuten kommt. Nicht übermäßig befriedigend. Abends literarisches Bankett für mich. Es sind fast alle in Moskau anwesenden Literaten und Kritiker von Namen da, Ilf, Petrow, Tretjakow, Leonow, Dinamow, die Leute vom Staatsverlag, alle Deutschen. Ich werde ungeheuer gefeiert. Gutes Essen. Ich rede kurz. Hernach noch mit Eisenstein, dem Negersänger Robeson, Borodin. Es wird sehr spät. Eva nett und beeindruckt.

Freitag, 18. Dez. Sehr unausgeschlafen. Spaziergang um den Kreml. Zu Mittag Becher und seine Frau da. Unmittelbar anschließend der Regisseur Roschal mit seiner Schwester. Kurze, aber ergiebige Unterhaltung über die Oppermanns. Dann mit Maria zu Dimitroff gefahren. Lange, vornehmlich etwas nichtssagende Unterhaltung mit ihm und seiner Frau, er erzählt von seinem Prozeß. Mit ihm sehr üppig zu Abend gegessen. Dann Gespräch über den Moskauer Prozeß. Er erregt sich ziemlich, und ich spreche offen. Aber es kommt nichts dabei heraus. Gespräch mit Maria, mit Eva.

Samstag, 19. Dez. Litwinow verschiebt eine Unterredung, die ich mit ihm um ½3 haben soll, auf ½4, wodurch mein Plan, aufs Land zu kutschen, gestört wird. Rundfunkleute da. Dann Gespräch mit Litwinow, sehr herzlich und nicht sehr interessant. Aufs Land hinausgefahren. [...]

Sonntag, 20. Dez. Gut geschlafen [...]. Langen Spaziergang im Schnee gemacht. Die Vorlesung für den Rundfunk vorbereitet.

21. Dez. Nicht recht ausgeschlafen wegen Wind. Spaziergang gemacht, etwas gearbeitet. Nachmittags wieder in die Stadt gefahren. Kleiner Ärger über Eva. Abends Bankett von WOKS. Das beste Moskau. Unterhaltsam und ehrenvoll. Einen Film von Roschal gesehen »Petersburger Nächte«. Zu süß und romantisch, aber gut gemacht.

22. Dez. Unausgeschlafen. Von früh an starker Betrieb. Die Leute, die die Oppermanns dramatisieren. Dann Anissimow. Mit ihm und Eva zu Mittag gegessen. Maria. Zenzl Mühsam. Abends »Romeo und Julia« im Revolutionstheater. Eine uralte Baba Julia, die ganze Vorstellung schwach. Mit dem Regisseur gesprochen. Ziemlich rückhaltlos.

23. Dez. Ungeheuer viel Betrieb. Artikel über Gide diktiert. Ärger über Eva, die mich zu einem Spaziergang drängt und dann warten läßt. Interview. Arbeit mit dem Regisseur Roschal an dem Film »Oppermann«. Redaktionssitzung für »Das Wort«. Abends mit Eva gegessen. Tretjakow da.

24. Dez. Nicht recht ausgeschlafen. Den Aufsatz über Gide fertig. Im Wachtangow-Theater »Turandot«. Sehr hübsch, lockere Aufführung. Die Wachtangow-Leute wollen, daß ich ein Stück für sie schreibe. Meine vorhergehenden Stücke aber wollen sie nicht. Auseinandersetzung mit Eva. Bei Lilo. Sie ist sehr anspruchsvoll. [...]

25. Dez. Nicht sehr ausgeschlafen. Viel Kleinzeug. In der Rembrandt-Ausstellung. Wunderschön. Dann Ilf und Petrow da. Erst Schwierigkeiten wegen der Verständigung, dann kommt ein Dolmetscher. Ganz nett. Dann wird der Abend bei den Gelehrten abgesagt. Ein ganz netter Mensch namens Petermeier. Interessantes über Sprachphilosophie. Dann Freude auf den ruhigen Abend. Aber es stellt sich heraus, daß es ein Irrtum ist. Maria und Busch kommen. Dann holt mich doch ein Professor zu den Gelehrten. Sehr ehrenvoll und anstrengend, Gorkis Witwe. Ich spreche leidlich.

26. Dez. Gänzlich unausgeschlafen. Furchtbar viel Kleinarbeit. Arbeit am Film, Verträge, Arbeit am Stück. Mittag Wassew und Frau zu Gast. Nachmittags Tschernjawski und Frau. Dann Regisseur Sudakow. […]

27. Dez. Regisseur und Leute vom Wachtangow-Theater. Wollen ein Stück von mir. Maria im Auftrag der »Prawda« möchte Änderungen an dem Artikel über Gide. Tee bei der Zeitschrift Snamja (Die Fahne), sonderbare Mischung von Armee und Literatur. Dann jiddisches Theater »Räuber Boitre« Ich werde sehr gefeiert. Dann Rundfunk. Ich lese gut. Todmüde.

28. Dez. In der Bau-Ausstellung. Großartiger Eindruck. Maria zum Essen da. Fertig wie immer. Am späten Nachmittag bei den Ingenieuren der ZAGI-Werke. Junge Menschen. Interessante Diskussion über meine Bücher. Tretjakow spricht. Ich werde sehr gefeiert. Todmüde. Hernach Becher und Frau. Eva. […]

29. Dez. Unausgeschlafen. Kleinzeug. Vertrödelter Tag. Viel Tücken des Objekts. Kaltes Zimmer. Abends in den Pickwickiern. Hübsche Aufführung. Unbedeutend. Schlecht gelaunt.

30. Dez. Mein Artikel über Gide erscheint in der Prawda, und zwar ohne Zensurstriche. Viel Kleinzeug. Interviews, Huldigungstelegramme und Briefe. Mit Ionow vom Staatsverlag geschäftliche Besprechung, ganz gut. Abends mit Mechlis, Chefredakteur der Prawda. Lange Unterredung. […]

31. Dez. Durchgeschlafen. Eva Grippe. Kleinzeug. Der Schauspieler Michoels da, Tretjakow, dann in der Oper mit Lilly Becher »Der stille Don«. Dann großer Silvesterbetrieb. Die deutschen Schriftsteller. Viele Russen. Beim Schriftstellerverband, im Presseheim, bei Wachtangow. Viele hübsche Frauen. Ernst Busch unerträglich. Ich werde zusammen mit einem besoffenen Flieger gefilmt. Es wird sehr spät. Erst um 3 Uhr früh nach Hause.

1937
(Moskau)

1. Jan. Sehr früh aufgewacht. Unausgeschlafen. Mich viel mit der kranken Eva beschäftigt. An Marta geschrieben. Mittags kommt Vera Janukowa, Piscators Frau, Schauspielerin. Mit ihr geflirtet, sie geküßt. Dann mit Marcuse zu Lilo. Ziemlich unerquicklich. Abends mit Eva, der es besser geht.

2. Jan. Gut geschlafen. Kleinzeug. Eva noch immer krank. Mittags Hay da, dann bei Ilf Petrow und ihren Frauen. Babel da.

3. Jan. Eva krank. Besonders netter Brief von Marta. Lilo da. Unangenehme Szene. Nachmittags in einer Kinozeitung eine Art Generalinterview. Unbehaglich. Dann bei Tal, Chefredakteur der »Iswestija« und oberster Zensor. Diplomatische Unterhaltung. Ich soll Stalin, Woroschilow und Kaganowitsch sprechen. Dann im Künstlerklub. Ganz nett. Ich komme aber nicht dazu, die besseren Frauen zu sprechen. Der Schriftsteller Wischnewski und Romanow. Es wird ziemlich spät.

4. Jan. Mittel ausgeschlafen. Kleinzeug. Mit Roschal am Film gearbeitet. Bei Eisenstein. Babel. Ausgezeichnet gegessen. Später Wischnewski. Sehr angeregt. [...]

5. Jan. Kleinzeug. Mittags Ionow und Frau. Verträge unterzeichnet. Die Hauptsache vergessen. Nachmittags die Schriftsteller da. Diskussion. Vor allem mit Lukács interessant, aber sehr anstrengend. Todmüde zu einer großen Veranstaltung des »Lectoriums« im Polytechnikum, überfüllt. Ungeheuer gefeiert. Arbeiterin mit dem Leninorden. Ganz gut gesprochen. Zahllose Reden auf mich. Blumen. Hochgehoben. Todmüde nach Hause. Maria noch ziemlich lange da wegen Marcuse.

6. Jan. Sehr müde. Viele kleine Besucher. Übersetzer, Verleger, Juden. Kleine Verstimmung mit Eva. Nachmittags Tee bei den jüdischen Schriftstellern. Ich müde und etwas gereizt. Spreche aber gut. Abends Wachtangow-Theater: Aristokraten. Gute Aufführung. Etwas unbedeutendes Stück. Ich bin schroff zu Lilo, Eva findet: bockig.

Sosny, 7. Jan. Nachdem Maria uns 3 Stunden hat warten lassen, rausgefahren nach dem Erholungsheim Sosny. Der Chauffeur findet den Weg nicht und braucht 3½ Stunden zu den 45 km. Erkältet angelangt. Dort Kershenzew getroffen, den Kulturminister, den ich für einen Hoteldirektor halte. Angenehmes Abendessen mit Eva. […]

Sosny, 8. Jan. Furchtbar schlecht geschlafen infolge Erkältung. Morgens ruft man an, ich soll mittags zu Stalin. Außerordentlich unangenehmer Tag dafür, da ich ein Abführmittel genommen, nicht geschlafen habe und erkältet bin. Tal, Maria und Annenkowa holen mich ab. Ich spreche drei Stunden mit Stalin, erst gewundenes Zeug über die Freiheit des Schriftstellers, schwierig auch durch Übersetzung, dann über den Stalinkult, dann über »Demokratie«, dann über den Prozeß. Dann fahre ich sehr erschöpft zurück. Mit Eva zu Abend gegessen.

Sosny, 9. Jan. Schlechte Nacht. Stark erkältet. Dann erscheint Karawkina, die ängstlich war, weil ich gestern nicht telefonisch zu erreichen war. Schöner Spaziergang mit ihr und Eva durch den Schnee. Dann Maria da. Alle Zeitungen bringen in großer Aufmachung mein Interview mit Stalin. Kershenzew mittags da. Etwas fades Gespräch mit ihm. Beim Arzt. Höhensonne. Nachmittags wieder Kershenzew. Abends früh ins Bett. Leichte Grippe.

Sosny, 10. Jan. Schlechte Nacht gehabt. Arzt erklärt, ich soll das Zimmer hüten. Schade. Schönes Winterwetter. Erkältung zunehmend schlechter. Sekretärin Karawkina da. Beschluß, einen Tag länger zu bleiben. Radioleute da. Ich spreche für das Radio über Moskau und Stalin. Abends der Leiter der wissenschaftlichen Institute da. […]

Sosny, 11. Jan. Relativ gute Nacht gehabt. Roschal und die Itkina da. Am Film gearbeitet, der gut wird. Für Lilo interveniert.

Dann umständlich zurück nach Moskau gefahren. Ungeheuer viel Post vorgefunden. Ins Wachtangow-Theater: »Viel Lärm um Nichts«. Sehr hübsche Vorstellung. Ich todmüde. Tretjakow. [...]

Moskau, 12. Jan. Recht müde. Lilo da. Bei Tretjakow zu Mittag gegessen. Nett. Nachmittag Sitzung des »Wort«. Marcuse, Bredel, die Schejnina. Abends im Wachtangow-Theater: »Intervention«. Ein sehr gut gemachtes, grobes Stück, außerordentlich gut dargestellt.

13. Jan. Gut, aber viel zu wenig geschlafen. Viel Kleinzeug. Dann einen Film von Wischnewski gesehen: »Wir aus Kronstadt«. Sehr heroisch bewegt und naiv. Dann bei Wischnewski und seiner Frau gegessen. Nett. Leichte Verstimmung mit Eva. Verdorbener Magen.

14. Jan. Sekretärin sagt ab wegen Krankheit. Infolgedessen kleine Unannehmlichkeiten. Der Autor der Dramatisierung der »Oppermanns« da. Es geht nicht recht weiter. Mittags Vera Janukowa. Nett. Sie ist unwohl, infolgedessen auf andere Art gevögelt. Julius Hay da. Exposé »Emigranten« diktiert. Abends Jüdisches Theater »König Lear«. Ausgezeichnete Aufführung. Vor allem emotional. Ich todmüde. Werde sehr gefeiert.

15. Jan. Sehr anstrengender Tag. Vertreter von Reuters da und von New York Times. Etwas unvorsichtig. Dann Bernhard Reich. Immerzu Telefonieren und Kleinzeug. Sascha Marcuse stört. Dann Vertreter von News Chronicle. Interessant. Aber auch etwas zu unvorsichtig. Dann jüdischer Dramatiker, der den »Jüdischen Krieg« dramatisieren will. Dann bei Ochlopkow »Aristokraten«. Sehr experimentelle Aufführung. Tretjakow. Vera. Lilo. Marcuses stören. Ärger über Eva, die vor Schluß nach Hause geht und mir Marcuses auf den Hals hetzt.

16. Jan. Ein bißchen besser geschlafen. Sehr bewegter Tag. Journalisten. Leute vom Wachtangow-Theater, die mir einen Vertrag anbieten anläßlich des Exposés, das ich geschrieben habe. Leute vom hiesigen Internationalen Verlag, die über die deutsche Ausgabe meiner Bücher Vertrag machen wollen. Vom Revolutionstheater, die mir andeuten, daß Eisenstein die »Petroleuminseln« machen will. Netter Brief von Marta. Abends Theater. Grusinische Oper. Sehr schlecht.

17. Jan. Viel Kleinzeug. Für den Tonfilm gesprochen. Auch Englisch. Mit dem Staatsverlag Verträge in Ordnung gebracht. Dann mit Ionow gegessen. Gespräch mit Schumjazki. Ganz gut. Ich werde ziemlich sicher über einen neuen Film mit ihm abschließen. Dann Tee bei Jourgaz. Viele Menschen. Borodin. Eisenstein. Babel. Petrow. Sonst viele Menschen. Dann Künstlertheater: »Zar Feodor«. Tretjakow übersetzt. Ein ausgezeichneter Schauspieler Chmeljow. Historisierendes Gymnasiastenstück. Todmüde. […]

18. Jan. Im Künstlertheater »Familie Turbin« gesehen. Ausgezeichnete Aufführung. Stück ziemlich schwach. Aber die Feinde werden nicht ausschließlich schwarz dargestellt. Hernach mit Lilo und Eva gegessen. Dann mühevolle Verhandlungen mit Sudakow. Dann Verhandlungen mit Ochlopkow und Vera. Dann Eva. […]

19. Jan. Viel Kleinzeug. Exposé zu dem Film »Emigranten«. Nachmittags zeigt Eisenstein Stücke seines neuen Films. Sehr schön. Ein wenig langweilig. Dann sehr angenehmer Abend mit ihm und Babel.

20. Jan. Viel Hin und Her. Schwierigkeiten zu disponieren wegen des Prozesses. Viele Leute da. Mittags Tretjakow. Lilo. Die Dramaturgen der »Oppermanns« mit einem Präfertigungs-Direktor. Annenkowa da, klärt mich etwas naiv über den Prozeß auf. […]

21. Jan. Mit Schejnina verhandelt. Mit Krebs vom Verlag internationaler Arbeiter. Maria, die um 2 Uhr kommen wollte, sagt im letzten Augenblick ab und wirft mir mein Tagesprogramm um. Lilo. Roschal liest den Film vor. Gut. Mit Eva und Lilo im »Rigoletto«. Mittlere Aufführung.

22. Jan. Spaziergang. Tairow da. Nachmittags die Dramaturgen der »Oppermanns« und der Theaterdirektor Loradsky. Vertrag abgeschlossen. Dann Roschals. Sehr müde. […]

23. Jan. Unterredung mit dem Revolutionstheater. Dann bei dem Prozeß Pjatakow-Radek. Ungeheuer anstrengend. Mittags schon ziemlich erschöpft. Zahllose Leute, die ich kenne. Nachmittags wieder bei dem Prozeß bis tief in den Abend. Ich mache etwas unvorsichtige Äußerungen einer amerikanischen Journalistin gegenüber, sehr geschickte für die russische Presse.

24. Jan. Wieder beim Prozeß. Die dumme Annenkowa, die schlecht übersetzt, stört sehr. Gewinne einen besseren Eindruck. Abends mit Becher und Eva. [...]

Montag, 25. Jan. In der Frühe mit Eva gevögelt. Nicht zum Prozeß gegangen. Meine Äußerungen zum Prozeß erscheinen groß in der Sowjetpresse. Maria da. Artikel »Prawda« diktiert, Filmexposé. Tretjakow da, mit Michoels unterhandelt, Lilo da, Schnupfen.

26. Jan. Starker Schnupfen. Vormittags im Prozeß. Ziemlich fad. Maria da. Lilo. Tretjakow, Hay. Schnupfen verstärkt sich. Ärger über Eva, die mich alleinläßt. Vera Janukowa da. Nett, ich aber infolge Schnupfens zu allem unfähig. Wir müssen beide darüber lachen.

27. Jan. Schlechte Nacht gehabt. In der Frühe beim Prozeß. Nicht sehr interessant. Mittags mit Tolstoi. Sehr charmante Frau. Interessanter Mittag, ich leider behindert durch steigende Erkältung. Dann Arzt da. Erkältung sehr unangenehm. Fieber. Ich lege mich ins Bett.

28. Jan. Immer noch Ärger über Eva. Erkältung etwas besser. Aber ich muß im wesentlichen zu Bett bleiben. Jüdischer Dramatiker da. Annenkowa. Orlow aus Leningrad. Eva geht wieder ins Theater. Marcuses aus Leningrad zurück. Die Übersetzerin Vera Waldmann. Mich maßlos über Eva geärgert.

29. Jan. Erkältung etwas besser. Beim Radek-Prozeß. Sehr viele Menschen. Ewige Warterei. Reden der Angeklagten eindrucksvoll. Ärger über Eva. Kleinen Artikel für die Sowjetpresse über den Prozeß geschrieben. Ewiges Warten auf das Urteil in der Nacht. Mechlis. Tal. Dann das Urteil. Die Begnadigung Radeks macht alles zweifelhaft und zur Farce. Es wird morgens 4 Uhr.

30. Jan. Todmüde und kaputt. Dramatiker. Roschal. Mein kleiner Artikel erscheint in der Prawda. Zum Tee Alexej Tolstoi und seine hübsche Frau. Maria da. Eine Art Aussprache mit Eva. Führt nicht viel weiter.

31. Jan. Nicht ausgeschlafen. Ärger, da Verabredungen mit Dimitroff und Kaganowitsch sehr schwer zu stabilisieren sind. Eva unwohl. Kershenzew da. Langes, etwas vages Gespräch ohne sachliche Folgen. Maria da. Eva. Todmüde.

1. Febr. Besser ausgeschlafen. Viele kleine Tücken. Unterredung mit Schumjazki. Ziemlich positiv. Unterredung mit Ionow. Die Dramatiker. Es scheint alles zu werden. Abends Unterhaltung, kleine Aussprache mit Eva.

2. Febr. Mittel ausgeschlafen. Kleinen Spaziergang gemacht. Vera da. [...] Nett. Viel Kleinzeug. Verträge usw. Noch mal bei Dimitroff. Ich vertrage mich gut mit ihm. Dann bei Eva. Bechers. Lilo. Lilo macht mir einen törichten Krach.

3. Febr. Viel Kleinzeug. Ukrainischer Verlag. Leningrader Theater. Übersetzerin. Besuch beim norwegischen Gesandten. Der Reuters-Agent Shapiro. Ganz nett. Dann einen Film angeschaut »Die letzte Nacht«. Mittel. Zu dick in der Tendenz und zuviel Dialog. Bei Eisenstein. Nett. Ich todmüde.

Moskau, 4. Febr. Wache sehr müde auf. Unterredung mit Schumjazki. Die Verhandlungen sind nicht zu Ende, es sieht aber ziemlich positiv für mich aus. Tairow möchte längstens ein Stück. Ich gebe einen großen Tee für 50 oder 60 Personen. Ganz nett. Auch Ochlopkow möchte ein Stück. Abends todmüde noch einen Film von Roschal angeschaut: La Commune. Gut gemacht, etwas romantisch. Direkt und simpel in der Tendenz. Nach Hause kommend, Vertrag vom Jüdischen Theater vorgefunden.

Zug nach der russischen Grenze, Moskau, Freitag, 5. Febr. Sehr viel Kleinarbeit zur Abreise. Bis zuletzt noch Verträge, Journalisten usw. An der Bahn viele Leute. Ich bis zuletzt ärgerlich, weil es im Hotel nicht klappt. Bekam immerzu Besuch. Fotografen, Journalisten. Barta begleitet mich im Auftrag des Schriftstellerverbandes, Gofman im Auftrag der »Prawda«. Im Zug Vaillant und Marcel

Cachin. Ärger, daß Evas und mein Coupé getrennt sind. Dem Hofmann einen kurzen Artikel über Moskauer Kino diktiert. Sehr schlecht geschlafen, da der Zug überheizt ist.

Zug Warschau – Prag, 6. Febr. Grenzübergang Rußland – Polen sehr einfach. Völlig unausgeschlafen. Mittags Aufenthalt in Warschau. [...]

Prag, 7. Febr. Nach relativ angenehmer Fahrt sehr früh morgens in Prag angekommen. Viele Leute an der Bahn. Herzfelde. Mein Bruder Martin. Man teilt mir mit, mein Vortrag sei verboten, weil ich mich »politisch zu stark exponiert habe«. Mit Eva irgendwo hinausgefahren, im Freien gegessen. Eva zänkisch und anspruchsvoll. Interview. Ich nicht sehr gekonnt. Bei meinem Bruder Martin. Er sehr wichtigmacherisch und großspurig. Ganz nette Freundin. Meine Schwester Bella. [...]

Prag, 8. Febr. Zu wenig geschlafen. Immerzu Telefon und Kleinzeug. Mein Vortrag endgültig verboten. Wüste Angriffe in der Presse. Mimi Mann mit ihrer Tochter da. Der Chef des Verlages Borový, Budzislawski von der Weltbühne. Zahllose Anrufe, Briefe usw. Abends kleiner Empfang von Rov, dem Chef der Wahrheit. Max Brod, ein paar andere Leute. Ziemlich fad. Spät zu Bett.

Prag, 9. Febr. Sehr müde. Viele Menschen und Anrufe. Wüste Schimpfartikel in der sozialdemokratischen Presse. Für den Tonfilm aufgenommen. Kleine Rundfahrt durch die Stadt bei sehr schönem Wetter mit dem Verleger Borový. [...] Max Brod da. Abends PEN-Club. Wenige Leute, die prominentesten fehlen. Ziemlich fad. Hernach Theaterklub, auch fad. Ziemlich spät nach Hause. Eva Hoboken und Mann da.

Prag, 10. Febr. Müde. Mit Hobokens lange Besichtigung der Stadt vorgenommen. Hradschin, Kathedrale, Altneu-Schul, jüdischer Friedhof. Dann mit ihnen gegessen. Ziemlich fad. In einem Emigrantenheim. Die Leute sind sehr befangen. Todmüde zu Čapek. Viele Menschen. Ganz nett. [...]

Prag, 11. Febr. [...] Beneš will mich nach einigem Hin und Her nicht empfangen. Hingegen stellt man mir Staatsbürgerschaft in

Aussicht. Hoboken. Der Verleger Fürth von Borový. Kleiner Tee, den ich gebe. Zumeist emigrantische Schriftsteller. […]

Prag, 12. Febr. Mein Bruder Martin pumpt mich an. Sonst viel Kleinzeug. Beim russischen Gesandten. Tschechische Journalisten, ein Herr vom Außenamt. Marlé da. […]

Zug Prag – Paris, 13. Febr. […] Sang- und klanglos von Prag abgefahren. […]

Paris, 14. Febr. Nach endloser Fahrt angekommen. Lola an der Bahn. Bleibt den Nachmittag da. Hilft mir auspacken. […]

Paris, 15. Febr. […] Viele Anrufe. Mit Schwarzschild gegessen. Etwas hysterischer Liberalismus. Walli Gutmann sagt ab. Abends mit Thönys. Ganz nett. […]

Paris, Dienstag, 16. Febr. […] Bruno Frank von der Bahn abgeholt. Lange mit ihm geschwätzt.

Paris, 17. Febr. […] Mit Frank, Schwarzschild, Bornstein gegessen. Unergiebige Unterhaltung über Rußland. Dann in eine lächerliche Revue und in ein Bordell. Ganz nett. […]

Paris, 19. Febr. […] Lola packt und bringt mich zur Bahn. Vergnügt abgefahren.

1937
Sanary
20. Febr. – 18. Juni

Reise nach Paris (Ausstellung)
19. Juni – 5. Juli

Sanary
6. Juli –

20. Febr. Nach ganz guter Fahrt angekommen. Marta holt mich ab. Angenehm, vergnügte Ankunft und Wiedersehen. Schönes Wetter. In der Sonne gelegen. Etwas spazierengegangen. Brief von Eva vorgefunden, die mich anpumpt. Früh ins Bett.

25. Febr. Erste kleine Auseinandersetzung mit Marta, mit Lola. Ein gutes Stück »Niemand« von Ulrich Becher gelesen.

27. Febr. Sehnsucht nach Eva. Lola unwohl. Den ganzen Tag gelesen. Stefan Zweig »Fouché«.

1. März Marta fühlt sich krank. Angefangen, eine Broschüre über Moskau zu konzipieren. Mistral. Gute Laune. […]

2. März Am Vorwort des russischen Buches. Proust gelesen.

7. März […] An die Schwierigkeiten im russischen Buch gedacht. In der Frühe Marta gevögelt. Am russischen Buch. Versuch einer kleinen Aussprache mit Marta.

8. März Die Lektüre Prousts verschlimmert meine Sehnsucht nach Eva. […]

9. März Am russischen Buch. Etwas Lektüre über russische Gegenstände. Sehe, wie wenig informiert ich bin. Schlecht gearbeitet. […]

10. März […] Balder Olden da. Ich ziemlich nervös, gereizt und ungeschickt.

12. März Endlich den lang erwarteten Brief von Eva. Lang und nett. Aber sie schreibt, sie habe keine Zeit für Cannes. […]

14. März *Das russische Buch erste Fassung fertig.* Angenehmer Spaziergang mit Marta. An Eva geschrieben. Rudolf Leonhard da. Ganz nett. Ilf Petrow 12 Stühle gelesen.

15. März […] Russisches Buch 2te Fassung angefangen. […]

16. März […] Klaus Mann »Mephisto« gelesen.

18. März […] Der Moskauer Reuters-Korrespondent Shapiro da. Ganz nett.

24. März Gide »Kongo« fertiggelesen. Was für ein eitles Buch. […]

25. März […] Stefan Großmanns »Redakteur Roth« gelesen.

27. März Aline besucht, die in Hyères ist. Ganz nett. Melancholisch. Hübsche Autofahrt mit Marta. […]

29. März […] *Russisches Buch 2te Fassung fertig.* Bei der Rothschild zum Abendessen. Der dänische Gesandte Zahle. Ziemlich fad. Schwer, Verständnis für russische Dinge zu finden. […]

30. März […] Russisches Buch letzte Fassung begonnen. In den Karamasow gelesen.

3. April Am russischen Buch. Gumbel da. Ziemlich dummes Zeug über Rußland. […]

7. April […] Russisches Buch Überfeilung fertig. Mitteilung, ich sei in einer tschechischen Gemeinde eingebürgert.

11. April […] Um meine tschechische Einbürgerung scheint es schlechter zu stehen. *Russisches Buch endgültig vollendet.*

12. April […] Rezension über Oskar Maria Graf geschrieben. »Karamasoff« zu Ende gelesen. Großartig. […]

13. April […] Kritik »Hay« angefangen.

15. April […] Abends der Rechtsanwalt Cotton da, mit ihm über die Angelegenheit Brousse gesprochen. Es wird sehr spät.

16. April […] Ärger und kleine Freude wegen Identitätspapier. […]

17. April […] Kritik über Ulrich Becher fertig. Irmgard Keun »Nach Mitternacht« gelesen. Redaktion des Stückes »Berthold Oppenheim« begonnen.

18. April […] An Eva gedacht. Telegramm der Iswestija, sie möchte »Moskau 1937«.

19. April […] Telegramm des Moskauer Staatsverlages, sie möchten »Moskau 1937«.

20. April […] Ärger über Eva. Dann kommt endlich ein Brief von ihr. Abends ruft sie an. Ein bißchen Befangenheit auf beiden Seiten.

21. April […] Abends mit Frau Meier-Graefe ausgegangen. Ganz nett. Geflirtet. Komische Episode mit den Gendarmen und dem haltenden Auto. Es wird sehr spät.

25. April Bei herrlichem Wetter nach Cannes gefahren. Marta sehr nett. Eva an der Bahn. Erst beiderseitig ein bißchen Befangenheit. Dann spazierengegangen. Besonders nett zu Abend gegessen. Furchtbar gevögelt. Großartig.

27. April […] Kleine Verstimmung gegen Eva, weil sie heute schon fahren will (obwohl ich im Grunde eigentlich nichts dagegen habe). Mittagessen und Rückfahrt sehr nett. Marta holt mich ab. Strindbergelt etwas.

30. April […] Dostojewski »Spieler« gelesen. […]

1. Mai […] Nachmittags Eva da. Gestört durch Marta.

2. Mai […] Lola pumpt mich für ihre Schwester um 20000 Fr. an. Ich gebe sie ihr. Abends bei Eva. Kleine Aussprache. […]

3. Mai Mit Marta unter Schwierigkeiten nach Cap-Martin gefahren. Hübsche Fahrt. Marta nervös und schwierig, aber doch nett. Franks, Schwarzschilds. Etwas erschwert durch Marta, aber ganz angenehm. Ein bißchen gespielt und ganz unbedeutend gewonnen.

4. Mai Franks. Schwarzschilds. Ziemlich unfruchtbare Diskussionen über Rußland. Marta nett. Nachmittags und abends gespielt und stark verloren. Leichter Katzenjammer. […]

5. Mai Mit Franks, Walli Schwarzschild. Dann mit Marta zurückgefahren. Sehr hübsche Fahrt. Todmüde angekommen. Nur Dreckpost vorgefunden.

7. Mai [...] *Den »Berthold Oppenheim« fertig.* [...]

9. Mai Kleine Schwierigkeit wegen des Rußlandbuches. Erste Skizze zu dem Stück Emigranten angefangen. Lilo da. Eine Art Aussprache, die zu keinem rechten Resultat führte. Kühle auf beiden Seiten. Die Karawkina ruft aus Moskau an, will eine Art Interview für den Rundfunk. Schlechte Verständigung.

12. Mai [...] Die amerikanische Ausgabe des Falschen Nero trifft ein. [...] Netter Brief von Vera, von Tretjakow.

13. Mai An der Skizze des Emigrantenstückes. Es geht gut vorwärts. Abends mit Lilo. Sie ist pathologisch arrogant und selbstgefällig. [...]

14. Mai [...] Telegramm von Tairow. Franks Roman »Der Reisepaß« gelesen. Angenehm enttäuscht.

15. Mai [...] Ich lade Marta ein, mit mir nach Paris zum PEN-Club zu gehen. [...]

16. Mai Am »Emigranten«-Roman.

21. Mai [...] Hutchinson lehnt das russische Buch ab.

22. Mai [...] Eva etwas benommen von dem Ankauf ihres Wagens. Kauft schließlich einen für 16000. [...]

23. Mai [...] Kolzow da. Gefällt Marta sehr. Angeregt mit ihm geschwätzt. Findet im russischen Buch die Partien über Trotzki gefährlich. Abends Leonhard, Sascha Marcuse, Lola da. Ziemlich fad.

24. Mai Den ganzen Tag mit Kolzow verbracht. Erzählt interessant von Spanien, von seiner Stellung in Rußland, von Stalin. Schlägt Änderungen im russischen Buch vor, die schwierig, aber nicht unmöglich sind. Es ergibt sich, daß er mit Lilo was hat. Mittags mit ihm im Pantheon in Bordeaux, abends in seiner Pension. Marta im ganzen erträglich. Ihn dann an die Bahn gebracht.

25. Mai Immer herrliches Wetter. *Zum erstenmal gebadet.* An der Überfeilung des russischen Buches gearbeitet.

26. Mai [...] Den Trotzki-Teil überarbeitet. Mit nicht ganz gutem Gewissen. Nachmittags bei Eva. Sie ist sehr nett; am Schluß aber sagt sie, sie habe den einzigen Abend, der in der nächsten Zeit für uns in Frage gekommen wäre, vergeben.

27. Mai An der Überarbeitung der Trotzki-Stellen. [...] Eva ruft an, sehr nett, hat den Abend wieder freigemacht. Ziemlich viel Mérimée gelesen.

28. Mai Sehr schlechte amerikanische Presse über den Falschen Nero. [...]

29. Mai [...] Russisches Buch und Stalin-Artikel endgültig fertig. [...]

1. Juni Die Deutschen beschießen eine offene spanische Stadt. In jeder Hinsicht unangenehme Situation, da ich, ohne Papiere, auch persönlich bedroht bin. An dem Exposé des Emigranten-Stückes. Kein Anruf von Eva. Abends besonders netter Anruf von Eva. Puschkin gelesen.

5. Juni Nach Cannes gefahren, um Liesl Frank zu treffen. Wie ich ankomme, ist [...] auch Frank da. Lärmende, ziemlich herzliche Begrüßung. Liesl versteht es, nach dem Mittagessen zu mir zu kommen. [...] Dann in den Spielsaal und 8 Stunden ununterbrochen gespielt. Ich gewinne erst sehr stark, dann verliere ich wieder einen großen Teil, schließe aber mit einem noch ganz ansehnlichen Gewinn. Beide Franks stören mich sehr, sie sind schlechte Verlierer, und ich muß ihnen Geld leihen und schenken.

7. Juni [...] Post erledigt, vor allem letzte Revision des russischen Buches. [...]

10. Juni [...] Brousse schickt einen Gerichtsvollzieher. Drückendes und unangenehmes Wetter. Gollancz will das russische Buch drucken. Aufrichtige telefonische Auseinandersetzung mit Eva.

Abends mit der Meier-Graefe gegessen. Stark geflirtet. Ganz nett. Marta sehr hysterisch. Sehr spät ins Bett.

12. Juni Nach vielem Hin und Her, ob Eva, die ihr neues Auto bei einem Schwindler gekauft hat, es auch kriegt, mit ihr mit der Bahn nach Cannes gefahren. Vorher furchtbaren Krach mit Marta, an dem ich nicht ganz unschuldig bin. Wir kommen viel zu spät fort. Dann wird es trotz allem ganz angenehm. [...]

13. Juni Cannes. Mit Frank telefoniert, der heute 50. Geburtstag hat. Meeresbad. [...]

14. Juni Sybille bringt den Wagen. Eva macht Kommissionen. Ich bin viel allein. Leiser Ärger. Nachmittags gespielt, gewonnen. Ärger über Eva, die unpünktlich ist. Abends gespielt, gewonnen. Eva drängt auf Nachhausegehen, da sie verliert. Ich bleibe, gewinne, komme spät nach Hause. Schenke Eva ein bißchen Geld. Sie ist sehr müde.

15. Juni Ärger über Eva, die den Abend mit Franks verbringen will, den übrigen Tag mit Wagen und Kommissionen zu tun hat. Mit Eva nach Nizza zu Franks gefahren. Sehr gezwungen und gehemmt. Dann pumpt Frank mich an. Ärger über Eva, die dann zu müde zum Vögeln ist.

16. Juni Nach einigen Schwierigkeiten mit Eva im Wagen zurück nach Sanary. Sie ermüdet immer sehr rasch. Sonst angenehme Fahrt. Leise Verstimmungen. Todmüde in Sanary angekommen. Lola, Marta. Marta sehr beschäftigt mit überflüssigen Kleidersorgen für mich; im übrigen sehr nett. [...]

17. Juni Frank einen großen Teil des Geldes geschickt, das er braucht. Kleinzeug erledigt. Vorbereitungen für Paris. [...]

18. Juni Vorbereitungen zur Abreise. Unter mannigfachen Aufregungen und Schwierigkeiten abgefahren.

Paris, 19. Juni Nach ausgezeichneter Fahrt gut angekommen. Bei Regen und ziemlicher Kälte. Marta sehr gut aufgelegt. Mittags mit

Huebsch und Familie gegessen. Mittel. Dann nachmittags die L'Espinasse da. Mit ihr eine Art Arbeitsplan gemacht. [...]

Paris, 20. Juni Viele kleine Leute da, die Seghers, der Autor Katz, Verfasser der »Fischmanns«, Lania. Viel Telefon. Durcheinander. Ich schlecht im Organisieren. Der Übersetzer Rémon da, bringt schlechte Nachrichten. Dann beim Kongreß. Durcheinander. Ich kann überhaupt nicht erfahren, was man eigentlich von mir will. Viele Unannehmlichkeiten. Aber auch eine Menge Leute da, mit denen zu sprechen ganz unterhaltsam ist. Crémieux, Čapek, Frau Jules Romains, eine nette kleine Amerikanerin mit dem Journalisten Parsky, Spanier, meine alte dänische Freundin Kammrich. [...]

Paris, 21. Juni Früh aufgestanden. Zu dem Kongreß. Viel Arbeit wegen meiner Rede. Schlecht organisiertes Sekretariat. Keinerlei Auskünfte. Eine schlechte Übersetzerin und Interpretin. Viele Menschen, furchtbar lärmende Massen in der Ausstellung. Ich rede schließlich ganz gut, bin aber so plaziert, daß meine Rede ziemlich verpufft. [...]

Paris, 22. Juni In der Ausstellung für moderne Kunst. Mit Marta. Starker Eindruck. Bei Luc Durtain zu Mittag gegessen. Nett. Čapeks. Mit Frau Čapek aussichtsreiche Theaterverhandlungen angeknüpft. Nachmittags PEN-Club. Viel Mühe und kleiner Verdruß. Abends im Louvre. Sehr ermüdend. Marta will hernach noch mit belanglosen Engländern ausgehen. [...]

Paris, 23. Juni [...] Münzenberg da. Er ist nach Moskau berufen und hat furchtbare Angst, er werde abgefaßt oder verhaftet. Dann bei dem schrecklichen Polizeipräsidenten Grzesinski. Er gibt mir eine Empfehlung an den zuständigen Beamten. Beim Zahnarzt. Abends Empfang bei dem Minister Yvon Delbos. Ganz nett.

Paris, 24. Juni Arbeit mit dem Kongreß, aber es klappt alles sehr gut. Empfang bei Lebrun, dem Präsidenten der Republik. Komisch. Werfel da. Mich mit ihm nicht schlecht verständigt. Dann wieder Kongreß. Zahllose Menschen. Abends Diner. Ich sitze neben Frau Jules Romains, mit der ich heftig flirte. Im ganzen recht amüsant.

Heftige Rede Werfels im Grunde gegen mich. Marta hat gute Erfolge und ist befriedigt.

Paris, 25. Juni Recht müde und unausgeschlafen. Furchtbar besetzter Tag. Bredel da. Victor Fink. Ein schwedischer Interviewer. Dann aufs Außenministerium, um Papiere zu besorgen. Zum Zahnarzt. Eine Rede aufgesetzt, die ich abends im Schutzverband halten will. Franz Werfel da, mit ihm zu Abend gegessen. Dann in den Schutzverband. Mittelmäßig gesprochen, eher schlecht. Zahllose Menschen. Lilo, Luc Durtain, Wadler, die Goll, Professor Rose, Guéhenno, Professor Vermeil, viel Gesindel. Es wird wieder sehr spät.

Paris, 26. Juni […] Kühles Telefongespräch mit Heinrich Mann. Bruno Frank und Liesl kommen. In der Ausstellung. Den Sowjetpavillon angeschaut. Schwacher Eindruck. Viele russische Schriftsteller da. Tolstoi und Frau, Stawski, Wischnewski. Dann bei Hugo Simon. Wunderschöne Wohnung. Kestenberg, Hilferding, Arthur Rundt. Franks getroffen. Aragon. Spanienreise scheint endgültig was zu werden. Nachmittags bei Piscator, viele Leute, die meisten gleichgültig. Mit Marta vergnügt zu Abend gegessen. Mit Eva telefoniert. Früh zu Bett.

Paris, 27. Juni In einer Ausstellung Moderne Kunst. Sehr schön. Vor allem Utrillo. Dann Notre-Dame. Auf den Turm gestiegen. Mit Franks zu Mittag gegessen. Nicht sehr erquicklich. Bei Claire Goll. Viele Leute. Ganz nett. Eine nette Schauspielerin. Dann bei Antonina Vallentin. Fleg. Schumann. Auch sonst nette Leute. […]

Paris, 28. Juni […] Mit Tolstoi und seiner Frau gegessen. Der fanatische Wischnewski. In der Ausstellung. Belgischer, deutscher, italienischer Pavillon. Sehr anstrengend. Frank da. […]

Paris, 29. Juni Auf der Präfektur. Den Staatenlosenpaß erhalten. Frank. Mit Marta gegessen. In der Ausstellung des neuen französischen Museums. Großartig. Bei Edmond Fleg. Lenormand. 2 Schauspielerinnen. Ganz nett. Das russische Buch erhalten. Sieht gut aus. Netter Brief von Eva. Abends mit Marta auf dem Montmartre. Nett. Dann in einem Bordell. Belanglos.

Paris, 30. Juni […] Immer noch kein Bescheid wegen Spanien. Mit Bruno Frank gegessen. Kleinzeug. Vorbereitungen für Spanien. Empfang beim spanischen Botschafter. Viele Menschen. Mäßig. […]

Paris, 1. Juli Langes Hin und Her, ob man nach Spanien fahren soll oder nicht. Die Papiere sind immer noch nicht besorgt. Mittags endlich ruft Aragon an, es klappe. Es klappt aber nicht, und ich habe es auch satt. Ich sage Aragon zu, dann aber, mit Beeinflussung von Frank, sage ich wieder ab. Großes Aufatmen. Mit Eva telefoniert. Mit Marta und Frank in einem Film von Renoir »La grande illusion«. Mittel.

Paris, 2. Juli Mit Marta im Louvre. Mit Lilo zu Mittag gegessen. Ganz nett, sie ist sehr widerborstig. […] Abends mit Marta in der Ausstellung. Den russischen Film »Der Deputierte der baltischen Flotte« gesehen und den Palästina-Pavillon.

Paris, 3. Juli In der Frühe nochmals in der schönen Ausstellung im Petit Palais. Mit Toller Kleinzeug erlebt. Mit Frank und Marta im bois sehr nett gegessen. Mittags Tanja da. Sehr nett. Mit ihr halb gevögelt. Sie bleibt 10 Stunden. […]

Paris, 4. Juli […] Vorbereitungen für Abreise. Bruno Frank da. Nachmittags kommt Miss Dodd, die Tochter des amerikanischen Botschafters in Berlin. Ganz nett. […]

Sanary, 5. Juli […] Bei der Ankunft Autopanne. Lola da. Eva kommt. Nett. […]

6. Juli Steigende Erkältung, grippeartig. Ich muß den Abend, den ich mit Eva verbringen wollte, absagen; es trifft sich gut, daß sie selber unwohl ist. Ich lege mich ins Bett, mit starkem Fieber. Äußerst unbehaglich. Ärger über Eva teils aus der Erinnerung an Moskau, teils wegen ihres häufigen Verkehrs mit Marcuse, trotzdem der bestimmt in jeder Hinsicht harmlos ist. Marta pflegt mich sehr gut.

7. Juli […] Keinerlei Gratulationen zu meinem Geburtstag. […]

9. Juli […] Paris telefoniert dringlich, ich soll zum Abschluß des Kongresses hinkommen. Zweifel, ob ich es tun soll.

10. Juli Ich beschließe vor allem auf Anraten Lolas, nicht nach Paris zu fahren. Mittlere, eher gute englische Rezensionen über den Falschen Nero. […] Großer Brand in der Umgebung.

15. Juli Viel kleine Post. »Falscher Nero« in England ziemlicher Erfolg. […]

17. Juli […] Ein komischer schottischer Verehrer da. Abends zu einer Gesellschaft bei Eva. Schwule Engländer, die wild exhibitionieren. Im ganzen ziemlich fad. Leicht mit einer Engländerin geflirtet. […]

20. Juli […] Lily Offenstadt kommt. Mich den ganzen Tag mit ihr abgegeben. Abends mit ihr ausgegangen. Auf dem Nachhauseweg halbwegs gevögelt. Es wird sehr spät.

22. Juli […] Die englische Ausgabe des russischen Buches erscheint. […] Ziemlich frecher Brief Kolzows über mein Fernbleiben von Spanien.

25. Juli […] Am Roman sehr wenig gearbeitet. Nachdem ich Marta vorgelesen, das erste Kapitel wieder gestrichen.

26. Juli […] Abends mit Sybil. Ganz nett. Sehr harmlos. […]

28. Juli […] Nachmittags mit Eva weggefahren. Hübsche Fahrt nach Ste. Maxime in ihrem Wagen. Hübsches, etwas zu geräuschvolles Hotel. Sehr angenehm zu Abend gegessen.

29. Juli […] Mit Eva gebadet und zu Mittag gegessen. Nett. Dann legt sie sich schlafen und läßt mich allein an die Bahn fahren. Ärger, trotzdem im Grunde alles so vereinbart war. Angenehme Rückfahrt. Marta holt mich ab. […] Schlechte englische Kritiken.

30. Juli […] Negativer Artikel von Schwarzschild. Abends erwarte ich Eva zurück. Sie kommt aber nicht und ruft auch nicht an.

31. Juli […] Erste englische Kritiken über »Moskau 1937«. Recht gut.

1. Aug. Die ganze Nacht nicht schlafen können. Gewitter. Ärger über Eva, die nichts von sich hören läßt. Am Morgen ruft sie dann an. Sie ist schon vorgestern nacht zurückgekommen, hat aber gestern den ganzen Tag keine Zeit gefunden, mich anzurufen.

2. Aug. […] Abends mit Eva zusammen. […] Mich beherrscht und keine Auseinandersetzung mit ihr gehabt.

4. Aug. […] Etwas kühles Telefongespräch mit Eva. Sie geht wohl endgültig nach Amerika. […]

7. Aug. […] Geld von Moskau. Abends mit Eva. Auseinandersetzung. Sie erklärt, mein Flirt mit Sybil, dessen Worte sie mir wiedergibt, habe sie veranlaßt, damals, als sie von St. Tropez zurückkam, nicht anzurufen. […]

8. Aug. Brief von Maria Osten. Nichtssagend, von Heinrich Mann. Eva, die gestern fürchtete, schwanger zu sein, teilt mit, sie sei unwohl. […]

13. Aug. […] Netter Brief von Brecht. Ein junger englischer Journalist und Schriftsteller Henderson da.

15. Aug. Am Emigranten-Roman. Ganz gut. Marta vorgelesen. Eindruck eher gut als schlecht.

21. Aug. […] Nachmittags große Gesellschaft: Sforzas, die Rothschild, Le Monniers, Hollander, etliche 40 Personen. Ich langweile mich ziemlich und stelle mich ungeschickt, Eva desgleichen. Ärger über Marcuse.

22. Aug. […] E. E. Noth da, um mich zu interviewen, ich ziemlich ungeschickt. […]

24. Aug. […] Eine Biographie und einen Roman über Goya gelesen.

31. Aug. An den »Emigranten«. Wieder von vorn angefangen. […]

1. Sept. […] Bruno Frank teilt mit, er sei an der Klatscherei, ich sei von Russland bestochen, unschuldig. […]

6. Sept. […] Mit Eva gegessen, die von einer bevorstehenden Liebhaberaufführung, die sie arrangiert, ganz besessen ist. […]

9. Sept. […] Abends Dilettanten-Aufführung bei Eva. Ganz nett. Eva sieht hübsch aus. Aber unbegreiflich, daß sie plötzlich Mühen und Arbeit an eine solche Sache hängt. Sehr viele Leute. Unter anderem Kerr, einige französische Literaten und Theaterleute. Ärger über Martas Hysterie.

11. Sept. […] Nachmittags Kerr da. Piscator und Frau. Stammreich und Frau. Da Kerr allein mit mir sprechen wollte, Enttäuschung.

12. Sept. Mit Eva nach Cannes gefahren. Schrecklich beschissene Reise. Erst lassen wir den richtigen Zug vorbeifahren; dann fährt der andere mit 2 Stunden Verspätung und hat überdies keinen Speisewagen. Dann etwas gevögelt. Dann furchtbar verloren, den höchsten Verlust bisher. Dann wird Eva unwohl, so daß der Hauptzweck der Reise verfehlt ist, und verlangt danach, schleunigst zurückzufahren. […]

14. Sept. Gut an den »Emigranten« gearbeitet. Der Roman soll jetzt »Exil« heißen. […]

16. Sept. […] Abends mit Eva, die noch unwohl ist, und Sybille gegessen. Eva sehr nett. Beschlossen, 2te Hälfte Oktober nach Paris zu gehen.

24. Sept. […] Spanischer Abschluß über das russische Buch. […]

26. Sept. An »Exil«. Schickele da. Marta aus dem Manuskript vorgelesen. Ich bin ein bißchen enttäuscht.

27. Sept. […] Ein schwuler schriftstellernder Engländer Brian Howard da, mit dem Eva flirtet, und ein zweifellos hübsches englisches Mädel, Marielle. Abends mit Eva. Gegessen, sehr gevögelt. Sie, etwas ängstlich, daß sie mich bald verliert, sehr bemüht. [...]

28. Sept. [...] Oscar Wilde Dorian Gray gelesen.

1. Okt. Geld aus Moskau. [...]

2. Okt. [...] Der Kongreß, um den herum ich nach Paris will, ist abgesagt. Fallada »Kleiner Mann, was nun« gelesen.

3. Okt. Brecht, der heute kommen wollte, den ganzen Tag vergeblich erwartet. An »Exil«. Raskolnikow zu lesen angefangen.

4. Okt. Brecht meldet sich in aller Frühe. Ist den größten Teil des Tages da. Abends in einem Film über Spanien. Eva und eine Menge Leute da.

5. Okt. [...] Brecht nachmittags und abends da. Ganz anregend. Es wird sehr spät.

7. Okt. [...] Nachmittags Brecht und Piscators da, der Kommunist Friedländer. Viel Hin und Her, nicht sehr erquicklich, Brecht bleibt zum Abendessen. Marta durch die vielen Leute in Panik. Dann nach dem Abendessen Marcuses, Lola, Eva, Sybille, Frau Vandervelde und ein Engländer. Ziemlich gehemmt und fad. Spannung zwischen Eva und mir. [...]

8. Okt. [...] Post aus Rußland. Ziemlich beruhigend. Ich scheine doch nicht in Ungnade. Ausführliche Äußerung der Wachtangow-Leute zu meinem Exposé »Emigranten«. [...]

11. Okt. [...] Kleiner Artikel für die Prawda. Reisevorbereitungen. [...] Ein Mann von den russischen Filmleuten bringt mir das Szenario der Oppermanns. Eva teilt mit, Vaillant sei plötzlich gestorben.

12. Okt. [...] Abreisevorbereitungen. Abends mit Eva weggefahren. Ganz gutes Einvernehmen. In Marseille Thönys an der Bahn. [...]

Für einen Monat Paris

13. Okt. *Mit 2 Stunden Verspätung in Paris angekommen.* Im Hotel das bestellte Zimmer noch nicht frei. Mit Eva kleine Auseinandersetzung, mich aber gut mit ihr vertragen. [...]

Paris, 15. Okt. [...] Bei einer Probe eines Einakters von Brecht. Macht die Weigel. Das Ganze ohne Eindruck. [...]

Paris, 16. Okt. [...] Zweig und Frau da. Eva Hoboken mit Mann. Mit allen vieren gegessen. Ich muß ziemlich viel Geld ausgeben. [...] Durch Zweigs und Hobokens anstrengender Tag für mich. Abends in einem eleganten Restaurant in der Ausstellung. Leuchtfontänen und Feuerwerk auf der Seine. Starkes Theater. [...]

17. Okt. [...] Brecht da, die Weigel und Benjamin. Nachmittags Eva Hoboken. Mit Eva Herrmann geschwätzt.

19. Okt. [...] Mit Georg Bernhard zu Mittag gegessen. Beim Zahnarzt. Erzählt Emigrantengeschichten. Abends mit Eva gegessen und geschwätzt.

20. Okt. [...] Telegramm von Frank, der nach Amerika fährt. Einen Filmmann gesprochen wegen der russischen Oppermann. Münzenberg erzählt Politika. Eine hübsche Südafrikanerin angeblich wegen eines Interviews. Abends mit Zweigs und Eva Herrmann aus. Mittel. Es wird sehr spät.

Paris, 21. Okt. Mittags mit Eva gegessen. Dann in der Ausstellung art contemporain. Dann in einem Film Pique dame, dann in der Ausstellung. Planetarium. Alles mittel.

22. Okt. [...] Mit Lola an der endgültigen Redaktion des »Oppermann«-Films gearbeitet. [...] Mit Eva bei einer Filmgala »Peter der Große«. Mit Frank, Eva im Abendkleid: Alles durch strömenden Regen verhunzt. [...]

25. Okt. [...] Breuer da. Politik. Fles da. Will, daß man seinen Sohn in Moskau befreit. Die Seghers da. [...]

26. Okt. […] Abends bei Hugo Simon. Münzenberg. Alberne politische Gespräche.

27. Okt. Ziemlich müde. Beim Zahnarzt. Sehr langwierig und schmerzhaft. Er sägt meine Vorderzähne ab. […]

28. Okt. […] In einem Film der göttlichen Garbo: Kameliendame.

29. Okt. Ziemlich schlechte Nacht. Morgens starke Zahnschmerzen. Sie steigern sich im Laufe des Tages. Die Seghers da. Mit ihr und einer scheußlichen amerikanischen Freundin Evas zu Mittag gegessen. Anstrengend. Dann beim Zahnarzt. 3 Stunden Tortur. Mit Eva gegessen. Nachts erwacht durch starke Schmerzen. Mittel genommen.

31. Okt. Nachdem ich 2 Tage ohne Zähne herumgelaufen bin, setzt heute der Zahnarzt die neuen Zähne provisorisch ein. […]

1. Nov. In der Ausstellung »chefs-d'œuvre de l'art français«. […]

2. Nov. Bei der Präfektur. Überflüssige Scherereien. Kleiner Ärger. Beim Zahnarzt eine Stunde zu früh. Melancholischer Spaziergang im Jardin d'acclimatation. Dann endgültig die neuen Zähne eingesetzt. […]

5. Nov. […] Lola. Dann auf dem Arc de triomphe. Dann mit Eva gegessen. Auf der Ausstellung herumgebummelt. Im Vergnügungspark: Palais du rire, Eva läßt sich wahrsagen. Dann schlecht gegessen. Dann in einem Film: Green pastures. Kleine Enttäuschung. […]

7. Nov. […] Mit Münzenberg auf dem Gut Olof Aschberg. Ganz nett. Nachmittags in einem Film »Le roi« von Verneuil. Ganz amüsant. […]

8. Nov. […] Iwan und Claire Goll da, ganz nett. Abends mit Eva. Sie war sehr müde. Leise Entfremdung.

9. Nov. Fortwährende Verstimmung mit Eva. Lauferei mit Identitätspapier. Mit Hugo Simon zu Mittag gegessen. Münzenberg ruft an, teilt mit, daß er meinem Rat zufolge das Auseinanderfallen der Volksfront verhindert habe. Stammreich auch da. Ganz nett. Mit Eva in Hoffmanns Erzählungen opéra comique. [...]

10. Nov. [...] Die Paßgeschichte für Marta und mich endgültig erledigt. [...]

11. Nov. Mit Eva noch mal in der van-Gogh-Ausstellung. Beim Essen mit ihr treffe ich Remarque und Bettina. Ganz nett. [...]

12. Nov. Vendredi ruft an, Graf Károlyi. Die Weigel da, Luchaire und Frau. Abends mit Eva groß ausgegangen. Erst in die revue im Casino de Paris, dann in 2 Luxuslokale. Eva sah sehr hübsch aus, im ganzen etwas fad und sehr teuer. Hernach nicht gevögelt. Kleiner Ärger.

13. Nov. Vorbereitungen zur Abreise. [...]

1937
Sanary

14. Nov. In der Frühe angekommen. Marta holt mich ab. Unwohl, aber sehr nett. Angenehmer fauler Tag. Viele Bücher vorgefunden. Früh ins Bett. Marta hat das Haus angenehm verändert.

16. Nov. Leiser Krach mit Marta. *Erste Überfeilung der »Emigranten«-Bogen.*

23. Nov. [...] Meier-Graefe »Van Gogh« gelesen.

25. Nov. An den Emigranten. Das erste Zahnarzt-Kapitel fertiggeschrieben.

26. Nov. [...] Abends Thönys und Eva da, zum Essen. Marta macht alles sehr nett. [...]

3. Dez. […] Nachricht, daß »Moskau 1937« nun doch in riesiger Auflage russisch erschienen sei. […]

4. Dez. […] Bettelheims Balzac-Biographie zu Ende gelesen.

6. Dez. […] Nachmittags Frau Stieler, Hans Siemsen. Nicht geschlafen. […]

10. Dez. Die russische Ausgabe von »Moskau«. Sie ist gänzlich ungekürzt. […]

11. Dez. […] Wendel »Französische Menschen« gelesen.

12. Dez. […] Nachmittags Eva da. Bringt ihr Bild. Kleine Peinlichkeit zwischen Marta, Lola und ihr.

13. Dez. Bei strahlendem Wetter mit Eva, die nächster Tage nach Amerika fährt, nach Cannes. Gespielt. Ein bißchen gewonnen. Abends Diskussion mit Eva über meine und Huxleys Häßlichkeit. Verstimmung auf beiden Seiten. Dann doch sehr gevögelt. […]

14. Dez. […] Regen. Eva sehr nett. Mit ihr etwas spazierengegangen, zu Mittag gegessen. Dann ins Kasino gegangen, gespielt. Gewonnen. Auch Eva gewinnt. Angenehme Rückfahrt. Herzlicher Abschied.

15. Dez. Zurück in Sanary. An den »Emigranten«. Graf Károlyi und Frau da. Sie will meinen Rat in bezug auf ein Manuskript.

18. Dez. Heute fährt Eva nach Amerika. […]

24. Dez. »Emigranten«. […] Zweig »Einsetzung eines Königs« gelesen.

25. Dez. Herrliches Wetter. In der Sonne gelegen. Nachmittags bei Károlyis, die von mir Bargeld gegen einen Scheck wollen. Dann Marcuses da. Ganz nett. […]

26. Dez. Wieder herrliches Wetter. Post erledigt.

27. Dez. […] Meldung aus Rußland über einen starken Erfolg von »Moskau 1937«. […]

31. Dez. *»Emigranten«. Wieder von vorn angefangen. 2te Überfeilung.* Fauler Tag. Schlechtes Wetter. An Eva geschrieben. Ziemlich früh ins Bett gegangen. Aber nicht schlafen können. […]

1938–1940
Kriegsgefahr und Internierung

Zweifel, ob und wann man nach Amerika soll – Sorgen über Krieg, Roman, Eva – Ich muß morgen ins Konzentrationslager

Am 13. März 1938 hörte Lion Feuchtwanger im Radio vom »Anschluss« Österreichs an das nationalsozialistische Deutsche Reich. Anders als 1933, als es darum ging, Deutschland den Rücken zu kehren, tat er sich diesmal schwer mit der Frage, ob und wann er Frankreich verlassen sollte. Trugen Marta und er zunächst den Warnsignalen Rechnung und beantragten Visa für Amerika, fasste Feuchtwanger am 14. August den folgenschweren Entschluss, das Frühjahr 1939 abzuwarten. Rückblickend versuchte er zu ergründen, was ihn zum Bleiben bewogen habe: »Was mich hielt, war die innige Behaglichkeit des Lebens dort, die Schönheit des Ortes, mein wohleingerichtetes Haus, meine geliebte Bibliothek, der vertraute, in allem Kleinsten mir und meinen Methoden angepaßte Rahmen meiner Arbeit, die hundert Einzelheiten des dortigen Daseins, die mir zu lieben, schwer mißbaren Gewohnheiten geworden waren.«

Mit dem Überfall der Wehrmacht auf Polen begann am 1. September 1939 der Zweite Weltkrieg. Die Folgen seines Zögerns bekam Feuchtwanger keine drei Wochen später zu spüren: Der weltberühmte Exilant musste sich, wie alle Männer deutscher und österreichischer Abstammung im Alter zwischen achtzehn und sechzig Jahren, in ein französisches Internierungslager begeben und wurde zunächst in La Rode, dann in Les Milles festgesetzt. Selbst in dieser Zeit der Ungewissheit und Demütigung hörte er nicht auf, Tagebuch zu führen.

Als er auf Initiative Martas, Heinrich Manns und wohl auch aufgrund britischer Proteste sowie der Intervention französischer Freunde keine zwei Wochen später wieder auf freien Fuß kam, gelang es trotz verzweifelter Bemühungen nicht, die nötigen Papiere für die Überfahrt nach Amerika zu beschaffen: Die Franzosen verweigerten die Ausreiseerlaubnis. Nach dem nationalsozialistischen

Sieg über die Benelux-Staaten schien es nur noch eine Frage der Zeit, bis Hitlers Armee in Frankreichs Süden vordringen würde, die Lage spitzte sich dramatisch zu, die Kriegsbürokratie lief auf Hochtouren. Und so ist in Feuchtwangers letztem, als Original überliefertem Tagebucheintrag vom 20. Mai zu lesen: »In aller Frühe bei herrlichem Wetter die Nachricht erhalten, daß ich wieder nach Les Milles muß.« Seine heute leider verschollenen Tagebuchaufzeichnungen über diese zweite, längere Lagerhaft, die er mit dem Maler Max Ernst und den Schriftstellern Alfred Kantorowicz, Franz Hessel und Walter Hasenclever teilte, sind zum Glück nicht gänzlich verloren, da Feuchtwanger sie in seinem autobiographischen Werk »Der Teufel in Frankreich« verarbeitet hat. Die Ausgabe, die erstmals 1992 im Aufbau-Verlag erschien, enthält außerdem die Tagebuchaufzeichnungen in einer von Harold von Hofe redaktionell bearbeiteten Fassung, eine Transkription wird in der Feuchtwanger Memorial Library in Los Angeles aufbewahrt.

Auch Marta war zeitweise interniert. Als sie wieder in Freiheit war, gelang es ihr, Kontakt zu Hiram Bingham, dem amerikanischen Vizekonsul in Marseille, herzustellen. Der war zu ihrer Überraschung bereits über den Fall ihres Mannes informiert und hatte Anweisungen aus Washington, ihm zu helfen. Ein Foto, das den Schriftsteller hinter Stacheldraht als Häftling in Les Milles zeigt, war einige Wochen zuvor Feuchtwangers amerikanischem Verleger Ben Huebsch zu Gesicht gekommen. Der wandte sich umgehend an die Präsidentengattin Eleanor Roosevelt, die Feuchtwanger während seiner Amerika-Tournee persönlich kennengelernt hatte und über die schließlich das Konsulat instruiert wurde, ihn aus dem Lager zu befreien.

Dem Diplomaten blieb keine andere Möglichkeit, als Feuchtwanger »entführen« zu lassen. Der amerikanische Vizekonsul Miles Standish fuhr am 21. Juli nach Les Milles, lud Feuchtwanger in sein Auto und brachte den Schriftsteller, in einen Frauenmantel gehüllt und durch Schal und Sonnenbrille geschützt, zu Binghams Privatvilla. Das Ehepaar Feuchtwanger tauchte dort unter, bis sie am 18. September von dem amerikanischen Emergency Rescue Committee (ERC) Varian Frys und mit Hilfe der Unitarier Waitstill und Martha Sharp außer Landes geschleust wurden: zu Fuß über die Pyrenäen, mit dem Zug von Spanien nach Lissabon. Über die gleiche Route waren wenige Tage zuvor Heinrich Mann, sein Neffe

Golo und die Werfels aus Frankreich herausgebracht worden, insgesamt über tausend von der Gestapo Verfolgte.

Am 5. Oktober 1940 ging Lion Feuchtwanger an Bord der »S. S. Excalibur« mit dem Zielhafen New York. Er sollte nie wieder nach Europa zurückkehren. Zwei Wochen später konnte Marta ihm nachfolgen. Anfang 1941 erreichten sie gemeinsam Los Angeles. »Zweifel, ob und wann man nach Amerika soll«, hatte Feuchtwanger am 17. März 1938 in seinem Tagebuch notiert. Jetzt war er dort angekommen, wissend, wie knapp er der Gestapo entronnen war.

1938
Sanary
(Valmer)

1. Jan. […] Strahlendes Wetter. Telegramm von Eva. »Emigranten« Überfeilung.

4. Jan. […] Musset gelesen. »On ne badine pas avec l'amour.«

5. Jan. Plötzlich Wintereinbruch. Alles tief verschneit. […] Martin du Gard gelesen Les Thibault.

11. Jan. […] Mein Bruder Berthold da. Mit Vorsicht aufzunehmen. Erzählt anschaulich über deutsche Nazis, Kommunisten und Juden.

22. Jan. In den letzten Tagen starke Sehnsucht nach Eva. »Emigranten«. Frank Harris Selbstbiographie gelesen.

24. Jan. […] Die Arbeit ist furchtbar schwer an den »Emigranten«. […]

25. Jan. […] Leichte Arbeit. Laune im Laufe des Tages besser. […]

26. Jan. […] Nachricht von Curtis Brown, daß der englische Vertrag wegen »Emigranten« endlich geklärt ist.

27. Jan. Schmerzen an der Prostata. […] Angenehmer Brief der Waldman aus Leningrad. Brief von Eva. Sie teilt mir mit, daß sie mit einem Kerl gevögelt hat, schreibt aber im übrigen sehr nett.

1. Febr. […] Die Besorgnis wegen der Prostata verdrängt die Sehnsucht nach Eva. […]

3. Febr. Keine Prostata-Schmerzen mehr. Zum Arzt, auf Betreiben Martas. Ich stelle mich besonders blöd. Seine Auskunft ist ziemlich beruhigend. […]

7. Febr. […] Brief von Eva Boy. Abends Anruf von Eva Herrmann, aus Paris. Ich nicht sehr geschickt. Unentschieden, ob und wann ich sie sehe.

8. Febr. Immer leise Prostataschmerzen. Abends nach langem Warten ruft Eva noch mal an. Nach einem nicht sehr erquicklichen kurzen Telefongespräch sage ich zu, Sonntag früh nach Paris zu fahren. […]

9. Febr. […] Maria Osten ruft aus Paris an, möchte kommen. Ich verabrede Zusammentreffen in Paris.

10. Febr. […] Vorbereitungen zur Reise nach Paris. Marcuse da, dessen »Wagner« von Landshoff abgelehnt ist. Ich rede ihm gut zu. Fallada »Wolf unter Wölfen«. […]

1938
Paris

13. Febr. Nach ganz guter Fahrt in Paris angekommen. Eva nicht an der Bahn. Enttäuschung. Im Hotel glaube ich zunächst, sie habe getrennte Zimmer bestellt. Dann renkt sich alles ein. […]

14. Febr. Müde, aber gut gelaunt aufgewacht. Maria da. Nett, aber recht faselig. Mit ihr gegessen. Mit Eva in einem Film »La Marseillaise«. […]

15. Febr. Ziemlich müde. Leichte Gereiztheit gegen Eva. […] Abends in »Tosca«. Sehr müde. Eva nach einiger Hin-und-her-Bettelei gevögelt. Sehr süß.

16. Febr. […] Eva fährt ab. Der ganze Tag mit ihr etwas zwiespältig. Abends mit Hobokens aus. […]

19. Febr. […] Maria da. Klaus Mann und Annemarie Schwarzenbach. Ganz nett.

21. Febr. […] Spanische Übersetzung von »Moskau 1937« erhalten. […] Mit Bettina in der Oper »Othello«.

23. Febr. […] Mittags mit Bettina gegessen. Dann bei dem Prostata-Arzt. Schlägt mir eine Kur vor, die mich auf Dauer befreien und verjüngen würde. Dann beim Zahnarzt. Dann mit Lilo in Traviata. Sehr schön.

24. Febr. Bei dem Sowjetbotschafter Suriz zu Mittag gegessen. Fad. […]

25. Febr. […] Die Seghers da. Lola, Maria. Mit Sybille gegessen. Beim Arzt. Etwas Geld aus Rußland. Die Luchaire da. Mich ganz gut mit ihr unterhalten. Abends bei einer Straßenhure. Ganz nett.

27. Febr. Verpatzter Tag. Rendezvous, die nicht klappen usw. […] Meine morgige Vorlesung aus dem Roman vorbereitet. […]

28. Febr. […] Fade Unterredung mit kommunistischem Funktionär. Abends lese ich im Schutzverband. Es ist sehr voll, und ich lese sehr gut. Sehr starker Erfolg und starke Wirkung. Mit Maria, Stammreich, Katz ausgegangen. Die drängen sehr, ich müsse nach Spanien. Dann in ein Bordell. Ganz nett. Es wird sehr spät.

1. März Sehr müde. Ziemlich viele Leute. Bittsteller. […]

2. März […] Viele Menschen. Koestler, ganz nett. Der Übersetzer Bernheim. Mandel, der amerikanische Verlagsagent. Dann Marga Falkenstein. Ganz nett. Beim Arzt. Eva Hoboken da. Ich habe gar keinen Kontakt mehr mit ihr. Mit Hobokens ausgegangen. Im Louvre die Nike von Samothrake gesehen.

3. März […] Eva Hoboken und Mann getroffen. […] Die wirkliche Eva ruft aus Sankt Anton an, teilt mit, daß sie nicht kommt. Abends mit Marga Falkenstein in »Butterfly«. Ich sehr müde. Butterfly verliert die Perücke. Angenehmes Publikum.

4. März […] Bruno Frei und eine Kommunistin. Münzenberg. Leonhard. […]

5. März [...] Vormittags Max Braun da und Bernhard. Braun, ein sozialdemokratischer scheußlicher kleiner politischer Intrigant. Ein besonders netter und zärtlicher Brief von Eva. Dann Maria da. Aragon lädt mich zu einer Galavorstellung ein. [...] Mit Marga Falkenstein zu Abend gegessen. In einem Film »Mr. Dodd geht nach Hollywood«. Mittel. Dann spätabends mich umgezogen und mit Maria zu der »Gala«-Vorstellung gefahren. Ich bin todmüde und benehme mich Aragon gegenüber ziemlich ungeschickt. [...]

8. März [...] Der Attaché Hirschfeld von der Botschaft da. Mich mit ihm ganz gut verständigt. Maria da. Mit Lilo gegessen. Ganz nett. Sehr müde. Nachmittags bei Stammreich. Maria. Bodo Uhse. Abends mit Marga gegessen. Schließlich gevögelt. Ich sehr ungeschickt.

9. März. [...] Der Journalist Friedländer da. Mit Maria zu Mittag gegessen. Marga noch einen Sprung da. Dann zur Bahn. Maria verabschiedet sich an der Bahn.

1938
Sanary

10. März [...] Komme sehr müde an. Marta holt mich ab, ausgezeichnet aussehend und strahlender Laune. [...]

11. März [...] Abends im Radio die Nachricht von Hitlers Einmarsch in Österreich.

13. März [...] Im Radio den Anschluß Österreichs gehört. Jämmerlich. Zu spät ins Bett. Marta gevögelt.

14. März [...] Etwas Sorge wegen Eva, die in Österreich ist und nichts von sich hören läßt. Ganz gut an »Exil«.

15. März [...] Mittelnetter Brief von Eva. Sie bleibt in Nazi-Österreich. [...]

16. März [...] Scheußliche Radiomeldungen aus Österreich. Sigmund Freud verhaftet und dergleichen.

17. März […] Im Ort Panik wegen bevorstehendem Krieg. Zweifel, ob und wann man nach Amerika soll. Mäßigen Aufsatz über Koestlers spanisches Buch geschrieben. Nachmittags Marcuses da, der Theater-Autor Friedrich Wolf. Der Kater Linglang krank.

19. März […] Eva wieder in Paris.

23. März […] Marta trifft Vorbereitungen für Visa nach Amerika. Swift »Gulliver« gelesen.

25. März […] Kompliziertheit mit dem Legitimationspapier für Amerika, Marta hat das Wichtigste vergessen. […]

28. März […] Nachmittags liest Robert Neumann aus seinem neuen Roman vor. Ganz interessant. […]

29. März […] Vorwort zur russischen Gesamtausgabe geschrieben.

30. März […] Geld aus Rußland. […]

Cannes, 1. April Nach Cannes gefahren. […] Ich überfalle Eva plump und brutal mit der Prostata, Vorwürfe wegen Sankt Anton und dem Projekt, nach Amerika zu fahren. Sie besonders nett. Gespielt, ein bißchen verloren. […] Marta depeschiert, daß die französische Paßangelegenheit sehr befriedigend gelöst ist.

Cannes, 4. April Prostata. Spaziergang. Gespielt. Verloren. Viel zu spät nach Hause gekommen. Eva verstimmt. Alles durch Prostata verhunzt.

Sanary, 5. April […] Früh ½5 Uhr gepackt. Dann Eva gevögelt, ein bißchen gegen ihren Willen. Unbehagliche Heimfahrt mit schmerzender Prostata im überfüllten Zug. […]

7. April […] Abends mit Eva. Etwas unerquickliche Erörterung über meine Geschenke an sie. […]

10. April […] Prostata scheint gut. Nachmittags konsultiere ich den Schriftsteller und Arzt Friedrich Wolf. Was er sagt, klingt sehr beruhigend. […]

13. April Mit Marta im Wagen nach Marseille gefahren, amerikanische Visa bekommen. Herrliche Fahrt. […]

18. April […] Landshoff und eine Freundin von ihm da. Er will seinen Verlag in Amerika erweitern. […]

23. April […] Stücke von Wolf gelesen.

Moustiers, 26. April Mit Eva im Wagen weggefahren. Lange Fahrt, sehr nett. Ins Gebirge, durch eine schöne Schlucht. An sich sehr angenehm, aber Störungen durch Prostata und zunehmend schlechtes Wetter.

Cannes, 27. April Langer Spaziergang in Moustiers, dann Wagenfahrt über Grasse nach Cannes. Furchtbar schlechtes Wetter. […]

Cannes, 28. April Fauler Tag. Ein bißchen gespielt. Ein bißchen gewonnen. Angenehm gegessen. Eva nett.

29. April Nach Sanary zurückgefahren. […]

4. Mai […] Ossietzky stirbt. Marta strindbergelt.

5. Mai […] Artikel über Ossietzky. […]

10. Mai […] Abends herrliche Aufführung der 5. Sinfonie durch Furtwängler im Rundfunk.

11. Mai […] Nachmittags Friedrich Wolf da. Ihn über Technik des Romans unterrichtet.

16. Mai […] Aragon »Les Beaux Quartiers«.

18. Mai »Exil«. Daraus vorgelesen. Marcuses, Neumann (Robert), Fritz Wolf, ein paar Frauen. Ganz nett.

30. Mai […] Eva teilt mit, daß sie anderntags wahrscheinlich mit einem jungen französischen Arzt vögeln wird. Robert Neumann und seine Freundin da. Mit ihm über sein Buch »Eine Frau hat geschrien« gesprochen. Geld aus Rußland.

1. Juni Eva telefoniert, daß sie mit dem Franzosen aus Toulon gevögelt habe. […]

2. Juni […] Mit Eva spazierengegangen. Auf den »Mai«. Mit ihr gegessen. Halb gevögelt.

5. Juni […] Den schlechten Roman Gibbs »Cities of refuge« gelesen. […]

6. Juni […] *Zum erstenmal gebadet.*

7. Juni Lola unwohl. Allein mit Marta gearbeitet. Angenehmer Tag. Gebadet. Viel in der Sonne. Gedacht an Eva. […] Abends mit Lilo gegessen.

St. Tropez, 13. Juni […] Abends unter großen Schwierigkeiten mit Eva fortgefahren. Ihr ist ein Zahn ausgebrochen. Mit ihr in Toulon beim Zahnarzt. Lange unangenehme Fahrt in der Nacht bei steigendem Regen. Das Hotel, das Eva wünscht, mittelmäßig. Eva launisch und schlecht zu haben. Sehr verstimmt.

St. Tropez, 14. Juni Wetter schön. Hotel angenehmer, als ich geglaubt. Spazierengefahren. Am Strand gelegen. […]

Sanary, 17. Juni […] Abends sehr müde nach Hause gefahren.

19. Juni Eva teilt mit, daß sie wieder mit ihrem kleinen Franzosen gevögelt habe. Nachmittags Robert Neumann besucht. Marta gevögelt. Eine Novelle Robert Neumanns gelesen. […]

21. Juni […] Abends Eva da. Zum Abendessen. Szene, längere Aussprache. Von ihrer Seite nett, sentimental und zärtlich.

26. Juni Sehr schlecht geschlafen. Starke Melancholie wegen Eva. »Exil«. […]

27. Juni […] Der Schweizer Dramaturg Hirschfeld da, der allenfalls Stücke von mir in Zürich spielen will, eine reiche Freundin von ihm, der Arzt Wolf.

28. Juni *»Exil«. Neue Einteilung in 3 Bücher.* […] Dann mit Eva gegessen. Viel Auseinandersetzung. Sie nimmt meine Drohung, nach Leningrad zu fahren, sehr ernst, weint ein bißchen. Dann Versöhnung.

2. Juli Der Kater Linglang trotz sorgfältigster Pflege Martas gestorben. Marta weint. […]

3. Juli […] Sinclair Lewis »Work of art« gelesen. […]

7. Juli Mein Geburtstag. Marta ganz nett. Ein paar Depeschen. Herrliches Wetter. Ein bißchen am »Exil«. Eva da, mir zu gratulieren.

St. Tropez, 8. Juli Nach einigen Schwierigkeiten mit Eva nach St. Tropez gefahren. […]

Den ganzen Tag nett, aber schwierig. Nachts Spaziergang, verirrt. […]

St. Tropez, 10. Juli Herrliches Wetter. Zwiespältiger Tag. […] Hotel lärmend, der Wagen versagt, alles unfertig. Eva teils besonders nett, teils ekelhaft. […]

Sanary, 13. Juli Etwas müde und anstrengende Rückfahrt. […]

14. Juli […] *»Deutsche in Paris« wieder von vorn angefangen, vor allem wegen der Anna.* Abends Eva da. Bringt mir mein Horoskop. Besonders nett.

23. Juli […] Gespräch mit Marcuse über »Macht«. […]

26. Juli […] Beschluß, mit Eva (die heute abend wieder mit dem anderen vögelt) weitgehend abzubauen. Spaziergang mit Marta. Ziemlich mißglückt, da sie sich mit dem kochenden Wasser des Kühlers verbrennt. Marta gevögelt. Nicht schlafen können. Endgültiger Entschluß, Eva auf mehrere Wochen nicht zu vögeln und sie abzubauen.

27. Juli [...] Entschluß in Bezug Evas verstärkt sich. [...]

28. Juli Lola heiratet. Infolgedessen weniger gearbeitet. Nachmittags und abends mit Eva. Gebadet. Sie erklärt glaubwürdig – vielleicht lügt sie auch –, daß sie Dienstag nicht mit dem andern gevögelt habe, und erklärt mir auf vielerlei Arten ihre Neigung. Gegessen. Ungeheuer gevögelt. Besonders nett.

29. Juli [...] Lola macht Krach, weil ich ihren Bräutigam nicht eingeladen habe. Auch Eva macht schon leise Rückzieher (wahrscheinlich wegen der Ankunft ihres Freundes Brian). Abends bei uns Gesellschaft: Kantorowicz, Joachim, Marcuse, Gumbel, Gesindel. Marta strengt sich furchtbar an, aber infolge Überorganisation und Ungeschicklichkeit stark mißglückt. Hernach, wie ich leise auf Fehlerquellen aufmerksam machte, strindbergelt sie sehr.

2. Aug. [...] Nachmittags Werfel und Frau da. Er ganz angenehm, aber nicht so wie in Paris. Mit ihr wenig anzufangen. Mit Marta bei der fête de pays.

3. Aug. Lola teilt mit, daß die Gesellschaft gestern bei Eva ganz geglückt gewesen sei. Auch ihr Freund aus Toulon war da. Eva selber ruft etwas katzenjämmerlich an. [...]

5. Aug. *»Deutsche in Paris«, erster Band, schließend mit dem Tode Harry Meisels, endgültig fertig.*

10. Aug. [...] Huebsch da. Im ganzen befriedigend, obwohl er keine rechte Auskunft über Amerika geben kann. Abends bei Eva. Sie und ich sehr müde. Wie ich ihr sage, daß ich vielleicht nicht nach Amerika fahre, strahlt sie. [...]

11. Aug. [...] Nachmittags viele Leute bei uns. Schickeles, Werfels, Huebsch, Luchaires. Mittel. Abends große Gesellschaft bei Ulmers. [...]

14. Aug. […] *Entschluß, erst im Frühjahr nach Amerika zu übersiedeln.*

22. Aug. […] Abends Katz da und die Abgeordnete Wilkinson.

23. Aug. […] Abends bei Werfels. Diskussion über Rußland.

26. Aug. […] Nachmittags große Gesellschaft, von Marta gut vorbereitet. Werfel, Zweig, Kisling, Landowski, Luchaire […]. Ganz gut geglückt. Abends die Leonie Dielmann.

29. Aug. […] Abends mit Zweig bei der Rothschild. Protzig. Mittel.

30. Aug. […] Geplante kurze Reise mit Eva fällt mir zur Freude ins Wasser. […]

2. Sept. Brief voll Ressentiments an Eva geschrieben. Nicht abgeschickt. […] Mit Eva telefoniert. Sie klärt halbwegs auf. […]

3. Sept. […] Koestler da. Abends Marta vorgelesen. Es gefällt ihr nicht. Ich sehe, daß noch viel zu tun ist. Sie strindbergelt auch etwas, gibt aber bald klein bei. Sehr schlecht geschlafen. Sorgen über Krieg, Roman, Eva.

4. Sept. »Exil«. Wieder ganz vorn angefangen. Nachmittags bei Meier-Graefe. Schickeles, Werfels. Ganz nett. Dann bei Eva. Etwas trübe Auseinandersetzung.

5. Sept. Bedrohliche Nähe des Krieges. […]

8. Sept. […] Dauernde Kriegsgefahr.

9. Sept. […] Ziemlich viele Leute da. Robert Neumann. Gumbel und Frau und große Gesellschaft.

10. Sept. […] Nachmittags wieder Leute: Károlyis, Sforzas, Rothschilds, Werfels, Eva. Kriegsdrohungen. Alfred Neumann »Neuer Cäsar« gelesen.

12. Sept. Herrliches Wetter. »Exil«. Abends große Hitlerrede über den Krieg. Ungemein frech, dumm und komödiantisch. Hernach viele Leute bei uns: Stammreich, Marcuse, Frau Meier-Graefe, Wolf. Ein bißchen mit Sascha Marcuse geflirtet. Im ganzen anregend.

15. Sept. [...] Alfred Neumann Napoleon gelesen. Abends Werfel vorgelesen. Ganz nett.

16. Sept. »Exil«. Kriegsgefahr. Alfred Neumann Napoleon gelesen. Bei Eva. Überaus flau und auf Abbruch.

Cap-Martin, 18. Sept. Unter kleinen Schwierigkeiten mit Eva im Wagen weggefahren. Eva immer noch unwohl, seit 14 Tagen. [...]

Cap-Martin, 19. Sept. Eva den ganzen Tag im Bett. Frankreich und England kapitulieren vor Hitler. Kriegsgefahr vermutlich aus. Gespielt, ziemlich verloren. Mit 2 Huren geschlafen. Ziemlich fad. [...]

Cap-Martin, Mittwoch, 21. Sept. [...] Politische Nachrichten schlechter. [...]

Cap-Martin, Donnerstag, 22. Sept. [...] Mit Eva, der es etwas besser geht, geschwommen. Nachmittags mit ihr bei Heinrich Mann. Ganz nett. Seine Freundin sehr komisch. Sehr gut im Bec-Fin in Monte Carlo gegessen. Gespielt. Verloren. [...]

Cap-Martin, 24. Sept. Sehr ernsthafte Kriegsgefahr. Eva geht es recht schlecht. Diskussionen dadurch erschwert. Französische Mobilmachung. Nach einigem Hin und Her fahre ich unter großen Schwierigkeiten zurück und lasse Eva allein dort. Der Zug hat endlose Verspätung und kommt erst früh 4 Uhr an. Todmüde. Marta holt mich ab.

26. Sept. [...] Ich schicke Eva den Knecht Bouboule fürs Auto. Sie fährt bei scheußlichem Wetter zurück. [...] Sich mehr verstärkende Kriegsgefahr.

27. Sept. […] Abends bei Eva. Sie fragt mich, ob sie abreisen soll. Ich rate weder zu noch ab.

28. Sept. […] Eva will fort, drängt mich, mitzugehen. Auch Marta möchte, daß ich fortgehe. Steigende Kriegsgefahr. Gerüchte. Abends Friedensverhandlungen und Hoffnungen.

30. Sept. […] Es stellt sich heraus, daß der Friede nur unter ungeheuren Opfern zu erhalten war, das heißt, es ist eine beispiellose Niederlage der Linken und des Sozialismus. Abends mit Sascha Marcuse ausgegangen. Im Grand Hotel in Bandol peinliche Friedensfeier, an der ich teilnehmen soll. Ich ziehe mich ganz geschickt aus der Schlinge, wie es sich darum handelt, ein Huldigungstelegramm an Chamberlain zu schicken, Sascha nett; ich denke, wenn ich ernstlich will, werde ich sie in Paris vögeln können.

1. Okt. […] Netter Brief von Brecht. Im Meer gebadet.

4. Okt. […] Chevallier »Clochemerle« gelesen. […]

9. Okt. […] Politisch-soziologische Erkenntnisse über die Zusammenhänge der kürzlichen Kriegsdrohung. […]

14. Okt. […] Eva Boy ruft an, teilt mit, daß ihre Mutter gestorben sei und daß sie kommen wolle. […]

17. Okt. […] Zweig kommt. Bleibt den ganzen Tag da. Nicht sehr erquicklich. Ich lese ihm aus dem Roman vor. Gefällt ihm nicht übermäßig. […]

18. Okt. […] »Exil«. Beschluß, wieder von vorn anzufangen und die Anna umzukrempeln. Brief von Huebsch New York, daß ihm der Roman sehr gefalle.

19. Okt. […] Späteren Nachmittag und Abend Werfels da. Ihnen aus »Exil« vorgelesen, anscheinend mit starker Wirkung. Dann ausgezeichnetes von Marta zubereitetes Abendessen.

20. Okt. […] Abends bei Eva. Wohl zum letztenmal in ihrem Haus in St. Trinide. […] Gorki »Die Mutter« gelesen.

Cannes, 23. Okt. […] Am Nachmittag mit Eva nach Cannes gefahren. Marta sehr nett. […]

Cannes, 24. Okt. Schönes Wetter. Alles angenehm. Dann gehe ich in den Spielsaal, verliere ziemlich stark. […]

Zug Cannes – Paris, 25. Okt. […] Eva nett. Ich bringe sie zur Bahn nach Toulon. Dann gehe ich nochmals spielen. Verliere.

Paris, 26. Okt. […] Kaltes, etwas nebliges, aber schönes Wetter. Ausgepackt. Lola da. Herumtelefoniert. Mit Marga zu Mittag gegessen. Mittel. Abends mit Maria Osten. Ganz nett.

Weiter Paris

27. Okt. […] Mittags mit Bettina gegessen. Flau, da sie voll Sorgen ist und sentimental. Nachmittags im Bordell. Mittel. Abends allein. […]

28. Okt. […] Mit Lilo in Versailles gegessen. Lania. Abends Vortrag Emil Ludwig. Mit ihm, Hugo Simon, Sobernheim, Marcuses, Aschbergs, einem ungeheuer reichen Schweden und dessen Frau, vielen anderen Leuten. Ganz nett. Mit Marta und mit Eva telefoniert.

31. Okt. […] Mit Lola gegessen, durch Straßen gegangen. Maria da, Bredel.

3. Nov. […] Budzislawskis Frau da. Abends eine kleine Schauspielerin. Mittel.

4. Nov. […] Der junge Demmert da, der Korrespondent der »Prawda«. Mit Maria geschwätzt. Abends allein zu Hause, nichts gegessen. Ziemlich trübe Stimmung. Mit Eva telefoniert. Sie sehr nett.

7. Nov. […] Nachmittags Empfang in der Sowjetbotschaft. Ich ungeschickt. Alles ziemlich langweilig. Aragon und Frau, Jouvenel und Frau, Katz und Frau, Luc Durtain, Ehrenburg eisig, unbekannte Russen. Cachin, Masereel besonders nett. Abends Sascha Marcuse da. Etwas sentimental. Nach einigem Hin und Her gevögelt. Ganz nett. Noch ausgegangen und stark gegessen.

8. Nov. […] Mich im amerikanischen Konsulat sehr blöd angestellt. […] Abends mit der kleinen Monika gegessen, in »Traviata« geraten. Mittel.

9. Nov. […] Beim Anwalt wegen Naturalisierung. […] Marcuse, der ohne große Anstrengung sein Amerika-Visum bekommen hat. Ich komme mir ziemlich dumm vor. […]

10. Nov. […] Aufsatz über den historischen Roman. […]

11. Nov. […] Scheußliche Pogrom-Nachrichten aus Deutschland. Der russische Kellner spricht darüber entrüstet. […] Dann Stammreich da. Über die Börsenhintergründe der Krise gesprochen. Mit Eva und Marta telefoniert. […]

12. Nov. […] Lola da. Mit ihr gegessen. Dann im Schutzverband. Diskussion über den historischen Roman. Mittel. Ich nicht schlecht. Döblin, Kesten. Hernach mit Marcuses und Kestens im Café. Abends Monika. Sie ist sehr müde, ich mit. Ganz nett. Keine Vögelversuche.

13. Nov. Schönes Wetter. Immer neue Nachrichten von den Pogromen in Deutschland […] Remarque getroffen. Etwas zuviel getrunken. […]

17. Nov. […] Bei einem Tee der französischen Schriftsteller. Vildrac, Bloch, Maria, Sascha, Lilo. Mittel. Ziemlich viele Leute. […]

18. Nov. […] Artikel über die Pogrome für den deutschen Rundfunk geschrieben. Bettina da. Friedrich Wolf da. Abends im Schutzverband gelesen. Ganz nett. Starker Eindruck. Kleine komische Zwischenfälle. Hernach noch etwas ausgegangen, mit Katzens, Kisch, Monika, Maria. Es wird sehr spät.

21. Nov. Ärztliche Untersuchung. Nicht so schmerzhaft, wie ich gefürchtet habe. Resultat mittel. Lola begleitet mich und bemüht sich um mich. [...]

Zug Paris–Cannes, 24. Nov. [...] Gepackt unter vielen Besuchern und großer Unruhe. [...] Ich sehr nervös. Endlich unter vielen kleinen Mißhelligkeiten abgefahren. Unheimlich das Polizeiaufgebot an den Kais anläßlich des Besuches des englischen Premiers.

Cannes, 25. Nov. [...] Strahlendes Wetter. Eva abgeholt. Sie ist sehr nett, freut sich an Mitbringseln. [...]

Sanary

27. Nov. Angenehmer Tag mit Eva. Gepackt, unter kleinen Schwierigkeiten abgefahren. Gepäck nicht ganz angelangt, was das Wiedersehen mit Marta etwas stört.

28. Nov. [...] Mitteilung, daß meine Brüder Ludschi und Fritz im Konzentrationslager sind.

29. Nov. [...] Mit Marta die Bibliothek gerichtet.

30. Nov. Generalstreik. Scheint nicht zu glücken. [...]

1. Dez. Schritte genommen, um Ludschi aus dem Konzentrationslager zu befreien. Diskussionen über Hilfsbereitschaft und private charity. [...]

7. Dez. [...] Neue, mir unangenehme Schritte erforderlich in Sachen Ludschi.

12. Dez. *»Exil«. 2. Buch letzte Fassung fertig.* Abends mit Eva ein bißchen spazierengegangen.

16. Dez. [...] Maupassant gelesen. Kesten »Kinder von Gernika«. In Toulon.

21. Dez. [...] Der kleine Kater Peter schwer krank.

22. Dez. […] Unangenehmes Telegramm in Sachen meines Bruders. Ich soll viel Geld zahlen. […]

24. Dez. »Exil«. Eva unwohl.

25. Dez. […] Dr. Hyan, der hier ist, Lola zu besuchen, gibt mir Spritze. Abends bei Eva.

26. Dez. […] Mich viel mit der Komposition von »Exil« beschäftigt. Briefe geschrieben. Hyan da. Gibt mir Spritzen, die mich ziemlich nervös machen. Erzählt von den Vorteilen der Franco-Rekrutierung in Südmarokko für Frankreich, von Goldexpeditionen, Abtreibungen usw.

27. Dez. […] Gelesen Ostrowski »Der Stahl wird gehärtet«, Wendt »Insel im Vaterland«.

30. Dez. […] Mit dem Gesamtplan von Exil so ziemlich fertig. Unangenehme Wirkung der Spritzen. Angenehmer Brief von Rußland. Sie schicken Geld. […]

31. Dez. […] Abends Marcuses da, Eva, Lola, der Arzt Hyan. Ziemlich fad. Ärger über Marta.

Kein sehr gutes Jahr. Zwar ist die Arbeit gut vorangegangen; auch meine Beziehungen zu Eva und Marta sind halbwegs befriedigend. Aber kein äußerer Erfolg von Belang, wirtschaftlich sah es nicht sehr gut aus, die Schwierigkeiten, die aus dem Mangel einer Staatsangehörigkeit herrühren, häufen sich und drohen im Kriegsfall sehr unangenehm zu werden. Und vor allem zeigt sich auch das Alter, Prostata und mangelnde Potenz.

1939
Sanary (Var)

1. Jan. [...] Nachmittags Eva ein wenig da. Abends, wie ich schon im Bett bin, ruft aus Paris Maria Osten an; ich gehe nicht an den Apparat.

3. Jan. [...] Viel Geld für meinen Bruder Ludschi weggeschickt.

4. Jan. [...] Kolzow scheint endgültig in Ungnade.

8. Jan. [...] Aufforderung der Prawda, über Lenin zu schreiben. [...] Mit Eva gegessen. Sie etwas schuldbewußt, scheint Freitag mit ihrem Touloneser gevögelt zu haben.

9. Jan. [...] Gelesen Ehrenburg »Der zweite Tag«. Kleinen Aufsatz über Lenin geschrieben. [...]

11. Jan. [...] Der russische Regisseur Roschal schickt Bilder von dem Film »Die Oppermanns«.

12. Jan. [...] Abends bei Eva. Eine Art Auseinandersetzung. Sie bestreitet, mit anderen gevögelt zu haben.

13. Jan. [...] Eva kommt vorbei, um sich mit mir zu versöhnen.

16. Jan. [...] Endlosen, ziemlich resignierten Brief von Zweig. Immerzu schlecht geschlafen.

18. Jan. [...] Einen politischen französisch-italienischen Spanienkämpfer da.

19. Jan. […] Abends mit Eva in Toulon. Ihren Geliebten durch Zufall getroffen, einen jungen unbedeutenden Arzt. Gegessen. Gevögelt. Ganz nett.

20. Jan. […] Marta viel vorgelesen. Autobiographischen Roman Bechers gelesen. […]

22. Jan. […] Nachmittags der amerikanische Konsul von Marseille unerwartet da.

24. Jan. […] »Briefe, die ihn nicht erreichten« gelesen.

25. Jan. […] Maupassant »Bel-Ami« gelesen. Zäh, ein Tendenzroman.

26. Jan. Ärgerliche Pumppost. […]

27. Jan. Der lang erwartete Brief von Landshoff über den Vertrag über »Exil«. Mittel. […]

30. Jan. […] Telegramm Landshoffs, der den Roman in drei Teilen bringen will.

1. Febr. […] Mit Eva im Kino »Maria Walewska« mit der Garbo. […]

6. Febr. […] Marta liest mir ein Kapitel aus einem Roman vor, den sie schreiben will. Nicht schlecht.

11. Febr. […] Marta fährt nach Mégève. Sie war in den letzten Tagen sehr nett.

13. Febr. Amerikanischer Vertrag über »Exil«. […]

Avignon, 14. Febr. Mit Eva bei schönem Wetter über Aix und Vaucluse im Wagen hierher gefahren. Sehr hübsch. […]

Aix (Prov.), 15. Febr. In und bei Avignon spazierengegangen. Papst-Palast. Nachmittags wieder über Vaucluse gefahren. Lange

Bergwanderung, ziemlich erschöpft hier angekommen. Kleine Differenz mit Eva.

Sanary, 16. Febr. […] Sehr hübsche Spazierfahrt und Spaziergang in der Nähe von Aix. Mittags mit Eva zu vögeln versucht, aber ich habe versagt. Dann gespielt und stark gewonnen. Angenehme Heimfahrt.

17. Febr. Viel Post vorgefunden, zumeist kleiner Dreck, Bettelbriefe und dergleichen. Mehrere nette Briefe von Marta. […]

22. Febr. […] Nachrichten, daß die Demokraten den Faschisten überall nachgeben, also keine Kriegsgefahr bestehe. […]

27. Febr. […] Gelesen Heinrich Mann »Heinrich 4te«. Maugham Autobiographie. Maupassant »Boule de suif«.

2. März […] Vorbereitungen für den morgigen Ausflug mit Eva. Die Magd Leontine sehr geschickt.

Cannes, Freitag, 3. März Da Eva jemand in einem spanischen Konzentrationslager aufsuchen will, auf einem Umweg übrigens ganz hübsch nach St.-Zacharie gefahren. Dort überzeugte jüdische Kommunisten in ziemlich hoffnungsloser Situation gesprochen. Auf Umweg nach Cannes. Spät, todmüde und erschöpft dort angekommen. […]

Cannes, 4. März […] Etwas spazierengegangen. Angenehm zu Mittag gegessen und gevögelt. Gespielt, stark verloren. Abends bei einer Modenschau. Todmüde.

Sanary, 6. März Eva kommt frühmorgens. Nochmals gevögelt. Dann überstürzt gepackt und der Abschied ziemlich verhunzt. Sie fährt mit Bouboule nach Auron. Ich schlechte Fahrt zurück. […]

7. März Marta zurück. […]

15. März […] Hitler marschiert in Prag ein.

19. März […] Kriegsdrohungen.

23. März Illustrierte Ausgabe der »Novellen« aus Rußland. Kriegsgefahr. [...]

24. März [...] Nachmittags Bredel da. Eva pumpt mich an. Gesteigerte Kriegsgefahr.

25. März »Exil«. Ein gutes Manuskript des Preisausschreibens gelesen: »Hüter des Bruders«.

26. März Kriegsgefahr vorläufig aus. [...]

27. März [...] *»Exil« allerletzte Korrektur des 1. Buches weggeschickt.* [...]

29. März [...] Einfälle für »Exil«. Annette Kolb »Exemplar« gelesen.

30. März [...] Überraschend Kisch da und einige andere. Abends englische Erklärung für Polen.

1. April [...] Hübsches russisches Exemplar von »Exil«. Krach zwischen Marta und einem toulonesischen Polizeibeamten wegen Paßgeschichten.

7. April [...] Die Italiener nach Albanien.

9. April [...] Ostersonntag. Kriegsgefahr.

11. April [...] Verunglückter Aufsatz über Schlüsselroman. Aufsatz für die Iswestija. [...]

12. April Verstärkte Kriegsgefahr. Etwas an »Exil«. Bredel, Weiskopf, eine Frau Knopfmacher da. [...]

13. April Mit Marta nach Marseille gefahren, um Zweig zu treffen, der auf der Überfahrt nach Amerika durchkommt. Marta hustet und fühlt sich auch sonst nicht wohl. Beim amerikanischen Konsul wegen der Visa. Alles geht glatt. Dann Zweig getroffen und seinen Sohn Michi. Ziemlich viele kleine Behinderungen. Gut gegessen. Etwas spazierengefahren und gegangen. Dann am Schiff verabschiedet. Wieder Konsul. Das Visum gekriegt und den Konsul mit nach Hause gefahren. Todmüde, vor allem Marta recht erschöpft angekommen. [...] Kriegsgefahr.

Cannes, 16. April Bei strahlendem Wetter nach Cannes gefahren. Eva sehr nett. Gespielt, etwas gewonnen. [...]

Cannes, 19. April Expreßbrief Landshoff wegen Libel-Klagen. Plan, den Roman doch erst im Herbst herauszubringen. Gespielt. Verloren.

Cannes, 20. April Hübscher Ausflug im Wagen: Gorges du loup, Vence. [...]

Cannes, 21. April Eva leidend. Gespielt. Ein bißchen gewonnen. [...]

Sanary, 22. April Zurückgefahren. Herrliches Wetter. Ziemlich überhetzte ungemütliche Abreise. [...]

28. April [...] Hitlerrede gehört. Schade um die Zeit.

29. April [...] *Letzte Korrektur des 2. Bandes von »Exil« weggeschickt.* [...]

3. Mai [...] Schönes Beethoven-Konzert im Radio gehört (Toscanini).

4. Mai [...] Lola und Friedrich Wolf besucht. [...]

5. Mai [...] 5. Sinfonie im Radio gehört.

6. Mai [...] Grüner Heinrich gelesen. [...]

8. Mai [...] Lola wieder einmal beleidigt. Eine Nachbarin zu Besuch da. Die Abzüge des 1. und 2. Buches von »Exil« kommen, so daß ich endlich den Übersetzern die endgültige Fassung werde schicken können.

12. Mai Der Verleger der Pariser Tageszeitung, von dem eine Libel-Klage droht, ist gestorben. [...]

13. Mai [...] Eva Boy da. Sie ist wieder erheblich netter geworden. Sie und Marta vertragen sich gut. Sie ißt hier zu Mittag und ist auch einen großen Teil des Nachmittags da.

15. Mai [...] Artikel über Heinrich Manns »Heinrich den Vierten«. [...]

17. Mai [...] Friedrich Wolf da. Sehr schönes Rundfunkkonzert. Toscanini: Beethoven 7te und 8te.

20. Mai Brief von dem sowjetrussischen General-Prokurator, daß er auf meine Verwendung hin die Angelegenheit eines verurteilten Arztes persönlich in die Hand nehmen will. [...] Vera Janukowa gestorben. Die nette Schauspielerin, mit der ich in Moskau befreundet war.

22. Mai [...] Toscanini 9. Sinfonie.

23. Mai [...] Brief von Eva über ihre Rückreisepläne. [...]

24. Mai Toller hat sich erhängt. [...]

27. Mai [...] Kleinen Artikel über Toller. [...] Da Lola krank ist, mit Marta gearbeitet. Abends viel Musik gehört.

28. Mai [...] Brief an Eva, in dem ich mein Angebot, sie abzuholen und zurückzubegleiten, zurückziehe. Sie scheint mit Hyan weggefahren zu sein. [...]

29. Mai Furchtbar schlecht geschlafen. Wegen Eva. Auch heute kein Brief von ihr. Meinen Absagebrief abgeschickt. Herzlichen Brief von Heinrich Mann. »Exil«.

30. Mai [...] Netter Brief von Eva. Sie hat einfach spät geschrieben und dann den Brief spät aufgegeben. Weiß »Der arme Verschwender« gelesen. Besser, als ich ihm zugetraut. Abends bei Werfel. Etwas getrunken. Mich gut mit ihm verstanden. Sie spielt, er singt, sie will mich mit dem netten Mädchen verkuppeln, das bei ihnen wohnt, vorläufig aber fährt das Mädchen weg.

31. Mai [...] Einen etwas zu verliebten Brief an Eva geschrieben. Das Mädchen sagt wieder ab, fährt schon früher.

3. Juni [...] Nachmittag ein Brief Evas, sie sei schwanger und will abtreiben lassen. Abends Anruf Sybilles, sie habe es bereits getan.

6. Juni [...] *Zum erstenmal im Meer gebadet.* [...] Sybille ruft an, offenbar wegen Eva, wahrscheinlich wegen Geld. Netter Brief von Eva, mit der Andeutung von Geld.

7. Juni [...] Eva verlangt durch Sybille telefonisch Geld. Ich ziemlich ungeschickt. Schicke dann das Geld, was technisch viele Mühe macht. Netter Brief meines Bruders Ludschi. Brief von Lilo, aus New York. [...]

10. Juni [...] Brief von Eva. Nett, aber sehr deprimiert. Es geht ihr wohl länger schlecht, so daß ich erst später nach Paris fahre.

11. Juni [...] »Minna von Barnhelm« gelesen. [...]

12. Juni »Exil«, vorletztes Kapitel des Ganzen. Sehr langer Brief von Eva, sie habe vermutlich ein Fibrom (was Marta seit langem vermutet hat). Abends ruft sie an, besonders nett.

14. Juni *»Exil«. Das gesamte Werk in erster Fassung vollendet.* Nachmittags bei Wolf. Werfel, die Meier-Graefe. Ganz nett.

17. Juni Endlich Huxley »Point counter point« fertiggelesen. [...]

19. Juni [...] Huebsch berichtet, daß der Film »Die Oppermanns« in New York ein großer Erfolg sei. Landshoff hat ihn wegen Schwarzschild usw. etwas aufgehetzt. »Exil« soll erst nächstes Jahr in Amerika erscheinen. Koestler da.

23. Juni [...] Mein Bruder Fritz wieder in Freiheit.

Zug Toulon – Paris, 24. Juni […] Nach einigem Hin und Her abgefahren.

Paris

25. Juni Ganz gut gefahren. Bei Regen angekommen. Eva sieht erbärmlich aus. […]

27. Juni […] Angenehm im bois gegessen. Nachmittags im Bordell. Mittel. Abends Tour d'Argent.

28. Juni […] Kleiner Ärger über Eva. Abends »Cyrano« in der Comédie-Française schlecht verstanden. Der Hauptdarsteller gut. Alles übrige Hoftheater. […]

29. Juni Fauler müder Tag. Klaus Mann »Der Vulkan« gelesen. Mit Marta telefoniert.

30. Juni […] Ganz leise mit Eva gestritten. Ihre Fremdheit gespürt. Schlechtes Wetter. Abends in »Aida«. Schöne Aufführung. Aber recht müde.

2. Juli […] Nachmittags, da Eva immerzu zu tun hat oder verabredet ist, ins Bordell. Abends mit Eva gegessen. Gevögelt. Es geht alles wieder besser.

Zug Paris – Cannes, 3. Juli […] Gepackt. Mit den üblichen kleinen Schwierigkeiten abgefahren.

Cannes, 4. Juli Ganz gut angekommen. Eva recht müde. Mit Marta telefoniert. Mittel. Nachmittags gespielt. Furchtbar verloren. Dann verstimmendes Gespräch mit Eva, die Geld will. […]

Cannes, 5. Juli […] Mit Eva höchst verstimmende Aussprache. Sie wirft mir Kleinlichkeit vor und erklärt, sie werde von mir kein Geld mehr nehmen. Großer Katzenjammer.

Cannes, 6. Juli Der ganze Tag etwas vermiest. Mit Eva zurückgefahren.

1939
Sanary

6. Juli abends Marta holt mich ab. […] Dann enerviert mich Marta, die übrigens unwohl ist, durch lange pessimistische Betrachtungen über die allenfallsige Libel-Klage. Dabei ist ein Brief Landshoffs da, der eigentlich schon wieder viel zuversichtlicher klingt.

7. Juli Mein 55. Geburtstag. Schlecht und zu wenig geschlafen. Alles etwas mittel und nicht sehr beschwingt. Ein paar Briefe und Telegramme. Eva da. Mittel, ziemlich kühl. Abends lange sinnlose Streiterei mit Marta über Postbeförderung.

9. Juli […] Immer noch Streit mit Marta über die alberne Versendung der Manuskripte. Abends mit Eva gegessen. Nett.

26. Juli […] Zweig da, der einem sehr auf die Nerven fällt. Ich bin froh, daß er morgen wegfährt. […]

27. Juli […] Mit Eva in Toulon, bei Justin gegessen. Dann zu ihr. Gevögelt. Durch Mondnacht nach Hause gegangen.

30. Juli […] Friedrich Wolf da. Unerquickliche Unterredung über seinen neuen literarischen Plan. Abends bei Eva. […]

31. Juli […] Werfel da. Mit ihm über »Exil« gesprochen.

1. Aug. […] Abends im Ort bei der fête de pays. Viele Leute. Ganz nett.

3. Aug. […] Nachmittags Leute da: Werfels, Hartung, Luchaires, Eva. Die nette Anna Mahler. Ganz nett.

5. Aug. […] Abends bei Werfels. Ganz nett. Sie führt Traviata auf. Ich wollte mit Anna flirten, kam aber nicht dazu.

10. Aug. […] Das Gutachten des deutschen Anwalts über die Libel-Klage trifft ein. Unangenehm. […]

18. Aug. […] Nachmittags und abends unter mancherlei kleinen Schwierigkeiten mit Anna Mahler zusammen. Mittel. Man scheint sich infolge Geklatsches der Meier-Graefe ein bißchen über mich lustig zu machen.

19. Aug. […] Werfel da. Mit ihm ausführlich über seinen Roman »Der veruntreute Himmel« gesprochen.

21. Aug. […] Wolfenstein da und seine Freundin.

22. Aug. […] Kriegsgefahr.

24. Aug. […] Steigende Kriegsgefahr. Abends Gesellschaft bei Eva, kostümiert. Nicht viele Leute. Ganz nett. Kleiner Ärger über Eva, die Hyan bei sich hat. Unvermutet Margot Parsons mit Mann da.

25. Aug. […] Kriegsgefahr. Meine Stellung durch Schwenkung der stalinschen Politik recht erschwert.

26. Aug. […] Kriegsgefahr ganz dringlich. […]

27. Aug. »Exil«. Schlecht gearbeitet infolge Kriegsgefahr. Lola nervös und schwer zu haben. […]

29. Aug. […] Kriegsstimmung. Viele kleine Veränderungen. Marta sehr nervös. […]

30. Aug. […] Kriegsstimmung etwas weniger. Tückische Angriffe auf mich in den Pariser Tageszeitungen. Abends mit Margot und ihren Engländern in Bandol. Ganz nett. Auch Eva da. Ziemlich teuer.

31. Aug. […] Ziemlich trübe Stimmung infolge Krieg. […]

1. Sept. *Generalmobilisierung.* »Exil«. Verhältnismäßig ruhig. Abends bei Eva.

2. Sept. […] Brian Howard da. Mit Werfel zusammen. Unfruchtbares Geschwätz über Marxismus. Äußerst unbehagliche Kriegsstimmung.

3. Sept. *Kriegserklärung.* […] Alle halten sich relativ ruhig.

4. Sept. Wolkenbruchartiger Regen. Viele dumme Gerüchte. »Exil«. Abends Krach mit Leuten, die kommen, um die Verdunklung zu inspizieren.

5. Sept. […] Polizei, um die Papiere zu inspizieren. Viele kleine lästige Beschränkungen. Nachmittags bei Eva.

6. Sept. […] Lästige Beschränkungen. Krieg rollt noch nicht recht an. Zweifel, ob ich nach Amerika soll.

7. Sept. Stefan Zweig »Maria Stuart« gelesen. Interessant nur die Tatsache, daß »Macbeth« und »Hamlet« durch die historische Maria beeinflußt sind, daß also Shak. gewissermaßen mein Prinzip beobachtet hat. […] Nichts Neues im Osten. Eva da und sucht mich mit Hilfe Martas zu überreden, nach Amerika zu fahren. […]

8. Sept. […] Eva getroffen, die sehr müde und abgerackert ist, weil sie den Tag zuvor einen befreundeten Franzosen (ob sie etwas mit ihm hat) und am gleichen Tag einen deutschen Emigranten nach Toulon gefahren hat. Kleiner Ärger über sie. […] Abends Schreck, weil Lola und Werfel auf die Polizei zitiert werden.

9. Sept. […] Shakespeare »Sturm« gelesen. Kleine Behinderungen durch Krieg. Abends Radio. Göring-Rede.

12. Sept. […] Kriegsbehinderungen. »Sturm« zu Ende gelesen. Werfel, der kommen wollte, kann nicht kommen, weil er von Soldaten verhindert wird.

13. Sept. *Einige erste Kriegserfahrungen*: Eklig das Abrücken von der geächteten politischen Partei, mit der man zuerst paktiert hat. Erklärungen der deutschen Journalisten und der italienischen, stark denunziatorisch. Persönliche Erfahrungen dieser Art. Große Feigheit und persönliches ängstliches Verhalten der Werfels, der Meier-Graefe. Allgemeine Schreckhaftigkeit. Wilde Gerüchte von Verhaftungen, Erschießungen, jede Mücke wird ein Elefant. Allgemein unpraktische, weil lügenhafte Propaganda. Nur süße Propaganda, keine bittere. Schlechte Behandlung der Emigranten, die Asylrecht genießen. Die meisten Intellektuellen, die in der Heimat reklamiert würden, müssen jetzt an die Front unter ungünstigen Bedingungen. Zunächst werden sie verhaftet, auch wenn ihre Qualität unzweifelhaft feststeht. [...]

15. Sept. Vormittags gefaulenzt. Am Nachmittag Eva da. Teilt mit, daß höchstwahrscheinlich ich auch ins Konzentrationslager müsse, da alle Deutschen bis 65 Jahre hineinkommen. Große Aufregung ringsherum.

16. Sept. Furchtbar schlecht geschlafen. Auf Polizei gerufen. Zusammen mit den anderen Deutschen, die noch hier sind. Ich muß morgen ins Konzentrationslager. Inschrift in dem Polizeilokal: Bienvenue tous. Eva da, Sybille, alle sehr nett.

La Rode, 17. Sept. In aller Frühe hergefahren. Eine große Garage völlig leer. Maßlos schmutzig. Die Leute, die ich hier zu finden erwarte, sind schon fort. Wir sind zu 6en. Darunter Herzog und Ulmer.

La Rode, 18. Sept. Erweist sich als ungeheures Pech. Ganz schlechte Nacht gehabt. In der Frühe gibt der Arzt den Rat, sich an den General zu wenden. Ich darf Eva und Lola nicht sehen. Schauerliche Situation. Es scheint lange zu dauern, vielleicht ein Dauerzustand zu werden.

La Rode, 19. Sept. Mit Hilfe von Schlafmittel gut geschlafen. Keine Hoffnung, daß die Geschichte hier so bald endet. Man darf keine Besuche erhalten.

La Rode, 20. Sept. Mittlere Nacht gehabt. Das Unangenehmste, daß man immer erst Erlaubnis erbitten muß, um zu scheißen. Sonst leidlich. Beschränkungen: Man liegt auf Stroh, kein Licht des Nachts, zwischen 1 und 3 Uhr darf man nicht scheißen, menschliche Nöte: man darf pissen. Der korsische Feldwebel: Allez hop. Beschränkungen mit der Post. Die Unmöglichkeit, zu wissen, wie es in Sanary geht. Der Abschluß von der Außenwelt. Nachmittags Nachricht von Marta, Eva, Lola.

La Rode, 21. Sept. Schlechte Nacht gehabt. Bei Tag wird es immer etwas besser. Das Schlimmste ist der Lokus. Sehr schlechte Verdauung. Ich wage aber kein Abführmittel wegen des Lokus. Die anderen spielen Karten. Keiner liest, keiner arbeitet. Die anderen: ein gewisser Tukental, sanft, Bilderhändler, gutmütig. Ein beschränkter Kaninchen- und Hühnerzüchter, Kran, kein Kleinbürger, ein Vetter von Alfred Mind, etwas anspruchsvoll. Ein junger etwas beschränkter frecher Judenjunge, epileptisch, der heute fortkommt.

La Rode, 22. Sept. Vormittags um ½ 12 transportiert mit den anderen. Angst wegen der Gepäckbeförderung und des Packens. Es geht dann ganz leicht. Durch die Stadt transportiert unter scharfer Bewachung. Fahrt von Toulon nach Marseille. Endloses Gewarte. Schauerlich. Dann bleibt der Zug im Dunkeln in Marseille stehen, man darf den engen stinkenden Waggon nicht verlassen. Scheußlich. Die anderen sehr hilfsbereit infolge meines Namens. Endlose scheußliche Nacht.

Les Milles bei Aix, 23. Sept. Man wartet endlos, wird dann transportiert. Schauerlich. Einlieferung ins Lager. Schrecklich. Militärischer Drill. Grauenvoll staubig und schmutzig. Die Insassen alle besonders hilfsbereit zu mir. Kleine politische Diskussion. Alle zu meinen Füßen. Ich werde sehr verehrt. Etwas komisch Herzog.

Les Milles, 24. Sept. Trotz allem ein paar Stunden in grauenvoller Umgebung gut geschlafen. Ausgeruht sieht sich alles etwas besser an. [...] Viele Episoden, tragikomisch die meisten. Diejenigen, die aus Italien geflohen sind, die vom Schiff Virgilio, die aus Dachau. »Das Verächtliche«. Die jungen Kommunisten. Viel rumgestanden. Sehr müde geworden. Kurze Episode mit dem Hüte-Hauptmann auf der Latrine.

Les Milles, 25. Sept. Immer strahlendes Wetter. Mittel geschlafen. Langsam akklimatisiert man sich. Rudolf Wassermann. Die private Eheerzählung von dem Prager Arzt. Der Schlafwagenschaffner. Die Leute von der Virgilio. Besondere Pechvögel. Der Tempel. Die Antisemiten, die zur Zerstörung des Tempels aufgerufen wurden. Am Nachmittag wird erst der alte Mittels freigelassen, dann Wilhelm Herzog, der sehr großspurig, betriebsam und überhaupt unleidlich ist. Ziemliche Depression, daß ich noch immer hier sitze. Der Appell. Die Eile, zurechtzukommen. Die Frage, wann man auf den Lokus, vor oder nach dem Appell. Abends sehr starke Depression. Schlafmittel.

Les Milles, 26. Sept. Es findet sich ein tüchtiger Herrschaftsdiener, der mir sehr hilft. Diarrhö-Epidemie im Lager. Anzeichen, daß ein Leutnant, auf den es ankommt, etwas besserer Laune ist. Gespräche mit jungen Kommunisten. Alle besonders beflissen und dienstbereit. Nachmittags Gespräch mit dem Kapitän. Er erklärt, daß ich vielleicht schon morgen, spätestens übermorgen frei werde. Wenn ich es nicht schon bin, dann wegen der carte d'identité, auf der steht »allemand«, und es übersteige seine Befugnis, einen davon freizulassen. Abends sitzt man zu meinen Füßen, und ich erzähle.

Sanary/Les Milles, 27. Sept. Herrliches Wetter. Gut gefrühstückt mit dem Ortsgendarm. Absprache mit dem Verkäufer von Paris soir, damit er die Latten nicht wegnehme. Nachmittags dann, wie ich gerade modelliert werden soll, wird freigelassen. Etwas ungeschickte Packerei und Heimfahrt mit Auto. Marta sehr gerührt, wie ich ankomme. Auch Lola. Eva kommt sogleich; trotzdem kleine Enttäuschung.

Sanary, 28. Sept. Ein bißchen erregt aufgewacht. Post durchgesehen. Nachmittags auf der mairie, bei Werfels, bei Lola. Abends Eva noch kurz da. Ein bißchen enttäuscht. Sie hat voll zu tun mit ihrer Reise nach Amerika.

29. Sept. Lola da. Ein bißchen gearbeitet. Wieder einmal Polizei da. Nachmittags der Maler Räderscheidt und seine Frau. Auch die kleine Brigitte. Abends unter Regen und Unbehaglichkeiten wegen der Polizei zu Eva gegangen. Dort lange auf sie gewartet. Sie hatte in Marseille zu tun und hielt es für ein großes Opfer, daß sie überhaupt zurückkam. Mit ihr gut gegessen. […] Bei ihr geschlafen.

30. Sept. [...] Wieder Polizei da bzw. Militärkontrolle. Netter hilfsbereiter Brief von Jules Romains. Eva und Sybille da.

1. Okt. [...] Einen Brief an den Präfekten aufgesetzt, den Sybille übersetzen soll. Nachmittags, während Sybille da ist, kommt wieder Polizei. Netter Brief von meinem Übersetzer Rémon, der mitteilt, daß Giraudoux sich für mich eingesetzt habe. Abends bei Eva. Etwas wie eine Auseinandersetzung. [...] Abschiedsstimmung.

2. Okt. [...] Am späten Nachmittag kommt Eva und teilt mit, daß die Sache mit ihrem Ausreisevisum nicht geklappt hat. Sie meint deshalb, weil sie mit mir zusammen sein wollte, was zum Teil richtig ist. Sie ist im übrigen sehr nett. Einige etwas laue Empfehlungsschreiben.

3. Okt. Ziemlich gut geschlafen. Kleinzeug erledigt. Das Wichtigste noch nicht. Ein bißchen am Roman gefeilt. Gegen Abend Eva da. Allgemeine Betrachtungen über die ungeheure Stupidität der Bürokratie, insbesondere der Militärbürokratie. Die ganze Bevölkerung sinnlos behindert. Die schematische Verdunklung. Die Behinderung der Bewegungsfreiheit, die paperasserie. Die sich widersprechenden Anordnungen. Die mangelnde Informiertheit der Beamten. Aus einem Krieg gegen Hitler wird ein Krieg gegen den Sozialismus. Die Juden, die eigene Bevölkerung. Ärger über Sybille, die die versprochene Übersetzung immer noch nicht bringt. – Die Unmöglichkeit auszureisen, da man von einer Stelle an die andere verwiesen wird und nirgends vorkommt, sondern immer wieder weggeschickt wird. Die vollkommene Desorganisation. Die angenommenen Willen im Gegensatz zu der sinnlosen Maschinerie und Bürokratie.

4. Okt. Endlos lange an einem französischen Brief an den Präfekten gearbeitet. Geld aus England kommt, erfreulicherweise, da sich so zeigt, daß mein dortiges Konto nicht gesperrt ist. [...]

5. Okt. Geld von Huebsch aus Amerika. Brief an Jules Romains, an den Prokurator um Freigabe meiner französischen Konten. V. Fink »Legion 14« gelesen. Ärger über Bruno Frank, der, um Geld angegangen, versagt hat. Abends bei Eva. Sie fährt nun doch schon Montag mit einem amerikanischen Schiff. […]

6. Okt. Ziemlich müde. Am »Wartesaal«. Alberne Hitlerrede. […]

7. Okt. […] *Abends mit Eva. Letzter Abend, da sie übermorgen fährt.* Sybille und ihre Freundin stören beim Essen. Berichten über Schwierigkeiten, nach Amerika zu kommen. Dann geschwätzt, gevögelt. Sehr nett.

8. Okt. […] *»Wartesaal« allerletzte kleine Korrekturen fertig.* Im Meer gebadet. Eva noch mal kurz da. Brief vom PEN-Club, der Innenminister habe meine Freilassung verfügt. Luchaire-Tochter da, der kleine Crémieux. Bei Räderscheidt, mich fotografieren lassen.

9. Okt. […] Nachmittags die Amerikanerin Esther Pryor da. Mittel.

13. Okt. […] Ein Polizeimann da, sagt mir, daß man mich wegen »Kommunismus« verfolgen werde. Beim Friedensrichter wegen der Vermögensbeschlagnahme. Viele Leute getroffen. […]

14. Okt. […] Allgemeine Kriegserfahrungen: Die allgemeine Spionitis. Die Kinder stehen um den Wagen und spähen nach der Nummer des Inhabers. Die Bevölkerung ist aufgefordert, jeden anzuzeigen, der deutsch spricht. Die absolute Stupidität der Bevölkerung und der Polizeimethoden. Kindische Karikatur auf Sherlock Holmes. Ein Artikel von Noth im Pariser Tageblatt bzw. in den Nouvelles Littéraires. Was er schreibt, ist nicht unrecht, aber er läßt das Negative alles weg. Außerdem hat er nicht erkannt, daß zum Beispiel der Invalide Fleischmann ein Mittelding zwischen einem Narren und einem Schwindler ist. Die absolut falsche Taktik, ein Volk wie die Franzosen, das so individuell und stolz auf seinen Individualismus ist, derart in seiner Freiheit zu beschränken und zu konformieren. Fehler der Innenpolitik: Das Verbot der Kommunisten und die ungeheuer vielen Beschränkungen durch Militärbürokratie, die in keinem Verhältnis zum Nutzen stehen. Fehler der Außenpolitik: Sich auf das faschistische Italien stützen statt auf das bolschewistische Rußland.

15. Okt. Fader Tag. »Gone with the wind« gelesen. Nachmittags Mitteilung, daß wahrscheinlich auch mein englisches Konto beschlagnahmt worden. [...]

16. Okt. Im Meer gebadet. Ein bißchen meine Pläne gesichtet. [...]

18. Okt. *Ich gehe langsam und etwas unwillig an den 3. Josephus.* Keine Post, schon seit 3 Tagen. Nachmittags Liona da, macht sich ein bißchen wichtig mit guter Respektabilität. [...]

19. Okt. [...] Die Bibliothek ein bißchen gerichtet. Marta verbrennt alte Zeitschriften, was Unannehmlichkeiten wegen zu heller Beleuchtung zur Folge hat. [...]

23. Okt. [...] Ein Brief von Eva, von Lilo. Besonders gemeiner Angriff von Schwarzschild.

25. Okt. *Den 3. Josephus zu diktieren begonnen.* Schwach. [...]

27. Okt. [...] Bei Herzog, der es peinlich vermeidet, über Politik oder über die Sache Schwarzschild zu sprechen.

30. Okt. [...] Telegramm von Eva, sie habe Schiffsplatz für mich nach Amerika belegt. [...]

31. Okt. Miserabel geschlafen. Etwas am Josephus. Ärger über bürokratische Schikane und überflüssige Arbeit. Auch weitere militärpolizeiliche Schikanen.

1. Nov. [...] Heyse gelesen, Maupassant, Daudet.

5. Nov. [...] Mittagessen mit Esther und Freundin von ihr. Ich erfahre, daß es für mich unmöglich ist, amerikanische Schiffe zu benutzen.

6. Nov. [...] Hawthorne »Der scharlachfarbene Buchstabe« fertiggelesen.

7. Nov. Am »Josephus«. Dann ein wirres Telegramm, nach dem das Schiff am 30. November doch zu gehen scheint. Nachmittags auf der mairie, um deswegen Formalitäten zu erfüllen. […]

8. Nov. […] Geld von Eva Boy. […]

9. Nov. Am »Josephus«. *Im Meer gebadet.* Der Maler Kisling da. […]

10. Nov. […] Nachricht, mein französisches Konto sei wieder freigegeben. Brief von Eva über Einreise in Amerika. Mehr über Sybille als über mich. Ärger. […]

12. Nov. […] »Pitt und Fox« gelesen. Ein bißchen Lawrence. […]

13. Nov. […] Wieder Polizei da, der famose Wehrli, mich wegen des »Kommunismus« zu befragen. Ich nicht besonders geschickt. Gestört durch Martas Anwesenheit.

14. Nov. Schlecht geschlafen wegen der neuen Sorgen wegen des Verhörs. Telegramm von Schiffahrtsgesellschaften. Ausreise beantragt. Bürokratische Geschichten wegen der Ausreise nach Amerika. Bei Lola. Ganz nett.

18. Nov. […] Die Erlaubnis erhalten, etwas herumzufahren.

19. Nov. […] Frau Bondy da. Wilde Auseinandersetzung mit Herzog. Döblin »Bürger und Soldaten« gelesen.

20. Nov. Grimm über Umwandlung des Landes in Polizeistaat. […]

21. Nov. […] Diderot »La religieuse« gelesen.

23. Nov. […] Ärger mit der Reise nach Amerika.

24. Nov. […] Reise nach Amerika provisorisch abgesagt

25. Nov. Hebbel: Alles Handeln ist der Idee gegenüber auch ein Handeln im kaufmännischen Sinn. [...] Im Rundfunk Rigoletto.

29. Nov. [...] Kurzgeschichten von John Steinbeck gelesen. Werfel »Barbara«. Im Radio höre ich, daß die amerikanischen Schiffe nicht mehr von Marseille aus gehen. Damit fällt mein Plan, nach Amerika zu übersiedeln, endgültig ins Wasser. Innerlich auf Eva Verzicht, ohne indes alle Hoffnung aufzugeben.

2. Dez. [...] In aller Frühe der verrückte Chauffeur Nikola da. Fordert mich unter Freundschafts- und Liebesbezeigungen auf, mit ihm nach Italien zu fahren.

5. Dez. [...] Marga im Konzentrationslager. Das Manuskript von »Exil« endlich in Holland angelangt. [...]

14. Dez. [...] Gelesen Dostojewski »Totenhaus«.

15. Dez. [...] Nachricht, daß mein englisches Geld freigegeben. Die letzten Tage her immer scheußliches Wetter.

16. Dez. [...] Bei Werfels. Stürmische Hymnen auf »Jüdischen Krieg« und »Söhne«. [...]

19. Dez. Exit-Visum für Amerika gekriegt. [...]

20. Dez. [...] Eindrucksvolle Fotos aus dem Lager bekommen.

22. Dez. [...] Französisches »Antiquitäten-Lexikon« kommt. Freude. Ärger über voraussichtliche Schwierigkeiten mit meinem Konto in Schweden.

24. Dez. Ausgezeichnet geschlafen. Schlechtes Wetter. »Josephus«. Kleine Verstimmung mit Lola.

25. Dez. Geld aus England kommt. Sehr erregter empörter Brief von Eva, weil ich nicht kommen will. [...]

26. Dez. »Josephus«. Evas Brief erwidert. [...]

30. Dez. [...] Gelesen Rousseau Confessions.

31. Dez. [...] Marta in Panik infolge überraschender Ankunft des Kantorowicz. Krach mit ihr wegen Lola über die Mitternacht.

Kein sehr gutes Jahr. Gesundheit relativ gut. Alter zeigt sich im Nachlassen der Potenz, aber die Prostatageschichten beseitigt. Arbeit gut vorangegangen, Arbeitsfähigkeit sehr gut. Aber Martas Eigenwilligkeiten und die Schwierigkeiten mit ihr mehren sich. Wirtschaftlich seh ich nicht sehr gut aus. Der Krieg gefährdet das Erscheinen meiner Bücher und stellt mich auch sonst vor eine Reihe peinlicher Probleme. Auch besteht die Möglichkeit, daß meine Beziehungen zu Eva darüber in die Brüche gehen.

1940
Sanary

1. Jan. [...] Glückwunschtelegramm von Jules Romains, Bescheid, daß das verlangte Benzin fürs Auto genehmigt ist. [...] Abends Kantorowicz und Frau da. Ganz nett.

5. Jan. Mit Marta in Marseille. Wetter angenehm. Auch sonst ganz angenehm. Auskünfte eher erfreulich. [...]

8. Jan. Korrekturen von »Wartesaal«. [...]

10. Jan. »Josephus«. [...]

12. Jan. [...] Wirklicher Individualismus ist nur möglich in einer gut geordneten stabilisierten Welt. Ob das Regime despotisch ist oder demokratisch, ist gleichgültig: Wenn es nicht stabilisiert ist, wird es immer Gewalt anwenden müssen. Um aber Ordnung zu schaffen, muß es Gewalt anwenden. Mark Aurel wäre nicht möglich ohne Nero. Tristan Tzara da. Ziemlich langweilig.

14. Jan. [...] Lilo und ihr Mann da. Er erzählt: Die Soldaten seien durch das lange Warten so nervös, daß man sie ohne weiteres hinschicken könne, wohin man wolle, auch gegen Amerika oder Rußland. – Immer die Confessions gelesen. Rousseau erzählt Vages, Unklares und Unvernünftiges ungeheuer klar und vernünftig. Plan eines Romans »Rousseau« statt »Beaumarchais«.

16. Jan. Lola bringt die Mitteilung, daß mir wieder neue bürokratische und polizeiliche Schwierigkeiten drohen, vielleicht sogar erneut Konzentrationslager. »Josephus«. Nachmittags auf der mairie. Unangenehme Schwierigkeiten. Nachts nicht schlafen können. [...]

18. Jan. […] Viele kleine Unannehmlichkeiten. Die Heizung und die Wasserleitung funktionieren nicht recht infolge Kälte. Es scheint eine Art Arbeitszwang für Fremde eingeführt zu werden. Vielleicht bürokratische Schikane.

20. Jan. Immer hundekalt mit kleinen Unannehmlichkeiten. […] Abends großer Schreck. Überschwemmung infolge geplatzter Rohre durch Kälte. Marta ungeheuer betriebsam, aber etwas hysterisch. Es wird spätnachts mit traurigen Arbeiten.

21. Jan. Martas Geburtstag. Sie quält sich den ganzen Tag mit der vereisten Wasserleitung und Heizung ab und macht sich ungeheure Sorgen. […]

24. Jan. Marta etwas krank infolge der unsinnigen Abrackerei mit der Wasserkalamität. »Josephus«. Abends der Maler Räderscheidt.

26. Jan. Mit Lilo in Draguignan auf der préfecture. Ganz nette Fahrt. Auch die Auskünfte und Ereignisse eher befriedigend. Viel Post. Von beiden Even, von Ludschi. Nichts recht. Evas Brief maßlos egoistisch und ohne Einfühlung.

30. Jan. […] In Toulon wegen Bürokratie. Alles ganz glatt und einfach. Ich depeschiere Eva, ich führe am 21. März.

3. Febr. Auf mein Telegramm vom 30. Januar noch keine Antwort von Eva. Ist sie von New York weggefahren? […]

9. Febr. […] Kleiner Krach mit Lola. Marta fährt weg Skifahren. Lilo da. Starker Krach mit Lola.

12. Febr. Mit Lilo nach Marseille gefahren. Beim amerikanischen Konsul. Alles geht glatt und erfreulich. Die Fahrt ganz nett. Über Cassis zurück.

13. Febr. Herrliches Wetter, aber kalt. Angenehme kleine Post. »Exil« erscheint im April in New York. Telegramm von Marta. Nachmittags bei Werfel. Etwas politisiert. […]

15. Febr. […] Wehrli stellt sich ein und teilt mit, daß mein Ausreisevisum nach Amerika wieder zurückgenommen wurde. […] Emil Ludwig »Roosevelt« gelesen.

16. Febr. Sehr schlecht geschlafen. Die Rücknahme des Visums stellt sich bedrohlich dar. Die Heizdinge scheinen aber wieder zu klappen. Läppische Briefe geschrieben wegen der Visumsverweigerung. Mich den ganzen Tag nicht sehr gut gefühlt. Wetter herrlich, aber sehr kalt. Netter Brief von Eva. Gelddinge in Schweden klappen. Mit Lilo zu Abend gegessen, etwas feierlich. Ganz nett.

18. Febr. […] Herrliches Wetter, aber starker Sturm. Die elektrischen Träger fallen um. Schwierigkeiten.

21. Febr. […] Immer »Une vie« von Maupassant gelesen.

Nice, 24. Febr. Programmäßig fortgekommen. Huebsch fährt mit Lilo. In Nice ziemlich schlechtes Hotel. […]

Nice, 25. Febr. […] Heinrich Mann aufgesucht. Er ist sehr rührend und ehrlich. Hat sich auch sehr für mich bemüht. Mit Lilo bei ihm zu Mittag gegessen. Dann Trebitsch aufgesucht. Dummer alter Mann. Ich etwas töricht. Dann mit Manns zu Abend gegessen. Alle etwas müde. Aber sehr geglückt im ganzen. Auch Lilo sehr angenehm.

Sanary, 26. Febr. Etwas geschwankt, ob man nicht in Monte Carlo spielen soll. Dann doch lieber zurückgefahren. Hübsche Fahrt. Sehr angenehm in Cannes gegessen. […] Keine rechte Nachricht von Marta.

27. Febr. […] Brief von Marta, sie kommt erst Anfang März. […]

29. Febr. […] Auf der mairie vergebens einen Beamten für irgendwelche bürokratische Dinge erwartet. Immer Magenschmerzen.

4. März […] Lilo in Marseille, um meine Schiffahrtsdinge zu regeln. Mittlerer Erfolg.

5. März […] Bericht von Landshoff, daß die deutsche Ausgabe von »Exil« nun doch nur einbändig, aber billiger erfolgen soll. Bericht aus England, daß das Buch am 21. März erscheint. Marta kommt übermorgen zurück. […]

10. März Landshoff teilt mit, Frank habe ein heftiges Telegramm an Schwarzschild gerichtet. Huebsch kabelt, er will sich für mich einsetzen. […]

13. März […] Friede Finnland/Rußland. Brief von Zweig, Die IL erscheine weiter. Lilo. Abends Telegramm vom PEN-Club, er habe wegen meiner Amerika-Reise Schritte unternommen.

17. März Beängstigung, da Lilo, die gestern die Kantorowiczs besuchte, nicht zurückgekommen ist. »Josephus«. Am frühen Morgen kommt sie dann zurück. […]

21. März […] Die Schiffahrtsgesellschaft stellt mir ein Ultimatum, ob ich nun am 4. fahre. Ich sage nein. […]

23. März […] Hitler: »Ich mag Goethe nicht. Aber ich seh ihm vieles nach, weil er geschrieben hat: Im Anfang war die Tat.« […]

24. März Brief von Huebsch. Er habe bewirkt, daß der französische Botschafter sich für mich einsetze. Sein entsprechendes Telegramm ist nicht angekommen. Brief von Brecht. […] Marta den letzten Teil des »Josephus« vorgelesen. Erkannt, daß es so nicht geht.

3. April »Josephus«. Englische Ausgabe von »Paris Gazette«. Ziemlich blöd ausgestattet und die Widmung an Marta weggelassen, aber ich freue mich doch, daß sie da ist. Telegramm aus Paris, daß die Widerstände gegen meine Abreise so gut wie beseitigt sind.

5. April […] Telegramm von Eva aus Kalifornien. Lilo und Mann da. Ich verspreche ihr etwas Geld.

6. April Brief von Ludschi aus England. […]

7. April Kritiken aus England über »Exil«. Eher gut als schlecht. [...]

8. April [...] »César Birotteau«.

9. April [...] Lilo und ihr Mann verabschieden sich, um nach Paris zurückzufahren. Skandinavien von den Nazis besetzt.

10. April [...] Etwas Betretenheit wegen der Besetzung der skandinavischen Länder.

11. April Norwegen stellt sich als großer Sieg Englands heraus. [...]

14. April Englische Kritiken über »Exil« erhalten. Mittel, eher gut. Das Buch dürfte in den skandinavischen Ereignissen untergehen. Amerikanische Ausgabe von »Exil«. Ganz gut. [...]

15. April [...] Balzac: In Frankreich ist das Provisorische gewöhnlich das Effektive. Balzac Empfehlungsphrase: Ein Dienst, den Sie dem Hund erweisen, erweisen Sie mir. Aber ein kleines Zeichen in der Unterschrift zeigt dem Empfänger, daß es nicht ernst gemeint ist.

27. April Alfred Braun, der Rundfunksprecher, ist zu den Nazis übergegangen und macht einen antisemitischen Film »Jud Süß«. [...]

28. April »Exil« deutsche Ausgabe erhalten. [...]

30. April *»Josephus« erste Hälfte Überfeilung fertig.* [...] Gelesen: Elisabeth von England hatte das größte Glück, das einem Menschen zuteil werden kann: sie verteidigt in ihrer eigenen Sache die Sache aller. Bei mir ist es umgekehrt. Meine politischen Interessen und meine persönlichen widersprechen sich.

7. Mai Schlecht geschlafen. Amerikanische Kritiken über »Exil«. Ausgezeichnet. Herrliches Wetter.

10. Mai […] Deutschland fällt in Holland und Belgien ein.

12. Mai […] Quälende Kriegsnachrichten im Rundfunk.

13. Mai […] Abends im Rundfunk, alle Deutschen, auch die Frauen, müßten wieder ins Konzentrationslager. Marta gevögelt. Kaum geschlafen.

14. Mai Vorbereitungen für die Internierung. Furchtbar erschöpft und ausgeworfen.

15. Mai Ausgezeichnet geschlafen. Vorbereitung für die Internierung.

16. Mai Noch nichts geklärt. Aber Stimmung etwas zuversichtlicher. Allgemeine Situation überaus trübe. Brief an Eva.

17. Mai Herrliches Wetter. Nettes Telegramm von Lilo, die sich meiner Dinge praktisch annimmt. Karte von Bouboule, der sich im Papstpalast von Avignon nur für das Zimmer des valet interessiert und für das Echo. »Josephus«. Schlechte Nachrichten im Radio.

18. Mai Ziemlich schlechte Nacht. Ein wenig an »Josephus« ohne Stimmung. Sehr üble Nachrichten im Radio über die Kriegslage.

19. Mai Schlecht geschlafen. Sorge über meine Situation. »Josephus«. Herrliches Wetter. Das ganze Land bis in jede Einzelheit steht unter der Sorge um den Ausgang der Schlacht in Nordfrankreich und um das eigene Schicksal.

20. Mai In aller Frühe bei herrlichem Wetter die Nachricht erhalten, daß ich wieder nach Les Milles muß. Vorbereitungen. Man muß noch einen sauf-conduit haben, der besoffene Gendarm. Räderscheidt. Noch ein sehr netter Brief von Eva. An Eva geschrieben.

Schlussbemerkung

Lion Feuchtwangers Leben, zu dem uns seine Tagebücher einen erstaunlich direkten Zugang gewähren, bietet ein einzigartiges Spiegelbild der ersten Hälfte des 20. Jahrhunderts mit ihren Aufbrüchen, Fortschritten und Katastrophen. Als einer der wenigen der aus der Heimat vertriebenen Autoren konnte er auch im Exil schriftstellerisch reüssieren und sich sowohl in Sanary als auch in Los Angeles eine Existenz mit gesellschaftlicher Teilhabe und aktiven Einflussmöglichkeiten aufbauen. Sein Roman »Die Brüder Lautensack« wurde 1942 von der Zeitschrift »Collier's« in acht Fortsetzungen veröffentlicht, was ihm ein so beachtliches Honorar bescherte, dass er die Anzahlung für das herrschaftliche Haus in Pacific Palisades, einem Stadtteil von Los Angeles, leisten konnte, noch bevor die englischsprachige Buchausgabe überhaupt auf den Markt kam. Die heutige Villa Aurora wurde während der vierziger und fünfziger Jahre zu einem Treffpunkt prominenter europäischer wie amerikanischer Intellektueller, darunter Bertolt Brecht, Thomas und Heinrich Mann, Hanns Eisler, Bruno Frank, Charlie Chaplin, Arnold Schönberg, Albert Einstein und Aldous Huxley.

Aus Feuchtwangers Kalifornien-Zeit sind leider keine Tagebücher erhalten. Die kommenden 17 Jahre waren vor allem durch eine enorme Schaffenskraft geprägt: In Kalifornien schrieb er neun Romane, zwei Theaterstücke und einige Kurzgeschichten. Endlich verfügte er über die Möglichkeiten, sich die Bibliothek aufzubauen, von der er immer geträumt hatte. Die aus Sanary verschifften Bücherkisten stellten den Grundstein für seine neue Bibliothek dar. Er machte sich in Los Angeles auf die Suche und bestellte seltene Exemplare im Ausland. Als er am 21. Dezember 1958 an den Folgen einer Magenkrebserkrankung starb, umfasste seine Bibliothek mehr als 30000 Bände.

Vom Tag seiner Ankunft an stand Feuchtwanger aufgrund seiner Sympathien für den Kommunismus und der Kontakte zur Sowjetunion unter der Beobachtung des FBI. Seine Bemühungen, US-Bürger zu werden, blieben vergeblich. Nach dem Ende des Zweiten Weltkrieges erwog er die Möglichkeit, nach Europa zu reisen, um die Menschen wiederzusehen, die ihm auf seinem Lebensweg beigestanden hatten, allen voran Bertolt Brecht, der 1948 nach Berlin zurückgekehrt war. Als Staatenloser ohne Pass aber entschied er sich dagegen. Er wollte auf keinen Fall das Risiko eingehen, dass ihm die Rückkehr in die USA verwehrt werden und er ein weiteres Mal ein »mit so viel Mühe eingerichtetes Gehäuse« verlieren könnte. Diesmal wollte er endgültig angekommen sein – in seinem Haus mit der wunderbaren Bibliothek und seinem Schreibtisch, von dem aus sich der Blick auf den Pazifischen Ozean öffnete.

Anhang

Anmerkungen

Lion Feuchtwanger erscheint in den Anmerkungen als LF. Weitere Angaben zu Personen und Werken finden sich in den Registern und Verzeichnissen. Auch die bibliographischen Angaben zu LFs journalistischen Beiträgen und Rezensionen sind, sofern sie zu ermitteln waren, im Abschnitt III des Werkregisters (S. 617) aufgeführt.

Einleitung

»Berliner Tageblatt« … für einen Artikel: P. A. O.: Mein Privatleben ist viel zu uninteressant, in: Berliner Tageblatt, 6. März 1931.
Feuchtwangers Bibliothek: LFs Bibliothek wird zusammen mit seinem Nachlass in der Feuchtwanger Memorial Library der University of Southern California aufbewahrt, ein Teil befindet sich als Dauerleihgabe in der Villa Aurora.
»aber nicht geeignet zur Veröffentlichung«: Stefan Berkholz: Zettel aus der Kiste, in: Die Zeit, Nr. 26, 19. Juni 1992.

1906
Als Student in Berlin und München

»Wiewohl ich mich …«: LF: Aus meinem Leben, in: Colloquium, Eine deutsche Studentenzeitschrift, Heft 7, Juli 1964, S. 409.

1906

1. 1. *jene Streichholzverkäuferin:* Reminiszenz an »Das Mädchen mit den Schwefelhölzchen« (1845) von Hans Christian Andersen.
3. 1. *»Die Hochzeit des Mönchs«:* Novelle (1884) von Conrad Ferdinand Meyer.
4. 1. *»Gustav Adolfs Page«:* Novelle (1882) von Conrad Ferdinand Meyer.
8. 1. *Die Vorlesungen haben begonnen:* LF studierte an der Friedrich-Wilhelms-Universität zu Berlin Germanistik und Philosophie und belegte u. a. Veranstaltungen bei Erich Schmidt.

11.1. *bei Kroll:* Krolls Etablissement, die sog. Krolloper, am Königsplatz (heute Platz der Republik).

16.1. *Monna Vanna:* Schauspiel (1902) von Maurice Maeterlinck.

24.1. *finde in N. statt:* Die Schiller-Theater AG, 1894 gegründet, nutzte zunächst zwei ältere Gebäude, das frühere Wallner-Theater am Alexanderplatz (Ost) und das Woltersdorff-Theater in der Nähe des Stettiner Bahnhofs in der Chausseestraße (Nord). Das eigene Gebäude befand sich im Bau, es wurde am 1. Jan. 1907 eröffnet. Im Schillertheater (Ost) wurde am 24. Jan. 1906 das biblische Drama »Königsglaube« von Hermann Stodte (1871–1931) uraufgeführt. – *Cyprienne:* Komödie (1887) von Oscar Blumenthal.

26.1. *Altphilolog aus Bremen:* Vermutl. der Gymnasiallehrer und Literaturhistoriker Emil Brenning (1837–1915). Ihm hatte LF sein Stück offenbar in der Hoffnung geschickt, dass es im Bremer Kunstverein aufgeführt würde.

27.1. *»Phöbus«:* Literarischer Verein, den Feuchtwanger mitbegründet hatte. Der Verein veranstaltete Vorträge, Lesungen und Theateraufführungen. – *zu Kaisers Geburtstag:* Geburtstag Wilhelms II. war der 27. Jan. 1859.

10.2. *»Haeckel«-Feier mit Ball:* Feier der Berliner Zoologischen Gesellschaft für Biologie und Meereskunde am 9. Febr. 1906.

16.2. *im Neuen Theater:* Das 1892 eröffnete Gebäude am Schiffbauerdamm, heute Berliner Ensemble. – *»Salome«:* Vermutl. das Stück von Oscar Wilde.

28.2. *Schauspielhaus:* Theatergebäude in der Maximilianstraße, 1901 fertiggestellt, heute Kammerspiele.

27.3. *bei der Duncan:* Gastspiel der Tanzkünstlerin und -pädagogin Isadora Duncan im Münchner Volkstheater mit einem Walzerabend.

8.4. *Groß-Hesselohe:* Ausflugsziel im Isartal. – *im »Simplicissimus«:* Traditionsreiche Künstlerkneipe in Schwabing, Türkenstr. 57.

9.4. *Seder:* Vorabend des Pessach-Festes, der mit einem längeren Familien-Gottesdienst begangen wird. Nach einer festgelegten Ordnung (Seder: hebr. Ordnung) werden aus der Haggada (hebr. Bericht) rituelle Texte und Lieder gelesen und gesungen, die an den Auszug aus Ägypten erinnern, und rituelle Speisen gereicht, insb. Mazza und bittere Kräuter. Es ist ein fröhliches Fest, bei dem der Gedanke an die Befreiung im Mittelpunkt steht.

22.4. *»Haferltarock«:* Kartenspiel, vergleichbar mit Skat. – *im »Franziskaner«:* Traditionsreicher Bierkeller der Franziskaner-Brauerei, die ursprünglich gegenüber dem Franziskanerkloster lag.

24.4. *Ratskeller:* Traditionsreiches Kellerrestaurant am Marienplatz, eröffnet 1874.

29.4. *Auf der Parade:* Musikalischer Aufzug der Wachparade zur Hauptwache am Marienplatz, begleitet von dem freudigen Ruf: »Die Musi kommt!« Die Zeremonie wurde am 28. Juni 1906 eingestellt.

6.5. *Volkstheater:* 1903 in der Münchner Josephspitalstraße eröffnetes Theater, sein erster Leiter war Ernst Schrumpf. – *»Sherlock Holmes«:* Komödie (1906) von Ferdinand Bonn.

8.5. *Großmama:* Sarah Feuchtwanger, geb. Fürther.

9.5. *Papa:* Sigmund Feuchtwanger.

16.5. *eine absurde Kritik über die »Bathseba«:* Anonym, in: Allgemeine Zeitung, Nr. 227, 17. Mai 1906, S. 6.

30.5. *»Jontef«:* Jidd. Feiertag; im Jahr 5666 (1906) fiel auf diesen Tag Schawuot, das Wochenfest, das fünfzig Tage nach Pessach in der Synagoge mit einer festlichen Toralesung begangen wird. Viele Gläubige verbringen die Nacht in der Synagoge und studieren die Tora.

7.6. *Torggelstube:* Beliebtes Münchner Künstlerlokal, 1899 im Corpshaus Rheno-Palatia, Platzl 8, eröffnet; hier hatten LF, Frank Wedekind und Erich Mühsam ihren Stammtisch. Das Lokal ist Vorbild für die Tiroler Weinstube in LFs Roman »Erfolg«.

24.6. *Condolenz-Besuch:* David Feuchtwanger war der Bruder der am 23. Mai verstorbenen Großmutter LFs.

5.7. *V. J. St.:* Verein Jüdischer Studenten.

21.7. *beim unrituellen Essen … gesehen worden:* Es war Schabbat, Ruhetag. – *im Augustiner:* Beliebter Bierkeller, Biergarten und Restaurant mit Festsaal in der Maxvorstadt, 1842 eröffnet.

31.7. *Tischoh beaw:* 9. Tag des Monats Av, der der Trauer über die Zerstörung des Tempels in Jerusalem gewidmet ist. Der Tag wird mit Fasten und Klageliedern begangen.

23.8. κατ' εξοχην: Griech. schlechthin, par excellence.

12.9. *Residenztheater:* Theater in der Residenz, heute Cuvilliés-Theater, die Leitung hatte damals Ernst von Possart inne.

19.9. *Rosch-Haschono:* Das jüd. Neujahrsfest; die Feierlichkeiten beginnen mit dem Erew Rosch Haschana (Vorabend) und dauern zwei Tage.

24.9. *Neue Rundschau 1905:* LF bezieht sich auf einen Aufsatz von Alfred Kerr: »In einem Philosophem über ›Schwachheit, Furcht und Zweck‹ hat Ernst Reinhart tiefer sitzende Züge der Furchtmenschen gegeben. Etwa so: sie haben die Menschensucht, ›dass sie kaum ihren Nächsten erblicken, ohne seiner im Geist zu begegnen. Sie wollen wissen, wer er ist und was er treibt, sie wollen einen Eindruck irgendwelcher Art auf ihn machen‹« (Neue Rundschau, Heft 3, März 1905, S. 374–378).

29.9. *Jom-Kippur:* Versöhnungstag, der höchste jüd. Festtag, der am 10. Tischri als strenger Ruhe- und Fasttag begangen wird.

4.10. *»Jon-tef«:* Fünf Tage nach Jom Kippur beginnt Sukkot, das siebentägige Laubhüttenfest (15.–21. Tischri), von dem nur die beiden ersten Tage als volle Festtage gefeiert werden.

5.10. *»Wenn ihr's nicht fühlt«:* Zitat aus der Erdgeist-Szene in Goethes »Faust«: »Wenn ihr's nicht fühlt, ihr werdet's nicht erjagen.«

10.10. *Jontef:* Schmini Azeret (achter Tag der Versammlung), Schlussfest von Sukkot.

11.10. *Jontef:* Simchat Tora (Freude der Tora), Abschluss der Toralesung und feierliche Prozession mit der Torarolle.

13.11. *Kaiserbesuch:* Wilhelm II. legte am 13. Nov. 1906 in München den Grundstein für das Deutsche Museum.

26.11. *Lustspielhaus:* Theater in der Augustenstr. 89, 1912–1926 Spielstätte der Münchner Kammerspiele.

29.11. *S und P:* Subjekt und Prädikat; Hermann Lotze untersucht in seiner Logik die Beziehungen zwischen Subjekt und Prädikat. – *Wer zur Wollust geboren ist … wie es der Staat will:* Zitat aus Clemens Brentanos Roman »Godwi« (1801).

8.12. *Abt von St. Bernhard:* Schauspiel (1906) von Anton Ohorn.

11.12. *Chanukka:* Achttägiges jüd. Lichterfest, bei dem zur Erinnerung an die Einweihung des 2. Tempels die Kerzen des Chanukka-Leuchters angezündet werden.

13.12. *Sitzung eines Kunst-Clubs:* Nicht ermittelt.

1909–1911
Suche nach einem Weg ins literarische Establishment

1909

7.7. *Zimmer an der Gewürzmühlstraße:* LF bewohnte seit dem 1. Okt. 1908 ein Zimmer im 3. Stock im Haus des Tapezierers Ernst Gallinger und dessen Frau in der Gewürzmühlstr. 3 im Stadtbezirk Lehel. Im Erdgeschoss befand sich der St.-Anna-Hof, eine Kneipe der Spaten-Brauerei. Marta Feuchtwanger erinnerte sich an das »äußerst schäbige Dachzimmer«: »Es hatte kein fließendes Wasser, nur eine Waschkommode mit einem Krug und einer Schüssel. Unten war eine Schenke, und es roch nach Bier und Abtritt.«

10.7. *Künstlertheater:* Das nach Plänen von Max Littmann errichtete Gebäude auf dem Ausstellungsgelände auf der Theresienwiese 31, das 1908 eröffnet worden war. – *Odeon-Bar:* Gasthaus in der Briennerstr. 4 – *»Stefanie«:* Künstlerlokal Amalien-, Ecke Theresienstraße, Treffpunkt der Schwabinger Boheme.

14.7. *des Betrugs bezichtigt:* Während eines großen Festes im Löwenbräukeller, das der »Phöbus« zum Ausklang der Faschingssaison im Februar 1909 aufwendig organisiert hatte, kam es zu tumultartigen Szenen, als Arbeiter auf dem Ball auftauchten und die Bezahlung ihrer Rechnungen einforderten. Der Verein war auf einen Betrüger hereingefallen. Die Veranstalter riefen die Polizei und ließen den Saal räumen. Das finanzielle Desaster führte zur Auflösung des »Phöbus« und zu einer Reihe von Verfahren, in die auch LF als Vorstandsmitglied verwickelt war.

17.7. *in Mariahilf:* Am Mariahilfplatz gelegenes Gerichtsgebäude.

28.7. *die Rezension der »Braut«:* LF: Die Braut von Messina; Rezension von Max Reinhardts Inszenierung des Schiller-Trauerspiels für die von Siegfried Jacobsohn herausgegebene »Schaubühne«; vgl. Werkregister III. Reinhardt gastierte 1909 mit seinem Ensemble in München.

10. 8. *Postanweisungen für den »Spiegel«:* Die von LF gegründete Zeitschrift »Der Spiegel« erschien von April bis Oktober 1908 und wurde zum 1. November mit der Schaubühne »fusioniert«. LF blieben Verbindlichkeiten, die sein Vater für ihn übernahm.

16. 8. *über »Judith« schreiben:* LF: Judith; vgl. Werkregister III. Rezension von Max Reinhardts Inszenierung der Tragödie von Hebbel.

20. 8. *»Wedekind als Moralist« begonnen:* LF: Wedekind der Moralist; vgl. Werkregister III.

30. 8. *»Die Revolution in Krähwinkel«:* Posse (1848) von Johann Nestroy.

11. 9. *»Hannele«:* LF: Hanneles Himmelfahrt; vgl. Werkregister III. Rezension von Max Reinhardts Inszenierung von Gerhart Hauptmanns Stück.

12. 9. *»Bußtage«:* Der 11. Sept. 1909, der letzte Schabbat vor dem jüdischen Neujahrsfest, war Bußtag zur Vorbereitung auf das Neujahrsfest (Leil Selichot). Vor Sonnenaufgang werden in der Synagoge Gebete um Vergebung gesprochen.

24. 9. *An die »Jugend« ein paar belanglose Verse:* Im Heft Nr. 41 (1909, S. 974) erschienen »Kleinigkeiten«, aber keine Verse.

5. 10. *Den Aegyptischen Nachrichten:* Eine in Kairo erscheinende überregionale Tageszeitung.

12. 10. *Oesterheld mahnt:* Vermutlich waren LF bei der als »Fusionierung« ausgegebenen Übernahme seiner Zeitschrift »Der Spiegel« durch die »Schaubühne« Verbindlichkeiten verblieben; vgl. Anm. zum 10. Aug. 1909. – *kleine Postanweisung von Reiß:* Der Verlag von Erich Reiß hatte mit Beginn des Jahres 1909 die »Schaubühne« übernommen, für die LF regelmäßig Beiträge lieferte.

17. 10. *»Blut«:* Erzählung (1909) von Waldemar Bonsels.

23. 10. *In der Synagoge:* Schabbat.

25. 10. *Rößlers Hinterm Zaun … peinliche Arbeit:* LF: K. Rößler: Hinterm Zaun; vgl. Werkregister III.

30.–31. 10. *Von Martin erscheint ein Interview mit Gerhart Hauptmann:* Martin Feuchtwanger: Gerhart Hauptmann über die Kritik, in: Berliner Tageblatt, Nr. 551, 29. Okt. 1909, Abendausgabe, S. 3.

1. 11. *Buch zum Einkleben meiner Aufsätze:* Der großformatige Band befindet sich heute in der Feuchtwanger Memorial Library der University of Southern California (USC FML, Collection 0204, Box A29). Auf dem Deckel steht die Prägung »Lion Feuchtwanger Gesammelte Aufsätze«. Er wird hier zum Nachweis von einigen Zeitungsartikeln genutzt, ohne dass die bibliographischen Angaben in jedem Fall verifiziert werden konnten.

2. 11. *Hauptmann dementiert Martins Interview:* »Gerhart Hauptmann und sein ›Interview‹«, in: Berliner Tageblatt, Nr. 556, 1. Nov. 1909, Abendausgabe, S. 2.

10.11. *Eine Kleinigkeit erscheint:* LF: Aus München (1909); vgl. Werkregister III.

13.11. *»Fremden Frau«:* Bühnenstück (1908) von Alexandre Bisson.

15.11. *»Anregungen« zu kritisieren begonnen:* LF: Nathan der Weise in der Franziskanerkutte; vgl. Werkregister III. – *Martin hat Hauptmann verklagt:* Die »Internationale Bibliographie zum Werk Gerhart Hauptmanns« von Sigfrid Hoefert verzeichnet Zeitungsberichte vom 12. und 25. Febr. 1910. – *meine Schiller-Artikel:* LF: Schiller als Kritiker deutscher Schauspielkunst; LF: Dramaturgisches zur Braut von Messina; vgl. Werkregister III.

20.11. *»Maria Magdalena«:* Rezension der Aufführung von Hebbels Stück; vgl. Werkregister III.

24.11. *In der »Allgemeinen Rundschau« … dumme, brutale Angriffe:* Auf die rhetorische Frage »Was ist der höchste Gipfel der Selbstverleugnung?« antwortete W. Thamerus: »Wenn ein während des letzten Faschings – anläßlich des verunglückten ›Phoebus‹-Festes – von der Münchener Presse aller Richtungen verulkter ›Dichterjüngling‹ mosaischen Bekenntnisses sich herabläßt, in einem katholischen (genauer ausgedrückt: in einem für gebildete Katholiken bestimmten) Literaturblatte die Lehrkanzel zu besteigen« (Allgemeinen Rundschau, Nr. 47, 20. Nov. 1909).

10.12. Aufführung des *Neuen Vereins:* Der Neue Verein führte die Tätigkeit des Akademisch-dramatischen Vereins fort, der 1891 von Studenten der Universität München gegründete worden war und der, ähnlich wie die Freie Volksbühne in Berlin, bis zu seiner Auflösung 1903 moderne Theaterstücke in geschlossenen Vorstellungen aufführte.

11.12. *Skandal wegen Fritz:* Nicht ermittelt.

1910

4.–5.1. *Eine Kleinigkeit:* LF: Aus München (1910); vgl. Werkregister III.

19.1. *bei uns in der Galeriestr.:* Seit 1900 wohnte LFs Familie in der Galeriestraße 15 direkt am Hofgarten.

21.1. *Jacobsohn wurde in Berlin … geohrfeigt:* Das »Berliner Tageblatt« berichtete in der Abendausgabe vom 20. Jan. 1910 unter der Überschrift »Szene zwischen Schauspielerin und Kritiker«: »Im Foyer des *Deutschen Theaters* attackierte gestern abend die Schauspielerin Ida *Roland* den Theaterkritiker *Siegfried Jacobsohn*; nach Schluß der Vorstellung stürzte die Schauspielerin auf den Kritiker zu und versetzte ihm mit den Worten ›Sie wissen ja warum!‹ eine *Ohrfeige*. Der angegriffene Schriftsteller wurde von den Umstehenden beiseite gezogen.« (Nr. 35, 1. Beiblatt, S. 1). Am folgenden Tag erschien ein Dementi. Durch seinen Anwalt ließ Jacobsohn erklären, er sei nicht geohrfeigt worden, da er den Übergriff habe abwehren können (in: Berliner Tageblatt, Nr. 36, 21. Jan. 1910, Morgenausgabe, 1. Beiblatt). Der Vorfall hinge mit der Krise im Hebbel-Theater zusammen, für die laut Jacobsohn (Schaubühne, 20. Jan. 1910, S. 56) die Schauspielerin verantwortlich sei, die er als »Transleithanierin« und »Ida Erbswurst« verunglimpfte.

11. 2. *»Phöbus«-Fest:* Vgl. Anm. zum 14. Juli 1909.

12. 2. *»Die nackte Frau«:* Schauspiel (1908) von Henry Bataille.

22.–23. 3. *»Solneß«:* Theaterstück (1892) von Henrik Ibsen. – *»Daniel Hertz«:* Schauspiel (1909) von Henri Nathansen.

25. 3. *Purim:* Jüdisches Fest, bei dem die im Buch Ester erzählte Geschichte der Rettung der Juden vor dem Anschlag Hamans im Mittelpunkt steht. Es wird das Buch Ester gelesen, bei jeder Erwähnung des Namens Haman schlägt die Gemeinde Lärm. Es gibt Geschenke und ein Festmahl.

26.–27. 4. *Artikel von Queri:* Georg Queri bezog Stellung gegen LFs Angriff auf die Oberammergauer Passionsspiele (Münchner Neueste Nachrichten, Nr. 195, 27. April 1910, Morgenblatt, S. 2). Ein Auszug aus LFs Replik erschien in der Sonntagsausgabe vom 1. Mai 1910.

28. 4. *Die Terwin ... bedankt sich für meine Kritik:* Johanna Terwin hatte in Ibsens »Baumeister Solneß« die Rolle der Hilde Wangel gespielt und war von LF in seiner Rezension »Solneß in München« positiv erwähnt worden. – *In der Oberammergauer Sache:* LF hatte in einem Aufsatz in der »Schaubühne« das Oberammergauer Passionsspiel kritisiert und war deswegen in der Presse angegriffen worden.

30. 4. *Jontef:* 7. Tag des Pessach-Festes.

14. 5. *Schnitzlerpremière:* Aufgeführt wurden die Einakter »Masken«, »Literatur« und »Comtesse Mizzi«.

21. 5. *In der »Post« ein frecher Angriff gegen mich:* Nicht ermittelt.

3.–4. 6. *»Die Neuvermählten«:* Schauspiel (1865) von Bjørnstjerne Bjørnson.

9. 6. *»Gespenster«:* Schauspiel (1881) von Ibsen.

12.–14. 6. *Schownosfest:* Das jüdische Wochenfest; vgl. Anm. zum 30. Mai 1906.

20. 6. *Oberammergau ... im Neuen Weg:* LF: Oberammergau. Brief an eine Schauspielerin; vgl. Werkregister III.

8. 7. *»Erdgeist«:* Drama (1895/1898) von Frank Wedekind.

9. 7. *die mich über einer jüdischen Kleinlichkeit ertappte:* Der 9. Juli war ein Schabbat, an dem die Juden traditionell viele Verbote beachten müssen.

27. 7. *280.–:* Die korrekte Summe wäre 270,–.

3. 8. *»Lysistrata«:* Komödie (411 v. Chr.) von Aristophanes.

5.–7. 8. *»Das historische Urbild des Geßler«:* Aufsatz über Peter von Hagenbach, das historische Vorbild des Landvogts Hermann Gessler in Schillers »Wilhelm Tell«. – *»Wintermärchen«:* Eifersuchtsdrama (1609) von Shakespeare.

10. 8. *»Minna von Barnhelm«:* Komödie (1767) von Lessing.

16. 8. *mich mit einem sehr reichen, häßlichen Mädel zu vermählen:* Nicht ermittelt.

24. 8. *dies ater:* Lat. Schwarzer Tag, Pechtag.

25.8. *In der F. Z. … Kleinigkeit:* LF: Letzte Garbe und Anstandsbrocken; vgl. Werkregister III.

31.8. *Jacobsohn schickt mir Sumurun zurück:* Jacobsohn hatte selbst über die Pantomime geschrieben, in: Die Schaubühne, Nr. 18, 5. Mai 1910, S. 475ff.

29.9. *im »Ödipus« Reinhardts:* »König Ödipus« von Hugo von Hofmannsthal, inszeniert von Max Reinhardt.

8.10. *»Frau vom Meer«:* Stück (1889) von Ibsen.

12.10. *Jom Kippur:* Erev Yom Kippur wurde 1910 am 12., Yom Kippur am 13. Okt. gefeiert; vgl. Anm. zum 29. Sept. 1906. »Wir trafen uns am höchsten jüdischen Feiertag, den Lion wie ich auch fastend und im Gebet verbringen sollten. Stattdessen gingen wir ins Isartal, dann auf sein Zimmer. Dort begann unsere Ehe«, so Marta Feuchtwanger in ihren Erinnerungen »Nur eine Frau«.

24.10. *Hoschonoh rabboh:* Der 7. Tag des Laubhüttenfestes Sukkot und Abschluss der großen Feiertage. Auch die beiden folgenden Tage, Schemini Azeret und Simchat Tora, sind Feiertage.

29.10. *Hagenbach erscheint in der F. Z.:* LF: Das historische Urbild des Landvogts Geßler; vgl. Werkregister III.

31.10. *eine Pantomime:* LF verfasste den Text zu »Pierrots Herrentraum«, Adolf Hartmann-Trepka komponierte die Musik.

4.–5.11. *im Serenissimus:* Kabarett in München.

11.–14.11. *Rezitationsabend im Literaturverein:* Der 1906 gegründete Deutsche Literaturverein veranstaltete geschlossene Lesungen und öffentliche Abende zur Literatur sowie private Theateraufführungen.

21.–24.12. *Nordische Heerfahrt in der Schaubühne:* Rezension über eine Aufführung des Trauerspiels von Henrik Ibsen.

25.–28.12. *Kritik über Bahrs »Kinder«:* LF: Die Kinder; vgl. Werkregister III. – *Kritik über »Genoveva«:* LF: Kilians Genoveva; vgl. Werkregister III. Friedrich Hebbels Tragödie wurde in einer Bearbeitung von Eugen Kilian am Hoftheater aufgeführt.

1911

8.–15.1. *»Großen Wurstel«:* Burleske (1901) von Arthur Schnitzler.

16.–19.1. *Jesse und Maria:* Roman (1906) von Enrica von Handel-Mazzetti.

25.–27.1. *Glosse über den Terwin-Prozeß:* LF: Lulus Kritikaster; vgl. Werkregister III. Johanna Terwin hatte gegen den Chefredakteur des »Bayerischen Kuriers« Anzeige erstattet, weil in der Zeitung ein beleidigender Artikel über sie erschienen war; das Verfahren endete mit einem Vergleich.

11.–12.2. *Cäsar und Cleopatra:* Komödie (1901) von George Bernard Shaw.

22.–25.2. *Notizen über die Pantomime:* »Dem Rufe ›Los von der Literatur‹ scheinen immer mehr dramatische Autoren zuzustimmen. […] Denn es ist charakteristisch, wenn erste Kräfte einer der besten Schauspielbühnen Deutschlands […] daran gehen, eine Pantomime einzustudieren« (Münchner Neueste Nachrichten, Nr. 88, 22. Febr. 1911, Morgenblatt, S. 2). – *Première im Schauspielhaus:* An dem

Abend wurde »Der große Name« (1909), eine Komödie von Victor Léon, Leo Feld und Robert Stolz, gespielt.

2.–4.3. *Ein Wassermädel:* Hilfskellnerin; Verweis auf die Figur Zenzi Bichlmaier aus LFs Debütroman »Der tönerne Gott«.

5.3. *in den 4 Jahreszeiten:* Bar im Luxushotel »Vier Jahreszeiten« in der Münchner Maximilianstraße.

9.3. *Trebitsch:* Siegfried Trebitsch, Übersetzer der Werke von Shaw, darunter »Cäsar und Cleopatra«.

8.4. *Armer Max Solneß:* LF vergleicht Max Halbe mit der tragischen Figur des Baumeisters Solneß von Ibsen.

9.–10.4. *der Prophet:* LFs Schauspiel »Jeremiah«.

13.–15.4. *eine freche Kritik über den Roman:* Wie Heinrich Mann »barocke Adjektive räuspert und kurze Sätze spuckt«, das habe ihm LF »getreulich abgekuckt«, urteilte Harry Kahn (Das literarische Echo, Heft 14, 15. April 1911, Sp. 1062 f.). – *eine zustimmende von Ludwig Geiger:* In: Allgemeine Zeitung des Judentums, Nr. 13, 31. März 1911, S. 152 f.

22.4. *Artikel über das Klara-Ziegler-Museum:* LF: Das Klara Ziegler-Museum in München; vgl. Werkregister III. – *»Anatol«:* Schauspiel (1893) von Arthur Schnitzler.

24.4. *Anatol geschrieben:* LF: Anatol in München; vgl. Werkregister III. Rezension des Stückes, das LF zwei Tage zuvor gesehen hatte.

26.–29.4. *Hahn verklagt mich:* LF hatte sich bei ihm Geld geliehen, um die Publikation seines Romans »Der tönerne Gott« (1910) im Verlag von Waldemar Bonsels zu finanzieren.

21.–23.5. *»Büchse der Pandora«:* Drama (1902) von Wedekind.

25.–26.5. *Rosenkavalier-Glosse:* LF: Im »Rosenkavalier«; vgl. Werkregister III. Die Glosse behandelt eine Textmerkwürdigkeit in der Operette von Richard Strauss, der eine Regieanweisung mitkomponiert hatte.

10.–12.6. *im Gärtnertheater:* Das 1865 am Gärtnerplatz in der Isarvorstadt eröffnete Operettentheater, eine der Bühnen des Königlichen Hoftheaters.

20.–22.6. *Theaterjahr erscheint:* LF: Das münchner Theaterjahr (1911); vgl. Werkregister III.

28.6. – 4.7. *»Schönen Helena«:* Oper (1864) von Jacques Offenbach.

6.7. *auf den Herzogstand:* Beliebtes Ausflugsziel in den Bayerischen Voralpen, manche Münchner betrachten den zwischen Kochel- und Walchensee gelegenen Berg sogar als ihren »Hausberg«.

1915–1921
Als arrivierter Bohemien in München

»Meine Hauptbeschäftigung war …«: LF: Selbstdarstellung (1933), S. 368.

»Die ›Perser‹ … alle Verse wie Fanfaren«: LF in: Aischylos: Die Perser des Aischylos, S. 274.

1915

27.2. *Prinzregentenstraße:* Das Ehepaar Feuchtwanger bezog eine Wohnung im dritten Stock der Prinzregentenstr. 6 in Lehel.

10.3. *für meinen … Aufsatz in der F. Z.:* LF: Die Münchner Hofbühne und ihr Widersacher; vgl. Werkregister III.

18.3. *mein Porträt:* Das Bild wurde in Mannheim zunächst irrtümlich als Porträt Richard Elchingers ausgestellt, was LF beim Besuch der Ausstellung in der Kunsthalle erleichtert registrierte, weil ihm Futterer auffällige Hasenzähne gemalt hatte. Das nicht datierte Pastell befindet sich heute im Grafschaftsmuseum Wertheim.

19.3. *vom Kultusminister:* Kultusminister war Eugen von Knilling. – *Prozeß Halbes:* Erich Mühsam notierte in seinem Tagebuch, Max Halbe sei am 28. Jan. 1915 zu einer Geldstrafe von 50 Mark verurteilt worden, weil er die Weigerung von Alfred Wechsler (1879–1922), über seiner Wohnung ein Lazarett errichten zu lassen, als unsozial bezeichnet hatte. Denunziert worden sei er von Joachim Friedenthal. Das Urteil wurde am 19. März 1915 in zweiter Instanz bestätigt.

21.3. *Katte:* Tragödie (1914) von Hermann Burte.

22.3. *die Nachricht, Przemyśl sei gefallen:* Nach langer Belagerung kapitulierte die österr. Besatzung am 22. März 1915. Über 100 000 Soldaten der k. u. k. Armee gerieten in russ. Gefangenschaft. Erich Mühsam brachte das Ereignis in der Torggelstube zur Sprache, wie sein Tagebuch zeigt. Während die anderen die Niederlage Österreichs bedauerten, war Mühsam froh, dass die Leiden für die Zivilbevölkerung ein Ende hatten. Seine Hoffnung, das Ereignis werde zur Beendigung des Krieges beitragen, zeigte ihm, dass sich seine Einstellung geändert hatte: Er war zum Kriegsgegner geworden. – *»Brotkarten«:* Erich Mühsam notierte am 22. März 1915 in seinem Tagebuch: »Die Bäckereien dürfen kein Brot mehr freihändig verkaufen. Es sind ›Brotkarten‹ ausgegeben worden, nach denen nun der Konsum des notwendigsten Volksnahrungsmittels sorgfältig von Staats wegen kontrolliert wird. Am Sonnabend mußten die Bäckereien von der Polizei gesperrt werden, weil die Bevölkerung in ihrer Angst, nicht mehr zum genügenden Quantum Brot zu kommen, gradezu einen Sturm auf die Backwarenläden unternahm […].«

23.3. *Über Katte und Judith 2 Seiten:* LF: Aus München (1915); vgl. Werkregister III.

28.3. *Die Wohnung wird uns schriftlich gekündigt:* Wiederholt sorgten die häufigen nächtlichen Gesellschaften der Feuchtwangers bei den Vermietern für Ärger und führten, wie hier, zur Kündigung.

9.4. *Fräulein Julie:* Tragödie (1889) von August Strindberg.

14.4. *1 Spalte über Keyserling:* LF: Eduard von Keyserling; vgl. Werkregister III.

24.4. *die Frau im Fenster:* Titel eines Schauspiels (1897) von Hugo von Hofmannsthal, Annie Rosar bereitete sich auf ihre Rolle vor; LF besuchte die Premiere am 30. April und kommentierte sie in seinem Tagebuch.

28.4. *Wohnung des Schauspielers Günther gemietet:* Thierschstraße 14/IV. – *im Chinesischen Turm:* Aussichtsturm im Englischen Garten.

4.5. *Gespenstersonate … Rausch:* Werke (1907 bzw.1912) von Strindberg.

5.5. *Kontrollversammlung:* LF war nicht vom Militärdienst befreit, sondern nur zurückgestellt und musste sich regelmäßig zu ärztlichen Untersuchungen und Kontrollversammlungen einfinden.

8.5. *Berg-Eyvind und sein Weib:* Schauspiel (1911) von Jóhann Sigurjónsson.

15.5. *Traumulus:* Tragikomödie (1904) von Oskar Jerschke und Arno Holz.

24.5. *anatolhaft:* Bis zur Unsinnigkeit ängstlich und ungeschickt gegenüber Frauen, nach Arthur Schnitzlers Figur Anatol.

28.5. *Forum-Abend:* Von Wilhelm Herzog, dem Herausgeber der Zeitschrift »Das Forum«, organisierte Vortragsabende. – *Krach zwischen Friedenthal und Mühsam:* Auch Mühsam erwähnt diese Szene in seinem Tagebucheintrag vom 29. Mai 1915, allerdings ohne mitzuteilen, worum es ging: »Der Schmock Friedenthal wurde so ekelhaft und patzig, daß ich die Formen der Höflichkeit überschritt und dadurch einen sehr häßlichen Streit provozierte, bei dem die Wanze im Rinnsteinstil auf mich losschimpfte und mir Ohrfeigen androhte.«

31.5. *am »Programm« der Zeitschrift der Kammerspiele mitzuarbeiten:* LF schrieb u.a. Beiträge über Sternheim und Calderón.

6.6. *Falckenberg hat Angst vor meinem Sternheim-Artikel:* LF: Sternheim; vgl. Werkregister III. LF lieferte eine respektlose Gesamtschau des Werkes von Carl Sternheim.

8.6. *Sternheim-Aufsatz:* LF: Carl Sternheim; vgl. Werkregister III.

21.7. *Vasantasena erscheint in der Schaubühne:* LF: Vasantasena; vgl. Werkregister III. Es handelt sich um die Einleitung der Buchausgabe. Zum Vergleich wird die bei Reclam erschienene Übersetzung von Hermann Camillo Kellner empfohlen. Auch die Bearbeitung von Emil Pohl aus dem Jahr 1893 erwähnt LF, die »einen sehr großen Theatererfolg« hatte.

24.7. *Jacobsohn schreibt, die Vas. sei herrlich, er wolle sie abdrucken:* Ein Auszug des Stücks erschien in der »Schaubühne« vom 12. Aug. 1915. – *Fuhrmann Henschel:* Drama (1898) von Gerhart Hauptmann.

27.7. *die kleine Glosse: Das Hemd der Statthalterin:* LF: Die Belagerung von Ostende und das Hemd der Statthalterin; vgl. Werkregister III.

31.7. *Schreibbüro Graphia:* Unter dieser Firmenbezeichnung sind im Münchener Adressbuch von 1911 ein Büro für Schreib- und Vervielfältigungsarbeiten, eine Druckerei/Buchbinderei und eine Kunstanstalt aufgeführt. – *Tartüff im Reifrock:* LFs Bearbeitung der Komödie »Gute Nacht, Hänschen« (um 1865) von Arthur Müller.

5.8. *Warenhaus Tietz:* Von Oscar Tietz mit dem Kapital seines Onkels Hermann Tietz (Hertie) gegründete Warenhauskette mit einem breiten Sortiment, zu dem u.a. Bücher gehörten.

17.8. *Strom:* Theaterstück (1904) von Max Halbe.

26.8. *meine Mitarbeit fürs Jüdische Echo:* Vermutlich kam das Angebot von dem Redakteur der Zeitschrift, Norbert Weidler. »Das jüdische Echo. Bayerische Blätter für die jüdischen Angelegenheiten« erschien 1914 bis 1933 als Wochenzeitung in München.

12.9. *Bristol:* Luxushotel Unter den Linden, in der Nähe des Brandenburger Tors, 1944 zerstört. Auf dem Gelände wurde nach dem Ende des Zweiten Weltkrieges die Botschaft der Sowjetunion gebaut. – *Künstler-Theater:* Theater im Berliner Bezirk Tiergarten, Nürnberger Str. 70/71, später Budapester Str. 35. – *Café des Westens:* Das sog. Café Größenwahn, Künstlerlokal am Kurfürstendamm, Ecke Joachimsthaler Straße, heute Kranzlereck.

2.10. *Notiz über die Vas. … im B. T.:* In: Berliner Tageblatt, Nr. 502, 1. Okt. 1915, Abendausgabe, S. 3.

3.10. *Halbe-Bankett:* Das Bankett fand anlässlich des 50. Geburtstags von Max Halbe am 4. Okt. 1915 statt. – *meine abfällige Kritik über Die Fürstin:* Nicht ermittelt.

20.10. *heftiger Aufsatz gegen die Gagenverhältnisse am Münchener Hoftheater:* Kritik an den massiven Kürzungen der Einkünfte der Schauspieler am Münchner Hoftheater, deren Notwendigkeit mit dem Krieg begründet wurde (»Von einem großen Hoftheater«, in: Die Schaubühne, Nr. 42, 21. Okt. 1915, S. 360–368).

1.11. *Gänsemännchen:* Roman (1915) von Jakob Wassermann.

10.11. *Schauspieler Aslan:* Der Schauspieler Raoul Aslan machte später tatsächlich als Charakterdarsteller Karriere. – *Floh im Panzerhaus:* Eine »Schicksals-Groteske« (1916) von Robert Forster-Larrinaga.

11.11. *Kritik über Floh im Panzerhaus:* Nach LF »eine von allen Musen und Grazien gemiedene Groteske«, ein »Quark«, von den Kammerspielen »mit Inbrunst und Hingabe« zelebriert (LF: Münchner Uraufführungen; vgl. Werkregister III).

13.11. *Rilkes Freundin:* Die Malerin Lou Albert-Lasard.

16.11. *Aufsatz über Bruno Frank:* Nicht ermittelt.

24.11. *meinen letzten münchener Artikel:* LF: Münchner Uraufführungen; vgl. Werkregister III. – *nennt mich … »dumm«:* Ohne LF namentlich zu nennen, spottete Jacobsohn über dessen Reaktion auf den in der »Schaubühne« erschienenen Beitrag über die kriegsbedingten Kürzungen der Gagen am Hoftheater (vgl. Anm. zum 20. Okt. 1915): »Einer aber mißbilligt, im Vollbesitz alles Café-Luitpold- und Torggelstuben-Klatsches, den unwiderleglichen Artikel, wirft mir vor, daß ich haltlose Anschuldigungen ungeprüft weitergegeben habe, und sagt am Ende seiner Strafpredigt reichlich unvermittelt: ›Uebrigens hat der sehr loyale Intendant seinen Spielern ein Immediatgesuch an den König nahegelegt.‹« Diesem Einwand hält Jacobsohn entgegen: »Du weißt wohl nicht, mein Freund, wie dumm Du bist. Oder sollen die Spieler vielleicht bitten, ihnen den Brotkorb höher zu hängen?«

25.11. *Frank-Vorlesung in der Galerie Caspari:* LF verfasste einen kurzen Bericht für die »Münchner Neuesten Nachrichten« (Nr. 607, 27.

Nov. 1915, Morgenblatt): Bruno Frank habe zwei Novellen gelesen, »die ihn als den reifsten Schüler Thomas Manns kennzeichneten«, danach Gedichte, zuletzt sein »Requiem«, das »wohl Vollendetste, was Frank bisher geschaffen hat«.

8.12. *Freche »Antwort« von Jacobsohn in der »Schaubühne«:* Jacobsohn nahm in der »Schaubühne« vom 9. Dez. nochmals Stellung zu der Auseinandersetzung über die Gagen am Münchner Hoftheater (Bd.2, Nr. 49, 9. Dez. 1915, S. 544).

29.12. *Schaubühne konfisziert:* Aufgrund antikapitalistischer Artikel von Robert Breuer wurde die »Schaubühne« zunächst verboten, später unter eine Vorzensur gestellt.

1916

1.1. *Baco:* Francis Bacon.

8.1. *Direktor:* Direktor war damals Hermann Röbbeling. – *mit dem Kardinal:* Tom Farecht spielte in der Hamburger Aufführung den Kardinal Ippolito von Este.

10.1. *Regisseur:* Als Regisseur war Hans Andresen verpflichtet.

12.1. *Schlechte Kritik im B. T.:* »Julia Farnese, ein dreiaktiges Renaissancestück von *Lion Feuchtwanger*, fand bei der Uraufführung im *Hamburger Thaliatheater* einen dünnen Beifall« (in: Berliner Tageblatt, Nr. 21, 12. Jan. 1916, Abendausgabe, S. 3).

28.1. *Beisetzung:* Meint die rituelle Versorgung des Verstorbenen im Taharahaus, die Beerdigung folgte am 30. Januar.

30.1. *die schöne Weste meines Gehrocks zerreißen lassen:* Es gilt als Ausdruck höchsten Schmerzes, wenn sich trauernde Juden die Kleider zerreißen.

3.2. *im Preysingpalais:* Prächtiges Palais, das sich Johann Maximilian IV. Emanuel Graf von Preysing, der Erzieher und Berater des Kurfürsten Karl Albrecht, in der Residenzstraße in München errichten ließ. 1841–1844 wurde direkt neben dem Palais die Feldherrnhalle erbaut. Das Palais war später Sitz einer Bank und wurde als Hotel genutzt. Der »Weiße Saal« galt als Sehenswürdigkeit.

15.2. *Wegen Testament-Sachen vor Gericht … daß ich ausgeschmiert bin:* An dem Tag fand vor dem Amtsgericht München die Testamentseröffnung statt. In einem Ehe- und Erbvertrag aus dem Jahr 1902 hatten LFs Eltern Sigmund und Johanna Feuchtwanger u.a. vereinbart, dass im Todesfall eines Ehegatten die gesetzliche Erbfolge eintreten solle. In einer Zusatzvereinbarung vom November 1915 wurde LFs Bruder Fritz zum Nachfolger in der Geschäftsleitung der Saphir-Werke bestimmt, wodurch sich LF als der älteste Bruder benachteiligt sah.

16.2. *Sybil Vane:* Schauspielerin, die sich nach der gleichnamigen Figur aus Oscar Wildes Roman »Das Bildnis des Dorian Gray« nannte.

1.3. *Samsthanaka:* Die Rolle übernahm Ludwig Schmitz. – *mit dem Tscharudatta:* Verkörpert von Wenzel Hoffmann.

3.3. *im Parkhôtel:* Repräsentatives Hotel am Friedrichsplatz, 1901 eröffnet, heute Maritim Hotel Mannheim.

4.3. *der Wiesbadener Intendant:* Carl Hagemann.

5.3. *nach Stift Neuburg, wo Schmidt wohnt:* Alfred Schmid Noerr wohnte seit 1914 im Stift Neuburg.

7.3. *Ausgezeichnete Kritik im B. T.:* »Die Uraufführung des Schauspiels im *Mannheimer Hoftheater* war ein künstlerisches Ereignis« (Fritz Droop: »Vasantasena«. Uraufführung im Mannheimer Hoftheater. In: Berliner Tageblatt, Nr. 121, 6. März 1916, Abendausgabe, S. 3).

23.3. *»Perser«-Vorlesung bei Caspari:* Der Abend fand im Rahmen einer Vortragsreihe in der Villa Caspari statt.

24.3. *Die Zensur verbietet die »Julia Farnese«:* Das Stück wurde mit Rücksicht auf den »konfessionellen Burgfrieden« für die Dauer des Krieges verboten.

26.3. *Recht gute Kritik im Berliner Tagebl.:* Im Bericht über die Lesung in der Galerie Caspari heißt es anerkennend: »Die Uebersetzung Feuchtwangers hat mit einem glücklichen Ton insbesondere die bildhafte Beweglichkeit des Verses auf dichterische Art getroffen« (Berliner Tageblatt, Nr. 157, 25. März 1916, Abendausgabe, S. 3).

14.4. *Heinrich V. gelesen:* Drama (1599) von Shakespeare.

13.5. *Samsthanaka:* Gespielt von Paul Müller. – *Tscharudatta:* Gespielt von Reinhold Lütjohann. – *Vasantasena:* Gespielt von Eleonore Droescher. – *Maitreja:* Gespielt von Fritz Herz.

2.6. *an den Reichskanzler:* Theobald von Bethmann Hollweg (1856 bis 1921), Reichskanzler von 1906 bis 1917.

6.6. *Kitchener untergegangen:* Am 5. Juni 1916 lief der Panzerkreuzer HMS Hampshire westlich der Orkney-Inseln auf eine Mine und sank innerhalb weniger Minuten. An Bord befand sich der brit. Kriegsminister Feldmarschall Herbert Kitchener mit seinem gesamten militärischen Stab. Großbritannien war damit schlagartig fast seiner gesamten militärischen Führung beraubt.

7.7. *Narciß:* Tragödie (1857) von Albert Emil Brachvogel.

9.7. *Sonnenstößers Höllenfahrt:* Traumspiel (1911) von Paul Apel.

29.7. *Bühnenclub:* Auf Initiative von August Weigert war in der Kanalstraße der Bühnenklub entstanden, ein »Rummelplatz des Geistes […], auf dem sich die Grazien Schwabings mit allen Münchener Musen und mit den Teufeln des Alkohols und des Kartenspiels balgten«, wie ihn Erich Mühsam in seinen »Unpolitischen Erinnerungen« beschreibt. Vor allem Maler, aber auch andere Künstler kamen hier zusammen.

14.8. *Hastings von der Zensur freigegeben:* Die Erlaubnis zur Aufführung, von der Zensur zunächst mit der Begründung »zu englandfreundlich« abgelehnt, wurde dank einiger einflussreicher Schriftsteller schließlich doch noch erteilt. Die Uraufführung fand am 23. Sept. 1916 am Münchner Schauspielhaus statt.

23.8. *vom Kleinen Theater:* Altman war Leiter des Kleinen Theaters in Berlin, Unter den Linden 44.

31.8. *Jener Brief in Sachen Wedekind–Friedenthal:* In seiner Rubrik »Antworten« druckte Jacobsohn trotz der telegrafischen Intervention den Brief ab, in dem LF weitergab, was Joachim Friedenthal ihm über die Umstände der Inszenierung von Wedekinds Erstlingswerk »Der Schnellmaler« mitgeteilt hatte: Friedenthal stellte Wedekind als Heuchler dar, der gegen die Inszenierung seines Stücks protestiert hatte, die Stimmungsmache in der Presse für sein Stück aber gleichzeitig finanzierte. LF bezeichnete Friedenthal als »Denunzianten und Intriganten« und »verantwortungslosen Schwätzer«, München als »das läppischste Klatschnest der Welt« (in: Die Schaubühne, Nr. 34, 24. Aug. 1916, S. 215f.).

2.9. *Die Witwe Pohl beansprucht … den Titel »Vasantasena«:* Emil Pohl hatte 1893 eine Bühnenbearbeitung der »Vasantasena« publiziert, die mehrfach aufgeführt worden war.

14.9. *eine Abfuhr Friedenthals durch Erich Ziegel:* Erich Ziegel stellt den verworrenen »Kleinkrieg im Briefkasten der *Schaubühne*« um Wedekinds »Schnellmaler« nochmals aus seiner Sicht dar (in: Die Schaubühne, Nr. 37, 12. Sept. 1916, S. 253ff.). – *mein Aufsatz über Wang-Lun:* LF: Alfred Döblins Roman; vgl. Werkregister III.

23.9. *Nenkomar-Gerdes:* Der Schauspieler Kurt Gerdes in der Rolle des Maharadscha Nenkomar. – *die schlechte Regie:* Regie führte Georg Stollberg.

29.9. *Abel gereizt:* Alfred Abel spielte die Titelrolle. – *Marianne (Zimmermann):* Johanna Zimmerman als Marianne Baronin Imhoff.

4.10. *Bildt bei mir:* Paul Bildt, der die Rolle des Gouvernementssekretärs Cowper übernommen hatte.

7.10. *in den beiden Klingsberg:* Komödie (1801) von August von Kotzebue.

11.10. *Nachweisbüro:* Die ersten Suchdienste wurden bereits im 19. Jahrhundert vom »Internationalen Komitee vom Roten Kreuz« (IKRK/ICRC) organisiert. Im Oktober 1914 gründete das IRKR in Genf die International Prisoners of War Agency, eine zentrale Auskunftsstelle, die mit einer Kartei arbeitete, die sowohl vermisste als auch suchende Personen erfasste. Im Ersten Weltkrieg richtete das Preußische Kriegsministerium auf der Grundlage der Haager Landkriegsordnung ein Zentralnachweisbüro zur Ermittlung vermisster Soldaten ein. Es befand sich in der Dorotheenstraße 48 in Berlin.

15.10. *Karikatur des »Hastings« im Weltspiegel:* »Schauspielerkarikaturen von Lida Baronin v. Wedell«, in: Der Welt-Spiegel, Nr. 83, 15. Okt. 1916, S. 2.

22.10. *Ermordung des österreichischen Ministerpräsidenten:* Der Ministerpräsident von Österreich Karl Graf Störgkh (1859–1916) wurde am 21. Okt. 1916 von Friedrich Adler erschossen.

28.10. *»Traumspiel«:* Schauspiel (1902) von August Strindberg.

2.11. *Mittlere Kritik von Jacobsohn über »Hastings«:* In: Die Schaubühne, Nr. 44, 31. Okt. 1916, S. 414ff.

17. 11. *Fliegerangriff:* Am 17. November warf ein französisches Flugzeug gegen 13 Uhr sieben Bomben über München ab, ohne größere Schäden anzurichten.

1917

1. 1. Ειρήνη und Αχαρνής: Griech. Frieden und Acharner; die Komödien »Der Frieden« (421 v. Chr.) und »Die Acharner« (425 v. Chr.) von Aristophanes.

3. 1. *meine Selbstanzeige des »Hastings«:* »Warren Hastings, Gouverneur von Indien«, in: Münchner Zeitung, 3. Jan. 1917.

16. 1. *Wunderschön die Dekoration:* Gemalt von dem Dekorationsmaler Adolf Hermann nach Entwürfen von Walter Ditz.

1. 2. *wegen Kohlennot geschlossen:* Am 15. Januar kam es in München zu einem heftigen Wintereinbruch. Anfang Februar ordnete die Bayerische Regierung wegen des Brennstoffmangels drastische Sparmaßnahmen an. Die Schließungen betrafen nicht nur die Theater, sondern auch die Bäder und zeitweise sogar alle höheren Lehranstalten.

5. 3. *das Technische des Aschoka:* Im 3. Akt ruft Malavika den Aschoka-Baum in der Mitte des Parks an und bringt ihn durch ihre reine und edle Liebe zum Erblühen. Die Bühnentechnik versagte, der Effekt misslang.

12. 3. *Annehmbare Kritiken … B. T.:* »Gar zu schmächtig ist die Handlung […]. Die Verse, wie sie Feuchtwanger nachbildete, haben zärtlichen und sinnvollen Klang. Keine Größe ist in ihnen, aber viel Schönheit und Reiz. Die Regie war ohne Schwung und Einfall und fand auch kaum in einem der Hauptdarsteller Unterstützung« (›Münchner Theater«, in: Berliner Tageblatt, Nr. 127, Berlin, 10. März 1917, S. 3).

18. 4. *Wohnung in der Georgenstr.:* Georgenstr. 24, 3. Stock.

1. 6. *Einberufung der A. V.:* LF war bei der Musterung am 28. Febr. als arbeitsdienstverwendungsfähig (a. v.) eingestuft worden.

6.–10. 8. *Meine Reklamation:* Die Unabkömmlichkeitserklärung, die seine Einberufung verhindern sollte.

25. 8. *»Der lebende Leichnam«:* Drama (1913) von Lew Tolstoi.

12.–15. 9. *Eloesser-Barnowsky:* Gemeint sind der Dramaturg Arthur Eloesser und der Direktor Viktor Barnowsky vom Berliner Schillertheater.

28. 9. *ein stinkendes Rebhuhn, das ich zurückschicken muß:* Lebensmittel waren knapp und wurden streng rationiert. Dass LF überhaupt ein Fleischgericht bestellen konnte, war ungewöhnlich.

1. 10. *Zentrums-Gutachten:* Die Deutsche Zentrumspartei, benannt nach ihrem Platz in der Mitte des Parlaments, war die Partei des politischen Katholizismus.

28. 11. *Marta in der Eleganten Welt:* Die Aufnahme der Fotografin Erna M. Kollstede erschien im Heft vom 21. Nov. 1917.

1918

1. 1. *Georg Müllers Beerdigung:* Der Verleger Georg Müller war am 29. Dez. 1917, an seinem 40. Geburtstag, an Scharlach gestorben und wurde am 1. Jan. 1918 auf dem Münchner Westfriedhof beerdigt.

19. 1. *Generalstreik in Österreich:* Der Jännerstreik, ausgelöst durch eine nochmalige Reduzierung der Mehlrationen, erfasste im Januar 1918 weite Teile der Monarchie.

27. 1. *Pläne: Jud Süß, Roman:* Erste Erwähnung seiner Pläne für eine Romanfassung von »Jud Süß«.

1. 2. *d. a. v. Büro Heimat:* Bei der Musterung wurden folgende »Verwendungsarten« unterschieden: »k. v.« (»kriegsverwendungsfähig«), »g. v.« (»garnisonsverwendungsfähig«) und »a. v.« (»arbeitsverwendungsfähig«); der Zusatz »d.« bedeutete »dauernd« (unbefristet). Für als »g. v.« und »a. v.« Eingestufte wurden weitere spezielle »Verwendungsklassen« festgelegt, für LF galt eine besonders leichte.

3. 2. *die Sorina:* Komödie (1917) von Georg Kaiser.

8. 2. *Première:* Die Premiere der »Vasantasena« in den Münchner Kammerspielen unter der Regie von Otto Falckenberg; Sybille Binder spielte die Titelrolle. – *5. Bild (Ermordung):* Später wurde die Mordszene zum 8. Bild.

15. 2. *»Frühlingsopfer«:* Schauspiel (1900) von Eduard von Keyserling.

7. 3. *»Kindesmörderin«:* Tragödie (1776) von Heinrich Leopold Wagner.

9. 3. *Wedekind gestorben:* Frank Wedekind starb im Alter von 53 Jahren am 9. März 1918 nach einer Blinddarmoperation. Er wurde auf dem Waldfriedhof in München beerdigt.

14. 3. *Bassermann flüchtig kennen gelernt:* Vermutlich Ernst von Bassermann-Jordan.

27. 5. *Decker:* Josef Decker, Facharzt für Magen-, Darm- und Stoffwechselkrankheiten, der eine Klinik in der Türkenstraße hatte.

29. 5. *ergebnislose Konferenz bei Georg Müller:* Im Georg Müller Verlag war fast das gesamte Bühnenwerk LFs erschienen, zuletzt »Jud Süß«. »Appius und Virginia« befand sich in Produktion. Nach dem Tod des Verlagsgründers musste offenbar die Rechtslage neu geklärt werden, was im Verlauf des Jahres gelang: LF publizierte seine Bühnenstücke auch in der Folgezeit in seinem Hausverlag.

25. 7. *Ein ungarischer Erkenntnistheoretiker:* Vermutl. Georg Lukács.

6. 9. *Schutzverband-Sitzung:* Der Schutzverband deutscher Schriftsteller (SDS) war 1909 gegründet worden, 1933 wurde er in den Reichsverband deutscher Schriftsteller überführt.

17. 11. *Konstitutionsfeier im Nationaltheater:* In seiner Erklärung vom 8. Nov. 1918 hatte Kurt Eisner den Freistaat Bayern proklamiert. Ein provisorischer Nationalrat und eine provisorische Regierung wurden gebildet. Die Feier fand im Nationaltheater, dem bisherigen Königlichen Hof- und Nationaltheater (kurz »Hoftheater«) am Max-Joseph-Platz statt.

19.12. *Generalprobe »Hannibal«:* Für die Uraufführung des Dramas (1835) von Christian Dietrich Grabbe am nächsten Tag.

1919

10.1. *Spartacus-Aufruhr:* Der Spartakusaufstand in Berlin vom 5. bis 12. Jan. 1919.

12.1. *Landtag gewählt:* Wahlen zum verfassunggebenden Landtag. Erstmals durften Frauen wählen.

19.1. *Reichstagswahl:* Wahl zur verfassungsgebenden Deutschen Nationalversammlung, die sich am 6. Febr. 1919 in Weimar konstituierte.

31.1. *»Nachtasyl«:* Schauspiel (1902) von Maxim Gorki.

1.2. *aus dem »Frieden« abgedruckt:* In: Die Zukunft, Bd. 104, Jan./März 1919, 18. Jan. 1919, S. 85f.

13.2. *die Saphir-Werke haben große Schiebungen gemacht, peinlich:* Die Münchner Margarinefabrik, eines der Familien-Unternehmen, denen die Feuchtwangers ihren Reichtum verdanken. LFs Vater Sigmund Feuchtwanger hatte die Werke 1902 übernommen, seit seinem Tod im Jahr 1916 führte LFs Bruder Fritz das Unternehmen.

18.2. *Und all dein Tun gleicht einer Spur im Schnee:* Zitat aus LFs Stück »Thomas Wendt«; in der späteren Fassung gestrichen.

21.2. *Eisner erschossen:* Der Schriftsteller Kurt Eisner hatte nach dem Sturz Ludwigs III. den Freistaat Bayern ausgerufen und war vom Arbeiter- und Soldatenrat zum ersten Ministerpräsidenten gewählt worden, ein Amt, das er 100 Tage lang ausübte. Die Landtagswahl vom 12. Jan. 1919 endete für ihn mit einer desaströsen Niederlage. Am 21. Febr. 1919 wurde Eisner auf dem Weg in den neu konstituierten Bayerischen Landtag, wo er seinen Rücktritt erklären wollte, ermordet. Am 25. Februar wurde er auf dem Münchner Ostfriedhof beerdigt.

23.2. *Aufsatz über Kurt Eisner:* Nicht ermittelt.

2.4. *ein ausgezeichnetes Stück:* Das Manuskript »Spartakus«, das nach der Niederschlagung der Räterepublik bei einer Haussuchung von Reichswehrsoldaten auf dem Schreibtisch von LF gefunden und nur durch glückliche Umstände nicht zu einer Gefahr für Brecht und LF wurde.

7.4. *Bayern Räte-Republik:* Am 7. April 1919 wurde vom »Zentralrat der bayerischen Republik« und vom »Revolutionären Arbeiterrat« die Bayerische Räterepublik ausgerufen und die Regierung von Johannes Hoffmann, der seit dem 17. März als Ministerpräsident amtierte, für abgesetzt erklärt. Hoffmann wich nach Bamberg aus und organisierte von dort die Niederschlagung der Räterepublik.

12.–13.4. *sozialistische Regierung Hoffmann siegt über die Räte:* Während des Palmsonntagsputsches der Republikanischen Schutztruppe gegen die Münchner Räterepublik wurden führende Politiker des Zentralrats der Räterepublik, darunter Erich Mühsam, inhaftiert. Der Putsch wurde jedoch durch die Rote Armee niedergeschlagen. Die

Betriebs- und Soldatenräte riefen die Zweite bzw. Kommunistische Räterepublik aus.

15.4. *Aufregung wegen spartacistischer Erlasse:* Die Stadt befand sich im Generalstreik. Die von der Regierung Hoffmann mobilisierten Freikorps rückten gegen die Räterepublik vor. Im Zusammenhang mit der Erklärung des Verteidigungszustands wurden der Telefon- und Telegrafenverkehr eingestellt, die Zufahrtsstraßen nach München gesperrt, der Zugverkehr unterbrochen, es erschienen keine Zeitungen.

9.5. *hebräische Inschriften Wedekinds:* Frank Wedekind hatte auf der Kantonsschule in Aarau als Wahlfach Hebräisch belegt, zeitweise nutzte er die Schrift zum Chiffrieren von Aufzeichnungen, die nicht jeder lesen sollte.

10.5. *»Wenn man Intellektuelle erschießt, hat man immer Schweinereien«:* Marta Feuchtwanger gab in ihren Erinnerungen »Nur eine Frau« und ihrer Oral History »An Émigré Life« eine ähnliche Anekdote wieder. Ein Weißgardist, hier Amann (Amman) genannt, habe geprahlt: »Nur die Sache mit diesem Landauer! Ich habe meinen Soldaten gleich gesagt, man soll keine Literaten umbringen. Da hat man nur Scherereien mit den Zeitungen.«

23.5. *Theorie des »Dramatischen Romans«:* Im Vorwort zu »Thomas Wendt« erklärte LF seine Idee vom »dramatischen Roman«, in dem nicht nur ein Einzelschicksal, eine isolierte Episode dargestellt werden sollte, sondern zugleich ein Welt- und Zeitbild mit Hintergründen und Ursachen. Brecht entwickelte später ein ähnliches Konzept, das epische Theater.

20.6. *Restaurant Brennessel:* Weinstube in der Leopoldstr. 58.

1.7. *Prozeß Deutsch:* Während einer abendlichen Gesellschaft bei Mira Deutsch, der Freundin des verstorbenen Verlegers Georg Müller, drangen Uniformierte in die Wohnung ein und beschimpften die dort versammelten Künstler als kapitalistische Verschwörer und drohten, sie zu verhaften (vgl. LFs Tagebucheintrag vom 1. Febr. 1919). Erich Mühsam wurde angerufen, der die Soldaten anwies, die Künstler in Ruhe zu lassen. Einige Monate später wurde LF als Zeuge vor Gericht geladen. Die Gastgeberin war wegen Unsittlichkeit und kommunistischer Umtriebe angeklagt. Diese Punkte wurden nach LFs Aussage fallengelassen. Trotzdem wurde sie zu einem Monat Gefängnis verurteilt, weil entgegen der Verordnungen zur Sparsamkeit in mehr als einem Raum Licht gebrannt hatte.

7.7. *»Schaubühne«:* Die Zeitschrift erschien bereits seit 1918 unter dem Titel »Die Weltbühne«.

31.7. *Vertrag:* Verlagsvertrag über »Thomas Wendt«.

14.8. *Meine kleine Schwester mit ihrem Bräutigam:* Martha Feuchtwanger und Hans Ben-Dor.

16.8. *ich solle die Leitung des Musarion-Verlags übernehmen:* Es ging um die inhaltliche Leitung des 1919 von Johannes von Günther gegründeten Verlages.

21.8. *offenen Brief an Max Koch:* Stellungnahme LFs zu der Rezension, die der in Breslau lehrende Literaturhistoriker Max Koch über »Die Kriegsgefangenen« im »Literarischen Centralblatt« veröffentlicht hatte. Koch warf Feuchtwanger vor, er sei »Mitläufer politischer Moden« und habe in »nationaler Selbstverleugnung« einen französischen Kriegsgefangenen glorifiziert, statt pflichtgemäß Empathie für deutsche Kriegsgefangene zu bezeugen. LF wandte ein, das Stück sei während des Krieges und noch vor der Novemberrevolution entstanden und der Professor habe sich nicht gründlich informiert. Seinen offenen Brief schickte LF am 21. Aug. an Eduard Zarncke, den Inhaber des »Centralblatts«, der eine Veröffentlichung ablehnte.

22.11. *»Brabach« von H. Mann. Kleiner Skandal:* Hedwig Pringsheim notierte in ihrem Tagebuch, die Uraufführung sei »umzischt und umpfeift« gewesen. Sie empfand »Brabach« als das schlechteste Stück, das sie je gesehen habe. Die »Münchner Neuesten Nachrichten« berichten am 24. November von politischen Spannungen, die sich gegen den Autor richteten und den Saal zum Kochen brachten.

24.11. *»Dionysos weint«:* Arbeitstitel zu einem Theaterstück von LF.

28.11. *Verlobungsfeier bei meiner Mutter:* LFs Schwester Martha (Medi) verlobte sich mit Hans Ben-Dor.

14.12. *wilder Skandal in »Schloß Wetterstein«:* Die Vorstellungen wurden zunehmend durch inszenierte Tumulte gestört. Die für den 15. Dezember angesetzte sechste Aufführung musste von der Polizei abgebrochen werden.

16.12. *Streik in den Kammerspielen:* Die Schauspieler streikten wegen der Streichung einer Treuezulage.

22.12. *ein zu schreibendes »Judenbüchlein«:* Das Buch erschien 1920 unter dem Titel »An den Wassern von Babylon. Ein fast heiteres Judenbüchlein« (Georg Müller Verlag) und enthält Hermann Sinsheimers »An den Wassern von Babylon«, LFs »Gespräche mit dem Ewigen Juden«, Fritz Cassirers »Breviarium Judaicum« und Paul Schlesingers »Anekdoten«.

25.12. *Prinzregententheater:* Das 1900/01 von Max Littmann nach dem Vorbild des Bayreuther Festspielhauses errichtete Theater am Prinzregentenplatz in Bogenhausen.

1920

22.1. *Glosse von mir über Theater in den »Münch. Neuest. Nachr.«:* Die M. N. N. veranstalteten unter Münchner Theaterfachleuten eine Umfrage zum Verhältnis der beiden rivalisierenden Ensembles des Nationaltheaters (Kleines Haus und Prinzregententheater). Heinrich Mann argumentierte gegen eine Teilung in ein traditionelles und ein modernes Ensemble. LF sprach sich für eine klare Trennung in »zwei nicht sehr große, aber geschlossene Truppen von Prägung und Eigenart« aus. Jedes der beiden Ensembles sollte den ihm gemäßen Spielplan und Spielwart erhalten. »Daß Vertreter zweier wesensverschiedener Stilarten auf einer und der gleichen Bühne in dem gleichen Stück spielen, ist unerträglich. Stehen Vertreter der beiden Richtungen nebeneinander, so desavouiert der eine Darsteller den anderen, und das Spiel der Meininger, an sich manchmal angemessen, erscheint dann doppelt pathetisch und fossil. Diese peinliche Stilmischung hat seit Jahren jede Ensemble-Bildung und jede Regie unmöglich gemacht und das Schauspiel unseres Landestheaters tief unter das Niveau nicht nur der Berliner, auch der Dresdner, der Frankfurter, der Leipziger Bühne herabgedrückt.« (Was dünkt Euch um unser bayerisches Staatstheater? Antworten auf eine Rundfrage von Heinrich Mann, Franz Muncker, Lion Feuchtwanger, in: Münchner Neueste Nachrichten, 22. Jan. 1920.)

22.2. *Artikel über das Nationaltheater:* Vermutl. Richard Elchinger: Vom Künstlerrat, vom Thiasos, von der Kollegialität und anderen Raritäten, in: Münchner Neueste Nachrichten, Nr. 82, 25. Febr. 1920, Morgenausgabe, S. 1.

4.3. *Freundlicher Brief von Th. Mann über »Thomas Wendt«:* Nicht ermittelt.

13.3. *Reaktionärer Putsch in Berlin:* Der gegen die Weimarer Republik gerichtete Kapp-Putsch, der durch einen landesweiten Generalstreik abgewehrt wurde.

27.3. *Angriff der Münchner Zeitg.:* In dem anonymen Beitrag »Rechts oder links? Ein Beispiel dafür, daß auch in notiger Zeit ›die Gemütlichkeit in der Münchner Stadt nit ausstirbt‹« wurde LF vorgehalten, er versuche sein Stück der politischen Wetterlage anzupassen (Münchner Zeitung, Nr. 86, 27. März 1920, S. 2).

30.3. *Erwiderung in der »M. Z.«:* »Herr Dr. Lion Feuchtwanger bestreitet in einer an uns gerichteten Zuschrift, daß bei der Absetzung seines Stückes ›Thomas Wendt‹ politische Motive den Ausschlag gegeben hätten.« Sein Schauspiel verfolge keine politische Tendenz. Ausschlaggebend sei allein der Streik gewesen (Münchner Zeitung, Nr. 89, 30. März 1920, S. 3).

2.4. *Meine Erwiderung:* LFs Dementi, dass er keinerlei politische Änderungen an dem Werk vorgenommen habe und dass auch seitens der Schauspieler keinerlei derartige Wünsche an ihn herangetragen worden seien (Münchner Zeitung, Nr. 92, 2. April 1920).

6.6. *Wahl:* Reichstagswahl, in der die Weimarer Koalition ihre Mehrheit verlor.

16.6. *Vergleichsvorschlag in Sachen Bonsels:* Offenbar ging es um die Rechte an LFs Roman »Der tönerne Gott« (1910), den Waldemar Bonsels verlegt hatte. Im August/September konsultierte LF mehrfach einen Anwalt in der Frage, im November/Dezember wurde der Streitfall vor Gericht verhandelt. Der Prozess endete mit einem Vergleich.

10.8. *Gomez Arias:* LFs Bearbeitung von Calderóns Schauspiel »La niña de Gómez Arias« erschien unter dem Titel »Der Frauenverkäufer«.

18.8. *Bruder von T. u. H. Mann:* Viktor Mann.

1.9. *Unterredung mit Neuhöfer und Gemmingen über das zu übernehmende Theater-Referat:* Tatsächlich verfasste LF in den folgenden Wochen regelmäßig Rezensionen für die »Münchner Sonntags-Zeitung« und die »Münchner Montags-Zeitung«; in der »Münchner Montags-Zeitung« vom 6. Sept. 1920 stellte er sich unter der Überschrift »Der Mann im Glashaus« als Theaterkritiker des Blattes vor. Ende Dezember wurde ihm gekündigt.

2.9. *Artikel für die »Sonntagszeitung« zusammengekleistert:* Vermutl. handelt es sich um den Beitrag »Der dunkle Fleck« vom 5. Sept. 1920, in dem LF gegen das Prinzregententheater polemisierte.

9.9. *Meinhard-Bernauer:* Die Berliner Theaterdirektoren Carl Meinhard und Rudolf Bernauer.

11.9. *»Hanns Frei«, »Peter Squenz«:* Lustspiel von Otto Ludwig, Schimpfspiel von Andreas Gryphius. LFs Bericht über die beiden am Vortag gesehenen Stücke erschien unter dem Titel »Oktoberfest im Residenztheater« in: Münchner Montags-Zeitung, 13. Sept. 1920.

23.9. *Artikel für die Montagszeitg.:* Vermutl. »Die ›Münchner Zeitung‹ und ihr Dunkelmann«, in: Münchner Montags-Zeitung, 27. Sept. 1920.

25.9. *In der M. Z. heftiger, (blöder) Angriff gegen mich:* Nicht ermittelt. LF hatte zuvor mehrfach gegen die »Münchner Zeitung« polemisiert.

2.10. *bei Freytag:* Der Direktor des Neuen Theaters Gustav Freytag.

3.10. *Rezension für die »Montagszeitung« geschrieben:* LF: Primitives Theater. Neue Bühne: Büxl. – Lustspielhaus: Das laute Geheimnis; vgl. Werkregister III.

9.10. *Kritik von Johsts »König«:* LF: Hanns Johsts »Der König«. Zur Aufführung in den Kammerspielen am Samstag; vgl. Werkregister III.

16.10. *»Der neue Midas« von Euringer … Rezension:* LF: Guter Wille – Mangelnde Kraft. Neue Bühne: Mammon. – Uraufführungstheater: Der neue Midas; vgl. Werkregister III.

20.10. *»La Maschera e il Volto«:* Schauspiel (1916) von Luigi Chiarelli, in LFs Übersetzung »Die Auferstandene«.

22.10. *Rezension »Weg zur Macht«:* LF: Heinrich Manns Napoleon-Drama. Zur Ur-Aufführung im Residenztheater; vgl. Werkregister III.

28.10. *Nachtragsaufsatz zum »Heinrich Mann«:* LF: Nochmals: »Der Weg zur Macht«; vgl. Werkregister III.

31.10. *»Le vacanze di Loletta«:* Komödie von Mario Ottolenghi, die am 10. Febr. 1921 erschien. LF gab seiner Übersetzung den Titel »Lolettas Ferien«.

4.11. *Frank bringt den Aufsatz über mich:* Vgl. Anm. vom 13. Nov. 1920.

13.11. *Franks Artikel:* Bruno Franks Überblick über das dramatische Werk LFs erschien unter dem Titel »Lion Feuchtwanger«, in: Das Programm. Blätter der Münchner Kammerspiele, VII, Nr. 36, Nov. 1920, S. 1–4.

14.11. *Rezension über Bauer und Millionär:* LF: Raimund in den Kammerspielen; vgl. Werkregister III.

21. 11. *Rezension über »Haus Herzenstod«:* LF: Der neue Shaw; vgl. Werkregister III.

26.–27. 11. *Der Herr Minister. Darüber geschrieben:* LFs Rezension über die Komödie von Paul Poppe erschien unter dem Titel »Blick ins Volkstheater«; vgl. Werkregister III.

9. 12. *Sinsheimers Rezension:* LF verstehe es, »über die Fadenscheinigkeit seiner Erfindung durch einen gewandten Dialog hinwegzutäuschen und diesem Dialog von Zeit zu Zeit Theatereffekte zu entreißen. Effekte des Vordergrundes, der Rampe! Wirkungen, die er aus dem Milieu in die Bühne hineinwachsen läßt, bleiben äußerlich. Denn es ist kein Milieu da!« (Münchner Neueste Nachrichten, Nr. 513, 8. Dez. 1920, Abendausgabe, S. 1).

21.–24. 12. *Artikel über Döblin:* LF: Wallenstein [Roman von Alfred Döblin]; vgl. Werkregister III. – *hämische Kritik in der »Frankfurter Zeitung«:* Peter Scher erzählte die Handlung der Komödie zynisch nach (Frankfurter Zeitung, Nr. 937, 19. Dez. 1920, 2. Morgenblatt).

1921

7. 3. *»Frauenverkäufer«:* LF: Calderons »Frauenverkäufer«, vgl. Werkregister III.

13. 3. *Jüdische Wahlen:* Jüdische Gemeindewahlen.

4. 4. *Frank … zwei Akte seines Reißers:* Wahrscheinlich las er aus »Das Weib auf dem Tiere« (1921).

5. 4. *den »Spanier«:* »Der Frauenverkäufer«; LFs Bearbeitung von Calderóns Schauspiel »La niña de Gómez Arias«.

11. 9. *Ministerium Kahr zurückgetreten:* Weil die Autonomie der bayerischen Landesregierung in Fragen der Polizeiaufsicht von der Reichsregierung eingeschränkt worden war, trat Gustav von Kahr an diesem Tag zurück. Es ging vor allem um die Entscheidung über den Ausnahmezustand.

4. 11. *Gründungssitzung einer literarischen Gesellschaft:* Die Literarische Gesellschaft Planegg – Krailing – Gräfeling, später umbenannt in Literarische Gesellschaft Gräfeling, organisierte Lesungen und Vorträge. Sie existiert noch heute.

15. 11. *Aufführung von »Boubouroche«:* Tragische Posse (1893) von Georges Courteline.

16. 11. *das Geschäft:* Leopold Löffler war Inhaber der Stoff- und Wollwaren-Großhandlung Löffler & Landauer, Promenadenstr. 60, sowie von Löffler & Co., Maximiliansplatz 14, das sich in Liquidation befand.

8. 12. *Eröffnung der Felberschen »Schaubühne«:* Eine Spielstätte im Saal der Buchhandlung Steinicke, Adalbertstr. 15. Zur Eröffnung wurden Hofmannsthals »Der Tor und der Tod« und Büchners »Leonce und Lena« gegeben.

1931–1934
Internationale Anerkennung und der Weg ins Exil

1931

1.1. *eine Tochter Großmann:* Birgit Großmann, Tochter des Journalisten und Schriftstellers Stefan Großmann. – *neckische »conference«:* »Literatur-Conference«, in: Berliner Tageblatt, 1. Jan. 1931. Der Conférencier Paul Nikolaus war gebeten worden, einige bekannte Schriftsteller so vorzustellen, »als ob er sie auf einer Kabarettbühne wirklich ankündigen müsse«. An LF hebt er den Stolz hervor, berühmt zu sein, selbst wenn der Autor gern versichere, »wie lästig ihm sein Ruhm falle«.

2.1. *Frau Sinclair Lewis:* Dorothy Thompson. – *Lewis hätte mich für einen der besten Schriftsteller der Welt erklärt:* In seiner Nobelpreisrede vom 12. Dez. 1930 hatte Sinclair Lewis LF zu den europäischen Schriftstellern von Rang gezählt. – *Go:* Gonorrhö.

3.1. *über seinen Roman:* Zweig arbeitete an dem Roman »Junge Frau von 1914«, Teil des Romanzyklus »Der große Krieg der weißen Männer«.

6.1. *Russenfilm »Erde«:* Sowjet. Filmdrama (1930) von Alexander Dowshenko, einer der bekanntesten Stummfilme der UdSSR.

8.1. *Copyright-Prozeß:* Gemeint ist ein Prozess, den der brit. Autor Ashley Dukes angestrengt hatte. Dukes wollte sein auf LFs Roman »Jud Süß« basierendes Drama (1929) in den USA aufführen in der Annahme, von LF das Copyright erhalten zu haben. Tatsächlich gab es aber bereits eine Bühnenfassung für das Jiddische Theater in New York. Weder LFs 1925 im Drei Masken Verlag erschienener Roman noch das gleichnamige Drama waren durch ein Copyright geschützt, da der Verlag die Gebühr nicht entrichtet hatte. Eine Verhandlung fand am 30. Sept. 1932 in München statt, danach wurde das Verfahren vertagt. Vom Ausgang des Prozesses erfuhr LF am 29. Dez. 1932 in Amerika. – *mit Georg Müller:* Der Drei Masken Verlag verwaltete u. a. die Theaterlizenzen des Georg Müller Verlags, in dem LFs 1917 in München uraufgeführtes Theaterstück »Jud Süß« 1918 erschienen war. Da Dukes ihn auf Schadensersatz in Millionenhöhe verklagen wollte, sah sich LF seinerseits genötigt, den Verlag zu verklagen. – *Film »Südpol«:* »Mit Byrd zum Südpol«, amerik. Dokumentarfilm (1930) über die erste Antarktisexpedition des US-Konteradmirals Richard Evelyn Byrd (1888–1957).

11.1. *Die Kurzgeschichte:* Die Geschichte des Gehirnphysiologen Dr. Bl. – *Rosenthal:* Gemeint sein könnte der Architekt Harry Rosenthal, der 1931 Arnold Zweigs Atelierhaus in Berlin baute, oder LFs Rechtsanwalt Rosenthal.

20.1. *Glosse über »Tagebuchschreiber«:* Vgl. P. A. O.: Mein Privatleben ist viel zu uninteressant, in: Berliner Tageblatt, 6. März 1931. Verschiedene Gegner des Tagebuchschreibens kommen zu Wort, darunter auch LF: »Ein Tagebuch? Nein. Mir sagt es wenig zu, täglich

Bilanz zu machen, wie sehr ich einen Menschen mag oder wie intensiv ich gearbeitet habe.«

24.1. *Bei den internationalen Studenten:* Die Internationale Studentenvereinigung Berlin veranstaltete Abendvorlesungen zum Thema »Wie stellen die Dichter sich das Geschlecht von heute vor und was wollen sie von ihm?«.

6.2. *Im »BT« ... Sinclair Lewis über mich:* Lewis lobt »Jud Süß«, »Die häßliche Herzogin« und »Erfolg« als »sehr gut«. Erst in England bekannt, sei der Autor nun auch in Deutschland berühmt. (Margot Epstein: Von Berlin reist ab: Sinclair Lewis, in: Berliner Tageblatt, 6. Febr. 1931.) – *Kleiner nationalsozialistischer Theaterskandal:* Gegenüber der Uraufführung von »Mann ist Mann« (1926) hatte Brecht die Kritik an dem entmenschlichenden, fratzenhaften Militär zugespitzt und durch die Ausstattung der Schauspieler (mit Masken, Stelzen) auch optisch kenntlich gemacht. Die Premiere endete in einem Tumult, und auch die nächsten sechs Aufführungen im halbleeren Theater wurden gestört; danach wurde das Stück abgesetzt.

10.2. *ein großer Filmregisseur:* Nicht ermittelt. – *wegen einer Operette:* Das Programmheft weist aus: »Das blaue Hemd von Ithaka«. Operette in drei Akten nach Motiven von Jacques Offenbach von Ernst Römer. Text von Carl Roessler nach einer Idee von Lion Feuchtwanger. Die Uraufführung war am 13. Febr. 1931 im Theater im Admiralspalast.

11.2. *bei Schwannecke:* »Schwanneckes Weinstuben«, Rankestraße 4, intimes Nobellokal.

12.2. *Wetcheek-Gedicht:* Es hatte den Titel »Vom richtigen Benehmen Damen gegenüber«.

13.2. *für short stories:* Nicht ermittelt. – *Ellen Frank ... kriegt ein Kind von Moholy:* Nicht überliefert.

17.2. *den holländischen Kaufmann:* Das Stück »Der holländische Kaufmann« erschien 1923 im Drei Masken Verlag und wurde unter der Regie von Kurt Stieler im Münchner Residenztheater aufgeführt. Erst 1960 erfolgte eine weitere Aufführung in einer Rundfunkbearbeitung.

4.3. *Schwägerin Stefanie da und ihr Sohn:* Frau und Sohn des Bruders Martin Feuchtwanger.

5.3. *3 M V:* Drei Masken Verlag.

6.3. *Tageblatt schickt das Wetcheek-Gedicht zurück:* Die Sonntagsbeilage des »Berliner Tageblatts« hatte ab 1924 eine Zeitlang wöchentlich LFs satirische Wetcheek-Balladen gebracht, 1928 erschien bei Kiepenheuer die Sammlung »Pep. J. L. Wetcheeks amerikanisches Liederbuch«.

8.3. *Eva und der Literat Benjamin da:* Walter Benjamin hatte nach seiner Scheidung Eva Boys Wohnung in Berlin-Wilmersdorf, Prinzregentenstr. 66, übernommen.

9.3. *Ellen Frank ..., die angeblich Geburtstag hat:* Geboren am 9. März 1904, d.h., sie wurde an dem Tag 27 Jahre alt.

18.3. *Die Sache von den Cosmopolitan books:* Nicht ermittelt.

27.3. *Heinrich-Mann-Feier:* Feier zu Heinrich Manns 60. Geburtstag.

9.4. *Weltbühne nimmt ... das vom B. T. abgelehnte Wetcheek-Gedicht:* Das Gedicht mit dem Titel »Vom richtigen Benehmen Damen gegenüber« erschien am 14. April 1931 in der »Weltbühne«.

12.4. *PEN-Club für Heinrich Mann:* Die Beiträge von Max Liebermann, Adolf Grimme, Thomas Mann, Heinrich Mann, Gottfried Benn und Lion Feuchtwanger erschienen noch im selben Jahr bei Kiepenheuer unter dem Titel »Heinrich Mann: Fünf Reden und eine Entgegnung zum sechzigsten Geburtstag«.

13.4. *Sitzung gegen den § 218:* Paragraph, der den Schwangerschaftsabbruch unter Strafe stellte.

16.4. *meine Heinrich-Mann-Rede:* L. Z.: Heinrich Mann im PEN-Club, in: Vossische Zeitung, 14. April 1931. LFs Ansprache habe betont, heißt es hier, »wie sauer man es Heinrich Mann gemacht habe, sich durchzusetzen. Ein Vergleich mit Zola geriet daneben.«

17.4. *Im »Tagebuch« ein Angriff auf meine PEN-Club-Rede:* »Als der beste Redner des Klubs sollte Feuchtwanger die Festrede halten«, heißt es hier: »Aber er verlas mit finsterer Miene eine Betrachtung über das vertraute Thema, daß die besten Schriftsteller Deutschlands oft lange Zeit nur vom Ausland gewürdigt werden. Vielleicht dachte er an England und Amerika, wo auch ›Jud Süß‹ gewürdigt wird.« (Germanicus: Berühmte und unberühmte Schriftsteller, in: Das Tagebuch Nr. 16, 18. April 1931, S. 632.)

19.4. *in einer jüdischen Vereinigung:* Die Lesung fand im »Jüdischen Schulverein«, Meineckestr. 10, statt.

3.5. *Die beiden Reden für Bullerjahn:* Walter Bullerjahn, Oberlagerverwalter bei den Berlin-Karlsruher-Industriewerken, war aufgrund zweifelhafter Indizien und eines fragwürdigen Zeugen 1925 wegen Landesverrats zu 15 Jahren Zuchthaus verurteilt worden. Der Fall ging als deutsche Dreyfus-Affäre in die Justizgeschichte ein. 1931 strebte sein Anwalt eine Wiederaufnahme des Verfahrens an, 1932 wurde Bullerjahn freigelassen. Die Rede »Bullerjahn« hielt LF in der Liga für Menschenrechte.

26.5. *Besuch meines italienischen Verlegers:* Arnoldo Mondadori.

7.6. *Verlag Knaur ... eine Volksausgabe von »Jud Süß«:* Sie erschien im selben Jahr zum Preis von 2,85 Mark bei Knaur.

3.7. *Bau-Ausstellung:* Walter Gropius war 1931 an der Deutschen Bauausstellung (Berlin) zum Thema »Die Wohnung in unserer Zeit« beteiligt.

13.7. *Großer Bankenkrach:* Die »deutsche Bankenkrise« kündigte sich durch einen massiven Kapitalabfluss in den Vormonaten an und wurde ausgelöst durch den drohenden Bankrott von Europas größtem Wollkonzern, der Bremer Nordwolle. Deren größter Kreditgeber, die Darmstädter und Nationalbank (DANAT-Bank), schloss am 13. Juli die Schalter; Dresdner Bank und Rheinische Landesbank gaben am Tag darauf ihre Zahlungsunfähigkeit bekannt.

18.7. *Notverordnung über Kapitalflucht:* Die Notverordnung vom 18. Juli sah vor, dass Devisenbestände der Reichsbank anzugeben und auf Verlangen an sie zu verkaufen waren.

19.7. *Schwester Medi … mit ihrem Mann und Kindern:* Hans Ben-Dor und die Kinder Gerschon, Gabriel und Michael.

21.8. *Nervöser Versuch wegen der Kreissäge des Försters:* Die Säge wird auch in LFs »Offenem Brief an den Bewohner meines Hauses Mahlerstraße 8 in Berlin« (1935; vgl. Anm. zu 28. Febr. 1935) erwähnt: »Ihr Lärm hat mir manchmal die Freude an dem Haus verleidet, und nur mit großer Mühe konnte ich durchsetzen, daß man die Störung beseitigte.«

29.8. *Es scheint bei Kiepenheuer besser zu gehen:* Der Verlag war in große finanzielle Schwierigkeiten geraten.

12.9. *mit seinen Weibern:* Arnold Zweigs Frau und seine Sekretärin Lily Offenstadt.

20.9. *neue Notverordnung:* Durch die Verordnung des Reichspräsidenten vom 19. September wurden ein »Kuratorium für das Bankgewerbe« mit Vertretern des Reichswirtschaftsministeriums und der Reichsbank und ein Reichskommissar für das Bankwesen als erster Schritt zur Bankenaufsicht eingeführt.

21.9. *englischer finanzieller Zusammenbruch:* Im Zuge der deutschen Bankenkrise geriet auch das englische Bankensystem unter Druck. Am 20. Sept. 1931 gab England den Golddevisenstandard auf; das Pfund wurde drastisch abgewertet.

24.9. *An dem »Historischen Roman« für den amerikanischen Rundfunk gearbeitet:* Der Rundfunkbeitrag für die Columbia Radio Broadcasting Company hatte den Titel »Wozu lesen Sie historische Romane?« – die engl. Übersetzung wurde von LF am 15. November verlesen. Am selben Tag erschien auch eine kürzere Version unter dem Titel »Historischer Roman – Roman von heute!« im »Berliner Tageblatt«.

28.9. *Schweden gibt die Goldwährung auf:* Schweden und Norwegen hatten am Tag zuvor den Goldstandard aufgegeben.

2.10. *Schutzverband:* Der Schutzverband deutscher Schriftsteller (SDS) sollte den Autoren Rechtsschutz gewähren.

8.10. *Film »Alexanderplatz« von Döblin:* Phil Jutzis Spielfilm »Berlin – Alexanderplatz« (1931) basierte auf dem gleichnamigen Roman von Alfred Döblin.

22.10. *Film von Pallenberg:* Max Pallenberg spielte die Hauptrolle in Kortners Film »Der brave Sünder«. LF war am 22. Oktober Premierengast.

6.11. *Volksausgabe von »Erfolg«:* Sie erschien bei Kiepenheuer zum Preis von 3,75 Mark.

11.11. *Herz möchte gern den Josephus für Ullstein:* Der Roman erschien dann auch in dem zu Ullstein gehörenden Propyläen Verlag, Berlin 1932.

15.11. *der amerikanische Rundfunkvortrag:* Vgl. Anm. zum 24. Sept. 1931.

22.11. *der französische Botschafter:* André François-Poncet.

2.12. *wegen Verlagswechsel:* LF wechselte 1932 von Kiepenheuer zu Propyläen im Hause Ullstein.

3.12. *Bei Saalfeld:* Wie Marta Feuchtwanger berichtet, ließen Saalfelds, die in der Nachbarschaft wohnten, regelmäßig einen der besten Turnlehrer der Hochschule für Leibesübungen kommen, unter dessen Anleitung vor dem Abendessen eine Stunde lang im Garten geturnt wurde.

10.12. *Ein Holländer da, um über den Josephus zu verhandeln:* Der erste Band, »Der jüdische Krieg«, erschien 1932 im Amsterdamer Querido Verlag unter dem Titel »De jood van Rome«.

1932

5.1. *vierzehnjährige Tochter:* Dorothea Feuchtwanger.

7.1. *S. D. S.:* Schutzverband deutscher Schriftsteller.

10.1. *»99 von 100«:* Das Chanson erschien mit dem Titel »Neunundneunzig von Hundert. Peggys Lied von der Persönlichkeit« am 26. Okt. 1932 im »Berliner Tageblatt«.

12.1. *Mann der Seidel:* Anthony van Hoboken und Annemarie Seidel waren bis 1932 verheiratet.

17.1. *Goldklausel:* Die Goldklausel war eine Wertsicherungsklausel, die im Deutschen Reich nach Einführung der Renten- bzw. Reichsmark aus der Erfahrung der großen Inflation von 1923 in privaten Verträgen häufig anzutreffen war.

23.1. *Frau Israel Hedin:* Christina Björklund. – *wüster Schimpfartikel gegen mich:* Seitdem LF in seinem Beitrag zur Umfrage »Wie bekämpfen wir das Dritte Reich?« (in: Die Welt am Abend, 21. Jan. 1931) vor der »Knebelung des Geistes und der Kunst« durch die Nationalsozialisten, ja der »Ausrottung« der Intellektuellen und Künstler gewarnt hatte, wurde er in der nationalsozialistischen Presse immer wieder heftig attackiert. So hieß es in einer Rezension von »Erfolg« im »Völkischen Beobachter« vom 17. Okt. 1931: »Nach dieser Leistung bleibt dem Löb Feuchtwanger wohl nur noch zu bescheinigen, daß er sich einen zukünftigen Emigrantenpaß reichlich verdient hat.«

26.1. *»Mutter« von Brecht:* Die Uraufführung hatte am 16. Jan. 1932 im Komödienhaus am Schiffbauerdamm stattgefunden.

28.1. *Toni van Eyck … Mann:* Vermutl. Carl Anton Reichel, den sie 1933 heiratete.

27.2. *Mali und Igel:* Mali und Igel waren die Spitznamen von Amalie Rothaug und Else Conrad, die den lesbischen Klub »Monbijou des Westens« leiteten. Die Namen standen über dem Eingang.

1.3. *Theilhaber:* Vermutl. Felix Aaron Theilhaber, Facharzt für Haut- und Geschlechtskrankheiten, Gründer der Gesellschaft für Sexualreform Gesex und zionistischer Schriftsteller. Martin Feuchtwanger gab in seinem Verlag Edition Olympia Theilhabers Werk »Judenschicksal – Acht Biographien« heraus (Tel Aviv, um 1939).

6.3. *an der »Heiligen Johanna«:* Brecht arbeitete das 1930 entstandene Stück 1932 und ein weiteres Mal 1937 um. Am 11. April 1932 strahlte Radio Berlin eine gekürzte Hörspielfassung aus. – *Vortrag für die OSE:* Die »OZE« (Organisation für den Schutz der Gesundheit der Juden) war eine international aktive Organisation mit Sitz in Paris, die sich um Hygiene, Kinder- und Gesundheitsfürsorge der jüdischen Bevölkerung kümmerte. LF sprach dort zum Thema »Jüdische Ghettos der Ostjuden«.

13.3. *Hindenburg gewählt:* Der zweite Wahlgang fand am 10. April 1932 statt. Um einen Reichspräsidenten Hitler zu verhindern, unterstützten die Parteien der sogenannten Weimarer Koalition die Kandidatur Hindenburgs, der aus dem zweiten Wahlgang als Sieger hervorging.

17.3. *Einen Film Brechts:* »Die Dreigroschenoper« (1931) von Georg Wilhelm Pabst nach Brechts gleichnamigem Bühnenstück. In der Zeit des Nationalsozialismus war der Film verboten.

3.4. *Glasbläser Nachum:* Eine Figur im »Josephus«-Roman.

2.5. *Potemkin-Films:* Eisensteins Film »Panzerkreuzer Potemkin« (1925) kam Ende April 1926 in die deutschen Kinos und lief dort zunächst mit großem Erfolg. Kürzungs- und Änderungsauflagen seitens des Justiz- und Reichswehrministeriums führten jedoch zu erheblichen Entstellungen. Zeitweise drohte ein völliges Aufführungsverbot, wogegen LF zusammen mit Jessner, Kerr, Rehfisch, Becher und anderen protestierte. Der Film wurde, wenn auch zensiert, wieder freigegeben.

9.5. *»Jud Süß« sei ins Japanische übersetzt:* Die japan. Übersetzung war 1929 in Tokio erschienen.

10.5. *Ossietzkys Einkerkerung:* Wegen des angeblichen Verrats militärischer Geheimnisse in einem 1929 erschienenen Artikel der »Weltbühne« war Ossietzky Ende 1931 zu 18 Monaten Gefängnis verurteilt worden. Ein Gnadengesuch wurde Ende März 1932 abgelehnt. Am 10. Mai trat Ossietzky, begleitet von zahlreichen Freunden und politischen Weggefährten, seine Haftstrafe an. Nach seiner Entlassung am 22. Dez. 1932 wurde er im Februar 1933 erneut verhaftet.

13.5. *kleinen Protest gegen die Beschränkung der Pressefreiheit:* Nicht ermittelt.

20.5. *Geschichten von Maugham:* Vermutl. »Menschen der Südsee«; der »Novellenkreis« war 1932 in deutscher Sprache erschienen. – *Erzählung von einem gewissen Tügel:* Möglicherweise Ludwig Tügels 1932 erschienene Erzählung »Die Treue«.

21.5. *Pollatschek:* Vermutl. Stefan Pollatschek.

24.5. *Brecht aus Rußland zurück:* Brecht hielt sich vom 9. bis 21. Mai 1932 zur Uraufführung des Films »Kuhle Wampe« (am 14. Mai) erstmals in der Sowjetunion auf, zusammen mit dem Regisseur Slatan Dudow.

30.5. *Films »Kuhle Wampe« von Brecht:* Das Drehbuch stammte von Brecht, Ernst Ottwalt und Slatan Dudow. Die Deutschlandpremiere fand im Berliner Filmtheater Atrium statt, anschließend wurde der Film in 13 weiteren Berliner Kinos sowie in anderen Großstädten gezeigt. LF verfasste eine kurze Einführung: »Wem gehört die Welt?«

7.6. *Dienstmädchen Gertrud:* Gertrud Rudolph.

15.6. *Eva mit ihrer Mutter:* Carolina Regina Hommel; sie lebte in München.

24.6. *Zeugenvernehmung in München:* Gemeint ist der Copyrightprozess in München; vgl. Anm. zum 8. Jan. 1931: Copyright-Prozeß. Als Zeuge trat u.a. Ernst Rowohlt auf. – *Huebsch da … Es kommt nichts Rechtes dabei heraus:* Letztlich doch: Noch 1932 erschien »Der jüdische Krieg« bei Viking Press, New York.

21.7. *üble politische Nachrichten:* Gemeinsame Erklärung der »Nationalen Opposition«. Adolf Hitler, Franz Seldte (»Stahlhelm«) und Alfred Hugenberg (DNVP) gaben bekannt, dass sie im Fall der Regierungsübernahme nicht bereit seien, die finanziellen Verpflichtungen einzugehen, die Reichskanzler Brüning beschlossen hatte.

22.7. *taedium vitae:* Lat. Lebensekel, Lebensüberdruss.

5.8. *Thomas Mann mit Frau … getroffen:* Die Manns hatten ein Sommerhaus im lit. Ostseebad Nidden.

13.8. *Barbaren-Vortrag für Amerika:* Vortrag mit dem Titel »Revival of Barbarism in Modern Times«.

16.8. *Literary Guild:* Der zweitgrößte amerik. Buchclub.

15.9. *Ich schreibe statt dessen einen anderen:* Er hatte schließlich den Titel »Vom Sinn und Unsinn des Nationalismus« (»On Sense and Nonsense of Nationalism«).

20.9. *Vossische Zeitung macht viel Wesen aus meinem Buch:* Beginn des Abdrucks von LFs Roman in der »Vossischen Zeitung« unter dem Titel »Rom und Jerusalem« in 30 Folgen (bis zum 20. Oktober). Ankündigung auf der Titelseite: »Wir beginnen heute mit dem Abdruck des großen historischen Romans ›Rom und Jerusalem‹ von Lion Feuchtwanger.«

26.9. *Mein Aufsatz … über den modernen Roman:* LF: Der Roman von heute ist international; vgl. Werkregister III.

30.9. *Der Vergleich kommt nicht zustande:* Der Prozess wurde vertagt. Dukes, so Marta Feuchtwanger, habe seine Klage gegen LF zurückgezogen, da er die Überzeugung gewann, dass der Autor selbst an der Sache unschuldig war. LF hingegen hielt seine Klage gegen den Drei Masken Verlag aufrecht, vom Ausgang des Verfahrens erfuhr er am 29. Dez. 1932; vgl. Anm. zum 8. Jan. 1931: Copyright-Prozeß. – *Bankier Feuchtwanger:* Vermutl. Angelo Feuchtwanger. –

Auseinandersetzung mit Frank: Bruno Frank. – *Ellen F.:* Ellen Frank. – *Bergnerfilm:* »Der träumende Mund«: Dt.-franz. Spielfilm von Paul Czinner (1932) nach dem Stück »Mélo« von Henri Bernstein mit Elisabeth Bergner in der Hauptrolle.

4. 10. *in den Jahreszeiten:* Das Hotel Vier Jahreszeiten.

6. 10. *Berichtet, daß wahrscheinlich der Film »Jud Süß« zustande kommt:* Die Verfilmung von Lothar Mendes bei der Gaumont-British Picture kam 1934 in die Kinos.

19. 10. *einen Aufsatz über den »Josephus«:* LF: Was ist Wahrheit? Anmerkungen zu dem Roman »Rom und Jerusalem«; vgl. Werkregister III. – *mit Michel abschließen:* Der Pariser Verlag Albin Michel, in dem der Roman unter dem Titel »La Guerre des Juifs« 1933 erschien.

23. 10. *Döblin mit Frauen:* Döblins Ehefrau Erna und die Geliebte Charlotte Niclas.

5. 11. *Das eine Interview ist erschienen:* Nicht ermittelt.

6. 11. *in Iver:* Ortschaft westlich von London. – *Frau von Dukes:* Dukes und Kennedy waren nicht verheiratet, sondern hatten jeweils andere Ehepartner.

8. 11. *Interview mit dem »Manch. Guardian« über politische Dinge:* Nicht ermittelt.

10. 11. *mutige Kritiken des »Tagebuchs«:* Nicht ermittelt. – *Sehr gut im Tempo:* Die Rezension erschien unter der Überschrift »Lion Feuchtwanger: ›Der jüdische Krieg‹. Ein Roman aus der Vergangenheit für die Gegenwart«.

17. 11. *Sobotka:* Der aus Wien stammende Chemiker Harry Sobotka hatte Marta Feuchtwanger beim Skilaufen in Tirol kennengelernt und sie 1927 nach Amerika eingeladen. Er zeigte ihr New York und begleitete sie bis nach Kuba. – *Das Hotel riesiger Pomp:* LF wohnte in New York im Luxushotel Waldorf Astoria.

18. 11. *Speakeasy:* Lokal, in dem während der Prohibitionszeit in Amerika illegal Alkohol ausgeschenkt wurde.

21. 11. *National Art Club:* Der National Arts Club war 1898 gegründet worden, um mit diversen Kunstgalerien und Veranstaltungen ein breiteres Publikum für Literatur und Kunst zu interessieren.

22. 11. *meine satirische Lebensbeschreibung:* LF: Der Schriftsteller L. F., seine Welt und seine Zeit; vgl. Werkregister III.

23. 11. *Dreiser da mit seiner hübschen und bösen Frau:* Vermutl. Dreisers Cousine Helen Patges Richardson, die nach der Scheidung seiner ersten Ehe seine Partnerin wurde und die er 1944 heiratete.

24. 11. *»Mankind«:* Vollständiger Titel: »Has Mankind Changed in the Last Two Thousand Years?«

3. 12. *»Of Thee I Sing«:* Musical mit der Musik von George Gershwin; die Uraufführung hatte am 26. Dez. 1931 im Music Box Theatre in New York stattgefunden. Die Politsatire war das erste Musical, das den Pulitzer-Preis gewann.

7. 12. *dann lese ich an der Neger-Universität … schlecht:* Der Vortrag »On Sense and Nonsense of Nationalism« wurde 1934 als Broschüre in Atlanta gedruckt mit der Bemerkung, wegen LFs starkem Akzent sei der Vortrag schwer verständlich gewesen und werde daher mit Genehmigung des Verfassers abgedruckt: »The Directors feel that because of Dr. Feuchtwanger's accent, many of those present had difficulty in understanding him and therefore they have secured the permission of Dr. Feuchtwanger to the printing of this copy.«

16. 12. *»The Green Pastures«:* Theaterstück von Marc Connelly (1930) nach Erzählungen von Roark Bradford, das 1930 mit dem Pulitzer-Preis ausgezeichnet wurde. Episoden des Alten Testaments werden aus der Perspektive eines afroamerikanischen Südstaaten-Kindes interpretiert.

22. 12. *mit Drei:* Der Schulfreund Paul Drei. – *dem deutschen Generalkonsul und seiner Frau:* Otto Carl Kiep und seine Frau Hanna.

29. 12. *Prozeß Müller:* Gemeint ist der seit Januar 1931 anhängige Copyright-Prozess; vgl. Anm. zum 8. Jan. 1931: Copyright-Prozeß und 30. Sept. 1932: Der Vergleich kommt nicht zustande.

30. 12. *Georgette Carneal … einen großen Teil ihres Buches gelesen:* Vermutl. ihren Roman »The Great Day« (New York 1932).

1933

7. 1. *mit Laemmle, dem Filmkönig:* Laemmle war Leiter der Universal Studios und damit sehr einflussreich.

8. 1. *In einem großen Theater:* Möglicherweise das State Theatre, das 2350 Sitzplätze hatte.

14. 1. *Dreyfus Amerikas:* Thomas Mooney war wegen eines Bombenanschlags in San Francisco 1916 zum Tode und später zu lebenslanger Haft verurteilt worden. Da das Urteil auf Meineiden und falschen Zeugenaussagen beruhte, wurde Mooney zum berühmtesten politischen Gefangenen Amerikas. Für seine Freilassung, die erst 1941 erfolgte, setzten sich viele prominente Persönlichkeiten ein.

15. 1. *Carolyn Anspacher.* Vgl. ihren Bericht im »San Francisco Chronicle« vom 14. Jan. 1933: »Hitler Branded Stupid, Acting Great Man Role«. LF wird mit den Worten zitiert: »Adolf Hitler, the idol of the German masses, is a colossal nonentity. A fool and a mediocre actor, whose knowledge of mass psychology has saved him from complete oblivion […]. He fancies himself in the role of a great man, but actually his power is vastly overrated.« – *Fresko von Rivera:* Der mexikanische Maler Diego Rivera hatte 1931 zwei große öffentliche Wandfresken in San Francisco fertiggestellt, ein drittes folgte 1940.

16. 1. *Chef des Tom-Mooney-Komitees:* Der Reporter Ernest J. Hopkins, der über den Fall auch ein Buch veröffentlicht hatte: »What Happened in the Mooney Case« (1932).

17. 1. *Valet:* Engl. Kammerdiener. – *Artikel über meinen Rat, den Tom-Mooney-Fall durch einen fingierten Prozeß zu fördern:* »Novel Mooney Retrial is suggested« vom 17. Jan. 1933, o. O.

22. 1. *Präsident der Universität:* Robert Maynard Hutchins. – *in einem unerhört großen Saal:* Vermutl. das Chicago Theatre, das mit seinen 3880 Sitzplätzen bei der Eröffnung 1921 als »Wonder Theatre of the World« angepriesen wurde. – *im Tal:* Straße in der Münchner Altstadt.

23. 1. *das Publikum hört sehr gut zu:* Wie aus einem Zeitungsbericht hervorgeht, hielt LF im Temple Adath Israel den Vortrag »Has Mankind Changed in the Last Two Thousand Years«. – *bei dem Rabbi, der das ganze veranstaltet hat:* Rabbi Joseph Rauch.

28. 1. *deutsche Botschafter:* Baron von Prittwitz und Gaffron.

30. 1. *cold:* Engl. Schnupfen, Erkältung. – *The lights are against me:* Engl. sinngemäß: Die Zeichen stehen auf Sturm.

2. 2. *Dimensionen der Halle:* Arnstein konstruierte unter stetiger Verbesserung der Trägerkonstruktionen mittels Aluminium-Legierungen eine 360 m lange, 100 m breite und 60 m hohe Luftschiffhalle, die 1929 fertiggestellt wurde.

6. 2. *Ich höre, daß in der »New York Times« nette Bilder von mir waren:* Nicht ermittelt, dafür ein Foto LFs in der »New York Herald Tribune« vom 5. Febr. 1933.

8. 2. *Hitler-Aufsatz:* LF sprach zum Thema »Hitler als Schriftsteller«, wie er seiner Frau in einem ausführlichen, über mehrere Tage entstandenen Brief (9.–11. Febr.) berichtete.

9. 2. *Die Sachen, die ich gestern über Hitler gesagt habe, groß aufgemacht in den Zeitungen:* Vgl. den Bericht in der »Herald Tribune«: »Feuchtwanger Assails Hitler's Literary Style. Audience Here Told Each of Book's 140.000 Words is Grammatical Offense.« – *im Deutschen Haus:* Das Institut zur Förderung des deutschen Kulturgutes in New York.

22. 2. *Artikel über Faschismus und deutsche Kultur:* Vermutl. »Hitler's War on Culture«, erschienen am 19. März im »New York Herald Tribune Magazine«. Vgl. auch LF: »Hitler and the Jews«, erschienen am 15. März 1933 in der New Yorker Zeitschrift »Contempo«.

23. 2. *Francesco von Mendelssohn da, wegen der »Dreigroschenoper«:* Die amerik. Theaterpremiere der »Dreigroschenoper« fand unter der Regie von Francesco von Mendelssohn am 13. April 1933 am Broadway statt, war aber ein Misserfolg und erlebte nur zwölf Aufführungen. – *Ginsburg:* Vermutl. Isidor Ginsburg (1872–1947) oder Saul Ginsburg (1866–1940). Beide waren schriftstellerisch tätig.

24. 2. *Artikel über Hitler:* Vgl. Anm. zum 22. Febr. 1933. – *»The Late Christopher Beau«:* Eine Adaption der Komödie »Prenez garde à la peinture« von René Fauchois (1932).

26. 2. *In seiner Synagoge:* Die Reformsynagoge Temple Rodeph Sholom.

1. 3. *Rosenbach-Sammlung:* Abraham Rosenbach war ein erfolgreicher Sammler und Gelehrter mit Leidenschaft für seltene Bücher und ausgefallene Objekte.

4. 3. *Wahlnacht in Deutschland:* Am 5. März fanden die Wahlen zum Reichstag statt.

6.3. *Nachricht, daß Hitler eine große Majorität hat:* Die NSDAP wurde mit 43,9% der abgegebenen Stimmen und 288 Mandaten stärkste Partei. Zusammen mit der Kampffront Schwarz-Weiß-Rot (8% und 52 Sitze) verfügte sie nun über die absolute Mehrheit im Parlament.

24.3. *»Mein Leben unter den Barbaren«:* Textideen, die sich in dem Roman »Exil« wiederfinden.

28.3. *wüste volksdeutsche Angriffe wegen meines amerikanischen Artikels:* In einem langen Artikel »Terror in Germany Amazes Novelist«, der am 21. März 1933 in der »New York Times« erschien (und am folgenden Tag unter dem Titel »I Warn the Jew-Baiters« im »The Evening Standard«, London), hatte LF das Ausmaß der Barbarei in Deutschland, wie es seit dem Ende des Dreißigjährigen Krieges nicht mehr da gewesen sei, beschrieben und mit aller Schärfe die Verfolgung der Juden angeprangert (»pogroms such as Germany has not seen since the Jewish persecutions of the 14th century«). Die nationalsozialistische Presse reagierte empört und griff ihrerseits LF massiv an; vgl. z. B. die Karikatur »Die jüdische Auslandshetze gegen das erwachte Deutschland«, in: Völkischer Beobachter, 25. März 1933; »Die ostjüdische Hetze gegen Deutschland«, in: Berliner Lokalanzeiger, 25. März 1933; »Ausländisch-jüdischer Greuelfeldzug«, in: Deutsche Tageszeitung, 23. März 1933.

29.3. *im Radio sei gesagt worden, ob Einstein und mir die Rückkehr nach Deutschland erlaubt werde, sei fraglich:* Der Auslandspressechef der NSDAP, Ernst Hanfstaengl, erklärte in einem Telefoninterview auf die Frage, »ob unter den gegenwärtig herrschenden Zuständen solche Männer wie Prof. Einstein und Lion Feuchtwanger nach Deutschland zurückkehren [könnten], ohne belästigt zu werden«: »Ich kann diese Frage nicht beantworten. Es liegt bei den deutschen Gerichten, darüber zu entscheiden. Es ist natürlich sehr bedauerlich, daß diese beiden Männer sich im Auslande in so abfälliger Weise über Deutschland ausgesprochen haben.« (»Hitler gegen die jüdische Greuelhetze. Aufklärendes Amerika-Interview des Auslandspressechefs der NSADP«, in: Der Tag (Berlin), 28.? März 1933.)

30.3. *daß die Juden in Deutschland mich hassen, weil sie den Boykott ihrer Geschäfte auf mich zurückführen:* Der Ende März 1933 angekündigte und geforderte Boykott jüdischer Geschäfte wurde als »Abwehrmaßregel gegen die Greuelhetze des Auslandes« deklariert, wobei »die idiotischen Aufsätze des Herrn Lion Feuchtwanger und der politische Schwachsinn, den Herr Professor Einstein im Auslande verzapft«, ausdrücklich zur Begründung »brutaler Vergeltung« herhalten mussten; vgl. »Unsere Meinung«, in: Deutsche Allgemeine Zeitung, 29. März 1933.

12.4. *Ein Filmmensch aus London ruft an … hat dringende Geschäfte:* Die Initiative ging vom englischen Premierminister Ramsey MacDonald aus – die brit. Regierung wollte einen antifaschistischen Film fördern und LF für das Drehbuch gewinnen.

13.4. *Chefredakteur Keller von der Berner Zeitung »Bund«:* Chefredakteur des »Bund« war 1925–1941 Ernst Schürch.

16.4. *einen Propagandafilm über die jüdischen Dinge:* Sujet war die Geschichte der »Oppermanns«, Arbeitstitel »Kaufhaus Oppermann« und »Die Familie Oppermann«.

17.4. *Einen kleinen Judenartikel für England geschrieben:* Vermutl. »Jews and Nazis«. Der Artikel erschien am 29. April in der Wochenzeitschrift für Literatur und internationale Politik »Everyman«.

23.4. *Artikel über jüdische Religion:* Vermutl. »The Jews«, in: Sunday Dispatch, 4. Juni 1933. Der Artikel war Teil einer Serie zum Thema »What other men believe«.

4.5. *Bandol, Freitag, 4. Mai:* Es gibt zwei Einträge für den 4. Mai 1933, einmal korrekt mit »Donnerstag«, hier fälschlich mit »Freitag« angegeben. – *Der Engländer:* Der brit. Skriptautor Sidney Gilliat, der LF bei dem Verfassen des Drehbuchs unterstützen sollte. – *mit ihrem Schwager:* Dem brit. Ehemann von Irma Sernau, verh. White.

18.5. *Fellner:* Hermann Fellner war von London in die Schweiz geschickt worden, um mit LF das Projekt des antifaschistischen Propagandafilms zu erörtern.

22.5. *Telegramm …, daß die Filmgeschichte nichts wird:* Das Filmprojekt wurde von der brit. Regierung aus politischen Gründen abgesagt, da sie nun auf Verständigung mit Hitler setzte.

4.6. *dem holländischen Verleger:* Emanuel Querido, der zusammen mit Fritz Landshoff in Amsterdam den gleichnamigen deutschsprachigen Exilverlag begründete, in dem ab 1933 LFs Gesammelte Werke erschienen.

16.6. *Querido wegen der Gesamtausgabe:* Als Bd. 3 der Gesammelten Werke erschien 1933 »Der jüdische Krieg«, als Bd. 5. »Die Geschwister Oppenheim«.

2.7. *Austreibung der Hagar:* Motiv aus dem Alten Testament: Verstoßung der ägypt. Sklavin Hagar, der Nebenfrau Abrahams, aufgrund der Eifersucht Saras.

10.7. *Heinrich Mann und seine Freundin:* Heinrich Mann und Nelly Kröger heirateten im September 1939.

19.7. *Sybille Schoenebeck und Eva Herrmann besucht:* Beide wohnten zusammen in der Bastide Juliette, Sainte Trinide, Sanary, so die Postadresse.

22.7. *Interview von Royer:* Louis Charles Royer: Intellectuels allemands en exil, in: Paris-soir (Ms. FML).

26.8. *Teilen mit, daß mir die deutsche Staatsangehörigkeit abgesprochen wurde:* LF wurde in der ersten Ausbürgerungsliste vom 23. Aug. 1933 aufgeführt und gehörte damit zu den 33 Personen, denen durch das nationalsozialistische Regime die deutsche Staatsbürgerschaft als Erstes aberkannt wurde.

2.9. *das Braunbuch:* Dieses erste Braunbuch mit dem Titel »Livre brun sur l'incendie du Reichstag et la terreur hitlérienne« (»Braunbuch über Reichstagsbrand und Hitlerterror«) erschien 1933 zunächst franz. in Willi Münzenbergs Éditions du Carrefour in Paris, wurde dort am 1. Aug. auf einer Pressekonferenz vorgestellt und in vielen Sprachen verbreitet.

6. 9. *Untersuchungsausschuß des Reichstagsbrandes ... abgelehnt:* LF verfasste aber einen kurzen Text, in dem er die Tätigkeit der internationalen Juristenkommission begrüßte: Adresse Feuchtwangers zum Gegenprozess, in: Der Reichstags-Prozess. Tägliches Extrablatt des »Gegen-Angriff«, 15. Sept. 1933.

10. 9. *die Exemplare der deutschen Auslandsausgabe des Jüdischen Krieges:* Die Ausgabe im Amsterdamer Querido Verlag.

29. 9. *die wirklichen Oppermanns bedrohen mich ... wenn ich den Namen nicht ändere:* Ein Nationalsozialist namens Oppermann machte geltend, dass dieser »kerndeutsche Name« nicht missbraucht werden dürfe, und drohte LFs Bruder Martin mit Konsequenzen. Daher erschienen die ersten Ausgaben unter dem veränderten Titel »Die Geschwister Oppenheim«.

9. 10. *Marta ... bricht sich das Bein:* Eine ungenaue Schilderung: Als Brecht, Zweig und LF nachts zum Strand hinuntergingen, um einen Meteoritenschauer zu betrachten, setzte sich plötzlich das Auto auf der abschüssigen Straße in Bewegung und rollte auf die drei Männer zu. Bei Martas Versuch, durch das offene Fenster das Lenkrad herumzureißen, verdrehte sich der Wagen und überschlug sich. Marta erlitt schwere Frakturen am linken Bein und Knöchel. Monatelange Krankenhaus- und Sanatoriumsaufenthalte in Toulon und Bandol schlossen sich an.

21. 10. *über den Leipziger Prozeß:* Der Prozess um den Reichstagsbrand.

24. 10. *Eine Schwester der Eva Herrmann:* Thea Thöny.

12. 11. *über seinen Roman:* Vermutl. der »Dreigroschenroman«. Er erschien 1934 bei Allert de Lange, Amsterdam.

20. 11. *Artikel für Heinrich Mann:* LF: Heinrich Manns »Hass«; vgl. Werkregister III. »Der Hass« war eine Essaysammlung Heinrich Manns zur deutschen Zeitgeschichte.

27. 11. *die Geschichte mit der Gaumont British:* Die Verfilmung von »Jud Süß« durch die Gaumont-British Picture Corporation, die im Oktober 1934 in die brit. Kinos kam.

28. 11. *Paul Grätz:* Grätz spielte in dem Film Oppenheimers Vertrauten Landauer.

1. 12. *Veidt:* Conrad Veidt, ein Jahr zuvor emigriert, spielte die Titelrolle. – *Judenmädel, das die Naemi spielt:* Pamela Ostrer (1916–1996) gab hier ihr Filmdebüt in der Rolle der Naemi, Oppenheimers Tochter.

4. 12. *Film »Heinrich VIII.«:* »The Private Life of Henry VIII« (1933), Film von Alexander Korda.

5. 12. *Lady Oxford:* Margot Asquith, Countess of Oxford and Asquith.

8. 12. *Ist sie Spionin:* Spionin in Bezug auf den Film. June Head war selbst in der Filmbranche tätig und übersetzte beispielsweise Zuckmayers Szenario für einen Film über Rembrandt (1936) ins Englische.

9.12. *Charles Laughton großartig:* Laughton hatte in der Saison 1933/34 ein Engagement am Old Victoria Theatre London und soll in Shakespeares »Maß für Maß« herausragend gespielt haben.

11.12. *Interview im Daily Herald:* Nicht ermittelt. – *die Geschichte mit der Gaumont:* Die Verfilmung von »Jud Süß«; vgl. Anm. zum 27. Nov. 1933.

14.12. *Mae West Film I am no angel:* Mae West hatte das Drehbuch von »I'm No Angel« (1933) geschrieben und spielte die Hauptrolle.

15.12. *konstituierende PEN-Club-Sitzung:* Auf dieser Sitzung wurde der »Deutsche PEN-Club im Exil« gegründet.

16.12. *an dem Speech:* Die Rede für die Einladung bei Weizmann am 20. Dezember. – *Albin Michel:* Der Roman »Les Oppermann« erschien 1934 in der Übersetzung von Maurice Rémon bei Albin Michel, Paris.

20.12. *Der Lunch:* Die Einladung bei Weizmanns. – *Ich spreche ganz gut:* Die Rede hatte den Titel »German Jews 1933« und erschien am folgenden Tag in der »London Times«.

21.12. *Meine Rede in den Times:* Vgl. Anm. zum 20. Dez. 1933: Ich spreche ganz gut.

24.12. *mit den Verlegern Mendelssohn und Roubiczek:* Paul Roubiczek und Peter de Mendelssohn gründeten 1933 in Paris den Verlag Europäischer Merkur, der in den zwei Jahren seines Bestehens neun Bücher, darunter auch einen Band mit Erzählungen LFs herausbrachte; vgl. Anm. zum 2. Jan. 1934: Kleiner Vertrag.

26.12. *Geld für Dimitroff:* Georgi Dimitroff war Hauptangeklagter im Reichstagsbrandprozess, doch konnten für die gegen ihn erhobenen Anschuldigungen keine Beweise beigebracht werden. Im Februar 1934 wurde er freigelassen und anschließend wegen seiner glänzenden Verteidigung als »Löwe von Leipzig« gefeiert.

1934

1.1. *Ann Bernstein … beim Film:* Ann Bernstein war die Wiener Vertreterin der amerik. *Filmgesellschaft* Metro-Goldwyn-Mayer.

2.1. *Wassermann gestorben:* Jakob Wassermann war am 1. Jan. 1934 gestorben. – *Kleiner Vertrag:* 1934 veröffentlichten Roubiczek und Mendelssohn in ihrem Verlag Europäischer Merkur LFs Novellenband »Marianne in Indien und sieben andere Erzählungen«.

4.1. *Tabarin:* Bal Tabarin war ein berühmtes Pariser Kabarett.

8.1. *nicht in Toulon:* In der Klinik von Toulon sollte eine weitere Operation erfolgen.

15.1. *Vorwort zum Braunbuch:* LF: Der Mord in Hitler-Deutschland; vgl. Werkregister III. Zum ersten Braunbuch vgl. Anm. zum 2. Sept. 1933.

16.1. *Tschu Mendelssohn:* Edith Mendelssohn, geb. Tschirnitz.

19.1. *Das Hotel lärmend:* Da die Villa Lazare im Winter nicht beheizbar war und ihn die Haushaltsführung überforderte, logierte LF nach der Rückkehr aus London und Paris für die Dauer von Martas Nachbehandlung im Grand Hôtel von Bandol.

23.1. *Ich höre, daß mein Haus an der Gorguette vermietet sei:* Die Halbinsel La Gorguette befindet sich zwischen der Bucht von Bandol und der Bucht von Sanary. Die Villa Lazare lag dort auf einem kleinen Felsvorsprung. Der Mietvertrag wurde nicht verlängert, das Haus, wie LF am 9. April 1934 an Brecht schrieb, »hat man leider in ein Nachtlokal verwandelt, und in dem Zimmer, in dem ich die ›Oppermanns‹ schrieb, wird jetzt gesoffen und gehurt«.

14.3. *Franks finden ein Haus:* Die über der Bucht von Sanary gelegene Villa Fayet, gegenüber der Villa Tranquille, die Thomas Mann im Sommer 1933 gemietet hatte.

17.3. *bei Suzy:* Bar in Bandol.

20.3. *dies andere Haus:* Die Villa Valmer, die die Feuchtwangers am 5. Mai bezogen.

5.4. *Vorwort für die Oldens:* Für Rudolf und Ika Oldens Buch »›In tiefem Dunkel liegt Deutschland‹. Von Hitler vertrieben – ein Jahr deutsche Emigration«. Der Band ist damals nicht erschienen und wurde erst 1994, hrsg. von Charmian Brinson und Marian Malet, im Berliner Verlag Metropol veröffentlicht.

10.4. *infirmière:* Franz. Krankenschwester; vgl. Einträge vom 3. Febr., 15., 17. und 18. April 1934.

20.4. *letzten Roman von Jakob Wassermann:* Vermutl. »Etzel Andergast« (1931). Der postum verlegte letzte Roman Wassermanns, »Joseph Kerkhovens dritte Existenz«, erschien erst im Herbst 1934 bei Querido.

5.5. *Das Haus ist ganz nett, aber die Anstrengungen Martas ... sind unverhältnismäßig groß:* Das Haus »hat etwa 20 räume, 3 garagen, vier badezimmer, 3 küchen, für zwei leute ein bisschen viel«, doch habe er es ganz mieten müssen, »um nicht von andern insassen gestört zu werden«, schrieb LF am 27. März an Eva Boy (Briefe an Eva van Hoboken, S. 137 f.).

9.5. *»Josephus 2«:* Erschienen unter dem Titel »Die Söhne«. – »Thomas Wendt«: Die Neubearbeitung des 1918/19 verfassten Theaterstücks erschien 1934 unter dem Titel »Neunzehnhundertachtzehn«.

12.5. *Mit den Engländerinnen:* Namens Joyce Lee und Barbara.

16.5. *die Oppermanns in einer russischen Zeitschrift:* Der Roman erschien mit dem Titel »Sem'ja Oppengejm« (Familie Oppenheim) in Heft 4–7/1935 der Zeitschrift »Oktjabr'«.

25.5. *Vorwort zu den 3 Stücken:* LF veröffentlichte sein »Vorwort zu den ›Drei Stücken‹« in Heft 11/1934 der Zeitschrift »Die Sammlung«, die Stücke selbst – »Die Kriegsgefangenen«, »Neunzehnhundertachtzehn« und »Der holländische Kaufmann« – erschienen unter dem Titel »Three Plays« 1934 bei Viking Press, London. – *Ben Zwi:* Künstlername des Schauspielers Paul Baratoff.

22.6. *Nachmittags der Fotograf da:* An diesem Tag machte Walter Bondy in der Villa Aufnahmen von Marta und Lion, darunter das oft reproduzierte Foto, das beide in der Bibliothek zeigt.

26.6. *Pallenberg bei einem Flugzeugunfall tödlich verunglückt:* Max Pallenberg, Ehemann von Fritzi Massary und Liesl Franks Stiefvater, starb am 26. Juni 1934 bei Karlsbad, Tschechoslowakei.

7.7. *eine Reihe von Wünschen, zum Teil sehr gut:* Klaus Mann veröffentlichte in der von ihm in Amsterdam herausgegebenen Zeitschrift »Die Sammlung« eine kurze Würdigung zu LFs 50. Geburtstag, gefolgt von Glückwünschen von Bertolt Brecht, Max Brod, Alfred Döblin, Bruno Frank, Emil Ludwig, Heinrich Mann, André Maurois, Joseph Roth, Carlo Sforza, Leopold Schwarzschild, Ernst Toller und Arnold Zweig (Heft 11/1934, S. 565–571).

30.8. *die Novellen:* Den Band »Marianne in Indien und sieben andere Erzählungen«. Er erschien noch 1934 in schwed. Übersetzung in Stockholm.

31.8. *Heinrich Mann »Heinrich den Vierten«:* Der erste Band erschien 1935 mit dem Titel »Die Jugend des Königs Henri Quatre«.

3.9. *Pauly-Wissowa, Realenzyklopädie:* »Paulys Realencyclopädie der classischen Altertumswissenschaft«, begründet von August Friedrich Pauly (1796–1845), ab 1890 fortgeführt von Georg Wissowa (1859–1931).

27.9. *Frau Rothschild:* Alix de Rothschild.

3.10. *Minka Strauss … Rothschild:* Minka Strauss und Alix de Rothschild waren Schwestern.

9.10. *König von Serbien und Barthou:* Alexander I. Karađorđević, 1921 bis 1934 König der Serben, Kroaten und Slowenen, fiel am 9. Oktober in Marseille einem Attentat zum Opfer.

17.10. *Kritik über den Film Jud Süß im Tagebuch von Lania:* Leo Lania: »Jud Süß« als Film, in: Das Neue Tage-Buch, Nr. 41, 1934, S. 19. – *Film »On Human Bondage«:* Filmdrama (1934) von John Cromwell nach dem gleichnamigen Roman von William Somerset Maugham.

21.10. *In Wien Störungen bei dem Film Jud Süß:* In Wien hatte der Film im Oktober 1934 seine deutschsprachige Erstaufführung; er lief dort unter dem Titel »Ahasver, der ewige Jude« an, wurde aber bald nach der Premiere verboten.

22.10. *um meine Maske abnehmen zu lassen:* Paul Hamann hatte ein schonendes Verfahren zur Abnahme von Lebendmasken entwickelt, das ihn bekannt machte.

19.12. *Ma femme tricote … Gardez-nous ainsi, mon Dieu:* Franz. »Meine Frau strickt unter der Lampe beim Feuer. Ich lese ein wenig, und meine Tochter klimpert auf dem Klavier. Gib, mein Gott, dass es so bleibt!« LF zitiert das Gedicht in einem Brief an Bertolt Brecht vom 28. Dez. 1934: »Um Ihnen einen kleinen Silvesterspaß zu machen, setze ich Ihnen ein (ernstgemeintes) Gedicht hierher, das ich in dem soeben erschienenen Almanach der französischen Postbeamten gefunden habe, der von zwei Mitgliedern der Akademie bevorwortet ist […].« (Briefwechsel mit Freunden I, S. 29.)

27.12. *Kalkutta:* Das zusammen mit Brecht verfasste Theaterstück »Kalkutta, 4. Mai«.

1935–1937
Sanary, Politik und Vereinnahmung

»als Handelnden … mit ›Bekennermut‹«: Anne Hartmann: »Ich kam, ich sah, ich werde schreiben«. Lion Feuchtwanger in Moskau 1937, S. 14.

1935

1.1. *Mondadori:* LFs ital. Verlag Arnoldo Mondadori Editore.

13.1. *Autobiographie für die Russen:* »Der Schriftsteller L.F., seine Welt und seine Zeit« erschien 1935 in der russ. (Heft 2) und der dt. Ausgabe (Heft 5) der Zeitschrift »Internationale Literatur«.

11.2. *3 Szenenstücke:* »Three Plays«; vgl. Anm. zum 25. Mai 1934.

27.2. *Novellen-Sammlung:* Die engl. Ausgabe von »Marianne in Indien und sieben andere Erzählungen« unter dem Titel »Little Tales«, erschienen bei Secker, London.

28.2. *»Offenen Brief an den Bewohner meines Hauses«:* In seinem »Offenen Brief an den Bewohner meines Hauses« konfrontiert LF den neuen Besitzer seines Hauses nach der Beschlagnahmung durch die Nazis und fragt ironisch, ob die Teppiche und Böden im Haus durch die Stiefel der SA-Männer sehr gelitten hätten und was er mit der Bibliothek zu tun gedenke, da Bücher im Dritten Reich nicht sehr beliebt seien. Der Text wurde erstmals 1935 im »Pariser Tageblatt« publiziert, seitdem u.a. in »More Letters of Note. Briefe für die Ewigkeit« (2016), im Zuge des daraus resultierenden Projekts »Letters Live« wurde er mehrfach von prominenten Sprechern vor großem Publikum vorgetragen, 2016 etwa von dem Schauspieler Jude Law in einem Flüchtlingslager in Calais.

13.3. *Little tales:* Die engl. Ausgabe von »Marianne in Indien«; vgl. Anm. zum 27. Febr. 1935.

17.3. *Deutschland führt die Wehrdienstpflicht ein:* Das Deutsche Reich hatte am Tag zuvor die durch den Versailler Vertrag verbotene allgemeine Wehrpflicht wieder eingeführt, nachdem Hermann Göring, Reichsminister für Luftfahrt, am 9. März 1935 die Existenz einer durch den Versailler Vertrag ebenfalls verbotenen deutschen Luftwaffe erklärt hatte, ohne dass massive Proteste aus dem Ausland gefolgt wären.

30.3. *Brousse:* Vermieter der Villa Valmer.

21.4. *Tartarin:* Tartarin von Tarascon, Titelfigur von drei Romanen des franz. Schriftstellers Alphonse Daudet.

13.5. *will meine Bücher an Hutchinson abgeben:* Martin Secker verkaufte die engl. Rechte an LFs Büchern an den Verlag Hutchinson & Company.

21.5. *Muir:* Willa und Edwin Muir übersetzten gemeinsam Werke LFs ins Englische.

23.5. *Methuen, ein anderer großer Verleger:* Gemeint ist der 1889 von Sir Algernon Methuen (1856–1924) gegründete Verlag Methuen Publishing Ltd.

25.5. *Helen:* Vermutl. Helen Ferguson.

29.5. *Film »Clive«:* »Clive of India« (Kampf um Indien, 1935) ist eine filmische Biographie des brit. Generals Robert Clive, der die Vorherrschaft der East India Company in Bengalen ausbaute.

12.6. *Aufsatz über »Sinn und Unsinn des historischen Romans«:* Erschienen unter dem Titel »Vom Sinn und Unsinn des historischen Romans«.

23.6. *zu den Leuten vom Kongreß:* Der Internationale Kongress zur Verteidigung der Kultur.

24.6. *An dem französischen Manuskript:* LFs Vortrag »Vom Sinn und Unsinn des historischen Romans«.

25.6. *Lu:* »Lu« (Gelesen) war der Titel eines ins Französische übersetzten internationalen Pressespiegels, der 1931–1937 als Beilage zur Zeitschrift »Vu« (Gesehen) erschien.

28.6. *Kolzow und Frau:* Kolzows damalige Partnerin Maria Osten.

2.7. *mit einem halben Nazi verheiratet, der in Deutschland eine Stellung hat:* Sybille von Schoenebecks Halbschwester Maximiliane und deren Mann Hans Günther von Dincklage, der für die deutsche Abwehr als Spion tätig war. Offiziell ließ er sich 1934 von seiner »jüdisch versippten« Frau scheiden, lebte aber weiterhin mit ihr in Sanary zusammen.

6.7. *»Historischer Roman« im Tagebuch:* Unter dem Titel »Vom Sinn und Unsinn des historischen Romans«.

16.7. *russischer kommunistischer Essay über mich:* Vermutl. Hans Günther: Lion Feuchtwanger, ein Stück neuer deutscher Literaturgeschichte, in: Internationale Literatur, Heft 5/1935, S. 92–100.

22.8. *3. Josephus:* Der Abschlussband der Trilogie; er erschien unter dem Titel »Der Tag wird kommen«.

31.8. *Artikel über Barbusse:* LF: Henri Barbusse; vgl. Werkregister III.

16.9. *der alte Herrmann:* Eva Herrmanns und Thea Thönys Vater Frank S. Herrmann.

28.9. *Madame Legros:* Schauspiel von Heinrich Mann, in dem die Titelfigur eine erfolgreiche Rettungsaktion für einen ihr unbekannten Häftling in der Bastille unternimmt, was zum Fanal für den Sturm auf die Bastille wird.

11.10. *Kritik über Marcuses Loyola:* LFs Rezension »Marcuses Loyola-Buch« erschien am 26. Okt. 1935 im »Neuen Tage-Buch«.

17.10. *deutsche Abrechnung aus Holland:* D.h. vom Exilverlag Querido.

22.10. *Musée Granet:* Traditionsreiches Museum in Aix-en-Provence mit reicher Kunstsammlung.

21.11. *Film »Becky Sharp«:* Der in Technicolor gedrehte amerik. Historienfilm aus dem Jahr 1935 basierte zu Teilen auf dem Roman »Jahrmarkt der Eitelkeit« von William Makepeace Thackeray, den LF im April gelesen hatte.

22. 11. *Einheitsfront zwischen Sozialdemokraten und Kommunisten:* LF gehörte seit Ende August 1935 dem »Vorläufigen Ausschuss zur Vorbereitung einer deutschen Volksfront« an, der in der Öffentlichkeit als »Aktionsausschuss für Freiheit in Deutschland« auftrat.

25. 11. *Freundin von Münzenberg:* Babette Gross.

28. 11. *Les petites considérations sont le tombeau des grandes choses:* Franz. »Kleinliche Bedenken sind das Grab der großen Dinge.«

30. 11. *On s'acharne souvent à rêver l'impossible pour mieux se dispenser du possible:* Franz. »Man versteift sich oft darauf, das Unmögliche zu träumen, um sich besser des Möglichen zu entledigen.« – *Gespräch mit Anwalt über Naturalisierung:* Die Möglichkeiten einer Naturalisierung hatte LF bereits am 13. Nov. 1933 mit seinem Anwalt Max Strauß erörtert.

5. 12. *Lilo … ist nach Rußland engagiert:* Lilo Dammert lebte zeitweise als Drehbuchautorin und Filmwissenschaftlerin in Moskau.

7. 12. *»Der neue Gulliver«:* Film von Alexander Ptuschko (1935), der weltweit erste Puppentrickfilm in Spielfilmlänge.

23. 12. *Aufsatz für die Russen:* Vermutl. LF: Germanija. Zimnaja skaska (Deutschland. Ein Wintermärchen), in: Pravda, 1. Jan. 1936.

1936

6. 1. *Artikel zu Knut Hamsun:* LF: Zum Fall Knut Hamsun – Ossietzky; vgl. Werkregister III.

7. 1. *Artikel über Heinrich Mann »Henri Quartre«:* LF: Anlässlich des »Henri Quatre« von Heinrich Mann; vgl. Werkregister III.

18. 1. *Schwarzschild verlangt Stellungnahme:* Als der Plan zur Übersiedlung des S. Fischer Verlags nach Wien bekannt wurde, griff Schwarzschild im »Neuen Tage-Buch« vom 11. Jan. (Nr. 2/1936, S. 30 f.) Gottfried Bermann Fischer als »Schutzjuden des nationalsozialistischen Buchhandels« an und warf ihm vor, mit Goebbels' Einverständnis einen »getarnten ›Emigrations‹-Verlag« mit Thomas Mann als Aushängeschild gründen zu wollen. Thomas Mann veröffentlichte mit Annette Kolb und Hermann Hesse am 18. Jan. in der »Neuen Zürcher Zeitung« eine Gegenerklärung (»Ein Protest«), die wiederum von seiner Tochter Erika scharf kritisiert wurde.

23. 1. *»Toute la ville en parle«:* Amerik. Film (»The Whole Town's Talking«) von John Ford (1935).

27. 2. *»Praeterea censeo clitoridem Sacratissimae Majestatis ante coitum diutius esse titillandam«:* Lat. »Im Übrigen halte ich dafür, dass die Klitoris ihrer Allerheiligsten Majestät vor dem Koitus ausdauernd zu kitzeln ist.« – Rat des holländischen Arztes van Swieten an den Gemahl der Maria Theresia: Diese Empfehlung an Franz I. Stephan sollte der Kinderlosigkeit abhelfen. Der Rat fruchtete, seine Frau Maria Theresia gebar 16 Kinder.

9.3. *»The ghost goes west«:* Brit. Filmkomödie von 1935.

21.3. *in einem Film von Wells:* Vermutl. »Things to Come« (»Was kommen wird«), Science-Fiction-Film von Alexander Korda (1936) nach dem Roman »The Shape of Things to Come« von H. G. Wells.

23.3. *von der Akte:* Episode aus »Der falsche Nero«.

26.3. *Frau Webb:* Vermutl. Beatrice Webb, die zusammen mit ihrem Mann Sidney Webb die Sowjetunion besucht und anschließend mit ihm das prosowjetische Buch »Soviet Communism. A New Civilization?« (1935) veröffentlicht hatte.

29.3. *verheiratet mit einem Filmregisseur:* Harold Warners Tochter Doris Warner war zwischen 1934 und 1942 mit dem Filmproduzenten Mervyn LeRoy verheiratet.

3.4. *»Lady Precious Stream«:* Ein altes chinesisches Stück, das von S. I. Hsiung ins Englische übertragen wurde.

4.4. *Brahm und seine Freundin Dolly Haas: beide waren verheiratet. – seine Freundin Edith:* Vermutl. seine Frau Edith Hasenclever.

28.4. *Ilf Petrow:* Ilja Ilf und Jewgeni Petrow, erfolgreiches sowjet. Autorenduo, dessen satirische Romane LF sehr schätzte.

9.5. *Brief der russischen Übersetzerin:* Wahrscheinlich von Vera Waldman aus Leningrad, die »Jud Süß« und »Erfolg« übersetzt hatte.

24.5. *mit H.:* Gemeint ist Aldous Huxley.

17.6. *Artikel über die russische Verfassung:* Der Entwurf der neuen Sowjetverfassung war in der »Deutschen Zentral-Zeitung« vom 12. Juni 1936 veröffentlicht worden (LF erhielt die Zeitung regelmäßig zugeschickt). Sein Beitrag »Beim ersten Ueberlesen des Verfassungsentwurfs der Sovjet-Union« (»Pri čtenii proekta sovetskoj konstitucii«) erschien in der »Pravda« vom 1. Juli 1936; vgl. Werkregister III.

19.6. *Artikel über Gorki:* LF: Gedanken an Gorkis Todestag (Na smert' Gor'kogo); vgl. Werkregister III.

5.7. *Marta schlägt … vor:* Überschwemmung statt Brand: Im Roman folgt auf den Brand Roms 16 Jahre später die Überschwemmung Apameas, wobei beide Verbrechen den Christen zur Last gelegt werden, um zu ihrer Verfolgung anzustacheln.

9.7. *Peter Mendelssohn da wegen einer zu gründenden Deutschen Akademie:* Mendelssohn verfasste Mitte 1936 zusammen mit Richard A. Bermann eine Denkschrift über die Begründung einer Deutschen Akademie der Künste und Wissenschaften im Exil in New York, in Verbindung mit der 1935 von Hubertus Prinz zu Löwenstein ins Leben gerufenen American Guild for German Cultural Freedom. Mendelssohn gelang es bei seiner sechswöchigen Werbetour durch halb Europa, Thomas Mann für die Idee der Akademie zu gewinnen – Mann übernahm die Präsidentschaft für die Sektion Künste, für den Bereich der Wissenschaften tat dies Sigmund Freud.

31.7. *Telegramm aus Rußland, sie wollen … Lilo Dammert herschicken:* Lilo Dammert sollte das Drehbuch verfassen.

1.8. *die kleine Mann:* Erika Mann.

7.8. *mit Kolzow nach Spanien:* Michail Kolzow war als Sonderkorrespondent der »Pravda« und Emissär Stalins im Spanischen Bürgerkrieg tätig. Maria Osten berichtete von dort für die »Deutsche Zentral-Zeitung«.

2.9. *Zweig aus Haifa:* Arnold Zweig hatte sich 1934 in Haifa niedergelassen, kam aber regelmäßig im Sommer nach Europa.

4.9. *Verfilmung von »Erfolg«:* Der Film wurde schon in der sowjet. Presse angekündigt, doch wurde das Projekt nicht verwirklicht. LF hielt das Drehbuch (von Dmitri Lawruchin und G. Sorokin) für nicht angemessen.

25.9. *Moskauer Prozeß:* Der erste der drei großen Moskauer Schauprozesse (gegen Sinowjew, Kamenew u.a.) hatte vom 19. bis 24. Aug. 1936 stattgefunden. Alle 16 Angeklagten wurden zum Tode verurteilt.

5.10. *Plan eines Romans »Beaumarchais«:* LF verwirklichte diesen Plan mit dem Roman »Waffen für Amerika« (1946), dessen Hauptprotagonisten Beaumarchais und Benjamin Franklin sind.

10.10. *Der kleine Schickele:* Anna und René Schickeles Sohn Hans.

30.10. *Marcuse, der nach Rußland fahren will:* Marcuse sollte in die Redaktion der von Brecht, Bredel und LF herausgegebenen Exilzeitschrift »Das Wort« eintreten, die seit Juli 1936 in Moskau erschien. Seine Frau begleitete ihn.

13.11. *Den spanischen Botschafter:* Luis Araquistáin, ab 1932 Spanischer Botschafter in Deutschland, seit November 1936 in Frankreich.

21.11. *Film »Rembrandt«:* Brit. Spielfilm von Alexander Korda (1936) nach einer Geschichte von Carl Zuckmayer.

2.12. *Burgpark:* Die Gartenanlage um den Kreml. – *Präsident der Sowjetschriftsteller:* Gemeint ist vermutl. Lachuti, damals Sekretär des Sowjetischen Schriftstellerverbands.

3.12. *eine nette kleine Schauspielerin:* Vera Janukowa, die Mitte der 30er Jahre mit Erwin Piscator liiert war und in seinem in der Sowjetunion entstandenen Film »Aufstand der Fischer« (1934) eine Hauptrolle spielte. – *eine Frau, die einen Verlagsvertrag von mir haben will:* Vermutl. Maria Seldowitsch, die im Namen der Literaturzeitschrift »Snamja« mit LF über den Vorabdruck des Nachfolgebands zu »Erfolg« verhandelte. Der Vertrag wurde am 25. Dez. 1936 geschlossen.

5.12. *der Mann eine Klette:* Henri Aisner. – *Die Manöver der Sowjetarmee:* Es handelt sich um den Film »Udarom za udar« (Schlag auf Schlag).

6.12. *große Demonstration anläßlich der Inkraftsetzung der russischen Verfassung:* Gemeint ist eine Kundgebung auf dem Roten Platz. »Moscow Daily News« vom 8. Dez. 1936 zeigt LF inmitten der Teilnehmer.

7.12. *Rastorgujewo:* Siedlung und Bahnstation nahe dem ehemaligen Landsitz Suchanowo der Fürsten Wolkonski, in den 1930er Jahren Erholungsheim des Architektenverbands. LF schreibt Rostagujevo.

12.12. *über das Wort:* Die Exilzeitschrift »Das Wort«.

13.12. *Lilos Mann:* Henry Aisner.

14.12. *Die Dramatiker, die die Oppermanns bearbeiten:* M. Wolowikowa und Lifschitz sollten eine Bühnenfassung der »Geschwister Oppermann« erarbeiten. – *der Regisseur Roschal da und seine Schwester:* Grigori Roschal führte Regie und verfasste zusammen mit seiner Schwester Serafima Roschal das Drehbuch. – *Artikel über Gide:* Gides kritischer Reisebericht »Retour de l'U.R.S.S.« (Zurück aus Sowjetrussland), der Ende November in Paris erschienen war, löste in der Sowjetunion eine heftige Kampagne gegen den franz. Autor aus.

15.12. *mit dem Direktor:* Iwan Lichatschow. – *Rundfunkleute:* Zur Vorbereitung von LFs Rundfunklesung am 27. Dez. 1936. – *Zenzl Mühsam:* Zenzl Mühsam, nach der Ermordung ihres Mannes Erich Mühsam im KZ Oranienburg 1934 über Prag nach Moskau geflohen, war im April 1936 verhaftet, jedoch im Oktober aufgrund internationaler Proteste freigelassen worden. 1938 wurde sie erneut verhaftet und verbrachte die Jahre 1938–1946 sowie 1949–1954 in sowjet. Straflagern bzw. in der Verbannung und konnte erst 1955 in die DDR ausreisen. – *Pressechef des Auswärtigen Amtes:* Gemeint ist Boris Tal, Leiter der Abteilung für Presse und Verlagswesen beim ZK der WKP(b).

16.12. *Ein kleiner Filmregisseur namens Kauffmann:* Vermutl. der bekannte Filmregisseur und Fotograf Michail Kaufman.

18.12. *Dimitroff … erzählt von seinem Prozeß:* Gemeint ist der Reichstagsbrandprozess von 1933; vgl. Anm. zum 26. Dez. 1933.

21.12. *WOKS:* Allunionsgesellschaft für kulturelle Verbindungen mit dem Ausland. – *»Petersburger Nächte«:* Eigtl. »Petersburger Nacht« (Peterburgskaja noč'), 1934.

23.12. *Artikel über Gide:* LF: Der Ästhet über die Sowjetunion (Ėstet o Sovetskom Sojuze); vgl. Werkregister III.

24.12. *»Turandot«:* Carlo Gozzis tragikomisches Märchen »Prinzessin Turandot« (1762) war in der Inszenierung Wachtangows seit 1922 ein Erfolg und wurde geradezu zum Symbol für sein Theater.

25.12. *Petermeier:* LF schreibt hier fälschlich Petermann. – *Gorkis Witwe:* Maria Andrejewa, 1904–1921 die zweite Ehefrau Maxim Gorkis; sie leitete zwischen 1931 und 1948 das Moskauer »Haus der Gelehrten«.

27.12. *Zeitschrift Snamja (Die Fahne), sonderbare Mischung von Armee und Literatur:* Die Monatszeitschrift »Snamja« war 1931 aus dem Organ der »Literarischen Vereinigung von Roter Armee und Flotte« (LOKAF) hervorgegangen; in den Jahren 1934 bis 1990 fungierte sie als Organ des Sowjetischen Schriftstellerverbands, wobei gerade in den 30er und 40er Jahren politische und militärische Themen großen Raum einnahmen. – *»Räuber Boitre«:* Stück von Moyshe Kulbak (1896–1937). Die Premiere in der Inszenierung von Solomon Michoëls hatte am 18. Mai 1936 stattgefunden. Boytre, der Held des Stückes, ist nach dem Vorbild von Schillers »Räubern« gestaltet.

28. 12. *Bau-Ausstellung:* Gezeigt wurde ein Modell der Hauptstadt, wie sie gemäß Stalins »Generalplan zur Rekonstruktion der Stadt Moskau« (1935) in zehn Jahren umgestaltet sein sollte. – *ZAGI-Werke:* Das Zentrale Aero- und Hydrodynamische Institut »N. E. Shukowski«. Ein »Leserkollektiv« des Instituts hatte LF bereits im Juni 1936 eingeladen, ihr Werk zu besuchen.

29. 12. *in den Pickwickern:* »Pickwick-Club«, Theaterstück nach Charles Dickens' Roman »Die Pickwickier«.

31. 12. *»Der stille Don«:* Oper (1935) von Iwan Dsershinski nach Motiven des Romans von Michail Scholochow. – *mit einem besoffenen Flieger:* Der berühmte Pilot Waleri Tschkalow, der mehrere Langstreckenrekorde aufgestellt hatte und u. a. wegen eines Transpolarflugs von Moskau nach Portland, Oregon, als Held gefeiert wurde.

1937

5. 1. *Polytechnikum:* Eigtl. Polytechnisches Museum.

6. 1. *Aristokraten:* Komödie (1934) von Nikolai Pogodin über die erfolgreiche Umerziehung von Kriminellen in einem Straflager am Weißmeer-Ostseekanal; sie wurde in einer Inszenierung von Boris Sachawa seit Frühjahr 1935 im Wachtangow-Theater aufgeführt. LF besuchte am 15. Januar noch eine weitere Inszenierung des Stücks durch Nikolai Ochlopkow am Realistischen Theater mit vielen avantgardistischen Elementen.

7. 1. *Erholungsheim Sosny:* Damals ein Erholungsheim für hohe Regierungsbeamte. – *Kershenzew … Kulturminister:* Platon Kershenzew fungierte 1936–1938 als Vorsitzender des Komitees für Kunstangelegenheiten.

9. 1. *mein Interview mit Stalin:* Die Formulierung ist missverständlich; die Zeitungen brachten – mit Foto – die Meldung über das Interview, jedoch keinen Wortlaut. Die »Aufzeichnung der Unterredung des Genossen Stalin mit dem deutschen Schriftsteller Lion Feuchtwanger« erschien russ. erstmals 2004, deutsch 2008; vgl. Werkregister III.

10. 1. *spreche für das Radio über Moskau und Stalin:* Die »Ansprache Lion Feuchtwangers« erschien am 14. Jan. 1937 in der »Deutschen Zentral-Zeitung«.

12. 1. *»Intervention«:* Stück von Lew Slawin, das seit 1933 im Wachtangow-Theater aufgeführt wurde.

13. 1. *»Wir aus Kronstadt«:* Von Wischnewski stammte das Drehbuch, Regie Jefim Dsigan.

17. 1. *»Zar Feodor«:* Die Tragödie »Zar Fjodor Joanowitsch« (1868) von Alexej K. Tolstoi.

18. 1. *»Familie Turbin«:* Eigtl. »Die Tage der Turbins« – Bürgerkriegs-

stück von Michail Bulgakow nach seinem Roman »Die weiße Garde« (1924). Nach der Premiere am Moskauer Künstlertheater 1926 wurde es 1929 abgesetzt, auch mehrfach umgearbeitet, dann auf Geheiß Stalins wieder in den Spielplan aufgenommen.

19. 1. *Nachmittags zeigt Eisenstein Stücke seines neuen Films:* Dass Eisenstein LF Teile seines nicht freigegebenen (und nie vollendeten) Films »Die Beshin-Wiese« zeigte, führte zu einem Skandal hinter den Kulissen.

20. 1. *wegen des Prozesses:* Der zweite Moskauer Schauprozess gegen das »sowjetfeindliche trotzkistische Zentrum« mit den Hauptangeklagten Karl Radek und Georgi Pjatakow, der am 23. Jan. 1937 begann und an dem LF teilnehmen sollte.

25. 1. *Meine Äußerungen zum Prozeß erscheinen groß in der Sowjetpresse:* »Lion Feuchtwanger über den ersten Prozesstag« veröffentlichten »Deutsche Zentral-Zeitung«, »Pravda« und »Izvestija«. – *Artikel »Prawda«:* LFs Aufsatz »Fašizm i germanskaja intelligencija« (Der Faschismus und die deutsche Intelligenz) erschien in der »Pravda« vom 28. Januar.

27. 1. *Tolstoi … charmante Frau:* Alexej N. Tolstois vierte Ehefrau Ludmilla Krestinskaja, mit der er seit 1935 verheiratet war.

29. 1. *Kleinen Artikel für die Sowjetpresse über den Prozeß:* LF: Erster Eindruck dieses Prozesses; vgl. Werkregister III.

3. 2. *»Die letzte Nacht«:* Revolutionsfilm von Juli Reisman (1936) über den bewaffneten Aufstand Moskauer Arbeiter im Oktober 1917.

4. 2. *La Commune:* »Zori Pariža« (Pariser Morgenröte). Der Film war 1936 in die Kinos gekommen.

5. 2. *kurzen Artikel über Moskauer Kino:* K. Gofman: Lion Fejchtvanger o sovetskom kinematografii (Lion Feuchtwanger über das sowjetische Kino), in: Pravda, 7. Febr. 1937.

7. 2. *Interview:* »Lion Feuchtwanger über die Sowjetunion« erschien in »Deutsche Zentral-Zeitung«, »Pravda« und »Izvestija«.

8. 2. *Wüste Angriffe in der Presse:* Gemeint ist vermutl. Kurt Hiller: Der Fall Feuchtwanger, in: Prager Montagsblatt, 8. Febr. 1937. – *Der Chef des Verlages Borový:* Der von František Borový (1874–1936) begründete gleichnamige Verlag, dessen Leitung 1936 Julius Fürth (Firt) übernahm.

30. 3. *Karamasow:* Dostojewskis Roman »Die Brüder Karamasow«.

12. 4. *Rezension über Oskar Maria Graf:* Die Rezension »Der Abgrund« galt Grafs gleichnamigem Roman und erschien in: Das Wort, Heft 6/1937.

13. 4. *Kritik »Hay«:* Die Besprechung von Julius Hays Stück »Haben« erschien unter diesem Titel in »Das Wort«.

15. 4. *die Angelegenheit Brousse:* Brousse war der Besitzer der Villa Valmer, mit dem es in Mietangelegenheiten immer wieder Ärger gab; er schickte LF am 10. Juni sogar den Gerichtsvollzieher.

17. 4. *Kritik über Ulrich Becher:* LF: Ulrich Becher; vgl. Werkregister III.

19.4. *Telegramm des Moskauer Staatsverlages, sie möchten »Moskau 1937«:* Im Staatsverlag (Goslitizdat) erschien im November 1937 die russ. Ausgabe: »Moskva 1937. Otčet o poezdke dlja moich druzej«. Als Redakteur ist Iwan Anissimow angegeben, die Übersetzerin, LFs Dolmetscherin Dora Karawkina, ist nicht genannt.

16.5. *»Emigranten«-Roman:* Den »Emigranten«-Roman stellte LF im August 1939 fertig. Er erschien 1940 unter dem Titel »Exil« als dritter Band der sog. Wartesaal-Trilogie.

26.5. *Den Trotzki-Teil überarbeitet. Mit nicht ganz gutem Gewissen:* Im Zuge der Überarbeitung setzte LF Trotzkis Verdienste systematisch herab und übertrug lobende Attribute wie »blendend«, »genialisch« etc., die vorher ihm gegolten hatten, auf Stalin.

29.5. *Stalin-Artikel:* Nicht ermittelt.

1.6. *Die Deutschen beschießen eine offene spanische Stadt:* Vermutl. ist die Zerstörung der baskischen Kleinstadt Gernika durch deutsche Kampfflugzeuge der Legion Condor am 26. April 1937 gemeint. Sie wurde berühmt durch Pablo Picassos Gemälde »Guernica«, das ab Juli im spanischen Pavillon auf der Pariser Weltausstellung gezeigt wurde. – *Exposé des Emigranten-Stückes:* LF schickte das umfangreiche Exposé am 4. Juni an das Wachtangow-Theater. Das Stück wurde bereits in der sowjet. Presse angekündigt, doch kam die Aufführung nicht zustande.

10.6. *Gollancz will das russische Buch drucken:* Die engl. Ausgabe »Moscow 1937. My Visit Described for My Friends« erschien 1937 bei Victor Gollancz in London und im selben Jahr bei Viking Press, New York.

20.6. *Autor Katz:* Henry W. Katz. – *beim Kongreß:* Der XV. Internationale Kongress des PEN-Clubs, der vom 21. bis 24. Juni 1937 in Paris stattfand.

21.6. *wegen meiner Rede:* LF sprach über das Thema »Wie das Dritte Reich die Schriftsteller verfolgt«, in: Pariser Tageszeitung, 23. Juni 1937. – *in der Ausstellung:* Vermutl. die Pariser Weltausstellung (25. Mai bis 25. Nov. 1937), deren offizielle Bezeichnung lautete »Exposition Internationale des Arts et Techniques appliqués à la vie moderne«.

22.6. *Frau Čapek:* Die Schauspielerin und Schriftstellerin Olga Scheinpflugová. – *Nachmittags PEN-Club:* LF nahm auf Bitten Rudolf Oldens als Hauptdelegierter der Deutschen teil und brachte zwei Resolutionen ein – für Ossietzky und gegen die Verfolgung der deutschen Schriftsteller im In- und Ausland durch das Dritte Reich.

25.6. *Rede … im Schutzverband:* Im Zusammenhang mit der dt.-franz. Eröffnungsveranstaltung zur Ausstellung »Das Deutsche Buch in Paris 1837–1937« sprach LF über »Das deutsche Buch in der Emigration«, in: Deutsche Information, Nr. 206, 29. Juni 1037, S. 3.

26.6. *Sowjetpavillon:* Architekt war Boris Iofan. Der sowjetische Pavillon war als programmatischer Gegenentwurf zum deutschen Pavillon

(Entwurf: Albert Speer) konzipiert. – *Spanienreise:* LF sollte am II. Internationalen Kongress zur Verteidigung der Kultur teilnehmen, der am 4. Juli in Valencia begann, in Madrid fortgesetzt und am 16./17. Juli 1937 in Paris beendet wurde.

27.6. *Ausstellung Moderne Kunst:* Die von Raymond Escholier kuratierte Ausstellung »Maîtres de l'art indépendant« (Meister der unabhängigen Kunst) im Petit Palais, die LF am 3. Juli noch einmal besuchte.

29.6. *Ausstellung des neuen französischen Museums:* Im Zusammenhang mit der Weltausstellung war im Palais de Tokyo das Museum für moderne Kunst eingerichtet worden. Eröffnet wurde es am 24. Juni. – *Das russische Buch erhalten:* Die deutschsprachige Originalausgabe von »Moskau 1937«, die bei Querido, Amsterdam, erschien.

1.7. *»La grande illusion«:* Spielfilm von Jean Renoir aus dem Jahr 1937.

2.7. *»Der Deputierte der baltischen Flotte«:* Eigtl. »Der Deputierte aus dem Baltikum« (Deputat Baltiki). Der Film von Alexander Sarchi und Iossif Cheifitz hatte am 27. März 1937 Premiere.

9.7. *Abschluß des Kongresses:* Gemeint ist der II. Internationale Kongress zur Verteidigung der Kultur; vgl. Anm. zum 26. Juni 1937: Spanienreise. Heinrich Mann und Brecht nahmen an der Abschlussveranstaltung teil, LF schickte eine Grußbotschaft, »Deutschland (Brief an den Kongreß)«, später erschienen in: Das Wort, Heft 10/1937, S. 63.

22.7. *Die englische Ausgabe des russischen Buches erscheint:* Vgl. Anm. zum 10. Juni 1937.

30.7. *Negativer Artikel von Schwarzschild:* Die ersten drei Teile von Schwarzschilds kritischem Artikel »Feuchtwangers Botschaft« erschienen am 31. Juli 1937 im »Neuen Tage-Buch« (Nr. 31, S. 730–734), Teil 4–7 am 7. Aug. 1937 im folgenden Heft (S. 752–759).

22.8. *E. E. Noth da, um mich zu interviewen:* Ernst Erich Noth: A Sanary, chez Feuchtwanger, in: Les Nouvelles Littéraires, 25. Sept. 1937.

9.9. *Dilettanten-Aufführung bei Eva:* Wie Augenzeugen berichten, wurde vor knapp 100 Zuschauern auf der Terrasse vor dem Haus erst ein Einakter von Julien Luchaire aufgeführt, in dem Eva Herrmann mitspielte, anschließend ein Stück, das Brian Howard eigens für diese Aufführung geschrieben hatte (»The Secret of Mayerling«). Gespielt wurde es erst in der engl. Originalsprache, dann – improvisiert – auch noch auf Deutsch und Französisch.

11.9. *Piscator und Frau:* Piscator hatte im April 1937 in zweiter Ehe die Tänzerin Maria Ley geheiratet.

24.9. *Spanischer Abschluß über das russische Buch:* Die spanische Ausgabe »Moscow – 1937. Mi visita descrita para mis amigos« erschien noch im selben Jahr bei Editorial Pax mit Sitz in Santiago de Chile und Mexiko-Stadt.

3.10. *Raskolnikow:* Hauptfigur von Dostojewskis Roman »Schuld und Sühne«.

11.10. *Kleiner Artikel für die Prawda:* Möglicherweise »Nepreryvnoe dviženie vpered« (Stetige Vorwärtsbewegung) über die sowjetische Literatur anlässlich des 20. Jahrestages der Oktoberrevolution; der Artikel erschien jedoch nicht in der »Pravda«, sondern der »Literaturnaja gazeta« vom 5. Nov. 1937. – *Vaillant … plötzlich gestorben:* Paul Vaillant-Couturier war am Vortag in Paris gestorben.

15.10. *Probe eines Einakters von Brecht:* Die Uraufführung der »Gewehre der Frau Carrar« (Regie Slatan Dudow) mit Helene Weigel in der Titelrolle fand am folgenden Abend statt.

21.10. *Film Pique dame:* Stummfilm von Arthur Wellin (1918) nach der gleichnamigen Novelle von Alexander Puschkin mit Alexander Moissi in der Hauptrolle. – *in der Ausstellung:* Gemeint ist die Pariser Weltausstellung, die bis zum 25. Nov. 1937 geöffnet war.

22.10. *bei einer Filmgala »Peter der Große«:* Zweiteiliger Film von Wladimir Petrow (1937 u. 1938) nach dem gleichnamigen Roman Alexej Tolstois.

25.10. *Fles da. Will, daß man seinen Sohn in Moskau befreit:* Louis Fles bemühte sich um die Freilassung seines Sohn George, der, überzeugter Kommunist, als Übersetzer in Moskau gearbeitet hatte und dort unter dem Vorwurf der Spionage und des Trotzkismus verhaftet worden war. Er starb am 31. Mai 1939 in einem Gefängnis.

28.10. *Film der göttlichen Garbo:* Kameliendame: US-amerik. Spielfilm (1936) von George Cukor nach Alexandre Dumas' Bühnenstück »Die Kameliendame«.

1.11. *Ausstellung »chefs-d'œuvre de l'art français«:* Die Ausstellung fand von Juni bis Oktober 1937 im Palais national des arts statt.

2.11. *Jardin d'acclimatation:* Park im nördlichen Teil des Bois de Boulogne.

5.11. *Green pastures:* Am 16. Dez. 1932 hatte LF bereits das gleichnamige Theaterstück in New York gesehen. Der darauf basierende Film »The Green Pastures« kam 1936 in die Kinos.

7.11. *Film »Le roi« von Verneuil:* Film von Pierre Colombier (1936) nach einem Drehbuch von Louis Verneuil.

12.11. *Vendredi:* Die kulturelle Wochenzeitschrift »Vendredi«, die 1935 bis 1938 in Paris erschien.

3.12. *»Moskau 1937« . . in riesiger Auflage russisch erschienen:* Die Auflage der russischen Ausgabe (vgl. Anm. zum 19. April 1937) betrug, von Stalin persönlich autorisiert, 200 000 Exemplare.

10.12. *russische Ausgabe von »Moskau« … gänzlich ungekürzt:* Vorangestellt war eine kurze (von Stalin redigierte) Vorbemerkung des Verlags, in der es heißt, dass das Buch zwar »eine Reihe von Fehlern und falschen Einschätzungen« enthalte, jedoch von Bedeutung sei als Versuch, »die Sowjetunion ehrlich und gewissenhaft zu studieren«.

1938–1940
Kriegsgefahr und Internierung

»Was mich hielt … «: LF: Der Teufel in Frankreich, S. 20.

1938

22. 1. *Frank Harris Selbstbiographie:* Da Harris in der vierbändigen Autobiographie »Mein Leben und Lieben« (»My Life and Loves 1922–1927«) seine Reisen und Erlebnisse, insbesondere amouröser Art, offen schilderte, war sie in den USA und England über viele Jahre verboten.

10. 2. *»Wagner«:* Marcuses Studie »Das denkwürdige Leben des Richard Wagner« erschien erst 1963.

14. 2. *»La Marseillaise«:* Film von Jean Renoir (1938) über die Anfänge der Französischen Revolution.

21. 2. *Spanische Übersetzung von »Moskau 1937« erhalten:* Vgl. Anm. zum 24. Sept. 1937.

28. 2. *Abends lese ich im Schutzverband:* Zunächst sprach Anna Seghers zum Thema »Joseph Conrad, ein Dichter des Imperialismus«, anschließend las LF aus dem noch unveröffentlichten Roman »Exil«. – *Katz:* Otto Katz.

5. 3. *Film »Mr. Dodd geht nach Hollywood«:* US-amerik. Komödie (1937) von Tay Garnett mit Leslie Howard, Joan Blondell und Humphrey Bogart.

16. 3. *Sigmund Freud verhaftet:* Freud wurde einen Tag lang von der Gestapo festgehalten und verhört, seine Wohnung und die Räume der Wiener Psychoanalytischen Vereinigung wurden durchsucht. Am 4. Juni konnte er Wien verlassen und traf am 6. Juni in London ein.

17. 3. *Aufsatz über Koestlers spanisches Buch:* LFs Besprechung »Das Thema Krieg und Tod. Zu Koestlers Bericht: ›Ein spanisches Testament‹« erschien in der »Pariser Tageszeitung« vom 26. März 1938.

29. 3. *Vorwort zur russischen Gesamtausgabe:* Das Vorwort »An meine Sowjetleser« erschien bereits am 15. April in der »Pravda«, deutsch in: Das Wort, Heft 7/1938.

18. 4. *Landshoff … will seinen Verlag in Amerika erweitern:* Landshoff reiste im Mai 1938 nach New York, um angesichts sinkender Absatzchancen in Europa die Möglichkeiten für deutschsprachige Buchproduktionen in den USA zu sondieren.

4. 5. *Ossietzky stirbt:* Carl von Ossietzky starb am 4. Mai 1938 nach fünfjähriger Haft und Foltern im KZ Esterwegen.

5. 5. *Artikel über Ossietzky:* LF: Der Realist; vgl. Werkregister III.

30. 5. *einem jungen französischen Arzt:* Der junge franz. Arzt aus Toulon hieß Jubier.

2. 6. *Auf den »Mai«:* Möglicherweise zur Kapelle Notre-Dame du Mai, die, am höchsten Punkt des Cap Sicié gelegen, Aussicht auf den Landstrich entlang der Küste bot.

14.7. *»Deutsche in Paris«:* »Deutsche in Paris« war der Arbeitstitel des ersten Buchs von »Exil« – es hieß schließlich »Sepp Trautwein«.

29.7. *ihren Bräutigam:* Lola Sernau heiratete den Schweizer Fritz Humm. – *Brian:* Der Schriftsteller Brian Howard.

15.9. *Alfred Neumann Napoleon:* Vermutl. – nach Bd. 1: »Neuer Cäsar« – der zweite Band der Roman-Trilogie um Napoleon III. mit dem Titel »Kaiserreich« (1936).

26.9. *Bouboule:* Spitzname von Humberto Busatta, Ehemann der Haushälterin Léontine.

14.10. *Eva Boy … Mutter:* Carolina Regina Hommel.

8.11. *»Traviata«:* Verdis Oper »La Traviata«.

10.11. *Aufsatz über den historischen Roman:* Gemeint ist der Vortrag »Über den historischen Roman«, den er am 12. November im Schutzverband hielt.

18.11. *Artikel über die Pogrome:* Eine gekürzte Fassung »Der Pogrom« erschien in der »Deutschen Volkszeitung« vom 4. Dez. 1938.

24.11. *des englischen Premiers:* Arthur Chamberlain.

27.12. *Ostrowski »Der Stahl wird gehärtet«:* Eigtl. »Wie der Stahl gehärtet wurde«.

1939

9.1. *Kleinen Aufsatz über Lenin:* LF: Lenin i socialističeskij gumanizm (Lenin und der sozialistische Humanismus); vgl. Werkregister III.

16.1. *Brief von Zweig:* Der Brief ist nicht erhalten.

20.1. *Autobiographischen Roman Bechers:* Der Roman »Abschied«.

22.1. *der amerikanische Konsul von Marseille:* Entweder der amerik. Vizekonsul Hiram Bingham oder der Vizekonsul Miles Standish, die LF später zur Flucht in die USA verhalfen.

24.1. *»Briefe, die ihn nicht erreichten«:* Anonym erschienener Briefroman von Elisabeth von Heyking (1903), der mit 46 Auflagen allein im Erscheinungsjahr zum Bestseller wurde.

1.2. *»Maria Walewska«:* US-amerik. Spielfilm (1937) von Clarence Brown über die Romanze zwischen der polnischen Gräfin Maria Walewska und Napoleon Bonaparte.

6.2. *Marta liest mir ein Kapitel aus einem Roman vor, den sie schreiben will:* Der Roman kam nicht zustande.

27.2. *Heinrich Mann »Heinrich 4te«:* Der zweite Band der beiden Romane Heinrich Manns über Heinrich IV.: »Die Vollendung des Königs Henri Quatre« war 1938 erschienen. – *Maugham Autobiographie:* William Somerset Maughams Roman »On Human Bondage« (»Der Menschen Hörigkeit«). Den darauf basierenden Film hatte LF am 17. Okt. 1934 gesehen.

2.3. *Die Magd Leontine:* Die Haushälterin Léontine Busatta.

23.3. *Illustrierte Ausgabe der »Novellen« aus Rußland:* Die erste Ausgabe von LFs Erzählungen, »Novelly«, war 1937 in Leningrad erschienen. Die zweite Auflage von 1938 enthielt Illustrationen von Eva Herrmann.

25.3. *Ein gutes Manuskript des Preisausschreibens:* Gemeint ist ein Preisausschreiben der American Guild for German Cultural Freedom, bei dem Thomas Mann Kommissionsvorsitzender und LF eines der Jurymitglieder war. – *»Hüter des Bruders«:* Doch nicht das von LF favorisierte Manuskript von Jo Mihaly (Elfriede Steckel) setzte sich durch, sondern das von Thomas Manns Kandidaten Arnold Bender: »Es ist später, denn ihr wißt«, das erst 1943 auf Englisch erschien. Viele Autoren zeigten sich anschließend verärgert über den Verlauf des Preisausschreibens.

1.4. *russisches Exemplar von »Exil«:* Mit dem Titel »Izgnanie« (Moskau 1939).

7.4. *Die Italiener nach Albanien:* Der Feldzug des faschistischen Königreichs Italien gegen das Königreich Albanien vom 7. bis 12. April 1939. Bis 1943 blieb Albanien von italienischen Truppen besetzt.

11.4. *Aufsatz für die Iswestija:* Vermutl. der Beitrag »Zum Ersten Mai 1939«, der nur im Manuskript vorliegt.

19.4. *Libel-Klagen:* Die Sorge vor Verleumdungsklagen war berechtigt: »Exil« ist nicht nur ein Zeit-, sondern auch ein Schlüsselroman, der kaum verhüllt auf Ereignisse und Personen des Pariser Exils eingeht. Hintergrund der Geschehnisse um die im Roman so genannten »Pariser Nachrichten« ist eine 1936 maßgeblich vom Chefredakteur des Pariser Tageblatts Georg Bernhard gegen dessen Verleger Wladimir Poljakow lancierte Kampagne mit der Unterstellung, dieser habe die Zeitung an die Nationalsozialisten verkaufen wollen. Hinter der Figur des opportunistischen Journalisten Erich Wiesener ist Friedrich Sieburg zu erkennen, der Dirigent Riemann weist Parallelen zu Furtwängler auf.

6.5. *Grüner Heinrich:* Gottfried Kellers vierbändiger Roman »Der grüne Heinrich« (1854/55).

12.5. *Der Verleger der Pariser Tageszeitung, von dem eine Libel-Klage droht, ist gestorben:* Wladimir Poljakow; vgl. Anm. zum 19. April 1939. Im Vorwort zu »Exil« von 1939 sah sich LF genötigt zu betonen, »daß der Verleger meiner ›Pariser Nachrichten‹ nicht das leiseste zu tun hat mit dem verstorbenen russischen Emigranten Poljakow, dem Inhaber und Verleger des ›Pariser Tageblatts‹, der verdächtigt wurde, mit den Nationalsozialisten paktiert zu haben; wie sich später durch gerichtliche Verfahren herausgestellt hat, zu Unrecht.«

15.5. *Artikel über Heinrich Manns »Heinrich den Vierten«:* LF: Heinrich Manns »Henri Quatre«; vgl. Werkregister III.

20.5. *von dem sowjetrussischen General-Prokurator:* Andrej Wyschinski, damals Generalstaatsanwalt der Sowjetunion, war berüchtigt für seine Prozessführung und die geifernden Anklagen. – *daß er auf meine Verwendung hin die Angelegenheit eines verurteilten Arztes persönlich in die Hand nehmen will:* Es handelt sich um den mit LF bekannten Arzt Lothar Wolf, der zusammen mit seiner Frau Martha Ruben-Wolf in den 20er Jahren enthusiastische Reisereportagen über die Sowjetunion veröffentlicht hatte, in die sie 1933 emigrierten. 1937 wurde er als »Gestapospion« verhaftet und 1938 erschossen. Den Einsatz LFs für die Familie schildert die Tochter Sonja Friedmann-Wolf in ihren Erinnerungen »Im roten Eis« (2013).

27.5. *Kleinen Artikel über Toller:* LF: Dem toten Ernst Toller; vgl. Werkregister III.

27.7. *bei Justin:* Restaurant im Hafen von Toulon.

25.8. *durch Schwenkung der stalinschen Politik:* Gemeint ist der deutsch-sowjetische Nichtangriffspakt (Hitler-Stalin-Pakt), der am 24. Aug. 1939 (mit Datum vom 23. Aug.) in Moskau geschlossen wurde.

7.9. *Shak.:* Shakespeare.

16.9. *Bienvenue tous:* Franz. Allen ein herzliches Willkommen.

24.9. *Diejenigen, die aus Italien geflohen sind, die vom Schiff Virgilio:* Die franz. Kriegsmarine hinderte zwischen September und Ende Dezember 1939 acht italienische Schiffe, darunter auch die Virgilio, in Marseille an der Weiterfahrt nach Südamerika. Obwohl sich unter den Passagieren zahlreiche jüdische Flüchtlinge befanden, wurden sie, sofern sie deutscher oder österreichischer Abstammung waren, in Les Milles und anderen Lagern interniert. Die meisten konnten später weiterreisen.

29.9. *Räderscheidt und seine Frau:* Anton Räderscheidts Lebensgefährtin Ilse Meyer-Metzger.

1.10. *Giraudoux:* Giraudoux leitete damals das Generalkommissariat für Information.

3.10. *paperasserie:* Franz. Verwaltungskram, Papierkrieg.

6.10. *»Wartesaal«:* Vorübergehend erwogener Titel für »Exil«. Später fasste LF seine drei Romane über Aufkommen und Konsequenzen des Nationalsozialismus unter der Bezeichnung Wartesaal-Trilogie zusammen: »Erfolg«, »Die Geschwister Oppermann«, »Exil«.

8.10. *der Innenminister:* Albert-Pierre Sarrault.

14.10. *Ein Artikel von Noth:* Ernst Erich Noth: 15 jours dans un centre de rassemblement, in: Les Nouvelles Littéraires, Nr. 886, 7. Okt. 1939, S. 1f., bzw. Vierzehn Tage im Lager, in: Pariser Tageszeitung, 11. und 12. Okt. 1939.

15.10. *»Gone with the wind«:* Roman von Margaret Mitchell (1936).

23.10. *Besonders gemeiner Angriff von Schwarzschild:* Schwarzschild hatte in seiner Kolumne »Die Woche« (in: Das Neue Tage-Buch, Nr. 43, 21. Okt. 1939, S. 990) geschrieben: »Noch eine Woche vor dem Stalin-Hitlerpakt erging sich der Laureatus unter den deutschen Sowjet-Agenten Lion Feuchtwanger – auf unschilderbarem Denunzianten-Niveau gegen den Herausgeber dieser Zeitschrift polemisierend – in Schreien wie diesem: ›Ein deutscher Emigrant, der gegen Sowjetrussland polemisiert, unterstützt das Hitler-Regime.‹ (Deutsche Volkszeitung, Paris, 13. August).«

12.11. *»Pitt und Fox«:* Roman von Friedrich Huch (1909).

1940

8.1. *»Wartesaal«:* Der Roman »Exil«.

14.1. *Plan eines Romans »Rousseau« statt »Beaumarchais«:* Feuchtwanger verwirklichte letztlich beide Projekte mit den Romanen »Narrenweisheit oder Tod und Verklärung des Jean-Jacques Rousseau« (1952) und »Waffen für Amerika« (1946) über Beaumarchais und Benjamin Franklin.

10.3. *ein heftiges Telegramm an Schwarzschild:* Gegenstand war vermutl. die Polemik Schwarzschilds gegen Feuchtwanger im Oktober 1939 im »Neuen Tage-Buch«; vgl. Anm. zum 23. Okt. 1939.

13.3. *I L:* Die in Moskau herausgegebene deutschsprachige Ausgabe der Zeitschrift »Internationale Literatur«. »Das Wort« hatte bereits im März 1939 sein Erscheinen einstellen müssen.

23.3. *»Ich mag Goethe nicht … Im Anfang war die Tat«:* Vielfach zitiert in dem Wortlaut: »Ich liebe Goethe überhaupt nicht, aber ich bin geneigt, ihm viel zu verzeihen für das einzige Wort: ›Am Anfang war die Tat.‹«

24.3. *der französische Botschafter:* René Doynel de Saint-Quentin.

3.4. *Englische Ausgabe von »Paris Gazette«:* Titel der engl. Ausgabe von »Exil«.

8.4. *»César Birotteau«:* Roman von Honoré de Balzac.

27.4. *Alfred Braun … macht einen antisemitischen Film »Jud Süß«:* Braun war 1940 Regieassistent von Veit Harlan bei dessen antisemitischem Hetzfilm »Jud Süß«.

28.4. *»Exil« deutsche Ausgabe:* Sie erschien bei Querido, Amsterdam.

17.5. *valet:* Franz. Diener.

20.5. *sauf-conduit:* Franz. Passierschein, Geleitbrief.

Schlussbemerkung

»mit so viel Mühe eingerichtetes Gehäuse«: So bezeichnete LF sein Haus in Sanary-sur-Mer, das er 1940 auf der Flucht vor der Gestapo verlassen musste, vgl. LF: Der Teufel in Frankreich, S. 21.

Kommentiertes Personen- und Werkregister

Abel, Alfred (1879–1937), Schauspieler **1916:** 29.9., 3.10., 21.10.
Abraham, Pierre (Pierre Abraham Bloch; 1892–1974), Autor, Literaturkritiker und Herausgeber; Bruder von Jean-Richard Bloch **1935:** 26.6.
Adelt, Leonhard (1881–1945), Schriftsteller, Journalist **1920:** 31.12. **1921:** 15.–23.2., 2.5., 7.7., 19.10., 1.12., 25.12.
Adolf Friedrich IV., Großherzog von Mecklenburg-Strelitz **1916:** 21.10.
Aisner, Henri (1911–1991), Tontechniker und Filmemacher, Neffe Kurt Eisners, verh. mit Lilo Dammert **1936:** 5.12., 13.12. **1940:** 14.1., 5.4., 9.4.
Albert-Lasard, Lou (1885–1969), Malerin **1915:** 13.11.
Alberty, Erna, Schauspielerin **1918:** 28.6.
Albu, Dorothea (1903–?), Tochter von J. und E. Albu, Solotänzerin der Berliner Staatsoper **1931:** 14.2., 19.2., 4.3., 2.4. **1932:** 6.1.
Albu, Eugen (1871–1931), Schriftsteller **1915:** 27.2., 2.3., 10.3., 27.3., 13.11., 19.11., 5.12., 11.12. **1916:** 26.12., 31.12. **1920:** 20.2.
Albu, Jenny (geb. Fischer; 1880–1955), verh. mit Eugen Albu **1915:** 10.3., 13.11., 19.11., 5.12., 11.12. **1916:** 26.12., 31.12. **1920:** 20.2.
Albu, Ruth (verh. Schnitzler; 1908–2000), Tochter von J. und E. Albu , Filmschauspielerin **1932:** 1.1., 6.1., 9.1., 11.1., 16.1., 20.–21.1., 23.1., 25.–26.1.
Alexander I. Karađorđević (1888–1934), 1914–1918 Prinzregent von Serbien, 1921–1934 König der Serben, Kroaten und Slowenen **1934:** 9.10.
Alexander VI. (Alessandro VI.; 1431–1503), Papst **1906:** 11.1.
Alexander, Elias, Literaturagent, leitete die Agentur European Books Ltd. in London **1933:** 30.11., 2.12., 4.12., 4.12., 6.12. **1934:** 12.5., 7.10.
Aline, franz. Freundin LFs **1934:** 22.1., 28.1., 15.10. **1935:** 23.11. **1937:** 27.3.
Almo, Magda, Opernsängerin **1915:** 10.3., 20.5., 17.6., 29.6., 13.10., 16.10., 11.12., 16.12. **1917:** 6.–10.8., 12.–15.9.
Altenberg, Peter (1859–1919), Schriftsteller **1915:** 4.5.
Altman, Georg (1884–1962), Theaterwissenschaftler, Theaterleiter **1909:** 10.7., 18.7. **1910:** 11.1., 30.8. **1916:** 23.–24.8., 20.9., 24.9., 29.9., 3.10., 9.10., 16.10., 21.–22.10.
Amend, Curt Carl Ludwig (1878–?), Chefredakteur der Karlsruher Zeitung **1916:** 13.5.

Anders **1919:** 20. 2.
Andrejewa, Maria (1868–1953), zweite Frau Maxim Gorkis, leitete 1931 bis 1948 das Moskauer »Haus der Gelehrten« **1936:** 25. 12.
Andresen, Hans, Regisseur am Hamburger Thalia-Theater **1916:** 10. 1.
Anissimow, Iwan (1899–1966), sowjet. Literaturwissenschaftler, 1934 bis 1939 Leiter der Redaktion für ausländische Literatur beim Staatsverlag für schöne Literatur **1936:** 22. 12.
Ankwicz, Erika, Schauspielerin **1915:** 12. 9.
Anna ☞ Feuchtwanger, Anna
Anna, Geliebte von Hahn **1910:** 21.–22. 4., 29. 4., 26. 5.
Annemarie ☞ Schön, Annemarie
Annenkowa, Julia (Julia Gitelson; 1903–1939), Journalistin, 1934–1937 Chefredakteurin der Deutschen Zentral-Zeitung in Moskau **1937:** 8. 1., 20. 1., 24. 1., 28. 1.
Anspacher, Carolyn Louise (1907–1979), amerik. Schauspielerin und Journalistin, Mitarbeiterin beim San Francisco Chronicle **1933:** 15. 1., 17. 1.
Anthes, Otto (1867–1954), Lehrer, Schriftsteller **1915:** 5. 8.
Apel, Paul (1872–1946), Schriftsteller
– Sonnenstößers Höllenfahrt **1916:** 9. 7.
Appelbaum, Frau eines Industriellen **1934:** 19. 10.
Aragon, Louis (1897–1982), franz. Schriftsteller, 1924 Mitbegründer des Surrealismus, später eine der intellektuellen Schlüsselfiguren der KPF **1937:** 26. 6., 1. 7. **1938:** 5. 3., 7. 11.
– Les beaux quartiers **1938:** 16. 5.
Les cloches de Bâle **1935:** 13. 11., 16. 11.
Aram, Kurt (Hanns Fischer; 1869–1834), ehem. Pfarrer, Journalist, Schriftsteller, Redakteur am Berliner Tageblatt **1915:** 13. 3.
Araquistáin, Luis (1886–1959), span. Schriftsteller und Diplomat **1936:** 13. 11.
Aristophanes (um 400 v. Chr.)
– Der Frieden **1917:** 1. 1.
– Die Acharner **1917:** 1. 1.
– Die Frösche **1909:** 10. 12.
– Lysistrata **1910:** 3. 8.
Arnstein, Karl (1887–1974), in Deutschland und den USA tätiger Luftschiffkonstrukteur, Leitender Ingenieur und später Vizepräsident der Good Year Zeppelin Corporation in Akron, Ohio **1933:** 2.–3. 2.
Arzybaschew, Michail (Michail Artzibaschew; 1878–1934), russ. Schriftsteller
– Eifersucht **1919:** 7. 7.
Asch, Schalom (1880–1957), jidd. Schriftsteller und Dramatiker **1934:** 28. 9.
Aschberg, Frau von O. Aschberg **1938:** 28. 10.
Aschberg, Olof (1877–1960), schwed. Bankier, Sympathisant der Bolschewiki und Freund Münzenbergs **1935:** 30. 11. **1937:** 7. 11. **1938:** 28. 10.
Aslan, Raoul (1886–1958), Schauspieler **1915:** 10. 11. **1916:** 14. 8.

Asquith, Margot, Countess of Oxford and Asquith (geb. Emma Alice Margaret Tennant; 1864–1945), engl. Schriftstellerin **1933:** 5.12., 14.12. **1934:** 4.10., 6.10.

Augsburgerin ☞ Poschardt, Hedwig

August ☞ Feuchtwanger, August

Austin, Mary Hunter (1868–1934), amerik. Schriftstellerin, Theoretikerin des Feminismus und Fürsprecherin der indian. Kultur **1933:** 4.1.

Bab, Julius (1880–1955), Dramatiker, Theaterkritiker, Mitarbeiter an der Zeitschrift Die Schaubühne, Gründungsmitglied des Jüdischen Kulturbundes **1915:** 13.3., 9.–10.4.

Babel, Isaak (1894–1940), russ.-sowjet. Schriftsteller **1935:** 24.6. **1937:** 2.1., 4.1., 17.1., 19.1.

Bach, Ernst (1876–1929), Schauspieler, Direktor am Münchner Volkstheater **1918:** 1.–3.2., 8.2., 9.3., 4.4., 17.5., 6.7., 21.8., 25.9., 30.9., 6. bis 8.10., 10.10., 9.11. **1919:** 10.1., 11.3. **1921:** 17.10.

Bahr, Hermann (1863–1934), Schriftsteller
- Das Konzert **1910:** 15.2.
- Der alte Hofrat **1915:** 3.4.
- Der arme Narr **1915:** 3.4.
- Die Kinder **1910:** 21.–28.12.

Balder, Anny, Schauspielerin **1915:** 27.2., 9.3., 22.3., 27.3., 16.5., 14.10., 17.10., 27.10., 21.11., 2.12., 11.12., 26.12. **1916:** 25.2. **1918:** 39.1. **1919:** 28.8., 16.12.

Balzac, Honoré de (1799–1850), franz. Schriftsteller **1937:** 4.12. **1940:** 15.4.
- César Birotteau **1940:** 8.4.
- Illusions perdues **1934:** 24.12.
- Splendeurs et misères des courtisanes **1918:** 13.8. **1935:** 1.1.

Bandello, Matteo (um 1480–um 1560), ital. Schriftsteller
- Künstler-Novellen **1906:** 30.–31.1.

Bang, Herman (1857–1912), dän. Schriftsteller
- Am Wege **1915:** 3.9.
- Die Vaterlandslosen **1915:** 21.10.
- Die vier Teufel **1915:** 2.8.
- Ludwigshöhe **1915:** 21.9.
- Michael **1910:** 9.2.
- Sommerfreuden **1915:** 5.6.

Bar Kochba, Simon (?–135), jüdischer Rebell **1906:** 24.9.

Baratoff, Paul (Ben Zwi; 1872–1951), aus Russland stammender Schauspieler, Star des jidd. Theaters **1934:** 25.5.

Barbara, engl. Freundin LFs **1935:** 7.8.

Barbusse, Henri (1873–1935), franz. Politiker und Schriftsteller, begründete die Zeitschrift Le Monde, KPF-Mitglied **1935:** 25.6., 31.8.

Barnat, Margit, Bekannte LFs aus der Berliner Zeit **1931:** 15.3.

Barnowsky, Viktor (1875–1952), Schauspieler, Theaterdirektor 1913 am Berliner Lessingtheater, 1915 zusätzlich am Deutschen Künstlertheater

1911: 21.–23. 5. **1915:** 29. 7., 1. 8., 8. 8., 12. 9., 19.9 **1916:** 10. 1., 7. 10., 1. 11. **1917:** 12.–15. 9.

Barta, Sándor (Alexander Barta; 1897–1938), ung. Schriftsteller, Parteiorganisator der dt. Parteigruppe im Sowjetischen Schriftstellerverband **1937:** 5. 2.

Bartels, Adolf (1862–1945), Literaturhistoriker
– Heinrich Heine **1906:** 7. 7.

Bartels, Wolfgang von (1883–1938), Musikkritiker, Komponist **1916:** 28. 3., 30. 5. **1919:** 20. 2.

Basil, Friedrich (Fritz) Hans Basilius (Friedrich Meyer; 1862–1938), Schauspieler, Regisseur am Münchner Hoftheater, Schauspiellehrer, zu seinen Schülern gehörten Frank Wedekind, Heinz Rühmann und Adolf Hitler **1906:** 27. 9., 1. 10., 23.–24. 10., 3. 12., 13. 12. **1911:** 11.–12. 2., 3. 4., 4.–5. 5., 8. 5., 21.–23. 5., 18. 6.

Bassermann, Albert (1867–1952), Schauspieler, 1899–1904 am Deutschen Theater in Berlin, 1904–1909 am Lessingtheater, 1909–1915 erneut am Deutschen Theater **1906:** 2. 1., 26. 1. **1916:** 7. 10.

Bassermann, August (1847–1931), Schauspieler, Theaterregisseur, 1904 bis 1919 Generalintendant des Großherzoglichen Hoftheaters in Karlsruhe, seit 1908 in zweiter Ehe verh. mit Elsa Bassermann, geb. Elisabeth Sarah Schiff (1878–1961) **1916:** 13. 5., 17. 8. **1917:** 9. 9., 11. 9.

Bassermann-Jordan, Ernst von (1876–1932), Kunsthistoriker, Schriftsteller **1918:** 14. 3., 6. 9. **1919:** 6. 1., 1. 12. **1920:** 13. 1.

Bataille, Henry (1872–1922), franz. Schriftsteller
– Die nackte Frau **1910:** 12. 2.

Bauer, Magda, Tanzkünstlerin, betrieb eine Schule für Ausdruckstanz in München **1919:** 13. 11.

Bauernfreund, Leopold (1850–1910), Journalist, Verleger der Zeitschrift Kleines Journal **1906:** 13. 4., 12. 7.

Baum, Ellen, Bekannte LFs aus der Berliner Zeit **1931:** 6. 12. **1932:** 16. 6.

Baumbach, Rudolf (1840–1905), Schriftsteller **1915:** 11. 12.

Baumgarten, Paul, Arzt in Bad Wörishofen, befreundet mit Eva Boy **1932:** 2. 10.

Baumstark **1910:** 25. 9.

Bayern, Ludwig Ferdinand von (1859–1949), Arzt, Künstler **1917:** 3. 8.

Becher, Johannes R. (1891–1958), Schriftsteller und Kulturpolitiker **1920:** 25. 12. **1932:** 15. 4. **1935:** 29. 5., 1. 6., 29. 6. **1936:** 7. 12., 18. 12., 28. 12. **1937:** 24. 1., 2. 2.
– Abschied **1939:** 20. 1.

Becher, Lilly (geb. Korpus; 1901–1978), Schriftstellerin und Publizistin, verh. mit J. R. Becher **1936:** 18. 12., 28. 12., 31. 12. **1937:** 2. 2.

Becher, Ulrich (1910–1990), Schriftsteller **1936:** 14. 11., 17. 4. **1937:** 17. 4.
– Niemand. Neuzeitliches Mysterienspiel **1937:** 25. 2.

Beck, Otto (1857–1942), Schauspieler, Regisseur und Direktor am Münchner Volkstheater **1916:** 12. 1., 30. 7., 1. 8., 30. 9.

Beethoven, Ludwig van (1770–1827), Komponist **1939:** 3. 5., 17. 5.

Behrend, Elsbeth (Else Behrend; verh. Rosenfeld, Pseud. Rahel Behrend; 1891–1970), Sozialarbeiterin und Schriftstellerin **1932:** 15.4.
Behrend, Max (1862–1927), Schauspieler, Schriftsteller, 1912–1916 Intendant des Frankfurter Schauspielhauses **1915:** 3.10., 5.12.
Beidler, Franz Wilhelm (1901–1981), Publizist, Musikwissenschaftler **1933:** 2.9.
Bella ☞ Feuchtwanger, Bella
Ben-Dor, Hans (1894–1974), verh. mit LFs Schwester Marta (Medi) **1919:** 14.8. **1931:** 7.7.
Beneš, Eduard (1884–1948), Politiker, 1918–1935 Außenminister, danach bis 1938 Staatspräsident der Tschechoslowakei **1937:** 11.2.
Benjamin, Walter (1892–1940), Philosoph und Kulturkritiker **1931:** 7.3. **1937:** 17.10.
Berberich, Siegfried, Schriftsteller **1915:** 1.11.
Berger, Ludwig (Ludwig Bamberger; 1892–1969), Theater- und Filmregisseur **1931:** 17.4., 23.4. **1932:** 2.5.
Bergner, Elisabeth (geb. Ettel; 1897–1986), österr.-engl. Theater- und Filmschauspielerin **1932:** 30.9.
Bermann, Brigitte (geb. Fischer; 1905–1991), verh. mit G. Bermann **1931:** 11.11.
Bermann, Gottfried (Gottfried Bermann Fischer; 1897–1995), Verleger, seit 1928 Geschäftsführer des S. Fischer Verlags **1931:** 11.11.
Bernau, Alfred (1879–1950), Schauspieler, seit 1915 Direktor der Wiener Kammerspiele **1915:** 1.9.
Bernauer, Rudolf (1880–1953), Schriftsteller, Direktor mehrerer Berliner Theater **1915:** 7.4. **1920:** 9.9., 16.10.
Berndl, Emma (1877–1934), Schauspielerin **1906:** 2.4., 9.5., 12.5.
Bernhard, Georg (1875–1944), Wirtschaftsjournalist, 1920–1930 Chefredakteur der Vossischen Zeitung, gründete in der Emigration das Pariser Tageblatt **1934:** 11.1. **1936:** 15.11., 19.10. **1938:** 5.3.
Bernheim, Übersetzer **1938:** 2.3.
Bernstein, Ann, Wiener Vertreterin der US-Filmgesellschaft Metro-Goldwyn-Mayer Inc. **1932:** 19.10. **1934:** 1.1., 7.3., 9.3., 12.3., 14. bis 15.3.
Bernstein, Elsa (Ernst Rosmer; 1866–1949), Schriftstellerin
– Achill **1911:** 19.–22.3.
Bernstein, Max (1854–1925), Kunst- und Theaterkritiker, Schriftsteller
– Der Richter **1915:** 1.5.
– Die Sünde **1910:** 27.7.
Berta, Kellnerin in der Torggelstube **1915:** 14.10. **1917:** 1.2., 12.4.
Bertram, Theodor (1869–1907), Sänger **1906:** 12.2.
Bethmann Hollweg, Theobald von (1856–1921), Reichskanzler 1909 bis 1917 **1916:** 2.6.
Bettelheim, Anton (1851–1930), Literaturwissenschaftler und Übersetzer
– Balzac. Eine Biographie **1937:** 4.12.
– Beaumarchais **1936:** 5.10.

Bettina ☞ Hoenig, Bettina
Betty ☞ Feuchtwanger, Elisabeth
Bial, Marie, Freundin von Max Monheimer **1906:** 15. 12.
Bibesco de Brancovan, Marthe-Lucie (geb. Martha-Lucia Lahovary; 1886 bis 1973), aus Rumänien stammende franz. Schriftstellerin **1934:** 4. 10., 6. 10.
Bierbaum, Otto Julius (1865–1910), Schriftsteller **1906:** 16. 10.
Bierkowski, Käthe (1883–1946), Schauspielerin **1915:** 14. 10., 27. 10. **1917:** 23. 2. **1918:** 1. 2. **1919:** 1. 2., 4. 2., 9. 4., 1. 5.
Bildt, Paul (1885–1957), Schauspieler **1916:** 4. 10.
Binder, Sybille (1895–1962), österr. Schauspielerin **1917:** 31. 12. **1918:** 8. 2., 12. 2., 6.–8. 10., 17. 10. **1919:** 13. 1., 29. 1., 20. 2., 25. 2., 7. 7., 15. 10. **1920:** 27. 2., 13. 3., 14. 7., 22. 9., 21. 10., 2. 11., 7. 12., 21.–24. 12. **1921:** 3. 1., 31. 3., 7. 4., 20. 7., 27. 9., 6. 12., 13. 12. **1934:** 23. 10.
Bing, engl. Literaturagent **1936:** 25. 7., 31. 3.
Bing, Benno (1874–1942), kaufmännischer Direktor der Münchner Kammerspiele **1915:** 21. 11., 7. 12. **1917:** 2. 3., 28. 8. **1918:** 8. 2., 17. 9. **1919:** 21. 6., 7. 7., 24. 12. **1920:** 27. 1., 1. 9., 3. 9., 21.–24. 12. **1921:** 27. 9., 11. 10., 15. 11.
Birnbaum, Eli, Ehemann von LFs Tante Hedwig Feuchtwanger **1906:** 24. 5.
Birron, Emil (1878–1952), Schauspieler **1916:** 7. 1., 8. 1.
Bisson, Alexandre (1848–1912), franz. Schriftsteller
– Die fremde Frau **1909:** 13. 11.
Bizet, Georges (1838–1875), franz. Komponist
– Carmen **1906:** 18. 11.
Björklund, Christina (1860–1946), verh. mit Israel Hedin (1864 bis 1949) **1932:** 23. 1.
Bjørnson, Bjørnstjerne (1832–1910), norw. Schriftsteller
– Die Neuvermählten **1906:** 16. 2., **1910:** 3.–4. 6.
– Wenn der junge Wein blüht **1909:** 27. 11.
Blakker **1916:** 25. 6.
Blei, Franz (1871–1942), Schriftsteller, Redakteur der Zeitschrift Die Insel, Herausgeber der Zeitschrift Hyperion **1906:** 31. 12. **1909:** 5. 10., 12. 10. **1919:** 16. 12. **1920:** 15. 2.
Bloch, Albert (1882–1961), Maler, Schriftsteller **1915:** 7. 7.
Bloch, Ernst (1885–1977), Philosoph **1917:** 4. 2. **1932:** 3. 1.
Bloch, Jean-Richard (1884–1947), franz. Schriftsteller **1935:** 1. 6. **1938:** 17. 11.
Bloem, Walter (1868–1951), Schriftsteller **1918:** 6. 7.
Blumenthal, Oscar (1852–1917), Schriftsteller
– Cyprienne **1906:** 24. 1.
Blunck, Hans Friedrich (1888–1961), Jurist, Schriftsteller, Kulturfunktionär, leitete 1933–1935 die Reichsschrifttumskammer **1934:** 5. 11.
Bodenheimer, Karl Zakharia (1862–1916), Onkel LFs **1916:** 5. 1.
Bodenheimer, Louis (Onkel Louis; 1876–1957) **1917:** 28. 4. **1918:** 9. 3.

Bodenheimer, Marcus (?–1917) **1917:** 23.3., 25.3.

Bodenheimer, Max, Cousin LFs **1906:** 3.6.

Bodenheimer, Meier (?–1915), Cousin LFs **1910:** 15.–16.5., 27.5. **1915:** 30.3.

Bodenheimer, Simon (Onkel Simon; 1851–1906) **1906:** 1.1., 3.1., 15.9.

Bodenheimer, Willy, Cousin LFs **1910:** 27.10. **1911:** 14.2. **1916:** 3.3., 6.3. **1919:** 3.6.

Böhme, Margarete (1867–1939), Schriftstellerin
– Tagebuch einer Verlorenen **1906:** 28.6.

Böhn, Frau von **1919:** 29.1., 13.2., 15.2., 18.2., 28.2.

Bondy, Camille (geb. Bertron), zweite Frau von W. Bondy **1939:** 19.11.

Bondy, Walter (1880–1940), Maler, Galerist, Kunstsammler und -kritiker, Fotograf **1934:** 15.6., 22.6.

Bonn, Ferdinand (1861–1933), Schauspieler, Dramatiker
– Sherlock Holmes **1906:** 6.5.

Bonsels, Waldemar (1880–1952), Schriftsteller (Biene Maja), Mitbegründer des Verlages E. W. Bonsels & Co. **1909:** 27.10., 6.11., 27.11. **1910:** 3.2., 15.3., 13.7., 12.8., 31.8., 12.–13.9., 14.–16.9., 24.10., 17.11., 2.12., 20.12. **1911:** 4.–7.1., 16.–19.1., 24.1., 19.–21.2., 16.3., 15.6., 28.6.–4.7. **1920:** 16.6., 21.10., 30.11., 28.12. **1933:** 7.11.
– Ave vita morituri te salutant **1906:** 16.6.
– Blut **1909:** 17.10., 8.11.

Borah, William Edgar (1865–1940), Politiker, seit 1907 Vertreter des Bundesstaats Idaho im US-Senat **1933:** 30.1.

Borchardt, Marianne, Bekannte LFs aus Berlin **1931:** 1.1., 20.1.

Borgia, Lucrezia (1480–1519) **1906:** 10.1.

Born, Wolfgang (1893–1949), Maler **1920:** 15.8., 16.10., 24.10., 31.12. **1921:** 17.10., 21.10.

Bornstein, Joseph (1899–1952), Journalist, enger Mitarbeiter am Neuen Tage-Buch, 1939/40 Chefredakteur der Pariser Tageszeitung **1937:** 17.2.

Borodin, Michail (Michail Grusenberg; 1884–1951), Kominternagent, politischer Berater in China, Mitarbeiter von TASS und Sowinformbüro **1936:** 17.12. **1937:** 17.1.

Bosetti, Hermine (eigentl. von Flick; 1875–1936), Opernsängerin **1915:** 11.12. **1916:** 30.1., 7.6., 6.8.

Böttcher **1919:** 1.2., 11.3.

Bötticher, Hermann von (1887–1941), Schriftsteller, Dramaturg **1920:** 10.9.

Bouboule ☞ Busatta, Humberto

Boussard, Berthe **1910:** 19.9.

Boy, Eva (geb. Hommel, verh. van Hoboken; 1905–1987), Ausdruckstänzerin und Schriftstellerin **1931:** 1.1., 13.–14.2., 19.2., 4.–5.3., 7.3. bis 8.3., 13.–15.3., 17.–18.3., 15.4., 29.4., 8.5., 16.5., 18.–19.5., 27.5., 29.5., 1.–2.6., 9.6., 11.6., 13.9., 15.9., 28.–29.9., 16.10., 20.10., 22.10., 16.11., 2.12., 4.–5.12., 9.12., 19.12. **1932:** 12.1., 14.1., 24.1., 26.1., 1.2., 8.2., 19.2., 21.2., 10.–11.3., 18.–19.3., 21.3., 21.3., 27.3., 10.4.,

13.4., 17.4., 25.–26.4., 30.5., 7.6., 15.–16.6., 28.6.–4.7., 6.–7.7., 14.7., 29.7., 24.9., 28.–30.9., 1.–2.10., 4.10., 12.10., 16.–17.10., 27.11. **1933:** 9.3., 11.3., 13.3., 2.6., 7.7., 19.8., 14.9., 16.9., 22.9., 27.–28.9. **1934:** 7.3., 2.10., 12.–13.10., 15.10., 17.10. **1935:** 30.7., 12.9., 15.–17.9., 26.9., 1.10. **1936:** 29.3., 3.–4.4., 28.11. **1937:** 9.–10.2., 16.–17.10. **1938:** 7.2., 16.2., 2.–3.3., 14.10. **1939:** 13.5. **1940:** 26.1.

Brachvogel, Albert Emil (1824–1878), Schriftsteller
– Narciss **1916:** 7.7.

Brahm, John (Hans Julius Abrahamson; 1893–1982), Regisseur und Schauspieler, verh. mit Dolly Haas **1936:** 4.4.

Brahm, Trude, Schauspielerin **1920:** 14.2. **1921:** 17.10.

Bransten, Louise (geb. Rosenberg; 1908–?), wohlhabende Erbin, unterstützte Aktivitäten der kommunistischen Partei **1933:** 17.1., 8.2.

Bransten, Richard (Bruce Minton; 1906–1955), Journalist, Herausgeber der kommunistischen Zeitschrift The New Masses **1933:** 17.1., 8.2.

Braun, Alfred (1888–1978), Rundfunkreporter, Hörspiel-, Theater- und Filmregisseur, Drehbuchautor **1940:** 27.4.

Braun, Hanns (1893–1966), Journalist, Theaterkritiker an der Münchner Zeitung **1920:** 12.1., 3.3., 24.3., 30.3.

Braun, Max (Mathias Josef Braun; 1892–1945), Politiker (SPD) und Journalist, Mitarbeit an der Pariser Tageszeitung, Engagement für die Volksfront **1938:** 5.3.

Braunbeck, Inhaber der Münchner Sonn- und Montags-Zeitung **1920:** 11.11.

Braungart, Richard (1872–1963), Schriftsteller, Theaterkritiker der Münchner Zeitung **1906:** 14.5., 31.12.

Braunschild, Alexandrine (Pseud. Alexander Braun, Hans Peters; 1858 bis 1935), Schriftstellerin **1916:** 27.9.

Brecht, Bertolt (1898–1956), Schriftsteller **1919:** 2.–3.4., 8.4., 21.6., 26.6., 8.7., 28.7., 6.8., 25.8., 28.8., 10.10., 21.10., 28.10., 5.11., 13.11., 19.11., 18.12. **1920:** 6.1., 14.1., 22.1., 27.1., 3.–4.2., 14.3., 25.3., 31.3., 2.–10.7., 14.7., 30.7., 1.10., 2.11., 12.11., 6.12. **1921:** 2.1., 2.2., 15. bis 23.2., 4.4., 29.7., 22.10. **1931:** 1.1., 18.1., 25.1., 28.1., 4.2., 7.3., 13.3., 5.4., 23.4., 28.4., 8.5., 20.9., 22.9., 11.10., 21.12., 24.12. **1932:** 19.1., 31.1., 6.3., 13.3., 17.3., 28.3., 17.4., 2.5., 24.–25.5., 30.5., 25.9., 9.10., 19.10., 26.10., 30.10. **1933:** 20.2., 12.3., 5.–7.4., 16.5., 2.6., 16.9., 22.9., 25.9., 28.9., 2.–4.10., 7.10., 9.10., 11.–12.10., 15.–16.10., 18.10., 8.11., 12.11., 5.12. **1934:** 5.–7.10. **1935:** 24.6. **1936:** 29.3., 31.3., 5.4. **1937:** 13.8., 3.–5.10., 7.10., 15.10., 17.10. **1938:** 1.10. **1940:** 24.3.
– Aufstieg und Fall der Stadt Mahagonny **1931:** 21.12.
– Baal **1919:** 4.4.
– Die Dreigroschenoper **1933:** 23.–24.2.
– Die Dreigroschenoper (Film) **1932:** 17.3.
– Die Gewehre der Frau Carrar **1937:** 15.10.
– Die heilige Johanna der Schlachthöfe **1932:** 6.3.
– Die Maßnahme **1931:** 18.1.

– Die Mutter **1932:** 26. 1.
– Kuhle Wampe oder: Wem gehört die Welt? (Film) **1932:** 30. 5.
– Mann ist Mann **1931:** 28. 1., 4.–6. 2.
– Maß für Maß **1932:** 25. 9.
– Spartakus (Trommeln in der Nacht) **1919:** 2. 4.
Bredel, Willi (1901–1964), Journalist und Schriftsteller, nach KZ-Haft Emigration in die Sowjetunion, Redakteur der Zeitschrift Das Wort zusammen mit LF und Brecht **1936:** 30. 11., 2. 12., 12. 12. **1937:** 12. 1., 25. 6. **1938:** 31. 10. **1939:** 24. 3., 12. 4.
Breitscheid, Hilde (verh. Heinig), arbeitete gelegentlich als Sekretärin für LF **1933:** 25. 12. **1934:** 16. 1., 12. 10., 22. 10.
Breitscheid, Rudolf (1874–1944), sozialdemokratischer Politiker, 1918 bis 1919 preußischer Innenminister **1933:** 7. 11.
Brentano, Bernard von (1901–1964), Schriftsteller und Journalist, 1925 bis 1930 Berlinkorrespondent der Frankfurter Zeitung **1931:** 27. 3. **1932:** 3. 1.
– Theodor Chindler **1936:** 7. 10.
Brentano, Clemens (1778–1842), Schriftsteller
– Godwi **1906:** 29. 11.
Breuer, Else (1872–1914), Sängerin **1906:** 11.–12. 3.
Breuer, Robert (Lucian Friedlaender; 1878–1943), Journalist und Publizist **1937:** 25. 10.
Bry, aus Breslau stammender Rechtsanwalt **1933:** 19. 6., 21. 6.
Brockdorff-Noder, Frigga (1878–1954), Schriftstellerin, Journalistin **1915:** 13. 11.
Brod, Max (1884–1968), Schriftsteller **1937:** 8.–9. 2.
Bronnen, Arnolt (Pseud. A. H. Schelle-Noetzel; 1895–1959), Schriftsteller, Theaterautor und Regisseur **1931:** 1. 1.
Brooke, Rupert (1887–1915), Literaturwissenschaftler, Poet
– John Webster and the Elizabethan Drama **1917:** 28. 12.
Brousse, Louis, Eigentümer der Villa Valmer in Sanary **1935:** 30. 3. **1937:** 15. 4., 10. 6.
Brown, Curtis, engl. Literaturagent LFs **1931:** 5. 7. **1932:** 3.–4. 11., 7. 11., 15. 11., 21. 11., 26. 11. **1933:** 17. 8., 28. 8., 30. 11., 1. 12., 4. 12., 11. 12. **1934:** 6. 10. **1935:** 17. 5., 21. 5. **1936:** 31. 3. **1938:** 26. 1.
Browne, Lewis (1897–1949), engl.-amerik. Schriftsteller und Philosoph **1932:** 26. 11.
Bruckner **1918:** 29. 1.
Brüning, Heinrich (1885–1979), Politiker, 1930–1932 Reichskanzler **1932:** 30. 5.
Brünner, Elsa (1877–?), Schauspielerin **1906:** 24. 4., 31. 12. **1910:** 24. 2. **1911:** 26.–29. 4. **1918:** 12. 3.
Bryk, Siegfried (1869–1924), Redakteur am Berliner Tageblatt **1918:** 16. 8.
Bubi ☞ Feuchtwanger, Berthold
Büchner, Georg (1813–1837), Mediziner und Schriftsteller **1915:** 9. 12.

Budzislawski, Hermann (1901–1978), Journalist, im Prager Exil Herausgeber und Chefredakteur der Zeitschrift Die neue Weltbühne **1937:** 8.2. **1938:** 3.11.

Budzislawski, Johanna (geb. Levy; 1901–?) **1938:** 3.11.

Büller, Elinor (1886–1944), Schauspielerin **1918:** 24.8., 25.9.

Bullerjahn, Walter, Oberlagerverwalter **1931:** 3.5.

Burghardt, Georg, Schauspieler **1917:** 20.9.

Burschell, Friedrich (1889–1970), Schriftsteller **1919:** 1.5., 12.–13.5., 5.6., 15.6. **1920:** 15.–17.9.

Burte, Hermann (1879–1960), Schriftsteller, Maler
– Katte **1915:** 21.3.

Busatta, Humberto (Bouboule), verrichtete für LF Handwerksarbeiten und andere Dienstleistungen **1938:** 26.9. **1940:** 17.5.

Busatta, Léontine, Haushälterin der Feuchtwangers in Sanary **1939:** 2.3.

Busch, Ernst (1900–1980), Schauspieler und Sänger, lebte 1935–1937 in Moskau, nahm anschließend am Spanischen Bürgerkrieg teil **1936:** 10.12., 15.12., 25.12., 31.12.

Busch, Lore, Schauspielerin, 1913–1922 am Nationaltheater Mannheim **1916:** 1.3., 3.–4.3., 7.3.

Byron, George Gordon (Lord Byron; 1788–1824) **1933:** 7.11.
– Kain **1910:** 4.–5.11.

Cachin, Marcel (1869–1958), franz. Sozialist und Funktionär der KPF, 1924–1942 Mitglied des Exekutivkomitees der Komintern **1937:** 5.2. **1938:** 7.11.

Cafritz, Gwendolyn (geb. Detre de Surany; 1910?–1988), Geschäftspartnerin ihres Mannes, des amerik. Immobilienentwicklers und Philanthropen Morris Cafritz (1888–1964) **1933:** 29.–30.1.

Cahn, Emil (1861–1943), Vater von Stefanie Cahn **1910:** 17.9.

Cahn, Selma (geb. Weil; 1868–1941), Mutter von Stefanie Cahn **1910:** 17.9.

Cahn, Stefanie ☞ Feuchtwanger, Stefanie

Cahn-Bieker, Werner (1903–1983), Sekretär und Assistent LFs, bei der Materialbeschaffung und Recherche behilflich **1931:** 7.1., 10.1., 11.1., 14.1., 23.1., 3.2. **1932:** 4.6., 27.8. **1933:** 31.3., 26.6., 3.7., 24.–25.7., 1.9., 31.10., 2.11. **1934:** 20.1.,22.1., 14.3., 16.5.

Calderón de la Barca, Pedro (1600–1681), span. Schriftsteller **1921:** 3.1.
– Das laute Geheimnis **1920:** 2.10.

Čapek, Karel (1890–1938), tschech. Schriftsteller **1937:** 10.2., 20.6., 22.6.

Capus, Alfred (1858–1922)
– L'Adversaire **1906:** 28.2.

Carl (Onkel Carl) ☞ Bodenheimer, Karl Zakharia

Carneal, Georgette, amerik. Schriftstellerin **1932:** 23.12., 27.12., 30.12. **1933:** 24.2.

Carson, amerik. Schauspielerin oder Regisseurin **1936:** 31.8.

Caspari, Georg Eugen (1878–1930), Galerist in München **1915:** 27.7., 1.8., 3.10., 11.10., 20.11., 25.11., 5.12., 16.12., 26.12. **1916:** 2.2., 9.3.,

23.3. **1917:** 27.4., 12.–15.9. **1918:** 26.12., 31.12 **1919:** 1.2., 4.2., 11.3., 9.4., 3.6., 8.7., 18.8., 11.11.
Cassirer, Eva Charlotte (1901–1921), verh. mit Friedrich Wilhelm Cassirer, starb 1921 nach der Geburt ihres Sohnes Klaus **1921:** 14.8.
Cassirer, Fritz (1871–1926), Dirigent **1917:** 3.–5.7., 21.7., 20.9. **1918:** 16.5. **1919:** 6.1., 22.12. **1920:** 27.2., 24.4., 31.12. **1921:** 10.3., 29.3., 14.8.
Catull (1. Jh. v. Chr.), röm. Schriftsteller **1910:** 24.9.
Chamberlain, Arthur Neville (1896–1940), engl. Politiker, Befürworter der Appeasement-Politik **1938:** 30.9., 24.11.
Chamberlain, Houston Stewart (1855–1927), in England geb. deutschsprachiger Schriftsteller **1915:** 28.5.
– Die Grundlagen des neunzehnten Jahrhunderts **1906:** 19.10.
Chapiro, Joseph (José Chapiro; 1893–1962), Journalist, Schriftsteller, Übersetzer, Korrespondent franz. Zeitungen und Mitarbeiter des Berliner Tageblatts **1932:** 11.2.
Chaplin, Charlie (Sir Charles Spencer Chaplin; 1889–1977), engl. Schauspieler, Regisseur, Filmproduzent **1931:** 12.3. **1933:** 10.–12.1. **1936:** 18.3.
Charizi (Jehuda ben Salomo al-Charizi; um 1165–um 1235), span. Dichter **1915:** 17.7.
Charlé, Gustav (1871–1933), Schauspieler, Sänger, Komiker, Theaterleiter **1915:** 1.–2.8. **1916:** 29.9. **1918:** 10.6.
Cherubini, Luigi (1760–1842), ital. Komponist
– Médée **1931:** 2.4.
Chevallier, Gabriel (1895–1969), franz. Schriftsteller und Journalist
– Clochemerle **1938:** 4.10.
Chiarelli, Luigi (1880–1947), ital. Schriftsteller
– La Maschera e il volto **1920:**
Chmeljow, Nikolai (1901–1945), sowjet. Schauspieler und Theaterregisseur am Moskauer Künstlertheater **1937:** 17.1.
Christer, Richard **1909:** 7.7. **1911:** 22.4. **1915:** 29.6., 19.7., 8.8. **1918:** 12.3. **1919:** 1.4., 15.4., 28.7., 30.10., 6.12.
Clair, René (1898–1981), franz. Regisseur und Schriftsteller **1934:** 15.10.
Cohen, Mary (geb. Ryshpan; ?–1942) **1933:** 20.2.
Cohen, Morris Raphael (1880–1947), amerik. Philosoph, Rechtsanwalt und Rechtstheoretiker **1933:** 20.2.
Conrad, Else (1887–1963), leitete zusammen mit Amalie Rothaug den Berliner Club Monbijou des Westens **1932:** 27.2.
Conrad, Michael Georg (1846–1927), Schriftsteller, Literaturkritiker, Mitbegründer der Zeitschrift Die Gesellschaft für modernes Leben **1906:** 31.12. **1915:** 9.4. **1919:** 14.4.
Consuela ☞ Nicoletti, Consuela
Conze, Edward (1904–1979), Philologie und Buddhismusspezialist
– The Scientific Method of Thinking **1935:** 8.11.
Cotton, Charles, Anwalt LFs in Südfrankeich **1937:** 15.4.

Coudenhove-Kalergi, Richard Nikolaus (1894–1972), jap.-österr. Schriftsteller, Philosoph, seit 1915 verh. mit Ida Roland **1919:** 20.7. **1920:** 9.9.

Courteline, Georges (1858–1929), franz. Schriftsteller
– Bourbouroche **1921:** 15.11.

Crémieux, Benjamin (1888–1944), franz. Literaturkritiker **1937:** 20.6.

Crémieux, Francis (1920–2004), franz. Journalist und Schriftsteller, Sohn von B. Crémieux **1939:** 8.10.

Crizeli **1915:** 27.2., 27.–28.3., 18.4., 25.4., 30.4., 9.5., 16.5., 18.6.

Crusius, Otto (1857–1918), Professor für klassische Philologie in München **1916:** 23.3.

Dammert, Lilo (verh. Aisner; 1905–?), Schriftstellerin, Drehbuchautorin **1931:** 16.11., 31.12. **1932:** 26.10. **1934:** 10.8., 12.–13.8., 30.–31.8., 3.9., 2.10., 13.10., 22.10., 24.10. **1935:** 17.2., 20.2., 4.3., 6.3., 9.3., 23. bis 25.6., 27.–29.6., 3.8., 23.11., 2.12., 5.12. **1936:** 13.1., 20.1., 31.7., 17.8., 25.8., 31.8., 2.9., 14.9., 2.11., 5.12., 24.12. **1937:** 1.1., 3.1., 6.1., 11.–12.1., 15.11., 18.1., 20.–21.1., 25.–26.1., 9.5., 24.5., 25.6., 2.7. **1938:** 23.2., 8.3., 7.6., 28.10., 17.11., 24.11. **1939:** 7.6., 23.10. **1940:** 14.1., 26.1., 12.2., 16.2., 24.–25.2., 4.3., 13.3., 17.3., 5.4., 9.4., 17.5.

D'Annunzio, Gabriele (1863–1938), ital. Schriftsteller
– Francesca da Rimini **1906:** 23.3.
– Novellen der Pescara **1910:** 21.–22.4.

Daudet, Alphonse (1840–1897), franz. Schriftsteller **1939:** 1.11.
– Tartarin von Tarascon **1935:** 21.4.

Dauthendey, Max (1867–1918), Schriftsteller und Maler
Spielereien einer Kaiserin **1911:** 16.–20.5., 24.5.

De Nora ☞ Noder, Anton Alfred

Decker, Josef (1861–1935), Arzt für Magen-, Darm- und Stoffwechselkrankheiten, Klinik Dr. Decker in der Münchener Türkenstraße **1918:** 27.–28.5.

Deffner, Erich **1920:** 13.5., 24.5., 9.6. **1921:** 15.11., 30.12.

Delbos, Yvon (1885–1956), Politiker der Dritten und Vierten Französischen Republik **1937:** 23.6.

Demmert, Korrespondent der Prawda **1938:** 4.11.

Denter, Ann, Bekannte LFs aus New York **1932:** 22.12 **1933:** 1.3.

Denter, Joan, Bekannte LFs aus New York **1933:** 1.3.

Dessoir, Max (Max Dessauer; 1867–1947), Philosoph, Mediziner und Psychologe **1932:** 11.2.

Deutsch, Mira, Freundin des Verlegers Georg Müller **1916:** 28.3., 30.5. **1917:** 6.7. **1919:** 1.2., 14.6., 1.7. **1920:** 28.2., 2.11.

Diamant, Bernhard (1894–1946), Bruder von E. Diamant **1911:** 17.3., 19.–22.3. **1920:** 15.7.

Diamant, Eduard (1882–1945), Unternehmer, seit 1910 verh. mit Franziska Feuchtwanger **1910:** 21.6., 24.8. **1911:** 25.4., 26.–29.4., 2.–3.5. **1915:** 12.9. **1916:** 9.3., 11.8.

Dickens, Charles (1812–1870), engl. Schriftsteller **1934:** 1. 10.
– The Old Curiosity Shop **1934:** 15. 11.
– Oliver Twist **1935:** 6. 11.
Dickmann, Schauspielerin, Geliebte von Carl Rößler **1915:** 5. 3., 22. 3., 17. 4., 15. 5., 20. 7., 27. 7., 2. 8.
Diderot, Denis (1713–1784), franz. Schriftsteller, Philosoph der Aufklärung, Literatur- und Kunsttheoretiker
– La religieuse **1939:** 21. 11.
Didi, begegnete LF auf seiner Amerikareise **1932:** 27. 12.
Didring, Ernst (1868–1931), Schriftsteller **1910:** 4. 10.
– Valuta **1910:** 5. 10., 7. 10., 12. 10.
Diebold, Bernhard (Bernhard Dreifus; 1886–1945), schweiz. Dramaturg, Literatur- und Theaterkritiker, 1928–1934 in der Berliner Redaktion der Frankfurter Zeitung **1932:** 22. 3.
Diebold, Gabrielle Maria (1887–1951), verh. mit B. Diebold **1918:** 18. 2.
Dielmann, Leonie (1896–1975), Schauspielerin **1916:** 20.–22. 8. **1917:** 20. 9. **1938:** 26. 8.
Dietrich, Hilde, Schauspielerin **1916:** 9. 9.
Dillmann, Alexander (1878–1951), Jurist, Pianist, Komponist, Musikkritiker der Münchner Neusten Nachrichten **1916:** 13. 5.
Dimitroff, Georgi (1882–1949), bulgar. Politiker, 1935–1943 Generalsekretär der Komintern **1933:** 26. 12. **1937:** 31. 1., 2. 2.
Dinamow, Sergej (Sergej Oglodkow; 1901–1939), Literaturwissenschaftler, Direktor des Instituts für Rote Professur und Redakteur der Zeitschrift Internationale Literatur **1936:** 17. 12.
Dincklage, Hans Günther von (1896–1974), Diplomat, Mitarbeiter des Sicherheitsdiensts des SS, ab 1933 der Presse- und Propagandaabteilung der Deutschen Botschaft in Paris **1935:** 2. 7.
Dincklage, Maximiliane Henriette Ida (geb. von Schoenebeck; 1899 bis 1978) **1935:** 2. 7.
Döblin, Alfred (1878–1954), Schriftsteller **1920:** 21.–24. 12. **1931:** 27. 3., 19. 4., 29. 4. **1932:** 21. 2., 14. 5., 23. 10. **1934:** 20. 10. **1935:** 9. 1., 29. 6. **1938:** 12. 11.
– Berlin – Alexanderplatz (Verfilmung) **1931:** 8. 10.
– Bürger und Soldaten **1939:** 19. 11.
– Die drei Sprünge des Wang-lun **1916:** 12. 4., 14. 9.
– Die Ehe **1931:** 17. 4.
– Wallenstein **1920:** 21.–24. 12.
Döblin, Erna (geb. Reiss; 1888–1957) **1932:** 21. 2., 14. 5., 23. 10. **1934:** 20. 10.
Döblin, Peter (1912–?), Sohn von A. und E. Döblin **1932:** 21. 2.
Dodd, Martha Eccles (1908–1990), amerik. Schriftstellerin **1937:** 4. 7.
Dodd, William Edward (1869–1940), Historiker und Diplomat, 1933 bis 1937 Botschafter der USA in Berlin **1937:** 4. 7.
Donnay, Maurice (1859–1945), franz. Dramatiker **1935:** 27. 4.
Dörmann, Felix (Pseud. Felix Biedermann; 1870–1928), Schriftsteller
– Die Krannerbuben **1906:** 7. 6.

Dostler **1906:** 28.6.
Dostojewski, Fjodor (1821–1881), russ. Schriftsteller
– Aufzeichnungen aus einem Totenhaus **1939:** 14.12.
– Der Spieler **1937:** 30.4.
– Die Brüder Karamasow **1937:** 30.3., 12.4.
– Schuld und Sühne **1937:** 3.10.
Doynel de Saint-Quentin, René (1883–1961), Diplomat, 1938–1940 franz. Botschafter in den USA **1940:** 24.3.
Drei, Paul, Schulfreund LFs **1932:** 26.11., 22.12. **1933:** 7.2.
Dreifuß **1906:** 7.6.
Dreiser, Theodore (1871–1945), amerik. Schriftsteller **1932:** 23.11., 25.12.
Dreyer, Max (1862–1946), Schriftsteller
– Hans **1906:** 28.7.
Dreyfus, Alfred (1859–1935), franz. Offizier, seine ungerechtfertigte Verurteilung 1894 wegen Landesverrats löste außen- und innenpolitische Proteste aus, die 1899 zu seiner Freilassung führten **1933:** 14.1.
Dreyfus, Max, Jurist **1910:** 11.2.
Droemer, Adalbert (1878–1939), Verleger, übernahm 1934 den Th. Knaur Verlag **1931:** 22.6.
Droescher, Eleonore, Schauspielerin **1916:** 13.5.
Du Moulin-Eckart, Richard (1864–1938), Historiker **1910:** 11.5.
Dukes, Ashley (1885–1959), engl. Dramatiker, Theaterkritiker und -manager **1932:** 6.10., 6.11.
Dülberg, Franz (1873–1934), Schriftsteller **1915:** 3.10., 13.10., 16.10. **1921:** 27.9.
– Karintha von Orrelanden **1915:** 13.10., 16.10.
Dull, Agnes **1910:** 14.–16.9.
Duncan, Isadora (1878–1927), amerik. Tanzkünstlerin und -pädagogin **1906:** 27.3.
Dürer, Albrecht (1471–1528), Maler **1915:** 11.12.
Durieux, Tilla (1880–1971), Schauspielerin **1919:** 4.2.
Durtain, Luc (André Robert Gustave Nepveu; 1881–1959), franz. Schriftsteller, der schon in den 20er Jahren die Sowjetunion bereist hatte **1937:** 22.6., 25.6. **1938:** 7.11.
Dymow, Frau **1933:** 24.2.
Dymow, Ossip (Ossip Perelman; 1878–1959), russ. Schriftsteller, Drehbuchautor und Regisseur, lebte seit 1913 in den USA **1933:** 24.2.

Ederer, Mimi, befreundet mit Maria Kanová **1919:** 26.10. **1920:** 17.3.
Eduard ☞ Diamant, Eduard
Egloffstein, Herr von, Offizier, beteiligt an der Niederschlagung der Räterepublik **1919:** 10.5.
Ehrenburg, Ilja (1891–1967), sowjet. Schriftsteller und Journalist, lebte lange in Paris **1938:** 7.11.
Eichendorff, Joseph von (1788–1857), Schriftsteller **1906:** 25.1.
– Das Marmorbild **1906:** 20.1.

Eichmann, Gusta 1910: 9.10.
Einhorn, Artur 1906: 1.4., 23.–24.10., 9.12.
Einstein, Albert (1879–1955), Physiker 1933: 7.1., 11.1. 1933: 7.2., 29.3.
Einstein, Elsa (1876–1936), Cousine und zweite Frau A. Einsteins 1933: 11.1.
Eirich, Oskar Friedrich (1845–1921), Gründer der Wiener Theateragentur Eirich 1918: 11.7.
Eisenstein, Sergej (1898–1948), sowjet. Theater- und Filmregisseur 1932: 2.–3.5. 1937: 4.1., 16.–17.1., 19.1., 3.2.
Eisler, Hanns (1898–1962), Komponist 1931: 24.12.
Eisner, Kurt (1867–1919), Schriftsteller, Journalist, Theaterkritiker, Politiker, Anführer der Novemberrevolution in München 1917: 22.1. 1918: 17.11., 19.12. 1919: 21.2., 23.2.
Elchinger, Frau von R. Elchinger 1916: 5.1. 1919: 7.7. 1920: 15.7.
Elchinger, Richard (1883–1955), Schauspieler, Schriftsteller, Theaterkritiker der Münchner Neuesten Nachrichten 1911: 24.1., 14.2., 1.3., 12. bis 13.4., 30.4., 1.5. 1915: 3.10., 17.10., 10.12., 30.12. 1916: 1.1., 5.1., 24.3., 11.8., 25.9., 2.12., 31.12. 1917: 3.1., 21.1., 28.2., 6.3., 7.7., 14.7., 28.8., 12.–15.9., 16.12., 26.12., 31.12. 1918: 9.2., 18.2., 5.4., 17.5., 10.6., 20.6., 28.6., 6.7., 4.9., 9.11., 11.–12.11., 17.11., 31.12. 1919: 29.1., 4.2., 11.3., 31.3., 8.4., 11.4., 7.5., 20.6., 30.7., 13.10., 28.10., 18.12. 1920: 3.2., 20.2., 22.2., 11.3., 23.–30.6., 1.7., 2.–10.7., 14.7., 27.–28.8., 30.–31.8., 22.10., 2.11., 11.11., 23.11. 1921: 15.–23.2., 16.7., 6.11., 13.12., 26.12.
Elias, Julius (1861–1927), Schriftsteller, Kunstsammler, Kunsthistoriker, Herausgeber von Ibsen und Bjørnson, Mitbegründer der Berliner Freien Bühne 1916: 22.10. 1919: 11.10.
Eliasberg, Alexander (1878–1924), Literaturhistoriker 1920: 30.7., 16.10., 31.12. 1921: 10.3.
Eliat van de Velde, Helene (1894–1989), Psychologin und Schriftstellerin 1931: 12.12., 19.12.
Elisabeth 1906: 26.2.
Elisabeth I. (Elizabeth Tudor; 1533–1603), 1558–1603 Königin von England 1940: 30.4.
Elkan, Benno (1877–1960), Bildhauer 1935: 5.10.
Ella, Midinette 1906: 31.1.
Eloesser, Arthuer (1870–1938), Literaturwissenschaftler, Journalist, ab 1914 Dramaturg am Berliner Lessingtheater 1916: 7.10. 1917: 12.–15.9.
Else ☞ Fernau-Feldhammer, Else
Emmy ☞ Graf, Emmy
Engel, Erich (1891–1966), Regisseur 1921: 17.9., 20.9., 27.9.
Engel, Fritz 1921: 2.5.
Erika, Prostituierte 1931: 23.10., 17.11.
Erlanger 1906: 19.7. 1932: 31.1.
Ernst, Annie, Schauspielerin 1919: 6.1., 17.10.
Ernst August von Hannover, Herzog von Braunschweig (1887–1953) 1916: 1.2.

Esther ☞ Pryor, Esther
Ettinger, Max (1874–1951), Komponist **1920:** 24.4.
Ettlinger, Ellen (geb. Rathenau; 1902–1994) **1933:** 10.4.
Ettlinger, Leo (später: Lyonel Ettlinger), Geschäftsmann, Schwager von Walther Rathenau **1931:** 15.3. **1932:** 19.5. **1933:** 6.11., 8.11., 17.11. **1934:** 28.7.
Eulenberg, Herbert (1876–1949), Schriftsteller
– Alles um Liebe **1911:** 16.–18.2.
Euringer, Richard (1891–1953), Schriftsteller
– Der neue Midas **1920:** 16.10.
Euripides (um 480–406 v. Chr.)
– Die Bacchantinnen **1917:** 1.1.
Eva ☞ Boy, Eva
Eva ☞ Herrmann, Eva
Ewers, Hanns Heinz (1871–1943), Schriftsteller, Kabarettist **1910:** 2.12.
Expeditus ☞ Schmidt, Carl Hermann
Eyck, Toni van (geb. Johanna Gertrud Antonie Eick; 1910–1988), Schauspielerin, in erster Ehe verh. mit Carl Anton Reichel **1932:** 28.1., 16.6.
Eysler, Edmund (1874–1949), Komponist **1915:** 27.2., 16.5., 26.9., 2.12. **1919:** 5.11.
Eysoldt, Gertrud (1870–1955), Schauspielerin und Regisseurin **1931:** 17.3.

Faesi, Robert (1883–1972), schweiz. Literaturhistoriker und Schriftsteller **1931:** 8.3.
Falckenberg, Otto (1873–1947), Regisseur, Theaterleiter, Schriftsteller **1915:** 31.5., 6.6., 8.6., 15.8. **1917:** 3.1., 23.8., 28.8., 22.9., 9.11. **1918:** 29.1., 8.2., 17.10. **1919:** 13.1., 29.1., 20.2., 27.6., 22.9., 15.10., 26.10. **1920:** 27.1., 31.1., 15.2., 15.3., 30.3., 2.–10.7., 14.7., 18.8., 20.9., 22.9., 2.11., 14.11., 7.12. **1921:** 3.1., 31.3., 7.4., 20.7., 1.10., 6.11.
Falkenstein, Marga ☞ Simon, Marga Falkenstein
Fall, Frau **1915:** 17.8.
Fall, Leo (1873–1925), Komponist **1911:** 18.6.
Fallada, Hans (Rudolf Ditzen; 1893–1947), Schriftsteller
– Kleiner Mann – was nun? **1937:** 2.10.
– Wolf unter Wölfen **1938:** 10.2.
Farecht, Tom, Schauspieler, Oberspielleiter am Bremer Schauspielhaus **1916:** 7.–8.1.
Farnese, Giulia (1474–1524), Geliebte des Papstes Alexander VI. **1906:** 11.1.
Federn, Karl (1868–1943), Jurist, Übersetzer und Schriftsteller **1931:** 19.2., 8.3. **1932:** 1.6.
Fedin, Konstantin (1892–1977), sowjet. Schriftsteller, hatte 1914–1918 in Deutschland gelebt **1931:** 15.9.
Felber, Eugen, Direktor der Neuen Bühne München, Gründer der Schaubühne **1920:** 24.9. **1921:** 8.12.
Fellner, Hermann Siegfried (1878–1936), Filmproduzent und Drehbuchautor **1933:** 18.5., 22.5., 27.11., 29.11. **1934:** 6.9., 3.10., 6.–7.10. **1935:** 21.5.

Felner, Karl von (1874–1938), Schriftsteller
– Der Farisäer und die Ehebrecherin **1906:** 20.3., 12.5.
Ferber, Arzt, mit Eva Boy befreundet **1931:** 23.5., 9.12.
Ferguson, Helen (1900–1977), amerik. Schauspielerin, später Publizistin und Presseagentin **1934:** 7.10., 17.12. **1935:** 25.5.
Fernau-Feldhammer, Else (1879–?), Schauspielerin **1906:** 27.1., 13.2., 15.2., 23.–24.2., 28.2., 6.3., 24.3., 17.4., 20.4., 22.–23.4., 26.4., 1.5., 7.5., 12.–19.5., 23.–24.5., 26.–27.5., 30.5., 7.6., 10.6., 14.6., 22.6., 28.6., 3.7., 7.7., 10.7., 12.–13.7., 16.–17.7., 20.7., 22.7., 24.7., 30.7., 1.8., 6.8., 14.8., 7.9., 19.9., 24.9., 26.9., 1.10., 7.10., 15.10., 18.10., 28.10., 5.11., 3.12., 5.12., 15.12., 17.12., 19.12., 24.12., 31.12.
Ferron, Marie (eigtl. Fiecer; 1879–1964), Schauspielerin **1921:** 11.10.
Fessler, Julius (1862–1937), Chirurg in München **1918:** 5.8.
Feuchtwanger, Alfred (1900–1972), Bankier, Cousin LFs **1921:** 28.12.
Feuchtwanger, Angelo (1854–1939), Bankier, Teilhaber der J. L. Feuchtwanger-Bank, München **1932:** 30.9.
Feuchtwanger, August (1870–1938), Arzt, Cousin LFs **1918:** 31.1., 18.4., 1.10.
Feuchtwanger, Bella (verh. Traubkatz; 1891–?), Schwester LFs **1910:** 20.3. **1911:** 10.–12.5. **1915:** 22.4. **1937:** 7.2.
Feuchtwanger, Berthold (Bubi; 1896–1944), Bruder LFs, Kaufmann **1909:** 14.12. **1910:** 20.3., 13.7., 27.7., 4.8., 17.8., 13.11. **1916:** 31.1., 2.12., 11.12. **1917:** 28.4. **1920:** 21.10. **1921:** 1.11. **1938:** 11.1.
Feuchtwanger, David (1832–1907), Großonkel LFs **1906:** 24.6.
Feuchtwanger, Dorothea, Tochter von Ludwig und Lili Feuchtwanger **1932:** 5.1.
Feuchtwanger, Elisabeth (Tante Betty; 1863–1922), verh. mit Eduard Mattiasson **1916:** 11.1.
Feuchtwanger, Franziska (1889–?), Schwester LFs, seit 1910 verh. mit Eduard Diamant **1906:** 16.8., 3.9. **1909:** 11.7., 7.3. **1910:** 21.6., 4.–5.7., 18.7., 24.8., 30.8., 12.–16.9. **1911:** 16.–21.4. **1916:** 9.3., 11.8. **1931:** 18.2.
Feuchtwanger, Fritz (1888–nach 1939), Bruder LFs, Leiter der Margarinefabrik in München bis 1938, verh. mit Erna geb. Kronenberg (1897 bis 1985) **1906:** 3.6. **1909:** 7.7., 11.12. **1910:** 7.3., 20.3., 27.7., 4.8. **1911:** 28.2., 29.3. **1915:** 30.3., 25.4. **1916:** 19.2., 28.10. **1917:** 4.2., 18.7., 22.7., 29.11. **1918:** 1.2., 21.2., 16.11. **1920:** 15.7., 31.12. **1931:** 8.9., 22.11. **1938:** 28.11. **1939:** 23.6.
Feuchtwanger, Hedwig (1892–1944), Cousine LFs, verh. mit Felix Schlessinger **1911:** 7.–9.6.
Feuchtwanger, Henriette (Henny; 1892–?), Schwester LFs, heiratete am 1. Mai 1916 Jakob Reich **1906:** 3.9. **1909:** 29.11. **1915:** 22.4., 16.6. **1916:** 1.5. **1917:** 18.–19.9. **1918:** 2.8. **1932:** 1.2.
Feuchtwanger, Igo (1884–1923) **1906:** 3.6., 4.–5.11., 7.–10.11.
Feuchtwanger, Johanna (geb. Bodenheimer; 1864–1926), Mutter LFs **1906:** 13.2., 13.6., 7.7., 16.7., 19.7., 26.7., 16.11., 25.11. **1909:**

7.7., 11.–12.7., 20.10. **1910:** 9.3., 7.6., 27.7., 16.10., 23.10. **1911:** 19. bis 21.4., 6.6. **1915:** 9.3., 15.4., 23.4., 10.5., 20.5., 16.6., 5.9., 4.12., 22.12. **1916:** 5.1., 19.2., 9.3., 11.8., 16.9., 11.12., 22.12. **1917:** 9.3., 8.–9.4., 28.4., 22.7., 12.–15.9., 6.11., 29.11. **1918:** 2.2., 9.3., 1.4., 4.8. **1919:** 9.2., 7.7., 28.11. **1920:** 3.2., 9.3., 2.–10.7., 15.7., 15.8., 6.11. **1921:** 11.9., 17.10.

Feuchtwanger, Klaus, Sohn von Martin und Stefanie Feuchtwanger **1931:** 4.3.

Feuchtwanger, Leo (Jakob Leo Feuchtwanger; 1892–1959), Cousin (zweiten Grades) LFs, Bankier, Teilhaber der Feuchtwanger-Bank **1932:** 3.5.

Feuchtwanger, Ludwig (Ludschi; 1885–1947), Bruder LFs, Jurist, Verleger, Direktor des Verlages Duncker & Humblot, 1917–1923 verh. mit Lili Eberl **1906:** 4.1., 12.2., 21.2., 8.4., 7.7., 8.8., 12.8., 24.10. **1909:** 14.7., 6.9. **1910:** 24.3., 19.9. **1911:** 28.2. **1915:** 27.2., 4.3., 9.3., 30.4., 28.6., 13.11. **1916:** 5.1., 23.1., 29.1., 1.5., 15.10., 29.10. **1917:** 4.2., 25.3., 18.7., 16.12., 25.–26.12. **1918:** 17.5., 26.5., 7.7., 6.–8.10., 26.10. **1919:** 10.1., 29.1., 20.3., 7.7. **1920:** 9.1., 2.4., 5.4., 2.–10.7., 22.8., 9.9., 25.12. **1921:** 29.7., 1.11., 13.11., 13.12., 24.12. **1931:** 1.3. **1932:** 5.1. **1938:** 28.11., 1.12., 7.12. **1939:** 3.1., 7.6. **1940:** 26.1., 6.4.

Feuchtwanger, Marta (geb. Löffler; 1891–1987), seit 1912 verh. mit LF **1910:** 19.1., 29.1., 17.2., 27.2., 5.3., 15.3., 31.3., 4.4., 12.–13.4., 25.4., 21.5., 2.6., 24.–25.6., 3.8., 5.–7.8., 11.8., 25.8., 27.–28.9., 1.10., 4.–5.10., 8.10., 12.10., 15.10., 27.10., 29.–31.10., 2.–5.11., 7.–14.11., 17.11., 20.–22.11., 29.11.–6.12., 8.–11.12., 21.–31.12. **1911:** 3.–19.1., 20.–22.1., 24.1., 4.–15.2., 19.–25.2., 2.–9.3., 19.–22.3., 29.–30.3., 4.4., 9.–18.4., 24.4., 26.–29.4., 4.–5.5., 8.5., 10.–23.5., 2.–3.6., 6. bis 12.6., 28.6.–4.7., 6.–7.7. **1915:** 27.2., 4.3., 8.–9.3., 13.3., 16.3., 18.3., 24.3., 30.3., 10.4., 21.–23.4., 17.5., 20.5., 22.5., 28.5., 8.6., 12.6., 9.7., 14.7., 17.7., 19.7., 20.–21.7., 26.7., 9.8., 12.8., 9.9., 13.9., 20.9., 11.10., 1.11., 30.12. **1916:** 1.1., 5.–6.1., 8.1., 10.–13.1., 21.1., 23.1., 28.1., 30.1., 16.2., 3.–4.3., 7.–8.3., 14.5., 30.5., 22.6., 26.6., 7.7., 23.7., 6.8., 2.9., 20.9., 29.9., 3.10., 7.10., 12.–13.10., 16.10., 24.10. **1917:** 3.1., 21.1., 30.1., 18.–19.2., 18.3., 27.4., 1.5., 13.5., 26.5., 2.6., 7.7., 22. bis 23.9., 25.9., 29.9., 2.10., 1.–2.11., 28.11. **1918:** 2.–4.1., 21.1., 1.2., 18.2., 11.4., 16.4., 20.4., 4.5., 21.5., 7.–9.7., 28.–30.7., 2.8., 4.8., 20.8., 25.8., 21.9., 26.9., 17.12. **1919:** 11.2., 15.2., 23.2., 25.2., 11.3., 16.3., 11.6., 7.7., 18.9., 16.11., 19.11., 30.11., 2.12., 31.12. **1920:** 9.3., 12.4., 11.5., 14.5., 14.6., 16.6., 23.–30.6., 2.–10.7., 6.8., 30.–31.8., 21.10., 6.12., 21.–24.12. **1921:** 8.5., 10.5., 15.5., 20.5., 28.5., 2.6., 6.6., 17. bis 18.6., 28.–29.6., 4.7., 26.12., 28.12., 31.12. **1931:** 2.1., 11.1., 18.1., 21.1., 6.2., 11.2., 14.2., 1.–3.4., 2.5., 16.–19.5., 26.5., 2.6., 13.6., 15.6., 17.6., 4.7., 9.7., 20.9., 28.9., 2.–3.10., 25.10., 1.11., 5.–6.12., 13.12., 26.12., 31.12. **1932:** 1.1., 5.1., 12.1., 14.1., 16.1., 20.1., 26.1., 31.1., 7.–9.2., 11.2., 19.2., 21.3., 26.–28.3., 6.4., 13.4., 17.4., 14.5., 29.5., 7.6., 15.6., 2.–3.7., 7.7., 16.7., 20.–25.7., 28.7., 1.8., 3.8., 8. bis 10.8., 15.8., 1.11., 3.11., 11.–12.11., 28.11., 25.12. **1933:** 1.1., 11.2.,

9.3., 13.3., 16.–18.3., 20.3., 24.3., 28.3., 17.4., 26.4., 4.5., 23.5., 27.5., 1.6., 3.6., 7.6., 10.6., 14.6., 20.6., 7.7., 16.–17.7., 21.7., 24.7., 30.7., 2.8., 11.8., 16.8., 18.8., 28.8., 6.9., 25.9. 17.9., 2.10., 4.10., 7.10., 9.10., 11.–16.10., 18.10., 20.–21.10., 30.10., 3.11., 5.11., 11.11., 28.12., 31.12. **1934:** 1.1., 3.1., 8.1., 11.1., 19.–20.1., 22.1., 28.1., 2.2., 22.2., 16.–17.3., 20.3., 30.–31.3., 5.–6.4., 8.4., 18.4., 3.5., 5.–7.5., 31.5., 19.6., 22.–23.6., 6.7., 10.7., 20.7., 22.7., 31.7., 19.8., 27.8., 17.9., 27.9., 2.10., 5.10., 25.10., 3.12., 5.12., 10.12. **1935:** 11.–12.1., 16.1., 21.1., 4.2., 20.4., 30.4., 1.5., 14.5., 21.5., 3.6., 16.6., 29.6., 1.–2.7., 7.7., 14.7., 16.7., 30.7., 2.8., 9.8., 4.9., 7.9., 15.9., 17.9., 26.9., 28.9., 17.10., 21. bis 22.10., 6.11., 17.11., 20.11., 28.–29.11., 4.12., 9.12., 25.–26.12., 29.12. **1936:** 6.1., 10.1., 13.1., 18.1., 21.1., 23.1., 27.1., 12.2., 16.2., 22.2., 12.3., 25.3., 11.4., 16.4., 25.4., 27.6., 5.–7.7., 13.7., 23.7., 28.7., 5.8., 3.9., 11.9., 6.11., 12.11., 13.11., 1.12. **1937:** 1.1., 3.1., 20.2., 25.2., 1.3., 7.3., 14.3., 27.3., 25.4., 27.4., 1.5., 3.–5.5., 15.5., 23.–24.5., 12.6., 16.6., 19.6., 22.6., 24.6., 26.6., 29.6., 1.–3.7., 6.7., 29.7., 15.8., 9.9., 26.9., 7.10., 10.11., 14.11., 16.11., 26.11., 12.12. **1938:** 3.2., 10.3., 13.3., 23.3., 25.3., 1.4., 13.4., 4.5., 7.6., 19.6., 2.7., 7.7., 26.7., 29.7., 2.8., 26.8., 3.9., 24.9., 28.9., 23.10., 28.10., 11.11., 27.11., 29.11., 31.12. **1939:** 20.1., 6.2., 11.2., 17.2., 7.3., 1.4., 13.4., 13.5., 27.5., 12.6., 29.6., 4.7., 6.–7.7., 9.7., 29.8., 7.9., 20.9., 27.9., 19.10., 13.11., 31.12. **1940:** 5.1., 20.–21.1., 24.1., 9.2., 13.2., 26.–27.2., 5.3., 24.3., 3.4., 13.5.

Feuchtwanger, Martha (Medi; 1897–?), Schwester LFs, seit 1920 verh. mit Hans Ben-Dor **1919:** 14.8., 28.11. **1921:** 27.1. **1931:** 7.7., 19.7.

Feuchtwanger, Martin (1886–1952), Bruder LFs, Verleger, Schriftsteller, Journalist, Chefredakteur der Saalezeitung, Gründer des Fünf Türme-Verlages in Halle (Saale), verh. in erster Ehe mit Stefanie Cahn, in zweiter mit Trude Loewy **1906:** 7.3., 8.4., 16.6., 16.7., 22.7., 24.7., 12. bis 13.8., 3.9. **1909:** 30.–31.10., 2.11., 4.11., 15.11. **1910:** 15.–16.5., 24.7., 7.–11.9., 17.–18.9. **1911:** 28.3., 16.–20.5. **1916:** 11.8., 10.–11.10., 28.10. **1919:** 16.11. **1920:** 3.–4.2., 15.7. **1937:** 7.2., 12.2.

Feuchtwanger, Max (1873–1937), Jurist, Cousin LFs **1906:** 4.1., 12.2., 21.2., 18.4., 13.5., 16.6., 14.7., **1910:** 20.12. **1911:** 21.–23.5.

Feuchtwanger, Moritz (1828–1910), Onkel LFs, Teilhaber der Feuchtwanger-Bank **1910:** 25.3., 27.–28.3. **1933:** 3.12.

Feuchtwanger, Rivka (ursprüngl. Rebekka, geb. Gluskinos, Künstlername Rhea Glus; 1888–1973), Tänzerin, Choreographin, Leiterin der Schule für Körperkultur und künstlerischen Tanz in München, seit 1914 verh. mit Siegbert Feuchtwanger **1910:** 7.3., 14.–16.9. **1915:** 4.3., 10.7. **1917:** 4.2., 26.12. **1921:** 13.11.

Feuchtwanger, Sarah (geb. Fürther; 1830–1906), Großmutter LFs **1906:** 8.5., 15.–17.5., 20.5., 23.–25.5.

Feuchtwanger, Siegbert (1886–1956), Cousin LFs, Rechtsanwalt **1906:** 8.4., 3.6., 10.7. **1910:** 2.2., 20.2., 19.9., 24.10. **1915:** 4.3., 10.7. **1917:** 4.2., 26.12. **1920:** 25.12. **1921:** 13.11.

Feuchtwanger, Sigmund (1854–1916), Vater LFs, Teilhaber der Margarinefabrik E. Feuchtwanger in München **1906:** 13.2., 2.3., 9.5., 24.5., 7.7, 16.7., 18.–19.7., 27.7., 25.11., 11.12. **1909:** 7.7., 11.7., 14.7., 17.7., 10.8., 12.9., 10.11., 17.11., 7.12. **1910:** 2.3., 7.–11.9., 14.–16.9., 16.10., 23. bis 24.10. **1911:** 6.6. **1915:** 27.2., 9.3., 23.4., 10.5., 20.5., 16.6., 5.9., 4.12., 22.12. **1916:** 5.1., 23.–25.1., 28.1., 30.1.

Feuchtwanger, Sigmund (Mundi; 1889–1937), Cousin LFs **1910:** 24. bis 25.6., 3.–6.9., 19.9., 5.10.

Feuchtwanger, Sophie (geb. Bodenheimer, Tante Sophie; 1869–1943), Schwester von LFs Mutter **1909:** 7.7., 11.7., 10.11., 1.–13.11. **1918:** 9.3.

Feuchtwanger, Stefanie (geb. Cahn; 1888–1971), seit 1910 verh. mit Martin Feuchtwanger **1910:** 17.–18.9. **1916:** 11.8., 16.9. **1917:** 18.–19.9. **1931:** 4.3.

Feust **1910:** 16.8.

Feust, Julius (1853–1906), Rechtsanwalt in München, Justizrat **1906:** 18.7.

Feust, Pauline **1910:** 17.–19.10.

Fiedler **1931:** 5.7.

Figdor, Karl (1881–1957), Schriftsteller **1920:** 31.12.

Fink, Viktor (1888–1973), sowjet. Schriftsteller, Übersetzer und Publizist **1937:** 25.6.

– Legion 14 **1939:** 5.10.

Finkelnburg, Hilde (Ela Elborg; 1899–2004), Drehbuchautorin und Künstleragentin; ungenannte Mitarbeiterin an dem antisemitischen Film »Jud Süß« (1940) **1932:** 3.6.

Fischer, Hanns ☞ Aram, Kurt

Fischer, Hanns (1865–1952), Schauspieler, Regisseur am Dresdner Staatstheater **1915:** 13.7.

Fischer, Louis (1896–1970), amerik. Journalist, berichtete vor allem für das Wochenblatt The Nation viele Jahre lang aus der Sowjetunion **1935:** 29.11.

Fischer, Samuel (1859–1934), Verleger, gründete 1886 den S. Fischer Verlag **1909:** 4.10., 10.10., 12.10., 2.11., 11.12. **1931:** 29.4.

Flatau, Walter Siegfried (1865–1926), Gynäkologe, Musikkritiker, Vorsitzender des Philharmonischen Vereins München **1916:** 31.12.

Flaubert, Gustave (1821–1880), franz. Schriftsteller

– L'Éducation sentimentale **1935:** 29.3.

Flechtheim, Alice **1932:** 19.3.

Fleg, Edmond (Edmond Flegenheimer; 1874–1963), franz. Schriftsteller schweiz. Herkunft **1933:** 19.11. **1937:** 27.6., 29.6.

Fleg, Madeleine (geb. Bernheim; 1887–1973) **1933:** 19.11.

Fles, George (1908–1939), niederl. Übersetzer **1937:** 25.10.

Fles, Louis (1872–1940), niederl. Geschäftsmann, Aktivist und Autor **1937:** 25.10.

Fontane, Theodor (1819–1898), Schriftsteller

– Der Stechlin **1935:** 18.3.

– Irrungen, Wirrungen **1906:** 1.8.

Förster, Friedrich Wilhelm (1869–1966), Philosoph, Professor in München, Kritiker des Nationalsozialismus **1915:** 28.5.

Forster-Larrinaga, Robert (1880–1932), Schauspieler, Schriftsteller
– Der Floh im Panzerhaus **1915:** 10.–11.11.

Förtsch, Marie **1910:** 20.–21.7., 25.7.

Franck, Hans (1879–1964), Schriftsteller, Dramaturg am Schauspielhaus Düsseldorf, 1915–1920 Herausgeber der Theaterzeitschrift Masken **1915:** 2.5., 4.8. **1921:** 2.10., 6.11.

Franckenstein, Clemens von (1875–1942), Komponist, Generalintendant des Königl. Bayerischen Hof- und Nationaltheaters **1915:** 5.3. **1916:** 15.6. **1917:** 21.8.

François-Poncet, André (1887–1987), franz. Diplomat und Publizist, 1931 bis 1938 Botschafter in Berlin **1931:** 22.1. **1932:** 11.2.

Frank ☞ Frank, Bruno

Frank, Bruno (1887–1945), Schriftsteller und Philologe **1915:** 3.–4.3., 9.3., 13.3., 17.–18.3., 21.3., 25.4., 15.5., 17.5., 20.5., 25.6., 28.6., 9.7., 1.8., 27.8., 29.8., 27.9., 3.10., 10.11., 16.11., 19.–20.11., 25.11., 5.12. **1916:** 21.1., 3.2., 16.2., 26.6., 28.6., 19.7., 23.7., 3.8., 14.8., 17.11., 12. bis 15.9., 1.12. **1918:** 9.1., 12.2., 29.6., 17.9., 4.11., 11.11., 7.–8.12., 27.12., 31.12. **1919:** 1.2., 4.2., 2.–3.4., 9.4., 9.5., 21.5., 1.7., 20.7., 16.8., 25.8., 28.8., 26.–29.9., 6.–7.10., 9.10., 11.10., 4.11., 11.11., 14.11., 19.11., 28.11., 16.12. **1920:** 17.–18.3., 17.7., 19.7., 10.9., 1.–2.10., 30.10., 4.11., 11.–14.11., 23.11., 26.–27.11., 7.–9.12. **1921:** 15.–23.2., 4.4., 2.5., 7.7., 11.10., 13.11. **1932:** 29.–30.9. **1934:** 11.1., 13.1., 18.1., 8.–9.3., 14.3., 16.–17.3., 29.–30.3., 5.4., 8.4., 22.4., 25.–26.4., 1.5., 12.5., 16.5., 18.5., 24.–25.5., 31.5., 26.6., 6.7., 28.7., 13.8., 1.10., 6.10., 16.10., 22.11., 26.12. **1935:** 3.8. **1936:** 24.2., 25.–26.3., 28.3., 31.3., 3.4., 9.–10.4. **1937:** 16.–17.2., 3.–5.5., 5.6., 13.6., 15.6., 17.6., 26. bis 30.6., 1.7., 3.–4.7., 1.9., 20.10., 22.10. **1939:** 5.10. **1940:** 10.3.
– Cervantes **1934:** 18.5., 28.7.
– Das Weib auf dem Tiere **1921:** 4.4.
– Der Reisepaß **1937:** 14.5.
– Die Fürstin **1915:** 22.9., 27.9., 3.10.
– Die Nachtwache **1915:** 16.8.
– Die Trösterin **1919:** 26.–28.9., 6.–7.10., 9.–11.10., 15.10.
– Flüchtlinge **1915:** 29.10.

Frank, Elena (Elena Maquenne, geb. Pewsner; 1899–?), aus Odessa stammende Übersetzerin, zweite Frau von Leonhard Frank **1933:** 10.4., 27.12. **1934:** 2.1.

Frank, Ellen (1904–1999), Schauspielerin und Tänzerin **1931:** 1.1., 2.1., 20.1., 13.2., 9.3., 31.3., 1.4., 2.4., 27.8., 8.9., 16.11., 16.12. **1932:** 6.1., 10.1., 1.2., 8.2., 25.2., 11.3., 15.8., 30.9. **1933:** 16.6.

Frank, Erna, Künstlerin **1916:** 25.6.

Frank, Leonhard (1882–1961), Schriftsteller **1933:** 8.11. **1934:** 2.1.

Frank, Liesl (Elisabeth Frank, geb. von Coudenhove-Honrichs; 1903–1979), Tochter von Fritzi Massary, Stieftochter von Max Pallenberg, verh. mit

Bruno Frank **1934:** 14.3., 16.–17.3., 29.–30.3., 5.4., 15.4., 17.4., 22.4., 24.–26.4., 1.5., 9.5., 12.5., 16.5., 24.–25.5., 31.5., 12.6., 19.6., 23.6., 26.–27.6., 29.7., 1.10., 9.10., 16.10. **1935:** 22.–23.11., 25.11. **1936:** 25.–26.3., 28.–29.3., 31.3., 3.4., 9.–10.4., 13.4. **1937:** 3.–5.5., 5.6., 15.6., 26.–27.6.

Frank, Nancy **1933:** 7.3.

Frank, Rudolf (1886–1979), Theaterregisseur, Schriftsteller und Übersetzer, verh. mit Anna Amalie Frank-Klein **1921:** 1.11. **1931:** 22.10.

Frank, Waldo (1889–1967), amerik. Schriftsteller und Soziologe **1935:** 25.6.

Frank-Klein, Anna Amelie (geb. Klein; 1894–1977), Malerin, verh. mit R. Frank **1931:** 22.10.

Fränkel, Jakob **1911:** 18.3.

Fränkel, Lazarus **1906:** 5.10.

Frankfurter, Anwalt **1931:** 8.1.

Frankfurter, Eugen (?–1922), Theateragent **1916:** 4.3.

Franz I. (Franz Stephan von Lothringen; 1708–1765), seit 1745 als Franz I. Kaiser des Heiligen Römischen Reichs **1936:** 27.2.

Franziska ☞ Feuchtwanger, Franziska

Fred, W. ☞ Wechsler, Alfred

Freder, Journalist an der Frankfurter Zeitung **1910:** 10.5.

Frei, Bruno (Benedikt Freistadt; 1897–1988), Journalist, gab in Prag mit F. C. Weiskopf die Zeitung Der Gegen-Angriff heraus, in Paris einer der Sekretäre des Schutzverbandes Deutscher Schriftsteller **1938:** 4.3.

Freksa, Friedrich (eigtl. Kurt Franz Georg Friedrich-Freksa; 1882–1955), Schriftsteller **1911:** 10.–12.6.

– Sumurun **1910:** 17.–19.8., 31.8., 7.–11.9.

Freud, Lilly (Lilly Freud-Marlé; 1888–1970), Schauspielerin, Diseuse, Nichte von S. Freud, verh. mit Arnold Marlé **1916:** 31.10., 2.12., 31.12. **1917:** 3.3., 5.3. **1921:** 7.4.

Freud, Sigmund (1856–1939), Begründer der Psychoanalyse **1936:** 18.10. **1938:** 16.3.

Freytag, Gustav, Theaterwissenschaftler, Direktor des Neuen Theaters München **1920:** 2.10.

Fried, Alfred Hermann (1864–1921), Pazifist, Schriftsteller, Gründer der Zeitschrift Die Waffen nieder **1920:** 15.2.

Frieda, Midinette **1906:** 27.1.

Friedenthal, Carola **1921:** 6.11.

Friedenthal, Joachim (1887–1938), Journalist, Münchener Korrespondent des Berliner Tageblatts **1915:** 27.2., 4.3., 9.3., 17.3., 21.3., 27.3., 9.4., 17.4., 23.4., 25.4., 30.4., 9.5., 15.–16.5., 20.5., 28.5., 8.6., 12.6., 18.6., 22.6., 25.6., 27.6., 7.7., 9.–10.7., 20.–21.7., 23.7., 29.7., 1.–2.8., 5.–6.8., 28.9., 3.10., 11.10., 1.11., 13.11., 19.11., 21.11., 2.12., 5.12., 11.12., 31.12. **1916:** 5.1., 30.1., 24.4., 7.7., 9.7., 11.–12.7., 15.–16.7., 19.7., 25.7., 28.7., 11.8., 20.8., 28.8., 2.9., 14.9., 31.10., 26.12., 31.12. **1917:** 8.3., 19.3., 4.10., 25.12., 31.12.

1918: 8.2., 18.2., 12.–13.3., 20.6., 28.6., 6.7., 16.8., 6.–8.10., 26.12., 31.12. **1919:** 13.1., 7.5., 3.6., 15.6., 20.6. **1920:** 13.2., 14.7., 11.9., 31.10., 2.11. **1921:** 15.–23.2., 16.7., 12.9., 11.10., 13.12. **1932:** 20.1., 28.3.

Friedländer, Paul (1891–1942 oder 1943), Politiker und Journalist, Mitbegründer der KPÖ und Chefredakteur ihrer ersten Parteizeitung **1937:** 7.10. **1938:** 9.3.

Friedmann, Ludwig (1875–1933), Komponist, Gründer des Drei Masken Verlags **1915:** 3.–4.3., 10.3., 17.3., 21.4., 5.4., 11.5., 14.5., 20.5., 22.5., 20.7., 26.7, 31.7., 24.8., 31.8., 3.–4.9., 6.9., 14.9., 19.9., 30.9., 30.10. **1916:** 13.1., 21.10. **1917:** 23.1. **1918:** 8.11. **1919:** 7.–8.7., 20.7., 11.10. **1920:** 6.8., 9.9.

Friedmann-Frederich, Fritz (1883–1934), Dramatiker, Regisseur am Kleinen Theater Berlin, ab 1919 am Metropol-Theater **1918:** 10.6.

Frieß, Journalist **1916:** 26.9.

Frisch, Efraim (1873–1942), Schriftsteller, Lektor im Georg Müller Verlag, Mitbegründer der Zeitschrift Der neue Merkur **1911:** 10.–12.6. **1920:** 24.4., 13.7. **1931:** 17.3.

Froeschel, Else (1895–1975) **1932:** 28.1.

Froeschel, George (1891–1979), Jurist, Schriftsteller und Drehbuchautor **1931:** 13.3. **1932:** 10.1., 28.1., 30.10.

Fuchs, Eduard (1870–1940), Kulturwissenschaftler, Schriftsteller **1906:** 12.6.

Fuhrmann, Frau **1919:** 10.1.

Fuhrmann, Paul Ludwig (1881–?), Schriftsteller **1917:** 6.–10.8. **1918:** 8.2., 25.7.

Fulda, Ludwig (1862–1939), Schriftsteller und Übersetzer **1916:** 10.1.
– Beaumarchais: Figaros Hochzeit (Übers.) **1906:** 25.4.

Funk **1918:** 28.9., 30.9., 6.–8.10., 19.12. **1919:** 1.1., 3.4., 26.6. **1920:** 6.1., 15.3., 17.3., 6.8. **1921:** 24.2., 31.3., 21.4., 8.7., 14.8., 28.12.

Fürth, Julius (Firt; 1897–1979), Journalist und Verleger, übernahm 1936 die Leitung des Prager Verlags Borový **1937:** 8.–9.2., 11.2.

Fürther, Großtante LFs **1916:** 23.7.

Furtwängler **1916:** 4.3.

Furtwängler, Wilhelm (1886–1954), Dirigent und Komponist **1938:** 10.5.

Futterer, Josef (1871–1930), Maler **1915:** 13.3., 18.3., 22.3.

Galafrés, Elsa Marguérite (1879–1977), Schauspielerin **1915:** 30.8., 10.9. **1916:** 17.8.

Gallinger, Vermieterin, bei der LF in München, Gewürzmühlstraße 3, zur Untermiete wohnte, verh. mit dem Tapezierer Ernst Gallinger **1909:** 7.7. **1910:** 10.1., 21.10.

Ganghofer, Ludwig (1855–1920), Schriftsteller **1906:** 7.3. **1917:** 30.12. **1918:** 18.2.

Gans, Beamter der österr. Gesandtschaft **1915:** 17.6., 11.12., 16.12.

Garda ☞ Kaufmann-Irmen, Garda

Gast, Schauspielerin **1916:** 7. 1., 17. 1., 10.–11. 8., 14. 8., 20. 8. **1919:** 21. 6., 30. 6. **1920:** 2.–10. 7.
Gaudy, Franz von (1800–1840), Schriftsteller **1906:** 25. 1.
Geiger, Ludwig (1848–1919), Literatur- und Kulturhistoriker **1911:** 13. bis 15. 4.
Geiringer, Adrienne (1896–1987), Schauspielerin **1918:** 27. 5.
Geißler, Max (1868–1945), Schriftsteller
– Das sechste Gebot **1909:** 19. 7.
Geldern, Beate, verh. mit Viktor Geldern **1915:** 5. 3.
Geldern, Viktor (1890–?), Schauspieler **1915:** 5. 3.
Geller, Oskar, Journalist, Librettist, verfasste gemeinsam mit LF eine Pantomime **1906:** 22. 10., 26. 11., 17. 12., 24. 12., 31. 12. **1910:** 10. 5., 17. 7., 19. 7., 22.–23. 8. **1911:** 25.–27. 6. **1915:** 10. 3., 12. 3. **1916:** 11. 8., 17. 8., 26. 9.
Gemmingen, Eigentümer der Münchner Sonn- und Montags-Zeitung **1920:** 1. 9., 5. 11., 11. 11.
Genin, Robert (Robert Guénine; 1884–1941), Maler, Grafiker, Illustrator und Schriftsteller **1936:** 27. 1., 6. 2., 21. 4.
Genthe, Arnold (1869–1942), Fotograf und Philologe **1932:** 26. 11. **1933:** 7. 2.
Gerdes, Kurt, Schauspieler **1916:** 23. 9.
Gerson, Susi (?–1994), heiratete 1940 den Künstler Alberto Magnelli **1933:** 29. 8., 16. 9.
Gibbs, Sir Philip Armand Hamilton (1877–1962), engl. Journalist und Schriftsteller
– Cities of Refuge **1938:** 5. 6.
Gide, André (1869–1951), franz. Schriftsteller, besuchte im Sommer 1936 die UdSSR **1936:** 14. 12., 23.–24. 12., 27. 12., 30. 12.
– Die Falschmünzer **1936:** 18. 8.
– Reise zum Kongo **1937:** 24. 3.
Gilliat, Sidney (1908–1994), engl. Drehbuchautor, Filmregisseur und -produzent **1933:** 4. 5.
Ginsburg **1933:** 1. 3.
Ginsburg, Frau **1933:** 23. 2., 1. 3.
Giraudoux, Hippolyte Jean (1882–1944), franz. Diplomat, Drehbuchautor und Schriftsteller **1939:** 1. 10.
– Der trojanische Krieg findet nicht statt **1935:** 6. 12.
Glaeser, Frau von E. Glaeser **1931:** 5. 12.
Glaeser, Ernst (Pseud. Anton Ditschler, Erich Meschede, Alexander Ruppel, Ernst Töpfer; 1902–1963), Schriftsteller, 1928–1930 Leiter der literarischen Abteilung des Südwestdeutschen Rundfunks, 1930–1933 Lektor im Propyläen Verlag **1931:** 21. 4., 5. 12. **1932:** 8. 10., 20. 10.
– Der letzte Zivilist **1936:** 12. 2.
Glümer, Marie (geb. Marie Chlum; 1867–1925), Schauspielerin **1911:** 18. 6.
Gluskinos, Arzt, Bruder von Rebekka Gluskinos-Feuchtwanger **1910:** 7. 3., 30. 8.

Gluskinos, Rebekka ☞ Feuchtwanger, Rebekka
Godwin ☞ Vargas, Emmie Studemund de
Goebbels, Joseph (1897–1945), Politiker der NSDAP, seit 1933 Reichsminister für Volksaufklärung und Propaganda sowie Präsident der Reichskulturkammer **1934:** 5. 11.
Goering, Reinhard (1887–1936), Schriftsteller
– Der Erste **1919:** 3. 5.
Goethe, Johann Wolfgang von (1749–1832) **1936:** 20. 6. **1940:** 23. 3.
– Dichtung und Wahrheit **1906:** 20. 1.
– Die Braut von Korinth **1906:** 20. 1.
– Die Leiden des jungen Werthers **1906:** 16. 5.
– Die natürliche Tochter **1909:** 29. 8., 31. 8., 9. 9.
– Faust I. **1906:** 25. 5., 5. 10. **1935:** 31. 12.
– Hermann und Dorothea **1936:** 13. 2.
– Wilhelm Meister **1906:** 21. 9., 24. 9.
Gofman ☞ Hofman, K.
Gogol, Nikolai (1809–1852), russ. Schriftsteller **1917:** 6.–9. 9.
Gold, Michael (Itzok Isaac Granich; 1894–1967), amerik. Schriftsteller und Literaturkritiker **1932:** 26. 12. **1935:** 25. 6.
Goldberg, Heinz (1891–1969), Regisseur **1921:** 11. 10.
Goldmann, Nahum (1895–1982), Gründer und langjähriger Präsident des Jüdischen Weltkongresses **1933:** 6. 11., 8. 11. **1934:** 13. 1.
Goldschmidt, Rechtsanwalt **1919:** 6. 1. **1920:** 21. 10.
Goldschmidt, Alfons (1879–1940), Journalist, Ökonom, Mitbegründer der »Künstlerhilfe für Hungernde in Russland« **1932:** 14. 5.
Goldschmidt, Lina (geb. Jacoby) **1932:** 14. 5.
Goldstein, Franz (Pseud. Frango; 1898–1982), Literaturkritiker, Herausgeber der literarischen Beilage der in Kattowitz erscheinenden Wirtschaftskorrespondenz für Polen **1932:** 2. 1.
Goll, Claire (geb. Clara Aischmann; 1890–1977), dt.-franz. Schriftstellerin und Journalistin **1937:** 25. 6., 27. 6., 8. 11.
Goll, Iwan (Isaac Lang, Pseud. Iwan Lassang; 1891–1950), dt.-franz. Dichter **1921:** 1. 10. **1937:** 8. 11.
Gördeler, Fliegerleutnant **1916:** 24. 4.
Gordon, Wolff von, Regisseur **1917:** 7. 2., 23.–25. 2., 28. 2.
Göring, Hermann (1893–1946), Politiker, ab 1935 Oberbefehlshaber der deutschen Luftwaffe **1939:** 9. 9.
Gorki, Maxim (Alexej Peschkow, 1868–1936), russ.-sowjet. Schriftsteller **1935:** 25. 6. **1936:** 19.–20. 6., 25. 12.
– Die Mutter **1938:** 20. 10.
– Kinder der Sonne **1906:** 1. 2.
– Nachtasyl **1906:** 1. 2. **1919:** 31. 1., 6. 2., 11.–13. 2., 15. 2., 18.–19. 2., 21. 2., 27. 2., 1. 3., 4. 3.
Goth, Journalist **1915:** 11. 10.
Gotthelf, Dr. **1911:** 18. 6., 25.–27. 6.
Gottschalk, Elise **1934:** 13. 1.

Götz, Ferdinand, Bühnenbildner **1916:** 24. 8., 2. 10.
Götz, Frau eines Hauptmanns **1920:** 13. 5.
Goya y Lucientes, Francisco de (1746–1828), span. Maler und Grafiker **1937:** 24. 8.
Gozzi, Carlo (1720–1806), ital. Schriftsteller
– Dieci fiabe **1917:** 1. 1.
Grabbe, Christian Dietrich (1801–1836), Schriftsteller
– Hannibal **1918:** 19.–20. 12.
Graener, Paul (1872–1944), Komponist **1916:** 6. 8., 14. 8., 23. 8. **1918:** 27. 5., 11. 11. **1919:** 1. 9., 28. 10. **1921:** 1. 2.
Graetzer, Journalist **1920:** 27. 2.
Graf, Emmy **1906:** 16. 10., 18. 10., 21. 10., 25. 10., 30. 10., 1. 11., 3. 11., 8. 11., 10.–11. 11., 13. 11., 21. 11., 24. 11., 8. 12., 12. 12., 15.–16. 12., 19. 12., 24. 12., 27. 12., 31. 12. **1909:** 7. 7., 15.–16. 7., 7. 8., 24. 8., 14. bis 15. 9., 5. 10., 7. 10., 25. 10., 3. 11., 9. 11. **1910:** 21.–22. 4., 29. 4., 15.–16. 5., 18. 5., 21. 5., 1. 6., 3.–4. 6., 19. 6.–20. 6., 30. 6., 12. 8., 6. 10., 3.–6. 12., 29.–31. 12. **1911:** 2. 1., 4.–10. 2., 29. 3., 11.–15. 4., 16.–22. 4., 21.–23. 5., 28. 6.–4. 7., 7. 7. **1916:** 10. 10.
Graf, Oskar Maria (1894–1967), Schriftsteller, im Prager Exil Mitarbeiter der Neuen Deutschen Blätter **1937:** 12. 4.
Granach, Alexander (Jessaia Gronach; 1890–1945), Schauspieler **1931:** 1. 5.
Grätz, Bella (?–1937) **1933:** 28. 11.
Grätz, Paul (1890–1937), Kabarettist und Filmschauspieler **1933:** 26. 8., 29. 8., 28. 11., 9. 12.
Graumann, Karl (1874–1948), Schauspieler **1916:** 11. 8.
Grautoff, Christiane Lili (1917–1974), Schauspielerin, verh. mit E. Toller **1935:** 25. 5., 27. 5., 17. 8., 3. 9.
Gregorovius, Ferdinand (1821–1891)
– Lucrezia Borgia und ihre Zeit **1906:** 10. 1.
Gremo, Maryla (1912–?), Tänzerin, stand bereits mit 7 Jahren auf der Bühne **1920:** 3. 2.
Griese, Käthe, Schauspielerin **1920:** 12.–13. 3., 15. 3.
Griffith, Kritiker **1936:** 4. 4.
Grillparzer, Franz (1791–1872), Schriftsteller **1906:** 11. 1.
– Esther **1906:** 20. 4.
– Libussa **1906:** 20. 4.
– Weh dem, der lügt **1906:** 20. 4.
Grimm, Emil, Journalist, Redakteur der Münchner Neuesten Nachrichten **1909:** 20. 8., 9. 9.
Gropius, Ilse (geb. Frank, 1897–1983), Journalistin **1931:** 11. 2., 27. 2., 12. 4., 29. 4., 3. 7., 24. 7., 14. 8., 4. 12. **1932:** 8. 1., 16. 2., 11. 3., 18. 3.
Gropius, Walter (1883–1969), Architekt, Gründer des Bauhauses **1931:** 11. 2. **1932:** 11. 3.
Großmann, Birgit (1911–?), jüngere der beiden Töchter Stefan Großmanns **1931:** 1. 1.

Großmann, Rudolf Wilhelm Walther (1882–1941), Maler und Grafiker **1932:** 29.9.
Großmann, Stefan (1875–1935), Schriftsteller und Journalist, Herausgeber des Wochenblatts Das Tage-Buch **1916:** 9.9., 22.10. **1917:** 3.–5.7.
– Chefredakteur Roth führt Krieg **1937:** 25.3.
Gross, Babette (geb. Lisette Babette Thüring; 1898–1990), Publizistin, Lebensgefährtin Willi Münzenbergs **1935:** 25.11.
Grosz, Eva Louise (geb. Peter; 1895–1960) **1933:** 23.2.
Grosz, George (1893–1959), Maler, Grafiker, Karikaturist **1931:** 27.3. **1933:** 23.2.
Grube, Max (1854–1934), Schauspieler, 1913–1918 Leiter des Deutschen Schauspielhauses in Hamburg **1916:** 10.1. **1917:** 29.8., 11.9., 19.10. **1918:** 8.1., 19.1.
Grünberg, Dr., Psychiater in New York **1932:** 1.12.
Gryphius, Andreas (1616–1664), Schriftsteller
– Peter Squenz **1920:** 11.9.
Grzesinski, Albert Karl Wilhelm (1879–1947), Politiker; Polizeipräsident von Berlin und preußischer Innenminister **1937:** 23.6.
Guéhenno, Jean (Marcel-Jules-Marie Guéhenno; 1890–1978), franz. Pädagoge, Journalist und Schriftsteller **1937:** 25.6.
Guinzburg, Alice May (geb. Reizenstein; 1901–1980) **1932:** 3.12.
Guinzburg, Harold K. (1899–1961), amerik. Verleger, Mitgründer von Viking Press **1932:** 17.11., 23.11., 16.12., 26.12.
Gumbel, Emil Julius (1891–1966), Mathematiker, Statistiker und politischer Publizist **1934:** 24.–25.5., 31.8. **1937:** 3.4. **1938:** 29.7., 9.9.
Gumbel, Marieluise (geb. von Czettritz; 1892–1952) **1935:** 24.8. **1938:** 9.9.
Gumppenberg, Hanns von (1866–1928), Schriftsteller, Theaterkritiker der Münchner Neuesten Nachrichten **1906:** 14.5., 31.12. **1910:** 14.10. **1911:** 3.4. **1915:** 27.2., 4.3., 25.7., 27.9., 11.10. **1916:** 9.12., 25.12., 31.12.
Günther, Mitarbeiter im Knaur Verlag **1931:** 16.2.
Günther, Mutter von Carl Günther, Vermieterin **1915:** 16.5., 29.7., 12.8., 24.8., 1.9.
Günther, Carl (1885–1951), Schauspieler am Münchner Schauspielhaus **1915:** 28.4., 30.12. **1919:** 1.2., 20.6.
Günther, Johannes von (1886–1973), Schriftsteller, Übersetzer, Verleger, leitete nach dem Tod von Georg Müller dessen Verlag, gründete 1919 den Musarion Verlag **1918:** 2.9.
Gutherz, Gerhard (1877–1942), Dramaturg, Theaterdirektor, Theaterwissenschaftler **1917:** 23.2., 28.8. **1918:** 1.2. **1919:** 4.2., 9.4., 1.5.
Gutmann, Irmalotte, Journalistin, schrieb 1931–1933 für die Illustrierte Die Woche **1931:** 5.2., 17.2.
Gutmann, Walli **1937:** 15.2.
Guttmann, Schriftsteller **1918:** 17.10.

Haas, Rechtsanwalt **1920:** 16.3.
Haas, Schauspielerin **1906:** 18.3.

Haas, Dolly (Dorothy Clara Louise Haas; 1910–1994), dt.-amerik. Schauspielerin und Sängerin, verh. mit J. Brahm **1936:** 4.4.

Hackett, Myra (geb. Hampton; 1903–1945), amerik. Schauspielerin **1932:** 3.12., 24.12., 26.12.

Haeckel, Ernst (1834–1919), Mediziner, Zoologe und Philosoph **1906:** 10.2., 13.2.

Hagemann, Carl (1871–1945), Theaterwissenschaftler, Theaterdirektor in Mannheim, später in Wiesbaden **1915:** 23.11. **1916:** 25.1., 15.2., 28. bis 29.2., 1.3., 3.–4.3. **1917:** 14.7., 23.8., 4.12. **1918:** 6.3.

Hagen, Tochter von Hertha von Hagen **1919:** 6.1.

Hagen, Hertha von (1876–1962), Schauspielerin, verh. mit G. Waldau **1910:** 3.–6.12. **1915:** 16.3., 21.4., 17.5., 20.5., 25.6., 14.10., 22.11., 11.12. **1916:** 16.2. **1919:** 6.1., 11.10.

Hagen, Otfried (1869–1923), Sänger **1906:** 15.12., 31.12. **1915:** 26.12. **1918:** 20.6.

Hagenbach, Peter von (1420–1474) **1910:** 5.–7.8., 29.10.

Hahn **1909:** 13.7., 5.10. **1910:** 9.3., 21.–22.4., 15.–16.5., 21.5., 12. bis 16.9., 24.10. **1911:** 13.–15.4., 26.–29.4., 9.5., 16.–20.5.

Hahn, Mutter von Hahn **1916:** 17.1.

Halbe, Anneliese (1894–1986), Schauspielerin, Tochter von M. Halbe **1915:** 8.6.

Halbe, Luise Christiane (geb. Heck; 1867–1957), verh. mit M. Halbe **1906:** 15.12., 31.12.

Halbe, Max (1865–1944), Schriftsteller, Gründer des Intimen Theaters und Mitbegründer der Münchner Volksbühne **1906:** 28.11., 29.11., 13.12., 15.12., 31.12. **1911:** 8.4. **1915:** 19.3., 9.4., 12.6., 3.7., 6.–7.7. **1916:** 15.7., 29.7., 14.8., 23.8., 31.10. **1917:** 24.6., 29.–30.7., 13.8., 13.10. **1918:** 27.12. **1919:** 30.7.

– Der Strom **1915:** 17.8., 20.8.

– Der Eroberer **1906:** 27.7.

Halm, Alfred (1861–1951), Schauspieler, Theaterregisseur, Bühnenschriftsteller, Theaterleiter **1910:** 10.5.

Halm, Friedrich (eigtl. Eligius Franz Joseph Freiherr von Münch-Bellinghausen; 1806–1871), Schriftsteller

– Begum Somru **1915:** 27.2.

Hamann, Paul (1891–1973), Bildhauer, Zeichner und Grafiker **1934:** 22.10.

Hamburger, Leo, Ehemann von LFs Tante Meta Feuchtwanger **1906:** 24.5.

Hamerling, Robert (1830–1889), Schriftsteller **1906:** 11.1.

– Ahasverus in Rom **1906:** 1.6.

Hamsun, Knut (1859–1952), norw. Schriftsteller, trat aktiv für den Nationalsozialismus ein **1936:** 6.1.

Hanau **1906:** 23.5.

Handel-Mazzetti, Enrica (1871–1955), Schriftstellerin

– Jesse und Maria **1911:** 16.–19.1.

Harbou, Thea von (1888–1954), Theaterschauspielerin, Schriftstellerin, Drehbuchautorin und Regisseurin **1931:** 13.4.
Harden, Maximilian (1861–1927), Journalist, Kritiker, Schauspieler, Herausgeber der Wochenschrift Die Zukunft **1915:** 21.11. **1917:** 1.–2.7. **1919:** 1.2.
Hardt, Ernst (1876–1947), Schriftsteller, Bruder von M. Harden
– König Salomo **1915:** 12.9.
Harlan, Walter (1867–1931), Schriftsteller, Dramaturg am Berliner Lessingtheater
– Das nürnbergische Ei **1915:** 11.12.
Harris, Frank (James Thomas Harris; 1856–1931), ir.-engl. Autor, Publizist und Redakteur
– Mein Leben und Lieben **1938:** 22.1.
Hartau, Ludwig (1877–1922), Schauspieler **1921:** 24.8.
Hartlaub, Gustav Friedrich (1884–1963), Kunsthistoriker, ab 1913 Mitarbeiter an der Kunsthalle Mannheim **1916:** 3.–4.3.
Hartleben, Otto Erich (1864–1905), Schriftsteller
– Vom gastfreien Pastor **1906:** 28.7.
Hartmann-Trepka, Adolf, Musiker, Komponist **1906:** 22.7. **1909:** 7.7., 25.–28.7., 3.–5.8., 7.8., 12.9., 14.9., 22.10., 27.10., 9.–10.11., 31.12. **1910:** 11.1., 19.1., 7.2., 17.2., 15.–16.5., 24.–25.6., 11.–12.7., 27.7., 1.8., 4.8., 20.8., 22.–25.8., 28.8., 30.8., 3.–6.9., 7.–16.9., 2.10., 9.–10.10., 21.10., 7.–1.11., 20.–22.11., 3.–6.12., 8.–11.12., 13. bis 24.12. **1911:** 2.–3.1., 16.–19.1., 6.7. **1915:** 4.3., 19.5. **1916:** 10.3., 29.3., 24.4., 4.11., 7.11. **1917:** 4.2., 26.5. **1921:** 17.10., 1.11., 13.12., 24.12.
Hase, Sekretärin **1932:** 1.2.
Hasenclever, Edith (geb. Schäfer; 1910–1998) **1936:** 4.4.
Hasenclever, Walter (1890–1940), Schriftsteller **1936:** 31.3., 4.4.
– Antigone **1920:** 11.3.
Haser, Journalist bei der Neuen Freien Presse **1910:** 10.5.
Hastings, Warren (1732–1818), Generalgouverneur in Britisch-Ostindien **1916:** 11.2.
Hauptmann, Elisabeth (Dorothy Lane, Josefine Diestelhorst, Catherine Ux; 1897–1973), Schriftstellerin, Übersetzerin, enge Mitarbeiterin Brechts **1933:** 31.12.
Hauptmann, Gerhart (1862–1946), Schriftsteller **1906:** 15.12. **1909:** 29.10., 30.–31.10., 2.11., 4.11., 15.11.
– Der Bogen des Odysseus **1915:** 1.9.
– Der rote Hahn **1934:** 20.11.
– Fuhrmann Henschel **1915:** 24.7.
– Hanneles Himmelfahrt **1909:** 11.9., 13.9., 15.9., 22.9.
– Und Pippa tanzt! **1906:** 25.1., 30.3., 5.4., 28.11., 18.–20.12., 27. bis 31.12. **1916:** 4.2.
Hausenstein, Wilhelm (1882–1957), Schriftsteller, Diplomat **1915:** 13.11., 2.12. **1916:** 5.1. **1917:** 16.12. **1918:** 26.5. **1919:** 13.1., 7.7.

Hawthorne, Nathaniel (1804–1864), amerik. Schriftsteller
– Der scharlachrote Buchstabe **1939:** 6. 11.
Hay, Julius (1900–1975), dt.-ung. Dramen- und Drehbuchautor **1936:** 13. 12. **1937:** 2. 1., 14. 1., 26. 1., 13. 4.
– Haben **1937:** 13. 4.
Head, June, Drehbuchautorin **1933:** 8. 12., 14. 12. **1936:** 4. 4.
Hebbel, Friedrich (1813–1863), Dramatiker und Lyriker **1906:** 11. 1., 24. 6. **1915:** 16. 10. **1939:** 25. 11.
– Agnes Bernauer **1906:** 25. 1.
– Genoveva **1910:** 25.–28. 12.
– Judith **1909:** 16. 8., 17.–18. 8. **1911:** 2. 3.
– Maria Magdalena **1909:** 20. 11., 23. 11.
– Tagebücher **1906:** 8. 1.
Hedwig ☞ Feuchtwanger, Hedwig
Hegemann, Ellis (verh. Zeitner; 1906–?), Tochter von W. Hegemann **1931:** 18. 2.
Hegemann, Werner (1881–1936), Stadtplaner, Architekturkritiker und politischer Schriftsteller **1931:** 26. 4.
Heide **1906:** 3. 12. **1910:** 12. 8., 2. 11., 11.–14. 11. **1911:** 3. 1.
Heiden, Konrad (Pseud. Klaus Bredow; 1901–1966), dt.-amerik. Journalist und politischer Schriftsteller
– Hitler rast. Der 30. Juni: Ablauf, Vorgeschichte und Hintergründe **1935:** 7. 11.
Heijermans, Hermann (1864–1924), Schriftsteller
– Allerseelen **1906:** 13. 10.
Heimann, Ulla **1931:** 11. 1. **1932:** 16. 6.
Heims, Else (1878–1958), Schauspielerin am Deutschen Theater Berlin, verh. mit M. Reinhardt, von dem sie getrennt lebte **1919:** 28. 9., 6. bis 7. 10., 11. 10., 15. 10. **1920:** 31. 7.
Heindl, Robert (1883–1958), Kriminologe, Autor und Jurist **1931:** 11. 11.
Heine, Albert (1867–1947), Schauspieler, Regisseur **1906:** 31. 12.
Heine, Heinrich (1797–1856), Schriftsteller **1906:** 11. 1., 7. 7.
– Der Rabbi von Bacherach **1906:** 5. 1., 7. 1., 8. 1., 9. 1., 10. 1.
Heinrich, Freundin von Ludwig Feuchtwanger **1917:** 4. 2., 16. 12. **1921:** 24. 12.
Held, Hans Ludwig (1885–1954), Bibliothekar, Schriftsteller, Mitbegründer des Schutzverbandes Deutscher Schriftsteller **1921:** 31. 10.
Helen, Zimmermädchen in New York **1932:** 25. 11., 1. 12., 13. 12. **1933:** 7. 2., 19. 2.
Hell, Barbara, Drehbuchautorin **1936:** 4. 4.
Heller, Hans Ewald (1894–1966), Komponist **1915:** 21. 4.
Hellmann, Sigmund (1872–1942), Historiker, Professur in München **1919:** 20. 3. **1921:** 13. 11.
Heloise, Südamerikanerin **1934:** 8. 4., 15. 4.
Heloise, Toulouse **1934:** 17. 4., 27. 8. **1935:** 27. 5.
Henderson, Philip Prichard (1906–1977), engl. Schriftsteller und Literaturkritiker **1937:** 13. 8.

Henny ☞ Feuchtwanger, Henriette
Hepner, Hans **1910:** 20.3., 27.7., 24.10.
Hepner, Heinrich **1906:** 6.8., 12.–13.8. **1933:** 24.5.
Hergesheimer, Joseph A. (1880–1954), amerik. Schriftsteller, Autor bei Alfred A. Knopf **1932:** 14.–15.11.
Herlitschka, Herbert Egon (1893–1970), Übersetzer aus dem Englischen **1931:** 17.5.
Hermann, Georg (Georg Hermann Borchardt; 1871–1943), Schriftsteller **1920:** 24.4., 30.7., 15.8., 18.8., 16.10. **1931:** 19.2., 27.2.
Herrmann **1906:** 22.4. **1909:** 11.11.
Hermann, Onkel LFs **1906:** 13.2., 18.9.
Herrmann, Blanche, Sekretärin von E. Toller **1931:** 2.2. **1934:** 23.10.
Herrmann, Eva (1902–1978), Malerin, Karikaturistin **1933:** 19.7., 8.8., 10.10., 14.10., 19.10., 24.10., 31.10. **1934:** 5.5., 7.5., 14.7., 23.11. **1935:** 20.4., 12.6., 2.7., 7.8., 27.–29.8., 12.9., 15.–16.9., 1.10., 7.–8.10., 19.10., 21.–22.10., 28.–29.10., 5.11., 7.11., 17., 19.–22.11., 25.11., 29. bis 30.11., 1.12., 6.–9.12., 11.12., 15.12., 24.–25.12., 29.12. **1936:** 18. bis 20.1., 28.1., 7.2., 29.2., 7.3., 9.3., 11.–12.3., 14.3., 18.3., 20.–21.3., 23.–24.3., 26.3., 13.4., 17.4., 25.4., 28.4., 4.5., 14.–15.5., 24.5., 22. bis 24.6., 27.6., 29.–30.6., 5.–7.7., 13.7., 28.7., 2.8., 12.8., 25.8., 1. bis 2.9., 25.9., 12.10., 31.10., 11.11., 19.11., 21.11., 25.11., 1., 3.–4.12., 6.–8.12., 11.–13.12., 18.12., 21.–24.12., 26.12., 28.12., 31.12. **1937:** 1.–3.1., 6.–9.1., 13.1., 15.1., 18.1., 24.–26.1., 28.–31.1., 1.–2.2., 5.2., 7.2., 20.2., 27.2., 8.3., 12.3., 14.3., 18.4., 20.4., 24.4., 27.4., 1.–2.5., 22.5., 26.–27.5., 1.6., 10.6., 12.6., 14.–16.6., 29.6., 1.7., 5.–6.7., 17.7., 28.–30.7., 1.–2.8., 4.8., 7.–8.8., 21.8., 6.9., 9.9., 12.9., 16.9., 27.9., 4.10., 7.10., 11.–13.10., 17.10., 19.–22.10., 29.10., 5.11., 8.–9.11., 12.11., 26.11., 12.–14.12., 18.12., 31.12. **1938:** 1.1., 22.1., 27.1., 1.2., 7.–8.2., 13.–16.2., 3.3., 5.3., 14.–15.3., 19.3., 1.4., 4.–5.4., 7.4., 26.4., 28.4., 30.5., 1.–2.6., 7.6., 13.6., 19.6., 21.6., 26.6., 28.6., 7.–8.7., 14.7., 26.–29.7., 3.8., 10.8., 30.8., 2.–4.9., 10.9., 16.9., 18.–19.9., 22.9., 24.9., 26.–28.9., 20.10., 23.10., 25.10., 28.10., 4.11., 11.11., 25.11., 27.11., 12.12., 24.–25.12., 31.12. **1939:** 1.1., 8.1., 13.1., 19.1., 1.2., 14.–16.2., 3.3., 6.3., 24.3., 28.–31.5., 3.6., 6.–7.6., 10.6., 12.6., 25.6., 28.6., 30.6., 2.7., 4.–7.7., 27.7., 30.7., 3.8., 24.8., 30.8., 1.9., 5.9., 8.9., 15.–16.9., 18.9., 20.9., 27.–30.9., 1.–3.10., 5.10., 7.–8.10., 23.10., 30.10., 10.11., 29.11., 25.12., 26.12., 31.12. **1940:** 26.1., 30.1., 3.2., 16.2., 5.4., 16.5., 20.5.
Herrmann, Frank S. (1866–1942), amerik. Maler, Vater von Eva Herrmann und Thea Thöny **1935:** 1.10.
Herrmann, Leni (geb. Helene Gebek; 1896–1960), verh. mit M. Herrmann-Neiße **1934:** 4.1., 4.–5.10. **1935:** 25.5.
Herrmann-Neiße, Max (1886–1941), Schriftsteller **1935:** 25.5. **1936:** 14.5.
Herterich, Hilde (1886–1935), Schauspielerin am Münchner Schauspielhaus und an den Kammerspielen, verh. 1920/21 mit Otto von Aretin, in zweiter Ehe 1922 mit Kurt Stieler **1916:** 10.9., 16.9., 22.9., 17.11.,

22. 11. **1917:** 29. 9., 13. 10. **1918:** 18. 2., 14. 4., 5. 12., 31. 12. **1919:** 1. 2., 27. 10., 6. 11., 11. 11. **1920:** 31. 3., 31. 12. **1921:** 7. 4.

Hertz, Joseph Herman (1872–1946), Rabbi und Schriftgelehrter, 1913 bis zu seinem Tod Oberrabbiner der vereinigten jüdischen Gemeinden des britischen Commonwealth **1933:** 7. 12.

Herz, Emil (Emanuel Emil Herz; 1877–1971), Verleger, über 30 Jahre lang für Ullstein tätig **1931:** 17. 1., 9. 3., 11. 11., 22. 11. **1932:** 6. 1., 27. 1., 7. 2., 21. 3., 6. 4., 7. 6., 4. 9., 17. 10., 1. 11., 21. 11., 22. 12.

Herz, Fritz, Schauspieler **1916:** 13. 5.

Herz, Gabriele (geb. Yella Berl; 1886–?) **1931:** 22. 11. **1932:** 6. 4.

Herzfeld, Schauspielerin **1917:** 4. 2. **1919:** 20. 3. **1920:** 25. 12. **1921:** 1. 11., 24. 12.

Herzfelde, Wieland (1896–1988), Publizist, Autor und Verleger, Gründer des Malik-Verlags **1931:** 22. 7. **1934:** 5. 10. **1937:** 7. 2.

Herzog, Wilhelm (1884–1960), Literatur- und Kulturhistoriker, Dramatiker und Schriftsteller, Herausgeber der Zeitschriften Pan und Forum **1915:** 28. 5., 25. 6., 11. 12. **1933:** 29. 8. **1935:** 20. 4. **1939:** 17. 9., 23. 9., 25. 9., 27. 10., 19. 11.

Heß **1906:** 8. 1., 28. 1. **1909:** 27.–31. 12.

Heyking, Elisabeth von (geb. von Flemming; 1861–1925), Schriftstellerin

– Briefe, die ihn nicht erreichten **1939:** 24. 1.

Heyman, Fräulein **1910:** 17. 10.

Heymann, Frau von R. W. Heymann **1933:** 30. 12.

Heymann, Richard Werner (1896–1961), Komponist und Dirigent **1933:** 24. 12., 30. 12.

Heyse, Anna (geb. Schubart; 1849–1930), Witwe von P. Heyse **1920:** 5. 4.

Heyse, Paul (1830–1914), Schriftsteller und Übersetzer **1939:** 1. 11.

Hildenbrandt, Fred (1892–1963), Journalist und Schriftsteller, 1922–1932 Feuilletonchef am Berliner Tageblatt **1931:** 6. 3.

Hilferding, Rose (geb. Lanyi; 1884–1959), Ärztin und Übersetzerin **1933:** 7. 11.

Hilferding, Rudolf (1877–1941), Politiker, sozialistischer Theoretiker und Publizist, während der Weimarer Republik zweimal Reichsminister der Finanzen **1937:** 26. 6.

Hilsenbeck **1906:** 20. 10.

Hindenburg, Paul von (1847–1934), Generalfeldmarschall und Politiker **1932:** 13. 3.

Hirsch, Arzt aus Stuttgart **1933:** 6. 4.

Hirsch, Bekannte LFs aus Chicago **1933:** 22. 1.

Hirschfeld, Frau von G. Hirschfeld **1906:** 31. 12.

Hirschfeld, Georg (1873–1942), Schriftsteller **1906:** 31. 12. **1921:** 12. 12.

Hirschfeld, Hans-Richard (1900–1988), Diplomat, 1936–1940 im Generalkonsulat in New York **1938:** 8. 3.

Hirschfeld, Kurt (1902–1964), Dramaturg, Regisseur, Theaterleiter in Zürich **1938:** 27.6. 12.11.
Hitler, Adolf (1898–1945) **1933:** 30.–31.1., 2.2., 6.2., 8.2., 18.2., 26.2., 18.11., 24.11., 26.11. **1935:** 24.2., 21.5., 31.5., 11.9. **1936:** 14.9. **1938:** 11.3., 12.9., 19.9. **1939:** 15.3., 28.4., 3.10., 6.10. **1940:** 23.3.
Hoboken, Anthony van (1887–1983), niederl. Musikwissenschaftler und Musiksammler **1932:** 12.1., 14.1., 24.1., 1.2., 19.2., 21.2., 10.3., 18. bis 19.3., 10.4., 25.–26.4., 7.6., 1.–4.7., 6.–7.7., 28.–30.9., 1.10. **1933:** 11.3., 13.3., 14.9., 16.9. 28.9. **1936:** 3.–4.4., 28.11. **1937:** 9.–10.2., 16.10. **1938:** 16.2., 3.3.
Hoboken, Eva (van) ☞ Boy, Eva
Hoenig, Architekt **1933:** 31.12.
Hoenig, Bettina, enge Freundin der Remarques **1933:** 31.12. **1934:** 1.1., 18.1., 22.10. **1935:** 27.–28.5., 1.6. **1937:** 11.11. **1938:** 21.2., 23.2., 27.10., 18.11.
Hoerschelmann, Rolf von (1885–1947), Illustrator, Sammler, Schriftsteller **1918:** 18.3., 1.12. **1919:** 21.5., 5.6., 22.8., 11.10., 31.12. **1920:** 1.1., 18.7., 28.8., 24.10. **1921:** 7.4., 3.9.
Hoffmann, Johannes (1867–1930), SPD-Politiker, Kultusminister in der Regierung Eisner, nach dessen Ermordung am 17. März 1919 zusätzlich Ministerpräsident und Außenminister **1919:** 12.–13.4.
Hoffmann, Wenzel (1887–1957), Schauspieler **1916:** 1.3., 3.4.
Hofman (Gofman), K., Mitarbeiter der Prawda **1937:** 5.2.
Hofmannsthal, Hugo von (1874–1929), Schriftsteller
– Christinas Heimreise **1910:** 4.8.
– Der Rosenkavalier **1911:** 25.–26.5.
– Die Frau im Fenster **1915:** 24.4., 29.4.
– König Ödipus **1910:** 29.9., 16.11.
Hofmeister, Oskar (1863–1922), Schauspieler am Stuttgarter Theater **1916:** 14.8.
Hohenspitz, Annemarie **1931:** 1.1.
Holl, Gussy (eigtl. Marie Holl; 1888–1966), Schauspielerin und Diseuse **1916:** 8.6.
Hollaender, Felix (1867–1931), Schriftsteller, Theaterkritiker, Dramaturg und Regisseur in Berlin **1916:** 12.1.
Hollaender, Friedrich (Frederick Hollander; 1896–1976), Revue- und Tonfilmkomponist, Kabarettist **1931:** 15.3.
Hollander, Walter von (1892–1973), Schriftsteller, arbeitete für den PEN-Club **1919:** 14.6. **1920:** 28.2., 11.11. **1931:** 18.1., 9.3. **1932:** 31.1., 1.6.
– Schattenfänger. Roman einer Familie **1932:** 30.4.
Höllering, Franz (Franz Hoellering; 1896–1968), Journalist, wurde 1931 wegen NS-kritischer Berichte als Chefredakteur bei der B. Z. am Mittag entlassen und als Korrespondent in die USA abgeschoben **1932:** 18.11., 22.11., 24.–25.11., 28.11., 1.12., 4.12., 11.–12.12., 16.12., 22.–24.12., 26.–27.12.
Holm, Marie, Schauspielerin am Volkstheater in München **1906:** 12.5., 16.7.

Holz, Arno (1863–1929), Schriftsteller
– Büxl **1920:** 1.10.
– Traumulus **1915:** 15.5.
Hommel, Carolina Regina (geb. Schultheiß; 1869–1938), Mutter von Eva Boy **1932:** 15.6. **1938:** 14.10.
Honig, Londoner **1932:** 22.12.
Hopkins, Ernest J. (1887–1973), amerik. Journalist **1933:** 16.1.
Horney, Brigitte (1911–1988), dt.-amerik. Theater- und Filmschauspielerin, Hörspielsprecherin **1932:** 11.3.
Horovitz, Béla (1898–1955), ung. Verleger, Mitbegründer des Phaidon Verlags **1931:** 20.6.
Horschitz-Horst, Annemarie Hulda Julie (geb. Rosenthal; 1899–1970), Übersetzerin aus dem Englischen **1931:** 2.2.
Horváth, Ödön von (Edmund Josef von Horváth; 1901–1938), Schriftsteller **1931:** 26.4.
Horwitz, Mirjam (1882–1967), Schauspielerin, Regisseurin, verh. mit E. Ziegel **1915:** 9.4., 18.6., 2.12.
Hoschel, Ruth **1931:** 25.10.
Hottinger **1919:** 6.2.
Howard, Brian (1905–1958), engl. Schriftsteller **1937:** 27.9., 14.10. **1938:** 29.7. **1939:** 2.9.
Howe, Percival Presland (1886–1944), engl. Autor, Verlagspartner Martin Seckers **1932:** 3.11., 5.11., 7.11. **1934:** 4.10.
Huch, Friedrich (1873–1913), Schriftsteller
– Pitt und Fox. Die Liebeswege der Brüder Sintrup **1939:** 12.11.
Huebsch, Alfhild Fanny (geb. Lamm; 1887–1982) **1933:** 23.2., 28.2. **1937:** 19.6.
Huebsch, Ben (Benjamin W. Huebsch; 1876–1964), LFs amerik. Verleger bei Viking Press **1931:** 18.3., 20.3., 20.6., 28.6., 4.7. **1932:** 5.3., 24.6., 8.10., 26.10., 4.11., 17.–20.11., 22.11., 25.11., 28.11., 3.12., 14.12., 16.12., 26.12., 30.–31.12. **1933:** 28.1., 19.2., 24.2., 28.2., 2.8., 18.11. **1934:** 30.3., 21.7., 10.8., 12.8. **1935:** 14.2., 13.6., 24.6., 28.6. **1936:** 13.7. **1937:** 19.6. **1938:** 10.–11.8., 18.10. **1939:** 19.6., 5.10. **1940:** 24.2., 10.3., 24.3.
Hugo, Victor (1802–1885), franz. Schriftsteller **1934:** 30.8., 2.11.
– 1793 **1935:** 25.3.
– Les Misérables **1934:** 3.12.
– Torquemada **1919:** 13.6.
Humm, Fritz, schweiz. Gärtner, heiratete 1938 Lola Sernau **1938:** 29.7.
Hutchinson, Walter (1887–1950), Verleger, leitete den von seinem Vater gegründeten Londoner Verlag Hutchinson & Co. **1933:** 4.12. **1934:** 27.5. **1935:** 13.–14.5., 21.–22.5., 9.6., 10.8. **1936:** 26.3., 2.12. **1937:** 21.5.
Hüter, Hilde, Freundin von Werner Cahn-Bieker **1932:** 27.8. **1935:** 24.8.
Huxley, Aldous Leonard (1884–1963), engl. Schriftsteller, lebte 1930–1937 überwiegend in Sanary **1933:** 8.8., 27.9., 9.10., 13.10. **1934:** 30.6., 9.9. **1935:** 31.8. **1936:** 20.5., 24.5., 23.6., 27.6., 25.8., 1.9.
– Point Counter Point **1939:** 17.6.

Huxley, Maria (geb. Nys; 1898–1955), Frau von A. Huxley **1933:** 27.9., 9.–10.10., 13.10. **1934:** 30.6., 9.9. **1936:** 20.5. **1937:** 13.12.
Hyan, Arzt und Freund Eva Herrmanns **1938:** 25.–26.12., 31.12. **1939:** 28.5., 24.8.

Ibsen, Henrik (1828–1906), norw. Schriftsteller **1906:** 2.1., 26.1., 23.5., 25.6.
– Baumeister Solneß **1910:** 22.–23.3., 8.–9.4., 26.–27.4.
– Brand **1906:** 10.9.
– Die Frau vom Meer **1910:** 8.10.
– Die Wildente **1906:** 2.1.
– Gespenster **1909:** 17.8., 20.8. **1910:** 9.6.
– John Gabriel Borkman **1911:** 11.–12.3.
– Nora **1906:** 26.1.
– Nordische Heerfahrt **1910:** 21.–24.12.
Ichenhäuser, Eliza (geb. Rosenthal; 1869–1932), Frauenrechtlerin **1906:** 15.1.
Ichenhäuser, Justus (1860–?), Ökonom, verheiratet mit E. Ichenhäuser **1906:** 15.1., 13.2.
Ika ☞ Olden, Ika
Ilf, Ilja (Ilja Fainsilberg; 1897–1937), sowjet. Schriftsteller **1936:** 28.4., 17.12., 25.12. **1937:** 2.1.
– Zwölf Stühle (mit J. Petrow) **1937:** 14.3.
Igo ☞ Feuchtwanger, Igo
Illing **1915:** 20.11., 5.12.
Impekoven, Frida (geb. Kobler; 1880–1965), Mutter von N. Impekoven **1919:** 11.3.
Impekoven, Niddy (eigtl. Luise Impekoven; 1904–2002), Tänzerin **1919:** 11.3.
Ionow, Ilja (Ilja Bernstein; 1887–1942), leitete zeitweise den Verlag Akademija, später den Staatsverlag für schöne Literatur Goslitisdat **1936:** 16.12., 30.12. **1937:** 5.1., 17.1., 1.2.
Ischer, Schauspieler in Mannheim **1916:** 1.3.
Isemann, Bernd (1881–1967), Schriftsteller, Gesellschafter des Verlags E. W. Bonsels & Co. **1910:** 12.–13.9.
Ismet **1915:** 27.2., 9.3., 18.3., 27.6., 1.8., 14.10., 5.12. **1916:** 30.1., 26.12., 31.12. **1917:** 19.3., 13.10. **1918:** 8.2., 31.12. **1919:** 13.1., 15.6., 20.6., 13.12.
Istel, Edgar (1880–1948), Komponist und Musikwissenschaftler **1911:** 8. bis 15.1.
Itkina, Anna, (1899–1973), Mitarbeiterin in der Hauptverwaltung der Film- und Fotoindustrie **1937:** 11.1.

Jacob, Heinrich Eduard (Pseud. Erk-Jens Petersen, Henry E. Jacob; 1889 bis 1967), dt.-amerik. Schriftsteller und Journalist, leitete 1927–1933 das Mitteleuropäische Büro des Berliner Tageblatts in Wien **1931:** 3.4.

Jacob, Monty (Montague Jacobs; 1875–1945), Schriftsteller und Journalist **1932:** 15.4.

Jacobi, Bernhard von (1880–1914), Schauspieler, Mitglied des Akademisch-dramatischen Vereins **1910:** 21.–24.12. **1911:** 25.–27.6.

Jacobi, Lucy von (geb. Geldern, 1887–1956), Journalistin, verh. mit B. v. Jacobi **1915:** 16.6., 2.12. **1919:** 9.4., 25.12. **1920:** 24.10. **1931:** 19.7.

Jacobs, Porträtmalerin in New York **1933:** 22.2.

Jacobsohn, Edith (geb. Schiffer; 1891–1935), Übersetzerin und Verlegerin, verh. mit S. Jacobsohn **1917:** 24.8. **1919:** 20.2.

Jacobsohn, Siegfried (1881–1926), Journalist, Theaterkritiker, Begründer und Herausgeber der Theaterzeitschrift Die Schaubühne **1909:** 28.7., 16.8. **1910:** 21.1., 12.3., 31.8. **1911:** 25.–29.4., 24.5. **1915:** 9.3., 11.3., 13.5., 11.7., 24.7., 29.7., 9.8., 9.9., 19.9., 15.–16.10., 24.11., 30.11., 8.12., 10.12., 22.12. **1916:** 13.1., 12.2., 16.2., 28.8., 2.11. **1917:** 1. bis 2.7. **1920:** 26.12. **1931:** 5.12.

Jacques, Norbert (1880–1954), luxemburg. Schriftsteller **1911:** 21.–23.5.

Jakobi **1910:** 28.4.

Jakobsen, Arzt, den LF in Paris konsultiert **1936:** 19.11.

James ☞ Mattiasson, James

Janukowa, Vera (1904–1939), sowjet. Schauspielerin **1936:** 3.12., 12.12. **1937:** 1.1., 14.–15.1., 18.1., 26.1., 12.5. **1939:** 20.5.

Jaques, Hermann (1874–?), Jurist, Schriftsteller **1915:** 11.12.

Jerschke, Oskar (Pseud.: Dr. Hans Volkmar; 1861–1928), Rechtsanwalt, Schriftsteller

– Büxl **1920:** 1.10.

– Traumulus **1915:** 15.5.

Jessner, Fritz (1889–1946), dt.-amerik. Schauspieler **1917:** 23.9.

Jessner, Leopold (1878–1945), Intendant am Schauspielhaus Berlin **1921:** 5.7. **1931:** 28.1.

Jesupow, Professor; Geheimrat, Zugbekanntschaft LFs **1933:** 11.4.

Joachim, Hans Arno (1902–1944), Dramaturg, Literaturkritiker, Hörspielautor **1938:** 29.7.

Joachim-Daniel, Anita (1902–1982), Journalistin, arbeitete u.a. für die amerik. Agentur AP und das Ullsteinblatt Die Dame **1932:** 22.3., 14.5.

Johst, Hanns (1890–1978), Schriftsteller, nationalsozialistischer Kulturfunktionär, seit 1935 Präsident der Reichsschrifttumskammer **1919:** 14.4. **1934:** 5.11.

– Der König **1920:** 9.–10.10.

Jordan, Henry, tschech. Journalist **1933:** 22.7.

Joseph, Ehepaar in San Francisco **1933:** 15.1.

Joseph, Michael (1897–1958), engl. Verleger und Schriftsteller, arbeitete zeitweise als Literaturagent für Curtis Brown, gründete im September 1935 seinen eigenen Verlag Michael Joseph Ltd. **1935:** 17.5.

Josset, André (1897–1976), franz. Schriftsteller

– Elizabeth. La femme sans homme **1936:** 19.2.

Jouvenel, Arlette (geb. Louis-Dreyfus; 1911–2001) **1934:** 13. 1. **1935:** 11. 2., 25. 6., 27. 6., 29. 6. **1938:** 7. 11.
Jouvenel, Renaud de (1907–1982), franz. Schriftsteller und Publizist, stand der KPF nah **1934:** 13. 1. **1935:** 11. 2., 27. 6., 29. 6. **1938:** 7. 11.
Joyce ☞ Lee, Joyce
Joyce, James (1882–1941), ir. Schriftsteller
– Verbannte **1919:** 7. 8.
Jubier, Arzt aus Toulon, Geliebter E. Herrmanns **1938:** 30. 5., 1. 6., 19. 6., 3. 8. **1939:** 8. 1., 19. 1.

Kaganowitsch, Lasar (Lasar Kogan; 1893–1991), sowjet. Politiker, hatte zahlreiche verantwortliche Regierungsposten inne **1937:** 3. 1., 31. 1.
Kahane, Arthur (1872–1932), Schriftsteller, Dramaturg am Deutschen Theater Berlin **1915:** 22. 4., 27. 7., 9.–10. 9. **1916:** 13.–14. 1., 4. 10.
Kahn, Frau **1915:** 7. 7.
Kahn (»kleiner Kahn aus München«) **1906:** 1. 2.
Kahn, Ferdinand (1886–1951), Rechtsanwalt, Schriftsteller, Journalist **1915:** 10. 7. **1919:** 20. 6.
Kahn, Harry (1883–1970), Schriftsteller, Journalist **1906:** 24. 4., 7. 6. **1909:** 16. 7. **1910:** 20. 3., 27. 7., 4. 8., 24. 10. **1911:** 16.–19. 1., 13.–15. 4. **1915:** 5. 5., 20. 7., 1. 8., 3. 9. **1916:** 8. 6., 25. 6., 27. 9. **1918:** 1. 2.
Kahr, Gustav von (1862–1934), Jurist, Politiker, nach dem Kapp-Putsch Nachfolger von Johannes Hoffmann als bayer. Ministerpräsident **1921:** 11. 9.
Kaiser, Georg (1878–1945), Schriftsteller **1917:** 27. 4. **1919:** 14. 4.
– Die Sorina **1918:** 3. 2., 16.–17. 8., 20.–21. 8., 13. 8., 2.–4. 9.
– Von morgens bis mitternachts **1917:** 28. 4.
Kalbeck, Paul Johannes (1884–1949), Regisseur an den Münchner Kammerspielen, Schriftsteller **1917:** 9. 11. **1918:** 18. 2., 26. 5. **1919:** 3. 6. **1920:** 9. 3., 15. 3.
Kalser, Erwin (1883–1958), Schauspieler, Regisseur an den Münchner Kammerspielen **1915:** 10. 4., 6. 5., 16. 6. **1917:** 3. 1., 13. 2., 16. 2., 17. 10. **1919:** 20. 2. **1920:** 3. 3., 8. 3. **1932:** 26. 2., 11. 3.
Kammrich **1937:** 20. 6.
Kamnitzer, Ernst (1885–1946), Schriftsteller **1915:** 17. 3. **1919:** 3. 6.
Kanová, Maria (1886–1947), Schauspielerin, 1914–1930 verh. mit H. Mann **1915:** 18. 4., 20. 4., 28. 4., 28. 5., 18. 6. **1917:** 19. 3.
Kant, Immanuel (1724–1804), Philosoph **1906:** 8. 9.
Kanter, Waldemar (1878–1930), Schriftsteller
– Die triumphierende Bestie **1917:** 21. 4.
Kantorowicz, Alfred (1899–1979), Literaturwissenschaftler, Publizist und Schriftsteller, Mitbegründer der Bibliothek der verbrannten Bücher in Paris und Sekretär des SDS im Exil, kämpfte im Spanischen Bürgerkrieg **1932:** 31. 1. **1933:** 19. 11., 26. 12. **1934:** 11. 1. **1935:** 1. 6., 29. 6., 29. 11. **1938:** 29. 7. **1939:** 31. 12. **1940:** 1. 1., 17. 3.
Kantorowicz, Friedel (geb. Ebenhoeck; 1905–1968) **1933:** 19. 11. **1940:** 1. 1., 17. 3.

Karawkina, Dora (1896–1977), Übersetzerin und Dolmetscherin, die LF im Auftrag der »Allunionsgesellschaft für kulturelle Verbindungen mit dem Ausland« (WOKS) in Moskau betreute **1937:** 9.–10. 1., 9. 5.

Karma, Joseph (1883–1963), Schauspieler, Schriftsteller **1917:** 27.–28. 2., 2.–3. 3.

Karojen, Minister **1935:** 26. 6.

Károlyi, Catherine Gräfin (geb. Andrássy; 1892–1985) **1935:** 31. 5., 1. 6. **1937:** 15. 12., 25. 12. **1938:** 10. 9.

Károlyi von Nagykárolyi, Mihály Graf (1875–1955), ung. Politiker, war 1919 als Ministerpräsident der ung. Revolutionsregierung zurückgetreten **1937:** 12. 11., 15. 12., 25. 12. **1938:** 10. 9.

Karpeles, Gustav (1848–1909), Literaturhistoriker, Schriftsteller, Kritiker

– Geschichte der jüdischen Literatur **1915:** 14. 7.

Katz, Henry William (Herz Wolff Katz; 1906–1992), austroamerik. Schriftsteller und Journalist **1937:** 20. 6.

– Die Fischmanns **1937:** 20. 6.

Katz, Ilse (Ilse Katzová, geb. Klagemann; 1903–1976), verh. mit O. Katz **1938:** 7. 11., 18. 11.

Katz, Otto (Deckname André Simone; 1895–1952), österr.-tschech. Schriftsteller und Widerstandskämpfer **1938:** 28. 2., 22. 8., 7. 11., 18. 11.

Kaufman, Michail (1897–1980), sowjet. Filmregisseur und Fotograf **1936:** 16. 12.

Kaufmann, Adolf (1883–1933), Rechtsanwalt, Verwaltungsdirektor der Münchner Kammerspiele **1915:** 12. 9. **1916:** 31. 12. **1917:** 12. 1., 25. 2., 7. 3., 19. 3., 23. 8., 23. 9., 16. 12. **1918:** 29. 1., 8. 2., 18. 2., 31. 5. **1919:** 7. 2., 1. 5., 3. 5., 25. 10. **1919:** 27. 10., 14. 11., 17. 12. **1920:** 28. 8.

Kaufmann, Edgar J. (1885–1955), amerik. Unternehmer und Mäzen, besaß ein Kaufhaus in Pittsburgh **1933:** 4.–5. 2., 19. 2.

Kaufmann, Hans (1876–1957), Regisseur **1921:** 1. 10.

Kaufmann, Lillian Sarah (?–1952), Cousine und Frau von E. J. Kaufmann **1933:** 4.–5. 2., 19.–20. 2., 23. 2., 26. 2.

Kayßler, Friedrich (1874–1945), Schauspieler, Schriftsteller, Komponist **1915:** 5.–6. 5., 8. 5. **1916:** 16. 5. **1920:** 8.–9. 3.

Keim, Ernst, General **1917:** 18. 4.

Keller, Schauspielerin **1910:** 11.–12. 1.

Keller, Gottfried (1819–1890), schweiz. Schriftsteller und Politiker **1906:** 25. 6. **1910:** 11. 1.

– Der grüne Heinrich **1939:** 6. 5.

Kellermann, Bernhard (1879–1951), Schriftsteller **1932:** 30. 10.

Kennedy, Schauspielerin **1918:** 26. 5.

Kennedy, Margaret (1896–1967), engl. Roman-, Theater- und Drehbuchautorin **1932:** 6. 11.

Kerner, Justinus (1786–1862), Schriftsteller

– Der Totengräber von Feldberg **1920:** 24. 7.

Kerr, Alfred (1867–1948), Schriftsteller, Journalist und Theaterkritiker **1932:** 11. 2. **1936:** 27. 3. **1937:** 9. 9., 11. 9.
– Die Welt im Drama **1918:** 28. 1.
Kershenzew, Platon (1881–1940), sowjet. hochrangiger Partei- und Staatsfunktionär **1937:** 7. 1., 9. 1., 31. 1.
Kessler, Harry Clemens Ulrich Graf von (Harry Graf Kessler; 1868–1937), Kunstsammler, Mäzen, Publizist und Diplomat **1935:** 1. 12.
Kessner **1906:** 15. 12.
Kesten, Hermann (1900–1996), Schriftsteller, 1933–1940 Cheflektor des Exilverlags Allert de Lange in Amsterdam **1933:** 16. 9. **1935:** 27. 6. **1938:** 12. 11.
– Die Kinder von Gernika **1938:** 16. 12.
– Ferdinand und Isabella **1936:** 17. 2.
Kesten, Toni (geb. Warowitz; 1904–1977) **1935:** 27. 6. **1938:** 12. 11.
Kestenberg, Leo (1882–1962), Pianist, Musikpädagoge und Kulturpolitiker **1937:** 26. 6.
Keun, Irmgard (1905–1982), Schriftstellerin
– Nach Mitternacht **1937:** 17. 4.
Keyserling, Eduard von (1855–1918), Schriftsteller **1906:** 16. 6. **1915:** 14. 4., 19. 4., 13.–14. 5. **1918:** 30. 9.
– Ein Frühlingsopfer **1918:** 15. 2., 14.–15. 3., 18. 3., 21.–24. 3., 2. 4., 4. 4., 30. 9., 14. 10.
– Harmonie **1906:** 16. 4.
– Romane der Dämmerung **1915:** 31. 3.
Keyserling, Paul von (1890–1918), Schriftsteller **1915:** 3. 7.
Kiep, Hanna (geb. Alves, 1904–1979), 1944 ein halbes Jahr im KZ Ravensbrück interniert **1932:** 22. 12.
Kiep, Otto Carl (1886–1944), Diplomat, 1931–1933 dt. Generalkonsul in New York, 1944 als Widerstandskämpfer hingerichtet **1932:** 22. 12.
Kiepenheuer, Gustav (1880–1949), Verleger **1931:** 8. 1., 25. 1., 26. 2., 6. 3., 7. 3., 8. 3., 26. 4., 13. 5., 7. 7., 13. 7., 11. 8., 20. 8., 15. 9., 7. 10., 29. 11. **1932:** 26. 1., 3. 5., 9. 7.
Kiki ☞ Sewald, Kiki
Kilian, Eugen (1862–1925), Dramaturg, Regisseur am Münchner Hoftheater **1909:** 5. 10., 7. 10.
Kipling, Rudyard (1865–1936), engl. Schriftsteller
– Mylord der Elefant **1915:** 27. 9.
Kirstein, Anni **1920:** 1. 1., 18. 7., 10. 9., 14. 11., 26.–27. 11., 8. 12.
Kisch, Egon Erwin (1885–1948), Schriftsteller, Journalist, weitgereister (»rasender«) Reporter **1935:** 20. 4., 25. 4. **1938:** 18. 11. **1939:** 30. 3.
Kisling, Moïse (Mojźesz Kisling; 1891–1953), aus Polen stammender franz. Maler **1938:** 26. 8. **1939:** 9. 11.
Kitchener, Herbert, 1. Earl Kitchener (1859–1916), Feldmarschall, seit dem 5. Aug. 1914 engl. Kriegsminister **1916:** 6. 6.
Klabund (eigtl. Alfred Georg Hermann Henschke; 1890–1928), Schriftsteller **1915:** 27. 9., 13. 11., 19. 11., 2. 12., 16. 12. **1916:** 25. 1., 18. 7., 26. 7. **1919:** 10. 4. **1921:** 16. 6.

Klein, Direktor der Reinhardt-Bühne **1933:** 8.12.
Klein, Frauenarzt **1918:** 28.6.
Kleist, Heinrich von (1777–1811), Schriftsteller **1915:** 16.10.
– Hermannsschlacht **1909:** 20.9., 23.9.
– Penthesilea **1906:** 7.3., 30.5.
Klement, Otto (1891–1983), Schauspielagent, Filmproduzent und Autor **1931:** 16.2., 26.2., 3.3., 6.3., 29.4., 1.11., 18.12. **1932:** 23.1., 19.5., 12.9., 19.10., 31.10. **1933:** 20.4., 28.11., 4.12., 22.12. **1934:** 6.10., 23.10. 21.5.
Klette, Werner, Schriftsteller **1915:** 10.11. **1920:** 27.1., 4.2., 13.2., 2.4., 11.11., 21.11. **1921:** 24.2., 12.9., 19.10.
Klingelhöfer, Gustav (1888–1961), Politiker **1919:** 20.3.
Klinkowström, Julius, Schauspieler, 1920–1923 verh. mit E. Büller **1918:** 25.9. **1919:** 10.11.
Klöpfer, Eugen (1886–1950), Schauspieler **1919:** 1.2.
Klossowski, Erich (1875–1949), Bühnenbildner, Maler, Zeichner und Kunsthistoriker **1934:** 17.9.
Knickerbocker, Hubert Renfro (1898–1949), amerik. Journalist, Publizist, Pulitzer-Preisträger, 1927–1933 Berliner Korrespondent der Evening Post **1932:** 22.3.
Knilling, Eugen von (1865–1927), Politiker der Bayerischen Volkspartei **1915:** 19.3. **1916:** 2.1.
Knopf, Alfred Abraham sen. (1892–1984), amerik. Verleger, gründete 1915 den Verlag Alfred A. Knopf, Inc. **1932:** 14.11., 19.11.
Knopf, Blanche (geb. Wolf; 1894–1966), amerik. Verlegerin, leitete mit ihrem Mann Alfred A. Knopf den gleichnamigen Verlag **1932:** 14. bis 15.11., 19.11., 27.11., 3.12.
Knöpfke, Friedrich Georg (1874–1933), Rundfunkdirektor, erster Leiter der Funk-Stunde Berlin **1931:** 28.11.
Knopfmacher **1939:** 12.4.
Koch, Max (1855–1931), Literaturhistoriker, Professor in Breslau **1919:** 21.8.
Koehne, Erich, kaufmännischer Direktor des Schauspielhauses Hamburg **1916:** 24.9.
Koenen, Emmy (Emmy Damerius-Koenen, geb. Zadach; 1903–1987), Politikerin, tätig u.a. im Frauensekretariat der Komintern **1936:** 25.9.
Koenen, Wilhelm (1886–1963), KPD-Politiker, setzte sich in Paris für eine deutsche Volksfront gegen Hitler ein **1936:** 25.9.
Koestler, Arthur (1905–1983), österr.-ung. Schriftsteller **1938:** 2.3., 3.9. **1939:** 19.6.
– Ein spanisches Testament **1938:** 17.3.
Kolb, Annette (1870–1967), Schriftstellerin **1936:** 17.2.
– Das Exemplar **1939:** 29.3.
Kolmar, Wilhelm, Schauspieler in Mannheim **1916:** 11.8., 9.9.
Kolmar, Frau von W. Kolmar **1918:** 17.11. **1920:** 22.11.
Kolzow, Michail (Michail Friedland; 1898–1940), Journalist und Zeitschriftengründer, Leiter der Auslandskommission des Sowjetischen

Schriftstellerverbands **1935:** 31.5., 26.6., 28.6. **1936:** 20.5., 7.8., 17.10. **1937:** 23.–24.5., 22.7. **1939:** 4.1.

Königsberger, Arzt **1918:** 1.10.

Konstantin, Leopoldine (1886–1965), Schauspielerin **1916:** 17.8. **1917:** 10.8.

Köpler **1910:** 17.10.

Kopp, Arzt **1918:** 21.3.

Koppel, Henrik (1871–1934), Verleger, versuchte erfolglos, in Kopenhagen einen Verlag für exilierte deutschsprachige Schriftsteller zu gründen **1933:** 8.11.

Koppenhöfer, Maria (1901–1948), Schauspielerin **1921:** 17.10., 31.10., 24.12., 30.12.

Körner, Hermine (geb. Stader; 1878–1960), Schauspielerin, Regisseurin, 1919–1925 Intendantin und Regisseurin am Münchner Schauspielhaus **1918:** 26.9., 28.9. **1919:** 28.–29.4., 29.9., 9.10.

Korngold, Erich Wolfgang (1897–1957), Komponist

– Der Ring des Polykrates **1916:** 25.3.

– Violanta **1916:** 25.3.

Korrodi, Eduard (1885–1955), schweiz. Journalist **1915:** 22.6., 17.7.

Kortner, Fritz (1892–1970), Schauspieler und Regisseur **1931:** 28.1., 21.12. **1933:** 20.–22.12. **1934:** 24.5. **1936:** 3.4.

Koschland, Simon, Augenarzt **1920:** 2.–10.7.

Kotzebue, August von (1761–1819), Schriftsteller

– Die beiden Klingsberg **1916:** 7.10.

Koutensky, Richard, Schauspieler am Volkstheater München **1919:** 18.2.

Kran, Mithäftling LFs in La Rode **1939:** 21.9.

Kraus, Karl (1874–1936), Schriftsteller, Sprach- und Kulturkritiker

– Die letzten Tage der Menschheit **1936:** 18.6.

Krauss, Samuel (1866–1948), Professor für Hebräisch, Historiker der jüdischen Kultur

– Talmudische Archäologie **1931:** 28.4.

Krauß, Werner (1884–1959), Schauspieler **1921:** 6.12.

Krebs, Michail (Kreps; 1895–1937), seit 1926 für die Presseabteilung der Komintern verantwortlich, danach leitete er den Verlag ausländischer Arbeiter in der UdSSR **1937:** 21.1.

Krell, Max (Pseud. Georg Even, 1887–1962), Redakteur, Theaterkritiker und Schriftsteller, seit den 20er Jahren Lektor im Ullstein Verlag **1932:** 26.2., 18.3., 7.6., 28.6.

Kresse, Lisa, Tanzkünstlerin, Schauspielerin **1918:** 12.3., 5.4., 22.6., 5.7., 24.9., 17.12., 26.12. **1919:** 29.1., 11.2., 20.3., 29.3., 31.3., 2.12. **1920:** 21.2.

Krestinskaja, Ludmilla (1906–1982), verh. mit A. Tolstoi **1937:** 27.1., 30.1., 26.6., 28.6.

Kroner, Friedrich (1890–1952), Schriftsteller und Journalist, 1926–1934 Chefredakteur der satirischen Monatsschrift Uhu **1932:** 13.7.

Krull, Germaine (1897–1985), Fotografin **1918:** 22.10., 22.11.

Kühlmann, Richard (von) (1873–1948), Diplomat und Industrieller **1931:** 19.12.

Kunz, Mutter von M. Kunz **1933:** 29. 3.
Kunz, Maria Angelika (Mieze Kunz), Freundin Marta Feuchtwangers **1931:** 9. 7. **1933:** 27. 3., 29.–30. 3., 1. 4.
Kurz **1932:** 20. 1.
Kutscher, Artur (1878–1960), Literatur- und Theaterwissenschaftler **1915:** 27. 2.
Kuttner, Erich (1887–1942), Journalist, Redakteur des Vorwärts, SPD-Abgeordneter im Preußischen Landtag **1934:** 20. 11.

La Follette, Robert Marion jun. (1895–1953), Politiker, 1925–1947 Senator für Wisconsin **1933:** 30. 1.
Lachuti, Gasem (1887–1957), Schriftsteller und Literaturfunktionär, damals Sekretär des Sowjetischen Schriftstellerverbands **1936:** 1.–2. 12.
Lackner, Hans (1876–1930), Schauspieler **1906:** 11. 4.
Laemmle, Carl (Karl Lämmle; 1867–1939), dt.-amerik. Filmproduzent, Begründer und Leiter der Universal Pictures Corporation **1933:** 7. 1., 9. 1.
Lagerlöf, Selma (1858–1940), schwed. Schriftstellerin
– Gösta Berling **1906:** 8. 1.
Landowski, Paul Maximilien (1875–1961), franz. Bildhauer **1938:** 26. 8.
Landshoff, Eva (geb. Salomon; 1909–1979), erste Frau F. Landshoffs **1933:** 29. 8., 16. 9.
Landshoff, Fritz (1901–1988), Verleger, Mitinhaber und Geschäftsführer des Gustav Kiepenheuer Verlags in Potsdam, ab 1933 Leiter der deutschsprachigen Abteilung im Amsterdamer Verlag Querido **1931:** 2. 2., 17. 2., 14. 4., 22. 6., 1. 7., 7. 7., 29. 8., 7. 10. **1933:** 20. 5., 29.–30. 5., 4. 6., 11. 8., 17. 8., 11. 11. **1934:** 25. 4. **1936:** 18. 11. **1938:** 10. 2., 18. 4. **1939:** 27. 1., 30. 1., 19. 4. 19. 6., 6. 7. **1940:** 5. 3., 10. 3.
Lang, Karl **1910:** 30. 10.
Lang, Matheson Alexander (1897–1948), aus Kanada stammender Theater- und Filmschauspieler, Dramatiker **1933:** 17. 8.
Lange, Sven (1868–1939), Schriftsteller
– Simson und Delila **1910:** 1. 10.
Langen, Albert (1869–1909), Verleger **1910:** 8. 1., 6. 3.
Langheinrich, Franz (1864–1945), Schriftsteller, Redakteur der Zeitschrift Jugend **1917:** 31. 12.
Lania, Leo (Lazar Herman; 1896–1961), Journalist und Schriftsteller **1932:** 26. 1. **1934:** 5. 10., 17. 10. **1937:** 20. 6. **1938:** 28. 10.
Lania, Maria Lucy (geb. Lutz) **1932:** 2. 5.
Laughton, Charles (1899–1962), engl.-amerik. Schauspieler, Theater- und Filmregisseur **1933:** 9. 12. **1936:** 11. 3.
Laurent, Jean **1932:** 27. 12.
Lawrence, D. H. (David Herbert Lawrence; 1885–1930), engl. Schriftsteller **1939:** 12. 11.
Lazard, Ilse (verh. Heller; 1884–1934), dt.-schweiz. Malerin **1933:** 30. 9., 7. 10.
Le Corbusier (Charles-Édouard Jeanneret-Gris; 1887–1965), schweiz.-franz. Architekt **1935:** 26. 6.

Le Monnier, Henry (1893–1978), Maler **1934:** 3.9. **1937:** 21.8.
Lebrun, Albert François (1871–1950), Politiker, 1932–1940 letzter Präsident der Dritten Französischen Republik **1937:** 24.6.
Lederer, Felix (1877–1957) Musiker, Dirigent **1916:** 4.3.
Lee, Joyce, engl. Freundin LFs **1935:** 7.8.
Legal, Ernst (1881–1955), Schauspieler, Regisseur und Intendant **1931:** 28.1. **1932:** 11.2.
Legband, Else (1875–1965), Architektin, Künstlerin, Kostümbildnerin, Modeschöpferin **1906:** 25.3., 1.4., 26.4., 29.4.
Lehmann **1906:** 13.5.
Lehmann, Legationsrat deutsche Botschaft, und Frau **1933:** 30.1.
Lehmann, Hedwig **1906:** 10.2., 13.–14.2., 16.2.
Leidenfrost, Emma, Schauspielerin **1906:** 18.3.
Leiko, Marija (1887–1938), Schauspielerin **1917:** 19.3.
Lena, Schauspielerin **1916:** 26.12.
Lengyel, Emil (Émile Lengyel; 1895–1985), ung.-amerik. Journalist und Sachbuchautor **1932:** 23.11. **1933:** 22.2., 24.2.
Lenormand, Henri-René (1882–1951), franz. Dramatiker und Literaturkritiker **1937:** 29.6.
León, Victor (eigtl. Victor Hirschfeld; 1858–1940), Schriftsteller
– Der große Name **1911:** 22.–25.2.
Leonhard, Rudolf (1889–1953), Schriftsteller, wurde 1933 in Paris Vorsitzender des SDS im Exil **1936:** 25.9. **1937:** 14.3., 23.5. **1938:** 4.3.
Leonow, Leonid (1899–1994), sowjet. Schriftsteller **1936:** 17.12.
LeRoy, Mervyn (1900–1987), amerik. Filmregisseur und -produzent **1936:** 29.3.
Lessing, Gotthold Ephraim (1729–1781), Schriftsteller
– Minna von Barnhelm **1910:** 10.8. **1915:** 6.5.
Levison, Irene **1933:** 24.2.
Levy, Willy **1906:** 27.1., 1.4., 16.7., 8.9.
Lewis, Dorothy ☞ Thompson, Dorothy
Lewis, Sinclair (1885–1951), Schriftsteller, erster amerik. Nobelpreisträger **1931:** 1.–2.1., 6.1., 25.1., 6.2., 15.3. **1933:** 24.11. **1934:** 30.6.
– Dodsworth **1939:** 17.7.
– Work of Art **1938:** 3.7.
Ley, Maria (Friederike Flora Czada; 1898–1999), Tänzerin und Choreografin **1937:** 11.9., 7.10.
Leyen, Friedrich von der (1873–1966), germanistischer Mediävist und Volkskundler, 1906 Professor in München **1906:** 7.3., 12.5., 19.7., 31.10. **1917:** 30.12.
Lichatschow, Iwan (1896–1956), Organisator der sowjet. Autoindustrie, leitete 1926–1956 die Stalin-Werke **1936:** 15.12.
Lichnowsky **1918:** 15.3., 18.3., 8.–9.4. **1919:** 27.2.
Liesl ☞ Frank, Liesl
Lifschitz, Boris (1879–1967), aus der Ukraine stammender schweiz. Anwalt, setzte sich für den Handel mit der Sowjetunion ein **1933:** 15.4.

Lili **1933:** 24. 12.
Lilo ☞ Dammert, Lilo
Liona ☞ Ryan, Liona
Lippmann, Käthe (Käthe Schiffer, Käthe Burschell), heiratete 1919 Friedrich Burschell **1916:** 12. 1., 30. 5., 23. 6., 1. 8., 31. 12. **1917:** 25. 2., 1. 4., 17. 9. **1919:** 20. 2., 1. 5., 12.–13. 5., 5. 6., 15. 6. **1920:** 31. 1., 15.–17. 9. **1931:** 17. 2.
Lipps, Theodor (1851–1914), Philosoph **1906:** 27. 4.
Lissauer, Ernst (1882–1937), Schriftsteller **1916:** 29. 9.
Lissauer, Herman (1892–1957), ehemals Rabbi, leitete die Forschungsabteilung von Warner Bros. **1933:** 7. 1., 9.–10. 1., 12. 1.
Litwinow, Maxim (Max Wallach; 1876–1951), Politiker, 1930–1939 Volkskommissar für Auswärtige Angelegenheiten der Sowjetunion **1936:** 19. 12.
Löffler, Johanna, Mutter von Marta Feuchtwanger **1910:** 5. 10. **1911:** 18. 3. **1915:** 27.–28. 2., 22. 5., 31. 12. **1916:** 21. 1., 30. 5., 11. 8., 25. 9., 6. 11. **1918:** 2. 2., 4. 8., 6.–8. 10., 19. 11. **1919:** 12. 2. **1920:** 25. 3., 5. 4., 13. 4. **1921:** 15.–23. 2., 28. 10., 16. 11.
Löffler, Leopold, Vater von Marta Feuchtwanger **1910:** 5. 10. **1911:** 18. 3. **1915:** 27.–28. 2., 22. 5., 31. 12. **1916:** 21. 1., 30. 5., 11. 8., 25. 9., 6. 11. **1918:** 21. 1., 2. 2., 4. 8., 6.–8. 10., 19. 11. **1919:** 12. 2. **1920:** 25. 3., 5. 4., 13. 4., 10. 10. **1921:** 15.–23. 2., 28. 10., 16. 11.
Löffler, Marta ☞ Feuchtwanger, Marta
Löhner-Beda, Fritz (1883–1942), Schriftsteller
– Die englischen Fräulein **1918:** 21. 9.
Lola ☞ Sernau, Lola
Loon, Hendrik Willem van (1882–1944), niederl.-amerik. Autor, Historiker, Journalist, Zeichner **1932:** 24. 11., 22. 12. **1933:** 24. 2.
Lope de Vega (1562–1635), span. Schriftsteller
– Die verschmähte Schöne **1917:** 1. 1.
– Columbus **1917:** 1. 1.
Loradsky, russ. Theaterdirektor **1937:** 22. 1.
Lorant, Stefan (1901–1997), ung.-amerik. Fotograf, Journalist, 1928–1933 Chefredakteur der Münchner Illustrierten Presse **1931:** 22. 10.
Lord, Pauline (1890–1950), amerik. Theater- und Filmschauspielerin **1933:** 24. 2.
Lorm, Sidonie (1887–?), Schauspielerin **1915:** 27. 7., 1. 8., 14. 10. **1919:** 13. 2., 15. 2.
Löser, Arzt **1931:** 2. 1. **1932:** 14. 3.
Lossen, Lina (1878–1959), Schauspielerin **1906:** 28. 3.
Lothar, Rudolf (Rudolf Lothar Spitzer; 1865–1943), Schriftsteller **1917:** 10. 8. **1918:** 1. 2., 30. 9. **1919:** 10. 4., 7. 7. **1920:** 2. 10., 16. 10.
Lotte, Prostituierte **1915:** 8. 6., 12. 6.
Louis ☞ Bodenheimer, Louis
Löwenstein **1910:** 27. 7., 4. 8.
Löwenstein, Architekt **1933:** 18. 2.
Löwenstein, Kommunistin in L. A. **1933:** 11. 1.

Lübke **1933:** 9.2.
Luchaire, Antonina ☞ Vallentin-Luchaire, Antonina
Luchaire, Jules (1876–1962), franz. Politiker **1935:** 31.8. **1936:** 12.3., 19.11. **1937:** 12.11. **1938:** 11.8., 26.8. **1939:** 3.8.
Luchaire, Marguerite (1904–?), Tochter J. Luchaires aus erster Ehe, verh. mit dem Dadaisten Théodore Fraenkel **1939:** 8.10.
Ludschi ☞ Feuchtwanger, Ludwig
Ludwig, Emil (Emil Cohn; 1881–1948), Publizist, Schriftsteller **1931:** 1.1. **1933:** 28.11. **1935:** 8.7. **1938:** 28.10.
– Roosevelt. Studie über Glück und Macht **1940:** 15.2.
Ludwig, Otto (1813–1865), Schriftsteller
– Hanns Frei **1920:** 11.9.
Luise, Kellnerin in der Torggelstube **1911:** 20.–22.6.
Lukács, Georg (1885–1971), ung. Philosoph, Literaturwissenschaftler und -kritiker **1918:** 25.7. **1937:** 5.1.
Lütjohann, Reinhold, Schauspieler **1916:** 13.5.

M'Ahesa, Sent (Else von Carlberg; 1883–1970), Ausdruckstänzerin **1915:** 20.11.
Maas, Dr. **1911:** 3.4. **1915:** 20.11.
Maassen, Carl Georg von (1880–1940), Literaturwissenschaftler, Bibliophile, Bohémien **1915:** 27.3., 12.6., 10.7., 17.8.
Macchiavelli, Niccolò (1469–1527), ital. Schriftsteller
– Mandragola **1906:** 1.2. **1919:** 19.2.
Maeterlinck, Maurice (1862–1949), belg. Schriftsteller
– Monna Vanna **1906:** 16.1.
Mahler, Anna Justine (1904–1988), österr. Bildhauerin, Tochter von Gustav Mahler und Alma Mahler-Werfel **1939:** 3.8., 5.8., 18.8.
Mahler-Werfel, Alma (geb. Schindler; 1877–1964), verh. mit Gustav Mahler, Walter Gropius und Franz Werfel **1938:** 2.8., 11.8., 23.8., 4.9., 10.9., 19.10. **1939:** 30.5., 3.8., 5.8., 13.9., 28.9., 16.12.
Mahrholz, Werner (1889–1930), Redakteur der Vossischen Zeitung **1919:** 18.12.
Maier (Wiener Maier), Journalist **1915:** 25.12. **1916:** 16.6., 14.8.
Maier, Alfred (weicher Maier), Journalist **1915:** 16.6. 13.11. **1916:** 26.9. **1917:** 20.9. **1921:** 4.11.
Maisel, Germanist **1906:** 5.2., 9.2.
Malleson, George Bruce (1825–1898), engl. Offizier in Indien und Schriftsteller
– Life of Warren Hastings, First Governor-General of India **1915:** 31.8. bis 1.9., 3.9.
Malraux, André (1901–1976), franz. Schriftsteller **1933:** 7.11. **1935:** 1.6.
– La Condition humaine **1935:** 28.2.
Mandel **1938:** 2.3.
Manheimer, Victor (1877–1942), Germanist, Bibliophiler, seine Villa in Schwabing war ein Treffpunkt der Münchner Boheme **1911:** 3.4., 6. bis

7.4., 2.–3.5., 18.6., 25.6. **1916:** 25.6., 25.7. **1918:** 18.2., 21.–24.3., 26.5. **1919:** 6.1., 30.7. **1920:** 24.7., 15.8., 21.11.
Mann, Erika (1905–1969), Schauspielerin und Kabarettistin, Tochter von Th. Mann **1933:** 23.5. **1936:** 15.6., 1.8.
Mann, Golo (Angelus Gottfried Thomas Mann; 1909–1994), Historiker, Publizist und Schriftsteller, Sohn von Th. Mann **1933:** 18.8.
Mann, Heinrich (1871–1950), Schriftsteller, Bruder von Th. Mann, bis 1933 Präsident der Preußischen Akademie der Künste, im Exil Verfechter der Volksfront **1909:** 30.9., 25.11. **1911:** 16.–18.2., 17.3., 21.–23.5., 25.–27.6. **1915:** 3.3., 18.4., 28.4., 16.5., 28.5., 18.6., 6.11., 2.12., 11.12. **1917:** 19.3. **1918:** 19.1., 18.2., 19.12., 27.12. **1919:** 13.1., 28.2., 3.6., 13.10., 23.11. **1921:** 31.3., 7.4., 16.7., 26.12. **1931:** 15.3., 12.4. **1932:** 3.5. **1933:** 18.5., 23.5., 30.5., 2.–4.6., 8.6., 10.7., 22.7., 1.8., 8.8., 26.8., 2.9., 28.9. **1934:** 27.–28.8., 30.–31.8. **1935:** 24.6., 8.7., 30.7., 2.8., 9.8., 16.8., 24.8., 22.11., 25.11. **1937:** 26.6., 8.8. **1938:** 22.9. **1939:** 15.5., 29.5. **1940:** 25.2.
– Brabach **1919:** 22.11.
– Das Herz **1910:** 8.–11.12.
– Der Weg zur Macht **1920:** 21.–22.10., 28.10., 3.11.
– Die Armen **1918:** 21.1.
– Die Jugend des Königs Henri Quatre **1936:** 7.1.
– Die kleine Stadt **1910:** 31.1.
– Die Tote **1915:** 22.9.
– Die Vollendung des Königs Henri Quatre **1939:** 27.2., 15.5.
– Madame Legros **1917:** 19.2.
– Zwischen den Rassen **1909:** 7.7.
Mann, Katia (geb. Pringsheim; 1883–1980), verh. mit Th. Mann **1932:** 5.8. **1933:** 11.5., 14.5., 18.5., 14.6. **1936:** 31.8., 3.9.
Mann, Klaus (1906–1949), Schriftsteller, Sohn von Th. Mann **1933:** 23.5. **1934:** 6.10. **1935:** 26.4., 1.5. **1936:** 14.5., 15.6. **1938:** 19.2.
– Der Vulkan **1938:** 29.6.
– Mephisto **1937:** 16.3.
Mann, Leonie (1916–1986), Tochter von Mimi und Heinrich Mann **1937:** 8.2.
Mann, Mimi (geb. Maria Kanová; 1886–1947), 1914–1930 mit H. Mann verh. **1915:** 28.4. **1917:** 19.3. **1918:** 18.2 **1937:** 8.2.
Mann, Nelly (Nelly Kröger, geb. Emmy Johanna Westphal; 1898–1944), zweite Frau von H. Mann **1933:** 10.7., 28.9. **1934:** 27.8. **1935:** 2.8., 9.8. **1938:** 22.9. **1940:** 25.2.
Mann, Thomas (1875–1955), Schriftsteller **1915:** 16.8., 2.11., 20.11. **1919:** 4.2. **1920:** 4.3., 18.7., 16.10. **1932:** 5.8. **1933:** 11.5., 14.5., 18.5., 2.–3.6., 8.6., 20.6., 27.7., 8.8., 18.8. **1934:** 27.1. **1936:** 18.1., 31.8., 3.9., 5.9.
– Fiorenza **1906:** 30.1.
– Königliche Hoheit **1909:** 13.7., 12.10., 11.11.
Mann, Viktor (1890–1949), jüngster Bruder von H. und Th. Mann **1920:** 18.8., 29.9. **1921:** 30.12.

Manzoni, Alessandro (1785–1873), ital. Dichter und Schriftsteller
– I Promessi Sposi **1932:** 24.3.
Marberg, Lili (1876–1962), Schauspielerin **1906:** 10.9.
Marcel, Bekannter von Ilse Gropius, Bauhaus-Vertreter **1931:** 24.7.
Marcus ☞ Bodenheimer, Marcus
Marcuse, Erna (Sascha Marcuse, geb. Reich; 1903–1967) **1934:** 25.5., 12.6., 30.6., 17.9., 26.12. **1935:** 19.1., 15.2., 20.4. **1936:** 21.3., 24.3., 14.5., 17.6., 31.7., 5.9., 7.12. **1937:** 15.1., 28.1., 23.5., 7.10., 25.12. **1938:** 17.3., 18.5., 12.9., 30.9., 28.10., 7.11., 17.11., 31.12.
Marcuse, Ludwig (1894–1971), Schriftsteller, Journalist, Philosoph, reiste mit LF nach Moskau **1933:** 7.11. **1934:** 25.5., 12.6., 26.6., 30.6., 17.9., 28.9., 20.11., 26.12. **1935:** 19.1., 15.2., 20.4., 7.6., 6.7., 18.8., 27.8., 29.10. **1936:** 14.5., 17.6., 31.7., 5.9., 25.9., 30.10., 7.12. **1937:** 1.1., 5.1., 12.1., 15.1., 28.1., 6.7., 21.8., 7.10., 25.12. **1938:** 10.2., 17.3., 18.5., 23.7., 29.7., 12.9., 28.10., 9.11., 31.12.
– Das denkwürdige Leben des Richard Wagner **1938:** 10.2.
– Ignatius von Loyola **1935:** 11.10.
Marga ☞ Simon, Marga Falkenstein
Margis, Hildegard (Hilde; 1887–1944), Frauenrechtlerin, Widerstandskämpferin und Autorin, gab im Ullstein Verlag Texte zu Frauenfragen heraus **1931:** 6.12. **1932:** 16.6.
Maria ☞ Osten, Maria
Maria Theresia von Österreich (1717–1780), Monarchin aus dem Hause Habsburg **1936:** 27.2.
Marie, Freundin von Max Monheimer ☞ Bial, Marie
Marie **1906:** 2.7., 6.7., 8.–9.7., 12.7., 15.7., 17.7., 20.–21.7., 31.7., 1.8., 14.8., 17.8., 25.8., 30.8., 5.–7.9., 9.9., 24.9., 29.9., 21.10., 20.–21.11., 18.–19.12., 23.12. **1909:** 7.7., 12.–14.7., 18.7., 6.8., 17.8., 20.8., 8.9., 11.–12.9., 10.–11.10., 17.–18.10., 25.10., 3.11., 14.11., 19.12., 27.12. **1910:** 1.1., 15.1., 23.1., 5.2., 8.2., 10.2., 27.2., 6.3., 9.3., 20.3., 31.3., 3.4., 5.4., 3.–9.5., 14.5., 18.5., 29.5., 9.7., 17.7., 24.7., 27.7., 1.8., 5. bis 7.8., 11.8., 20.8., 3.–6.9., 1.–2.10., 8.–9.10., 23.10., 29.–30.10., 1. bis 2.11., 7.–14.11., 20.–26.11., 3.–6.12., 8.–11.12., 25.–28.12. **1911:** 1. bis 2.1., 4.–15.1., 23.1., 4.–10.2., 13.2., 19.–20.2., 5.3., 26.3., 2.4., 9.–10.4., 16.–18.4., 26.–29.4., 13.–15.5., 21.–23.5., 4.–5.6., 7.–9.6. **1915:** 15.4., 15.9. **1916:** 23.–24.6., 7.7., 24.7., 25.8. **1917:** 30.1., 18.2., 2.6. **1918:** 3.8., 18.9. **1920:** 4.5., 2.–10.7., 30.7., 2.–3.9.
Marielle, Engländerin **1937:** 27.9.
Mark Aurel (121–180), röm. Kaiser **1940:** 12.1.
Markstein, Grete (geb. Schneider; 1890–1975), Schauspielerin, gab sich später als Einsteins Tochter aus, wurde aber als Hochstaplerin entlarvt **1919:** 20.3.
Marlé, Arnold (1887–1970), Schauspieler, Regisseur **1915:** 12.3. **1916:** 31.12. **1920:** 14.2., 28.8., 26.–27.11., 7.12. **1921:** 7.4. **1937:** 12.2.
Maron **1906:** 21.2.
Martens, Kurt (1870–1845), Schriftsteller **1919:** 10.1.

Martersteig, Max (1853–1926), Schauspieler, Schriftsteller, Theaterleiter in Köln, 1912–1918 in Leipzig **1915:** 8.8., 23.10. **1916:** 4.–5.3.
Martin ☞ Feuchtwanger, Martin
Martin, Karlheinz (1886–1948), Theater- und Filmregisseur **1931:** 15.3.
Martin du Gard, Roger (1881–1958), franz. Schriftsteller, 1937 Nobelpreis für Literatur
– Les Thibault **1938:** 5.1.
Marx, Alexander (1878–1953), Historiker, Judaist, Bibliograf, Bibliothekar und Lehrer für Geschichte am Jewish Theological Seminary in New York City **1933:** 20.2.
Marx, Hermann Albert (1868–1937), Bankier, Hofrat in Mannheim **1916:** 3.–4.3.
Marx, Paul, Schauspieler **1915:** 2.12. **1917:** 3.1., 20.9. **1919:** 14.6.
Masereel, Frans (1889–1972), belg. Maler und Grafiker **1938:** 7.11.
Massary, Fritzi (Friederika Massaryk; 1882–1969), österr.-amerik. Sängerin und Schauspielerin, seit 1917 verh. mit M. Pallenberg, Mutter von Liesl Frank **1915:** 17.8., 10.9. **1916:** 7.10. **1934:** 12.5., 26.6.
Matthias, Leo (1893–1970), Soziologe, Schriftsteller und Übersetzer **1931:** 9.3.
Matthias, Lisa (Liska Matthias; 1894–1982), Journalistin und Verlegerin, 1927–1931 Liaison mit Kurt Tucholsky **1931:** 1.5.
Mattiasson, James, Cousin LFs **1906:** 23.7., 26.7., 8.8.
Maugham, William Somerset (1874–1965), engl. Erzähler und Dramatiker **1932:** 20.5.
– Cakes and Ale **1932:** 25.7.
– On Human Bondage (Buch) **1939:** 27.2.
– On Human Bondage (Film) **1934:** 17.10.
Mauke, Wilhelm (1867–1930), Komponist **1911:** 4.–7.1.
Maupassant, Guy de (1850–1893), franz. Schriftsteller und Journalist **1938:** 16.12. **1939:** 1.11.
– Bel-Ami **1939:** 25.1.
– Boule de suif **1939:** 27.2.
– Une vie **1940:** 21.2.
Mauthner, Fritz (1849–1923), Philosoph, Schriftsteller
– Beiträge zu einer Kritik der Sprache **1918:** 13.8.
Max ☞ Feuchtwanger, Max
Mayer, Alfred Karl (1860–1932), Münchner Korrespondent der Vossischen Zeitung **1910:** 11.5., 12.5.
Mayer, August Liebmann (Pinakotheken-Mayer; 1885–1944), Kunsthistoriker, Experte für spanische Malerei, seit 1909 an der Alten Pinakothek in München **1915:** 1.5., 7.7., 9.7., 12.8., 11.12. **1916:** 26.7., 26.12., 31.12. **1917:** 3.1., 21.7., 13.10., 31.12. **1918:** 8.2., 31.12.
Mechlis, Lew (1889–1953), sowjet. Funktionär, leitete 1930–1937 die Abteilung Presse im ZK der WKP(b) und war Chefredakteur der Prawda **1936:** 14.12., 30.12. **1937:** 29.1.
Mecklenburg-Strelitz ☞ Friedrich IV., Adolf

Medi ☞ Feuchtwanger, Martha
Meid, Hans (1883–1957), Maler und Illustrator, entwarf zahlreiche Buchumschläge **1931:** 18.7.
Meier-Graefe, Annemarie (geb. Epstein; 1905–1994), Malerin **1934:** 24.5. **1935:** 14.5., 27.8., 3.9., 29.10., 7.–8.11. **1936:** 14.5., 17.6., 23.7., 5.9. **1937:** 21.4., 10.6. **1938:** 4.9., 12.9. **1939:** 14.6., 18.8., 13.9.
Meier-Graefe, Julius (1867–1935), Kunsthistoriker, Essayist **1934:** 24.5., 20.11. **1935:** 20.4., 14.5., 7.6.
– Vincent van Gogh **1937:** 23.11.
Meingast, Schauspielerin **1918:** 4.4. **1919:** 7.4., 11.6., 30.6., 21.10.
Meinhard, Carl (1875–1949), Schauspieler, Theaterdirektor in Berlin **1915:** 7.4. **1920:** 9.9., 16.10. **1921:** 5.7.
Melchett ☞ Mond
Mellentin, Käthe **1935:** 28.6.
Meloney, Marie Mattingly (Mrs. William B. Meloney; 1878–1943), amerik. Journalistin und Aktivistin, gab u.a. das Sonntagsmagazin der New York Herald Tribune heraus **1932:** 23.11. **1933:** 22.2.
Mendelssohn, Edith (Edith Louise Ida Mendelssohn Bartholdy, geb. Speyer; 1882–1969), Sozial- und Kulturpolitikerin **1931:** 26.2.
Mendelssohn, Edith (Tschu Mendelssohn; geb. von Tschirnitz; ca. 1904 bis 1972), 1932–1934 verh. mit Peter de Mendelssohn **1934:** 4.1., 8.1., 11.1., 13.1., 16.1.
Mendelssohn, Francesco von (1901–1972), Cellist, Kunstsammler, Filmschauspieler und Theaterregisseur **1933:** 23.–24.2., 1.3.
Mendelssohn, Peter de (1908–1982), Schriftsteller, Journalist, Übersetzer, gründete mit Paul Roubiczek in Paris den Verlag Europäischer Merkur **1933:** 24.12. **1934:** 4.1., 8.1. **1936:** 9.7.
Mendes, Lothar (1894–1974), Filmregisseur und Drehbuchautor **1933:** 29.11., 4.12.
Menko **1906:** 14.2., 21.2.
Mérimée, Prosper (1803–1870), franz. Schriftsteller **1937:** 27.5.
Merk, Hans **1915:** 20.11., 5.12. **1916:** 31.12. **1917:** 25.2. **1919:** 19.1
Merk, Wally, Schauspielerin **1916:** 31.12. **1920:** 14.2. **1921:** 17.10.
Meßthaler, Emil (1869–1927), Schauspieler, Regisseur und Theaterdirektor **1915:** 27.2., 5.5., 28.5.
Metal, Finanzmann **1933:** 9.4.
Metz, Tänzerin **1921:** 10.3.
Metzger, Ottilie (1878–1943), Sängerin **1915:** 5.11.
Mewes, Anna (Annie Metes; 1895–1980), Schauspielerin **1916:** 25.6., 14.8., 22.8., 28.10. **1917:** 3.1., 14.2., 28.8.
Meyer, Friedrich ☞ Basil, Friedrich (Fritz) Hans Basilius
Meyer, Conrad Ferdinand (1825–1898), schweiz. Schriftsteller **1906:** 12.7.
– Das Leiden eines Knaben **1906:** 23.5., 19.7.
– Der Heilige **1906:** 2.1.
– Der Schuß von der Kanzel **1906:** 5.1.

– Die Hochzeit des Mönchs **1906:** 3. 1.
– Gustav Adolfs Page **1906:** 4. 1.
– Jürg Jenatsch **1906:** 5. 2.
Meyer, Paul (kleiner Meyer) **1909:** 13. 7., 15. 7.
Meyer, Richard M. (1860–1914), Germanist **1906:** 24. 1., 15. 12.
– Gerhart Hauptmanns Entwicklung (Vortrag) **1906:** 15. 12.
Meyer-Metzger, Ilse (geb. Salberg; ?–1947), Fotografin. Lebensgefährtin von Anton Räderscheidt **1939:** 29. 9.
Meyers, Sidney (1906–1969), amerik. Filmregisseur und Drehbuchautor **1933:** 24. 2.
Michael, Sarah, Bekannte aus Athens **1933:** 23. 2.
Michaelis, Hedwig (geb. Philipsthal; 1884–1964), verh. mit L. Michaelis **1933:** 20. 2., 4. 9.
Michaelis, Leonor (1875–1945), dt.-amerik. Biochemiker und Mediziner, Professor in Berlin, später in New York **1933:** 20. 2., 4. 9.
Michalski, Frau **1933:** 1. 3.
Michalski, Bekannter LFs in New Yorker **1933:** 23. 2.
Michel, dt. Sekretärin in New York **1932:** 29. 12.
Michel, Christine, Vamp der Stadt Georgia **1932:** 8. 12.
Michoëls, Solomon (1890–1948), russ.-sowjet. Schauspieler und Regisseur, leitete seit 1928 das Staatliche Jüdische Theater (GOSET) in Moskau **1937:** 25. 1.
Millenkovich, Max von (1866–1945), Musikschriftsteller, 1917/18 Direktor des Wiener Burgtheaters **1917:** 22.–24. 6., 4.–10. 8. **1918:** 5. 7., 7. 7.
Mind, Mithäftling LFs in La Rode **1939:** 21. 9.
Miner **1932:** 25. 5.
Mitchell, Margaret (1900–1949), amerik. Schriftstellerin
– Gone with the Wind **1939:** 15. 10.
Mittenzwei **1919:** 16. 12.
Möhl, Arnold von (1867–1944), General **1919:** 7. 5.
Moholy-Nagy, László (1895–1946), ung.-amerik. Maler, Fotograf, Typograf, Bühnenbildner, Lehrer am Bauhaus **1931:** 13. 2.
Mohr, Schneidermeister **1910:** 29. 11.–1. 12.
Möhring, Philipp (1900–1975), Jurist, Autor, Rechtsanwalt **1931:** 11. 8.
Moissi, Alexander (1879–1935), alban.-österr. Schauspieler **1906:** 7. 2. **1911:** 10.–12. 6. **1920:** 14. 2.
Molière (1622–1673), franz. Schauspieler, Theaterdirektor, Bühnendichter
– Der Geizige **1921:** 15. 11.
– Marquis von Pourceaugnac **1906:** 12. 9.
– Tartüff **1906:** 12. 9.
Möller, Eberhard Wolfgang (1906–1972), Schriftsteller, Dramatiker **1931:** 26. 4.
Molnar, Franz (Ferenc Molnár, Ferenc Neumann; 1878–1952), ung. Schriftsteller und Journalist **1932:** 27. 2.
Molo, Trude von (1906–1989), österr. Schauspielerin **1934:** 16. 1.

Mond, Gwen (geb. Amy Gwen Wilson; 1895–1982), engl. Künstlerin **1932:** 8. 11., 11.–12. 11. **1933:** 16.–18. 11., 21. 12. **1934:** 5. 10. **1936:** 7. 4.
Mond, Henry Ludwig, 2nd Baron Melchett (1898–1949), engl. Industrieller und Politiker **1932:** 8. 11., 11.–12. 11. **1933:** 4. 12. **1934:** 5. 10.
Mondadori, Arnoldo (1889–1971) ital. Verleger **1931:** 26. 5. **1932:** 5. 5.
Monheimer, Max, Freund LFs, Mitbegründer des Phöbus **1906:** 24. 4., 7. 6., 15. 12. **1909:** 6. 11., 15. 11. **1910:** 7. 2., 27. 7., 4. 8., 20.–22. 11.
Monika, Schauspielerin **1938:** 8.11, 12. 11., 18. 11.
Monty, Schauspielerin, Tänzerin **1918:** 8. 3., 13. 3., 1. 4., 8. 4., 11. 4., 22. 5., 20. 6., 7.–9. 7., 28. 7., 20.–21. 8., 25. 8., 26. 9., 6.–8. 10. **1919:** 29. 1., 1. 7., 20. 11., 2. 12., 18. 12., 24. 12., 31. 12. **1921:** 30. 12.
Mooney, Thomas Joseph (1882–1942), amerik. Arbeiteraktivist in San Francisco, viele Jahre unrechtmäßig inhaftiert **1933:** 14. 1., 16.–17. 1., 9. 2.
Moos, Sigmund (1870–1933), Leiter des Verleihs bei Universal Pictures und rechte Hand Carl Laemmles **1933:** 11. 1.
Moralt, Otto (1855–1913), Theaterkritiker der Allgemeinen Zeitung **1906:** 16. 5.
Morgenstern, Christian (1871–1914), Schriftsteller **1916:** 16. 5.
Mörike, Eduard (1804–1875), Schriftsteller
– Mozart auf der Reise nach Prag **1906:** 8. 1.
Moritz ☞ Feuchtwanger, Moritz
Moritz **1934:** 23. 10.
Mosse, Erich (Eric Peter Mosse, Pseud. Peter Flamm; 1891–1963), Psychologe, Psychiater, Schriftsteller, Dramaturg **1919:** 20. 6., 28. 7. **1920:** 3. 2. **1931:** 21. 4., 2. 5. **1933:** 8. 11.
Mosse, Marianne (geb. Schönfeld; 1910–?) **1933:** 8. 11.
Mozart, Wolfgang Amadeus (1756–1791)
– Figaros Hochzeit **1915:** 17. 6.
Mrazek, Komponist **1915:** 2. 10.
Mühlen **1919:** 30. 7.
Muhr, Felix (1878–?), Kunstfotograf **1911:** 3. 4., 19.–21. 4. 25.–27. 6. **1915:** 4. 3., 9. 3., 17. 3., 27. 3., 23. 4., 25. 4., 30. 4., 15. 5., 17. 5., 20. 5., 24. 5., 28. 5., 29. 6., 20. 7., 22. 7., 6. 9., 11.–11. 10., 17. 10., 27. 10., 25.–26. 12. **1916:** 30. 1.
Mühsam, Erich (1878–1934), Publizist und politischer Aktivist **1909:** 10. 7., 18. 7. **1915:** 27. 2., 9. 3., 21.–22. 3., 27. 3., 28. 5., 29. 6. **1917:** 28. 8. **1921:** 5. 11. **1931:** 30. 7.
Mühsam, Zenzl (geb. Kreszentia Elfinger; 1884–1962), Frau von E. Mühsam **1921:** 5. 11. **1931:** 30. 7. **1936:** 15. 12., 22. 12.
Muir, Edwin (1887–1959), schott. Schriftsteller und Übersetzer **1935:** 21. 5.
Muir, Willa (Pseud. Agnes Neill Scott, geb. Wilhelmina Anderson; 1890 bis 1970), schott. Schriftstellerin und Übersetzerin **1935:** 21. 5.
Müller **1920:** 15. 2.
Müller, Schauspielerin **1906:** 10. 9.
Müller, Georg (1877–1917), Verleger, Gründer des Georg Müller Verlags **1906:** 21. 11. **1909:** 26. 8. **1910:** 8. 7., 11.–12. 7., 27. 7. **1915:** 14. 8.,

17.8., 28.8., 13.11. **1916:** 28.3., 8.–9.4. **1917:** 6.7., 12.–15.9., 30.12. **1918:** 1.1., 31.5.
Müller, Gustav Adolf (1866–1928), Schriftsteller **1911:** 4.–10.2.
Müller, Hans Karl (1889–1960), Schauspieler und Regisseur an den Münchner Kammerspielen **1917:** 16.2., 1.9.
Müller, Paul, Schauspieler **1916:** 13.5.
Müller-Einigen, Hans (1882–1950), Schriftsteller
– Die Flamme **1921:** 22.4.
Multatuli (Eduard Douwes Dekker; 1820–1887), niederl. Schriftsteller
– Max Havelaar **1917:** 7.2.
Muncker, Franz (1855–1926), Literaturhistoriker **1906:** 24.4., 4.7., 3.10., 15.12. **1909:** 11.11., 17.11. **1910:** 31.3, 7.4., 2.11. **1911:** 16.–19.1., 4. bis 10.2. **1917:** 18.–19.9., 6.11.
Mundi ☞ Feuchtwanger, Sigmund
Münzenberg, Willi (1889–1940), Politiker, Verleger und Publizist, Generalsekretär der Internationalen Arbeiterhilfe (IAH), verschiedene Komintern-Funktionen, später Mitinitiator der Volksfront, 1938 Ausschluss aus der KPD **1933:** 19.11., 30.12. **1935:** 22.11., 29.11. **1936:** 15.11. **1937:** 23.6., 20.10., 26.10., 7.11., 9.11. **1938:** 4.3.
Musset, Alfred de (1810–1857), franz. Schriftsteller
– On ne badine pas avec l'amour **1938:** 4.1.

Napoleon I. (1769–1821), Kaiser der Franzosen **1906:** 14.11.
Nathansen, Henri (1868–1944), Schriftsteller
– Daniel Hertz **1910:** 23.3.
Nebelthau, Otto (1894–1943), Schriftsteller, Schauspieler, ab 1919 gemeinsam mit Hermine Körner Direktor des Münchner Schauspielhauses **1919:** 7.1., 16.5., 25.7., 29.9., 15.10., 31.12. **1920:** 27.1., 30.3., 4.5., 6.8.
Neff, Margarete (1892–1984), Schauspielerin **1916:** 24.8.
Neher, Carola (Carolin Henschke, verh. Becker; 1900–1942), Schauspielerin, emigrierte 1932 über Prag nach Moskau, 1936 verhaftet **1931:** 23.4.
Neher, Caspar (1897–1962), Bühnenbildner **1920:** 27.2.
Nero (37–68), röm. Kaiser **1940:** 12.1.
Nestroy, Johann (1801–1862), Schriftsteller **1906:** 25.1.
– Revolution in Krähwinkel **1909:** 30.8.
Neuhöfer, Siegfried, Verleger, übernahm nach dem Tod von Georg Müller gemeinsam mit Hans Winand den Georg Müller Verlag **1919:** 24.7., 28.7., 31.7., 28.8., 6.9., 11.10., 16.12. **1920:** 30.8.–1.9., 24.9., 28.12.
Neumann, Alfred (1895–1952), Schriftsteller
– Kaiserreich **1938:** 15.–16.9.
– Neuer Cäsar **1938:** 10.9.
Neumann, Robert (1897–1975), Schriftsteller, gründete mit Franz Werfel den österr. Exil-PEN-Club **1933:** 11.11. **1935:** 22.5. **1936:** 29.3. **1938:** 28.3., 18.5., 30.5., 19.6., 9.9.
– Eine Frau hat geschrien **1938:** 30.5.
– Struensee. Doktor, Diktator, Favorit und armer Sünder **1935:** 15.12.

Nevelson, Louise (geb. Leah Berliawsky; 1899–1988), amerik. Bildhauerin und Malerin **1932:** 21. 12., 23. 12., 29. 12. **1933:** 26. 1., 8. 2., 23. 2. **1932:** 23. 12.

Newman, Louis Israel (1893–1972), Rabbi in New York, Anhänger eines revisionistischen Zionismus, Vizepräsident des American Jewish Congress **1933:** 26. 2.

Nexø, Martin Andersen (1869–1954), dän. Schriftsteller **1935:** 25. 6.

Niclas, Charlotte (Yolla Niclas; 1900–1977), Fotografin, Geliebte Alfred Döblins **1932:** 23. 10.

Nicoletti, Consuela, Schauspielerin **1915:** 18. 6., 5. 8.

Nielsen, Arthur Charles (1897–1980), amerik. Geschäftsmann, Ingenieur, gründete 1923 ein Marktforschungsinstitut **1933:** 20. 1., 22. 1.

Nielsen, Gertrude B. (geb. Smith; ?–1998) **1933:** 20. 1., 22. 1.

Noder, Anton Alfred (Pseud.: De Nora; 1864–1936), Schriftsteller **1915:** 15.11

Noth, Ernst Erich (Paul Albert Krantz; 1909–1983), Schriftsteller und Literaturwissenschaftler **1937:** 22. 8. **1939:** 14. 10.

Notthafft von Weißenstein, Albrecht (1868–1959), Arzt für Haut- und Geschlechtskrankheiten **1918:** 2. 8.

Ochlopkow, Nikolai (1900–1967), sowjet. Regisseur und Theaterleiter, 1923–1930 am Meyerhold-Theater, 1930–1937 am Realistischen Theater in Moskau **1937:** 15. 1., 18. 1., 4. 2.

Oestéren, Friedrich Werner van (1874–?), Schriftsteller, Schauspieler **1915:** 3. 10.

Oesterheld, Erich (1883–1919), Verlagsbuchhändler, in dessen Verlag die Schaubühne bis Ende 1908 erschien und der am 24. Oktober 1908 LFs defizitäre Zeitschrift Der Spiegel übernahm **1909:** 12. 10., 18. 10.

Offenbach, Jacques (1819–1880), dt.-franz. Komponist
- Die schöne Helena **1911:** 28. 6.–4. 7.
- Hoffmanns Erzählungen **1906:** 12. 2., 24. 11.
- Orpheus in der Unterwelt **1911:** 10.–12. 6.

Offenstadt, Lily (verh. Leuchter; 1909–1967), Arnold Zweigs Sekretärin in Berlin und Haifa **1931:** 12. 9., 25. 12. **1932:** 1. 1., 6. 3. **1933:** 21. 6., 6. 7., 25. 7., 4. 9. **1937:** 20. 7.

Ohorn, Anton (1846–1924), Schriftsteller
- Der Abt von St. Bernhard **1906:** 8. 12.

Olden, Balder (1882–1949), Schriftsteller und Journalist, Bruder Rudolf Oldens **1937:** 10. 3.

Olden, Ika (geb. Halpern; 1908–1940), Psychoanalytikerin, verh. mit R. Olden **1933:** 8. 11., 30. 11., 6. 12., 16. 12., 20.–21. 12., 25. 12., 31. 12. **1934:** 4. 1., 11. 1., 16. 1.

Olden, Rudolf (1885–1940), Jurist, Schriftsteller, Publizist, Redakteur des Berliner Tageblatts **1931:** 1. 1. **1933:** 8. 11., 15. 12., 21. 12. **1935:** 21. 5., 25. 5.
- Hitler der Eroberer. Entlarvung einer Legende **1935:** 20. 12.

Ophüls, Max (Max Oppenheimer; 1902–1957), dt.-franz. Film-, Theater- und Hörspielregisseur **1936:** 18. 11.

Oppenheimer, George Seligman (1900–1977), amerik. Drehbuchautor, Stückeschreiber und Journalist, Co-Gründer von Viking Press **1932:** 20. 11.

Orlik, Emil (1870–1932), böhm. Maler, Grafiker, Fotograf, Kunsthandwerker **1931:** 5. 12.

Orloff, Ida (1889–1945), Schauspielerin **1916:** 7. 1., 10.–11. 1.

Orlow, Beauftragter der »Allunionsgesellschaft für kulturelle Verbindungen mit dem Ausland« (WOKS) in Leningrad **1937:** 28. 1.

Ortega y Gasset, José (1883–1955), span. Philosoph, Soziologe und Essayist
– Der Aufstand der Massen **1935:** 24. 3.

Ossietzky, Carl von (1889–1938), Journalist, Schriftsteller und Pazifist, Herausgeber der Zeitschrift Die neue Weltbühne **1932:** 10. 5., 16. 7. **1938:** 4.–5. 5.

Osten, Maria (Pseud. für Maria Greßhöner, 1908–1942), Schriftstellerin und Journalistin; 1932–1936 liiert mit Michail Kolzow **1935:** 28. 6. **1936:** 1. 8., 6.–7. 8., 17. 10., 29. 10., 31. 10., 11.–12. 11., 15. 11., 2. 12., 4. 12., 6. 12., 9. 12., 12.–13. 12., 15.–16. 12., 18. 12., 22. 12., 25. 12., 27. bis 28. 12. **1937:** 5. 1., 7.–9. 1., 21. 1., 25.–26. 1., 30.–31. 1., 8. 8. **1938:** 9. 2., 14. 2., 19. 2., 25. 2., 28. 2., 5. 3., 8.–9. 3., 26. 10., 31. 10., 4. 11., 17. bis 18. 11. **1939:** 1. 1.

Ostrowski, Nikolai (1904–1936), sowjet. Schriftsteller
– Wie der Stahl gehärtet wurde **1938:** 27. 12.

Otten, Karl (1889–1963), Schriftsteller und Journalist **1931:** 8. 1., 18. 3.

Ottinger, New Yorker Anwalt **1932:** 27. 11. **1933:** 26. 2.

Ottolenghi, Mario, ital. Schriftsteller
– La vacanze di Loletta **1920:** 16. 10., 31. 10., 9. 11., 27. 12. **1921:** 11. 2.

Ould, Hermon (1886–1951), Schriftsteller, Sekretär des englischen und internationalen PEN-Club **1933:** 15. 12.

Pallenberg, Max (1877–1934), Sänger, Schauspieler, Komiker, seit 1917 verh. mit Fritzi Massary **1915:** 25. 6., 26.–27. 7., 17. 8. **1916:** 7. 10. **1917:** 4. 10. **1931:** 1. 1., 22. 10. **1934:** 12. 5., 26. 6.

Palyi, Melchior (1892–1970), ung. Ökonom **1919:** 20. 3.

Pape, Hetty, Schauspielerin **1906:** 12. 4., 12. 5.

Papen, Franz von (1879–1969), Politiker, Juni–Dezember 1932 Reichskanzler, Januar 1933–Juli 1934 Vizekanzler im Kabinett Hitler **1933:** 18. 2.

Parsky, I., Journalist, arbeitete für die Jüdische Telegraphenagentur in New York **1932:** 22. 12., 31. 1. **1933:** 8. 2., 26. 2., 28. 2. **1937:** 20. 6.

Parsons, Margot **1934:** 5.–6. 10. **1935:** 16. 5., 20. 5. **1939:** 24. 8., 30. 8.

Pasetti, Leo (1889–1937), Bühnenbildner **1919:** 13. 1. **1920:** 27. 1.

Paul, Hermann (1846–1921), Mediävist, Philologe **1906:** 2. 5., 15. 12.

Paulus, Nazi-Architekt **1932:** 16. 6.

Peercy, Begleiter in Albuquerque **1933:** 3. 1.

Peppler, Friedrich Carl (1857–1918), Schauspieler **1910:** 14. 1. **1911:** 18. 6.

Petermeier, Karl (1899–1938), während der Bayerischen Räterepublik stellvertretender Stadtkommandant von München, Dozentur am Moskauer Institut der Roten Professur, ab 1935 Leiter der Internationalen Bibliothek **1936:** 25. 12.

Peters, Dramaturg in Mannheim **1916:** 2. 3.

Petersen, Ellen, Prostituierte **1918:** 15. 11., 19. 11.

Petrow, Jewgeni (Jewgeni P. Katajew; 1903–1942), sowjet. Schriftsteller **1936:** 28. 4., 17. 12., 25. 12. **1937:** 2. 1., 17. 1.

– Zwölf Stühle (mit I. Ilf) **1937:** 14. 3.

Pfeiffer, Maximilian (1875–1926), Schriftsteller und Kunsthistoriker, Politiker der Zentrumspartei **1917:** 2.–4. 10.

Phillipps, Stephen (1864–1915), Schriftsteller

– Herodes **1906:** 28. 4.

Pia **1931:** 26. 12.

Picard, Lucien Picard (1854–1935), als Teilhaber von »Lazard Speyer-Ellissen« ein angesehener Bankier und Schweizer Konsul in Frankfurt am Main **1931:** 2. 12.

Pick, Lupu (1886–1931), Schauspieler am Kleinen Theater Unter den Linden, Regisseur **1916:** 21. 10.

Pidoll zu Quintenbach, Karl von (1888–1965), Schauspieler, Komponist, Schriftsteller **1916:** 23. 8.

Pietsch, Frau **1932:** 11. 3.

Piloty, Carl Theodor von (1826–1886), Maler **1906:** 4. 1.

Pinkus, Klaus (1895–1978), Galerist und Literaturmäzen **1931:** 3. 10., 5. 10., 11. 11. **1932:** 20. 1., 27. 2., 19. 3. **1933:** 8. 6., 21. 6., 23. 6., 2. 9.

Piscator, Erwin (1893–1966), Theaterintendant, Regisseur und Schauspiellehrer, ging 1931 in die Sowjetunion, wo er 1934–1936 Präsident des Internationalen Revolutionären Theaterbundes war **1932:** 11. 3. **1936:** 14. 11. **1937:** 1. 1., 26. 6., 11. 9., 7. 10.

Pjatakow, Georgi (1890–1937), sowjet. Wirtschaftsexperte, führende Positionen bei der sowjet. Staatsbank und im Obersten Rat für Volkswirtschaft **1937:** 23. 1.

Plank, Heinrich, Opernsänger, Vermieter **1915:** 28. 3.

Plehn, Erika (verh. Pinkus; 1901–1937) **1931:** 11. 11. **1932:** 20. 1.

Pohl, Emil (1824–1901), Schauspieler, Theaterdirektor, Schriftsteller

– Vasantasena **1916:** 2. 9.

Polgar, Alfred (Alfred Polak, Pseud. Archibald Douglas, L. A. Terne; 1873 bis 1955), Schriftsteller, Theaterkritiker und Übersetzer **1931:** 1. 1. **1933:** 6. 11.

Poljakow, Wladimir (1864–1938), russ. Verleger, gründete 1933 das Pariser Tageblatt **1939:** 12. 5.

Pollatschek, Stefan (1890–1942), Schriftsteller und Journalist **1932:** 21. 5.

Pond, James Burton jun. (1889–1961), leitete das von seinem Vater gegründete Pond Lecture Bureau in New York **1931:** 13. 6. **1932:** 5. 10., 23. 10., 4.–5. 11., 17.–18. 11., 21. 11., 23. 11., 29. 11., 4. 12., 7. 12., 9.12, 16. 12., 22. 12., 31. 12. **1933:** 23. 1 , 25. 1., 28. 1., 30.–31. 1., 11. 2.

Poppe, Paul (Pseud. Paul Schirmer), Schriftsteller
– Der Herr Minister **1920:** 26.–27. 11.
Popper, Auguste (Gusti) **1915:** 12. 9. **1916:** 25. 6.
Poritzky, Jakob Elias (Isaak Porycki; 1876–1935), Schriftsteller, 1915/16 Regisseur am Hoftheater Karlsruhe, 1917 Programmdirektor des Drei Masken Verlags in Berlin **1916:** 13. 5., 26. 8.
Poschardt, Hedwig (»die Augsburgerin«), Sängerin, Schauspielerin **1916:** 22. 5., 21. 6., 23. 6., 26.–28. 6., 7. 7., 9.–12. 7., 14.–16. 7., 19. 7., 21.–22. 7., 25. 7., 28. 7., 6. 8., 14. 8., 2. 9., 26. 9. **1917:** 7. 7. **1919:** 29. 1., 13. 2., 10. 5., 28. 8. **1921:** 12. 12.
Possart, Ernst von (1841–1921), Schauspieler, Generaldirektor und Intendant der Königlichen Hoftheater in München, ab 1905 nur noch als Rezitator tätig **1910:** 4.–5. 1., 16. 2.
Prager, Willy (1877–1956), Schauspieler, Regisseur, Kabarettist, Drehbuchautor **1916:** 25. 6.
Pranke, Offizier **1915:** 11. 12.
Prantl **1915:** 16. 6.
Prechtl, Robert (Robert Friedlaender; 1874–1950), Unternehmer, Schriftsteller, Gründer des Spiegel Verlags, Herausgeber der gleichnamigen Zeitschrift
– Alkestis **1918:** 22. 5.
Pregler, Emma, Schauspielerin, seit 1916 am Staatstheater München **1916:** 25. 6., 19. 8., 23. 8.
Prévost, Antoine-François (1697–1763), franz. Schriftsteller
– Manon Lescaut **1906:** 5. 3.
Prévot, René (1880–1955), franz. Journalist **1906:** 22. 5., 12. 9., 23. 9., 24. 9., 6. 12
– Psychologie der Bohème **1906:** 6. 12.
Prinz, Joachim (1902–1988), Rabbiner und Zionist, in den USA stellvertretender Vorsitzender des Jüdischen Weltkongresses **1932:** 27. 1.
Prittwitz und Gaffron, Friedrich Wilhelm von (1884–1955), Diplomat, 1927 bis April 1933 deutscher Botschafter in den USA **1933:** 28. 1., 30. 1.
Prittwitz und Gaffron, Marieluise (geb. Gräfin von Strachwitz und Groß-Zauche; 1892–1986) **1933:** 30. 1.
Pritzel, Lotte (1887–1952), Puppenkünstlerin, Kostümbildnerin **1915:** 16. 6. **1917:** 3. 1., 28. 8., 9. 11., 17. 10.
Proust, Marcel (1871–1922), franz. Schriftsteller **1937:** 2. 3., 8. 3.
Pruckner, Schieber **1918:** 30. 1. **1919:** 9. 2., 16. 2.
Pryor, Esther, amerik. Journalistin **1939:** 9. 10., 5. 11.
Przybyszewski, Stanisław (1868–1927), poln. Schriftsteller
– Schnee **1917:** 12.–15. 9.
Pulver, Max (1889–1952), Psychologe, Schriftsteller **1919:** 14. 4.
Purtscher, verh. mit A. Purtscher **1915:** 2. 12., 11. 12. **1916:** 25. 6.
Purtscher, Alfons (1885–1962), Maler **1915:** 2. 12., 11. 12.
Puschkin, Alexander (1799–1837), russ. Dichter **1937:** 1. 6.

Queri, Georg (1879–1919), Journalist, Schriftsteller, Volkskundler **1910:** 26.–27.4.
Querido, Emanuel (1871–1943), niederl. Verleger, Gründer des gleichnamigen Exilverlags in Amsterdam **1933:** 20.5., 4.6.
Quincke, Wolfgang (1859–1940/41), Schauspieler, Regisseur, Kostümforscher **1915:** 11.12.

Raabe, Siegfried (1857–1927), Schauspieler, Schriftsteller, Oberspielleiter am Münchner Schauspielhaus **1915:** 3.10.
Raabe, Wilhelm Karl (1831–1910), Schriftsteller
– Der Hungerpastor **1935:** 8.11.
Radek, Karl (Karol Sobelsohn; 1885–1939), Journalist und Kominternfunktionär **1937:** 23.1., 29.1.
Räderscheidt, Anton (1892–1970), Maler **1939:** 29.9., 8.10. **1940:** 24.1., 20.5.
Räderscheidt, Ilse ☞ Meyer-Metzger, Ilse
Raff, Hermann, Rechtsanwalt **1909:** 15.–16.7., 13.11. **1910:** 27.7., 4.8., 24.10,
Raimund, Ferdinand (1790–1836), Schriftsteller **1906:** 25.1.
– Der Bauer als Millionär **1920:** 13.–14.11.
– Die Gefesselte Phantasie **1919:** 28.–29.4.
Rangsdorff **1933:** 26.2.
Ranke, Johannes (1836–1916), Anthropologe **1906:** 14.5.
Ranschburg, Marietta (geb. Pavek), verh. mit Otto Ranschburg (1900 bis 1985), Mitinhaber des Wiener Buch- und Kunstantiquariats Gilhofer & Ranschburg **1932:** 27.1.–1.2., 4.2., 7.2., 11.2., 13.2., 16.2.
Rares, Sybil, Filmschauspielerin **1932:** 19.3.
Rathenau, Walther (Pseud. Ernst Reinhart; 1867–1922), Industrieller, Schriftsteller, Politiker
– Von Schwachheit, Furcht und Zweck **1906:** 24.9.
Rauch, Joseph (1880–1957), Rabbi in Louisville, Kentucky **1933:** 23.1.
Recouly, Raymond (1876–1950), franz. Schriftsteller und Journalist **1934:** 31.8. **1935:** 30.11.
Reger, Erik (Hermann Dannenberger; 1893–1954), Schriftsteller und Journalist
– Union der festen Hand **1931:** 13.5.
Regler, Gustav (1898–1963), Schriftsteller und Journalist **1935:** 1.6., 29.6. **1936:** 24.3.
Rehfisch, Hans José (1891–1960), Dramatiker, Schriftsteller und Theaterintendant **1931:** 4.2. **1932:** 2.5.
Rehse, Bernhart (1875–1946), Schriftsteller, Lektor im Verlag Georg Müller **1919:** 27.10.
Reich, Bernhard (1894–1972), Regisseur und Theaterkritiker, lebte damals in Moskau **1937:** 15.1.
Reich, Jakob (1885–?), verh. mit Henriette Feuchtwanger **1915:** 16.6. **1916:** 1.5. **1920:** 15.7.
Reichel, Mitschüler LFs **1921:** 13.5.

Reichel, Carl Anton (1874–1944), österr.-tschech. Künstler, Kunstsammler und -händler, heiratete 1933 Toni van Eyck **1932:** 28. 1.
Reigbert, Otto (1890–1957), Bühnenbildner **1920:** 5. 11.
Reinhardt, Gottfried (1913–1994), Filmproduzent und -regisseur, Sohn von Max Reinhardt **1933:** 24. 2.
Reinhardt, Max (1873–1943), Schauspieler, Theaterintendant **1906:** 7. 2. **1909:** 28. 7., 7. 8., 10. 8., 17. 8., 24. 8. **1915:** 26. 6., 18. 8., 3.–4. 9., 6. 9., 10. 9., 14. 9., 20.–22. 9., 26.–30. 9., 10. 11. **1916:** 18. 7. **1918:** 6. 3. **1921:** 23. 4. **1933:** 5. 12.
Reinhart, Ernst ☞ Rathenau, Walther
Reinhold, Peter Paul (1887–1955), Verleger und Politiker, Begründer der Zentralbank Deutscher Industrieller, 1930–1933 leitender Mitarbeiter der Vossischen Zeitung **1932:** 8. 10.
Reinstrom **1936:** 4. 4.
Reiß, Erich (1887–1951), Verleger, übernahm 1909 die Schaubühne, Dramaturg am Deutschen Theater **1909:** 12. 10., 3. 12., 6. 12. **1910:** 8. 1., 4. 3., 8.–9. 4., 9.–10. 9., 18.–19. 9., 18. 7., 23. 7., 25. 7.
Reiter, Annie, Schauspielerin **1917:** 3. 1.
Reiter, Dorit, Schauspielerin **1921:** 12. 12.
Remarque Erich Maria (Erich Paul Remark; 1898–1970), Schriftsteller **1931:** 5. 12., 12. 12. **1932:** 25. 1. **1933:** 24. 12., 25. 12. **1936:** 13. 1. **1937:** 11. 11. **1938:** 13. 11.
Remarque, Jutta Ilse (Jeanne Remarque, geb. Zambona; 1901–1975) **1933:** 24. 12., 27. 12., 31. 12. **1934:** 1. 1., 11. 1., 22. 10. **1935:** 27.–28. 5., 23. 6.
Remolt-Jessen, Emmy (1876–1948), Schauspielerin **1915:** 9. 7., 27. 8. **1916:** 23. 7., 3. 8., 17. 11. **1919:** 3. 4., 25. 8.
Rémon, Maurice (1861–1945), franz. Übersetzer **1937:** 20. 6. **1939:** 1. 10.
Renée, Bekannte LFs aus Marseille **1934:** 15. 3.
Renoir, Jean (1894–1979), franz. Filmregisseur, Drehbuchautor und Schauspieler **1937:** 1. 7.
Reubke, Maja, Schauspielerin **1919:** 6. 11.
Reuscher, Berthe (1892–1966), Künstlerin **1920:** 23. 9., 9. 10., 23. 10., 26.–27. 11., 17. 12. **1921:** 11. 2., 31. 3., 7.–8. 7., 13. 11.
Reuss, Prinz von **1916:** 21. 10.
Rheinhardt, Emil Alphons (1889–1945), Schriftsteller und Lektor **1939:** 24. 9.
Ria M. **1906:** 7. 2., 9. 2., 15. 2., 25. 2., 27. 2., 4.–5. 3., 7. 3., 15. 3., 19. 3., 1. 4., 8. 4., 20. 4., 23. 4., 11. 5., 15. 5., 20. 5., 23.–24. 5., 27. 5., 7. 6., 10. 6., 14. 6., 18. 6., 24. 6.
Richardson, Helen Patges (1894–1955), Geliebte, später zweite Frau Theodore Dreisers **1932:** 23. 11.
Richter **1906:** 22. 7., 11. 10., 18. 10., 28. 10. 1. 11., 8. 11., 20. 11., 27. 12. **1910:** 28. 4.
Rickelt, Karl (1857–1944), Maler **1915:** 27. 7.
Rieß **1916:** 27. 9.
Rilke, Rainer Maria (1875–1926), Dichter **1915:** 13. 11.

Ringelnatz, Joachim (Hans Gustav Bötticher; 1883–1934), Schriftsteller, Kabarettist und Maler **1931:** 1.1.
Ritscher, Helene (1888–1964), Schauspielerin **1915:** 21.3., 2.12. **1918:** 2.4.
Rivera, Diego (1886–1957), mexik. Maler **1933:** 15.1.
Röbbeling, Hermann (1875–1949), Direktor des Hamburger Thalia-Theaters **1916:** 8.1., 10.–11.1.
Robert, Eugen (Eugen Robert Weiss; 1877–1944), ung. Rechtsanwalt, Journalist und Theaterunternehmer **1918:** 30.7., 9.11. **1933:** 9.12.
Robert, Robin, Regisseur am Münchner Residenztheater **1916:** 14.9. **1917:** 4.–5.8., 28.8.
Robeson, Paul (1898–1976), amerik. Sänger und Bürgerrechtler **1936:** 17.12.
Roda Roda, Alexander (1872–1945), Schriftsteller **1906:** 26.8., 31.12. **1916:** 14.8. **1921:** 25.12. **1932:** 15.4., 1.6.
Roda Roda, Elsbeth (Elsbeth Anna von Zeppelin, geb. Leckfeld von Weysen; 1882–1906) **1906:** 31.12.
Röder, Dr. **1906:** 20.4.
Rohde, Schauspielerin **1919:** 28.8.
Roland, Ida (Ida Klausner; 1881–1951), Schauspielerin, seit 1915 verh. mit R. N. Coudenhove-Kalergi **1918:** 19.1. **1919:** 3.5., 7.–8.7. **1920:** 9.9. **1921:** 31.3.
Romains, Jules (Louis Henri Farigoule; 1885–1972), franz. Schriftsteller **1937:** 20.6., 24.6. **1939:** 30.9., 5.10. **1940:** 1.1.
Romains, Lise (geb. Dreyfus; 1909–1997) **1937:** 20.6., 24.6.
Romanow, Pantelejmon (1884–1938), sowjet. Schriftsteller **1937:** 3.1.
Römer, Ernst (Ernst Roemer-Rosenfeld, Pseud. Ernst Richard; 1893–1974), Dirigent, Musikpädagoge und Komponist **1931:** 6.3., 2.4.
Roosevelt, Eleanor (1884–1962), Menschenrechtsaktivistin und Diplomatin, Frau von F. D. Roosevelt **1933:** 25.1.
Roosevelt, Franklin D. (1882–1945), Politiker, 1933–1945 Präsident der Vereinigten Staaten **1933:** 25.1.
Rosar, Annie (1888–1963), Schauspielerin **1915:** 27.2., 9.3., 13.3., 16. bis 19.3., 21.3., 24.3., 26.–27.3., 30.3., 7.4., 19.4., 21.4., 23.–24.4., 30.4., 4.5., 17.5., 20.5., 25.6., 1.8., 12.8., 17.8., 20.11., 5.12., 11.12., 22.12. **1916:** 3.2., 9.3., 23.3., 11.8., 1.11., 24.12. **1917:** 9.1., 20.–23.6., 3.8., 12.–15.8. **1918:** 19.1.
Roschal, Grigori (1899–1983), sowjet. Filmregisseur **1936:** 14.12., 18.12., 21.12., 23.12. **1937:** 4.1., 11.1., 21.1., 30.1., 4.2. **1939:** 11.1.
Roschal, Serafima (1906–1971), sowjet. Drehbuchautorin **1936:** 14.12., 18.12.
Rose, Professor **1937:** 25.6.
Rosenbach, Abraham Simon Wolf (ASW Rosenbach; 1876–1952), amerik. Antiquar, Gelehrter, Büchersammler **1932:** 20.12., 28.12. **1933:** 1.3.
Rosenberg, Alfred Ernst (1892–1946), Politiker und führender Ideologe der NSDAP
– Pest in Rußland! Der Bolschewismus, seine Häupter, Handlanger und Opfer **1935:** 11.11.

Rosenthal, Anwalt **1931:** 11. 1.
Rosenthal, Harry (1892–1966), Architekt und Designer **1931:** 11. 1.
Rosenwasser, Rosalind (1906–?) **1932:** 11. 12., 18. 12., 23. 12.
Rößler, Carl (1864–1948), Schauspieler, Schriftsteller, Dramatiker und Librettist **1906:** 31. 12. **1910:** 15. 1., 28. 4., 10. 5. **1915:** 27. 2., 4.–5. 3., 22. 3., 17. 4., 21.–22. 4., 28. 4., 5. 5., 18. 6., 8. 7., 20. 7., 25. 7., 27. 7., 2. 8., 5. 8., 5. 12., 11. 12. **1916:** 30. 5. **1917:** 20. 9., 30. 9. **1919:** 12.–13. 5. **1920:** 14. 2. **1931:** 17.3
– Hinterm Zaun **1909:** 25. 10.
Rosmer, Ernst ☞ Bernstein, Elsa
Roth, Joseph (1894–1939), Journalist und Schriftsteller **1934:** 11. 1.
– Beichte eines Mörders, erzählt in einer Nacht **1936:** 27. 9.
Rothaug, Amalie (1890–1984), leitete zusammen mit Else Conrad den Berliner Club Monbijou des Westens **1932:** 27. 2.
Rothschild, Sekretärin LFs in London **1933:** 19. 12.
Rothschild, Alix de (geb. Schey de Koromla; 1911–1982), verh. mit Guy de Rothschild, Schwester von Minka Strauss **1934:** 27. 9., 3. 10.
Rothschild, Anthony Gustav de (1887–1961), Kunstmäzen, engagierte sich für das Emigrations-Komitee, eine Unterorganisation des 1936 gegründeten Council for German Jewry **1938:** 10. 9.
Rothschild, Yvonne de (geb. Yvonne Cahen d'Anvers; 1899–1977), verh. mit Anthony Gustav de Rothschild **1933:** 18. 12. **1934:** 27. 9., 3. 10. **1937:** 29. 3., 21. 8. **1938:** 29. 8., 10. 9.
Rotmund, Ernst (1886–1955), Schauspieler **1916:** 28. 7., 31. 12.
Roubiczek, Paul Anton (1898–1972), gründete mit Peter de Mendelssohn den Verlag Europäischer Merkur **1933:** 24. 12. **1933:** 2. 1.
Rousseau, Jean-Jacques (1712–1778), Genfer Schriftsteller und Philosoph **1940:** 14. 1.
– Les Confessions **1939:** 30. 12. **1940:** 14. 1.
Rov, Adelbert, Herausgeber der deutschsprachigen Prager Wochenzeitung Die Wahrheit **1937:** 8. 2.
Rowohlt, Ernst (1887–1960), Verleger **1931:** 1. 1., 18. 1., 25. 1., 10. 12.
Rowohlt, Hilda (Billa, geb. Pangust) **1931:** 1. 1., 5. 12.
Royaards, Willem (1867–1929), niederl. Schauspieler, Regisseur **1916:** 10. 10.
Royer, Louis-Charles (1885–1970), franz. Schriftsteller, Verfasser erotischer Romane **1933:** 22. 7.
Rudolph, Gertrud, Hausangestellte der Feuchtwangers in Berlin **1932:** 7. 6., 15. 6.
Ruederer, Josef (1861–1915), Schriftsteller **1906:** 31. 12. **1909:** 10. 7.
Rummel ☞ Waldau, Gustav
Rummel, Robert, Schauspieler **1917:** 29. 9.
Rundt, Arthur (1881–1939), Schriftsteller, Journalist, Regisseur und Theaterdirektor **1937:** 26. 6.
Ruprecht, Schriftsteller **1915:** 8. 8.
Ruß, Hertha, Opernsängerin in Mannheim **1915:** 20. 5. **1916:** 3.–4. 3. **1919:** 31. 12. **1920:** 18. 7.

Ryan, Liona **1939:** 18. 10.
Saalfeld, Kurt (1907–?), Verlagskaufmann, Vorstandsmitglied im Ullstein Verlag **1931:** 11. 11., 3. 12. 21. 1., 11. 5., 16. 6., 6. 12. **1933:** 24. 12., 27. 12.
Saalfeld, Lisbeth (Elisabeth Saalfeld, geb. Ullstein; 1905–2001), Graphologin, später auch Arzthelferin, Bridgelehrerin, Jugendlagerleiterin, Tochter von Franz Ullstein **1931:** 11. 11., 3. 12., 6. 12. **1932:** 2. 5., 11. 5., 16. 6.
Sachs, Konsul **1917:** 23. 9.
Sachs, Hans (1494–1576), Schuhmacher, Meistersinger, Dramatiker **1915:** 11. 12.
Saharet (eigtl. Clarissa Rose Campell; 1879–1942), Tänzerin **1910:** 13. bis 24. 12. **1911:** 3. 1.
Salomon, Karl (Karel Salmon; 1897–1974), Komponist, Sänger, Pianist und Dirigent **1932:** 14. 1.
Salvemini, Gaetano (1873–1957), ital. Politiker, Historiker und Publizist **1935:** 9. 8.
Samuel, Herbert Louis, 1st Viscount Samuel (1870–1963), engl. Politiker und Diplomat, 1920–1925 erster Hochkommissar des britischen Völkerbundmandats für Palästina **1932:** 6. 11.
Samueli, Fräulein **1910:** 10. 5.
Sarraut, Albert-Pierre (1872–1962), franz. Jurist und Politiker, zeitweise Premier- bzw. Innenminister **1939:** 8. 10.
Sarto, Else, Schauspielerin **1915:** 27. 2., 4. 3., 9. 3., 22. 3., 22. 4., 15. 5., 28. 5., 3. 6., 20. 7., 27. 7., 5. 8., 17. 8., 2. 12., 26. 12.
Sascha ☞ Marcuse, Erna
Schack, Adolf Friedrich von (1815–1894), Schriftsteller **1909:** 20. 9.
Schaffer-Bernstein, Jenny (geb. Eugenie Schaffer; 1888–1943), Schauspielerin **1911:** 24. 1.
Scharf, Ludwig (1864–1939) **1917:** 28. 8.
Scharrer-Santen, Eduard **1916:** 26. 8.
Scharwenka, Franz (1882–1960), Schauspieler **1916:** 15. 7., 22. 9. **1917:** 3. 1., 8. 1., 25. 2., 2. 10., 13. 10.
Scheinpflugová, Olga (1902–1968), tschech. Schauspielerin und Schriftstellerin, verh. mit Karel Čapek **1937:** 22. 6.
Schejnina, Ludmilla, arbeitete 1935 für das sowjet. Reisebüro Intourist, seit 1936 Redaktionssekretärin bei der Zeitschrift Das Wort **1936:** 2. 12., 12. 12. **1937:** 12. 1., 21. 1.
Scheler, Max (1874–1928), Philosoph, Anthropologe, Soziologe **1906:** 8. 11. **1917:** 26. 12.
Scher, Peter (1880–1953), Schriftsteller, Journalist, Kritiker für die Frankfurter Zeitung **1920:** 21.–24. 12.
Schewitsch, Serge von (?–1911), Gutsbesitzer, Sozialist, Schriftsteller **1906:** 6. 8.
Schickele, Anna (geb. Brandenburg; 1882–1973) **1933:** 23. 6., 8. 8., 29. 8. **1935:** 23. 7., 27. 8., 3. 9. **1936:** 5. 9. **1938:** 11. 8., 4. 9.
Schickele, Hans (1914–?), Architekt **1936:** 10. 10.

Schickele, René (1883–1940), dt.-franz. Schriftsteller, lebte seit 1932 in Sanary **1933:** 23.6., 8.8., 29.8. **1935:** 23.7., 27.8., 3.9. **1936:** 5.9. **1937:** 26.9. **1938:** 11.8., 4.9.
– Die Witwe Bosca **1934:** 3.2.
Schildkraut, Rudolf (1862–1930), Schauspieler **1906:** 7.2. **1915:** 9.3., 12.3., 15.5.
Schiller, Friedrich (1759–1805) **1906:** 8.1., 12.1., 15.1. **1909:** 11.10., 17.10., 21.–22.10., 28.10., 15.11.
– Die Braut von Messina **1909:** 28.–31.7., 3.–5.8.
– Die Horen **1906:** 12.1.
– Die Piccolomini **1906:** 9.5.
– Die Räuber **1906:** 5.2. **1915:** 11.9.
– Kabale und Liebe **1909:** 10.11.
– Wallensteins Lager **1906:** 9.5.
– Wilhelm Tell **1910:** 5.–7.8.
– Xenien **1906:** 12.1.
Schlegel, Friedrich (1772–1829), Schriftsteller **1906:** 11.1.
Schleich, Carl Ludwig (1859–1922), Arzt, Schriftsteller
– Vom Schaltwerk der Gedanken **1916:** 16.3.
Schlenther, Paul (1854–1916), Theaterkritiker **1915:** 22.4.
Schlesinger, Paul (1878–1928), Journalist, Schriftsteller **1919:** 16.12., 22.12. **1920:** 13.1., 3.2., 15.2., 26.–27.11.
Schlieben, Hilde (1901–1993), Tänzerin **1921:** 10.3.
Schmidt, Robert (1878–1952), Kunsthistoriker **1931:** 26.2.
Schmidt, Carl Hermann (Pater Expeditus Schmidt; 1868–1838), Schriftsteller, Redakteur, Theater- und Literaturhistoriker, Herausgeber der Literaturzeitschrift Über den Wassern **1909:** 6.8., 14.9., 25.11. **1910:** 11.5. **1911:** 4.–10.2.
Anregungen **1909:** 13.11., 15.–16.11.
Schmidt, Erich (1853–1913), Germanist, Ordinarius für Deutsche Literaturgeschichte an der Friedrich-Wilhelms-Universität in Berlin, später Rektor **1906:** 8.1., 10.1., 7.2., 16.2.
Schmidt, Lothar (Goldschmidt; 1862–1931), Schriftsteller **1911:** 18.6.
– Entgleisung **1911:** 16.–17.6.
Schmidt Bertsch **1910:** 24.10.
Schmid Noerr, Alfred (1877–1969), Philosoph, Schriftsteller, Professur in Heidelberg **1916:** 4.–5.3., 9.9. **1917:** 22.1.
– Ecce homo **1917:** 14.7.
Schmidt-Romberg **1917:** 19.3.
Schmidtbonn, Wilhelm (1876–1952), Schriftsteller **1921:** 4.11.
– Die Schauspieler **1921:** 1.10.
Schmitz **1915:** 27.3.
Schmitz, Ludwig (1884–1954), Schauspieler in Mannheim **1916:** 1.3.
Schnitzler, Arthur (1862–1931), österr. Schriftsteller **1915:** 16.8.
– Anatol **1911:** 22.–23.4. **1915:** 24.5.
– Zum großen Wurstel **1911:** 8.–15.1.

Schoenebeck, Sybille Christina Aleid Else von (verh. Bedford; 1911–2006), Journalistin und Schriftstellerin, Biographin Aldous Huxleys **1933:** 26.5., 7.7., 19.7., 8.8., 10.10., 14.10., 19.10., 24.10. **1934:** 23.1., 5.5., 7.5., 23.11. **1935:** 20.4., 26.4., 7.8. **1936:** 18.1., 3.3., 16.4., 19.11. **1937:** 14.6., 16.9., 7.10. **1938:** 25.2., 4.8. **1939:** 3.6., 6.–7.6., 16.9., 30.9., 1.10., 3.10., 7.10., 10.11.

Scholz, Wilhelm von (1874–1969), Schriftsteller **1910:** 28.4.
– Gefährliche Liebe **1920:** 3.9., 5.–10.9., 15.–17.9., 20.–23.9.
– Vertauschte Seelen **1910:** 2.11.

Schön, Annemarie, Opernsängerin, zeitweise Engagement an der Pariser Opéra Comique **1934:** 8.6., 14.6., 14.7., 22.7. **1935:**, 25.1., 6.3., 22.4., 2.7., 27.8.

Schönherr, Karl (1867–1943), Arzt und Schriftsteller
– Glaube und Heimat **1911:** 4.–7.1., 20.–22.1.

Schönle, Mitarbeiter im Ullstein Verlag **1932:** 6.1.

Schopenhauer, Arthur (1788–1860), Philosoph **1936:** 1.11.

Schott, Else (Vannozza), Schauspielerin **1916:** 7.–8.1., 10.–12.1.

Schoyer **1906:** 14.1.

Schremmer, Alois, ab September 1919 Prokurist des Musarion Verlages **1919:** 12.11. **1920:** 16.3.

Schröder, Karl, Masseur und privater Turnlehrer der Feuchtwangers in Berlin **1931:** 19.12.

Schrumpf, Ernst (1863–1941), Schauspieler, Direktor des Münchner Volkstheaters **1915:** 18.3.

Schubert, Franz (1797–1828) **1915:** 13.8.

Schülein, Julius Wolfgang (1881–1970), Maler **1931:** 17.3., 22.11., 12.12.

Schülein, Suzanne (geb. Carvallo; 1883–1972), Malerin **1931:** 22.11., 12.12.

Schulze-Naumburg, Paul (1869–1949), Architekt, Maler, Kunsttheoretiker, gehörte zur Münchner Sezession, Redakteur der Zeitschrift Kunstwart, Gründer der Saalecker Werkstätten **1918:** 17.10.

Schumjazki, Boris (1886–1938), sowjet. Politiker und Kulturfunktionär, seit 1933 Vorsitzender der Staatlichen Verwaltung der Kino- und Fotoindustrie **1936:** 5.12. **1937:** 17.1., 1.2., 4.2.

Schwab, Schauspielerin **1915:** 2.8. **1916:** 7.10.

Schwab, Dr. **1915:** 25.4.

Schwanneke, Viktor (1880–1931), Schauspieler am Münchner Hoftheater, Ende 1918 Interimsdirektor der Bayerischen Staatstheater **1910:** 31.10. **1911:** 25.–27.6. **1915:** 27.7., 11.10., 8.12. **1916:** 6.8. **1918:** 11.11., 24.12. **1919:** 4.2., 29.8. **1920:** 13.2.

Schwartz, Maurice (Morris Schwartz, Awrom-Moische Schwartz; 1889 bis 1960), jüd.-amerik. Schauspieler und Theaterproduzent, Begründer und Direktor des Yiddish Art Theatre in New York **1932:** 25.11., 2.12., 26.12. **1933:** 19.2., 20.10., 17.11. **1934:** 24.–25.5.

Schwarz, Mela (Melanie Schwarz-Swinburg; 1888–1976), Schauspielerin **1915:** 27.3., 21.4., 23.4. **1917:** 8.1., 20.9. **1919:** 28.8.

Schwarz, Paul (1882–1951), Schriftsteller, Diplomat, 1929–1933 deutscher Konsul in New York **1932:** 23. 11., 12. 12., 7. 2. **1933:** 24. 2.

Schwarzenbach, Annemarie (verh. Clarac; 1898–1942), Schriftstellerin, gehörte zum Kreis um Erika und Klaus Mann **1936:** 15. 6. **1938:** 19. 2.

Schwarzkopf, Ruth, Tänzerin **1921:** 10. 3.

Schwarzschild, Leopold (Pseud. Argus; 1891–1950), Soziologe und politischer Publizist, 1922–1933 Mitherausgeber der Zeitschrift Das Tage-Buch, im Pariser Exil Herausgeber des Neuen Tage-Buchs **1931:** 1. 1. **1932:** 15. 4., 29.–30. 9. **1933:** 18. 11., 30. 11., 31. 12. **1934:** 5. 4., 8.–9. 4., 17. 10., 23. 10. **1935:** 31. 5., 1. 6., 24. 6., 27. 6., 22.–23. 11., 1. 12. **1936:** 18. 1., 12. 3., 13. 11. **1937:** 15. 2., 17. 2., 3.–4. 5., 30. 7. **1939:** 19. 6., 23. 10., 27. 10. **1940:** 10. 3.

Schwarzschild, Valerie (Wally Schwarzschild, geb. Gerstl; 1900–1987) **1932:** 30. 9. **1933:** 17. 11., 24. 12., 30. 12. **1934:** 18.1, 5. 4., 8.–9. 4. **1936:** 12. 3. **1937:** 3.–5. 5.

Schweiger, Paul Ludwig (1884–?), Schriftsteller **1920:** 6. 1.

Schwind, Moritz von (1804–1871), Maler **1906:** 8. 1.

Seabrock, William Buehler (1887–1945), amerik. Schriftsteller **1933:** 26. 5., 21. 6.

Secker, Martin (1882–1978), LFs engl. Verleger **1932:** 28. 10., 2.–3. 11., 6.– 7. 11. **1933:** 13. 6., 9. 7., 8. 11., 23. 11., 30. 11., 4. 12. **1934:** 17. 3., 24. 5., 13. 8., 3.–5. 10. **1935:** 13.–16. 5., 22. 5., 8. 6., 12. 6., 3. 8., 10. 8.

Secker, Rina (geb. Capellero) **1932:** 2. 11., 6. 11. **1933:** 23. 11., 4. 12.

Seeger, Else, Midinette **1906:** 27. 1.

Seghers, Anna (Netty Radvanyi, geb. Reiling; 1900–1983), Schriftstellerin **1935:** 29. 6., 2. 12. **1937:** 20. 6., 25. 10., 29. 10. **1938:** 25. 2.

Seidel, Annemarie, Schauspielerin, bis 1932 mit Anthony van Hoboken verh., später mit Peter Suhrkamp **1931:** 22. 11. **1932:** 12. 1.

Seidel, Ina (1885–1974), Schriftstellerin **1920:** 4. 2.

Seidl, Schauspielerin **1917:** 9. 11. **1919:** 3. 6.

Seidl, Arthur (1863–1928), Schriftsteller, Dramaturg **1917:** 9. 11.

Seiffert **1921:** 30. 12.

Seligmann **1906:** 20. 11.

Sernau, Irma (verh. White), Schwester von Lola Sernau, Moderedakteurin **1933:** 14. 12., 19. 12. **1935:** 1.–2. 7., 14. 7. **1937:** 2. 5.

Sernau, Lola (verh. Humm-Sernau; 1895–1990), 1926–1941 Sekretärin LFs **1931:** 2. 1., 26. 2., 18. 5., 13. 6., 17. 6., 22. 7., 10. 10., 15. 10., 17. 10., 3. 11., 19. 12. **1932:** 13. 2., 26. –27. 3., 14. 5., 4. 9., 28. 11. **1933:** 12.–13. 3., 18.–19. 3., 25. 3., 27.–28. 3., 5. 4., 15. 4., 17. 4., 27. 4., 4. 5., 1. 6., 8. 6., 14. 6., 2. 7., 7. 7., 17. 7., 21.–22. 7., 24. 7., 30. 7., 16. 8., 28. 8., 16. 10., 18. bis 19. 10. **1934:** 16. 3., 3. 4. **1935:** 19. 1., 30. 1., 18. 4., 22. 4., 26. 4., 17. 5., 1.–2. 7., 14. 7., 7. 8., 7. 9., 26. 9., 19. 10., 21. 10., 16. 11., 19.–20. 11., 22. bis 23. 11., 25. 11. 25. 12., 30. 12. **1936:** 21. 1., 7. 2., 22. 2., 27. 2., 21. 3., 23. 3., 27. 3., 11. 4., 14. 5., 6. 6., 17. 6., 25. 9., 2. 11., 13. 11., 15. 11. **1937:** 14. 2., 19. 2., 25. 2., 27. 2., 2. 5., 23. 5., 16. 6., 5. 7., 10. 7., 7. 10., 22. 10.,

5. 11., 12. 12. **1938:** 25. 2., 7. 6., 28.–29. 7., 3. 8., 26. 10., 31. 10., 12. 11., 21. 11., 25. 12., 31. 12. **1939:** 4. 5., 8. 5., 27. 5., 27. 8., 8. 9., 18. 9., 20. 9., 27.–29. 9., 14. 11., 24. 12., 31. 12. **1940:** 16. 1., 9. 2.
Sewald, Kiki **1932:** 27. 2., 3. 3., 11. 3.
Seyfert, Erdmann, Schokoladenfabrikant **1921:** 10. 3.
Sforza, Carlo (1872–1952), ital. Politiker, zeitweise Minister und Diplomat **1935:** 9. 8. **1937:** 21. 8. **1938:** 10. 9.
Sforza, Valentine (geb. Fürstin Valentine Errembault de Dudzeele et d'Orroir; 1875–1969) **1937:** 21. 8. **1938:** 10. 9.
Shakespeare, William (1564–1616) **1939:** 7. 9.
– Das Wintermärchen **1910:** 5.–7. 8.
– Der Kaufmann von Venedig **1906:** 7. 2. **1909:** 10. 7., 6. 8., 9. 8., 14. 8., 15. 9., 17. 9. **1910:** 1. 8. **1921:** 6. 12.
– Der Sturm **1915:** 20. 5. **1939:** 9. 9., 12. 9.
– Hamlet **1910:** 4. 3. **1939:** 7. 9.
– Heinrich V. **1916:** 14. 4.
– König Lear **1915:** 12. 3. **1937:** 14. 1.
– Macbeth **1939:** 7. 9.
– Maß für Maß **1933:** 9. 12.
– Othello **1936:** 12. 12.
– Richard III. **1906:** 5. 2. **1933:** 30. 12.
– Romeo und Julia **1917:** 23. 8. **1919:** 25. 12. **1936:** 27. 3., 22. 12.
– Viel Lärm um nichts **1937:** 11. 1.
– Wie es euch gefällt **1920:** 23.–24. 10.
Shapiro, Henry (1928–1991), Journalist, arbeitete für die Nachrichtenagentur Reuters in Moskau, leitete 1937–1973 das Moskauer Büro von United Press International **1937:** 3. 2., 18. 3.
Shaw, Eleanor, Bekannte LFs in New York **1933:** 24. 2.
Shaw, George Bernard (1856–1950), ir. Schriftsteller
– Caesar und Cleopatra **1911:** 11.–12. 2.
– Ein Teufelskerl **1906:** 7. 10.
– Haus Herzenstod **1920:** 20.–21. 11.
Siemsen, Hans (Pseud. Pfarrer Silesius; 1891–1969), Schriftsteller und Journalist, arbeitete im Exil u. a. für Münzenberg **1937:** 6. 12.
Sievert, Ludwig (1887–1966), Maler, Bühnenbildner, ab 1914 in Mannheim **1916:** 3. 3.
Sigbert ☞ Feuchtwanger, Sigbert
Sigurjónsson, Jóhann (1880–1919), isländ. Schriftsteller
– Berg-Eyvind und sein Weib **1915:** 8. 5.
Simon (Onkel Simon) ☞ Bodenheimer, Simon
Simon, Gerda **1931:** 19. 2.
Simon, Heinrich Viktor (1880–1941), Journalist, Verleger, Leiter der Frankfurter Zeitung **1916:** 9. 3.
Simon, Hugo (1880–1950), Bankier, zeitweise preuß. Finanzminister, Kunstsammler und Mäzen, finanzierte das Pariser Tageblatt **1934:** 11. 1., 23. 10. **1937:** 26. 6., 26. 10., 9. 11. **1938:** 28. 10.

Simon, Marga Falkenstein, übernahm Sekretariats- und Übersetzungsarbeiten für LF **1938:** 2.–3. 3., 5. 3., 8.–9. 3., 26. 10., **1939:** 5. 12.

Sinclair, Sonia Elizabeth (geb. Graham; 1928–?), in erster Ehe mit Julian Edward Alfred Mond, 3rd Baron Melchett, verh., nach dessen Tod mit dem Schriftsteller Andrew Sinclair verh. **1932:** 11. 11.

Sinclair, Upton (1878–1968), amerik. Schriftsteller **1933:** 7. 1.

Singer, Ladislaus (1898–?), ungar.-österr. Verleger, Autor und Journalist **1932:** 28. 1.

Sinsheimer, Hermann (1883–1950), Jurist, Journalist, Theaterkritiker und Schriftsteller, 1916–1918 Leiter der Münchner Kammerspiele, Theaterkritiker der Münchner Neuesten Nachrichten, Redakteur beim Berliner Tageblatt **1915:** 27. 2., 6. 10., 17. 10., 27. 10., 24.–26. 12. **1916:** 2. 2., 4. bis 5. 3., 27. 6., 18. 7., 26. 7., 11. 8., 5. 9., 9. 9., 1. 11., 5. 12. **1917:** 12. 1., 30. 1., 2.–3. 3., 12. 8., 17. 11. **1919:** 1. 1., 26. 10., 16. 12., 22. 12. **1920:** 4. 1., 27. 2., 23. 9., 22. 11., 26.–27. 11., 9. 12. **1921:** 12. 12. **1932:** 28. 3.

Sobernheim **1938:** 28. 10.

Sobotka, Harry (1899–1965), Wiener Chemiker, der in New York arbeitete **1932:** 11. 11., 20. 11.

Sommerfeld, Martin (1894–1936), Literaturhistoriker, Doktorand von Franz Muncker **1917:** 16. 12. **1919:** 6. 1.

Sonia ☞ Sinclair, Sonia Elizabeth

Sonja **1932:** 27. 2.

Sophie (Tante Sophie) ☞ Feuchtwanger, Sophie

Sophokles (497/96–406/05 v. Chr.)
– König Ödipus **1910:** 16. 11.

Sorma, Agnes (1862–1927), Schauspielerin **1906:** 7. 2.

Soupault, Philippe (1897–1990), franz. Dichter und Schriftsteller **1933:** 7. 11.

Spankuch, Schauspielerin **1906:** 26. 4., 29. 4.

Speckmann, beriet LF in Steuerangelegenheiten **1931:** 7. 10.

Speckmann, Annedore, Frau des Steuerberaters Speckmann **1934:** 7. 8.

Speidel, Albert von (1858–1912), Generalintendant der Münchner Hoftheater **1906:** 25. 2.

Speyer, James Joseph (1861–1941), New Yorker Bankier, bekannte Persönlichkeit der Wall Street **1933:** 7. 2.

Speyer, Wilhelm (1887–1952), Schriftsteller **1919:** 1. 2., 4. 2., 16. 3., 20. 7.
– Der Revolutionär **1919:** 1. 2.

Spielhöfer **1921:** 17. 10., 31. 10., 17. 11.

Spielmann, Jenny (1889–1964), Schauspielerin **1917:** 3. 1., 25. 2.

Spier **1934:** 14. 6.

Spiro, Eugene (Eugen Spiro; 1874–1972), dt.-amerik. Maler und Grafiker **1934:** 26. 6., 17. 9.

Spiro, Mario (1883–1960), Schriftsteller, Dramaturg **1915:** 10. 3., 18. 6.

Spitzweg, Carl (1808–1885), Maler **1906:** 8. 1.

Stahl, Ernst Leopold (1882–1949), Theaterwissenschaftler **1916:** 7. 3.

Stahl-Nachbaur, Ernst (1886–1960), Schauspieler, Regisseur **1915:** 2. 12.

Stalin, Jossif (1878–1953) **1937:** 3. 1., 8.–10. 1., 24. 5., 29. 5.

Stammreich, Charlotte **1937:** 11.9.
Stammreich, Hans (1902–1969), Chemiker **1937:** 11.9., 9.11. **1938:** 28.2., 8.3., 12.9., 11.11.
Stawski, Wladimir (Wladimir Kirpitschnikow; 1900–1943), sowjet. Schriftsteller und Literaturfunktionär, nach Gorkis Tod 1936 Generalsekretär des Sowjetischen Schriftstellerverbands **1937:** 26.6.
Steckelberg, Lisbeth, Schauspielerin **1911:** 18.6.
Stefanie ☞ Feuchtwanger, Stefanie
Steffin, Margarete (1908–1941), Schauspielerin und Schriftstellerin, enge Arbeits- und Liebesbeziehung mit Brecht **1933:** 25.9., 15.10.
Steiger, Edgar (1858–1919), Schriftsteller, Journalist **1919:** 3.6.
Stein, Lotte (1894–1982) **1910:** 27.7., 4.8. **1916:** 26.12., 31.12.
Steinbeck, John (1902–1968), amerik. Schriftsteller **1939:** 29.11.
Steinberg **1909:** 11.11. **1910:** 27.7., 4.8.
Steinicke, Carl Georg (1877–1939), Buchhändler **1921:** 29.1., 17.11.
Steinrück, Albert (1872–1929), Schauspieler, Regisseur **1911:** 6.–7.4., 25.4., 25.–27.6. **1915:** 5.3., 19.4., 21.4., 30.4., 20.5., 12.6., 10.7., 24.7., 26.7., 1.8. **1919:** 1.2., 29.8., 13.10.
Steinrück, Elisabeth (geb. Gussmann; 1885–1920) **1915:** 16.6.
Stenbock-Fermor, Charlotte Gräfin (geb. Schledt; 1906–1966), Malerin, Zeichnerin **1932:** 26.4.
Stenbock-Fermor, Alexander Graf (Pseud. Peter Lorenz; 1902–1972), Schriftsteller, Mitglied des Bundes proletarisch-revolutionärer Schriftsteller, Widerstandskämpfer **1932:** 3.1.
Stendhal (Marie-Henri Beyle; 1783–1842), franz. Schriftsteller
– Von der Liebe **1906:** 6.3.
Sterling, Ford (George Ford Stich; 1883–1939), amerik. Schauspieler, Filmregisseur und -produzent, gehörte zu den wohlhabendsten Menschen seiner Zeit **1936:** 29.3.
Stern, Dr. **1916:** 3.–4.3.
Sternberger, Josef **1909:** 23.10 **1911:** 5.3.
Sternheim, Carl (1878–1942), Schriftsteller **1910:** 17.9. **1915:** 6.6., 8.6., 24.7.
– Schuhlin **1915:** 2.11.
Stieler, Hildegard (geb. Hildegard Meyer; 1879–1965), Schriftstellerin und Malerin, 1902–1922 verh. mit K. Stieler, lebte seit 1928 mit dem Maler und Kunsthistoriker Erich Klossowski zusammen **1919:** 6.1., 13.10. **1921:** 13.12. **1935:** 17.10. **1937:** 6.12.
Stieler, Kurt (1877–1963), Schauspieler am Bayerischen Staatsschauspiel, 1902–1922 verh. mit H. Stieler, danach in zweiter Ehe mit Hilde Herterich **1919:** 6.1., 20.6., 29.8., 13.10
Stollberg, Ignaz Georg (Gedalje Isak Stolzberg; 1853–1926), Schauspieler, Regisseur, Theaterintendant, Direktor am Deutschen Theater in München, später am Schauspielhaus **1906:** 28.2., 30.3., 22.–23.6., 31.12. **1911:** 24.1. **1915:** 1.4., 7.4. **1916:** 7.4., 15.6., 17.8., 28.8., 28.10., 31.10. **1917:** 3.4., 29.5., 17.7., 6.–10.8., 21.8., 1.9., 5.9., 19.9., 1.10. **1918:** 11.1., 7.3., 17.5., 18.9., 25.10.

Storm, Theodor (1817–1888), Schriftsteller
– Angelika **1906:** 16. 1.
– Auf der Universität **1906:** 6. 1.
Straus, Eli, Buchhändler **1910:** 25. 8. **1911:** 7. 7.
Strauß, Ludwig, Rechtsanwalt **1915:** 28. 2., 15. 5., 16. 5. **1917:** 9.–11. 5.
Strauß, Emil (1866–1960), Schriftsteller
– Der nackte Mann **1916:** 2. 2.
Strauß, Max (1888–?), Rechtsanwalt und Notar **1932:** 1. 1. **1933:** 7. 11., 13. 11., 31. 12. **1936:** 25. 9.
Strauss, Minka Ellen Clarissa (geb. Schey von Koromla; 1909–1982), Schwester von Alix de Rothschild **1934:** 3. 10.
Strauss, Richard (1864–1949), Komponist
– Der Rosenkavalier **1911:** 25.–26. 5.
– Salome **1906:** 23. 12.
Streich, Professor **1933:** 9. 2., 23. 2.
Streit, Ludwig (1884–?), Literaturwissenschaftler, Mitglied des Münchner »Neuen Vereins« **1906:** 3. 12. **1915:** 12. 6.
Strich, Fritz (1882–1963), Germanist, Schüler von Franz Muncker, Dozent an der Universität München **1915:** 16. 6. **1916:** 31. 12. **1917:** 9. 11.
Strindberg, August (1849–1912), schwed. Schriftsteller **1915:** 13. 5.
– Die Gespenstersonate **1915:** 1. 5., 4. 5.
– Die gotischen Zimmer **1915:** 25. 12.
– Ein Traumspiel **1916:** 28. 10.
– Fräulein Julie **1915:** 9. 4.
– Rausch **1915:** 17. 4., 4. 5.
Stuart, Maria (1542–1587), 1542–1567 Königin von Schottland, 1559 bis 1560 Königin von Frankreich **1906:** 26. 1.
Stücklen, Wilhelm (1887–1929), Schriftsteller **1915:** 10. 7., 5. 8., 9. 11.
Sudakow, Ilja (1890–1969), sowjet. Regisseur, 1933–1937 Leiter des Theaters der Arbeiterjugend (TRAM) **1936:** 26. 12. **1937:** 18. 1.
Sudermann, Hermann (1857–1928), Schriftsteller **1906:** 28. 7.
– Litauische Geschichten **1936:** 19. 2.
Sudraka, sagenhafter ind. König, angeblich Verfasser des Schauspiels Vasantasena **1915:** 30. 3.
Suriz, Jakow Sacharowitsch (1882–1952), sowjet. Diplomat, 1934–1937 Botschafter in Deutschland, anschließend in Frankreich **1938:** 24. 2.
Suske, Ferdinand (1857–1907), Schauspieler **1906:** 11. 4.
Süß, Wilhelm (1882–1969), Professor für klassische Philologie **1917:** 3. 10.
Swieten, Gerard van (Gerhard von Swieten; 1700–1772), Mediziner und Reformer der Aufklärung, Leibarzt von Kaiserin Maria Theresia **1936:** 27. 2.
Swift, Jonathan (1667–1745), ir. Schriftsteller
– Gullivers Reisen **1938:** 23. 3.
Swoboda, Margarete (1872–1921), Schauspielerin **1906:** 24. 1., 27. 1., 25. bis 26. 2., 7.–8. 3., 23. 4., 5. 5., 9. 5., 12. 5., 15. 12., 31. 12. **1921:** 11. 2.
Sybille ☞ Schoenebeck, Sybille von

Tairow, Alexander (1885–1950), sowjet. Regisseur und Theatertheoretiker, gründete 1914 das Moskauer Kammertheater **1937:** 22. 1., 4. 2., 14. 5.

Tal, Boris (Boris Krischtal; 1898–1938), sowjet. hochrangiger sowjet. Journalist und Funktionär, u. a. Leiter der Abteilung für Presse und Verlagswesen beim ZK der WKP(b), ab Januar 1937 auch Chefredakteur der Iswestija **1936:** 15. 12. **1937:** 3. 1., 8. 1., 29. 1.

Tal, Ernst Peter (Rosenthal; 1888–1936), Verleger **1931:** 17. 5.

Tanja **1937:** 3. 7.

Terwin, Johanna (1884–1962), Schauspielerin, heiratet 1919 Alexander Moissi **1909:** 27.–30. 12. **1910:** 28. 4., 1. 6., 21.–24. 12. **1911:** 20.–22. 1., 24.–27. 1., 4.–12. 2., 19.–21. 2., 27. 2., 2.–4. 3., 29. 3., 3. 4., 6.–7. 4., 9. bis 10. 4., 22. 4., 25. 4., 21.–24. 5. **1916:** 13. 1.

Thackeray, William Makepeace (1811–1863), engl. Schriftsteller
– Vanity Fair (dt. Jahrmarkt der Eitelkeit) **1935:** 7. 4.

Theilhaber, Bekannter LFs in Paris **1935:** 27. 5.

Theilhaber, Felix Aaron (1884–1956), Arzt, Schriftsteller und Zionist **1932:** 1. 3., 23. 10.

Thein, Fräulein **1910:** 20. 12.

Thierkopf, Berliner Anwalt **1933:** 23. 3.

Thimig, Hugo (1854–1944), Schauspieler, Regisseur, Theaterleiter, 1912 bis 1917 Direktor des Wiener Burgtheaters **1915:** 29. 7.

Thomas, Adrienne (Pseud. für Hertha Strauch; 1897–1980), Schriftstellerin **1933:** 7. 11.

Thompson, Dorothy (1893–1961), amerik. Schriftstellerin, Frauenrechtlerin und politische Journalistin, 1924–1933 Auslandskorrespondentin in Berlin, verh. mit S. Lewis **1931:** 2. 1., 25. 1., 11. 2.

Thöny, Thea (geb. Herrmann; 1897–1980), Schwester Eva Herrmanns **1933:** 24. 10. **1934:** 18. 9., 27. 9. **1935:** 2. 7., 16. 8., 24. 8., 7. 9., 12. 9., 16. 9., 17. 10. **1937:** 15. 2., 12. 10., 26. 11.

Thöny, Wilhelm (1888–1949), österr. Maler, Grafiker, Radierer und Illustrator **1933:** 24. 10. **1934:** 18. 9., 27. 9. **1935:** 2. 7., 16. 8., 24. 8., 7. 9., 16. 9., 1. 10, 17. 10., 29. 11. **1936:** 18. 1. **1937:** 15. 2., 12. 10., 26. 11.

Thumb, Mizzi, Schauspielerin **1915:** 20.–23. 7., 29. 7., 5. 8.

Toller, Christiane ☞ Grautoff, Christiane

Toller, Ernst (1893–1939), Schriftsteller, 1918 Vorsitzender des Zentralrats der Arbeiter-, Bauern- und Soldatenräte, 1919 Mitglied der Münchner Räteregierung, 1919–1924 Festungshaft **1932:** 2. 5. **1933:** 30. 11., 4. 12., 14.–15. 12., 20. 12. **1935:** 22. 5., 25. 5., 27. 5., 28. 6., 16.–17. 8., 24. 8., 31. 8., 3. 9. **1937:** 3. 7. **1939:** 24. 5., 27. 5.

Tolstoi, Alexej Nikolajewitsch (1882–1945), russ.-sowjet. Schriftsteller und Kulturfunktionär, nach Gorkis Tod 1936 Vorsitzender des Sowjetischen Schriftstellerverbands **1935:** 24. 6. **1937:** 27. 1., 30. 1., 26. 6., 28. 6.
– Peter der Große **1935:** 30. 7.

Tolstoi, Lew Nikolajewitsch (1828–1910), russ. Schriftsteller
– Der lebende Leichnam **1917:** 28. 8.

Toscanini, Arturo (1867–1957), ital. Dirigent **1939:** 3. 5., 17. 5., 22. 5.

Trasack, übersetzte für LF Texte ins Amerikanische **1931:** 12. 12.
Traube **1906:** 15. 12.
Trebitsch, Siegfried (1868–1956), österr. Schriftsteller und Übersetzer **1915:** 23. 4., 25. 4. **1918:** 16. 5. **1920:** 9. 3. **1940:** 25. 2.
– Gefährliche Jahre **1915:** 25. 4.
Tretjakow, Sergej (1892–1937), russ.-sowjet. Schriftsteller und Theoretiker der russ. Avantgarde **1936:** 1. 12., 3. 12., 5. 12., 9. 12., 14. 12., 17. 12., 23. 12., 28. 12., 31. 12. **1937:** 11.–12. 1., 15. 1., 17. 1., 20. 1., 24. 1., 26. 1., 12. 5.
Triesch, Irene (1875–1964), Schauspielerin **1906:** 16. 1., 26. 1., 11.–13. 4., 20. 4.
Trotzki, Leo (1879–1940), russ. Revolutionär **1937:** 23. 5., 26.–27. 5.
Tschadegg **1906:** 20. 3.
Tschechow, Anton Pawlowitsch (1860–1904), russ. Schriftsteller, Dramatiker
– Der Kirschgarten **1915:** 27. 2., 20.–21. 9., 6. 10. **1916:** 25. 8.
Tschernjawski, Lew, seit 1935 Vizepräsident der »Allunionsgesellschaft für kulturelle Verbindungen mit dem Ausland« (WOKS) **1936:** 26. 12.
Tschkalow, Waleri (1904–1938), sowjet. Pilot **1936:** 31. 12.
Tucher von Simmelsdorf, Heinrich (1853–1925), Diplomat **1920:** 5. 4.
Tügel, Ludwig (1889–1972), Schriftsteller **1932:** 20. 5.
Tukental, Mithäftling LFs in La Rode **1939:** 21. 9.
Turgenjew, Iwan (1818–1883), russ. Schriftsteller **1934:** 2. 11.
Türkin ☞ Ismet
Tzara, Tristan (Samuel Rosenstock; 1896–1963), rumän. Schriftsteller, Mitbegründer des Dadaismus **1940:** 12. 1.

Uhse, Bodo (1904–1963), Schriftsteller, Politkommissar im Spanischen Bürgerkrieg **1938:** 8. 3.
Uitz, Béla (1887–1942), ungar. Maler, übersiedelte 1926 in die Sowjetunion **1936:** 7. 12.
Ullstein, Franz (1868–1945), Verleger **1931:** 5. 12.
Ullstein, Louis (Louis-Ferdinand Ullstein; 1863–1933), Verleger **1932:** 8. 1.
Ulmer, Irmgard **1938:** 11. 8.
Ulmer, Wilhelm (Willy Ulmer; 1879–?), Opernsänger **1938:** 11. 8. **1939:** 17. 9.
Unda, Emilia (1879–1939), Schauspielerin, 1913–1917 an den Münchner Kammerspielen **1915:** 24. 7., 5. 12.
Untermeyer, Frau von L. Untermeyer **1933:** 26. 2.
Untermeyer, Louis (1885–1977), amerik. Lyriker und Übersetzer aus dem Deutschen **1932:** 26. 12.
Utrillo, Maurice (1883–1955), franz. Maler **1937:** 27. 6.

Vaillant-Couturier, Paul (1892–1937), franz. Autor, Journalist und Politiker; Mitbegründer der KPF, langjähriger Herausgeber der kommunistischen Tageszeitung L'Humanité **1935:** 26. 6. **1937:** 5. 2., 11. 2.
Valentin, Karl (1882–1942), Komiker **1917:** 6. 7.
Vallentin-Luchaire, Antonina (geb. Reichstein, 1893–1957), poln. Journalistin und Schriftstellerin, mit ihrem Mann Jules Luchaire versuchte sie

in Paris, eine deutschsprachige Buchproduktion aufzubauen **1933:** 7.11., 19.11., 24.11. **1935:** 28.6., 31.8. **1936:** 12.3. **1937:** 27.6., 12.11. **1938:** 25.2., 11.8. **1939:** 3.8.

Vandervelde, Frau des belg. Rechtsanwalts und Politikers Émile Vandervelde (1866–1938) **1937:** 7.10.

Van Doren, Carl Clinton (1885–1950), amerik. Schriftsteller, Literaturhistoriker und Biograph **1933:** 7.2.

Vane, Sybil (Grüder), Schauspielerin **1916:** 16.2., 4.3.

Vannozza ☞ Schott, Else

Vannozza ☞ Zimmermann, Johanna

Vargas, Emmie Studemund de (Pseud.: Catherina Godwin; 1884–1958), Schriftstellerin **1915:** 3.10., 11.10., 14.10., 13.11., 2.12. **1916:** 5.1., 24.12.

Veidt, Conrad (1893–1943), Schauspieler **1933:** 1.12.

Vera ☞ Janukowa, Vera

Vermeil, Edmond-Joachim (1878–1964), franz. Germanist, Professor an der Sorbonne **1937:** 25.6.

Vert, Arzt in Südfrankreich **1935:** 25.12.

Viehweg, Fritz (1880–1929), seit 1914 Direktor des Schauspielhauses Leipzig **1916:** 23.8.

Viertel, Berthold (1885–1953), Schriftsteller, Dramaturg, Film- und Theaterregisseur **1936:** 26.3., 3.4., 9.4.

Vildrac, Charles (Charles Messager, 1882–1971), franz. Dichter, Dramenautor und experimenteller Pädagoge **1935:** 26.6. **1938:** 17.11.

Vincent, Mann **1932:** 10.11.

Vincent, Margot **1932:** 10.11.

Vogel, Marie-Claude (1912–1996), Fotoreporterin, im Spanischen Bürgerkrieg und der Résistance aktiv, verh. mit P. Vaillant-Couturier **1935:** 26.6.

Vogelstein, Ludwig (1871–1934), Industrieller und Philanthrop, Führungsfigur des Reformjudentums, u.a. Vizepräsident der World Union for Progressive Judaism **1933:** 18.2.

Vollmoeller, Karl-Gustav (1878–1948), Autor und Übersetzer
– Der deutsche Graf **1906:** 31.3.
– Francesca da Rimini (Übers.) **1906:** 23.3.

Voß, Richard (1851–1918), Schriftsteller **1917:** 30.12.

Wadler, Arnold (1892–?), Rechtsanwalt, Sprachwissenschaftler **1937:** 25.6.

Wagner, Zugeherin **1920:** 18.3.

Wagner, Heinrich Leopold (1747–1779), Schriftsteller
– Die Kindesmörderin **1918:** 7.3., 9.3.

Wahl, Fritz (1879–1971), Schriftsteller, Journalist **1919:** 20.6. **1920:**3.2. **1921:** 13.11.

Waldau, Gustav (auch Gustl, eigtl. Gustav von Rummel; 1871–1958), Schauspieler, gehörte zum Ensemble des Bayerischen Staatsschauspiels,

verh. mit H. v. Hagen **1906:** 31. 12. **1910:** 28. 4. **1911:** 3. 4. **1916:** 6. 5. **1918:** 20. 6. **1919:** 11. 10.
Walden, Harry (1875–1921), Schauspieler **1915:** 26. 12.
Waldman, Vera (1884–1962), russ. Schriftstellerin, Literaturkritikerin und Übersetzerin aus dem Französischen und Deutschen **1936:** 4. 12., 6. 12. **1937:** 28. 1. **1938:** 27. 1.
Wallenstein, Lolly, jüd. Verkäuferin in New York **1933:** 22. 2.
Wallentin, Claire (1879–1934), Schauspielerin **1916:** 17. 8.
Walter, Bruno (1876–1962), Dirigent **1933:** 7. 2.
Walters-Wundt, Maud (1880–1960), Alpinistin, Fotografin **1917:** 3. bis 5. 7.
Walther, Schauspieler **1906:** 26. 4.
Wangenheim, Gustav von (1895–1975), Schauspieler, Regisseur und Drehbuchautor, seit 1933 in der UdSSR **1936:** 4. 12.
Ware, Miss, Sekretärin von Pond **1933:** 17. 1.
Warner, Doris (1913–1978), Tochter von H. M. Warner **1936:** 29. 3.
Warner, Harold Morris (Hirsch Moses Wonsal; 1881–1958), amerik. Filmproduzent, einer der vier Warner Brothers **1936:** 29. 3., 28. 4.
Wassermann, Jakob (1873–1943), Schriftsteller
– Christian Wahnschaffe **1919:** 16. 3., 29. 3., 7. 7.
– Das Gänsemännchen **1915:** 16. 10., 1. 11.
– Der Moloch **1906:** 31. 7.
– Die Juden von Zirndorf **1915:** 27. 10.
– Etzel Andergast **1934:** 20. 4.
Wassermann, Rudolf, Jurist, Leidensgefährte LFs in Les Milles **1939:** 25. 9.
Wassew **1936:** 26. 12.
Waugh, Evelyn (Arthur Evelyn St. John Waugh; 1903–1966), engl. Schriftsteller
– A Handful of Dust **1936:** 12. 7.
Webb, Beatrice (geb. Potter; 1858–1943), engl. Sozialistin und Sozialreformerin **1936:** 26. 3.
Weber, Staatsanwalt aus Bozen **1910:** 16. 10.
Webster, John (1579–um 1634), engl. Schriftsteller
– Appius und Virginia **1917:** 4. 12., 28. 12.
Wechsler, Alfred (Pseud. W. Fred; 1879–1922), Schriftsteller, Journalist, Globetrotter **1911:** 25.–27. 6.
Wedekind, Frank (1864–1918), Schriftsteller **1910:** 14. 1. **1911:** 22. bis 25. 2., 5. 3. **1915:** 3.–4. 3., 10. 3., 19. 11. **1916:** 3. 2., 6. 5., 18. 7., 28. 8., 9. 9. **1918:** 18. 2., 9. 3., 11.–12. 3., 9. 5.
– Die Büchse der Pandora **1910:** 17. 11. **1911:** 21.–23. 5. **1919:** 18. 6.
– Erdgeist **1906:** 18. 7. **1910:** 8. 7.
– Herakles **1919:** 29. 8.
– Musik **1909:** 13. 7. **1918:** 16. 3.
– Schloß Wetterstein **1919:** 14. 12.
Wedekind, Tilly (geb. Newes; 1886–1970), Schauspielerin, verh. mit F. Wedekind **1917:** 19. 3., 16. 12. **1932:** 2. 5.

Wegener, Paul (1874–1948) **1910:** 4.–5. 11.
Wegner, Albert, Kritiker **1931:** 8. 3.
Wehrli **1939:** 13. 11. **1940:** 15. 2.
Weichert, Richard (1880–1961), Theaterregisseur in Mannheim **1916:** 16. 10.
Weigeck **1909:** 4. 10.
Weigel, Helene (1900–1971), Schauspielerin, Theaterleiterin, seit 1928 mit Brecht verh. **1931:** 28. 4. **1932:** 30. 5., 9. 9. **1936:** 5. 4. **1937:** 15. 10., 17. 10., 12. 11.
Weigert, August (1877–1953), Schauspieler **1906:** 12. 5. **1915:** 27. 2., 16. 3., 24.–25. 4., 20. 5., 29. 6., 10. 7. **1916:** 4. 9., 31. 10. **1917:** 3. 1., 20. 9.
Weinert, Erich (1890–1953), Schriftsteller, seit 1933 in der UdSSR, 1937 bis 1939 politischer Kommissar im Spanischen Bürgerkrieg **1936:** 4. 12.
Weingartner, Felix (1863–1942), Dirigent und Komponist **1916:** 11. 8.
Weininger, Otto (1880–1903), österr. Philosoph **1906:** 23. 8.
– Geschlecht und Charakter **1906:** 22. 8.
Weiß, Ernst (1882–1940), österr. Arzt und Schriftsteller
– Der arme Verschwender **1939:** 30. 5.
Weise, Lisa (?–1952), Schauspielerin **1918:** 28. 6.
Weisgerber **1915:** 13. 11.
Weiskopf, F. C. (Franz Carl Weiskopf; 1900–1955), Schriftsteller, im Prager Exil Chefredakteur der Arbeiter Illustrierten Zeitung (AIZ) **1939:** 12. 4.
Weissenberg, Alfred, Maler **1932:** 5. 6.
Weizmann, Chaim (1874–1952), Chemiker und Politiker, Präsident der Zionistischen Weltorganisation, erster israelischer Staatspräsident **1932:** 8. 11., 10. 11. **1933:** 30. 11.
Weizmann, Ilse **1936:** 17. 6.
Weizmann, Vera (1881–1966), Ärztin und zionistische Aktivistin, verh. mit Ch. Weizmann **1933:** 30. 11., 21. 12.
Wellhöner, Margarete (1880–1964), Schauspielerin am Deutschen Theater Berlin **1919:** 15. 2., 20. 2.
Wells, H. G. (Herbert George Wells; 1866–1946), engl. Schriftsteller, Historiker und Soziologe **1936:** 21. 3.
Weltmann, Lutz (1901–1967), Theater- und Literaturkritiker, 1927–1933 Mitherausgeber der Zeitschrift Die Literatur (später: Das literarische Echo) **1932:** 7. 1.
Wendel, Hermann (1884–1936), Politiker, Historiker, Journalist und Schriftsteller
– Französische Menschen **1937:** 11. 12.
Wendriner, Karl Georg (1885–1943), Germanist, Studienfreund LFs **1916:** 15. 7.
Wendt, Stefan (1909–?), Schriftsteller
– Insel im Vaterland **1938:** 27. 12.
Werfel, Alma ☞ Mahler-Werfel, Alma

Werfel, Franz (1890–1945), österr. Schriftsteller **1937:** 24.–25.6. **1938:** 2.8., 11.8., 23.8., 26.8., 4.9., 10.9., 15.9., 19.10. **1939:** 30.5., 14.6., 31.7., 3.8., 5.8., 19.8., 2.9., 8.9., 12.–13.9., 28.9., 16.12. **1940:** 13.2.
– Barbara oder Die Frömmigkeit **1939:** 29.11.
– Der veruntreute Himmel **1939:** 19.8.
Werner, Cossmann (1854–1918), Rabbiner der Jüdischen Gemeinde zu München **1906:** 25.5.
Werner, Fritz (1871–1940), Sänger, Komponist **1915:** 16.12., 22.12.
Wertheimer, Egon (Egon Ranshofen-Wertheimer; 1894–1957), Journalist, Diplomat beim Völkerbund, Rechts- und Staatswissenschaftler **1931:** 8.2.
West, Mae (Mary Jane West; 1893–1980), amerik. Filmschauspielerin und Drehbuchautorin **1933:** 14.12.
Widmann, Schauspielerin **1906:** 12.5.
Wied, Gustav (1848–1914), Schriftsteller **1906:** 27.7.
– Erotik **1906:** 24.3.
– Frau Mimi **1906:** 14.6.
Wiedmann, Max W. (1879–1938), gemeinsam mit Johannes von Günther Inhaber des Musarion Verlags **1919:** 29.8., 10.11., 14.11., 17.11., 2.12.
Wiegler, Paul (1878–1949), Schriftsteller, Übersetzer, Essayist, leitete 1913 bis 1925 die Romanabteilung im Ullstein Verlag **1932:** 28.10.
Wieland, Christoph Martin (1733–1813), Dichter, Übersetzer und Herausgeber
– Die Abderiten **1935:** 16.1.
Wiese, Leopold von (1876–1969), Soziologe, Ökonom **1915:** 16.5.
Wilde, Oscar (1853–1900), ir. Schriftsteller **1906:** 11.1., 12.7. **1915:** 12.9.
– Das Bildnis des Dorian Gray 28.9.
– Eine florentinische Tragödie **1906:** 19.1.
– Salome **1906:** 16.2.
Wilder, Thornton (1897–1975), amerik. Schriftsteller **1931:** 17.5.
Wildgans, Anton (1881–1932), österr. Lyriker und Dramatiker
– Armut **1915:** 27.9.
Wilhelm II. (1859–1941), deutscher Kaiser **1906:** 13.11.
Wilkinson, Ellen Cicely (1891–1947), engl. Politikerin, Mitglied der Kommunistischen Partei Großbritanniens, danach der Labour Party **1938:** 22.8.
Wimplinger, Maria (1886–1942), Schauspielerin **1915:** 29.3., 27.6., 10.7., 3.10., 26.12. **1917:** 21.7., 27.–28.9.
Winand, Hans (1883–?), Schriftsteller, Verleger, übernahm nach dem Tod von Georg Müller gemeinsam mit Siegfried Neuhöfer den Georg Müller Verlag **1919:** 16.9. **1920:** 21.8.
Wischnewskaja, Sofia (geb. Wischnewezkaja; 1899–1962), sowjet. Bühnenmalerin und Szenaristin **1937:** 13.1.
Wischnewski, Wsewolod (1900–1951), sowjet. Schriftsteller, 1934–1948 Chefredakteur der Zeitschrift Snamja **1937:** 3.–4.1., 13.1., 26.6., 28.6.

Witkowski, Georg (1863–1939), Germanist, Mitherausgeber der Zeitschrift für Bücherfreunde, Hochschullehrer **1932:** 21.10.
Wittlin, Józef (1896–1976), poln. Schriftsteller
– Das Salz der Erde **1936:** 24.10.
Wittmann, Schauspielerin **1906:** 26.4.
Woiwode, Lina (1886–1971), Schauspielerin **1911:** 24.1.
Wolf, Else (geb. Dreibholz; 1898–1973), Kindergärtnerin, zweite Frau von F. Wolf **1933:** 10.4.
Wolf, Friedrich (1888–1953), Arzt und Schriftsteller, floh 1933 in die Sowjetunion **1933:** 10.4. **1938:** 17.3., 10.4., 23.4., 11.5., 18.5., 27.6., 12.9., 18.11. **1939:** 4.5., 17.5., 14.6., 30.7.
Wolf, Lothar (1882–1938), Arzt, verfasste mit seiner Frau Martha Ruben-Wolf mehrere prosowjet. Reiseberichte **1939:** 20.5.
Wolf-Ferrari, Ermanno (1876–1948), dt.-ital. Komponist
Wolf-Ferrari, Fritz (1899–1971), Tänzer, Sohn des Komponisten E. Wolf-Ferrari **1919:** 31.3. **1921:** 17.10.
Wolfenstein, Alfred (1883–1945), Lyriker, Dramatiker und Übersetzer, 1919 Mitglied im Rat der geistigen Arbeiter **1919:** 14.4., 1.5. **1932:** 27.2. **1939:** 21.8.
Wolff, Kurt (1887–1963), Verleger **1918:** 10.6.
Wolff, Theodor (1868–1943), Journalist, Kritiker und Schriftsteller, bis 1933 Chefredakteur des Berliner Tageblatts **1917:** 3.–5.7. **1931:** 1.1. **1932:** 28.3.
Wollf, Karl (Wolff; 1876–1952), Rechtsanwalt, Dramaturg am Hoftheater München, danach in Dresden **1915:** 5.3., 7.–8.3., 12.–13.4., 8.5., 5.6., 10.7., 19.7., 31.7., 3.10. **1916:** 30.5., 4.6., 28.6., 26.8.
Woodward, Helen Rosen (geb. Rosen; 1882–1960), amerik. Schriftstellerin **1932:** 25.12.
Woodward, William E. (1874–1950), amerik. Schriftsteller und Historiker **1932:** 25.12.
Woroschilow, Kliment (1881–1969), sowjet. Partei- und Staatsfunktionär, 1925–1940 Verteidigungsminister, 1935 Marschall der Sowjetunion **1937:** 3.1.
Wundt, Theodor (1858–1929), Offizier, Alpinist, Fotograf und Schriftsteller, verh. mit M. Walters-Wundt **1915:** 26.12.
Würzbach, Friedrich (1886–1951), Philosoph, Mitarbeiter des Musarion Verlags **1919:** 14.11., 17.11., 22.11.
Wyschinski, Andrej (1883–1954), sowjet. Jurist, 1935–1939 Generalstaatsanwalt der Sowjetunion **1939:** 20.5.

Zador, Schriftsteller **1906:** 25.–26.2.
Zahle, Herluf (1873–1941), dän. Diplomat, seit 1933 Gesandter in Berlin **1937:** 29.3.
Zarek, Otto (1898–1958), Dramaturg, Regisseur, Schriftsteller **1920:** 30.7., 10.9. **1921:** 27.9.
Zeck, Anwalt oder Bankexperte Zürich **1933:** 20.3.

Zeiss, Karl (1871–1924), Theaterwissenschaftler, 1905 Generaldirektor am Dresdner Schauspielhaus, 1917 Generalintendant der städtischen Bühnen in Frankfurt am Main, 1919–1924 Intendant des Bayerischen Staatsschauspiels München **1915:** 11. 5.
Ziegel, Erich (1876–1950), Schauspieler, Bühnenautor, 1911–1916 Leiter der Münchner Kammerspiele **1915:** 9. 4., 18. 6., 24. 7., 2. 12. **1916:** 14. 9.
Ziegler, Klara (1844–1909), Schauspielerin **1910:** 4.–5. 1.
Ziegler, Lore **1918:** 22. 10.
Ziersch, Walter (1874–1943), Schriftsteller **1915:** 27. 3., 29. 3., 27. 6., 9. 7., 10. 7., 26. 12. **1917:** 21. 7.
Zifferer, Paul (1879–1929), Schriftsteller, Jurist, Diplomat **1917:** 9. 11.
Zimmermann, Joachim, Schriftsteller **1918:** 17. 10.
– Das neue Leben **1918:** 25. 9.
Zimmermann, Johanna (Vannozza), Schauspielerin **1916:** 29. 9., 3. 10., 7. 10., 9.–10. 10., 13. 10., 16. 10., 21.–22. 10.
Zoff, Otto (1890–1963), Schriftsteller **1917:** 28. 8. **1918:** 8. 2., 7. 7.
Zola, Émile (1840–1902), franz. Schriftsteller **1915:** 18. 6.
Zollner, Hermann, Rechnungsführer der Generalintendanz des Münchner Hoftheaters **1915:** 26. 11., 29.–30. 11.
Zuckermann, Annelore, Frau eines Berliner Rechtsanwalts **1931:** 13. 5.
Zuckmayer, Alice (geb. Herdan; 1901–1991), Schriftstellerin **1931:** 6. 1., 12. 4.
Zuckmayer, Carl (1896–1976), Schriftsteller **1931:** 6. 1. **1932:** 27. 1.
Zweig, Arnold (1887–1968), Schriftsteller **1921:** 7. 4. **1931:** 3. 1., 17. 1., 20. 1., 25. 1., 13. 2., 17. 2., 26. 2., 8. 3., 3. 4., 5. 4., 18. 4., 28. 4., 8. 5., 22. 6., 9. 7., 19. 7., 17. 8., 23. 8., 12. 9., 29. 9., 21.–22. 11., 2. 12., 8. 12., 19. 12., 25. 12. **1932:** 1. 1., 26. 4., 9. 5., 19. 5., 4. 7., 9. 7., 30. 10., 28. 11. **1933:** 11. 2., 16. 6., 21. 6., 23. 6., 6. 7., 13. 7., 22. 7., 25. 7., 2. 8., 8. 8., 2. 9., 16. 9., 25. 9., 27. 9., 30. 9., 2. 10., 7. 10., 9. 10., 11.–12. 10., 15.–16. 10., 18. 10., 6.–8. 11., 11. 11. **1935:** 8. 4., 7. 6. **1936:** 21. 3., 21. 4., 2. 9., 4.–5. 9., 14. 9., 25. 9., 27. 9. **1937:** 16. 10., 20. 10. **1938:** 26. 8., 29. 8., 17. 10. **1939:** 16. 1., 13. 4., 26. 7. **1940:** 13. 3.
– Einsetzung eines Königs **1937:** 24. 12.
– Erziehung vor Verdun **1935:** 19. 6., 27. 7.
Zweig, Beatrice (Dita Zweig, geb. Zweig; 1892–1971), Malerin, mit ihrem Cousin Arnold Zweig verh. **1931:** 12. 9., 8. 12. **1932:** 30. 10. **1933:** 21. 6., 22. 7., 2. 8., 8. 8., 16. 9., 27. 9. **1937:** 16. 10., 20. 10.
Zweig, Michael (Michi; 1920–?), Pilot, Schriftsteller, Übersetzer, Sohn von A. und B. Zweig **1939:** 13. 4.
Zweig, Stefan (1881–1942), Schriftsteller **1933:** 2. 9.
– Joseph Fouché. Bildnis eines politischen Menschen **1937:** 27. 2.
– Maria Stuart **1939:** 7. 9.
Zwi, Ben ☞ Baratoff, Paul

Register der Werke Lion Feuchtwangers

Das Register verzeichnet sämtliche in den Tagebüchern erwähnte Werke LFs (I: Dramatische Werke und Prosa, II: Lyrik, III: Literaturwissenschaft und Publizistik, IV: Übersetzungen und Bearbeitungen). Auch Arbeitsvorhaben werden aufgeführt (»Projekte«). Die Titelformulierungen folgen, soweit vorhanden, der jeweiligen Druckfassung, wobei im Tagebuch mitunter die Artikel fehlen. Weitere Angaben finden sich in den Anmerkungen.

I Dramatische Werke und Prosa

27. September (Kurzgeschichte, Projekt) **1935:** 11.10., 15.10., 17.10.

Abakadabra (Film, Projekt) **1917:** 18.4.
Ahasver (Projekt) **1906:** 1.6., 23.8. **1916:** 1.1.
Alraun (Projekt) **1918:** 27.1.
Asmodai ☞ Salomon und Asmodai

Baco ☞ Francis Bacon
Bathseba ☞ Das Weib des Urias
Benjekt ☞ 27. September
Benno Zacharias ☞ 27. September
Berthold Oppenheim (Stück, Projekt) **1937:** 17.4., 7.5.

Christiane und der Rebell (Roman, Projekt) **1919:** 31.10., 4.11., 10.–13.11.
Cleopatra ☞ Der Fetisch

Das 66. Sonett (Kurzgeschichte, Projekt) **1935:** 14.8.
Das Selbstportrait (Novelle) **1920:** 8.4., 4.5.
Das Weib des Urias **1906:** 1.1., 14.–19.1., 23.–24.1., 26.1., 5.5., 7.5., 12.5., 14.5.
Der Amerikaner oder Die entzauberte Stadt. Eine melancholische Komödie in vier Akten **1920:** 10.–13.7., 14.7., 17.7., 23.7., 29.7., 6.8., 9.–10.8., 18.8., 20.8., 28.8., 1.9., 9.9., 18.9., 25.9., 2.10., 5.11., 13.–14.11., 22.–23.11., 26.–27.11., 1.12., 4.–8.12.
Der Chauffeur Daeschler (Novelle, Projekt) **1936:** 24.6.

Der Dey von Tunis (Komödie, Projekt) **1916:** 1. 1.
Der Dichter (Soldat) und der Kriegsberichterstatter (Projekt) **1916:** 25. 3.
Der entzauberte Meier (satirisches Spiel oder Roman, Projekt) **1911:** 16.–20. 5.
Der ewige Jude ☞ Gespräche mit dem ewigen Juden
Der falsche Nero. Roman **1935:** 13. 8., 4. 9., 13. 11., 13. 12., 24. 12., 25.–26. 12. **1936:** 24. 1., 7. 2., 16. 2., 16.–17. 4., 28. 4., 9. 5., 24. 5., 6. 6., 5. 7., 7. 7., 5. 8. **1937:** 12. 5., 28. 5., 10. 7., 15. 7.
Der Fetisch. Ein Schauspiel in fünf Akten (Arbeitstitel: Ich!, Timon von Berlin, Cleopatra, Im Firnenglanz, Firnfahrten) **1906:** 31. 5., 12. 6., 14. 6., 19. 6., 22. 6., 24. 6., 13. 7., 20. 7., 22. 7., 27.–28. 7., 31. 7., 6. 8., 8. 8., 11. 8., 16.–18. 8., 21.–22. 8., 25. 8., 10. 9., 23. 9., 26. 9., 24. 10., 21. 11. **1909:** 5. 10.
Der Hethiterschädel ☞ Hebräische Symphonie
Der holländische Kaufmann. Schauspiel **1921:** 15. 1., 1.–2. 2., 4. 4., 6. 4., 21. 4., 23. 4., 5. 7., 19. 10. **1931:** 17. 2.
Der Jude Alexander ☞ Josephus / Der jüdische Krieg
Der Karneval von Ferrara (Skizze) **1906:** 2. 3., 8. 3., 20. 4.
Der Klavierspieler Ohnesorg ☞ Die große Passion des Klavierspielers Morgenroth
Der Maler Antonello ☞ Julia Farnese
Der Meineid des Herrn Schusselin (Skizze, Projekt) **1910:** 12. 2.
Der neue Dionysos (Projekt) **1920:** 14. 5., 24. 5., 14. 6.
Der Schatten (Opernstoff, Projekt) **1916:** 1. 1.
Der Stammtisch im Winzerhaus (Projekt) **1916:** 1. 1.
Der tanzende Gott (Projekt) **1918:** 27. 1.
Der tönerne Gott. Roman **1909:** 7. 7., 10. 7., 15. 7., 23. 7., 25.–28. 7., 22. 9., 8. 10., 10. 10., 23. 10., 2. 11., 11. 12. **1910:** 8. 1., 4. 3., 6. 3., 23. 6., 11.–12. 7., 27. 7., 31. 8., 7.–16. 9., 27.–28. 9., 24. 10., 17. 11., 20. 12. **1911:** 4.–10. 2., 19.–21. 2., 13.–15. 4.
Der Tribun ☞ Thomas Wendt
Der Volkstribun ☞ Thomas Wendt
Die Amouren des Herrn von Steinhoff (Schauspiel, Projekt) **1906:** 6. 3.
Die Braut von Korinth **1906:** 18. 1., 20. 1., 29. 1., 4. 2., 22. 3., 24. 3., 2. 4., 24. 4., 1.–2. 5., 15. 5., 16. 5., 20. 5., 24.–25. 5., 27. 5., 31. 10. **1909:** 5. 10., 12. 10.
Die entzauberte Bohème (Theaterstück) **1915:** 27. 2.
Die entzauberte Stadt ☞ Der Amerikaner oder Die entzauberte Stadt
Die Erlösung Kalabriens (Tragödie, Projekt) **1916:** 1. 1.
Die Familie Oppermann ☞ Die Geschwister Oppermann
Die Fleischkarte oder Kleine Ursachen große Wirkungen. Eine Erzählung aus großer Zeit (Groteske, Projekt) **1916:** 21. 4.
Die Geschichte des Gehirnphysiologen Dr. Bl. (Erzählung) **1931:** 3. 1., 17. 2.
Die Geschwister Oppenheim ☞ Die Geschwister Oppermann
Die Geschwister Oppermann. Roman (Die Geschwister Oppenheim, Fa-

milie Oppermann, Die Oppermanns) **1933:** 19.6., 13.6., 13.7., 17.7., 21.7., 12.8., 17.–18.8., 23.8., 18.10., 21.10., 8.11., 11.11., 18.11., 23.11., 4.12., 11.12., 16.12. **1934:** 30.3., 9.4., 17.4., 16.5., 24.5., 28.7. **1936:** 7.5.
– Film (GB, Projekt) ☞ Kaufhaus Oppermann
– Film (SU, Sem'ja Oppengejm [Familie Oppenheim]) **1936:** 31.7., 31.8., 2.9., 5.12., 14.12., 18.12., 23.12. **1939:** 11.1., 19.6.
– Dramatisierung (SU) **1936:** 6.12., 14.12., 22.12.
Die große Passion des Klavierspielers Morgenroth (Der Klavierspieler Ohnesorg) **1910:** 12.2., 14.2., 20.2., 19.3., 17.11.
Die häßliche Herzogin. Roman (ab der 2. Aufl.: Die häßliche Herzogin Margarete Maultasch) **1935:** 1.1., 4.9. **1936:** 15.12.
Die Kriegsgefangenen. Ein Schauspiel in fünf Akten **1918:** 27.1., 27.4., 2.5., 6.5., 9.5., 20.6., 4.7., 17.7., 21.8., 17.–18.9., 21.9., 25.9., 30.9. **1919:** 11.1., 11.3. **1920:** 13.2., 12.9. **1921:** 1.10.
Die Nachtigall (Pantomime, gemeinsam mit Oskar Geller) **1916:** 17.8.
Die Nachtigall des Kaisers von China (Märchenspiel, Projekt) **1916:** 1.1.
Die Oppermanns ☞ Die Geschwister Oppermann
Die Petroleuminsel. Stück **1935:** 31.12. **1937:** 16.1.
Die Sendung Jeremiae ☞ Jeremiah
Dionysos ☞ Der neue Dionysos
Dionysos weint (Projekt) **1919:** 24.11.

Ein sterbender Corpsier (satirische Skizze, Projekt) **1906:** 5.2., 20.5.
Ein Tropfen Milch (Kurzgeschichte, Projekt) **1936:** 3.11.
Emigranten (Film, Projekt) **1937:** 14.1., 19.1.
Emigranten (Roman) ☞ Exil
Emigranten (Theaterstück, Projekt) **1937:** 14.1., 9.5., 13.5., 15.5., 1.6., 8.10., 24.12.
Erfolg. Roman **1931:** 1.1., 3.1., 26.2., 1.3., 6.3., 17.3., 1.7., 6.11. **1934:** 17.12. **1935:** 11.2., 25.6. **1936:** 4.9.
Exil. Roman (Arbeitstitel: Emigranten, Wartesaal; engl. Paris-Gazette, russ. Izgnanie) **1937:** 16.5., 15.8., 31.8., 14.9., 26.9., 26.9., 3.10., 16.11., 25.11., 15.12., 31.12. **1938:** 1.1., 22.1., 24.1., 26.1., 14.3., 18.5., 26.6., 28.6., 7.7., 4.9., 12.9., 19.10., 12.12. **1939:** 27.1., 13.2., 25.3., 27.3., 29.3., 1.4., 12.4., 29.4., 8.5., 29.5., 12.6., 14.6., 19.6., 31.7., 27.8., 1.9., 4.9., 16.9., 6.10., 8.10., 5.12., 24.12., 26.12., 30.12. **1940:** 8.1., 13.2., 5.3., 21.3., 3.4., 7.4., 14.4., 28.4., 7.5.

Flavius Josephus ☞ Josephus / Der jüdische Krieg
Francis Bacon (Drama, Projekt; ein Drama »Francis Bacon« als Binnenhandlung im »Fetisch«) **1916:** 1.1.

Gespräche mit dem ewigen Juden **1919:** 22.12. **1920:** 4.1., 8.–9.1., 14.1., 22.1., 3.5.
Giulia Farnese ☞ Julia Farnese

Gott grüß die Kunst (modernes Drama, Projekt) **1906:** 27.7., 23.8.

Hebräische Symphonie (alternative Titel: Zion und Walhall, Der Hethiterschädel) **1919:** 26.–27.12. **1920:** 1.1., 6.1.
Herodes und der Prophet (Tragikomödie) **1911:** 5.7.
Holländer ☞ Der holländische Kaufmann

Ich! ☞ Der Fetisch

Jaël (Drama, Ms. Feuchtwanger Memorial Library) **1906:** 26.11.
Jeremiah (Jeremias, Die Sendung Jeremiae) **1909:** 25.9., 9.11., 25.11., 1.12., 4.12., 7.12., 14.12. **1910:** 2.2., 19.3., 31.3. **1911:** 3.–7.4., 9.–10.4., 25.4., 2.–3.5., 13.–15.5.
Josephus(-Trilogie) **1931:** 12.3., 1.4., 3.4., 18.4., 28.4., 18.5., 29.5., 23.6., 4.7., 9.7., 13.7., 20.8., 6.9., 12.9., 25.10., 11.11., 28.–29.11., 10.12., 15.12., 18.12., 22.12., 25.12. **1932:** 1.–2.1., 26.1., 16.2., 26.–27.2., 18.3., 22.–23.3., 27.3., 2.4., 6.4., 17.4., 5.5., 19.5., 22.5., 11.6., 28.6., 5.7., 13.7., 16.8., 12.9., 25.9., 6.10., 8.10., 12.10., 17.10., 19.10., 28.10., 31.10., 1.11., 8.11., 22.12. **1933:** 20.10., 17.11. **1934:** 27.1., 9.5., 27.5., 31.5., 12.6., 30.6., 7.7., 12.7., 28.7., 31.7., 6.8., 13.8., 19.8., 23.8., 17.–18.9., 27.9., 29.9., 8.12., 24.–26.12., 29.12. **1935:** 11.–12.1., 21.1., 23.1., 25.1., 1.5., 16.6., 8.7., 14.7., 16.7., 24.7., 2.8., 7.8., 22.8.
– 1. Der jüdische Krieg **1916:** 1.1. **1931:** 24.9. **1932:** 18.9., 14.10. **1933:** 10.9. **1937:** 15.1. **1939:** 16.12.
– 2. Die Söhne **1933:** 12.12. **1934:** 9.5., 19.8., 29.9. **1935:** 15.9., 7.11., 12.11. **1936:** 28.1. **1939:** 16.12.
– 3. Der Tag wird kommen **1935:** 22.8. **1939:** 18.10., 25.10., 31.10., 7.11., 9.11., 24.12., 26.12. **1940:** 10.1., 16.1., 24.1., 24.3., 3.4., 30.4., 17.5., 19.5.
Jud Süß. Roman **1918:** 27.1. **1921:** 13.7., 20.7., 3.9., 11.9., 11.10., 19.10., 4.11., 15.11., 17.11., 7.12., 9.12., 24.12., 31.12. **1931:** 16.2., 6.3., 7.6., 23.6., 18.7., 8.12. **1932:** 9.5., 14.5., 6.10., 19.10., 4.11. **1933:** 13.1. **1934:** 1.4. **1935:** 3.9., 15.12.
– Film (GB, Jew Süss) **1933:** 17.11. **1934:** 6.9., 17.10., 21.10., 23.10.
– Film (D, Jud Süß) **1940:** 27.4.
Jud Süß. Schauspiel in drei Akten **1917:** 1.1., 4.2., 7.2., 3.5., 6.–11.5., 8.6., 22.–23.6., 3.–6.7., 18.7., 21.7., 29.7., 4.–5.8., 12.8., 14.–15.8., 20.–21.8., 23.8., 25.8., 27.–29.8., 31.8., 1.9., 5.9., 9.–15.9., 20.9., 25.–26.9., 28.–29.9., 1.–6.10., 13.–17.10., 19.–20.10., 1.–2.11., 6.11., 11.11., 3.12., 6.12., 20.–21.12. **1918:** 11.1., 29.1., 9.3., 9.4., 14.4., 20.4., 27.4., 12.8., 21.9. **1919:** 20.1., 1.2., 29.3., 16.6., 20.6. **1933:** 17.8.
Judenbüchlein ☞ Gespräche mit dem ewigen Juden
Julia Farnese **1906:** 11.1., 18.1., 23.–24.1. **1909:** 24.8., 26.8. **1915:** 27.2., 3.–4.3., 7.–10.3., 17.3., 7.4., 16.4., 22.4., 28.4., 1.5., 5.5., 11.5., 14.5., 20.5., 22.5., 26.6., 10.7., 13.7., 17.7., 29.7., 8.8., 25.8., 1.9., 3.9., 12.9.,

17.9., 19.9., 23.10., 2.11., 6.11. **1916:** 1.1., 7.–8.1., 10.–12.1., 15.1., 17.1., 20.1., 28.1., 31.1.–1.2., 24.–25.3., 29.3., 30.11., 24.12.

Kalkutta, 4. Mai. Drei Akte Kolonialgeschichte (mit Bertolt Brecht; Überarbeitung von »Warren Hastings«) **1934:** 27.12. **1935:** 13.12.
Kaufhaus Oppermann (Drehbuch, Film-Projekt; Die Familie Oppermann) **1933:** 26.4., 18.5.
Königin Sünde (Einakter, Projekt) **1906:** 5.2.

Marianne in Indien und sieben andere Erzählungen (engl. Little Tales) **1934:** 2.1. **1935:** 27.2.
Moskau 1937. Ein Reisebericht für meine Freunde **1937:** 1.–2.3., 7.3., 9.3., 14.–15.3., 29.–30.3., 3.4., 7.4., 11.4., 18.–19.4., 9.5., 23.–25.5., 29.5., 7.6., 22.7., 3.12., 27.12.
Nero (Projekt) **1906:** 1.6.
Neros letzte Nacht (Novelle, Projekt) **1936:** 24.10.
Neunzehnhundertachtzehn ☞ Thomas Wendt
Novelly **1939:** 23.3.

Pantomime ☞ Pierrots Herrentraum
Passion des jüdischen Volkes (Projekt) **1933:** 10.12.
Pierrots Herrentraum (Pantomime; Text: LF, Komposition Adolf Hartmann-Trepka) **1910:** 31.10., 11.–14.11., 3.–6.12. **1911:** 4.–15.1., 25.–27.1., 4.–10.2., 19.–25.2., 13.–15.4., 25.4., 4.–5.5., 8.5., 20.–22.6., 7.7. **1916:** 10.3., 25.3., 29.3., 1.4., 4.11., 7.11. **1917:** 14.5., 26.–29.5.

Russisches Buch ☞ Moskau 1937

Salomon und Asmodai (Libretto) **1919:** 17.8., 21.8., 25.8., 1.9., 22.9., 26.10., 28.10.
Schmöckchen (Roman oder Komödie, Projekt) **1916:** 1.1., 25.3.

Thomas Bratt ☞ Thomas Wendt
Thomas Brecht ☞ Thomas Wendt
Thomas Sturm ☞ Thomas Wendt
Thomas Wendt. Ein dramatischer Roman (Arbeitstitel: Der Tribun, Der Volkstribun, Neunzehnhundertachtzehn, Thomas Bratt, Thomas Brecht, Thomas Sturm) **1918:** 22.11. **1919:** 6.1., 11.3., 16.3., 1.4., 7.4., 17.–18.4., 21.4., 25.4., 27.4., 5.5., 7.5., 16.5., 21.5., 23.5., 28.5., 11.6., 16.6., 18.6., 21.6., 24.6., 30.6., 24.7., 28.7., 30.–31.7., 13.8., 6.9., 16.10., 21.10., 28.10. **1920:** 8.1., 27.1., 31.1., 10.2., 24.2., 2.–4.3., 8.–9.3., 12.–13.3., 15.–16.3., 18.3., 27.3., 16.4., 19.4., 18.8., 9.9., 17.9., 20.9., 27.9. **1934:** 9.5., 27.5., 31.5.
Three Plays. Prisoners of War, 1918, The Dutch Merchant **1934:** 25.5. **1935:** 11.2., 9.3.

Timon von Berlin ☞ Der Fetisch
Timon von München (Der Kriegsgewinnler, Projekt) **1918:** 27. 1.

Urias (modernes Drama, Projekt) **1906:** 17. 4.

Waffen für Amerika. Roman **1936:** 5. 10.
Warren Hastings, Gouverneur von Indien. Schauspiel in vier Akten und einem Vorspiel (spätere Bearbeitung unter dem Titel »Kalkutta, 4. Mai«) **1915:** 27. 2. **1916:** 1. 1., 15. 3., 17. 3., 21. 4., 24. 4., 16. 5., 20. 5., 29.–30. 5., 4. 6., 8. 6., 15.–16. 6., 25. 6., 27. 6., 11. 7., 14.–16. 7., 30.–31. 7., 3. 8., 14. 8., 17.–18. 8., 24. 8., 4.–7. 9., 9.–10. 9., 16. 9., 20. 9., 22. 9., 25. 9., 15. 10., 20. 10., 21. 10., 28.–29. 10., 31. 10., 2. 11., 2. 12. **1917:** 1. 1., 3. 1., 21. 4., 3. 8., 6.–10. 8., 11. 9., 20. 10., 24. 12. **1918:** 9. 1., 11. 1., 13. 1., 17. 1., 19. 1., 15. 2., 29.–30. 6., 7. 7., 22. 7., 20.–21. 9. **1919:** 20. 1. **1920:** 18. 8., 18.9, 29. 9. **1921:** 12. 2. **1936:** 4. 11.
Wartesaal ☞ Exil
Wilson-Roman (Projekt) **1931:** 16. 2.

Zion und Walhall ☞ Hebräische Symphonie

II Lyrik

99 von 100 (Chansontext) **1932:** 10. 1., 25. 2.
An Else (Mir war im Traum, als seien wir beide) **1906:** 6. 8.
Er plante hundert überkühne Pläne **1909:** 17. 11.
Es dünkt mich schier tausend Jahr **1906:** 8. 10.
Ich liebte dein Lachen, ich liebte dein Weinen (an Else Fernau) **1906:** 14. 5.
Immer müder wird mein Glaube **1909:** 18. 11.
Lied der Gefallenen **1915:** 13. 3., 2. 5., 22. 9.
Marienlieder (an Marie, Projekt) **1906:** 17. 7.
Marta Maria **1910:** 20.–21. 1., 22.–23. 2.
Pep. J. L. Wetcheeks amerikanisches Liederbuch **1931:** 6. 3.
Sie liebte ihn, er liebte sie (an Ria) **1906:** 5. 3.
Wetcheek-Gedicht **1931:** 12. 2., 25. 2., 6. 3., 9. 4.

III Literaturwissenschaft und Publizistik

Adresse Feuchtwangers zum Gegenprozess, in: Der Reichstags-Prozess. Tägliches Extrablatt des »Gegen-Angriffs«, 15. Sept. 1933 **1933:** 6. 9.
Alfred Döblins Roman [Die drei Sprünge des Wang-Lun], in: Die Schaubühne, Nr. 37, 12. Sept. 1916, S. 240 ff. **1916:** 14. 9.
Alles um Liebe, in: Die Schaubühne, Nr. 9, 2. März 1911, S. 238 ff. **1911:** 1. 3.
An meine Sowjetleser!, in: Das Wort 3, Heft 7, 1938, S. 82 ff. (russ. K moim sovetskim čitateljam, in: Pravda, 15. April 1938) **1938:** 29. 3.

Anatol in München, in: Der Merker, Nr. 17, 1. Juniheft 1911, S. 740 **1911:** 24.4., 26.–29.4., 9.5., 20.–22.6.

Anläßlich des »Henri Quatre« von Heinrich Mann, in: Das Neue Tage-Buch, Nr. 3, 18. Jan. 1936, S. 65f. **1936:** 7.1.

Ansprache Lion Feuchtwangers. Vom Unionsradiokomitee am 10. Januar 1937 auf Grammofonplatten aufgenommen, in: Deutsche Zentral-Zeitung, 14. Jan. 1937 (russ. Vystuplenie L. Fejchtvangera. Zapiska na plenku Vsesojuznym radiokomitetom 10 janvarja 1937g., in: Izvestija, 13. Jan. 1937) **1937:** 10.1.

Aufzeichnung der Unterredung des Genossen Stalin mit dem deutschen Schriftsteller Lion Feuchtwanger (8. Januar 1937), in: Anne Hartmann: Lost in translation. Lion Feuchtwanger bei Stalin, Moskau 1937, in: Exil. Forschung, Erkenntnisse, Ergebnisse 28 (2008), 2, S. 19–31 (russ. Zapis' besedy tovarišča Stalina s germanskim pisatelem Lionom Fejchtvangerom, in: Leonid Maksimenkov: Očerki nomenklaturnoj istorii sovetskoj literatury. Zapadnye piligrimi u stalinskogo prestola (Fejchtvanger i drugie), Teil 1, in: Voprosy literatury Heft 2, 2004, S. 250–271 **1937:** 9.1.

Aus München, in: Die Schaubühne, Nr. 46, 11. Nov. 1909, S. 519ff. **1909:** 10.11.

Aus München, in: Die Schaubühne, Nr. 1, 6. Jan. 1910, S. 24 **1910:** 4.–5.1.

Aus München, in: Die Schaubühne, Nr. 49, 8. Dez. 1910, S. 1271 **1910:** 3.11.

Aus München, in: Die Schaubühne, Nr. 16, 20. April 1911, S. 437f. **1911:** 19.–21.4.

Aus München, In: Die Schaubühne, Nr. 13, 1. April 1915, S. 304 **1915:** 23.3.

Bahrs Kinder ☞ Die Kinder

Baumeister Solneß ☞ Solneß in München

Beim ersten Ueberlesen des Verfassungsentwurfs der Sovjet-Union, in: Anne Hartmann: »Ich kam, ich sah, ich werde schreiben«. Lion Feuchtwanger in Moskau 1937, Göttingen 2017, S. 281ff. (russ. Pri čtenii proekta sovetskoj konstitucii, in: Pravda, 1. Juli 1936) **1936:** 17.6.

Blick ins Volkstheater [Paul Poppe: Der Herr Minister], in: Münchner Sonntags-Zeitung, 28.? Nov. 1920 **1920:** 26.–27.11.

Bonsels ☞ Waldemar Bonsels

Bonsels »Blut« (Rezension) **1909:** 8.–9.11.

Bruno Frank (Aufsatz) **1915:** 16.11., 19.11.

Bullerjahn. Rede in der Liga für Menschenrechte (Ms. Feuchtwanger Memorial Library) **1931:** 3.5.

Büxl von Holz-Jerschke ☞ Primitives Theater

Caesar und Cleopatra, in: Die Schaubühne, Nr. 10, 9. März 1911, S. 260ff. **1911:** 16.–18.2., 6.–9.3.

Calderóns »Frauenverkäufer«, in: Freie deutsche Bühne, 2. Jg., 1921, S. 654f. **1921:** 3.1., 27.1., 7.3.

Carl Sternheim. Eine Studie, in: Der Merker, Nr. 12, Juni 1913, S. 448 bis 452 **1915:** 8.6.

Christian Wahnschaffe, in: Die Weltbühne, Nr. 27, 26. Juni 1919, S. 742 bis 745 **1919:** 29.3., 7.7.

Das deutsche Buch in der Emigration, in: Deutsche Information, Nr. 206, 29. Juni 1937, S. 3 **1937:** 25.6.

Das erste französische Theaterjournal (Artikel) **1909:** 18.12., 20.12., 24.–27.12.

Das Gänsemännchen [Roman von Jakob Wassermann], in: Die Schaubühne, Nr. 1, 6. Jan. 1916, S. 10–14 **1916:** 5.1.

Das Heldische im modernen Drama, in: Der neue Weg, Heft 19, 14. Mai 1910 **1909:** 3.10. **1910:** 15.–16.5.

Das Hemd der Statthalterin ☞ Die Belagerung von Ostende und das Hemd der Statthalterin

Das historische Urbild des Landvogts Geßler, in: Der Geschichtsfreund, Heft 4, 1910/11; Frankfurter Zeitung, Nr. 200, 29. Okt. 1910, S. 4 **1910:** 5.–7.8., 29.10., 21.–24.12.

Das Klara-Ziegler-Museum in München, in: Das Theater, Heft 18, Mai 1911 **1911:** 22.4., 26.–29.4.

Das münchner Theaterjahr, in: Die Schaubühne, Nr. 32/33, 11. Aug. 1910, S. 828 **1910:** 17.6., 10.8.

Das münchner Theaterjahr, in: Die Schaubühne, Nr. 24/25, 22. Juni 1911, S. 628ff. **1911:** 20.–22.6.

Das Thema Krieg und Tod. Zu Koestlers Bericht: »Ein spanisches Testament«, in: Pariser Tageszeitung, 26. März 1938 **1938:** 17.3.

Dauthendey ☞ Die Spielereien einer Kaiserin

Dem toten Ernst Toller, in: Die neue Weltbühne, Nr. 23, 8. Juni 1939, S. 713ff. **1939:** 27.5.

Der Abgrund, in: Das Wort 2, Heft 6, 1937, S. 68–88 **1937:** 12.4.

Der Ästhet in der Sowjetunion, in: Das Wort 2, Heft 2, 1937, S. 86–88 (russ. Ėstet o Sovetskom Sojuze, in: Pravda, 30. Dez. 1936) **1936:** 23.–24.12., 27.12., 30.12.

Der dunkle Fleck, in: Münchner Sonntags-Zeitung, 5.? Sept. 1920 **1920:** 2.9.

Der Kirschgarten, in: Die Schaubühne, Nr. 34, 24. Aug. 1916, S. 175 bis 182 **1915:** 6.10. **1916:** 25.8.

Der Mann im Glashaus, in: Münchner Montags-Zeitung, 6. Sept. 1920 **1920:** 1.9.

Der Mord in Hitler-Deutschland, in: Braunbuch II: Dimitroff contra Göring. Enthüllungen über die wahren Brandstifter (Vorabdruck in: Der Gegen-Angriff, 7. April 1934) **1934:** 15.1., 17.1.

Der neue Midas ☞ Guter Wille

Der neue Shaw [Haus Herzenstod], in: Münchner Montags-Zeitung, Nr. 11, 22. Nov. 1920 **1920:** 21.11.

Der Pogrom, in: Deutsche Volkszeitung, 4. Dez. 1938 **1938:** 18. 11.
Der Realist, in: Die neue Weltbühne, Nr. 19, 12. Mai 1938, S. 577ff. **1938:** 5. 5.
Der Retter Oberammergaus, in: Die Schaubühne, Nr. 19, 12. Mai 1910, S. 523f. **1910:** 2. 6.
Der Roman von heute ist international, in: Berliner Tageblatt, 25. Sept. 1932 **1932:** 26. 9.
Der Schriftsteller L. F., seine Welt und seine Zeit, in: Internationale Literatur 5, Heft 5, 1935, S. 78ff. (Der Autor über sich selbst, Selbststatistik) **1932:** 22. 11. **1935:** 13. 1.
Der thönerne Gott [Selbstanzeige], in: Die Zukunft, 15. April 1911, S. 82 **1911:** 13.–15. 4.
Deutschland (Brief an den Kongreß), in: Das Wort 2, Heft 10, 1937, S. 63 **1937:** 9. 7.
Dichter und Böotier (Falle für die Böotier), in: Münchner Sonntags-Zeitung, 7. Nov. 1920 **1920:** 3. 11.
Didring-Kritik **1910:** 4. 10., 7. 10., 12. 10.
Die Anfänge der französischen Theaterjournalistik, in: Die Schaubühne, Nr. 13, 31. März 1910, S. 343–347 **1910:** 19. 1., 21. 1., 15. 3., 31. 3.
Die Belagerung von Ostende und das Hemd der Statthalterin, in: Der Sammler. Beilage zur München Augsburger Abendzeitung, Nr. 88, 24. Juli 1917 **1915:** 27. 7.
Die Braut von Messina (Rezension) ☞ Reinhardt in München
Die Einwirkung der zeitgenössischen Schaubühne auf Schillers dramatisches Schaffen, in: Theater-Courier 1909, S. 862 **1909:** 21. 10.
Die entzauberte Bohème **1915:** 27. 2.
Die Hermannsschlacht, in: Die Schaubühne, Nr. 41, 7. Okt. 1909, S. 382f. **1909:** 23. 9.
Die Kinder [Schauspiel von Hermann Bahr], in: Die Schaubühne, Nr. 2, 12. Jan. 1911, S. 47–51 **1910:** 25.–28. 11.
Die Münchner Hofbühne und ihr Widersacher, in: Frankfurter Zeitung, Nr. 67, 8. März 1915 **1915:** 10. 3.
Die »Münchner Zeitung« und ihr Dunkelmann, in: Münchner Montags-Zeitung, 27. Sept. 1920 **1920:** 23. 9.
Die natürliche Tochter, in: Die Schaubühne, Nr. 37, 9. Sept. 1909, S. 270f. **1909:** 31. 8., 9. 9.
Die Spielereien einer Kaiserin, in: Die Schaubühne, Nr. 21, 25. Mai 1911, S. 583ff. **1911:** 24. 5.
»Die Tragödie eines Volkes« vor fünfzig Jahren, in: Die Schaubühne, Nr. 37, 14. Sept. 1911, S. 206–210 **1911:** 10.–12. 6.
Die Verjudung der abendländischen Kultur, in: Der Spiegel, Nr. 14/15, 1920, S. 23.–27 **1920:** 14. 10.
Die wirtschaftliche Lage der Münchener Schauspieler **1915:** 22. 12., 27. 12.
Dramaturgisches zur Braut von Messina, in: Über den Wassern, Heft 21, 10. Nov. 1909, S. 726–730 **1909:** 3.–6. 8., 14. 9., 15. 11.

Eduard von Keyserling. Zum sechzigsten Geburtstag, in: Die Schaubühne, Nr. 19, 13. Mai 1915, S. 437 **1915:** 13. 5.
Eduard von Keyserling, in: Münchner Neueste Nachrichten, Nr. 245, 14. Mai 1915 **1915:** 14. 4., 19. 4., 14. 5.
Ernst Possart und Clara Ziegler oder Über die Würde in der münchner Schauspielkunst, in: Die Schaubühne, Nr. 7, 12. Febr. 1910, S. 174–178 1910: 4.–5. 1., 16. 2.
Erster Eindruck dieses Prozesses, in: Deutsche Zentral-Zeitung, 30. Jan. 1937 (russ. Pervye vpečatlenija ob ėtom processe, in: Pravda und Izvestija, 30. Jan. 1937) **1937:** 29.–30. 1.
Ėstet o Sovetskom Sojuze ☞ Der Ästhet in der Sowjetunion

Fašizm i germanskaja intelligencija (Der Faschismus und die deutsche Intelligenz), in: Pravda, 28. Jan. 1937 **1937:** 25. 1.

Frauenverkäufer ☞ Calderóns »Frauenverkäufer«

Gedanken an Gorkis Todestag, in: Das Wort 1, Heft 3, 1936, S. 11 f. (russ. Na smert' Gor'kogo, in: Pravda, 23. Juni 1936) **1936:** 19. 6.
German Jews 1933, in: The Times (London), 21. Dez. 1933 **1933:** 20.–21. 12.
Germanija. Zimnaja skaska (Deutschland, ein Wintermärchen), in: Pravda, 1. Jan. 1936 **1935:** 23. 12.
Geschichte der literarischen Journalistik in Deutschland bis zur Romantik (Habilitationsschrift) **1909:** 1. 12. **1910:** 8. 1., 31. 3., 12.–13. 4. **1911:** 16.–19. 1.
Glaube und Heimat. Das Drama, in: Die Schaubühne, Nr. 12, 23. März 1911, S. 313–316 **1911:** 20.–22. 1., 25.–27. 1., 19.–22. 3.
Glaube und Heimat vor 50 Jahren ☞ »Die Tragödie eines Volkes« vor fünfzig Jahren
Glosse über Tagebuchschreiber (vgl. P. A. O.: Mein Privatleben ist viel zu uninteressant, in: Berliner Tageblatt, 6. März 1931) **1931:** 20. 1.
Glossen zu Gerhart Hauptmanns Vortragsreise (Skizze) **1909:** 29.10, 2.–3. 11.
Graf Schack der Dichter (Aufsatz) **1909:** 20. 9., 22. 9., 24. 9.
Grenzen der Theaterkritik (Aufsatz) ☞ Von den Grenzen der Theaterkritik
Guter Wille – Mangelnde Kraft. Neue Bühne: Mammon. – Uraufführungstheater: Der neue Midas, in: Münchner Montags-Zeitung, 18. Okt. 1920 **1920:** 16. 10.

Haben, in: Das Wort 2, Heft 7, 1937, S. 76–81 **1937:** 13. 4.
Habilitationsschrift ☞ Geschichte der literarischen Journalistik in Deutschland bis zur Romantik
Hagenbach ☞ Das historische Urbild des Landvogts Geßler
Hannele (Rezension) ☞ Reinhardt in München

Hanns Johsts »Der König«. Zur Aufführung in den Kammerspielen am Samstag, in: Münchner Sonntags-Zeitung, 11. Okt. 1920 **1920:** 9. 10.
Has Mankind Changed in the Last Two Thousand Years (Vortrag für die amerikanische Lesereise, Ms. Feuchtwanger Memorial Library) **1932:** 24. 11. **1933:** 23. 1.
Heine als Theaterkritiker (Projekt) **1910:** 12. 2.
Heinrich Heines »Rabbi von Bacherach«. Eine kritische Studie (LFs Dissertation) **1906:** 7.– 10. 1., 23. 1., 31. 1., 7. 2., 14. 2.
Heinrich Mann (Aufsatz, Projekt) **1909:** 25. 11. **1910:** 12. 2.
Heinrich Mann. Zu seinem 40. Geburtstag: 27. März, in: Saale Zeitung, Nr. 196, 27. März 1911 **1911:** 17. 3., 28. 3.
Heinrich Manns »Hass«, in: Das Neue Tage-Buch, Nr. 22, 25. Nov. 1933, S. 526f. **1933:** 20. 11.
Heinrich Manns »Henri Quatre«, in: Die neue Weltbühne, Nr. 21, 25. Mai 1939, S. 646–649 **1939:** 15. 5.
Heinrich Manns Napoleon-Drama [Der Weg zur Macht]. Zur Ur-Aufführung im Residenztheater, in: Münchner Sonntags-Zeitung, Nr. 30, 24. Okt. 1920 **1920:** 22. 10., 28. 10., 3. 11.
Henri Barbusse, in: Das Neue Tage-Buch, Nr. 22, 25. Nov. 1935, S. 526f. **1935:** 31. 8.
Historischer Roman ☞ Vom Sinn und Unsinn des historischen Romans
Historischer Roman – Roman von heute! (gekürzte Fassung des Rundfunkvortrags »Wozu lesen Sie historische Romane?«), in: Berliner Tageblatt, 15. Nov. 1931 **1931:** 24. 9., 29. 9.
Hitler and the Jews, in: Contempo (NY), 15. März 1933 **1933:** 22. 2.
Hitler's War on Culture, in: New York Herald Tribune Magazine, 19. März 1933 **1933:** 22. 2., 24. 2

I Warn the Jew-Baiters ☞ Terror in Germany Amazes Novelist
Im »Rosenkavalier« …, in: Simplicissimus, Nr. 10, 5. Juni 1911, S. 162 **1911:** 25.– 26. 5.

Jews and Nazis, in: Everyman **1933:** 17. 4.
Journalismus ☞ Geschichte der literarischen Journalistik in Deutschland bis zur Romantik
Journalistik ☞ Geschichte der literarischen Journalistik in Deutschland bis zur Romantik
Judaismus und Nationalismus (Judaism and Nationalism, The Meaning of Judaism Today, Vortrag für die amerikanische Lesereise; gedruckte Fassung: Nationalismus und Judentum, in: LF und Arnold Zweig [Hrsg.]: Die Aufgabe des Judentums, Paris 1933, S. 5–42) **1932:** 11. 12., 14. 12., 22. 12.
Jüdische Ghettos der Ostjuden (Vortrag für die OSE, Ms. Feuchtwanger Memorial Library) **1932:** 6. 3.
Judith (Rezension) ☞ Reinhardt in München

K. Rößler: Hinterm Zaun, in: Der Spiegel, Heft 9, S. 254 **1909:** 25. 10.
Kammerspiele: Wie es euch gefällt, vermutl. in: Münchner Sonntags- oder Montags-Zeitung, Okt. 1920 (Kopie Feuchtwanger Memorial Library) **1920:** 24. 10.
Keyserling ☞ Eduard von Keyserling
Keyserling ☞ Eduard von Keyserling. Zum sechzigsten Geburtstag
Kilians Genoveva, in: Die Schaubühne, Nr. 1, 5. Jan. 1911, S. 24f. **1910:** 25.–28. 12.
Kinematograf und Kunst (Essay, Projekt) **1910:** 12. 2.
König (Rezension) ☞ Hanns Johsts »Der König«
Kurt Eisner (Aufsatz) **1919:** 23. 2.

Lenin i socialističeskij gumanizm (Lenin und der sozialistische Humanismus), in: Pravda, 22. Jan. 1939 **1939:** 9. 1.
Letzte Garbe und Anstandsbrocken, in: Frankfurter Zeitung, Nr. 233, 24. Aug. 1910 **1910:** 25. 8.
Lion Feuchtwanger über den ersten Prozesstag, in: Deutsche Zentral-Zeitung, 24. Jan. 1937 (russ. Lion Fejchtvanger o pervom dne processa, in: Izvestija und Pravda, 25. Jan. 1937) **1937:** 25. 1.
Lion Feuchtwanger über die Sowjetunion, in: Deutsche-Zentral-Zeitung, 12. Febr. 1937 (russ. Lion Fejchtvanger o Sovetskom Sojuze, in: Pravda, 12. Febr. 1937; Imja Stalina – simvol označajuščij chleb i buduščee, in: Izvestija, 12. Febr. 1937) **1937:** 7. 2.
Lulus Kritikaster, in: Die Schaubühne, Nr. 6, 9. Febr. 1911, S. 164f. **1911:** 25.–27. 1.

Mankind ☞ Has Mankind Changed in the Last Two Thousand Years
Mann-Aufsatz (Heinrich Mann) **1909:** 12. 11.
Marcuses Loyola-Buch, in: Das Neue Tage-Buch, Nr. 43, 26. Okt. 1935, S. 1027 **1935:** 11. 10.
Maria Magdalena in München, in: Die Schaubühne, Nr. 49, S. 607f. **1909:** 23. 11.
Münchener Kriegsparasiten, in: Frankfurter Zeitung, 9. März 1915 **1915:** 27. 2., 9.–10. 3.
Münchner Theater, in: Die Schaubühne, Nr. 44, 4. Nov. 1915, S. 412 bis 417 **1915:** 3. 11.
Münchner Uraufführungen, in: Die Schaubühne, Nr. 47, 25. Nov. 1915, S. 488f. **1915:** 24. 11.
Museum ☞ Das Klara-Ziegler-Museum in München

Na smert' Gor'kogo (Zum Tode Gorkis) ☞ Gedanken an Gorkis Todestag
Nathan der Weise in der Franziskanerkutte [Expeditus Schmidt: Anregungen], in: Die Schaubühne, Nr. 21, 26. Mai 1910, S. 577ff. **1909:** 15.–16. 11.
Nationalismus ☞ Vom Sinn und Unsinn des Nationalismus

Nochmals: »Der Weg zur Macht«, in: Münchner Sonntags-Zeitung, 28. Okt. 1920 **1920:** 28.10., 3.11.
Nordische Heerfahrt, in: Die Schaubühne, Nr. 51, 22. Dez. 1910, S. 1335f. **1910:** 21.–24.12.

Oberammergau ☞ Der Retter Oberammergaus
Oberammergau [I], in: Die Schaubühne, Nr. 15, 14. April 1910, S. 394 **1910:** 4.3., 12.3., 19.3., 12.–13.4.
Oberammergau [II], in: Die Schaubühne, Nr. 16, 21. April 1910, S. 424 **1910:** 20.4.
Oberammergau. Brief an eine Schauspielerin, in: Der neue Weg, Heft 24, 18. Juni 1910 **1910:** 20.6.
Ödipus ☞ Sophokles und Hofmannsthal
Offener Brief an den Bewohner meines Hauses Mahlerstraße 8 in Berlin, in: Pariser Tageblatt, 20. März 1935 **1931:** 21.8. **1935:** 28.2., 17.10.
On Sense and Nonsense of Nationalism, Atlanta 1934 **1932:** 7.12.

Penthesilea (Vortrag im Seminar von Franz Muncker) **1906:** 30.3., 2.–4.7.
Possart ☞ Ernst Possart und Clara Ziegler
Primitives Theater. Neue Bühne: Büxl. – Lustspielhaus: Das laute Geheimnis, in: Münchner Montags-Zeitung, 4. Okt. 1920 **1920:** 1.10.
Prolog für die Münchner Kammerspiele ☞ Wedekind
Protest gegen die Beschränkung der Pressefreiheit **1932:** 13.5.

Rabbi ☞ Heinrich Heines »Rabbi von Bacherach«
Reinhardt (Artikel über Max Reinhardt) **1909:** 7.8., 24.8.
Reinhardt in München
– Die Braut von Messina, in: Die Schaubühne, Nr. 32/33, 12. Aug. 1909, S. 157–162 **1909:** 28.7.
– Hanneles Himmelfahrt, in: Die Schaubühne, Nr. 39, 23. Sept. 1909, S. 318–221 **1909:** 15.9., 22.9.
– Judith, in: Die Schaubühne, Nr. 36, 2. Sept. 1909, S. 230–235 **1909:** 16.–17.8.
Reinhardt in München, in: Die Schaubühne, Nr. 36, 8. Sept. 1910, S. 893ff. **1910:** 17.8.
Revival of Barbarism in Modern Times (Vortrag für die amerikanische Lesereise, Ms. Feuchtwanger Memorial Library) **1932:** 13.8.
Rosenkavalier-Glosse ☞ Im »Rosenkavalier« …

Schack ☞ Graf Schack der Dichter
Schauspielkunst und Moral ☞ Schauspielkunst und Religiosität
Schauspielkunst und Religiosität (Schauspielkunst und Moral), in: Die Schaubühne, Nr. 48, 25. Nov. 1909, S. 570–574 **1909:** 27.9., 5.10., 7.10., 10.10., 24.11.
Schiller als Kritiker deutscher Schauspielkunst, in: Der neue Weg, Heft 45, 13. Nov. 1909 **1909:** 11.10., 17.10., 22.10., 28.10.

Schiller und die deutsche Schauspielkunst ☞ Schiller als Kritiker deutscher Schauspielkunst

Schiller-Artikel ☞ Die Einwirkung der zeitgenössischen Schaubühne auf Schillers dramatisches Schaffen

Shylock auf unseren Bühnen. Eine dramaturgische Studie, in: Frankfurter Zeitung, Nr. 256, 1. Morgenblatt, 15. Sept. 1909 **1909:** 6.8., 9.8., 14.8., 15.9., 17.9. **1915:** 10.3.

Solneß in München, in: Die Schaubühne, Nr. 17, 28. April 1910, S. 466 **1910:** 26.–27.4.

Sophokles und Hofmannsthal, in: Die Schaubühne, Nr. 46, 17. Nov. 1910, S. 1171–1176 **1910:** 3.10., 10.10., 15.10., 16.11.

Sternheim, in: Das Programm. Blätter der münchener Kammerspiele, Nr. 2, Juli/August 1915 **1915:** 6.6., 8.6., 24.7.

Strindberg-Zyklus in München, in: Die Schaubühne, Nr. 22, 3. Juni 1915, S. 517 **1915:** 13.5., 3.6.

Sumurûn [Pantomime von Friedrich Freksa]. Zur Aufführung Reinhardts im Münchener Künstlertheater, in: Saale Zeitung, Nr. 420, 8. Sept. 1910 **1910:** 18.–19.8., 31.8., 7.–11.9.

Terror in Germany Amazes Novelist, in: New York Times, 21. März 1933 (unter dem Titel »I Warn the Jew-Baiters« in: The Evening Standard, London, 22. März 1933) **1933:** 28.3.

The Jews (Titel des dt. Manuskripts: Was heißt Judentum?), in: Sunday Dispatch, 4. Juni 1933 **1933:** 23.4.

Thomas Mann: Königliche Hoheit (Aufsatz) **1909:** 11.–12.11.

Über den historischen Roman (Vortrag Paris, 12. Nov. 1938, Ms. Feuchtwanger Memorial Library) **1938:** 10.11., 12.11.

Ulrich Becher, in: Das Wort 2, Heft 8, 1937, S. 90ff. **1937:** 17.4.

Vasantasena, in: Die Schaubühne, Nr. 29, 22. Juli 1915, S. 80–86 **1915:** 11.7., 21.7.

Vom Sinn und Unsinn des historischen Romans, in: Das Neue Tage-Buch, Nr. 27, 6. Juli 1935, S. 640–643 (russ. O smysle i bessmyslice istoričeskogo romana, in: Internacional'naja literatura, Heft 8, 1935, S. 129–132; Literaturnyj kritik, Heft 9, 1935, S. 106–111 **1935:** 12.6., 24.6., 6.7.

Vom Sinn und Unsinn des Nationalismus (On Sense and Nonsense of Nationalism, Vortrag für die amerikanische Lesereise, Ms. Feuchtwanger Memorial Library) **1932:** 15.9., 30.10., 29.11. **1933:** 1.1.

Von den Grenzen der Theaterkritik, in: Der neue Weg, Heft 15, 15. April 1911 **1911:** 13.–14.2., 16.–18.2., 16.–18.4.

Vorwort, in: Rudolf und Ika Olden: In tiefem Dunkel liegt Deutschland. Von Hitler vertrieben – ein Jahr deutsche Emigration. Berlin 1994, S. 23 bis 25 **1934:** 5.4.

Vorwort zu den »Drei Stücken«, in: Die Sammlung 2, Heft 11, 1934, S. 571ff. **1934:** 25.5.

Waldemar Bonsels, in: Die Schaubühne, Nr. 28/29, 14. Juli 1910, S. 751 f. **1910:** 13.7.
Wallenstein [Roman von Alfred Döblin], in: Die Weltbühne, Nr. 21, 26. Mai 1921, S. 573–576 **1920:** 21.–24. 12., 26. 12.
Warren Hastings, Gouverneur von Indien [Selbstanzeige], in: Münchner Zeitung, 3. Jan. 1917 **1917:** 3. 1.
Was bedeutet journalistisch, in: Das literarische Echo, Nr. 21, 1. Aug. 1911, Sp. 1501–1507; Auszug in: Frankfurter Zeitung, Nr. 201, 22. Juli 1911 **1911:** 16.–19. 1., 30. 3., 22. 4.
Was heißt journalistisch ☞ Was bedeutet journalistisch
Was ist Wahrheit? Anmerkungen zu dem Roman »Rom und Jerusalem«, in: Vossische Zeitung, 21. Okt. 1932 **1932:** 19.–21. 10.
Wedekind (Prolog für die Münchner Kammerspiele) **1918:** 11.–13. 3.
Wedekind der Moralist (Wedekind als Moralist), in: Der neue Weg, Nr. 38, 25. Sept. 1909 **1909:** 20. 8., 4. 9.
Wem gehört die Welt? Einführung zu Brechts Film Kuhle Wampe (Ms. Feuchtwanger Memorial Library) **1932:** 30. 5.
Wie bekämpfen wir das Dritte Reich?, in: Die Welt am Abend, 21. Jan. 1931 **1932:** 23. 1.
Wie das Dritte Reich die Schriftsteller verfolgt, in: Pariser Tageszeitung, 23. Juni 1937 **1937:** 21. 6.
Wie es euch gefällt ☞ Kammerspiele

Zum Ersten Mai 1939 (Ms. Feuchtwanger Memorial Library) **1939:** 11. 4.
Zum Fall Knut Hamsun–Ossietzky, in: Die Wahrheit, Febr. 1936, S. 4 **1936:** 6. 1.

IV Übersetzungen und Bearbeitungen

Appius und Virginia. Ein Trauerspiel in fünf Akten (acht Bildern) nach dem Englischen des siebzehnten Jahrhunderts **1917:** 9.–12. 12., 24. 12. **1918:** 21. 1., 16. 5., 20. 9.

Columbus (Projekt) [Lope de Vega] **1917:** 1. 1.

Der Frauenverkäufer. Ein Spiel in drei Akten nach Calderon (Gómez Arias) **1920:** 10. 8., 22. 8., 30. 8.–31. 8., 2. 9., 16. 10. **1921:** 6. 11., 15. 11.
Der Kirschgarten. Tragikomödie in vier Aufzügen. Nach der Einrichtung des Moskauer künstlerischen Theaters übers. u. eingeleitet von Siegfried Aschkenasy und Lion Feuchtwanger [Anton Tschechow] **1915:** 27. 2., 20. 9., 15. 10., 30. 10. **1916:** 5. 9., 7. 10., 1. 11., 6. 11., 8.–11. 11.
Der König und die Tänzerin. Ein Spiel in vier Akten nach dem Indischen des Kalidasa **1916:** 6. 11., 29. 11., 2. 12., 5. 12., 22. 12. **1917:** 28. 1., 30. 1., 3. 2., 7. 2., 13.–14. 2., 16. 2., 20.–21. 2., 27.–28. 2., 2.–3. 3., 5.–9. 3., 12. 3., 23. 3. **1921:** 15.–23. 2.

Die Auferstandene (Übersetzung) [Luigi Chiarelli: La Maschera e il Volto] **1920:** 16. 10., 19.–20. 10.
Die Bacchantinnen (Projekt) [Euripides] **1917:** 1. 1. **1919:** 11. 11.
Die Perser des Aischylos **1915:** 27. 2., 9. 3., 11. 3., 19. 3., 26. 3., 29. 3., 9. 4., 8. 8., 31. 12. **1916:** 9. 3., 23.–24. 3., 1. 4., 7. 4., 2. 6., 24. 8., 31. 12. **1917:** 8. 1., 9. 1., 12. 1., 16. 1., 19.–20. 1., 22. 1. **1918:** 19. 1.
Dieci fiabe (Opernstoff, Projekt) [Carlo Gozzi] **1917:** 1. 1.

Esther, die Kurtisane (Stück, Projekt) [Honoré de Balzac] **1918:** 13. 8. **1920:** 5. 11.

Friede. Ein burleskes Spiel. Nach den »Acharnern« und der »Eirene« des Apristophanes **1917:** 1. 1., 14. 1., 7. 2., 23. 3., 1. 4., 8.–9. 4., 11. 4., 19. 4., 11. 6., 13. 6., 1.–5. 7., 18. 7., 18.–19. 9. **1919:** 1. 2.

Lolettas Ferien (Übersetzung) [Mario Ottolenghi: Le vacanze di Loletta] **1920:** 16. 10., 31. 10., 27. 12. **1921:** 11. 2.

Tartüff im Reifrock. Eine Farce in fünf Bildern von Arthur Müller. Erneuert von Lion Feuchtwanger [Bearbeitung von A. Müllers Lustspiel »Gute Nacht, Hänschen«] **1915:** 31. 7. **1916:** 12. 7., 29.–30. 7.
Torquemada (Übersetzung) [Victor Hugo] **1919:** 13. 6.

Vasantasena. Ein Schauspiel in drei Akten nach dem Indischen des Sudraka **1915:** 30. 3., 7. 4., 12.–13. 4., 2. 6., 22.–23. 6., 28. 6., 5. 7., 7.–11. 7., 19. 7., 20. 7., 24.–27. 7., 29. 7., 31. 7., 8.–9. 8., 12.–15. 8., 17.–18. 8., 29. 8., 1. 9., 3.–6. 9., 22. 9., 27. 9., 30. 9., 2.–3. 10., 8. 10., 23. 10., 20. 11., 23.–24. 11. **1916:** 13. 1., 25. 1., 1. 2., 15. 2., 28. 2., 3.–4. 3., 6.–7. 3., 17. 5., 24. 8., 2. 9. **1917:** 20. 2., 1. 12., 31. 12. **1918:** 2.–4. 1., 9. 1., 28. 1., 31. 1., 7.–9. 2., 12. 2., 15.–16. 2., 28. 2., 6. 3., 9. 3., 1. 4., 14. 4., 20. 4. **1921:** 15.–23. 2., 6. 11.
Verschmähte Schöne (Projekt) [Lope de Vega] **1917:** 1. 1.

Literatur
(Auswahl)

Werke Feuchtwangers

Aus meinem Leben. In: Colloquium. Eine deutsche Studentenzeitschrift. Heft 7. Berlin, Juli 1964, S. 15–17.
Ein Buch nur für meine Freunde [enthält u. a. die Beiträge »Wie ich meine erste Dichtung schrieb« und »Selbstdarstellung (1933)«; Erstausgabe unter dem Titel »Centum opuscula«, Rudolstadt 1956]. Frankfurt a. M. 1984.
Erfolg. Drei Jahre Geschichte einer Provinz. Roman. 2 Bde. Berlin 1930.
Exil. Roman. Amsterdam 1940.
Der falsche Nero. Roman. Berlin und Weimar 1980.
Der Teufel in Frankreich. Erlebnisse. Tagebuch 1940. Briefe. Berlin und Weimar ²1992.
Die Geschwister Oppenheim. Roman. Amsterdam 1934.
Jud Süß. Roman. Berlin 1991.
Meine Schulzeit. In: Dietz-Rüdiger, Moser (Hrsg.): »Federleichte Mädchen ...«. Das nymphenburger Lesebuch. München 1991, S. 200–202.
Moskau 1937. Ein Reisebericht für meine Freunde. Amsterdam 1937.
Narrenweisheit oder Tod und Verklärung des Jean-Jacques Rousseau. Roman. Frankfurt a. M. 1978.
Waffen für Amerika. Roman. Hrsg. von Hans-Albert Walter. 2 Bde. Frankfurt a. M. 1986.

Sekundärliteratur

Against the Eternal Yesterday. Essays Commemorating the Legacy of Lion Feuchtwanger. Ed. by USC Libraries. Los Angeles 2009.
Artizov, Andrej/Naumov, Oleg (Hrsg.): Vlast' i chudožestvennaja intelligencija. Dokumenty CK RKP (b) – VKP (b), VČK – OGPU – NKVD o kul'turnoj politike 1917–1953. Moskva 2002.
Azuélos, Daniel (Hrsg.): Lion Feuchtwanger und die deutschsprachigen Emigranten in Frankreich von 1933 bis 1941/Lion Feuchtwanger et les exilés de langue allemande en France de 1933 à 1941. Bern [u. a.] 2006.

Babičenko, D. L. (Hrsg.): »Sčast'e literatury«. Gosudarstvo i pisateli 1925–1938. Dokumenty. Moskva 1997.

Barck, Simone [u. a.] (Hrsg.): Lexikon sozialistischer Literatur. Ihre Geschichte in Deutschland bis 1945. Stuttgart und Weimar 1994.

Barron, Stephanie/Eckmann, Sabine (Hrsg.): Exil. Flucht und Emigration europäischer Künstler 1933–1945. Katalog. München 1997.

Becher, Johannes R.: Briefe 1909–1958. 2 Bde. Hrsg. von Rolf Harder. Berlin und Weimar 1993.

Bedford, Sybille: Rückkehr nach Sanary. Roman einer Jugend. München 2009.

Bedford, Sybille: Treibsand. Erinnerungen einer Europäerin. München und Zürich 2008.

Beljaeva, Ch. S.: L. Fejchtvanger (Katalog knig). Moskva 1939.

Berkholz, Stefan (Hrsg.): Carl von Ossietzky. 227 Tage im Gefängnis. Briefe, Dokumente, Texte. Darmstadt 1988.

Berninger, Frank/Voswinckel, Ulrike: Exil am Mittelmeer. Deutsche Schriftsteller in Südfrankreich. München 2004.

Betz, Albrecht: Exil und Engagement. Deutsche Schriftsteller im Frankreich der dreißiger Jahre. München 1986.

Bienert, Michael/Buchholz, Elke Linda: Die Zwanziger Jahre in Berlin. Ein Wegweiser durch die Stadt. Berlin 22006.

Danzer, Doris: Zwischen Vertrauen und Verrat. Deutschsprachige kommunistische Intellektuelle und ihre sozialen Beziehungen (1918–1960). Göttingen 2012.

David-Fox, Michael: Showcasing the Great Experiment. Cultural Diplomacy and Western Visitors to the Soviet Union, 1921–1941. New York 2012.

Deutsche Intellektuelle im Exil. Ihre Akademie und die »American Guild for German Cultural Freedom«. Katalog. München 1993.

Dimitroff, Georgi: Tagebücher 1933–1943. 2 Bde. Hrsg. von Bernhard H. Bayerlein. Berlin 2000.

Diner, Dan (Hrsg.): Enzyklopädie jüdischer Geschichte und Kultur. Bd. 4. Stuttgart 2013.

Döblin, Alfred: Briefe. Hrsg. von Heinz Graber. München 1988.

Dwars, Jens-Fietje: Abgrund des Widerspruchs. Das Leben des Johannes R. Becher. Berlin 1998.

Ehrenburg, Ilja: Menschen, Jahre, Leben. 3 Bde. München 1965.

Feuchtwanger, Lion – Arnold Zweig: Briefwechsel 1933–1958. 2 Bde. Hrsg. von Harold von Hofe. Frankfurt a. M. 1986.

Feuchtwanger, Lion: Briefe an Eva van Hoboken. Hrsg. von Nortrud Gomringer. Wien 1996.

Feuchtwanger, Lion: Briefwechsel mit Freunden 1933–1958. 2 Bde. Hrsg. von Harold von Hofe und Sigrid Washburn. Berlin und Weimar 1991.

Feuchtwanger, Marta: An Émigré Life. Munich, Berlin, Sanary, Pacific Palisades. Interviews by Lawrence M. Weschler. Oral History Program University of California. 3 Bde. (Typoskript). Los Angeles 1976.

Feuchtwanger, Marta: Leben mit Lion. Gespräch mit Reinhart Hoffmeister in der Reihe »Zeugen des Jahrhunderts«. Hrsg. von Ingo Hermann. Göttingen 21991.

Feuchtwanger, Marta: Nur eine Frau. Jahre, Tage, Stunden. München 1983.

Flügge, Manfred: Die vier Leben der Marta Feuchtwanger. Biographie. Berlin ²2008.

Flügge, Manfred: Muse des Exils. Das Leben der Malerin Eva Herrmann. Berlin 2012.

Flügge, Manfred: Wider Willen im Paradies. Deutsche Schriftsteller im Exil in Sanary-sur-Mer. Berlin ³2005.

Fradkin, Viktor: Delo Kol'cova. Moskva 2002.

Friedmann-Wolf, Sonja: Im roten Eis. Schicksalswege meiner Familie. 1933–1958. Hrsg. von Reinhard Müller und Ingo Way. Berlin 2013.

Fry, Varian: Auslieferung auf Verlangen. Die Rettung deutscher Emigranten in Marseille 1940/41. Frankfurt a.M. 2009.

Gay, Peter: Die Republik der Außenseiter. Geist und Kultur in der Weimarer Zeit 1918–1933. Neuausg. Frankfurt a.M. 2004.

Gide, André: Retour de l'U.R.S.S. Paris 1936.

Granach, Alexander: Du mein liebes Stück Heimat. Briefe an Lotte Lieven aus dem Exil. Hrsg. von Angelika Wittlich und Hilde Recher. Augsburg 2008.

Grandjonc, Jacques/Grundtner, Theresia (Hrsg.): Zone der Ungewißheit. Exil und Internierung in Südfrankreich 1933–1944. Reinbek bei Hamburg 1993.

Grunewald, Michel (Hrsg.) in Zusammenarbeit mit Hans Manfred Bock: Le milieu intellectuel de gauche en Allemagne, sa presse et ses réseaux (1890–1960) – Das linke Intellektuellenmilieu in Deutschland, seine Presse und seine Netzwerke (1890–1960). Bern 2002.

Grunewald, Michel/Trapp, Frithjof (Hrsg.): Autour du »Front populaire allemand«. Einheitsfront – Volksfront. Bern [u.a.] 1990.

Haarmann, Hermann (Hrsg.): Abschied und Willkommen. Briefe aus dem Exil (1933–1945) (akte exil, Bd. 3). Berlin 2000.

Haarmann, Hermann/Hesse, Christoph (Hrsg.): Briefe an Bertolt Brecht im Exil (1933–1949). Berlin – Boston 2014.

Haarmann, Hermann (Hrsg.): Erwin Piscator am Schwarzen Meer. Briefe, Erinnerungen, Photos (akte exil, Bd. 7). Berlin 2002.

Harder, Rolf (Hrsg.): Briefe an Johannes R. Becher 1910–1958. Berlin und Weimar 1993.

Hartmann, Anne: »Ich kam, ich sah, ich werde schreiben«. Lion Feuchtwanger in Moskau 1937 (akte exil. Neue Folge, Bd. 1). Göttingen 2017.

Hartmann, Anne: Lion Feuchtwanger, zurück aus Sowjetrussland. Selbstzensur eines Reiseberichts. In: Exil. Forschung, Erkenntnisse, Ergebnisse 1/2009, S. 16–33; Beginn des Kapitels »Stalin und Trotzki«: Variantenvergleich, ebd., S. 34–40.

Hartmann, Anne: Lost in translation. Lion Feuchtwanger bei Stalin, Moskau 1937. In: Exil. Forschung, Erkenntnisse, Ergebnisse 2/2008, S. 5–18; Aufzeichnung der Unterredung des Genossen Stalin mit dem deutschen Schriftsteller Lion Feuchtwanger (8. Januar 1937), ebd., S. 19–31.

Hawrylchak, Sandra H./Spalek, John M. (Hrsg.): Lion Feuchtwanger. A Bibliographic Handbook. 4 Bde. München 1998–2004.

Hay, Julius: Geboren 1900. Erinnerungen. Reinbek 1971.

Hedeler, Wladislaw: Chronik der Moskauer Schauprozesse 1936, 1937 und 1938. Planung, Inszenierung und Wirkung. Berlin 2003.

Helfand, Natalija W.: Deutsche revolutionäre Schriftsteller und ihre Bundesgenossen 1918-1945. Eine Bibliographie sowjetischer Veröffentlichungen 1918–1980. Berlin und Weimar 1987.

[Herzfelde]: Prag – Moskau. Briefe von und an Wieland Herzfelde 1933–1938. Hrsg. von Giuseppe de Siati und Thies Ziemke. Kiel 1991.

Heuer, Renate (Hrsg.): Lexikon deutsch-jüdischer Autoren. Archiv Bibliographia Judaica. 21 Bde. München u. Berlin 1992–2013.

Heusler, Andreas: Lion Feuchtwanger. Münchner – Emigrant – Weltbürger. St. Pölten [u. a.] 2014.

Hirschfeld, Gerhard/Marsh, Patrick (Hrsg.): Kollaboration in Frankreich. Politik, Wirtschaft und Kultur während der nationalsozialistischen Besatzung 1940–1944. Frankfurt a. M. 1991.

Huß-Michel, Angela: Die Moskauer Zeitschriften »Internationale Literatur« und »Das Wort« während der Exil-Volksfront (1936–1939). Frankfurt a. M. 1987.

Jasper, Willi: Hotel Lutetia. Ein deutsches Exil in Paris. München 1994.

Kahn, Lothar: Insight and Action. The Life and Work of Lion Feuchtwanger. Cranbury N. J. 1975.

Kantorowicz, Alfred: Exil in Frankreich. Merkwürdigkeiten und Denkwürdigkeiten. Bremen 1971.

Kantorowicz, Alfred: Politik und Literatur im Exil. Deutschsprachige Schriftsteller im Kampf gegen den Nationalsozialismus. Hamburg 1978.

Kemper, Dirk: Heinrich Mann und Walter Ulbricht. Das Scheitern der Volksfront. Briefwechsel und Materialien. München 2012.

Kesten, Hermann (Hrsg.): Deutsche Literatur im Exil. Briefe europäischer Autoren 1933–1949. Frankfurt a. M. 1973.

[Kolb – Schickele] Annette Kolb – René Schickele: Briefe im Exil 1933–1940. In Zusammenarbeit mit Heidemarie Gruppe hrsg. von Hans Bender. Mainz 1987.

Kolzow, Michail: Spanisches Tagebuch. Berlin 31986.

Körner, Hans-Michael/Schläder, Jürgen: Münchner theatergeschichtliches Symposium 2000. München 2000.

Kröhnke, Karl: Lion Feuchtwanger – Der Ästhet in der Sowjetunion. Ein Buch nicht nur für seine Freunde. Stuttgart 1991.

Ladwig-Winters, Simone (Hrsg.): Anwalt ohne Recht. Das Schicksal jüdischer Rechtsanwälte in Berlin nach 1933. Berlin 22007.

Lambertz, Thomas/Overwien-Neuhaus, Anita: Eva Herrmann. Zeugin des Exils. Katalog. Köln 1995.

Landshoff, Fritz H.: Amsterdam, Keizersgracht 333, Querido Verlag. Erinnerungen eines Verlegers. Berlin 2001.

Langkau-Alex, Ursula: Deutsche Volksfront 1932–1939. Zwischen Berlin, Paris, Prag und Moskau. Bd. 2: Geschichte des Ausschusses zur Vorbereitung einer deutschen Volksfront. Berlin 2004.

Liebe, Ulrich: Verehrt, verfolgt, vergessen. Schauspieler als Naziopfer. Weinheim und Berlin 1992.

Lion Feuchtwanger. Text + Kritik H. 79/80. München 1983.

Lion Feuchtwanger. Bio-Bibliographie. In: Das Wort 4–5/1937, S. 163f.

Lion Feuchtwanger in der Sowjetunion. In: Internationale Literatur 2/1937, S. 158.

Maksimenkov, Leonid (Hrsg.): Bol'šaja cenzura. Pisateli i žurnalisty v strane sovetov 1917–1956. Moskva 2005.

Maksimenkov, Leonid: Očerki nomenklaturnoj istorii sovetskoj literatury. Zapadnye piligrimi u stalinskogo prestola (Fejchtvanger i drugie). Teil 1. In: Voprosy literatury 2/2004, S. 242–291; Teil 2, ebd. 3/2004, S. 274 bis 342.

Mann, Erika: Briefe und Antworten 1922–1969. 2 Bde. Hrsg. von Anna Zanco Prestel. München 1988.

Mann, Erika und Klaus: Escape to Life. Deutsche Kultur im Exil [1939]. Hrsg. von Heribert Hoven. Reinbek 2001.

Mann, Heinrich: Essays und Publizistik. Kritische Gesamtausgabe, Bd. 6/1. Hrsg. von Wolfgang Klein. Bielefeld 2009.

Mann, Klaus: Briefe und Antworten. 2 Bde. Hrsg. von Martin Gregor-Dellin. München 1975.

Mann, Klaus: Der Wendepunkt. Ein Lebensbericht. Reinbek 1984.

Mann, Klaus: Tagebücher 1931 bis 1949. 6 Bde. Hrsg. von Joachim Heimannsberg [u.a.]. München 1990.

[Mann – Hiller] »Ich glaube, wir verstehn uns«. Klaus Mann und Kurt Hiller – Weggefährten im Exil. Briefwechsel 1933–1948. Hrsg. von Rüdiger Schütt. München 2011.

Mann, Thomas: Briefe 1937–1947. Hrsg. von Erika Mann. Frankfurt a.M. 1992.

Mann, Thomas: Tagebücher 1937–1939. Hrsg. von Peter de Mendelssohn. Frankfurt a.M. 1980.

[Marcuse]: Briefe von und an Ludwig Marcuse. Hrsg. von Harold von Hofe. Zürich 1975.
Marcuse, Ludwig: Mein zwanzigstes Jahrhundert. Auf dem Weg zu einer Autobiographie. Zürich 1975.
Mendelssohn, Peter de: Zeitungsstadt Berlin. Menschen und Mächte in der Geschichte der deutschen Presse. Berlin 1982.
Metcalfe, Philip: Berlin 1933. Das Jahr der Machtergreifung. Lebensläufe zu Beginn des Nationalsozialismus. Stuttgart 1989.
Meyer, Adele (Hrsg.): Lila Nächte. Die Damenclubs im Berlin der Zwanziger Jahre. Berlin 1994.
Meyer, Jochen: Berlin Provinz. Literarische Kontroversen um 1930. Marbach 1985.
Mosse-Haus und Tageblatt. Der Chefredakteur Theodor Wolff, das Verlagshaus Rudolf Mosse und die Zeitungsstadt Berlin. Katalog. Berlin 1994.
Mühsam, Erich: Tagebücher (http://www.muehsam-tagebuch.de/tb/register.php).
Müller, Reinhard: Exil im »Wunderland« Sowjetunion – Maria Osten (1908–1942). In: Exil. Forschung, Erkenntnisse, Ergebnisse 2/2007, S. 73–95.

Neumann, Robert: Ein leichtes Leben. Bericht über mich selbst und Zeitgenossen. Wien [u. a.] 1963.
Nieradka, Magali L.: Die Hauptstadt der deutschen Literatur: Sanary-sur-Mer als Ort des Exils deutschsprachiger Schriftsteller. Göttingen 2010.
Nir-Vered, Bettina [u. a.] (Hrsg.): Carola Neher. Gefeiert auf der Bühne, gestorben im Gulag. Kontexte eines Jahrhundertschicksals. Berlin 2016.
Noth, Ernst Erich: Die Exilsituation in Frankreich. In: Manfred Durzak (Hrsg.): Die deutsche Exilliteratur 1933–1945. Stuttgart 1973, S. 73-89.

Oberschnitzki, Doris: Letzte Hoffnung – Ausreise. Die Ziegelei von Les Milles 1939–1942. Vom Lager für unerwünschte Ausländer zum Deportationszentrum. Teetz 1999.
Oels, David/Schneider, Ute: »Der ganze Verlag ist einfach eine Bonbonniere.« Ullstein in der ersten Hälfte des 20. Jahrhunderts. Berlin 2015.
Olden, Rudolf und Ika: In tiefem Dunkel liegt Deutschland. Von Hitler vertrieben. Ein Jahr deutsche Emigration. Berlin 1994.

Palmier, Jean-Michel: Weimar en exil. Le destin de l'émigration intellectuelle allemande antinazie en Europe et aux États-Unis. Paris 1988.
Paris 1935. Erster Internationaler Schriftstellerkongreß zur Verteidigung der Kultur. Reden und Dokumente. Mit Materialien der Londoner Schriftstellerkonferenz 1936. Berlin 1982.
Peitsch, Helmut: »No Politics?« Die Geschichte des deutschen PEN-Zentrums in London 1933-2002. Göttingen 2006.
Peterson, Walter F.: The Berlin Liberal Press in Exile. A History of the »Pariser Tageblatt« – »Pariser Tageszeitung« 1933–1940. Tübingen 1987.

Pringsheim, Hedwig: Tagebücher. Hrsg. von Christina Herbst. Bd. 1–7. Göttingen 2013–2018.

Rebiger, Bill: Das jüdische Berlin. Kultur, Religion und Alltag gestern und heute. Berlin 2002.

Roček, Roman: Glanz und Elend des P.E.N. Biographie eines literarischen Clubs. Wien [u. a.] 1999.

[Roth – Zweig] »Jede Freundschaft ist mir verderblich«. Joseph Roth und Stefan Zweig. Briefwechsel 1927–1938. Hrsg. von Madeleine Rietra und Rainer Joachim Siegel. Göttingen 22012.

Rothmund, Doris: Lion Feuchtwanger und Frankreich: Exilerfahrung und deutsch-jüdisches Selbstverständnis. Frankfurt a. M. 1990.

Roussel, Hélène/Winckler, Lutz (Hrsg.): Rechts und links der Seine: »Pariser Tageblatt« und »Pariser Tageszeitung« 1933–1940. Tübingen 2002.

Ryklin, Michail: Kommunismus als Religion. Die Intellektuellen und die Oktoberrevolution. Frankfurt a. M. und Leipzig 2008.

S. Fischer Verlag. Von der Gründung bis zur Rückkehr aus dem Exil. Katalog. Marbach 1985.

Saint Sauveur-Henn, Anne (Hrsg.): Fluchtziel Paris. Die deutschsprachige Emigration 1933–1940. Berlin 2002.

Schiller, Dieter: Der Traum von Hitlers Sturz. Studien zur deutschen Exilliteratur 1933–1945. Frankfurt a. M. 2010.

Schmitt, Hans-Jürgen/Godehard Schramm (Hrsg.): Sozialistische Realismuskonzeptionen. Dokumente zum 1. Allunionskongreß der Sowjetschriftsteller. Frankfurt a. M. 1974.

Schoenberner, Franz: Innenansichten eines Außenseiters. Icking und München 1965.

[Schoenberner – Kesten]: Franz Schoenberner – Hermann Kesten: Briefwechsel im Exil 1933–1945. Hrsg. von Frank Berninger. Göttingen 2008.

Schöne, Lothar: Neuigkeiten vom Mittelpunkt der Welt. Der Kampf ums Theater in der Weimarer Repbulik. Darmstadt 1994.

Schrader, Bärbel/Schebera, Jürgen: Kunstmetropole Berlin 1918–1933. Dokumente und Selbstzeugnisse. Berlin und Weimar 1987.

Schwarzschild, Leopold: Feuchtwangers Botschaft. Teil 1–3. In: Das Neue Tage-Buch 31/1937, S. 730–734; Teil 4–7, ebd. 32/1937, S. 752–759.

Seidel, Gerhard (Hrsg.): Das Wort. Moskau 1936–1939. Bibliographie einer Zeitschrift. Berlin und Weimar 1975.

Skierka, Volker: Lion Feuchtwanger. Eine Biographie. Hrsg. von Stefan Jaeger. Berlin 1984.

Specht, Heike: Die Feuchtwangers: Familie, Tradition und jüdisches Selbstverständnis im deutsch-jüdischen Bürgertum des 19. und 20. Jahrhunderts. Göttingen 2006.

Stahlberger, Peter: Der Zürcher Verleger Emil Oprecht und die deutsche politische Emigration 1933–1945. Zürich 1970.

Steffin, Margarete: Briefe an berühmte Männer. Walter Benjamin, Bertolt Brecht, Arnold Zweig. Hrsg. von Stefan Hauck. Hamburg 1999.

Stern, Ludmila: Western Intellectuals and the Soviet Union, 1920–40. From Red Square to the Left Bank. London und New York 2007.
Sternburg, Wilhelm von: Lion Feuchtwanger. Die Biographie. Überarb. und erw. Neuaufl. Berlin 2014.
Sternburg, Wilhelm von (Hrsg.): Lion Feuchtwanger. Materialien zu Leben und Werk. Frankfurt a. M. 1989.
Streller, Christa/Riedel, Volker: Internationale Literatur. Moskau 1931–1945. Bibliographie einer Zeitschrift. Berlin und Weimar 1985.

Teroni, Sandra/Klein, Wolfgang (Hrsg.): Pour la défense de la culture. Les textes du Congrès international des écrivains. Paris, juin 1935. Dijon 2005.

Wagner, Volker: Geschichte der Berliner Juden. Berlin 2016.
Wall, Renate (Hrsg.): Lexikon deutschsprachiger Schriftstellerinnen im Exil 1933 bis 1945. Freiburg 2004.
Walter, Hans-Albert: Deutsche Exilliteratur 1933–1950. Bd. 7: Exilpresse I. Darmstadt und Neuwied 1974.
Wedekind, Frank: Tagebücher (http://www.frankwedekind-gesellschaft.de/index.php/tagebuecher.html).
Wunderlich, Heinke/Menke, Stefanie (Hrsg.): Sanary-sur-Mer. Deutsche Literatur im Exil. Stuttgart und Weimar 1996.
Wysling, Hans/Bernini, Cornelia (Hrsg.): Jahre des Unmuts. Thomas Manns Briefwechsel mit René Schickele. Frankfurt a. M. 1992.

Vodop'janova, Z. K [u. a.] (Hrsg.): Meždu molotom in nakoval'nej. Sojuz sovetskich pisatelej SSSR. Dokumenty i kommentarii. Bd. 1: 1925 – ijun' 1941 g. Moskva 2011.

Žitomirskaja, Z. V. (Hrsg.): Lion Fejchtvanger. Bio-bibliografičeskij ukazatel' (Pisateli zarubežnych stran). Moskva 1959.

Editorische Notiz

Die vorliegende Erstausgabe der Tagebücher folgt den in der Feuchtwanger Memorial Library (University of Southern California, Los Angeles) aufbewahrten Originalen. Erhalten sind 9 Notizbücher (Box 14 und 15 der Lion Feuchtwanger Papers):

Tagebuch 1:	1. 1. 1906	bis	18. 1. 1907
Tagebuch 2:	7. 7. 1909	bis	26. 11. 1911
Tagebuch 3:	27. 2. 1915	bis	27. 11. 1916
Tagebuch 4:	28. 11. 1916	bis	25. 10. 1919
Tagebuch 5:	26. 10. 1919	bis	25. 5. 1922
Tagebuch 6:	1. 1. 1931	bis	31. 10. 1932
Tagebuch 7:	1. 11. 1932	bis	16. 8. 1933
Tagebuch 8:	17. 8. 1933	bis	10. 11. 1936
Tagebuch 9:	11. 11. 1936	bis	20. 5. 1940

Die Tagebücher bis 1922 verfasste LF in Schreibschrift, transkribiert wurden die Texte von Erna Lemberger (Los Angeles). Die fehlenden Teile dieses Transkripts (1. Jan. bis 20. Juli 1916 sowie 1. Jan. 1917 bis 25. Okt. 1919) übernahm Klaus-Peter Möller (Potsdam), die Kollationierung Magdalena Frank (Berlin). Die Tagebücher ab 1931 schrieb LF durchgängig in Gabelsberger-Kurzschrift, ausgenommen einzelne Wörter, meist Eigennamen, die er in Schreibschrift einfügte. Die Transkription dieser Texte besorgte Elfriede Wedegärtner (Dresden), die ehemalige Leiterin der Bibliothek des Stenographischen Landesamtes Dresden, deren Verdienste bei der Entschlüsselung nicht hoch genug eingeschätzt werden können. Im Auftrag des Aufbau-Verlags begann sie die Übertragung im November 1991, kurz nachdem die Tagebücher entdeckt worden waren. Ihren Recherchen verdanken wir auch, was wir heute über LF als Stenographen wissen: Er lernte dieses besondere stenographische System auf dem Münchner Wilhelmsgymnasium, nach dem Zeugnis 1901/02 zu urteilen, bei Prof. Fehlner, der auch einige Mitglieder des bayerischen Königshauses in Stenographie unterrichtete. Bereits 1900 gewann LF ein Wettschreiben des Gabelsberger-Stenographie-Zentral-Vereines zu München, d. h., er erlernte die Stenographie, bevor 1902 mit der Gabelsberger'schen Systemurkunde das erste vollständige Regelwerk in Kraft trat, so dass er vieles noch recht frei handhabte. Bei der Kurzschrift fließen die Zeichen ineinander, verschmelzen, ja verschwinden teilweise. Die größte Herausforderung bei der Entzifferung stellten die (nicht selten fremdsprachigen) Namen dar: Personennamen, Eigennamen und Buchtitel, für die umfangreiche Recherchen unerlässlich waren. Elfriede Wedegärtner, Trägerin der Gabelsberger-Medaille und der Bronzenen Plakette des Deutsche Stenographenverbundes, hielt nach Abschluss der Arbeit fest: »Von allen Übertragungsarbeiten, die ich bisher durchführen konnte, war dies die schönste und interessanteste Arbeit.« Sie erklärte: »Das letzte Manuskript habe ich fast mit einem gewissen Bedauern aus der Hand gegeben. Zwei Jahre lagen hinter mir, die mich aufs engste mit Feuchtwanger, seinem Leben, seinem Alltag und seiner Umwelt verbunden hatten.«* Sie starb 2008, ohne zu erfahren, dass dank ihrer Entzifferungskünste die Publikation schließlich möglich wurde. Einen nicht mehr auffindbaren Teil ihrer Transkription (20. Juni 1931 bis 31. Dez. 1931) sowie offen gebliebene Stellen hat Klaus-Peter Möller neu erfasst und durchgängig Einzelstellen korrigiert.

Um das erhaltene Konvolut in Form einer Leseausgabe zugänglich zu machen, war es unerlässlich, Kürzungen vorzunehmen. Insgesamt werden rund fünfzig Prozent des Textes wiedergegeben, das gilt gleichermaßen für die früheren (1906–1922) wie die späteren Jahre (1931–1940). Gekürzt wurden vor allem Äußerungen, die sich über die Jahre nahezu täglich wiederholen (»gut«/»mittel«/ »schlecht« geschlafen und geturnt; »viele Kleinigkeiten«; »angenehme«/»unangenehme« Post; »todmüde«, »leichte«/»stark zunehmende« Erkältung, »Torggelstube / Mittag essen mit«) sowie phrasenhafte Bemerkungen über Personen, Unterhaltungen, Zusammenkünfte wie »fad«/»mittel«/»interessant« oder floskelhafte Notate über seine Arbeit (»gut«/»schlecht«/»mittel«/»viel«/»wenig«/»fast nichts« gearbeitet). Alle diese Äußerungen wurden zumindest beispielhaft erhalten und stets dann, wenn sie über das Formelhafte hinaus Bedeutung transportieren, etwa eine neue Bekanntschaft festhalten oder wichtig sind, um die Entwicklung eines Sachverhaltes oder einer Beziehung nachzuvollziehen. Arbeitspläne, gelesene Bücher und gesehene Stücke wurden aufgenommen, wenn sie LFs vielfältige Interessensgebiete und sein Schaffen in besonderer Weise erhellen.

In Bezug auf LFs intime Kontakte blieb die erste Erwähnung einer neuen Beziehung grundsätzlich erhalten, im Weiteren aber nur dann, wenn ihr eine übergeordnete Aussage zukommt und sie keine bloß gewohnheitsmäßige Notierung darstellt. Als Beispiel: Von rund 750 erwähnten »gevögelt« finden rund 100 Aufnahme, von rund 650 »gehurt« 40.

Die Aufzeichnungen über LFs Russlandreise wurden durch die Sonderstellung, die sie in seiner Biographie einnimmt, weitgehend ungekürzt übernommen, außer der Erwähnung intimer Kontakte im obigen Sinne fehlen nur wenige Stellen aufgrund vereinzelter unleserlicher Wörter.

Materialbedingt wurde zugunsten einer klaren Struktur auf die nur in Bruchstücken überlieferten Teile der Jahre 1907 (1.–18. Jan.), 1911 (8. Juli – 26. Nov.) und 1922 (1. Jan.–25. Mai) verzichtet, zumal sie dem bereits Notierten keine neuen Aspekte oder Wendungen hinzufügen. Nicht mehr auffindbar sind die ursprünglich überlieferten Aufzeichnungen, die LF zwischen dem 21. Mai und dem 19. September 1940 machte, beginnend mit der zweiten Internierung in Les Milles bis kurz vor seiner Flucht nach Amerika. Sie wurden als einziger längerer Abschnitt des Tagebuchs in einer von Harold von Hofe bearbeiteten Textfassung bereits veröffentlicht und sind in dieser Form seit 1992 zugänglich (LF: Der Teufel in Frankreich. Erlebnisse 1940. Aufbau Taschenbuch. Berlin 2018), außerdem als Transkription in der Feuchtwanger Memorial Library einzusehen.

Alle Kürzungen innerhalb der Tageseinträge sind durch [...] markiert. Auf die Kennzeichnung entfallener ganzer Tagesnotate konnte verzichtet werden, da LF jeden Tag Notizen gemacht hat mit folgenden Ausnahmen: **1909:** 24. Juli **1910:** 12. Dez. **1917:** 5. Dez. **1921:** 20. Juni, 26. Okt. **1931:** 21. Juni. Doppelte Einträge gibt es für: **1906:** 26. Juli **1909:** 28. Juli, 27. Dez. **1910:** 12. Okt. **1911:** 24. Jan. **1917:** 25. Mai, 10. Aug. **1918:** 24. März **1920:** 10. Juli **1933:** 4. Mai, 22. Dez. **1934:** 5. Mai **1939:** 6. Juli.

Orthographie und Interpunktion folgen dem handschriftlichen Original, nur offensichtliche Irrtümer, falsche oder unterschiedliche Schreibweisen wurden korrigiert bzw. vereinheitlicht, um Missverständnisse zu vermeiden. Das betrifft im Wesentlichen Namen, vor allem amerikanische und russische, die er nach dem Klang erfasste (zum Teil dann auch noch in Stenographie), so dass es nicht in allen Fällen möglich war, die Schreibungen zweifelsfrei zu ermitteln. Nicht vereinheitlicht wurde die Verwendung von Anführungszeichen bei Titeln von Büchern und Theaterstücken; sie stehen nur dann, wenn Feuchtwanger sie selbst gesetzt hat. Unterstrichene oder auf andere Weise hervorgehobene Textstellen sind kursiv wiedergegeben.

Für wissenschaftliche und andere Forschungszwecke wäre eine vollständige (digitale) historisch-kritische Ausgabe von Lion Feuchtwangers Tagebüchern überaus wünschenswert. Diese Leseausgabe würde dafür gern Anstoß und Grundstein sein.

Um das Auffinden, den Erhalt oder die Erschließung von LFs Tagebüchern verdient gemacht haben sich neben Harold von Hofe und Elfriede Wedegärtner in der Vergangenheit Erna Lemberger, Marion Schulman, Sigrid Thielking und Sigrid Washburn. Für ihre Arbeit an der vorliegenden Edition gebührt vor allem Anne Hartmann und Klaus-Peter Möller unser Dank. Ohne ihr Engagement wäre die Ausgabe in dieser Form nicht möglich gewesen.

Der Abdruck der Abbildungen erfolgt mit freundlicher Genehmigung der Feuchtwanger Memorial Library der University of Southern California. Weitere Bilder stellten zur Verfügung: VG Bild-Kunst, Bonn (6); Klaus-Peter Möller (13); Archiv Aufbau Verlag (15); Bundesarchiv, Bild 183-B0527-0001-860 (19); Akademie der Künste, Berlin, Bertolt-Brecht-Archiv Fotoarchiv 07/003 (28); Les bibliothèques municipales de Toulon (31); Dr. Dorothea Meyer (32) sowie Hilda Hoffmann (45).

* *»Von allen Übertragungsarbeiten … Das letzte Manuskript …«:* Elfriede Wedegärtner: Der Schriftsteller Lion Feuchtwanger als Stenograf, in: Stolze-Schrey-Post, Organ des Stenografenverbandes Stolze-Schrey, Nr. 4, Okt./Dez. 1994.